청교도
목회학

찰스 브리지스 지음
이영란 옮김

기독교문서선교회

기독교문서선교회(Christian Literature Crusade: 약칭 CLC)는
1941년 영국 콜체스터에서 켄 아담스에 의해 시작되었으며
국제 본부는 영국의 쉐필드에 있습니다.

국제 CLC는 59개 나라에서 180개의 본부를 두고, 약 650여 명의
선교사들이 이동도서차량 40대를 이용하여 문서 보급에 힘쓰고 있으며
이메일 주문을 통해 130여 국으로 책을 공급하고 있습니다.

한국 CLC는 청교도적 복음주의 신학과 신앙서적을 출판하는
문서선교기관으로서, 한 영혼이라도 구원되길 소망하면서
주님이 오시는 그날까지 최선을 다할 것입니다.

THE CHRISTIAN MINISTRY

WITH AN INQUIRY INTO THE
CAUSES OF ITS INEFFICIENCY

Written by
Charles Bridges

Translated by
Young-Ran Lee

Korean Edition
Copyright © 2014 by Christian Literature Crusade
Seoul, Korea

추천사

김영욱 박사
아세아연합신학대학교 총장

　찰스 브리지스의 『청교도 목회학』(The Christian Ministry)은 목회학의 고전으로 가장 파워풀한 책 중의 하나이다. 비록 본서가 1849년에 출간되어 아주 오래되었지만 믿기지 않을 정도로 여전히 기독교 목회자와 설교자가 된다는 것이 무엇을 의미하는지에 대해 신학적이면서도 실제적으로 말하고 있다.

　올드 뉴턴(Old Newton)이라는 한 작은 시골에서 목회한 찰스 브리지스 목사는 600명의 교구 성도들에게 목회자와 설교자로서 자신의 에너지와 시간을 가장 효과적으로 사용하는 법을 보여 주었다. 바로 그 목회 현장에서 나온 영감과 예지가 본서에 면면히 흐르고 있다.

　본서는 기독교 사역에 대한 일반적인 서술, 사역이 성공하지 못하는 이유와 목회자 개인의 인격이 사역과 어떠한 관련이 있는지를 설명하고 있다. 특히, 목회사역의 공적 임무에 대해 자세히 서술하고 있는 4부는 밑줄을 그어가며 읽어야 할 정도로 대단히 유익한 내용을 담고 있다. 설교의 제정과 중요성, 청중을 위한 준비를 포함하여 성경적으로 율법과 복음을 설교하는 법을 자세히 말하고 있다. 또한, 주제설교, 강해설교, 즉흥설교, 원고설교 방법뿐만 아니라 담대하게, 지혜롭게,

명료하게, 뜨겁게, 부지런히, 전심으로, 사랑으로 설교하라는 7가지의 '성경적인 설교 정신'은 오늘날에도 시사하는 바가 크다고 생각한다.

본서를 만나는 것은 참으로 감사한 일이지만 사역자나 목회자들이 자신을 변화시키실 하나님을 대면하게 되는 거룩한 부담 또한 가질 것이라 생각한다. 그러한 변화를 통해 진리가 혼탁해지고 본질이 흐려지는 세대 속에서 온전한 한 사람의 사역자나 목회자가 새롭게 태어나리라 확신한다. 그리하여 기독교 사역에 진정한 효율을 높이고 목회자들이 효과적인 목회를 하여 한국교회를 통해 하나님의 영광이 무한히 드러날 수 있기를 기도한다.

추천사

김상구 박사
백석대학교신학대학원 실천신학 교수

오늘날 목회현장은 인간의 자기만족이나 인본주의적 사고 속에서 세속적 교회성장을 추구함으로써 소위 마케팅 교회 혹은 심미적인 현상만을 강하게 추구하는 경향을 보이고 있다. 이에 따라 성경에 근거한 목회의 본질을 상실한 채 올바른 목회 방향을 잃어버리고 있다는 비판을 받고 있다. 그렇다면 바람직한 목회는 어떤 것일까? 예수 그리스도의 피 값으로 사신 교회의 구성원들을 돌보는 하나님 중심적 목회를 말할 것이다. 이런 목회관을 누구보다 명확히 밝히고 있는 저자 찰스 브리지스(Charles Bridges)는 청교도 신학자로서 바람직한 목회가 무엇인가를 상세히 기술하고 있다.

총 6부로 구성된 이 책의 1부에서 저자는 목회사역을 개관(槪觀)해 주고 있다. 하나님께서 목회사역을 제정해 주었으며, 따라서 사역의 필요성과 어려움 및 사역이 주는 위로와 격려를 언급하면서, 목사가 올바른 사역을 위해서 준비해야 할 것이 무엇인가를 설명하고 있다. 2부에서는 목회사역에 실패하는 주된 원인을 분석하면서 우선적인 문제로 내적 혹은 외적 소명의식의 부재를 언급하고 있다. 이어서 3부에서는 목회를 실패하는 또 다른 원인으로 목사 개인의 인격과 관련된 비효과적인 목회의 원인들(헌신 부족, 세상을 따름, 자기부인의 부족, 경건 시간 소홀, 믿음의 부족 등)을 들고 있다. 결국 목회의 주된 실패 원인은 목사 자신에게 있다는 점을 주지하고 있다. 4부에서는 목사에게 주된 공적 임무로 설교 사역을 언급하면서 설교에 있어서 필요한 지침들을 제시하고 있다. 5부에서는 목회사역에 있어서 목양의 임무를 다루면서 목회현장에서 발생할 수 있는 다양한 사례들을 설명해 주고 있다. 끝으로, 6부에서는 앞서 목회사역들을 회고하면서 목사로서의 장래성을 다시 한 번 상기하게 한다.

  본서의 아쉬움은 오늘날 다원화된 목회 상황을 전제로 기술된 목회학 개론서가 아니기에 오늘날 목회현장에서 발생하고 있는 문제들을 상세히 다루지 못했다는 점이다. 하지만 오늘날과 같이 목회의 본질이 퇴색되고 변질되기 쉬운 시대에 한편의 목회학 고전(古典)을 읽으면서 저자의 목회학적 통찰과 혜안이 한국교회 목회현장을 새롭게 갱신하는 데 귀한 밑거름이 되기를 기대하면서 일독을 권한다.

발간사

박영호 박사
CLC 대표

　찰스 브리지스(Charles Bridges, 1794-1869)는 케임브리지 퀸스칼리지(Queens' College, M.A.)를 졸업하고 1827년 목사 안수를 받았다. 그는 헤리엇 톨래스(Harriet Torlesse)와 결혼하여 두 아들을 두었으며, 1823년부터 1849년까지 올드 뉴턴(Old Newton)의 교구목사를 지낸 설교자요 신학자였다. 브리지스는 존 C. 라일(J. C. Ryle) 주교와 목사 수련회의 강사로 함께 활동한 청교도 신앙의 전통을 계승한 개혁주의 목사요 부흥사로 영국교회에 널리 알려져 있다.

　브리지스는 8권의 저서를 남겼으며 이 책『청교도 목회학』(The Christian Ministry)은 스펄전의『목사 후보생들에게』(Lectures to My Students)와 함께 쌍벽을 이루는 실천신학 분야의 고전으로 읽혀지고 있다. 스펄전 목사는 이 책을 금보다 더 값진 가치 있는 책이라고 찬사를 보냈으며 또 브리지스 목사를 제2의 존 번연과 같은 목사라고 칭송을 했다.

　이 책은 목사나 신학도들에게 참으로 무게가 있고 진지하면서도 기쁨과 도움을 주는 유익한 자료이며 영적 힘이 있는 탁월한 명저서이다. 이 책 부제에서 말하듯이 '목회사역이 비효과적인 이유'를 자세히 설명하고 있다.

한국교회가 사회로부터 신뢰를 잃고 교회부흥이 쇠퇴하고 있는 이 때에 이 책이 한국교회의 목사들과 신학도들에게 효과적인 목회사역에 이르게 하는 가이드 역할을 할 것이다. 청교도 목사들의 목회철학을 배우게 할 뿐만 아니라 목회사역의 바른 길을 제시할 것이다.

이 귀한 책을 고전영어에서 완역한 이영란 박사님의 노고에 진심으로 감사를 드린다. 또 본서가 출간되기까지 CLC 직원들의 인내와 노력이 묻어 있음을 밝힌다. 이 귀한 책이 청교도 목회의 유산임을 널리 알리며 한국교회 목회자들에게 필독서임을 기쁨으로 추천하는 바이다.

저자 서문

마침내 이 책을 세상에 내놓게 되었다. 원래 이 책은 『비효과적인 목회』(Ministerial inefficiency)라는 흥미로운 주제를 가지고 사랑하는 한 친구에게 쓴 편지에서 시작되었다. 그 후 「크리스천 옵저버」(Christian Observer)에 이 글이 실리게 되었는데, 저자가 원하기도 하였거니와 「크리스천 옵저버」 편집자의 사심 없는 배려도 있어서, 내용을 좀 더 확대해 몇 가지 더 삽입하였다.[1] 그래서 그 글에는 사적인 편지라는 인상이 남아 있었다. 실제적인 적용 사례 몇 가지를 따로 떼어 출판했더니, 그 주제를 좀 더 폭을 넓혀서 다시 써보면 어떻겠냐는 권유가 있었다. 저자가 알고 지내는 주변 사람들이 제안해 준 것들을 잘 이용해 보라는 말들도 있었다. 그리하여 작은 소책자였던 것이 점차 커져서 결국 현재의 확대판이 된 것이다.

이 책에 대해 말하자면, 동역자들과 마찬가지로 저자는 "약하고 두려워하고 심히 떨리는"(고전 2:3) 마음으로 썼다. 권위와 경험이라는 면에서 볼 때, 많은 사람들보다 부족한 위치에 있어서 권위자와 경험자에게 귀를 기울여야 할 사람은 다름 아닌 자기 자신임을 저자는 잘 알고 있기 때문이다. 그리고 만일 이 방면에서 자기 동역자들보다 더 열

---

[1] *Christian Observer*, March, April, 1828.

심을 냈다거나 더 성실했다거나 하여 뭔가 목회사역에 남달리 성취한 것이 있다고 저자가 우쭐거리기라도 한다면, 이 책이 다루고 있는 주제들은 가슴을 치며 후회할 그런 것이 될 것임을 저자는 잘 인식하고 있다. 저자는 자신이 지금 현재 사람으로서 어떤 상태에 있는가를 말하고 있는 것이 아니다. 오히려 어떤 사람이 되어야 하는가를 말하고 있다. 다시 말하자면, 어떠한 사람이 되어야 한다고 저자는 믿고 있는가를 말하고 있는 것이다. 만일 저자가 『시골 목사』(The Country Parson)의 본을 받아서 자기가 할 수 있는 최고의 목표를 정해 놓았다면, 그것은 "목사는 기껏해야 나무 꼭대기를 겨냥하기보다는, 달이 위협을 느낄 만큼 아주 높이 화살을 쏘아 올려야 하기"[2] 때문에 그렇다. 그래서 저자는 우선 첫째로 자기 자신을 위한 글을 쓰려고 노력했다. 저자 자신의 마음속에 있는 신념의 화살을 하나하나 모두 뾰족하게 깎아놓기 위해서 이 글을 썼다. 즉 "그러면 다른 사람을 가르치는 네가 네 자신은 가르치지 아니하느냐"(롬 2:21) 하는 마음으로 이 글을 쓴 것이다.

저자는 주로 실제 목회 경험에서 예증을 들어 이 주제를 다루었다. 남을 가르치는 강의식보다는, 자신의 동역자들과 함께 겪고 있는 상황에 맞추고 또 관련이 있을 것 같은 상황에 나름대로 적용할 수 있게 하기 위해서였다. 그 뿐 아니라 동료 목사들이 함께 겪고 있는 상황을 이해하고 있으며 또 그들이 가지고 있는 염려에 대해 저자도 같은 입장에 있다는 것을 보여주기 위함이기도 하다. 우리 서로가 비슷한 입장에 있다는 것과 우리 서로가 기도로 간구하는 관심사가 같다는 것을 알고 있고, 무엇보다도 서로의 마음을 누구보다도 잘 알고 있기 때문이다.

---

[2] G. Herbert's Preface to The Country Parson.

이는 세상에 있는 너희 형제들도 동일한 고난을 당하는 줄을 앎이라

　(벧전 5:9).

　이 책의 내용은 각기 다른 교회의 각기 다른 영역을 다루고 있다. 비록 저자가 『교회의 사역』(Ministry of the Establishment)이라는 책을 특별히 참고하고 있기는 하지만(저자는 이 책과 아주 밀접한 관계를 가지고 있다. 그리고 저자 생각에는, 그리스도의 교회[Church of Christ] 교단에서는 이 책을 거의 절대적으로 사용하고 있는 것으로 보인다), 그럼에도 다른 교파에서 존경받고 있는 하나님의 사람들이 쓴 훌륭한 글들을 진심으로 받아들이기를 거부하며 또 그러한 글들이 더 좋은 내용이 되도록 힘써 개선시키기를 게을리 한다면, 저자로서는 매우 유감천만한 일이다.[3] 저자가 너무나 많은 사람을 인용하고 있다는 생각이 든다면, 저자는 (신임이야 그 자체로서는 별로 중요하지 않은 것이지만) 신임을 받고 있는 권위자들의 힘을 빌려 자신의 말을 옹호하고 싶은 마음이 있었기 때문이라는 말로 사과드릴 수 있을 따름이다.

　책임감을 가지고 이 책을 쓰기는 했지만, 결국은 자료들을 적절하게 다루지 못했다는 점을 저자는 깊이 인식하고 있다. 그러나 목회사역에 조금이라도 도움이 될까 하여 진지한 시도를 하고 있다는 점에서, 저자는 이 책이 "그의 허다한 형제에게 사랑을 받게"(에 10:3) 되기를 간절히 바라는 바이다. 이 사역에 그들도 저자와 마찬가지로 헌신하고 있기 때문이다. (재판[再版]이 나올 경우를 대비해서), 보다 나은 재판이 되도록 하기 위해 사사로이 의견을 나눌 수 있는 은혜를 입게 되기를 저자는

---

3 우리 기독교를 당당하게 옹호하는 사람들 중의 하나인 이 사람 속에 깃들어 있는 기독교 정신은 대단히 놀랍다. 이 기독교 정신이 있었기 때문에(이 책에 자주 언급되고 있는) 『필립 헨리의 삶』(Life of Philip Henry)을 자신의 전도서 강해 참고문헌 목록에 수록하였던 것이다. 신앙심이 대단한 개신교인이라면 누구라도 그의 저술을 받아들일 것이다. Wordsworth's Ecclesiastical Biography--Preface p. xviii.

간절히 바라고 있다. 그리고 이 목적을 위해서, 저자는 자신의 거주지를 완전히 개방하는 바이다.

이 책에 대해서 저자는 『시골 목사』의 소원 말고는 다른 소원이 없다. "저 자신에게와 저의 보잘 것 없는 노력을 멸시하지 않을 다른 사람들에게 주님의 뜻을 더하소서. 그리고 제가 살펴보았던 요지에 주님의 뜻을 첨가하사, 이 책이 완전한 목회 지침서가 되게 하소서."[4]

저자 자신을 위해서 한 마디 하자면, 목사 후보생을 위한 책 『학생과 목사』(Student and Pastor)에서 한 저명한 목사가 결론적으로 해주고 있는 격려의 말에 저자는 고무될 것이다.

> 오 큰 사랑을 받은 아들 그대여, 자 이제 당신이 가야 할 길을 가시오. 그리고 그대 몫의 일을 하시오. 활기차게, 기도하는 마음으로, 즐겁게, 그대의 마지막 날까지. 그리고 당신의 마지막 날에 영광의 주님이 그대를 위해 어떤 일을 하실지 기대하면서 기다리시오. 그곳에서 무한한 기쁨을 맛보며, 그대는 하늘의 해처럼 그리고 별처럼 영원히 빛나게 될 것이오.[5]

올드 뉴튼(Old Newton), 스토우마켓(Stowmarket)
1829년 6월 22일

---

[4] Preface to The Country Parson.
[5] Conclusion to Mather's Student and Pastor.

또 각주에도 각주의 필수 구성 요소들 중에서, 즉 저서 이름, 저자 이름, 출판 장소, 출판사 이름, 출판년도, 페이지 중에 한 가지 혹은 두 가지 요소 등이 없는 경우가 상당수 있어서, 이 또한 역자를 당황케 하기도 했다. 역자가 빠뜨린 것이 아님을 독자께서 헤아려주시기 바란다.

이러한 모든 것들은, 하나에서부터 열까지 수작업을 할 수밖에 없었던 시대의 당연한 산물이라 생각한다. 그러나 상당히 많은 책 분량에 비하면, 이 정도의 오류의 발견은 그렇게 많은 것은 아니라 할 수 있지만, 역자를 당황케 하기에는 충분한 것이었다.

본인이 미국 유학 당시에, 20세기에 다시 출간된 19세기 목사의 저서들을 세미나 논문을 쓰기 위해 적잖이 읽었는데, 그런대로 별 어려움 없이 잘 읽어냈던 기억이 있다. 이 책을 번역하면서 지금 생각해 보니, 그것이 모두 출판사 직원들의 수고 덕분이었음을 깨닫게 됐고, 출판인들에게 더욱 큰 감사의 마음을 갖게 되었다.

역자는 저자의 글을 그대로 옮기려 했다. 그 결과, 우리가 살고 있는 현대의 저자들이 우리 입맛에 맞게 쓴 부드러운 글과는 달리, 다소 읽기에 딱딱한 표현들이 있을 것이다. 그럼에도 현대의 목회학 서적이 다루고 있는 내용을 거의 다 포괄하고 있는 책이 19세기 중반에 이미 써져서 출판되었다는 사실에 감탄하였다.

이 책의 추천사를 써주신 김영욱 박사님, 김상구 박사님, 특별히 라틴어 번역에 도움을 주신 김광채 박사님께 감사를 드린다. 아울러 이 책이 21세기의 많은 한국 목사들과 신학생들, 그리고 이 분야에 관심이 있는 독자들에게 많이 읽혀져서 목회 현장에서 실천되어 많은 열매가 맺혀지기를 선교지 캄보디아에서 조국 교회의 부흥을 간절히 바라는 마음에서 번역했음을 밝히는 바이다.

2014년 3월 캄보디아, 몬둘끼리 선교지에서
이영란 識

역자 서문

    본서는 역자가 지금까지 번역한 책 중 스트레스를 가장 많이 받은 책이다. 적어도 이 책의 초반부를 번역할 때까지는 그랬다. 그 이유는, 이 책이 19세기 중반에 출간된 책이라, 현대의 컴퓨터로 작업한 원고와는 전혀 차원이 다른, 완전 수작업의 원고였기 때문일 것이다.

    구문론적으로 볼 때, 어떤 문장은 본동사도 없이 수많은 부정사의 나열만으로 거의 한 페이지를 차지하기도 했다. 현대의 저자들이 간결한 문체를 즐겨 쓰는 것과 대조적으로, 옛 시대의 저자는 만연체의 문장을 씀으로써 저자 자신이 가지고 있는 지식의 정도를 독자들에게 약간 높게 보이고 싶은 욕구를 은근히 드러냈을 수도 있을 것이다. 어쨌든 그것은 저자의 바램이고, 이렇게 터무니없이 긴 문장의 경우에 역자가 나름대로 판단을 하여 문장을 적절히 잘라서 부정사를 본동사로 번역했다. 그렇게 해도 문장의 뜻을 표현하는데 큰 무리가 없었기 때문이다.

    또 구두점 사용의 관점에서 볼 때, 어떤 문장은 여는 따옴표는 있는데 닫는 따옴표가 없어 저자가 인용한 범위를 알 수가 없는 것들이 있었고, 이와 반대로, 어떤 문장에서는 닫는 따옴표는 있는데 여는 따옴표가 없어서 그 인용문이 어디서부터 시작하는지를 정확히 알 수 없는 문장도 있었다. 그런 경우는 번역자의 자유재량으로 판단하여 적당한 곳에 여는 따옴표 혹은 닫는 따옴표를 붙이지 않을 수 없었다.

감사의 글

캔터베리 대주교께 이 책을 헌정하나이다.

내 주여!

이『청교도 목회학』의 개정판을 각하에게 헌정할 수 있도록 친절히 허락하여 주시기를 간청하나이다. 특별히 거의 20년 동안 교회에 나타났던 저 원칙들에 대주교의 인장을 찍어 주시니 그 친절을 느낍니다. 이 책의 첫 번째 출판이 마음조이는 책임감의 작업이었다면, 오늘날에 이르기까지 그 확대 과정에서는 그 부담감이 훨씬 더 커졌습니다. 거룩한 우리의 직분을 위한 추진력이 지금보다 더 필요한 때는 없습니다. 그리고 성경 기준의 강력한 영향력으로 이 사역에 활기를 불어넣어야 하는 일이 더 중요한 때도 없습니다.

우리 주변에 있는 나라들이 흔들리고 있는 이때에, 사랑하는 교회와 국가를 위해 보장된 단 한 가지 소망은, 우리 교회와 국가에서 참 기독교 신앙이 발견될 수 있다는 점입니다. 이 보장이 복음을 신실하게 전파하는 일과 얼마나 깊이 연관되어 있는지를 각하에게 굳이 상기시켜 드릴 필요가 있겠나이까? "땅과 그 모든 거민이 소멸되리라"(시 75:3). 진실로 헌신된 그리스도의 사역자가 (이들의 수가 크게 늘어나게 하소서)

"그들이 그 기둥을 받치도다"[1] 라는 말을 듣게 하소서.

각하께서 하나님의 지혜와 사랑으로 충만하시어 일꾼들을 분발시키시고 그들의 미숙함에 조언을 주시며 그들의 소망을 격려해 주소서.

이것이 각하의 은혜를 많이 입은 사랑하는 종 찰스 브리지스의 뜨거운 기도입니다.

1849년 3월, 올드 뉴턴(Old Newton) 목사관에서

찰스 브리지스

---

[1] 시 75:3. "사랑하는 우리 교회가 그 위대함과 그 위로를 보유하고 있다면, 사역자들은 신앙만 있어도 교회에 남아 있게 될 것이다. **그리고 그 신앙의 주요 도구는 언제나 교구 목사들일 것이다.**" Archbishop of Canterbury's Charge (체스터[Chester] 감독 시절), 1829.

The Christian Ministry

- 목 차 -

추천사(김영욱 박사, 아세아연합신학대학교 총장) • 5
추천사(김상구 박사, 백석대학교 교수) • 7
발간사(박영호 박사, CLC 대표) • 9
저자 서문 • 11
역자 서문 • 15
감사의 글 • 17

제1부 목회사역의 개관(槪觀) • 23

1장 하나님이 교회와 그 사역을 제정하시다 • 25
2장 목회사역은 존엄성이 있다 • 33
3장 목회사역의 용도와 그 필요성 • 39
4장 목회사역의 시련과 어려운 점 • 45
5장 목회사역이 주는 위로와 격려 • 57
6장 목회사역의 자격 요건들 • 67
7장 목회사역을 위한 준비 • 81

제2부 목회사역에 성공이 적은 일반 원인 • 133

1장　목회 성공의 성경적 보장과 그 성격: 성공 부족의 징후들 • 135
2장　하나님의 권능 유보: 목회 성공 부족의 주요 원인 • 145
3장　육적인 마음의 적개심: 목회 성공 부족의 주요 원인 • 153
4장　사탄의 힘: 목회 성공의 주된 방해물 • 157
5장　목회 성공의 지역적인 방해물들 • 161
6장　하나님의 부르심의 결핍: 목회사역 실패의 주요 원인 • 167

제3부 목사 개인의 인격과 관련된 비효과적 목회의 원인 • 187

1장　목회사역에 대한 온 마음과 전적 헌신의 부족 • 189
2장　세상을 따름 • 199
3장　사람에 대한 두려움 • 215
4장　자기부인의 부족 • 223
5장　탐욕의 풍조 • 241
6장　혼자 있는 시간을 소홀히 하는 것 • 251
7장　영적 교만의 영향 • 263
8장　개인 신앙의 결여 또는 결핍 • 269
9장　가족의 신앙 결여: 목사 가족과 사역 간의 연결 결여 • 285
10장　믿음의 부족 • 297

The Christian Ministry

제4부 목회사역의 공적 임무 • 313

1장 설교의 제정과 그 중요성 • 315
2장 설교 준비 • 321
3장 율법 설교의 성경적 방법 • 367
4장 성경적인 복음 설교 • 393
5장 성경적인 설교 방법 • 459
6장 성경적인 설교 정신 • 477

제5부 목회사역의 목양 임무 • 543

1장 목양 임무의 성격과 그 중요성 • 545
2장 목양 사역에서 사례 다루기 • 569
3장 환자를 위한 심방 • 603
4장 청소년 목회 • 615
5장 성례에 관한 교훈 • 675
6장 성도의 교제와 성직 • 685
7장 돕는 자들의 직임과 사용 • 703
8장 잡무 • 715

제6부 기독교 성직을 회고하다 • 725

The Christian Ministry

제1부

목회사역의 개관(概觀)

The Christian Ministry

1장

하나님이 교회와 그 사역을 제정하시다

    교회는 하나님의 성품의 광채를 온전히 반사해 주는 거울이다. 이것은 대단한 장관이다. 그 장관 속에서 여호와 하나님의 완전하심이 우주 전체에 드러난다(엡 3:10). 즉 교회사에서 등장했던 일련의 큰 사건들은 모두 하나님의 계시인 것이다. 이렇듯 교회에 계시를 나타내시고, 무엇보다도 "예수 그리스도의 인격 속에 있는 하나님의 영광"을 나타내셨기 때문에, 천사들조차 자세히 들여다보고 싶어 할 만한 전혀 새로운 주제들이 생겨나게 되었다(벧전 1:12).

    교회를 세우실 때 사용하신 수단 또한 그 위대한 창시자의 지혜를 잘 보여주고 있다. '모든 약한 것들을 고치는 권능'을 나타내서서 중대한 목적, 즉 '그 어떤 육체도 하나님 앞에서 영광을 가로채지 못하게 하시겠다는' 목적을 효과적으로 달성하고 계신 것이다. 한 무리의 사람들이 하나님의 교회의 기초를 놓고 그 위에 구조물을 쌓는 위대한 작업에 헌신하였다. 겨우 열두 명밖에 안 되는 사람들이 사명을 받아 최초의 교회를 구성하였던 것이다. 그 교회는 "임마누엘의 땅"이라 일컫는, 얼마 안 되는 좁은 땅덩어리 이내로 국한되었다. 그러나 후에는 축복의 약속에 따라 "모든 족속"에게까지 확대되었다(마 10:1-6; 28:18-20; 막 16:15; 눅 24:47). 사도들에게 부과된 사역 내용이 늘어남에 따라, 그에 맞추어 일꾼들의 수를 늘려야 할 필요성이 생겼다. 이 절박한 사정을 해결하기 위하여, 위대한 중보자께서는 그분 자신이 주신 사명을 능히 감당할 수 있는 권능을 충성스러운 일꾼들에게 주셨다(요 20:21). 그리하여 절대적인 권위를 가지고서 사도들은 '모든 교회에 장로들을 임명하였다.' 성령의 임명을 받아 장로들은 양떼를 감독하는 사람들이 되었다(행 6:1-6; 14:23; 20:28). 사도들은 계속해서 다른 이들에게 임명권을 맡겼는데(딤후 2:2; 딛 1:5), 이는 한 특별한 약속대로 교회의 사역이 계속되어나가게 하기 위함이었다. 그 특별한 약속이란 다름 아닌, "세상 끝날까지"(마 28:20) 이 사역이 계속될 것이란 점이다.

주님이 자신이 가지신 최고 권한을 인간들에게 완전히 이양하신 것은 아니었다. 그러나 주님이 자기 도구로 쓰실 사람들을 선택하심에 있어 장인(匠人)만이 가질 수 있는 정확성을 행사하셨다. 사실 굳이 도구를 사용하실 필요는 없었다. 그럼에도 자신이 내린 명령을 수행할 위임자를 선발하시고 자신의 인성을 대표할 사람들을 선발하신 것은 은혜로운 조치였다. 우리 자신과 똑같은 연약함을 가진 다른 인간들을 섬김으로써 우리가 마땅히 보여야 할 겸손을 행하게 하신 것이며, 이렇게 서로의 유익을 위해 굳게 결속하는 일에 우리가 사랑을 행하게 하신 것이었다.[1] 그것이 은혜이다.

> 그리하여 우리 구원 여정의 발자국마다 무한한 위엄과 지혜 그리고 선함의 자국이 새겨져 있다. 많고 많은 사람들 중에 죄 많고 연약한 이 사람들

---

[1] Calvin's Institute, Book iv. c. iii. 1을 보라. Leighton's Exposition of Isaiah 6:8, vol. ii. 406, 407, Jerment's edition과 비교해보라.

이 이 위대한 사역에 이바지하도록 하셔서, 수많은 인간들이 그리스도를 만나게 하신 것이다. 세상 지혜에게는 미련하게 보일 '전도의 미련한 것으로' 하나님께 선택받은 사람들이 부르심을 받아 예수께로 나왔으며 구원의 지혜를 얻게 된 것이다. 가난한 자들의 두 손 안에 쥐어져있는 생명의 말씀으로 말미암아 이들에게 생명이 전해졌다. 또한 같은 방법으로, 이 생명이 보존되고 발전되었던 것이다.[2]

교회의 머리되신 예수 그리스도는 자신의 진리를 보관할 곳으로 세 가지를 제정하셨다. 악의에 찬 공격이 있을 것에 대비해서, 그분의 섭리 가운데 성경 속에 그것을 보관해 놓으셨다. 또한 배교가 널리 퍼져 있는 것이 분명한 상황 아래서는, 그리스도인의 마음속에 성령의 전능하신 능력으로 진리를 보관해 놓으셨다(왕상 19:18; 롬 11:4-5). 그리고 주님은 오고 오는 세대에서 교회를 가르치고 양육하기 위해 목회사역 가운데도 '질그릇 속에 보화를' 저장해 놓으셨다.

거룩한 이 직분은 적법한 권한을 가진 대리인을 통해 하나님의 부르심을 받은 사람들에 의해서 수행되며(갈 1:1; 행 13:2-3), 하나님께서는 이들을 믿으시고 풍성한 축복을 책임 있게 행사하도록 이들에게 맡겨놓으셨다(딛 1:11). 할 수 있는 최고의 섬김을 자기 형제들에게 시행하도록 하신 것이다. 그 이유는, 이 일이 구주의 영광과 매우 밀접하게 관련되어 있기 때문이다. 이 직분이 가진 포괄적인 성격으로 보건대(엡 4:7-16), 이 직분을 도입하는 일이 얼마나 위엄 있는 것인가 하는 것은, 시내 산에서 여호와 하나님이 영광스러운 모습으로 강림하셨다가 하늘로 올라가셨던 일에서 이미 예시되었던 듯하다(시 68:7-18; 엡 4:8-10).

처음 교회에 허락하시고 제정해서 교회에 주신 더 없이 귀중한 이

---

[2] Leighton on 1 Peter v. 2.

선물은 하나님의 아들이 행하신 중보 사역에 속한 것이다. 즉 이 사역은 낮아지신 그분을 희생으로 하여 우리 것이 된 것이며, 이 사역은 그분의 영광을 직접 부여해주신 결과물인 것이다(엡 4:8-10).

이 직분이 수행 능률성이 있을 뿐만 아니라 대단한 탁월성까지 있다는 것은, 목회사역이 다양하게 분화되고 있는 현상에서 잘 나타나고 있다(엡 4:11-12). 이 직분은 도구이다. 이 도구로 말미암아 교회가 누리는 특권은, 교회가 그 영광스런 머리와 연합한다는 것과 다양한 관계 속에서 지체들이 교제를 나누며 피차 의지할 수 있다는 것이다. 그리하여 몸은 "하나님의 아들을 믿는 것과 아는 일에 하나가 되어 온전한 사람을 이루어 그리스도의 장성한 분량이 충만한 데까지 이르"(엡 4:12-13)게 되는 것이다.

각 지체는 이 제도가 정착하는데 이바지한다. 신앙고백을 했는데도 이리 저리 물결치는 대로 흔들리는 것은 주로 교리상의 오류나 실천상의 오류와 관계가 있는데, 이러한 것은 강력하게 물리쳐야 한다. 파당 정신은 사랑이 충만한 분위기 속에서는 녹아 없어지는 법이다(엡 4:14).

몸은 "그에게서 온 몸이 각 마디를 통하여 도움을 받음으로 연결되고 결합되어", "범사에 그에게까지 자라"가는데, 지체들이 여러 모양으로 분배받은 은사들을 서로 공유함으로써 몸은 자라가는 것이다. 또 지체 각자가 전체의 유익을 지나치게 생각한 나머지, 그만 자기 자신만의 고유한 개성을 쉽게 잊어버리기 쉽다(엡 4:15-16).

목회사역을 이렇게 전체적으로 보면, 오직 하나님만이 그 창시자임이 분명하다! 한 기계가 여러 가지 큰 목적들에 고루고루 잘 맞게 돌아가도록 설계할 생각을 해낸다는 것은 결코 쉬운 일이 아니다. 그 기계가 이바지해야 할 것은 바로 교회의 완성이요, 세상의 갱생이다.

만일 그 기계가 완벽하게 효과적으로 돌아가고 있기만 하다면, 교회는 세상에게 아주 중요한 축복된 존재가 될 것이다. 칠흑과 같이 어두운 세상에 복음의 빛과 생명을 쏟아 붓는 굉장한 매개체가 될 것이다. 넓디넓은 세상의 구석구석에 얼마나 막대한 도덕적 영향력을 펼칠 수 있을 것인가! '제 정신이 아닌 사람들을' 지혜롭고 온유하게 다스린다면, 심지어 이 세상의 정치적인 격동까지도 다스릴 수 있을 것이다! 한량없이 흐르는 국가적 축복, 사회적 축복, 개인적 축복이 하나님이 제정하신 이 통로를 통하여 우리 자신의 땅은 물론이요, 모든 나라에까지도 전해질 것이다!

이 위대한 대리기관, 즉 교회 체제 안에서, 하나님의 뜻이 교회 행정이 추구하는 여러 목적과 결합되어 있다는 예증을 찾아볼 수 있을 것이다. 이 거룩한 직분은 성삼위 하나님으로부터 시작되었다. 즉 "모든 것이 하나님께로 났으며 그가 그리스도로 말미암아 우리를 자기와 화목하게 하시고 또 우리에게 화목하게 하는 직분을 주셨다"(고후 5:18). 또한 우리가 이미 본 바대로, 높임을 받으신 그분의 아들을 우리에게 선물로 주셨는데, 이는 그 아들이 승천하시기 이전에 하나님께서 교회에게 약속하신 것이었다(마 28:19-20). 그것은 "만물을 충만하게 하려"하시는 그분의 영광스러운 권능의 첫 번째 조치이기도 하였다(시 68:18; 엡 4:10-11).

모든 일마다 그분이 이 지상명령에 함께 하시겠다는 말씀으로 인치셨다(갈 1:1). 동시에 이 직분을 "성령의 사역"(고후 3:9)이라고 강조하여 불렀다. 이 사역에 우리를 불러 일을 시키시는 것은 그분의 권한이다(행 13:2). 목회사역 속으로 우리를 이끄시는 것도 그분이 인도하심이다(행 16:6-7). 그리고 필요한 은사와 은혜를 공급해 주시는 것도 성령의 권능이다(고전 12:7-11). 그러므로 복음의 사역은 말씀의 깊이와 신비함을 더욱 드러내는 것이다(고전 12:4-6).

우리의 사역 속에서 성삼위 하나님께서 각각 독특하게 영광을 받고 계신다. 목회사역은 각각의 삼위 하나님과 동등한 관계를 맺고 있으며, 또한 각각의 삼위 하나님께 의존하고 있기도 하다. 사역은 또한 삼위 하나님 각자에게 동등한 영광을 돌리고 또한 그분들을 각각 섬긴다. 그러니 이 신성한 지상명령의 원천이 영원한 보좌의 발등상에게까지 거슬러 올라간다고 하면, 우리는 얼마나 겸손한 마음으로 이 엄중한 의무를 감당해야 하겠는가!

"화로다 나여 망하게 되었도다 나는 입술이 부정한 사람이요 나는 입술이 부정한 백성 중에 거주하면서 만군의 여호와이신 왕을 뵈었음이로다"라고 한 선지자는 말하였으며, 그는 하나님의 거룩한 음성에 "내가 여기 있나이다 나를 보내소서"(사 6:5-8)라고 응답하였던 것이었다.

사도 중의 으뜸이라고 할 수 있는 바울조차 "누가 이 일을 감당하리요"(고후 2:16)라고 말할 뿐, 자기가 맡은 책임감이 막중함을 달리 어떻게 표현하지 못하는 것도 이상한 일이 아니다.

인간이나 천사 중, 그 누가 비밀 속에 감춰져 있는 하나님의 지혜를 열기에 합당할 것인가?

'말할 수 없는' 그것을 그 누가 온전하게 말할 수 있겠는가?

'지식에 넘치는' 그것을 그 누가 알게 할 수 있겠는가?

영혼을 돌보는 이 두려운 일을 누구라서 감당할 수 있겠는가?

기술과 능력을 둘 다 균형 있게 가지고 있는 사람이 도대체 누가 있단 말인가?

누구라서 이렇게 방대한 사역을 지도하고 지원해줄만한 마음과 기질을 가지고 있을 것인가?

만일 우리들의 기를 꺾기에 족한 이 질문들에 대해서 "내 은혜가 네게 족하도다"(고후 12:9)라고 우리 주님이 친히 약속으로 대답해주지 않으셨다면, 그리고 만일 "우리의 만족은 오직 하나님으로부터 나느니라"(고후 12:9)고 우리 믿음의 체험이 명백하게 증거하고 있지 않다면, 정신이 온전한 자 그 누구라서 이렇게 두려운 사역을 시작할 수 있을 것인가? 혹시 시작했다 하더라도, 그 누구라서 이 사역을 계속할 수 있을 것인가?

그러나 모든 인간이 가진 권위를 모두 합한 것 그 이상의 무한한 권능으로 이 신성한 직분에 각인된 이 강권은 또 얼마나 엄위한 것인가!

이 직분이 가진 사명을 거부하는 데서 오는 죄책감은 또 얼마나 클 것인가!

> 너희 말을 듣는 자는 곧 내 말을 듣는 것이요 너희를 저버리는 자는 곧 나를 저버리는 것이요 나를 저버리는 자는 나 보내신 이를 저버리는 것이라(눅 10:16).

The Christian Ministry

2장

목회사역은 존엄성이 있다

　목회사역의 기원이 하나님께 있다는 것 자체만으로도, 목회사역에는 이 땅 위의 그 어떤 영광이나 존귀보다 훨씬 뛰어난 위엄이 있다는 것을 알 수 있다. 믿음이 없어 이 사역을 비웃는 자라 할지라도, 이 사실만큼은 결단코 격하시킬 수 없을 것이다. 이렇게 엄중한 준비 단계를 거쳐 교회의 승인을 받아 세상에 나온 기관의 지위가 낮을 리가 없다. 인간에 대해 정통하게 알고 있으며, 불멸의 영혼들을 돌보는 일을 맡고 있으며, 세상을 바꾸고 교회를 세우기 위해 제정된 주요 도구인, 이 기관의 지위가 낮을 리가 결코 없다. "하나님의 동역자"[1]라는 직분

---

[1] 고전 3:9; 고후 6:1. 이러한 연상은 다른 사역자와 함께 일하는 사역자라는 뜻이라기보다는 하나님과 함께 하는 사역자를 가리킴이 분명하다. 롬 16:3, 9, 21; 빌 2:25, 4:3; 몬 1, 24절과 비교해 보라. "그러나 모든 것이 하나님께로부터 나왔다." 이러한 협력이 "하나님이 우리 안에 역사하사 뜻을 두고 행하게 하시기" 때문이다. 일을 하기 위해 필요한 힘은 자연적으로 생기는 것이 아니라 주어지는 것이다. 이 힘이 근본적으로 주어지는데, 혹은 그 힘을 증진시키는데 "동역자"들의 역할은 없는 것이다. "하나님이 혼자 하실 수 있지만 우리 인간을 동역자로 선택하시고 사용하였다"(Eximium elogium Ministerii, quod, cum per se agere possit Deus, nos homunciones tanquam adjutores adsciscat, et tanquam organis utatur).

은, 영원하신 하나님의 보좌 가장 가까이에서 섬기는 천사장에게 주어진 영광처럼 그렇게 뒤떨어지는 영광이 아닐 것이다. 이 사역은 소명과 사명이며, 그리고 이 지상에서 사셨던 주님이 그 삶의 마지막 몇 년 동안에 행하셨던 영광스럽고 기쁜 일이기도 하였다. 그리고 이 사역은 주님의 교회에 항상 있어야 할 것으로서, 또한 말세에 자신의 뜻을 나타내실 매개체로서 주님 자신이 제정하신 것이었다.

바르게 판단하였던 칼빈은 다음과 같이 말하였다.

> 교회 위에 군림한 다음에 교회 정부의 통치권을 빼앗아 독점하라고 주님이 자기 사역자들을 가르치는 설교 사역에 부르신 것은 아니었다. 오히려 주께서 사역자들의 부지런한 충성심을 사용하셔서 같은 사명을 받은 사람들을 주님과 사귀게 하시기 위함이었다. 사람들이 하나님의 아들의 인격을 나타내도록 교회를 감독하는 것은 굉장히 훌륭한 일이다.[2] 그러나 이 거룩한 사역의 높은 위상은 이 세상에 속한 것이 아니라(요 18:36), 하나님 나라에 속한 것이다. 그러므로 사역의 위상은 사라져가는 이 헛된 세상의 번쩍거림 때문에 출중한 것이 아니라, 영원한 결과 때문에 고귀한 것이다. 이 영원한 결과는 심지어 현재에도 영향력을 끼쳐 가장 견실하고도 오래 지속되는 행복을 생산해 낸다.[3]

Calvin on 1 Cor. iii. 9.

[2] Calvin on John iii. 29.

[3] Burnet은 거룩한 직분의 영광스러운 임명을 예화를 들어 아름답게 묘사하고 있다. Pastoral Care, ch. 1. 또한 Chrysostom De Sacerdotio, Book iii와, 보통은 크리소스톰의 저서에 뒤따라 나오는 Gregory Nazienzen의 Oration, 그리고 Bowlers의 Pastor Evangelicus, 1665. 12mo. Pref.를 비교해 보라. 한 옛 저자는 교회 직분의 위엄과 그 유용성에 대해 성경에 나오는 명칭을 43개나 부연 설명하고 있다. Sal. Terræ. cap. ii. by T. Hall. 12mo. Francof. 1658. 또 다른 저자는 사역의 '다양한 운영'에 적용되는 명칭을 60개 정도 열거하고 있다. Hottingeri Typus Pastoris Evangelici. 12mo. Basil. 1741. 어느 종교 개혁자의 말에는 귀중한 교훈이 들어있다. "가르치는 직분과 섬기는 직분의 명칭에 대하여 주의해야 한다"(De nomine observandum-vocari Ministerium non Magisterium). Buceri De Vi et Usu S. Min.

"다른 사람들에게 하나님의 진리를 비추는 거울이 된다는 것은, 또는 그 진리의 전달자가 될 만큼 영혼에 조명을 받았다는 것은, 이 현세에서 인간이 가질 수 있는 최대의 행복이라고까지는 할 수 없다 할지라도 최고의 위상"4임에는 분명하기 때문이다. 이 최고 소명 때문에 생기는 염려와 불안은 자신의 자부심을 높이기는커녕, 오히려 자신을 낮추게 하고 공손한 태도를 가지게 하는 성향이 있다. 이렇게 숭고한 직분으로부터 우리가 주춤거리며 뒤로 물러날 수 있겠는가? 이렇게 고귀하고 거룩한 것들을 다루는 직분으로부터 우리가 뒷걸음칠 수 있겠는가? 우리는 이미 죽은 자들로서 다른 이들에게 생명을 전하는 것이다. 그렇게 타락했던 우리가, 이제는 이렇게 순전한 임무를 수행하며, 죄를 씻어 맑게 하는 자가 된 것이다! 이 영광을 자기 자신의 더러움과 비교해 볼 때, "화로다 나여 망하게 되었도다 나는 입술이 부정한 사람이"(사 6:5)라고 옛 선지자는 외치지 않을 수 없었던 것이다. 이 막중한 지상명령을, 이 중차대한 위임을, 어찌 우리가 생각이나 해볼 수 있었겠는가? 도무지 감당하지 못할 은혜라고 밖에는 말할 수 없다(엡 3:8; 딤전 2:12).

그러므로 이 사명의 거룩한 위엄을 기억하여, 좀 더 신중하게 우리의 사역들을 감당하자.

윌슨 감독은 이렇게 말했다.

> 목사란 모름지기 인간으로서의 위엄을 가지고 행동해야 한다. 그리고 위엄을 가진 사람은 하나님의 권위를 가지고 행한다.5

---

4 Mather's Student and Pastor, p. 161.
5 Sacra Privata 고후 5:20을 비교해 보라.

우리가 사람들에게 어떤 말을 할 때, 우리는 하나님을 대리해서 말하고 있다는 사실을 기억해야 한다. 이것이 우리 직분에게 주어진 성경적인 참 표준이다.

위대한 사도 바울은 말한다.

> 오직 하나님께 옳게 여기심을 입어 복음을 위탁 받았으니 우리가 이와 같이 말함은 사람을 기쁘게 하려 함이 아니요 오직 우리 마음을 감찰하시는 하나님을 기쁘시게 하려 함이라(살전 2:4).

사명은 또한 의무들을 책임 있게 수행해야 하는 것과도 관련이 있다. 우리는 위엄성을 잃지 않아야 한다. 이 엄위하신 소명의 제약 아래서 우리가 살고 있기 때문이다.

> 너희는 세상의 소금이니 소금이 만일 그 맛을 잃으면 무엇으로 짜게 하리요 후에는 아무 쓸 데 없어 다만 밖에 버려져 사람에게 밟힐 뿐이 니라 너희는 세상의 빛이라 산 위에 있는 동네가 숨겨지지 못할 것이요…이같이 너희 빛이 사람 앞에 비치게 하라(마 5:13-16).[6]

이 말씀은 우리 주님이 주신 권면의 말씀으로서 아주 인상적이다. 또한 사도 바울도 믿음과 자기부인(自己否認) 그리고 기도를 매일 행하라고 말하였다.

> 네 속에 있는 은사 곧 장로의 회에서 안수 받을 때에 예언을 통하여 받은 것을 가볍게 여기지 말고(딤전 4:14; 딤후 1:6).

---

[6] 마 5:13-16. 생활과 교리에 있어서, 목사의 의무에 대한 Taylor 감독의 첫 번째 설교의 결론 부분에 나와 있는 각성의 호소력을 보라. Works. vol. vi.

퀘스넬(Quesnel)은 다음과 같이 말했다.

> 어떤 용기를, 어떤 담대함을, 어떤 자유를, 감독이나 목사가 이 엄중한 사역으로부터 부여 받아야 마땅하겠는가? 자기 자신의 유익을 위해서가 아니라 교회의 유익을 위해서, 자만심으로 목회를 하는 것이 아니라 충성심으로 목회를 하고, 목사가 세상적인 수단을 사용하는 것이 아니라 하나님의 갑주를 사용하고 있는 동안에, 그러한 것들을 얼마만큼이나 주어야 하는가?[7]

"우리가 목회사역을 등한히 여기기 시작하는 그 순간, 우리의 오른팔은 말라버려 오직 무능과 무기력함만이 남을 뿐이다."[8] 그렇지만 복음의 격려를 받아 이 위엄의 무게가 주는 부담감을 덜기 바란다. 성령의 역사와 의의 역사는 복음 안에 나타난 하나님의 경륜의 지고한 영광을 이루는 구성요소다. 사도바울은 어느 것에도 견줄 수 없는 우월성을 사역이 가지고 있음을 보여준 후, "그러므로 우리가 이 직분을 받아 긍휼하심을 입은 대로 낙심하지 아니"(고후 4:1)한다고 말하고 있다.

따라서 우리의 직분에게 주어진 위엄성에 대하여 정교하게 형성되고, 신중하게 유지되고 습관적으로 행사되는 감각은 대단히 중요한 것이다. 해야 할 각종 사역을 고려하고 또 선택해야 할 때 이러한 감각이 있음으로 해서, 교회의 일관성의 수준은 올라가는 것이다. 목사에게 적합하지 않은 것은 목회를 준비하고 있는 신학생들에게도 적합하지 않음은 물론이다. 인식이 제대로 되어 있으면, 실제로 임무를 수행할 때 마음의 준비가 되어 있어 좀 더 굳건하고도 전폭적인 헌신을 하게 될 것이다. 그리고 사역자의 인격 전체가 점점 하나님 나라의 특성에

---

[7] On 2 Cor. iii. 8. Daven의 골 1:1에 관한 주해를 비교해 보라.
[8] Hall on the Discouragements and Supports of the Ministry, p. 51.

맞게 틀이 잡혀갈 것이다. 즉 자신이 우쭐거리고 의기양양해 하는 것이 아니라, 다른 사람들이 칭찬하게 될 것이다. 그래서 결국 인격의 품위는 지위의 위상에 상응하게 될 것이다. 가장 비천한 인간의 겸손과 그 직분이 완벽하게 조화를 이루어, 이 직분은 "존귀하게 될 것이다"(롬 11:13). 그리고 순전한 겸손을 행할 때보다 인간의 겸손이 더욱 탁월하게 드러나는 때는 없을 것이다. 이러한 고귀한 책임을 맡은 종이 "무익한 종"[9]으로서 자신을 드러내지 않고 먼지 속에 가려져 있는 것이다.

---

9 Philip Henry의 생각은 그가 가진 고귀한 직분에 참으로 합당하였다. 그는 자신이 안수를 받는 날에 다음과 같이 썼다. "나는 오늘 앞으로 내가 무슨 일을 해야 하는지 알고 있는 만큼의 **많은 영광과 일감**을 받았다. 주 예수께서는 알맞게 공급해 주시는 분이시다!" 그가 마음에 새기기를 바랐던 두 성경 구절이 있는데 고후 6:4-5과 대하 29:11이 그것이다. 그리고 이러한 생각은 대단한 겸손을 계속 유지해 가는데 큰 영향을 끼쳤을 것이다. 그는 아주 미천한 직분을 맡았을 때에도 "마치 자신이 그 나라에서 가장 크고도 가장 중요한 교구의 감독을 맡고 있기라도 한 것처럼 그는 여전히 근면과 열정을 가지고 일할 각오가 되어 있었다."-P. Henry's Life, (Williams's Edition) p. 38. Chalmers 박사는 이 책을 "우리 언어로 쓴 가장 귀중한 신앙인 전기 중의 하나"로 소개하고 있다. 오! 하나님의 교회에 모든 영역마다 이런 목사들을 많이 보내 주소서!

3장

목회사역의 용도와 그 필요성

목회처럼 활동으로 구성된 사역의 성격은 그 사역이 관여하는 대상이나, 그 사역의 목적 혹은 범위를 통하여 알 수 있는데, 이 경우 그 사역의 대상은 하나님과 사람들 모두임을 우리는 반드시 알고 있어야 한다.

자신이 제정하신 교회의 공적 예배를 받으시는 분은 하나님이요, 교회의 훈육이 정하는 바에 따라 능히 축복을 받는 것은 인간이다. 그러므로 이런 종류의 일에 우리가 전심으로 애를 쓰는 것은 하나님께 영광을 돌리고자 함이요, 또한 사람들을 구원코자 함이다.[1]

말씀사역은 교회를 심고 교회에 물을 주기 위해 제정되었다(고전 3:6). 각 교회에 편지들이 보내졌는데, 이들 교회들은 복음 전도를 통해서 세워진 교회들이었다. 입으로 복음을 전할 사역의 장소를 마련하기 위해, 그 교회들의 질서와 연합을 회복시키기 위해, 또 각 교회들을 확고

---

[1] Hooker, Book v. 76. 교회에 대한 하나님의 뜻이 이 두 가지 목적들을 매우 조화롭게 결합시키고 있다. 즉 "내가 나의 영광인 이스라엘을 위하여 구원을 시온에 베풀리라"(사 46:13).

부동한 믿음 안에 세우기 위해, 그리고 그들을 그리스도의 완전함에까지 나아가도록 하기 위해서, 이 편지들을 썼던 것이다. 이 편지 속에서 언급된 몇 사람들 역시 이 사역의 열매들이었다.

디모데와 디도, 그리고 빌레몬은 바울의 사역을 통해 "그리스도 예수 안에서 낳은" 사람들이었다. 아마도 "택하심을 입은 부녀와 그의 자녀들"과 사랑하는 가이오도 요한이 사도임을 입증해주는 사람들이었을 것이다.[2]

이렇게 복음을 선포하는 것은 교회 전체와 개별적인 지체들이 각자의 형편에서 지속적으로 진보를 하기 위함이다. 복음이 선포되는 이유는 "성도를 온전하게 하여 봉사의 일을 하게하며 그리스도의 몸을 세우려"(엡 4:12)함에 있다. 교회의 기초를 놓아야 했을 뿐만 아니라, 그 위에 건물을 세워야 했다. 초보적인 진리를 완전의 단계에까지 끌어올려야 했다(고전 2:6; 히 6:1-2). 흥왕하고 있는 교회들이라 할지라도 끊임없는 감독이 필요했다.

말씀사역은 데살로니가 교인들의 "믿음에 부족한 것을 보충"(살전 3:10-11)하기 위해 처방된 치유책이었다. 베드로는 두 번째 편지를 "이미 진리에 서 있는" 사람들에게 썼지만, 그러나 그 때문에 "항상 너희에게 생각나게 하는"(벧후 1:12) 일을 게을리 하지 않겠노라고 하였다. 그 같은 이유로, 사랑하는 제자도 교회에게 쓰기를, "너희가 진리를 알지 못하기 때문이 아니라 알기 때문"(요일 2:21)이라고 하였던 것이다.

그러므로 이 거룩한 직분의 일차적인 용도는, 우리가 이미 살펴본 바와 같이, 머리로부터 몸의 여러 지체들에게로 의사를 전달하는 통로가 되고자 함이다. 좀 더 구체적인 용도는 이 직분에 대한 성경의 다양한 예증들로부터 쉽게 찾을 수 있을 것이다. 다양한 비유들은 각각 이 직

---

2 몇 통의 편지에서 이 사람들에게 보낸 인사말 부분과 빌레몬 19절을 보라.

분의 성질, 그리고 이 직분의 필요성과 관련이 있다.

만일 교회를 양떼라고 부른다면, 사역자는 잃은 자를 찾고 연약한 자들에게 힘을 북돋아 주며 아픈 자들을 치료하며 믿음에서 떠난 자들을 다시 모아들이는 목자의 역할을 해야 한다는 뜻이다. 한 마디로 말해, 모든 애정과 사려 그리고 돌보는 일을 행하여 양떼를 치는 일은 친애하는 이 직분에 속한 것이다(겔 34:4).

만일 그리스도의 교회를 한 권속으로 부른다면, 사역자는 가족들의 필요에 따라 양식을 나누어 주는 "충성스럽고 지혜로운 청지기"(눅 12:42)이다. 만일 하나님의 교회를 한 도성으로 부른다면, 사역자는 잠자는 자들을 깨워 그들에게 닥친 위험을 경고해주는 파수꾼이 된다(겔 33:7). 만일 하나님의 교회를 농사짓는 일로 말한다면, 사역자는 땅에 씨를 심고 물을 주며, 흙에서 돌멩이를 제거해 주며, 식물이 자라는 것을 지켜보고, 수확을 거두어들이는 "일꾼"(고전 3:9)이 된다.

만일 교회를 건물이라 부른다면, 사역자는 산돌이신 예수 그리스도의 든든한 터 위에 영적인 집을 지어 "하나님이 기쁘게 받으실 신령한 제사를 드릴 거룩한 제사장이 되게"(벧전 2:5; 엡 2:20-22) 하는 "지혜로운 건축자"(고전 3:10)가 된다. 만일 하늘의 하나님과 이 땅 위의 목이 곧은 인간들 사이를 중재하는 평화 협정이 있다면, 사역자는 화해의 임무를 맡은 사신이 되어, "너희는 하나님과 화목하라"(고후 5:20)고 그리스도를 대신하여 간청하게 된다.

목회사역의 필요성에 관해 말할 때, 한없는 하나님의 은혜가 미치는 그 범위와 그 능력을 우리가 제한해서는 안 된다. 마치 교회 없이는 하나님이 일을 하시는 것이 불가능하기라도 한 것처럼, 거룩한 교회를 이렇게 사용하시는 것은 하나님께는 필요한 일도 아니고 필요할 리도 없다고 말해서는 안된다.

그러나 교회는 하나님이 제정하신 것이다. 세상을 향하신 하나님 자신의 사랑의 목적들을 성취하시기 위해 하나님이 만드신 수단의 질서 속에서 반드시 있어야 할 것으로 교회를 만드신 것이다(약 1:18; 엡 4:12-13). 하나님이 절대 주권을 가지시고 교회를 통한 목회사역을 구원 과정의 첫 번째 고리로 제정하셨다. 그래서 목회사역이 아니고는 말씀을 들을 수 없게 하셨던 것이다. 말씀을 들을 수 없으면 그 말씀이 전하고 있는 유일하신 구세주 예수 그리스도를 믿는 믿음이 생길 수 없고, 믿음이 없으면 그분의 이름을 부를 수 없고, 따라서 구원도 없는 것이다.[3]

하나님은 이렇게 하지 않으셔도 구원하실 수 있으셨어야 한다고 처방을 내리는 것은 우리의 할 일이 아니다. 하나님의 섭리에 대해 그 이유를 분별할 수 없을 때는, 주님께서 이미 이루어 놓으신 일의 완전한 지혜에 주목하면서 겸손한 믿음을 가지는 것이 우리가 해야 할 일이다.

주께서 바울을 회심시키셨을 뿐만 아니라 바울을 가르치기도 하셨다는 것은 의심의 여지가 없다. 그리고 바울을 그와 동등한 한 죄인에게로 인도하셔서 그를 통하여 그분의 분명한 뜻을 듣게 하신 것은 그분의 기뻐하시는 뜻이었다(행 9:10-17).

또한 하나님은 천사를 시켜서 고넬료에게 지시를 내리실 수도 있을 것이다. 그러나 하나님의 경륜을 유지하기 위해서, 하나님께서는 말씀사역으로 하여금 고넬료의 영혼에 복음의 빛을 전하는 통로, 도구, 매개체가 되게 하셨던 것이다(행 10:3-6).

그러므로 말씀사역은 하나님이 정하신 회심의 도구가 되며, 그 후에 그리스도인의 삶의 각 단계에서 확정케 하는 도구가 된다. 그리고 하나님의 권속으로 들어와야 하는 죄인이 단 한 명이라도 남아있는 한,

---

[3] 롬 10:13-16; 고전 1:21. 그러므로 직분의 결여는 교회로부터 하나님의 임재가 떠나셨다는 암울한 신호가 된다. 대하 15:3; 호 3:5과 비교해 보라.

또는 성도의 마음속에 있는 단 한 점의 은혜라도 완전함에 나아가야 하는 한, 교회를 통한 말씀사역의 필요성은 언제나 존재하는 것이다.⁴

---

4 다음은 Hooker의 진지한 언급이다. "영적인 사역의 도움이 없는 종교는 자리를 잡을 수 없다. 이 주장은 더 확인할 필요가 없다. 만일 그렇다면, 나는 다음과 같은 내용을 쉽게 선포할 수 있을 것이다. 마치 상호 협력이라는 접착제로 함께 결합되기라도 한 것처럼 하나님으로부터 나온 모든 것들이 얼마나 놀라운 솜씨와 지혜로 굳게 결합되어 있는가. 가장 낮은 것이 자기에게서 가장 가까이에 있는 것으로부터 가장 높은 분의 힘의 공급을 받도록 그렇게 정해놓으셨다. 그래서 하나님의 모든 역사 중에 가장 절대적인 실체라고 할 수 있는 교회가 그와 유사한 조화 속에 지시함을 받는 것 역시 옳은 일이며, 하나님이 역사하시는 것은 자연에 있어서나 은혜에 있어서나 손과 도구들에 의해 실행된다. 이 손과 도구들은 마땅히 하나님의 성령의 권세에게 복종하여야 한다." Book v. 76. Mosheim도 같은 취지의 말을 하고 있다. "만일 일정한 사역이 종교 체계에 계속적으로 되풀이하여 가르치거나 설명을 해주지 않는다면, 가장 훌륭한 종교 체계라 할지라도 반드시 아무것도 아닌 것으로 하락하거나 현저하게 타락하거나 둘 중의 하나가 된다." Eccles. Hist. Cent. i. part ii ch. ii. Calvin은 다음과 같이 말했다. "태양의 빛과 열은 고르지 않다. 고기와 음료도 한결같지 않다. 이러한 것들이 우리의 현재 생명을 지탱해주고 소중히 간직하기에 꼭 필요한 것처럼 이 땅 위에서 교회를 보존하기 위해 사도의 직분과 목사의 직분도 꼭 필요한 것이다." Instit. Lib. iv. c. iii. 3.

The Christian Ministry

4장

목회사역의 시련과 어려운 점[1]

중요한 일을 할 때에는 먼저 거기에 들어갈 비용이나 대가를 계산해 보아야 할 필요가 있다는 우리 주님의 예화는 목회사역에도 그대로 적용이 된다.[2] 기도하면서 진지하게 따져보고 계산하는 일을 소홀히 했

---

[1] 이 주제를 진지하게 다룬 주요 견해들을 알려면, 목회의 기능에 관한 Scourgal의 설교문을 읽어보기를 추천한다.

[2] 눅 14:28-30. Erasmus는 이 점을 고려하지 않은 나쁜 결과에 대해 잘 말하고 있다. "준비없는 청년들, 경솔한 자들, 무지한 사람들도 거룩한 강단에 서도록 허용되고 올라간다. 그들은 마치 회중 앞에서 성경강해를 쉬운 일로 생각하고 떠들어댄다. 이러한 태도는 설교자의 존엄성, 중요성, 그리고 유익성을 모르는 데서 오는 것이다"(Verum ad conciones sacras admittuntur, interdum etiam assiliunt, adolescentes, leves, indocti, quasi nihil fit facilius, quam apud populum, exponere Divinam scripturam, et abunde sufficiat perfricuisse faciem, et abstersa pudore linguam volvere. Hoc malum ex eo fonte manat; quod non perpenditur, quid sit ecclesiastici concionatoris tum dignitas, tum difficultas, tum utilitas). (Eccles. Lib. i. p. 1. Ed. 1535.) 또한 한 탁월한 저자도 이렇게 생각 없는 사람에 대해 다음과 같이 말하고 있다. "그들이 설교자의 책임성과 존엄성을 모르고 무책임하게 행동한다. 설교자는 회중 가운데 주님이 계시며 해와 달이 수종들며 수많은 일꾼들이 보좌하는 것을 인식해야 한다. 그리스도의 백성을 세우고 하나님 나라를 확장하고 사단의 장막을 허무는 것은 매우 중요하다"(Hi sane non tam soliciti quaererent onus, cui pares non sunt; si cogitarent qualis sit res ovile Christi; si perpenderent, quam pulchra et Deo grata sit ovium Christi societas, in cujus medio Dominus ille est, cui sol et luna famulantur, cui adsunt ministri ejus millia millium, et

기 때문에, 이렇게나 중요한 일을 단념하고 싶다는 유혹을 받는 경우가 종종 있다. 미리 숙고해보지 않고서는, 전쟁터의 구경꾼이 실제전투의 막대한 불안감에 대해 이해하는 것 이상으로 목회사역의 어려움을 깨닫지는 못하는 것이다. 사람을 예로 들자면, 진지하고 똑똑한 한 인물에 대한 일반적인 개념은 얻을 수 있을지 모르나, 그러나 그 사람에 대해 여전히 많은 부분이 모르는 채로 남아 있는 것과 같다.

그것은 오직 경험으로만 알 수 있기 때문이다. 한 노병이 젊은 병사에게 다음과 같은 권면을 해주었다.

> 그러므로 내 아들아, 그리스도 예수 안에 있는 은혜 안에서 굳세어라. 그대는 예수 그리스도의 좋은 군사로서 어려움을 잘 견뎌내어라(딤후 2:1-3).

사역에는 어려움이 따르기 때문에, 신중하고 생각할 줄 아는 사람이라면 사역이 쉽고 편안할 것이라는 기대는 잠시라도 하지 말아야 한다. 다른 많은 직업들은 즐거운 일이 많을 것이라는 기대를 하게 만든다. 하지만 예외적으로 이 사역은 매일 십자가를 지고 가야 하는 일과 연결되어 있다.[3] 그리고 이 사역에는 심한 시련들이 있을 것을 예상해야 한다. 때로는 어찌할 줄 모를 정도의 시련들이 있음을 예상하고 있어야 한다. 이 시련들은 신앙 고백 위에 세워진 교회 내부로부터 오기도 하고, 세상으로부터 오기도 하고, 사탄의 권세로부터 오기도 하고 그리고 우리 자신으로부터 오기도 한다.

---

decies centena millia; si intelligerent, quantae molis sit, Christianam condere gentem; hoc est, regnum Christi erigere, et Satanae palatia demoliri). N. Hemmingii Pastor. 12mo. Lips. p. 124. Bowles의 Pastor, Lib. i. c. xiii.와 비교해보라.

[3] "정직한 설교자는 그리스도의 복음을 선포하며 예수님의 십자가가 빠질 수 없다" (Evangelium Christi sincere praedicantibus nunquam deest crux). Erasm. 사도 바울은 고난을 견뎌내는 일을 복음 전파자의 일과 연결시키고 있다. 딤후 4:5. Daven의 Col. i. 24, 29를 보라.

신앙고백 위에 세워진 교회와 우리와의 관계에서 생기는 어려운 점들은 흔히 보는 그런 것이 아니다. 사도와도 같았던 엘리엇(Eliot)의 사역에 관해 깊이 생각해보면 배울 점이 참으로 많다. 그의 전기 작가 청교도 커튼 메이더(Cotton Mather)가 이렇게 기록하였다.

> 이 일에는 수많은 역경과 유혹과 굴욕이 따라 오기 때문에, 오직 하나님의 아들에게서 받은 소명만이 그 일을 할 수 있게 한다. 수많은 양떼들을 감독하지 않으면 안 되는 그 일에 혈과 육으로는 즐거운 일을 별로 찾을 수 없음을 그는 보았다. 주 예수 그리스도의 일꾼으로 자원한 자들에게는 엄숙한 서약이 반드시 필요함을 그는 보았다.[4] 남녀노소의 사람들의 영혼을 먹이는 일이 결단코 쉬운 일이 아님을 그는 보았다. 이들 또한 자신들이 들어와 있는 양의 우리 안으로 불러들여야 하기 때문이다. 그 사람들의 태도에 모든 인내심으로 참아 주어야 하기 때문이다. 그들이 약점을 가지고 있음에도 불구하고, 그 사람들을 가르치고 지키고 그들을 위해서 기도하는 일을 그만 둘 수는 없기 때문이다. 그들이 늘 실패함에도 불구하고, 하나님께서 자기 피로 사신 그 사람들을 귀하게 여겨야 하기 때문이다. 그리고 어떤 일을 하든, 그 일의 확증을 받기 위해 모든 일에 성경의 가르침을 잘 살펴보아야 하기 때문이다. 그리고 심판의 날을 기억해야 하기 때문이다. 그 날에 자신이 한 모든 일에 대해 책임을 져야 하기 때문이다. (위대한 청교도 오웬[Owen]이 표현한 바와 같이), 정부가 교회에게 장려와 후원을 하기도 하지만, 이 세상에 있는 동안 복음의 사역자로서 자신의 의무를 충성스럽게 실행에 옮길 사람들은 고난을 받을 준비가 되어 있어야 한다는 것이 그의 생각이었다. 그가 이 거룩한 사역에 헌

---

[4] 교회 정부와 교회 연합의 회중 형태에 대해 언급하자면, 이런 회중 형태가 Eliot의 시대에 미국에서 가장 흔한 형태였다.

신했다는 것은 이런 의미였다.[5]

여기서 하나님의 말씀을 얼마나 잘 적용해야 하는지 우리는 말할 필요가 없다. 우리가 얼마나 열심히 수고해야 하는지도 말할 필요가 없다. 사역자들이 얼마나 지혜롭게 "영들을 분별해야"[6] 하는지도 말할 필요가 없다. 사역자가 그리스도의 온유를 얼마나 많이 닮아야 하는지, 사람들을 불쌍히 여기시는 그리스도의 마음을 얼마나 많이 가져야 하는지, 그리고 끝까지 견디는 헌신을 얼마나 많이 해야 하는지 말할 필요가 전혀 없다.

교회 일을 하면서 치러야 하는 희생이 아주 많다는 것과, 구주의 사랑이 우리를 강권하는 힘이 있다는 것, 그리고 전능하신 하나님의 은혜가 우리를 붙들고 계시는 버팀목이 된다는 것을 깨닫는 것 이외에, 낙심의 늪에 빠져 들어가는 것에서 우리를 구해줄 수 있는 것이 또 무엇이 있겠는가? 그러나 여기서 우리에게 큰 부담이 되는 것은, 우리 주님처럼 우리 또한 "이스라엘 중 많은 사람을 패하거나 흥하게"[7] 하는 사람들이라는 사실이 불현듯 생각났다는 것일지도 모른다.

사람들이 회심하면 우리는 기뻐한다. 그렇지만 사람들을 두려워하

---

[5] Mather의 대작인 History of New England, Book iii. pp. 183-184 를 보라.
[6] "설교자는 성도들 가운데 성별, 나이, 신분, 교육, 습관, 성격, 의견이 다르기 때문에 그들 눈높이에 맞는 지혜와 통찰이 있어야 한다"(Nunc si reputemus in eodum populo, quanta sit varietas sexuum, aetatum, conditionis, ingeniorum, opinionum, vitae, institutionis, consuetudinis, quanta oportet esse praeditum prudentia ecclesiastum, cui sit temperanda oratio!-Erasmi Ecclesiastes), Lib. i. p. 9.
[7] 눅 2:34. 해딩턴(Haddington)의 Brown은 이렇게 말하고 있다. "내가 안수를 받은 이후로 이 성경구절(사 6:9-10)이 나의 사역에서 얼마나 성취되었는지를 생각해 보는 것이 내 마음에 얼마나 큰 부담이 되었는지 모른다. 내가 일찍 죽어 내가 섬기고 있는 회중에게 재앙이 되지 못하게 되기를 간절히 바랄 때가 종종 있었다. 그러나 나 자신에게 일을 부과했고 또 이런 바람을 내 자신의 어리석음으로 생각하게 되었다. 그래서 만일 내가 사망함으로 이 사역에서 제거되는 것이 주님의 영광이 되지 못하는 것이라면 차라리 내 사역에서 성공하게 해 달라고 주께 간절히 빌었다." Life and Remains, p. 18.

는 마음으로 사역에 임했었기 때문에 오히려 우리가 사람들의 마음 문을 닫아버리게 하였다면, 이 얼마나 괴로운 일인가! 우리가 사람들을 회개케 하는 사역을 했을 때에는 우리는 활기에 넘친다. 그런 일도 할 수 있지만, 반면에 또한 우리가 하는 사역으로 말미암아 사람들이 하나님의 심판의 저주를 받도록 영향을 끼칠 수도 있다. 멸망할 자들 가운데 있을 때에조차도, 우리는 하나님 앞에서 그리스도의 향기인 것이다. 막대한 스트레스를 받고 있을 때에, 우리는 "누가 이 일을 감당하리요"[8]라고 탄식 했던 그 위대한 사도의 외침에 공감하지 않을 수 없다. 사실, 우리 직분은 우리가 거부할 수 있는 그런 것이 아니다. 영원을 다스리시는 하나님이 실재하고 계심을 분명히 알고 있는 사람 외에, 그 누가 이 사역을 제대로 감당할 수 있을 것인가?

우리가 죽도록 주께 충성하는 것이야말로 세상이 주는 어려움을 피할 수 있는 유일한 길이다. 우리가 받은 사명의 구체적인 내용을 수행하다보면, 즉시로 잠재적인 편견 또는 뿌리 깊은 편견들을 만나게 된다. 세상의 교만한 사람들은 가장 혹독한 감정들을 드러내어 우리 이야기를 받아들이지 않고 대적한다. 그래서 우리는 죄인들의 친구가 되지 못하고 오히려 원수가 된다. 우리가 참 말을 하기 때문이다(갈 4:16). 그 사람들은 잘못된 대상을 사랑한다. 그들의 마음이 소중히 여기는 것들을 버려야 한다고 우리는 우리 주의 이름으로 그들에게 요구한다. 하나님이 기뻐하는 것들을 보여주는 것이 성질상 훨씬 고상하고 그 즐거움도 지속력이 있으나, 육적인 사람에게는 이것들이야말로 가장 혐오스러운 것이다.

복음사역을 할 때 사람들의 비난을 견뎌내는 것은 우리가 받은 지상

---

[8] 고후 2:15-16. 루터는 사도바울의 감정들 속으로 깊이 공감했다—"나는 설교하는 일에 많은 경험이 있어도 강단에 오를 때마다 두렵고 떨린다"(Etsi jam senex, et in concionando exercitus sum, tamen timeo, quoties suggestum conscendo).

명령 수행의 한 부분이라고 할 수 있다. 심지어 우리 목소리가 사람을 꾀는 마법사의 목소리 같다는 것에서부터 시작해서 우리가 전하는 메시지와 그 메시지를 전달하는 자에게까지, 험담은 다양하다. 이런 비난은 그들의 육적인 생각에 더욱 적개심을 부추겨놓는다.[9] 우리가 직접 경험한 바로 보아도 알 수 있듯이, 복음을 받아들이고 싶지 않은 이들의 본성이 얼마나 큰 힘을 가지고 있는지 알 수 있지 않은가? 그 본성을 다스려 복음을 수용하게 하려면, 우리 나름대로의 특별한 지혜와 인내, 그리고 충성심이 필요하지 않겠는가?

그러나 때때로 세상으로부터 오는 어려움은 이와는 다른 성질을 가지고 있을 때도 있다. 우리는 "고운 음성으로 사랑의 노래를 하며"(겔 33:32) 그 어려움을 겪는다. 그들의 적개심은 비록 근본적으로 가라앉지는 않는다 하더라도, 점차 줄어드는 것처럼 보일 때도 있다. 그리고 외양적으로는, 온갖 예의를 다 갖추고 대하는 것처럼 보일 수도 있다. 이럴 때 어려움은 더욱 커진다. 이렇게 심해진 어려움을 온유한 태도로 대처하기 위해서는 그러면서도 그 악을 탐지하여 밝혀내기 위해서는, 단호함과 지혜 그리고 사려 깊은 생각이라는 보기 드문 조합을 필요로 한다. 우리를 향한 그들의 감정의 변화가 어떤 결과를 가져올지 확실하지만, 그 결과를 무너뜨리려면 많은 기도를 해야 하고 큰 믿음을 행사해야 한다. 세상의 친절은 세상의 적개심보다 훨씬 더 무섭기 때문이다. 급류와도 같은 세상 사람들의 반대와 적대를 막아낼 준비가 단단히 되어 있던 사람들이, 자신들을 무장 해제시키는 세상의 친절과 타협하여 그것을 받아들이고 굴복한 경우를 많이 볼 수 있다.

또한 쉬지 않고 교묘하게 활동하는 사탄으로부터도 어려움은 올 수

---

[9] 롬 8:7; 요 3:19-20; 왕상 22:8. "설교는 세상의 죄를 회중에게 적용하는 것이다"(Praedicare nihil aliud est, quam derivare in se furorem undi). Luther.

있다. (나중에 다룰 것이지만**10**), 사탄은 파괴적인 영향을 끼쳐 사역의 전반적인 효과를 저해한다. 그 악은 별문제로 하더라도, 목사의 마음 상태에 악한 힘을 행사하는 사탄의 권세는 아주 골칫거리이다. 사탄은 목사의 정신을 어지럽힘으로 그를 마비시켜 사역을 위해 분발하지 못하게 할 때가 종종 있다. 목사의 정신을 흐트러뜨려서 본질적인 임무에서 지엽적인 다른 것들로 주의를 돌리게 하거나, 목사의 마음에 의심의 어두운 구름을 드리우게 하기도 한다. 그래서 칼빈은 다음과 같이 말했던 것이다.

> 목회는 쉬운 것도 아니고 자기 마음대로 되는 것도 아니다. 목회는 치열하고 어려운 전투이다. 이 전투에서 사탄은 우리를 넘어뜨리려고 그가 가진 모든 힘을 기울인다. 우리를 교란시키려고 모든 수단을 다 동원하는 것이다.[11]

그러나 결국, 가장 큰 어려움은 바로 우리 자신에게서 오는 것이다. 하나님께서 우리를 일꾼으로 써주셨기 때문에 우리는 우리 자신의 부패한 부분들과 더 이상 갈등하지 않게 된다. 이 점은 세상의 직업들과 다른 것이다. 그러나 쉬운 일만을 좋아하는 우리의 자연적인 성향을 극복하는 것은 결코 쉬운 일이 아니다. 자기를 부인하면서 전폭적인 헌신까지 해야 하는 일을 하기가 주저되는 자연적 성향을 극복하는 것도 쉬운 일은 아니다. 그리고 자기에게 쓰디쓰게 들리는 진리의 말씀들을 선포하기가 부끄러워서, 짐짓 조심성 있는 체하며 뒤로 미루고 싶은 자연적 성향을 극복하는 것도 쉬운 일이 아니다. 만일 우리가 직분도 천사요 본질도 천사라면, 우리에게 생긴 문제쯤은 별로 대수롭지

---

10 제2부, 4장을 보라.
11 Calvin on 2 Cor. xi. 28.

않을 것이다. 그러나 우리가 주님을 배반했던 흔적을 가지고 있는 한, 끊임없이 노력하지 않고서는 그리고 때로는 살을 깎아내는 노력을 하지 않고서는, 단 한 발자국도 앞으로 나아갈 수 없을 것이다.[12]

이런 끔찍한 성향으로 말미암은 많은 상황들이 어려움을 가중시킨다. 마음이 내키지도 않고 나약한 상태에 있을 때에는, 우리는 더욱 분발해야 한다. 여기에 위험이 도사리고 있기 때문이다. 세상의 강한 세력이 그 힘을 우리에게 사용하는데, 우리가 약해져서는 안 되기 때문이다. 사역에 대한 의욕을 점점 잃어 자기를 부인하지 않을 온갖 핑계를 찾아내고, 결국에는 열의까지 잃어버리고 의기소침한 상태에 빠지게 되면 안 되기 때문이다. 또한 우리가 전하는 메시지를 사람들이 배척할 때, 이기적이고 교만한 우리 마음이 충동질을 받을 수도 있다. 심지어 인기는 더욱 위험한 것이다. 인기가 가진 유혹의 힘에 피해를 입지 않고 도망친 사람들은 소수에 불과하며, 이들도 사실은 고통스러운 갈등을 겪었던 사람들이다. 이 사람들이 이 불같은 시련으로부터 구원받은 것은 거의 기적이라고 해도 과언이 아닐 것이다.

자기를 낮추고 늘 경계를 늦추지 아니 하는 습관으로 자기 삶이 조절되어 있지 않다면, 성공의 징후들은 자만심만을 부추길 따름이다. 반면에, 이런 특징이 보이지 아니하면, 즉 성공의 징조가 보이지 않으면

---

[12] "목사가 자신의 일이 아주 어려움을 깊이 깨닫고서, 이렇게도 어려운 사역을 감당하기 위해 자기가 가지고 있는 자원들이 무엇이 있는가 탐색하기 위해 자기 자신의 마음을 들여다 볼 때, 아! 거기에는 자신이 연약하다는 생각을 증대시키지 않을 것이 별로 없다. 대신에 자신의 두려움을 확인해 줄 것들로 가득 차 있다. 그는 자기가 부패한 성정을 이어받았으며, 자기 양떼와 비슷한 고통을 가진 한 인간이라는 생각이 떠오를 것이다. 혹은 자기가 능력이 부족하다는 생각이 떠오를 것이다. 혹은 불행하게도 자기 두뇌가 뛰어나지 못하게 태어났나 보다 하는 생각도 떠오를 것이다. 결국 그는 자신의 약점들과 투쟁을 하지 않으면 안 된다. 결국 자신이 유혹에 노출되어있으며, 다른 사람들보다 달성해야 할 것이 더 많이 남아 있으며, 극복해야 할 어려움들이 더 많이 남아 있음을 생각하게 될 것이다. 자신에게는 이것도 부족하다, 저것도 부족하다 하는 깨달음이 올 때, 자기 안에는 자기가 섬기고 있는 회중이 가지고 있는 자원 이상의 아무것도 가지고 있지 않음을 알게 될 것이다." Venn's Sermons, vol. i. p. 9.

조급해하거나 낙담에 빠지는 경우도 비일비재하다. 그래서 결국 우리가 사방에서 공격을 받을 때, 우리에게는 "의의 무기를 좌우에 가질"[13] 필요가 있는 것이다.

성실하게 열심히 목회를 해 보았자 목회에 어려움만 더 겪게 될 것이라고 생각하고 있는 사람이 우리 중에는 적잖이 많을 것이다. 우리가

---

[13] 고후 6:7. 탁월한 목사 두 명의 일기에서 발췌한 다음의 글은 우리들 중 많은 사람들에게 익숙한, 고통스런 연습의 생생한 윤곽을 제시해 줄 것이다. "나는 다음의 유혹들이 이것이든 저것이든 목사로서 내 직무를 수행할 때 나를 공격해 온다는 것을 거의 항상 발견하곤 한다. 첫째, 내가 목회를 제대로 하고 있지 못하다고 생각하고 있으면, 믿지 못해서 오는 낙심으로 말미암아, 나는 낙심에 빠지는 위험과 무기력하게 되는 위험과 열의가 없이 나의 사역의 성공에 더욱 무관심하게 되는 위험에 처하게 된다. 이렇게 되면, 정 반대의 효과 즉 성공이 틀림없이 온다 할지라도, 이런 성공은 사탄과 내 자신의 타락행위가 함께 이루어내려고 시도한 것에 불과하다. 둘째, 만일 내가 목회를 잘 해나가고 있다고 생각하고 있으면, 이것 또한 나를 무장 해제시키는 경향이 있고, 죄를 짓지 않도록 경각심을 가지는 일에 소홀히 하게 만들고 또한 죄 전체를 억제시키는 일을 방심하게 만드는 경향이 있다. 영적인 교만은 나의 성공과 칭찬을 통해 들어온다. 마치 내가 그들보다 더 낫기라도 한 것처럼 나와 다른 사람들 사이에 나에게 유리한 비교를 할 때 나는 교만해지는 것이다. 하나님이 보시기에 내가 얼마나 악한 존재인가를 끊임없이 생각하지 않는 그것에 비례해서 그리고 내가 내 자신에게 좋은 점수를 주는 그것에 비례해서, 나의 무기력함과 경각심 부족과 앞으로 달려 나가려는 노력의 부족이 나에게는 항상 존재하는 것이다. 나는 이제 사도 바울이 디모데에게 '새로 입교한 자'(딤전 3:6)에게 직분을 주지 말라고 했던 경고가 가진 지혜를 깨닫는다. 새로 입교한 자는 죄가 어떤 일을 하는지 죄가 어떻게 속임수를 쓰는지 경험한 적이 별로 없이, 하나님의 도에 단지 약간의 진보를 보인 사람일 뿐이다. 그런 사람을 목회사역의 직분에 받아들여서는 아니 된다. '교만하여져서 마귀를 정죄하는 그 정죄에 빠질까 함'이다. 사도 바울 자신도 이 일의 위험이 전혀 없었던 사람이 아니었다(고후 12장). 내가 빠진 위험이 얼마나 큰가를 생각해 보건대, 내가 어찌 '두려움과 떨림으로 나의 구원을 이루겠는가?' 오직 주 만이 나를 지키실 수 있다." Life of the Rev. T. Charles, of Bala, pp. 133-134. "악마 네 놈이 내 사역을 시중들고 있음을 나는 주일에 깨달았다. 첫째, 마귀는 실망과 수치심을 사용하여 나를 제압한다. 내가 혼자 있을 때 얼마나 비열한 생각을 했는지를 떠올리게 하는 것이다. 둘째, 마귀는 속 편하게 생각하게 만듦으로 나를 제압한다. 내가 일을 잘 해낸 적이 있었기 때문에, 그래서 그것이 확대되어 전에는 존경을 받았었기 때문에 그런 일이 생긴다. 그러나 내가 항상 그런 것은 아니라 할지라도, 그 일은 그렇게 대단한 일은 아니었다. 셋째, 마귀는 결점과 약점들을 사용하여 나를 제압한다. 마치 빛이 부족하기라도 한 것처럼, 생명이 부족하기라도 한 것처럼, 능력의 영이 부족하기라도 한 것처럼, 내가 감화 받은 것을 그리스도를 위해 전하기에 나는 너무 부족하다는 느낌이 들게 만든다. 그리하여 믿음의 진보를 보이지 않는 사람들이 많고, 나의 목회사역에 함께 하시는 하나님을 느끼지도 못한다. 넷째, 마귀는 최선을 다했는데도 성공을 하지 못했다는 기분이 들게 만듦으로 나를 제압한다." Mr. Shepard of New England(실천신학에 관한 여러 논문의 저자)의 일기중에서. Mather's New England, Book iii. p.91.

전적으로 무력한 존재임을 깨닫지 못하기 때문에, 목회의 어느 분야에나 다 존재하고 있는 진짜 어려움을 깨닫지 못하는 것이 목회에 열매를 적게 거둘 수밖에 없는 주요 이유이다. 그리하여 "우리 두 손으로 행한 일 때문에 주님의 기쁨이 점점 커져간다"는 것을 알게 될 사람이 우리 중에는 없을 수밖에 없는 것이다. 실제로 사역에서 경험한 확신이 있기 때문에 무슨 수고든 다 할 수 있다는 경우를 제외하면, 사역은 우리 힘이 아니라 오직 전능하신 하나님의 능력의 팔만으로 충분하다는 것을 알고 있는 사람이 우리 가운데는 없다.

목회사역이 주는 기쁨과 격려를 어느 정도 맛본 사람들이 우리 중에도 많이 있을 것이다. 젊었을 때에는 각오도 새롭고 기운도 왕성하여서, 앞에 놓인 모든 장애물들을 딛고 일어서서 꾸준히 중단 없는 헌신을 할 것이라고 생각하였을 것이다. 그러나 우리는 문턱도 제대로 넘지 못해서 자신감이 사라져 버렸다. 세상은 냉담한 반응을 보이고, 애써 수고했는데도 성공은 거두지 못하니 실망이 이만저만이 아니다. 우리는 이내 낙심이 되어 우리가 애써 수고한 것에 해당하는 수확에 걸었던 자신만만했던 기대를 일순간에 떨쳐버린다. 한결같았던 우리 사랑은 여기저기에서 혹독한 시련을 만난다. 사역과 관련된 격려의 말씀들이 얼마나 대단하며 또 그 격려가 얼마나 큰 의미가 있는 것인지를 결코 잊을 수 없기는 하지만, "만일 사람이 직분을 원하면 그는 선한 일"[14]을 원해야 할뿐만 아니라, 또한 아낌없는 수고와 헌신도 원해야 하는 것이다.

---

14 딤전 3:1. "명예가 아니고 일이며, 즐거움이 아니라 수고이다"(Opus, non dignitatem; laborem, non delicias). Jerome. "거룩한 목회는 게으른 상태도 아니고 기쁨의 상태도 아니다. 그것은 거룩한 전투이다. 거기에는 언제나 수고와 피곤을 견디내야 할 일이 있는 것이다. 용감하게 예수 그리스도의 관심사들을 관리하기로 마음을 단호히 먹고 그분의 나라를 확장시키기 위해 꾸준히 애쓰지 않는 자마다 이 전쟁에 적합하지 않는 자이다." Quesnel on 1 Timothy i. 18.

느헤미야와 그의 수하의 사람들처럼 우리는 한 손에는 흙손을 들고 다른 손에는 칼을 쥐고 일하지 않으면 안 된다(느 4:17). 흙손을 놓으면, 사역의 진행은 중단될 것이다. 칼을 칼집에 꽂으면, 원수가 일시적이나마 유리한 고지를 획득하게 될 것이다. 그러므로 지혜로우신 건축가이시며 우리 구원의 사령관이신 우리 주를 의지하면서 저항의 자세를 유지하는 것만이 유일한 길이다. 주께서 우리에게 안식을 주시려고, 우리에게 면류관을 주시려고, 그리고 우리에게 본향을 주시려고 기다리고 계신다.

우리에게는 하나님이 주신 것에 대해 불평할 이유가 전혀 없다. 하나님이 주신 것에는 우리에게 주실 큰 축복이 가득 들어있기 때문이다. 그리고 축복된 하나님의 사역의 목적을 섬겨줄 하나님의 섭리가 따를 것이기 때문이다.

근거없는 지나친 자신감을 억누르는 데에는 십자가의 가르침만큼 좋은 약이 없다. 하나님의 약속에 대한 끊임없는 자신감을 확립하기 위해서는, 십자가의 가르침이 필요하다. 믿음의 능력과 기도의 특권과 하늘로부터 하나님의 말씀의 지지를 받고 있다는 입증을 갖기 위해서는, 십자가의 고난이 필요하다. '학자들의 혀'를 가지기 위해서는, 십자가의 가르침이 우리에게 필요하다. 어려움을 겪어보고 신앙의 전투를 겪어본 우리 자신의 경험을 가지고, 주님의 본을 따라 우리는 "곤고한 자를 말로 어떻게 도와 줄 줄을 알아야 한다"(사 50:4).

목회사역 현장에서 어려움에 봉착했을 때는, 믿음의 시각을 되살리는 것이 대단히 중요하다. 무력감을 의식하고 있으면, 책임감이라는 무거운 짐을 감당하지 못한다. 우리의 연약함을 도우시겠다는 전능하신 하나님의 약속들과 연결시켜주는 것은 바로 믿음이다(출 4:10-12; 렘 1:6-10; 마 28:20; 고후 12:9). 그리고 믿음은 우리로 하여금 어려움이라는 산에게 이렇게 외칠 수 있게 만들어준다.

큰 산아 네가 무엇이냐 네가 스룹바벨 앞에서 평지가 되리라(슥 4:7).

그래서 잘 참고 견디고 부족한 점을 고치기만 하면, 낙심은 결국 열매를 풍성히 맺는 자원이 되어 우리의 힘을 더욱 북돋아 주는 것이 된다. 또 다른 면에서 보자면, 우리에게 맡겨진 일을 사랑하면, 모든 어려운 일들을 극복하게 되어있다.[15]

---

15 "설교자는 어렵고 힘들어도 위대하고 험난한 사역을 감당해야 한다"(Magnum opus omnino et arduum conamur; sed nihil difficile amanti puto). Cicero.

5장

목회사역이 주는 위로와 격려

목회사역의 전 영역을 파악하는 것은 대단히 중요한 일이다. (그 어느 쪽이 되었든 간에), 전망을 한 쪽에서만 보는 것은 반드시 불완전하고 부정확하기 마련이기 때문이다. 고통스러운 경험이 늘 계속되면, "약하고 두려워하고 심히 떨고"(고전 2:3) 있는 사람들하고만 있게 된다. 세상의 저항, 변덕스럽게 흔들리는 믿음, 신앙을 고백했는데도 이랬다저랬다 하는 사람들, 믿어보려고 하는 사람들의 길을 에워싸고 있는 장애물들, 믿었던 사람에 대해 실망을 자주 하게 되는 것 등, 이런 것들이 있으면, 우리는 누구이며 어떤 사람인가, 그리고 우리는 무슨 일을 하고 있는 것인가 등을 자꾸 생각하게 되면, 이 모든 것들이 결국 우리를 약하게 만들고 타락시킨다.

우리가 "자기 비용으로 군복무를 하였지만"(고전 9:7), 우리는 "힘에 겹도록 심한 고난을 당하여도"(고후 1:8) 마땅하다. 그러나 이러한 것들은 우리가 사역을 할 때 당연히 마주치는 모순들이다. 비록 그것이 안타까운 일이긴 해도, 그럼에도 그것은 "기쁨이 충만한 고통"[1]이다. 유혹은 인간 누구에게나 있는 일이긴 하지만, 유혹은 정말로 우리를 넘어뜨린다. '한 날의 무거운 짐과 뜨거운 더위'라는 두 배의 몫을 짊어질 때, 목사가 교인들보다 더 책임감 있는 지위를 가지고 있다는 것은 정말이지 괴로운 일이다. 그러나 만일 "그리스도의 고난이 우리에게 넘친"다면 "우리가 받는 위로도 그리스도로 말미암아 넘치는"(고후 1:5) 것이다. 임무와 특권 때문에 갈등을 겪기도 하고 동시에 그것들 때문에 지원도 받는 이 행복한 평형상태는, 담담한 마음으로 주를 의존하면서 인내심 있게 소망을 가지는 일에 모든 노력을 경주하게 만들어 준다.

지원과 격려를 받아야 할 이유와 근거는 사역의 중대한 난관들과 상응한다는 점을 우리는 알아야 한다. 우리 직분이 그리스도가 제정하신 직분이고 또 우리 직분이 그리스도께서 그의 교회를 사랑하신다는 증거가 된다는 것을 회상해보는 것은 얼마나 유쾌한 일인가! 자기가 정해놓은 목적을 이루시고, 자기 이름과 자기 교회의 부흥의 영광을 위해, 주께서 자기 교회를 존귀하게 만드시지 않겠는가? 우리를 보내신 주께서 사역에 필요한 능력을 우리에게 갖춰주시지 않겠는가? 필요한 도움을 모두 얻기 위해 그분을 의지하며 또 우리를 받아주시고 격려해주도록 그분에게 의지하면서, 그분의 인도하심을 간구해도 좋지 않겠는가?

우리 사역의 여러 분야에 우리를 격려해주는 자원들 또한 얼마나 풍부한가![2] 도움도 되지 않는 인간의 도움을 의지하였는가? 혹은 단순히

---

[1] Olney Collection, Book ii. p. 26에 들어있는 목사의 경험에 관한 아름다운 찬송가를 보라. 또한 고후 6:6-10와 비교해 보라.
[2] Witsius가 교수로서의 직분을 시작했을 때 그의 마음은 격려로 충만해 있었다. "그러므로 옛적 그의 종 여호수아에게 전하신 그 주님의 말씀이 왜 내게도 기쁨으로 적용되지 않겠는가? '내가 네게 명령한 것이 아니냐 강하고 담대하라; 네가 어디로 가든지 네 하나님 여호와가 너와 함께 하느니라 하시니라.' 비록 나의 연약함에 대한 지식이 나를 불안하게 하지만, 그럼에도 불구하고 떠나지 않는 하나님의 은혜에 대한 지식은 재빨리 그러한 것들

도의심에 호소하는 권면의 말이 가진 힘에 의지하였던가? 우리는 기가 죽어 넙죽 엎드려 이렇게 부르짖을 수밖에 없다. "누가 이 일을 감당하리요"(고후 2:16) 그렇기는 하지만, "우리의 만족은 오직 하나님으로부터" 나온다는 말씀을 즉시로 떠올리고서 우리 마음을 새롭게 하여 주님의 사역을 감당하도록 해야 한다. 이것에 한 가지 더 첨언할 것은, 우리가 하는 사역의 성격은, 신약성경에 이름과 같이 율법 조문으로 쓴 것이 아니요 영으로 하는 것이라는 점이다. 생명과 의의 사역에는 넘치는 기쁨이 있다. 즉 우리가 복된 사역에서 찾는 관심사와 이 기쁨이 연결되어 있는 것이다. 모든 것은 합력하여 근심스런 곤경에 놓여있는 우리의 믿음과 소망을 북돋아 준다.

그러므로 목사가 (영광에 넘치는) 이 사역을 하고 있다는 것을 알면 "우리가 이 직분을 받아 긍휼하심을 입은 대로 낙심하지 아니"(고후 3:5-9; 4:1)한다. 생명을 주시는 성령께서 눈먼 자들의 눈을 여시기 위해 그리고 영적으로 죽은 자들을 살리시기 위해, 하나님의 능력을 전달하는 매개체로서 우리 사역을 사용하신다는 충만한 확신을 가지고 있다. 그리고 그 모든 부수적인 특권들을 우리에게 주시고, 하나님의 생명을 인간의 영혼에게 전하는 존귀한 도구로서 우리 사역을 하나님께서 인치셨으므로, 대단히 고귀한 성질의 기쁨 또한 이에 수반되지 않을 수

을 견디어 낼 준비가 될 때까지 나를 다시 세운다. 견고하고 온전하게 모든 사역의 영광이 그에게 있도록, 언제나 부족한 사람들과 사소한 일도 도구로 사용하시는 그의 은혜의 돌보심이 약함 가운데 그의 능력을 즐기게 한다"(Quidni ergo jucundissima mihi illa Domini verba applicem, quibus servum suum Josuam quondam affatus est? Nonne ego precepi tibi? Confirmare igitur et fortis esto; quia tecum est Dominus Deus tuus quocunque iveris.' Licet infirmitatis me meae conscientia anxium reddat, reficit tamen Divinae gratiae, nunquam suos deserentis, ad sustentandum prompta facilitas—illius autem gratiae, cui lubitum est virtutem suam in infirmitate confirmare, quaeque abjectissimis saepe et rei gerendae minime idoneseis instrumentis utitur, ut totius operis gloria in solidum acillibata sibi remaneat). Oratio De Vero Theologo. Misc. Sacra, ii. pp. 851-852.

없는 것이다.³

　목사가 받는 최고의 위로 중에 반드시 들어있어야 하는 것은, 우리 목회사역을 통해 거두어들인 영원한 영적 열매들이다. 한 명의 죄인이 회개하는 것은 하늘에서 기뻐함을 일으키게 하는 큰 사건이다(눅 15:10).⁴ 그러므로 죄인의 회개는 목사의 마음에 흔히 맛볼 수 없는 기쁨을 가져다준다. 정말, 사방에 널려있는 죄와 무지(無知)를 보고 허탈한 생각에 빠져 있을 때 이런 일은 우리를 다시 분발하게 만드는 샘물이 된다. 우리 교인들이 회개하고 나서 복음을 믿는 믿음과 소망과 사랑 안에서 행하는 것을 보면, 그것은 하나님께 쉬지 않고 감사를 드리며 큰 기쁨과 우리 인생 전부까지도 드리게 되는 이유가 된다. "너의 자녀들 중에 우리가 아버지께 받은 계명대로 진리를 행하는 자를 내가 보니 심히 기쁘도다"(요이 4). 부모들이 경험하는 근심과 기쁨을 우리는 그 사람들에게 다음과 같이 표현하게 된다. "그러므로 너희가 주 안에 굳게 선즉 우리가 이제는 살리라"(살전 3:7-9).

　사랑하는 사람들을 향한 사랑에 넘친 연민에 대해 우리가 가지고 있

---

3 Cotton Mather는 말하기를, "영국에서 위대한 인물 중 한 사람인 윌리엄스 대주교가 한 번은 이 기억에 남을 만한 명연설을 하였다. '나는 교회와 국가의 명예와 신임을 얻은 자리를, 앞선 70년의 영국 역사에서 나의 계층의 사람들 중에 그 어느 누구보다도 더 많이 거쳐 왔다. 그런데 나의 설교를 통해서 하나님께로 회심케 한 사람이 단 한 사람이라도 있다는 것을 내가 확실히 알았다면, 나는 이 사실에서 나에게 이제껏 수여되었던 모든 명예와 관직에서 얻었던 위안보다 더 많은 위안을 받았을 것이다.' 당신은 이제 사역을 시작하려 하고 있다. 사역은 이 비교할 수 없이 만족스러운 길에서 당신을 끊임없이 지켜줄 것이다. 그리고 언제나, 한 사람을 구원하거나 깨닫게 하거나 가르치는 일이 오빌의 모든 황금이 당신에게로 흘러 들어왔을 때 주는 기쁨보다도 당신에게 더 많은 기쁨을 가져다주는 일이 되기를 나는 바란다." Mather's Student and Pastor, pp. 159-160. 여기에 Hammond 박사의 황금 문장을 소개하는 것이 좋을 것이다. "오 이 얼마나 영광스러운 일인가, 한 영혼을 멸망으로부터 구원해내는 도구가 된다는 것은, 한 인간의 전 생애를 바칠만한 값진 상급이지 않은가!" Bowles가 언급한 바와 같이, 기독교의 목사라면 정말 쉽사리 아브라함과 맺었던 소돔 왕의 협정을 맺을 것이다. "사람은 내게 보내고 물품은 네가 가지라"(창 14:21) Lib. iii. c. 9.

4 하늘의 관심사에 관해 쓴 유일한 이 기록은 낮고 낮은 우리 세상과 연결되어 있다.

는 관심사 또한 위안과 격려의 근원이 된다. 진실로 부요하게 하고 마음을 유쾌하게 하는 것은 다름 아닌 바로 "그리스도 안에 무슨 권면이나 사랑의 무슨 위로나 성령의 무슨 교제나 긍휼이나 자비"(빌 2:1)가 있기 때문이며, 우리는 양떼와 교제하는 가운데 이것들을 누린다.

하나님은 이들을 위한 우리의 노동력을 소유하신다. 이 세상이 주는 가장 감동적인 사랑인 이 사랑 안에서, 우리는 경건하지 못한 세상으로부터 받은 조롱에 대한 완전한 보상을 발견한다. 오래도록 지지와 기쁨을 주는 비밀의 샘을 발견하는 것이다. 이런 것 때문에 우리는 우리의 수고로운 길을 갈 수 있다. 우리가 그들과 '같은 성정을 가진 사람들'이라는 것을 현명한 우리 그리스도의 양떼들은 잘 알고 있다.

우리가 가는 길이 온통 덫으로 뒤덮여 있으며, 우리 마음은 슬픔과 시험으로 인해 날카로운 상처를 입는 일이 자주 있다는 것을 그들은 잘 알고 있다. 그리스도인들만이 가지는 연민이 있기 때문에, 그들은 우리의 고통을 알아차릴 수 있다. 그들에게도 사명이 있고 또 남들이 누리지 못하는 특권을 누리고 있다는 의식 때문에 그들은 더욱 분발을 하게 되고, 그들의 행위 또한 그런 의식으로 말미암아 인도함을 받기 때문에, 원망이나 애통을 할 수도 있겠지만 그 모든 정당한 이유들이 멀리 멀리 사라져버린다.

그들을 위하고 또 그들을 섬기는 우리의 수고는 우리 자신의 영혼에 위로가 되는 것이다.[5] 은혜의 보좌 앞에서 그들이 하는 은밀한 사랑의 표현들에 대한 보답으로 우리가 수고함으로 갚아야 할 빛은, 그 큰 날에 알게 될 여러 가지 것들 가운데 포함되어 지금은 '부분적으로' 감사

---

[5] 그리하여 Quesnel은 목사와 교인들 간의 상호 관계를 다음과 같이 아름답게 표현하고 있다. "후자는 자식으로서의 존경심 즉 '순종과 두려움'을 보임으로 목사가 하는 일에 수반되는 노고를 완화시켜 주어야 한다. 전자는 모든 경우에 있어 잘 돌아봄으로써 적절한 보답을 하여야 하며, 만족과 기쁨 그리고 사랑의 줌으로 새롭게 함으로 계속해서 자기 양떼들을 소중히 여겨야 마땅하다." On 2 Cor. vii. 15, 16. 또한 on 2 Cor. ii. 3. Phil. ii. 26.

를 하지만, 그 중요성과 강조를 드러내기 위하여 그 때에는 더 완전하게 선포될 것이다. "우리 주 예수의 날에는 너희가 우리의 자랑이 되고 우리가 너희의 자랑이 되는 그것이라"(고후 1:14).

개인적인 성격을 띤 것이기는 하지만, 우리 사역에서 얻는 또 다른 위로와 격려도 언급할 가치가 있다. 자기 개인의 신앙 발전에 사역이 특별한 이점을 준다는 것이 바로 그것이다.[6] 세속적인 직업들은 영원에 대한 관심을 둔화시키는 경향이 있다. 그러므로 깨어있어 기도하지 않는다면, 세상 직업을 가진 그리스도인은 자신의 높은 위상을 유지할 수가 없다(시 119:25; 사 40:31). "하나님의 마음에 합한 사람"이 하나님 나라를 돌보는 일에 관여하게 되었을 때, 하나님께 더 가까이 접근할 수 있고 또 하나님의 일을 하면서 산다는 그들만의 독특한 특권 때문에, 다른 직업을 가지고 섬기는 사람들이 그들을 부러워하는 경우가 많이 있는 것 같다(시 65:4; 84:4).

훈련된 그리스도인이 세상 직업을 가지고 있다면, 자기 직업의 어쩔 수 없는 세속적 성격 때문에 어찌 슬퍼하지 않겠는가? 세속적인 직업이 자신에게서 영적인 즐거움들을 빼앗아 가며, 적극적인 자세로 자기 부인을 실천하는 습관을 형성하여 늘 하나님과 교제하는 일에 전념할 수 있는 그 좋은 기회로부터 세속적인 직업이 자신의 주의를 다른 곳

---

[6] Burnet 감독은 이것을 분명하게 설명하고 있다. Pastoral Care, ch. viii. 잘 알려져 있는 『사중의 상태』(The Fourfold State)의 저자, 보스턴(Boston) 은 목회에 대한 자신의 초기의 생각과 바람이 다음과 같은 생각에서 비롯되었다고 한다. "모든 인간들 때문에, 목사들은 영적인 일에 종사하게 되었다." "소득도 많고 명예도 많은 세상의 직업보다 훨씬 나은, 말로 다 할 수 없는 우리의 유익이 아닌가! 특별히 우리 직업의 업무 전체는 일종의 천국 생활이다. 그리고 다른 사람들을 구원하는 그 일 이외에도 우리 자신을 구원하고 정결케 하기에 아주 적합한 일이기도 하다." Leighton's Letter to the Clergy of Dumblane. 또한 그의 Works, ii. 452와 비교해 보라. 우리는 나중에(제3부 8장) 이 근원으로부터 일어나는 독특한 장애물들에 대해 언급할 기회가 있을 것이다. 이러한 것들은 유혹이 빚어내는 것들이다. 타락한 본성에 시험을 거는 것이다. 신령한 직분의 일차적인 의도는 마음속의 영적인 신앙에 진보를 가져다주는 것이다.

으로 돌리게 만든다고 생각하지 않을 사람이 누가 있겠는가. "자기 생활에 얽매이지 않고"(딤후 2:4) 누군가에게 고용되어 일한다는 것은 대단히 힘든 일이다. 씨앗이 잘 자라서 열매를 맺을 가능성이 상당히 높고 또 "완전함에까지" 나아가고 있는데도, 말씀의 기운을 막으면서 세상적인 성장을 하고 승진을 하는 잡초들이 너무도 많다(눅 8:14). 그래서 우리가 가진 특권들 중에 가장 작은 특권조차, 이렇게 당혹스런 장애물들로부터 완전히 자유로운 것은 별로 없다.

세상 직업들이 우리 마음을 하나님으로부터 딴 데로 돌리게 하는 성향을 가지고 있는 반면, 거룩한 이 사역은 자연스럽게 우리를 그분께로 이끌어준다. 우리를 불러 성경의 풍부한 보물을 찾게 하고 하늘나라를 생각하게 하며 영적인 헌신을 하게 하면서, 우리 자신의 영혼 구원에 적절한 도구가 되어 준다. 그래서 "남을 윤택하게 하는 자는 자기도 윤택하여지리라"(잠 11:25) 한 말씀대로 되는 것이다. 그리하여 경건 생활과 주의집중, 은사 개발과 기회 개발 등을 이 담담한 사역에 적용시키면, 이 사역은 영혼에게 현재와 영원히 안식을 주어 하나님과 더 풍성히 교통하게 하며, 하나님의 교회에 좀 더 널리 유익을 주며 성숙하게 해준다.

매일 영적인 사역을 하면서 우리 자신의 믿음에 생기는 확증 또한 큰 이점이 된다. 육적인 인간은 눈이 멀어 있으며 그 마음은 적개심으로 가득 차 있다는 것이, 사역을 해보면 뚜렷이 드러난다. 즉 우리의 마음과 습관을 대대적으로 바꿀 필요성이 있다는 것이다. 이러한 변화를 가져오게 하는 수단은, 즉 전인격에 미치는 유익한 영향력은, 성도들의 인내와 믿음 속에 그 지속적인 효력을 발휘한다. 좀 더 가까이 그리고 좀 더 익숙한 방법으로 인간을 살펴보면, 이 모든 것을 모든 면에서 알 수 있다. 우리가 하는 사역은 성경의 계시를 믿는 우리 개인의 믿음을 강화시켜주며, 우리가 공적으로 증언할 때 "우리 주 예수 그리스도의 능력과 강림하심을 너희에게 알게 한 것이 교묘히 만든 이야기를 따른 것이 아니"[7]라고 자신 있게 말할 수 있게 해준다.

성공의 확실성이 목회를 지지해주는 원천임을 또한 잊어서는 아니 된다. 이 주제에 대해서는 나중에 더 상세히 생각해보게 될 것이다.[8] 우리 주께서 하신 모든 약속의 말씀은 주로 교회의 사역을 도구로 하여 성취되었다(사 53:10-12; 고전 1:21; 고후 1:20). 그러므로 주의 기뻐하시는 일이 우리들의 손으로 이루어질 것을 알아야 하며, "견실하며 흔들리지 말고 항상 주의 일에 더욱 힘쓰는 자들이 되라 이는 너희 수고가 주 안에서 헛되지 않은 줄(고전 15:58)" 알아야 한다.

그렇기는 하지만 무엇보다도, 우리 소망과 기쁨의 정점은 영원을 바라보는 것이다. "지혜 있는 자는 궁창의 빛과 같이 빛날 것이요 많은 사람을 옳은 데로 돌아오게 한 자는 별과 같이 영원토록 빛나리라"고 하신 말씀 속에 담긴 사상은, "영혼을 얻는 자가 지혜롭다"는 격언 속에 잘 나타나고 있다. "목자장이 나타나실 때에 시들지 아니하는 영광의 관을 얻으리라."[9] 우리의 보수는 우리의 성공도에 따라 평가되는 것이 아니라, 우리가 "일한 대로" 평가되는 것이다(고전 3:8).

그리고 우리 사역이 심지어 실패했을 때에라도 우리 주님은 우리의 보수를 주신다(고후 2:15-16; 사 49:4). 비록 우리가 하나님의 목적을 이루는 도구에 불과하기는 하지만, 그리고 전능하신 하나님의 한 기관에 불과하기는 하지만, 그럼에도 불구하고 이 일의 영광이 우리 것이기라도 한 것처럼 그렇게 풍성하고 온전하게 주시는 것이다. 교회 시대의 보상은 은혜로 말미암은 것이지, 빛이 아니라는 것에 더 분명한 증거

---

[7] 벧후 1:16. Chester 감독의 흥미로운 설교문에는 목회사역에 관한 이야기가 나오는데, 그는 이 문제를 조금 다른 차원에서 훌륭하게 제시하고 있다.

[8] 제2부 1장을 보라.

[9] 잠 11:30; 단 12:3; 벧 5:4. 목사가 받을 영광의 관에 대한 훌륭한 견해를 알고 싶다면, Hall's Sermon on the Discouragements and Supports, &c. pp. 51-53을 보라.

가 무엇이 필요하겠는가? 이 보상은 하나님께서 하나님의 주권으로 자비를 값없이 그리고 풍성히 주시는 것이며, 또 인간이 상을 받을 만한 자격이 있고 없음에 전혀 상관없이 주시는 것이다. 오히려 상은 전적으로 하나님의 은혜에 달려 있다. 하나님이 주시는 이 보상으로 말미암아, 우리의 부끄러움과 세상의 조롱은 완전히 가려지게 될 것이다.

그러므로 우리가 희생이 따르는 힘든 이 사역에 부름을 받았다는 것을 수용하면서 만족할 수 있는 이유는, 우리를 지탱해주고 위로해주는 하나님이 위기 때마다 함께 하시기 때문이다. 모든 것은 "볼지어다 내가 세상 끝날까지 너희와 항상 함께 있으리라"(마 28:20)는, 이 단 한 가지 약속에 모두 포함되어 있다고 말할 수 있을 것이다. "시대를 막론하고 주께서 쓰시는 사역자들은 초대 교회의 사역자들과 마찬가지로 이 보물을 받을 자격이 있다"고, 한 저명한 목사가[10] 다른 목사에게 말한 적이 있다. 그리고 그는 덧붙여 말하기를, "이 항상 이라는 말에 주목하고, 또 그 말을 믿고, 이 말씀을 명심하십시오." "내가 너희와 함께 있으리라." 이 말은, 하나님이 당신을 무슨 일에 쓰려고 부르셨든지 당신에게 자격을 부여하고 당신을 성공시키시겠다는 뜻이다. "볼지어다, 내가 너희와 함께 있으리라"는 말은 당신이 낙심해 있을 때 하나님의 임재와 성령으로 당신을 위로하겠다는 뜻이다. "볼지어다, 내가 너희와 함께 있으리라" 이 말은 당신이 시련에 닥쳐 있을 때 비록 모든 사람들이 당신을 버린다 할지라도 당신을 변호해주고 강하게 해주시겠다는 말이다. 주께서 당신과 함께 계시는 한, 두려워하거나 약해질 이유가 전혀 없다. 당신은 그 어떤 다른 격려도 필요하지 않다. 만일 계속 충성하기만 하면, 당신에게는 이 격려가 모자랄 때가 없을 것이다. 그래서 당신은 결국 다음과 같이 말하게 될 것이다.

---

10 D. Williams on the Ministerial Office, 1708. pp. 43-44.

주님은 모든 악의 역사로부터 나를 구원하실 것이다. 그리고 주님은 그분의 하늘나라에 이르기까지 나를 보존하시고 지켜주실 것이다.

이런 이유 때문에, 어떤 시각에서 우리 직분을 보더라도, 우리는 수고를 더 많이 하고 헌신을 더 많이 하라는 격려를 받게 된다.[11] 그래서 고통 가운데서도 믿음과 인내를 실천하면서, 우리는 하나님께 감사할 수 있고 담대해질 수가 있는 것이다. 담담한 마음으로 사역에 헌신을 해 본 사람이라면 스콧트(Scott) 목사의 증언을 받아들이는데 주저할 사람이 아무도 없을 것이다.

내가 지은 모든 낙심과 낙담의 죄에도 불구하고, 그리고 또한 내가 사역을 잘 해나고 있었던 때에도, 나는 이 일에 견줄만한 다른 일을 생각할 수 없다. 만일 내가 천년을 산다 해도, 나는 이 사역에 나의 인생을 기꺼이 바칠 것이다. 그리고 나에게 아들이 천 명이 있다면, 나는 기꺼이 그 아들 전부를 이 사역에 바칠 것이다.[12]

---

[11] "설교자는 목회사역의 영광을 생각하고 세상의 근심 걱정을 물리치고, 태만과 게으름을 멀리해야 한다. 오직 하나님이 주실 상급을 바라보고 근면하고 성실해야 한다"(Ab humi repentibus curis erigat animum tuum considerata functionis dignitas: difficultas. Industriam ac vigilantiam exstimulet praemii magnitudo, quod non ab hominibus, sed a Deo erit expectandum. Erasm). Eccles. p. 193.
[12] Scott's Life, pp. 343-344.

6장

목회사역의 자격 요건들

"세상을 만드신 그분 외에는 그 누구도 복음의 사역자를 만들 수 없다"고 했던 뉴튼(Newton) 목사의 이 의미심장한 말은 금언으로 여겨도 좋을 것이다. 뉴턴은 더 나아가(이것은 어떤 증거도 필요하지 않지만) 자기의 주장을 예증하기까지 하였다.

한 청소년에게 어느 정도의 능력이 있다면, 교육 받고 지원하기만 하면 그 사람은 학자, 철학자 또는 연설자가 될 수 있을 것이다. 그러나 진정한 목사는 어떤 원칙과 동기, 감정, 목표를 가지고 있어야 한다. 이러한 것들은 근면하다거나 열심이 있다고 해서 얻을 수 있거나 또는 전달할 수 있는 것이 아니다. 이러한 것들은 위에서 주어지지 않고서는 받을 수 없는 것이다.[1]

---

[1] Newton's Works, vol. v. p. 62.

이러한 원리들은 목사의 실제적인 영향력과 목회 적용에서 드러나게 되는데, 이 원리들은 목회사역에 필요한 자격 요건들이 무엇인가에 대한 전반적인 그림을 보여주게 될 것이다. 불완전한 능력들을 가지고 이 사역에 들어선다면 두려움으로 책임감을 가져야 하는 무엇인가가 있다. 그 사람은 자기 자신의 영혼에 대해 심각한 관심을 가지기가 쉽지 않으며, 자신의 형제 죄인들의 영원한 유익에 대한 관심도 별로 없고, 또 하나님의 교회의 안녕에 대한 관심을 가지기도 쉽지 않다. 그러나 이 사람의 마음이 부적합하다는 전제 하에 행하지 않는다.

지금껏 교회의 역사가 알고 있는 목사들 중에, 신약성경에서 가장 능력 있는 목사는 마음에 깊은 찔림을 받았던 사람이었으며, 거의 장님이 될 뻔하였으며, 또 자기에게 부여된 사역의 불가피성을 의식하였던 사람이었다(고전 2:16). 그 사람을 볼 때, 우리의 자격은 그보다 훨씬 부족하며 우리의 의무감은 흐릿하며 사역에 대한 집중력 또한 적어서 우리는 그에게 부끄러움을 느끼지 않을 수 없다.

이 주제를 거론할 때, 우리는 타고난 자연적 재능과 지적인 재능을 성실하게 향상시킬 수 있을 뿐 아니라 그 재능을 적절하게 평가할 기준도 있다는 것을 전제로 한다. 영적인 자격요건에 관해서는, 성경의 기준을 낮추거나 혹은 높이지 않도록 또 성경 기준으로부터 벗어나거나 빗나가지 않도록 조심할 것이다. (비록 교회 행정의 효과성을 목표로 하지 않는 요건들은 아무것도 없기는 하지만) 모든 필요 요건들이 똑같이 중요한 것은 아니라는 점은 분명하다.

그러므로 우리는 바람직한 것과 반드시 꼭 있어야 할 것 사이를 구별을 하여야만 한다. 이미 훌륭하다고 인정받은 목사들과 대조해 보았을 때 미숙함이나 경험 부족 또는 사람의 본질과 인격에서 오는 부족들 사이의 구별을 하여야 하고, 그리고 다시 말하지만, 사역을 불가능하게 할 만한 결함과 어느 정도의 부적격한 자질들 간에도 구별을 하여야 한다. "은사에는 다양성이 있다." 그리고 같은 성령과 같은 주님 아래에서 같은 은사를 행할 때에도 사역에는 여러가지 차이가 있을 수 있다(고전 12:4-5). 그러나 이런 모든 상황 하에서도, 사역을 감당할 만한 충분한 자격요건을 공급해주심으로 하나님은 이 거룩한 직분에 우리를 부르셨다는 것을 증명하실 것이다.

"우리의 믿는 도리의 사도시며 대제사장이신 예수"(히 3:1)를 생각할 때, 외관상으로 보기에는 서로 반대되는 특성들이 가장 조화로운 조합을 이루고 있음을 우리는 보게 된다.

우리 주님의 사역은 하나님이 부여하신 위엄과 형제에 대한 연민으로 특징지어진다. 또한 주님의 사역은 아버지 하나님의 위임을 받은 대리인의 권한을 가지고 있다는 점에서도 구별되며 "섬김을 받으려 함이 아니라 도리어 섬기려"(마 20:28) 오신 종으로서의 겸손이 있다는 점에서도 구별된다. 주님께서는 "그 가르치시는 것이 권위 있는 자"(마 7:29)와 같으셨지만, 그의 말씀은 "그 입으로 나오는바 은혜로운 말씀"(눅 4:22)이어서 지혜의 온유함과 사랑의 온유함으로 조절된 것이었다. 과연, 그분의 사역의 몇 가지 특징적인 면모는 사역자들의 자격요건에 대한 가장 정확한 기준이 됨은 물론, 공적이든 사적이든 우리가 사역을 감당하는 모든 경우에 분명한 방향을 제시해 준다.

하지만 우리가 이 완벽한 기준과는 무한한 차이가 있다는 것으로 인해 낙심하지 않도록 하기 위해, 하나님이 부르신 이 사역을 우리와 같은 성정을 가진 사람들이 감당하는 것이며 그러면서도 주님의 발자취를 따라 그분을 가까이 따를 때 주님의 은혜로 사역이 이루어지는 것이라는 점을 주목하자.

사도행전을 주의 깊게 읽어보면 아주 풍부한 보화와 같은 가르침을 발견하게 될 것이다. 서신서 또한 이런 특성을 완전하게 잘 보여주는데, 그것은 다름 아닌 포괄적인 교리 체계와 목회사역의 체계이다. 사도 바울의 사역이 가지는 다양한 특성들은 그의 편지들과 이따금 여기 저기에서 하고 있는 짧은 언급들의 자연스러운 흐름 속에서 발견되는데, 그 특성들은 바울의 가르침의 상세한 내용들을 구체화한 것이다. 바울은 귀중한 가르침의 상세한 내용들을 구체화시키고 있다. 퀘스넬 (Quesnel)은 바울서신 중 단 한 장에서 거룩한 성격을 나타내는 서른세 가지의 개별적인 특성들을 이끌어내었다.[2] 에바브로디도에 관해 잠깐 언급한 말 속에 이 거룩한 사역을 감당하기 위한 일차적인 자격요건 몇 가지를 소개하고 있다. 바울은 그 사람을 자기 '형제'라고 부르고 있는데, 형제라는 말은 곧 신실한 그리스도인이란 말이다. 바울은 에바브로디도의 동정심과 근면성 그리고 인내를 '함께 군사된 자'라는 말로 특징지었으며 그의 열심 있는 노고를 '함께 수고한 자'라는 말로 표현하였다. 에바브로디도는 자기 양떼들을 애착을 가지고 돌보았으며 양떼들이 자기 때문에 불필요한 걱정을 하지 않기를 바랐다. 그리고 자신이 감당하고 있는 주님의 사역을 대단히 귀하게, 자기 생명보다 더 값진 것으로 여겼다.[3]

1. 목사의 자격 요건

목사의 자격 요건에 대해 포괄적으로 살펴볼 때, 필수적인 것은 사역이 영적인 일이라면, 사역자는 그에 대응하는 영적인 인격을 반드시 가지고 있어야 한다는 것이다. 어떤 목사가 그의 인간 됨됨이가 어떻

---

[2] 살전 2장. 그리고 또 한 장의 일부분(고후 6:1-12)에서 스물한 가지, 또 한 장의 두 절에서(골 1:28-29) 열 가지. 과연 그의 주해서 전체에서 그가 목사의 직분에 대해 깊은 연구를 하였음을 보여주고 있는데, 목사의 임무, 의무, 그리고 목사들을 격려하는 말 등을 정확히 보여주고 있다.
[3] 빌 2:25-30. 19-22절에서는 디모데의 인격에 대해 아름답게 묘사하고 있기도 하다.

든지간에, 이 가장 중요한 자격 요건을 구비하고 있지 않다면, 그의 영향력은 그의 사역에 유익이 없음이 드러나게 될 것이다. 목사는 "거룩"(딛 1:8; 2:7; 고후 6:4-6; 딤전 4:12; 출 28:36)하여야 한다고 성경은 강조하며, 이것은 독특한 의미로, 하나님의 사람이라는 뜻이며 하나님에 대해 가르침을 받은 사람이라는 뜻이다.⁴ 자기의 시간과 재능을 하나님의 사역을 위해 매일 드림으로 하나님께 바쳐진 사람들이며, 이 한 가지 목적에만 골몰하며 오직 이 한 가지 목적만을 위해 전적으로 살아가며 자신의 사역을 감당하는 사람들이다. 그리고 이 목적을 증진시키기 위해, 자기들을 기다리고 있는 그 어떤 고난에도 흔들리지 않는 사람들이며, 자기 생명조차 조금도 귀한 것으로 여기지 않는 사람들이다. 그리하여 자기가 달려갈 길을 기쁨으로 달려가는 사람들이다. 하나님의 은혜의 복음을 증언하여 주 예수께로부터 받은 사명을 마치려 하는 사람들이다. 이러한 삶을 살았던 사람이 사도 바울인데, 그는 자기 자신이 가르쳤던 말씀의 살아있는 본보기이다.

바울은 그 가르침을 에베소의 장로들에게도 당부했다(행 20:17-35). 그 장로들이 우리 목사들의 사역에 좋은 본보기가 되어 섬기도록 하기 위함이었다. 그래서 백스터(Baxter)는 말하고 있다.

> 이것은 젊은 학생들이 시간을 들여 하는 어떤 일보다 중요하며, 1년 동안은 족히 공부해야 할 가치가 있는 것입니다. 오 형제들이여, 이것을 써서 당신의 서재 문 위에 붙여놓으십시오. 또는 당신의 눈앞에 큰 글씨로 써 놓으십시오. 우리가 이 말씀 중 오직 두세 줄만 이해한다고 해도, 우리는 어떤 설교자들이 되어야 하겠습니까! 이 모든 것을 여러분의 마음 판에 새겨 놓으

---

4 Erasmus는 다음과 같은 말을 하였다. "사도바울처럼 가르치는 자가 되고 싶으면 먼저 하나님의 가르침을 받아야 한다"(Qui cupit juxta Paulum esse didaktinos, det operam, ut prius sit Theodidaktos-i.e. Divinius edoctus). Eccles. Lib. i. pp. 4-5.

십시오. 그러면 이보다 더 못한 것들을 20년 동안 공부한 것보다 더 많은 유익을 여러분 자신과 여러분의 교회가 받을 것입니다. 그 열등한 것들이 당신들에게 세상의 박수를 가져다준다 할지라도, 이것들과 분리되어 있다면 그것은 당신을 소리 나는 구리와 울리는 꽹과리로 만들 것입니다.[5]

그러나 이러한 목회의 기준이 상당한 수준의 체험과 헌신을 전제하고 있다는 것은 분명하다. 즉 자기부인의 실천이 거의 습관처럼 되어 있으며, 구주에 대한 사랑과 죄인의 영혼을 사랑하는 마음으로 특징지어지는 인격을 가지고 있으며, 실천적인 면에서도 행동에 흠이 없는[6]

---

[5] Baxter, Reformed Pastor.
[6] Erasmus가 사용한 용어들 중 몇몇은 훨씬 더 과도하다. Erasmus는 간결함과 정확한 기술이라는 그의 최고의 스타일을 사용하여 말을 계속한다. "목회사역의 가장 중요한 것을 강조한다"(In Ecclesiasta haec imprimis spectanda sunt, ut cor habeat ab omnibus vitiis et cupiditatibus humanis mundum). "죄와 죄의 혐의나 모양도 버리고 흠없는 생활을 하라. 사단의 전술 전략을 파악하고 영혼을 견고하고 흔들리지 않게 하라 영혼을 사랑하는 불타는 마음을 소유하라. 성도의 무지를 깨닫도록 하고 지혜로운 마음과 현명한 판단을 하라. 설교자는 어떤 사람, 어떤 시간, 어떤 방법으로 설교해야 하는 지를 판단하라"(ut vitam habeat non tantum a criminibus, sed et suspicione, specieque criminum, puram, inculpatam; ut spiritum habeat adversus omnes Satanae machinas firmum, adamantinum, inconcussum: ut mentem igneam, et ad bene merendum de omnibus flagratem; ut animum habeat sapientem ad condiendam populi stultitiam, cor habeat prodens et oculatum; ut facile dispiciat quid silendum, quidve dicendum, et apud quos, quo tempore, quo modo, temperanda oratio. Qui cum Paulo scat mutare vocem, et omnia fieri omnibus, utcunque viderit saluti auditorem expedire. Nam hunc unicum oportet esse scopum, ad quem Ecclesiastes rationes suas omnes dirigat; a quo si deflecteris oculos, continuo fit, ut quo magis instructus fueris ad dicendum eo majorem invehas perniciem in gregem Dominicam). Eccles. Lib. i. p. 10. Vitranga가 묘사한 기독교 목사의 또 다른 초상화를 이것과 비교해볼 수도 있을 것이다.
"설교자는 바울처럼 목소리를 조절하고, 회중의 구원을 위해서 최선의 노력을 다해야 한다. 설교자는 오직 한 가지 구원의 목표와 방향이 분명해야 한다. 그렇지 않으면 양들을 올바른 길로 인도할 수 없다(Eccle. Lib. I. P. 10). 에라스무스의 주장과 비트링가(Vitringa)의 목회자의 초상화와 비교해보라. 그러므로 회중들은 하나님의 영광과 구원의 열정을 소유한 그리스도의 종, 복음 설교자를 귀하게 여겨야 한다. 복음 설교자는 주님의 양을 찾고, 성령의 인도를 받고, 품행이 단정하고, 순결하며, 경건, 절제, 온화함, 열정, 지혜 능력이 있어야 한다. 또 빛을 비추고, 구원의 길을 보여주고, 하나님의 은혜와 구원의 길을 보여주어야 한다. 설교자가 가는 곳은 빛이 있고, 구원이 있고, 소금의 맛이 있고, 위로를 나누어 주어야 한다. 설교자는 주님의 심판대 앞에서 '내게 두 달란트를 주었는데 또 두 달란트를 남

삶의 일관성을 가져야 함을 나타내고 있다. "새로 입교한 자"[7]는 이 거룩한 사역에 참여할 자격이 없다고 했던 사도 바울의 말은 합당하다. 겨우 신앙심만 간신히 가지고 있어서는 이 중요한 직책을 감당하기에 빈약하다는 것이다. 은혜와 지식에 있어 젖먹이 정도 수준의 사람은 성숙한 아버지와 같은 이들을 인도하는 사람이 되기에는 능력이 부족한 것은 물론, '젖먹이를 가르치는 교사'가 되기에도 부족하다.

성경을 연구하고 하나님을 체험해 보았을 뿐 아니라, 고난의 학교를 거치고 연단과 경험의 학교를 거쳐 본 사람만이 '학자의 혀'를 가질 수 있다. 어느 정도 탁월한 능력을 소유하기 위해, 더 큰 능력을 향해 끊임없이 달려가기 위한 목표는 목회를 완전하게 수행하기 위해 필수불가결한 것이다. 하나님이 정해놓으신 수단, 즉 하나님의 말씀과 기도를 끊임없이 사용하여야만 이런 능력이 얻어지는 것이다.

졌나이다'라고 고백해야 한다"(Quanti igitur facias fidum servum Christi, doctorem evangelii, anomo rectum, gloriae Divinae et salutis hominum studio flagrantem; non quaerentem quae sint hominum, sed homines; non quae sua sunt, sed quae Domini; a Spiritu Sancto doctum, viarum Dei per experientiam peritum; castis purisque moribus; virtutes pietatis, modestiae, mansuetudinis, zeli, prudentiae, gravitatis, docentem exemplo; qui instar lampadis impositus candelabro, omn ibus, qui in domo sunt lucem praefert; omnibus salutis suae cupidis, tum viam salutis demonstrat, tum ipsam gratiam et salutem conditionibus evangelicis dispensat! Quoquo incedit, lux est. Quoquo se vertit, quam ipse sibi solatio est; post decursum vitae ac laborum studium tandem ausurus se Domino ac Judici suo sistere cum fiducia, et libero ore, administrationes suae reddere rationem, secundum formulam: Duo talenta a te accepi. Domini: totidem lucratus cum sorte tibi reddo). Pref. animadv. ad method. Homil. 세 번째 놀라운 묘사는 Chrysost. De Sacerd. Lib. iii. p. 16에서 찾아볼 수 있을 것이다

7 딤전 3:6. 위의 주석 pp. 14-15를 보라.

2. 목사의 영적 능력

영적인 능력 또한 영적인 인격과 결합되어 있어야 한다. 여기에는 복음주의 체계를 분명하고 포괄적으로 아는 지식도 포함된다. 그러나 우리는 (몇몇 주요 개념으로 이루어져 있으며 흔히 한 문장 속에 다 들어있는[8]) 복음의 단순성을 존중해야 하며, 구원에 이르는 지혜로운 복음의 초보적인 원리들을 경험적으로 알고 있어야 함을 인정해야 한다. 성경 전체는 여러 가지 중요한 목적들을 위해서 주어졌다. 그중의 하나는 하나님의 사람, 곧 목사가 온전하도록 하고, 모든 선한 일에 철저한 준비를 갖추도록 하기 위한 것이다(딤후 3:16-17).

목사가 그 의미를 축소시켜버려서, 혹은 목사가 해석을 엉터리로 하거나 성경 말씀의 적용을 잘못함으로 인해, 든든하게 서 있던 교인들이 실제로 실족할 수도 있다. 그러므로 목사가 사역을 위해 갖추어야 할 것은, 개인의 구원을 위해 겨우 충분한 정도가 아니라 훨씬 더 풍성한 지식의 곳간이다. "제사장의 입술은 지식을 지켜야 하겠고 사람들은 그의 입에서 율법을 구하게 되어야 할 것이니 제사장은 만군의 여호와의 사자가 됨"(말 2:7)이기 때문이다. 그는 "마치 새것과 옛것을 그 곳간에서 내오는 집주인"[9]과 같아야 한다.

---

[8] 요 3:16, "독생자를 주셨으니 이는 저를 믿는 자마다"와 딤전 1:15, "예수께서 죄인을 구원하시려고"가 그 예이다.
[9] 마 13:52. (Owen 박사가 말한 바와 같이), "책 두 세권을 대충대충 읽은 것으로 목사가 되기에 충분하다고 생각하고서 다른 사람들의 교사가 되려고 이 사역에 뛰어드는 사람들이 많다. 이 사람들은 정비가 잘 된 교회에서는 제자로 인정받을 만한 사람들이 못된다. 그러나 대부분의 사람들이 알고 있는 것 보다 더 많은 목사들이 이 정도의 지혜와 지식, 그리고 이해를 가지고 있다. 목회의 성격을 잘 살펴본다면 동시에 복음사역에 어떠한 것이 필요한지를 고려해본다면, 아마 사역 속으로 그렇게 급하게 뛰어들지 못할 사람이 꽤나 있을 것이다. 목회사역을 수행하기 위한 능력을 가지고 있지 못하기 때문이다. 간략히 말해서, 성경의 범위와 그 목적을 완전히 이해하고, 그 속에 들어있는 하나님의 계시를 간과하는 능력이 없다. 어떻게 해서 이 교리가 일어나게 되었으며 어떤 방향으로 흐르고 있으며 어떻게 쓰이고 있는지 등 구체적인 교리를 체계적으로 잘 알고 있어야 한다. 영적인 것

이 곳간 없이는 그는 "사람에게 말하여 덕을 세우며 권면하며 위로하는"(고전 14:3) 사역의 위대한 목적에 부합하지 못하게 된다. 사역의 원칙을 폭넓게 이해하지 못한다면, 참 빛 속에서 그것을 어찌 보여주며, 계속해서 일어나는 위기상황에 그것을 어떻게 적용할 수 있겠는가?

3. 목사의 영적 은사

그러나 영적인 은사가 영적인 능력과 결합되어 있어야 한다. (그리스도의 승천의 열매요, 이 중요한 일을 하기 위해 그리스도의 종들이 갖추어야 하는 비품인) 이 다양하고 풍성한 은사들은 모두 똑같이 존중과 칭찬을 받아야 할 것이다. 또 의사소통을 잘할 줄 알아야 하며, 가르친 것을 적용할 줄 아는 능력이 있어야 한다. 그렇지 못하다면, 그 은사를 소유한 사람에게는 쓸모있는 최고의 재능이라 할지라도, 결코 교회의 공적인 유익이 될 수는 없을 것이다.

그러나 여기서, 영적인 은사의 능숙한 행사를 하나님의 능력과 혼동함으로 아주 치명적인 자기망상에 빠지지 않기 위해서는 신중한 분별이 필요하다. 사도 바울의 서신들을 부지런히 연구하는 사람들은 바

들을 분별하려는 기질이 있어야 하며, 그것들을 서로 비교해보려는 기질을 가지고 있어야 한다. 사랑의 신비, 은혜의 신비, 그리고 그리스도 안에서 하나님의 뜻의 비밀의 근원지와 그것이 흘러가는 과정에 대한 탁월한 통찰력이 있어야 하며 하나님의 말씀을 선포하고 삶의 바른 길, 믿음의 바른 길, 그리고 다른 사람에게 순복하는 길을 제시할 수 있어야 한다. 또 말씀으로 하나님에 대한 의무 전체를 그리고 인간에 대한 의무 전체를 가르칠 수 있어야 한다. 이것을 사도 바울은 '그리스도의 비밀을 아는 지식'이라고 부르고 있다. 이 지식은 그의 편지 속에 나타나 있다. 이는 교회의 목사들에게 맡겨진 복음과 관리 그리고 선포까지도 비밀에 싸인 하나님의 지혜인 것처럼, 그들의 주된 의무도 그렇다. 그 신비 속에서 지혜롭고 총명하게 된다. 그들이 그것을 다른 사람들에게 선포하기 위해서이다. 이것 없이는 목사는 예수 그리스도가 그들에게 분부한 사역을 전혀 할 수 없다." Owen's Pneumatologia.

울의 형제 사도가 우리에게 상기시켜주는 것 같이, 그 편지들은 "그 받은 지혜대로"(벧후 3:15) 썼다는 것을 쉽게 알게 될 것이다. 놀라운 솜씨로 바울은 자기의 가르침을 거의 무한하게 다양한 사람들과 다양한 때와 상황에 맞추었다. 그들의 강점 혹은 약점에 맞추기도 하고, 그들의 믿음의 진보나 혹은 퇴보에 맞추기도 했으며, 그들이 실수나 고의적인 악습에 맞추기도 하고, 그들의 각기 다른 포용력, 유리하거나 또는 불리한 점 등에 맞추기도 하였다!

  탁월한 언변으로 바울은 자신의 어조를 바꾸었다. 약하게 또는 격렬하게, 부드럽게 혹은 날카롭게, 책망조로 또한 훈계조로, 그래서 그의 개인적인 삶에서와 마찬가지로 그의 목회에서도, "아무쪼록 몇 사람이라도 구원하고자", "여러 사람에게 여러 모양이 된 것"[10] 이다. 그러므로 레위인들이 섬기게 될 성막을 세우기 위해 브살렐과 오홀리압에게 지혜를 주셨던 것처럼(출 35:30-35), 영적인 지혜는 하나님의 교회를 세움에 있어서도 대단히 중요한 것이다.

  그러므로 우리는 "진리의 말씀을 옳게 분별하며 부끄러울 것이 없는 일꾼으로 인정된 자로 자신을 하나님 앞에 드리기를 힘쓰는"(딤후 2:15) 것이다. 그리하여 "비밀을 맡은 자요 집안을 다스리는 청지기"(고전 4:1; 눅 12:42)로서, 우리는 집안 식구들에게 그들의 필요에 적합하게 그리고 자기 주인의 지혜롭고 은혜로운 뜻에 맞춰 양식을 나누어 주는 것이다. 그리고 우리는 그들의 개인적인 상태, 즉 그들의 영적인 수용능력과 실천 가능성을 고려한다.

  그들이 유아기에 있는지, 청소년기, 또는 성인이 되었는지에 따라서, 그리스도인의 삶을 살기에 필요한 영양분을 섭취하려면 어떤 종류의 음식을 필요로 하는지를 고려한다. 또 그들이 겪고 있는 영적인 장

---

10 Erasmus의 인용문의 끝부분을 보라, ut supra, p. 27, note.

애물이 있지는 않은지 또는 유리한 형편에 처해 있는지 고려하며, 그들이 하나님의 도에 있어 진보하고 있는지, 아니면 정체 상태에 머무르고 있는지, 또는 눈에 띄게 퇴보하고 있는지 등을 감안한다. 이 각기 다른 개인의 차이들을 잘 다루어 주려면, 말씀을 때에 맞게 그리고 효과적으로 나누어 주도록 하나님의 은혜의 방식을 잘 소화시켜 알고 있어야 한다.

사도 바울은 또한 말씀을 나누어 주는 영적 은사로서 "웅변"(엡 6:19)의 은사를 들고 있다. 이 은사는 "우리의 입이 열리고 우리의 마음이 넓어"져서(고후 6:11), 내용에 있어서 뿐만 아니라 전달방식에 있어서도 사람들에게 하나님의 말씀으로 말할 수 있도록 해준다. '바른 교훈'을 말할 뿐만 아니라 '바른 전달'을 하게 하는 것이다. 거룩한 자신감을 갖고 우리가 증언할 때, 사람의 말로가 아니라 진리 안에서 하나님의 말을 하며, 강단의 위엄에 적절한 방식으로, 그러면서도 수용능력이 약한 사람들에게까지 쉽게 이해되도록 말할 수 있어야 한다.

명료하게 사고하고 설교에서 명료하게 문제를 배열하는 힘, 표현을 잘하는 능력과 친숙하고 적절한 예화가 갖는 자연스런 힘은, 생명을 주는 복음의 능력을 전달하기 위한 거룩한 도구들로 흔히 쓰인다. 이것은 설교를 받아들이기 쉽게 하고, 강력한 적용력을 갖게 하기 때문이다. 이러한 능력들은 특별하거나 갑작스런 영감에 의해 주어지는 것이 아니다. 혹은 그 능력들이 반드시 똑같은 정도의 근면한 노력을 수반하는 것도 아니다.[11]

---

[11] Sanderson 감독은 다음과 같이 말한다. "하나님의 은사를 돈으로 살 수 있다고 생각한 것은 마술사 시몬의 실수이다. 그리고 그 생각에서는 그 사람의 죄의 냄새가 난다. 영적인 은사를 노력으로 살 수도 있다고 생각하는 일종의 성직매매를 말하는 것이다. 당신은 일찍 일어나고 밤늦게 잠자리에 든다. 그리고 열심히 성경을 연구하고 상당히 많은 책을 읽는다. 유명한 저자들의 영양분들을 탐욕스럽게 먹는다. 그 모든 것을 다 했을 때 하나님이 당신의 노력에 축복을 해 주시지 않으면, 참되고 유용한 학식에 관해서는 수확이 없으며 마치 바로의 파리한 암소가 살전 암소들을 먹은 후에도 바짝 야위었던 것처럼 빈약하기 짝이

믿음으로 감당하는 성실성은 목회 은사의 성장과 발전, 그리고 향상에 있어서 언제나 그 일에 합당한 격려를 받게 될 것이다. 그럼에도 우리는 하나님의 주권의 행사를 침해해서는 안된다. "이 모든 일은 같은 한 성령이 행하사 그의 뜻대로 각 사람에게 나누어 주시는 것이니라"(고전 12:11)고 한 말씀을 기억하라.

그러므로 이러한 직분을 아무나 쉽사리 적합하다고 생각해서는 안 된다. 이 직분은 단순히 탁월한 몇 가지 능력만을 요구하는 것이 아니라, 함께 조화를 이룬 많은, 아니 모든 탁월한 능력을 요구하는 것이다. 일반적으로 우리는 교회 행정 업무나 사적 대화는 별로 잘하지 못하지만 설교에 달란트를 가지고 있는 사람을, 목회에 종사할 자격을 구비하고 있는 사람이라고 생각한다.

그러나 이 생각을 사역에 완전히 적용하기는 어렵다. 생각과는 반대로, 이것은 아주 불완전한 각본이라서 아무도 거기에 만족할 수 없는 안 되는 그런 것이다. 목회적인 일의 모든 국면이 동등하게 중요하다고 할 수는 없을진 모르지만, 그럼에도 그 모든 국면은 대단히 중요하다. 모든 일 하나하나가 가볍게 여기기에는 너무 중요한 것들이다. 각각의 영역을 바르게 행하면, 나머지 부분들이 용이하게 되며 모든 은사에 아름다움과 효력을 더해준다.

목사가 오직 한 가지에만 적합한 사람이라면, 목회사역이 크게 방해를 받지 않을 수 없으며, 따라서 사역에 성공할 확률도 크게 떨어진다. 목회사역의 가능성에 상응한 정도의 만족과 혜택을 누리며 혹은 그 중요성에 대해 자각하고 있는 마음의 갈망으로 목사의 직분을 채우기 위해서는, 우리는 이 직분이 요구하는 모든 것을 갖추지 않으면 안 된다.

없다. 씨 뿌리는 자에게 씨를 주고 그 심겨진 씨를 열매 맺게 번성케 하시는 분은 하나님이다. 원래의 씨앗도 그의 것이요, 열매들도 그의 것이다." Sermon on 1 Cor. xii. p. 7.

즉 완벽하고 모든 선한 일에 완전하게 준비를 갖춘 하나님의 사람이 되지 않으면 안 된다.[12]

---

[12] Hinton on Completeness of Ministerial Qualifications, pp. 11-12. Ostervald는 다음과 같이 말하고 있다. "만일 모든 필요한 자격요건을 소유하고 있는 사람 외에는 그 누구도 이 거룩한 사역에 받아들여지지 않아야 한다면, 우리 교회들이 필요로 하는 목사의 수를 충분히 확보할 수 없을 것이다." 이것에 대하여 나는 다음과 같이 대답한다. "소수의 선택받은 목사들이 자격 없는 수많은 교사보다 더 낫다. 무슨 수가 있더라도 우리는 하나님의 명령을 지켜야 한다. 그리고 그 일을 섭리에 맡겨야 한다. 그러나 현실에서는 목사의 부족은 대개는 그리 염려할 일이 아니다. 자격이 없는 목사가 교회를 위해 수고해도 열매를 전혀 거두지 못한다. 거룩한 사역을 하고자 하는 저 후보생들을 퇴짜 놓는 것은 경건한 일임에는 의심할 바 없다. 반면에, 거룩한 사역의 임무들을 수행할 자격을 갖추고 있는 다른 사람들은, 이렇게 정확하고 엄격하게 처리하는 것으로 오히려 용기를 얻을 것이다. 그리고 그들의 사역은 매일 세상에서 더 많은 존경을 받게 될 것이다." Ostervald on Sources of Corruption.

The Christian Ministry

7장

목회사역을 위한 준비

목회사역의 책임성을 생각해 본다면 그 무게는 인간의 어깨로 감당하기보다는 천사들이 메어야 적절할 것처럼 보인다는 것을 우리는 이미 살펴보았다.[1] 그러므로 그 사명에 합당한 자격을 갖추지 못하고 목사의 의무에 대해서 중요성을 느끼지 못하는 자가 아무나 사역에 뛰어든다면, 그것은 깊이 후회할 일이 될 것이다. "천사들이 밟기 두려워하는 곳에 어리석은 자는 뛰어드는 법이다." 목회에 대한 준비를 할 필요가 별로 없다고 보는 사람이 많기는 하지만, 여기에서 "부끄러울 것이 없는 일꾼으로 인정"[2] 받기 위해서는, 수고, 근면, 관찰력, 그리고 지적 능력 등이 필요하다. 이기적이거나 세속적인 동기들이 가지고 있는 힘은 양심을 눈멀게 만들어서 현재의 필요한 것을 보지 못하게 하며, 심

---

[1] "천사들의 어깨에 놓여 있는 공포의 짐." Onus Angelicis humeris formidandum.-Augustine.
[2] "목회자는 철저한 훈련과 경험을 쌓아야 한다. 목회사역은 영혼을 다루는 최고의 기술이다"(Nulla ars doceri praesumitur, nisi intenta prius meditatione discitur. Ab imperitis ergo pastorbus magisterium pastorale suscipitur in magna temeritate, quoniam ars est artium regimen animarum). Greg. de Cura Pastor. cap. 1.

판의 날이 다가오고 있음을 보지 못하게 만드는 것이다. 불타는 열정과 가능성 있는 달란트를 가지고 있으나, 마음은 준비를 갖추지 못하고 마음이 거듭나지 못한 청소년들이 분별없는 친구들의 설득이나 어떤 순간적인 편견에 흥분되어서, 이 거룩한 직분에 성급히 뛰어든다. 이 생각 없는 무모함 때문에 교회는 심한 어려움을 겪어 왔다. 그리고 이 자기 망상적인 충동의 희생자들은 자신의 사역에 실망하고, 완전히 파멸되기까지는 아니더라도 자신의 영혼을 불안에 빠트리는 쓴 열매를 맛보게 된다. 다른 경우에는, 많은 영혼들을 추수해 거둬들이는데 써야 할 귀중한 시간을 나약함과 나태함 때문에 낭비하였거나, 혹은 확고하고 올바르며 체험적인 사역을 이끌어내는 데 직접적으로 도움이 되지 않는 신학 연구에 그 귀한 시간을 잘못 사용하기도 한다. 그래서 최선을 다해 신중하게 고려하지만, 영적인 혹은 지적인 준비가 덜 되어 있으면, 매일 매일 계속적으로 문제에 부딪치게 되는 법이다.[3]

막대한 비용을 신중하게 계산해보았다면, 효과적인 목회를 자신 있게 기대해도 좋다. 왜냐하면 그렇게 했다는 것은, 곧 그 사역을 찬찬히 살펴보았다는 뜻이기 때문이다. 제멋대로 세운 기대치로 물들지 않고 성경에서 보증하는 대로 참 빛에 비추어 보았기 때문이고, 충성스러운 일꾼들의 경험의 검증을 거쳤다는 뜻이기 때문이다. 그것은 곧 쉽게 일하지 않고 자기를 부인하는 과정을 거친다는 뜻이며, 성급하게 일을 서두르지 않고 인내심 있게 끈기를 가지고 일한다는 뜻이며, 감정과

---

3 Quesnel은 자기 자신의 스타일로 말을 하고 있다. 그러나 그 말은 잘 생각해볼 만한 가치가 있다. 복음을 전파하는 설교자가 사역을 시작하기 전에 해야 일은 1. 기도의 빵을 먹음으로 경건 생활을 늘릴 것. 2. 성경과 교부들의 책을 읽음으로써 자기의 열심이 강해질 시간을 줄 것. 3. 하나님께서 기꺼이 그를 불러 내서서 세상에 그를 나타내실 때까지 침묵과 은둔 생활을 계속할 것. 지체 없이 자기가 자기의 달란트를 만들어내고 또 그 달란트를 사용하지 않으면 안 된다고 생각할 때, 자기가 그것들을 숨기는 것은 하나님의 명령을 어기는 것이라고 생각할 때, 사람은 스스로를 속이는 것이다. 또 하나님의 적절한 때를 기다리지 않고 사역을 해야 한다고 자기 이웃 사람들이 추천만 하면 그것으로 충분한 소명이 된다고 할 때, 그들은 하나님의 명령을 범하는 것이다. On Luke i. p. 80.

충동으로 일을 하지 않고 믿음과 기도와 결단으로 일을 한다는 뜻이기 때문이다.

준비 기간 중에는, 자기의 마음을 기독교의 가르침들로 채우고, 자기 마음을 경건 생활과 실천에 바쳐야 한다. 또한 자기 성찰의 습관과 하나님과 대화하는 습관을 기르고, 믿음을 적극적으로 행사하는 일에 준비 기간을 보내면, 사역이 계속 진행되어가는 내내 유익을 얻게 될 것이다. 이제 넓게 공부하는 습관, 특별한 성경연구, 특별한 기도 습관, 영혼 치료 사역 등에 관해 조심스러운 마음으로 몇 가지 조언을 하고자 한다.

1. 넓게 공부하는 습관을 들여라

"읽는 것에 전념하라"(딤전 4:13)는 말씀은 목사의 연구를 위해 주시는 성경의 규칙이다. 물론 이것은 일반적인 성격을 띠고 있다. 그러나 그것을 성경에 적용하지 못할 이유는 없다. "책은 특별히 가죽 종이에 쓴 것을 가져오라"(딤후 4:13)고 했던 노년의 바울의 말 그가 이 규칙의 범위를 얼마나 포괄적으로 이해하고 있었는지를 예증해 준다. 교회가 입의 사역으로 세워지기도 했지만, 펜의 사역으로 세워지기도 했다는 것을 의심할 사람이 누가 있겠는가? 두 가지 방식으로 "각 사람에게 성령을 나타내심은 유익하게 하려 하심"(고전 12:7)이다. 심도 있게 열심히 연구한 결과를 전달할 때 헛수고로 끝나게 하셔서 하나님이 공연히 자기 종들을 고생시키신다는 생각은 할 수 없다. 하나님의 사람들의 체험은 부지런히 여행을 다닌 사람들의 체험과 같이 여러 사람에게 유익을 준다. 그리고 그 열매는 교회에 중요한 지식의 보고(寶庫)가 되어 오고 오는 세대 속에 보존된다.

다시 말하거니와, 사도 바울 자신의 예를 통해 볼 때, 그의 방침은 전 영역의 포괄적인 연구4를 포함하고 있음을 알 수 있다. 바울이 성경의 진리를 예증하거나 적용할 때 이교도들의 경구(警句)를 인용했다는 사실은(행 17:28; 고전 15:33; 딛 1:12 등), 성경의 진리를 인문학과 혼합시키면 성경 진리의 순수성이 저하된다고 바울이 염려하지 않았다는 것을 증명해준다. 모세가 "애굽의 모든 지혜를 배웠다는"(행 7:22) 사실은 유대의 율법 제정자 모세에게 수치스런 일이 아니라 오히려 영광이 된다고 스데반은 생각하였다.

성경 원어에 무지한 사람들이 번역 성경을 읽을 수 있게 된 것은 인문학에 막대한 빚을 진 덕택이었다. 그렇지 않았더라면, 성경은 알 수 없는 언어로 된 생명 없는 문서로 이 사람들 옆에 놓여 있었을 것이다. 지식이 많은 독자라도 성경의 어려운 부분들을 해석하려면 역시 인문학의 도움을 많이 받아야 한다. 베드로로 하여금 "온유와 두려움으로" 그러나 자신감 있게, "너희 속에 있는 소망에 관한 이유를 묻는 자에게는 대답할 것을 항상 준비하게"(벧전 3:15) 만들었던 그 성경의 권위를 설득력 있게 옹호하기 위해서도 인문학은 필요한 것이다.

---

4 Scott는 이 규칙이라는 말로, "성경을 연구하는 것, 또는 **자기가 가지고 있는 유익한 지식 창고에 보태어질 수 있는 다른 책들을 공부하는 것**을 가리킨다." 이 주제에 관해 정립한 그의 초기 개념들은(그가 솔직히 고백하기를) "너무 단축된 것이었다." 하지만 좀 더 성숙한 마음으로 다시 생각해보면, 좀 더 확대된 원칙들에 대해 그의 신중한 인생관이 형성되었다. 이 확대 원칙들을 그는 언제나 가르쳤다. 동시에 주된 목적에 마땅히 순복해야 하는 것의 중요성을 강조하였다. (그는 자기 편지에서 쓰기를) "여러분들이 애써서 공부하는 목표는 명사가 되기 위함도 아니요, 이익을 보고자 함도 아니요, 지식 그 **자체**를 위해서도 아니다. 그것은 여러분의 세대에 하나님을 섬기기 위한 준비를 갖추기 위함이다." Life, pp. 102-103, 330. 현대의 한 목사가 한 친구에게 이렇게 말했다. 그 친구는 그 목사가 기본(Gibbon)의 『역사』(History)를 읽고 있는 것을 보았다. "그는 자기 사역에 각별한 안목을 주는 모든 것을 읽었다네. 그 사람은 여러 분야의 책에서 강단에서 설교하기 위한 자료들을 수집했지. 그리고는 주일 설교 원고에 자기가 읽은 모든 것들이 무언가 기여하게 만들었다네." Christian Observer, Oct. 1828, p. 608. 과연, 우리가 다루는 주제와 직접적으로 연관이 있는 것만 읽는 것은 귀중한 간접 지식을 많이 놓치게 만들고 우리를 편견과 오해에 빠지게 만든다.

종교 개혁 시대에, 학문과 종교는 함께 부흥했다. 개혁자들은 적극적으로 사역을 하는 한편, 심층적인 연구도 하였다. (에라스무스[Erasmus]의 학문이 "철학과 헛된 속임수"[골 2:8]와 아주 많이 연관되어 있기는 하지만), 에라스무스의 학문은 저 위대한 루터가 저서를 집필할 때 상당한 도움을 주었다. 복음의 축복을 퍼뜨리기 위하여 인문학의 도움을 모두 이용해야 할 것을 사도 바울의 편지들로부터 우리는 배웠다. 이 모든 인문학의 조력은 하나님의 귀한 선물이다.

그러므로 인문학을 남용할 때에만, 인문학이 더 이상 축복이 아닌 것이 된다. 문학에 대단한 소양을 가지고 있는 목사들이 복음을 설교할 때 폭발적인 에너지를 발산한다는 것은 사실이다. 그저 웬만한 학식만 가지고 있는 목사들도 때때로 아주 성공적인 목회를 하는 경우가 있다. 그리고 (참 교리가 설교되는 곳) 대부분의 경우에, 천재적 재능과 학식보다는 열심과 근면에 더 점수를 주어야 한다고, 복음의 성격이 그렇게 요구하는 것처럼 보이기도 한다. 그러나 또한 사실은, 하나님은 도구를 사용하여 자신을 나타내기를 기뻐하신다는 것이다. 도구가 그분의 은혜에 순복하여 사용될 때, 하나님은 그 도구를 영화롭게 하신다. 그렇다면, 인간의 학식을 귀하게 여기자. 선한 인간이 가지고 있는 지식의 모든 분야는 유용한 목적에 적용되어도 좋다.

만일 천사장에 버금가는 지식을 가지고 있다면, 그 사람은 그 지식을 모두 인간의 유익을 위하여, 그리고 하나님의 영광을 위하여 사용할 수 있을 것이다.[5] 우리의 정신세계가 확대된다면, 그것의 범위가 확장

---

[5] Dr. Buchanan's Sermons, pp. 249-251. Milner, vol. ii. pp. 385-386에 나와 있는 Scott의 그 다음 말을 보라. "위대하신 빛들의 아버지께서 인간의 마음에 심어 놓으시고 그것들을 하나님의 소명을 위해 잘 사용함으로 거룩하게 되고, 사역이라는 이 위대한 일에 도움이 되도록 하시지 않을, 천부의 재능, 즉 타고난 재능은 없다는 South 박사의 말에 나는 자신 있게 동의한다. 진짜 신앙심을 가지고 있다면, 아무도 활기가 없거나, 한가해 하거나, 나태하거나 하지 않는다. 진정 신앙이 있다면, 특히 목사는 결코 그럴 수 없다. 오히려 그와 반대로, 진정한 신앙은 영혼의 왕성한 힘들을 모두 깨워 일으켜서 위대하고 소중한 목적을 계

되고 일반적인 이해가 증대되며, 따라서 정신이 하나님의 가르침을 받아 '천사들이라도 연구해보고 싶어할 만한' 것들을 탐구해낼 수 있지 않겠는가?

은혜의 완전한 충족성이 일반적인 지식의 중요성을 능가하는 것은 당연하다. 은혜의 영향력 아래 있는 한 어린아이가 같은 정도의 하나님의 영향력 아래 있는 지적인 어른과 마찬가지로 똑같이 목회사역에 적합한 것과 같다. 은혜만으로 충분하다는 생각이 일반적인 지식이 중요하다는 생각을 소용없게 만드는 것이 아닌가 하고 생각할 수도 있지만 만일 지식이 멸시받아서는 안 되는 것이라면, 지식을 획득하는 수단인 연구 또한 멸시받거나 소홀히 해서는 안 되는 것이다.

특별히 다른 사람들을 공적으로 가르칠 준비를 할 때는 더더욱 그렇다. 마음이 성령의 능력으로 충만하면 때로는 사람들에게 유익한 말을 할 수는 있다. 그렇다, 연구하지 않고도 아주 훌륭하게 말할 수는 있다. 비록 빠르지는 않지만 그래도 다른 길로 걸어내려 갈 수 있는데, 불필요하게 성전 꼭대기에서 뛰어내려서, 주의 천사가 우리를 받아 우리 발이 돌에 부딪치지 않도록 해주리라는 보장은 성령의 능력이라도 못할 것이다.[6]

이것을 볼 때, 대학의 교과목들을 신중하게 주목해 보는 것이 얼마나 중요한지 저자가 말해 봐도 되겠는가? 학문적인 차이를 나타내는 특성들이 간과되는 곳에서조차도, 훈련과 자기부인의 습관은 정신적인, 어쩌면 신앙적인 소실도 막아주는 효과적인 안전장치가 된다. 신학 교육

획하게 만들고 그 목적을 이루게 만든다. '만일 거룩한 목적으로 쓰이기만 한다면, 학식은 아무리 많아도 좋은 것이다'라고 Leighton은 말했다. 동시에 자신의 저서들을 가리키면서 그는 '경건한 한 가지 생각은 이 책들 전부와 맞먹는 가치가 있다'고 말했다. 이 말은 의심할 바 없이, '아무리 지식을 축적한다 해도 내적인 경건과 견줄 수 없다'는 뜻을 의미한다."
Life by Rev. J. N. Pearson, p. 120.
6 Edwards's Works, vol. viii. p. 589.

의 커리큘럼에 보다 더 직접적으로 목회사역에 연관 있는 과목들이 부족한 것은 유감스러운 일이다. 그렇지만 이런 부족을 제외한다면, 신학교육을 통해 학문을 좋아하는 습관이 형성된다든가, 지식의 중요한 원리들이 많이 축적될 수 있다. 또, 건전한 정신 상태를 획득하거나 또는 그 상태를 더욱 강화시켜, 차후에 여러 다른 견해들을 체계화시키고 잘 소화해 이해한 후, 그것들을 내 것이 될 수 있도록 해준다. [7]

캠벨(Campbell) 교수는 다음과 같이 말한다.

> 지식에 관한 것은 무엇이나, 자기에게 맡겨진 사람들을 가르치고 위로하고 모든 영적인 위험으로부터 보호하는데 필요한 자료들을 제공해준다. 또는 지식은 주님의 주장을 옹호하는데도 유용하기 때문에, 거룩한 사역에 입문하려는 뜻을 가진 사람이 다방면의 지식을 적절히 공부하는 것은 필요한 일임에 틀림없다.

캠벨은 또 다시 말한다.

> 자기가 섬기는 사람들에게 유익이 되게 하려면, 목회 후보생이 이러한 지식 습득을 제대로 적용할 수 있게 만드는 것은 무엇이나 다 필요하다. 만약 그 지식을 사용할 기술을 습득하지 않았다면, 그 사람이 아무리 최고의 지식을 소유하고 있다 하더라도 그것은 아무 짝에도 쓸모없는 것이

---

[7] 어쩌면 우리 중 몇 사람 정도는 이 중요한 시기를 회상해 볼 때 Philip Henry의 고백을 하고 싶은 마음이 들지도 모르겠다. 그래서 Henry가 가진 정도의 영혼의 진지함과 애절함을 가지고 고백을 하게 될 것이다. "대학의 과목을 이수하기 위해서는, 학기 중에 매일 열리는 토론과 일주일에 한 번 있는 주제와 구절 연구 발표와, 그리고 설교 실습을 위하여 해야 할 것들이 있었다. 내 차례가 왔을 때, 나는 나와 같은 입장에 있는 다른 사람들이 한 말들을 발표했다. 그리고 그것에 대해 칭찬을 듣기도 했다. 그러나 우리가 소위 공부를 열심히 한다고 말하는 것에 대해 말하자면, 즉 독서에 전념하느라 밤늦게 자고 아침에 일찍 일어나며, 매일 복습을 열심히 하여 내가 읽은 글의 뜻을 음미해보는 것 등에 대해 말하자면, 나는 그러한 것과는 아주 거리가 먼 사람이었다."

된다. 전자를 목회의 이론이라고 부를 수 있을 것이며, 후자는 목회의 실천이라고 부를 수 있을 것이다. 전자는 순수하게 신학이라는 학문을 존중하며, 후자는 그 학문을 기독교 목회자의 목적에 맞게 적용시킨다.[8]

하나님의 계시를 예증하고 확인하며 강화하고 권하는 경향이 있는 것은 무엇이나 신학을 구성한다. 다른 어떤 주제에 대해서는 목사의 지식이 피상적일지라도, 적어도 신학에 대해서는 그 지식이 지적이고 포괄적이어야 한다. 기독교 신앙의 증거인 성경과 교회사, 특별히 우리가 섬기고 있는 교회의 역사에 대한 증거들에 대해 포괄적인 지식을 가지고 있어야 한다. 불신자와의 접전에서 버틀러(Butler)의 비유가 그랬듯이, 이신론(理神論) 논쟁에서는 르런드(Leland) 박사의 저서들이 믿음의 옹호자들에게 한 벌의 전신갑주가 되어줄 것이다. 보다 직접적인 자료들을 택하려면, 페일리(Paley)의 대가다운 외적 증거의 분석과, 도드리지(Doddridge)의 전 영역에 대한 대중적인 개관, (저자가 밝혔듯이, 단 한 가지 주장에만 국한되어있지만 우연하게도 주요 요지들을 포괄적으로 다루고 있는) 체스터 감독(Bishop of Chester)의 독창적이고도 만족스런 논문과, 그리고 (이해와 양심 양쪽에 똑같이 호소하고 있는) 캘커타 감독과 오하이오 감독(Bishops of Calcutta and Ohio)의 강의록 등에 주목할 필요가 있다.[9]

클라크(Clarke)의 냉철하고도 추상적인 형이상학, 베이츠와 차녹(Bates and Charnock)의 복음주의적이면서 활기를 불어넣어주는 표현, 그리고 페일리와 기스본(Gisborne)의 평판 좋은 분석적 증거들은 하나님의 속성과 그 완전성을 잘 예증하고 있는 것으로서, 반드시 읽어 소화시

---

[8] Lecture on Pulpit Eloquence-Lecture 1.
[9] Course of Lectures delivered in New York by G. P. Mc Ilvaine(원문 그대로 옮겼음 – 역주), D. D. Bishop of Ohio.

켜야 한다.[10] 페일리의 『바울의 시대』(Horae Paulinae)는 기독교의 부차적인 증거에 대한 새로운 단서를 열어주는 것이므로, 이것 또한 읽는 것을 잊어서는 아니 된다. 이 책이 나온 이후로, 보다 만족스러운 논증과 함께 보다 넓은 분야에까지 확대되어왔다.[11]

성경을 더 알아야 한다는 주제는 잠시 다음으로 미루어놓고, 목회학의 한 구성 요소로서 교회사의 중요성에 대해 언급하고자 한다.

드와이트(Dwight) 박사가 옳게 말한 바 있다.

> 이것은 각각의 여러 시대에 교회에서 존재했던 죄와 미덕, 오류와 건전한 교리, 역경과 순경들을 목사들에게 가르쳐줄 것이며, 또 그런 것들이 생겨나게 된 원인들도 함께 가르쳐줄 것이다. 일반적으로, 정치인들이 일반 역사에서 정치적인 의미에서 유용한 점들을 도출해내 듯이, 목사도 교회의 시각에서 똑같이 유용한 점들을 이 분야로부터 도출해낼 수 있을 것이다. 교회사를 공부하는 사람은, 지금까지 교회가 어떻게 변천해왔는지, 어떤 이유로 그러했는지, 또 어떻게 하면 여러 가지 면에서 교회가 더 건강하고 더 행복했을지를 배우게 될 것이다.[12]

모쉐임(Mosheim)은 가시적 교회에 관한 필수적인 정보를 줄 것이며, 밀너(Milner)는 진정한 교회에 대한 정보를 줄 것이다. 그 후 다음 시대에 일어난 유명한 사건들을 가지고 이 두 저서들을 비교해보면 아주 광범위하면서도 흥미롭지만 고통스러울 때도 아주 많은 명상의 영역을 열어 줄 것이다. 이 두 가지 책을 종합적으로 파악해서 하나로 묶어

---

10 Clarke on the Attributes. Charnock's Works, vol. i. Paley's and Gisborne's Natural Theology.
11 복음서들과 사도행전의 정확성은 이 책들이 계획적이 아니었는데도 서로 일치하고 있다는 사실로부터 주장되었다. Rev. J. J. Blunt, 8vo. 1828. Veracity of the Books of Moses, 8vo. 1828.
12 Dwight's Theology, ch. v. p. 227.

놓았으며, 편견 없이 그러나 분명하게 기독교의 견해들을 피력해 놓은 한 저서 또한 교회가 알고 있어야 한다.[13]

자신이 사역하는 교회의 배경에 대해 지적으로 잘 아는 것은 중요하기 때문에, 목회사역을 하고자 하는 후보자에게 후커(Hooker)의 훌륭한 저서를 신중하게 공부할 것을 권한다. 우리의 교회가 사도들의 터 위에 세워졌으며 교회가 성경적인 모델에 일치하고 있다는 후커의 설득력 있는 설명은 무엇보다 칭송을 받을 만하며, 동시에 모든 공격을 막아줄 증거가 되기도 한다. 후커 이후로 교회가 세워진 그 근거를 강화하기 위해 실질적으로 더 보태진 것은 없으며, 아무것도 더 필요하지 않다. 그렇기는 하지만, 사역에는 특유의 위엄과 관심사가 필요하다.

또 그 특성상, 많은 유사한 다른 일들과 구별되는 점은 바로 그것의 '거룩성'이다. 이 책은 성전 외부의 아름다운 좌우대칭을 보여줄 뿐만 아니라, 하나님의 사람의 눈을 가지고 성전의 내부도 보여준다. 이 책은 주제 내용의 틀에 맞게 만들어져 있다. 교회의 자격요건과 특권 속에서 교회의 진정한 영적인 성격을 지적하고 있으며, 교회 성소 봉사에서 각인된 '거룩의 아름다움'을 보여주고 있다. 그의 『다섯 번째 책』(Fifth Book)이 가진 그 힘과 그 신성함 중, 어느 것을 더 칭찬해주어야 할지 몰라 우리는 머뭇거리게 된다. 그러나 여기서, 흡족한 고려를 하지 못했다고, (주로 선입견이거나 오해의 결과인) 교회 조직의 체계나 세부사항에 이의를 제기하기란 어려울 것이다.

후커와 유사한 정신과 설득력을 가지고 있는 주얼(Jewell)의 『변증』

---

13 Weisman의 Historia Sacra (2 vols. 4to. 1745, by a disciple of Dr. Spener's school)를 Conybeare 박사는 박학과 경건함을 결합시켜놓은 책으로 생각한다. 그러나 이 책은 거의 알려져 있지 않다. 그리고 라틴어로 되어 있기 때문에 공백을 채워줄 만큼 그리 인기를 얻지는 못했다. 세상의 창조로부터 종교개혁시대까지를 다룬(그의 저작 제 1권) Spanheim의 Ecclesiastical Annals는 귀중한 정보의 창고이다. 스팬하임은 자신이 이 책을 요약하였는데, George Wright가 이를 번역하였다.

(Apologies)은 매우 주목해볼 만하다. 콤버(Comber)는 우리의 공적 의식서(儀式書)들을 능력 있게 그리고 헌신적으로 보여줄 것이다. 교회론은 교회의 설교와 신조들을 하나님의 말씀과 면밀히 비교해 보면 가장 잘 알 수 있다. 버넷(Burnet)의 『종교개혁사』(History of the Reformation)는 성경을 근거로 하여, 그 점진적인 발전과정의 매우 흥미로운 세부사항들을 쓰고 있다. (복음주의 진리에 대한 언제나 충분하고 그리고 분명한 관점을 보여주고 있는 것은 아니지만 그리고 이따금 솔직함이 지나쳐서 오류를 범하고 있기는 하지만,) 그의 『신조(信條) 강해』(Exposition of the Articles)에는 어마어마한 양의 정보가 들어있어서, 목회를 준비하는 사람이 주목해볼만하다.

신조에 대해서는 피어슨(Pearson) 또한 특별히 거론되어야 한다. 그가 다루고 있는 훌륭한 주제들의 취급과 관련해서 아주 귀중한 신학을 많이 담고 있다.

결국 다윗처럼, 학생이 자기 하나님의 성전을 위하여 힘을 다하여 준비하여야 할 것은(대상 29:2) 신학의 넓은 분야이다. 그는 지식이 비축된 사람, 즉 하늘나라를 가르칠 서기관이 되어야 한다. 그의 "입술은 지식을 지켜야 하겠고" 사람들은 "그의 입에서 율법을 구하게 되어야 할 것"(말 2:7; 마 13:52)이다. 그러므로 그의 독서의 과정에는 교리의 빛과 실천적 의무 그리고 경험적 능력에서 포괄적인 성경관이 포함되어야 한다.

로빈슨(Robinson)의 『기독교 체계』(Christian System)와 드와이트의 『신학 체계』(System of Theology)는 음미해볼 만한 아주 귀한 내용들을 제공해줄 것이다. 세부적인 공부에 관해서 말하자면, 특히 어거스틴(Augustine)의 논문 몇 가지를 포함한 기독교 교부들의 저서들뿐만 아니라 사도 시대에 가장 가까운 글들을 주의해서 공부할 필요가 있다. 물론 분야도 이렇게 넓고, 그리고 이들의 저서 속에 있는 성경적 순도도 다양한 정도로 다르고, 우리 자신의 시간의 여유도 각자 다르기 때문에, 이 책들을 선정할 때 많은 분별력이 필요할 것이다. 교회가 보다 활발했던 시대에 활동했던 종교개혁자들의 저서들은 풍부한 보고(寶庫)가 된다.

그들의 저서가 상당히 많으므로, 그에 상응한 선택의 어려움도 매우 크다.[14] 그러나 심층적인 배움과 광범위한 진리에 대한 견해들, 그리고 기독교적 지혜와 유창함을 위해서는, 크랜머(Cranmer)와 주얼의 책이 가장 앞선다. 영적인 열정과 교훈적이며 체험적인 내용을 얻기 위해서라면, 청교도 브래드포드(Bradford)의 저서들이 최고의 찬사를 받을 만하다. 외국의 개혁자들 가운데서는, 칼빈(Calvin)과 루터(Luther) 그리고 멜랑톤(Melancthon)이 논란의 여지없이 '가장 앞선 3인자들'로 꼽힌다.

위로부터 순서대로 매긴 30권의 책을 선정하는 일은 결코 용이한 일이 아니다. 그렇기는 하지만, 칼빈의 주석은 (호슬리[Horsley] 감독과 칼빈의 독특한 교리에 호의를 품지 않은 다른 사람들이 판단하기에도), 성경을 설명한 가장 귀중한 책 중의 하나이다. (앞으로 설명할 작정인 조직신학은 별개로 하고), 그의 『기독교 강요』(Institutes)는 잘 설명해 놓은 복음의 근본 교리들로 가득 차 있다. (기독교의 안식일에 대해서 느슨하고 방어가 없는 그의 견해는 항상 예외로 하고서), 칼빈의 모세의 율법 강해와 성례 강해는 매우 판단이 적절하며 또한 실제적이다.

루터의 『갈라디아 주석』(Commentary on the Galatians)은 아마도 교회가 이제까지 보유하고 있는 책 중에서 칭의 교리를 가장 완전하고 생생하게 제시한 책일 것이다. 그의 『에라스무스에 항변하는 통렬한 비난』(Diatribe against Erasmus)은 (진술이 다소 조급하기는 하지만) 이성과 교만의 자만심에 대항하여 겸손한 복음의 교리들을 힘 있게 옹호하고 있다. (자기 생각들을 오래 심사숙고하여 가장 좋은 표현들을 얻어내기 위해 만든) 멜랑톤의

---

[14] 파커회(The Parker Society)는 이 그룹의 가장 중요한 저서들을 널리 유포시키겠다고 약속했다.

『비망록』(Common Places)은 가장 중요하면서 또 가장 영향을 많이 준 종교 개혁 시대의 저서들 중에 하나이며, 확고한 복음주의적 진술로 가득 차 있다.

과연, 종교 개혁파는 우리의 신학 체계를 형성하는데 가장 성경적인 모델을 제시해주고 있을 것이다. 이들의 신학 수준은 상당히 높고 일관성이 있다. 그 다음 세대 학파의 진술보다 이들의 기독교 교리 진술은 명료하여서 읽는데 덜 방해되며, 정확한 체계가 있어서 교리 진술이 더 자유로우며, 우리 믿음의 위대한 대상이신 분을 보다 더 가까이서 그리고 보다 더 직접적으로 가리키고 있다.[15]

청교도 학파 신학자들은 (학자풍의 묘한 말투를 두루 사용하면서도) 유용하고도 교육적인 가르침을 목사가 될 신학생들에게 풍부하게 공급해주고 있다. 만약 그들이 종교개혁자들보다 교리 진술 면에서는 덜 명확하고 단순하다면, 그리스도인의 체험에 공감하는 면에서는 종교개혁자들보다 더 깊이 들어간다. 영적 전술을, 즉 인간의 마음의 습성과 그 움직임을, 심오한 시적 표현으로 표현함으로써 적절하게 양심의 가책을 불러일으키고 동시에 위로도 준다. 그리고 적용을 특별히 밀접하게 함으로써 독자에게 자기 자신을 보게 한다. 독자에게 자신의 잘못된 의존을 벗어버리게 하고, 자기 앞에 놓인 걱정거리를 해결할 빛과 능력을 보여준다.

이 학파에서 가장 탁월한 저자는 오웬(Owen)이다. (세실[Cecil] 목사가 말하는 바와 같이), "오웬파 학자들의 글은 보다 더 심오하고 폭이 넓으며, 대부분의 다른 저자들보다 더욱더 풍부하다." 그의 수많은 저서 중에서, 성경에서 그룹으로 분류되지 않는 책들에 대한 가장 자세히 기술

---

[15] The Harmony of the Confessions, 4to. 1643과 (P. Hall 목사가 최근에 이 책의 확대판을 새로 출판하였음) Corpus et Syntagma Confessionum, (4to, 1612)은 종교개혁시대 학파를 공부할 때 읽어 볼 가치가 많은 책들이다.

되고 배울 것이 많은 주석은, (대단히 장황하게 쓴) 그의 『히브리서 강해』 (Exposition of the Epistle to the Hebrews)를 꼽을 수 있을 것이다. (어떤 세부적인 부분에서는 우리 교회의 원칙들과 잘 맞지 않는 부분이 있기는 하지만), 성령에 관한 그의 저서는 매우 중요한 이 주제에 대한 가장 포괄적인 견해를 망라하고 있다.

오웬의 『시편 130편』(Psalm cxxx)은 하나님의 용서를 가장 완전하고도 거침없이 보여주고 있는데, 그리스도인들이 당혹스러워하고 있는 것들을 놀라울 정도로 적절하게 다루고 있다. 그의 『'성경에 나타나 있는 하나님의 마음의 이해'에 관한 짧은 논문』(Tracts upon 'Understanding the Mind of God in Scripture')과 『믿음의 이유』(The Reason of Faith)는 늘 그렇듯, 그의 영적 분별력의 정확성을 잘 보여주고 있다. 그의 『내주하는 죄, 죄 죽이기, 유혹의 힘, 그리고 배교의 위험성에 관한 논문』(Treatises upon Indwelling Sin, Mortification of Sin, the Power of Temptation, and the Danger of Apostacy)은 마음의 은밀한 것들을 탐구함에 있어 보기 드문 깊이를 보여주고 있다.

영적 사고에 대한 그의 설명은 새로운 성품의 취향과 특징들을 그림처럼 묘사하고 있다. 대체적으로, 명료한 설명과 성경의 교리를 힘 있게 변호하고 있으며, 실생활에서의 의무를 단호한 태도로 역설하고 있으며, 마음의 자기 기만성을 솜씨 있게 해부하고 있고, 그리스도인의 마음이 다양하게 움직이고 있음을 자세하고도 지혜롭게 다루고 있어서, 이 점에 있어 이에 필적할 만한 다른 저작이 없을 것이다. 인간의 연약성과 탁월성의 혼합은 그의 적절치 못한 정치적 편견 속에서, 즉 교회 정치에 대한 뿌리 깊은 혐오 속에서 찾아볼 수 있을 것이다.[16] 그

---

[16] 그의 단호한 국교에서 독립해야 함을 가리키는 것이 아니라, 매우 영적이면서 산만한 저서들 이곳저곳에서 교회에 대해 혹평을 하고 있는 그의 공격 정신을 가리키는 것이다. Dwight는 힘과 단호함을 함께 가지고서 그러나 확신이 부족할 때에라도 존경을 얻는 겸손

리고 (그의 신학의 성격을 존중하면서), 그는 복음의 원리들을 인간의 체계에 맞게 만들려고 끊임없이 주도면밀한 노력을 하였다. 그러나 원석이 금과 다른 이물질로 섞여있는 것을 못마땅하게 여기고서 금광을 외면해버릴 사람이 어디 있겠는가?[17]

비록 그의 복음에 대한 견해가 본 저자에게는 오웬만큼 풍부하게 보이지는 않지만, 그리고 (세실이 말한 바와 같이), "학생의 정신을 고취하는 데 있어서 오웬과 나란히 이름이 거명될 정도까지는 아니지만," 이 학파에서 백스터(Baxter)를 거론하지 않으면 안 될 것이다. 그의 『기독교 규칙서』(Christian Directory)는 결의론(Casuistical Divinity)에 관한 아주 귀중한 저술이다.

백스터의 『기독교 신앙을 가져야 하는 이유들』(Reasons for the Christian Religion)은, 우리 믿음의 보루와 같은 아주 강력한 변론서이다. 백스터의 『성도들의 안식』(Saints' Rest)은 비록 복음적인 주제들이 갖는 감동적이면서 사람을 끌어당기는 힘이 너무 부족하기는 하지만, 미지근한 신앙을 가지고 아무렇게나 살아가고 있는 사람들에게 통렬한 말을 산발적으로 하면서 하늘나라를 대망하게 하는 좋은 실례이다. 더 상세하게 거론하는 것은 불필요할 것이다. (비록 때로는 불분명한 말과 과장된 말이 혼합되어 있기는 하지만), 청교도 볼튼(R. Bolton)과 하우(Howe), 그리고 차녹크(Charnock)는 천재적 재능과 축적된 자료로 다른 저서들과 구별된다. 플라벨(Flavel)은 강단을 위한 최상의 모델을 제시해주고 있다고 말할 수 있을 것이다. 그의 설교는 특별히 진지하면서도 애정 어린 자상함과 영혼의 뜨거운 열정, 교리의 명료성과 실천적 의무의 직접적인 강조

한 기독교 정신을 가지고서, 비국교도의 원칙들을 감독제로부터 옹호하였다.
[17] 비록 그의 저서들이 목사들이 목회를 하는 동안 항상 옆에 두어야 할 책들이기는 하지만, 목회를 준비하는 과정에서도 귀중한 자료들이다. 체험적인 틀 안에서 그리고 실제적인 영향력 안에서 성경의 가르침들을 잘 보여주고 있기 때문이며, 목회 형태의 완전한 패턴을 우리 사역의 여러 목적에 잘 적용시켜주고 있기 때문이다.

등으로 특징지을 수 있다.

그러나 목사가 공부해야 될 그 어느 과목도 목회학보다 더 중요하지는 않을 것이다. 심오한 어조의 설교를 보려면 『제사장 직분』(Priesthood)에 대해 쓴 크리소스톰(Chrysostom)을,[18] 소박한 단순함을 보려면 허버트(Herbert)의 『목사』(Parson)를, 목사의 임무의 자세한 면을 보려면 버넷(Burnet)을, 사역의 모든 분야를 대충 훑어보고 싶으면 보울즈(Bowles)를, 목사의 책임에 경각심을 불러일으킬 생각을 얻고 싶고 하나님의 직접적인 임재 속에서 그리고 영원의 빛 속에서 그 책임을 깨닫고 싶으면 백스터(Baxter)의 『개혁된 목사』(Reformed Pastor)를 읽으라! 이 책들은 목사의 책장 맨 첫 번째 칸에 꽂혀있어야 할 것들이다.

이 책들 가까이에, 실제로 헌신적으로 사역하며 깊이 깨달은 책임감을 구체적으로 표현해놓은 청교도 목사들의 자서전이 꽂혀있어야 한다. 레이튼(Leighton) 대주교, 알레인(Allein), 헨리(P. Henry), 할리버튼(Halyburton), 커튼 메이더(Cotton Mather), 엘리엇(Eliot), 브레이너드(Brainerd), 도드리지(Doddridge), 윌슨(Wilson) 주교, 워커(S. Walker), 마틴 뷰케넌(Martyn Buchanan), 스콧트(Scott), 리치몬드(Richmond), 오벌린(Oberlin)과 네프(Neff), 로이드 토마슨(T. Lloyd, Thomason), 그리고 벤(H. Venn) 등은

---

[18] 그러나 우리는 저 크리소스톰의 논문이 믿음의 생생한 관점과 실천을 다루고 있어서 우리의 사역에 큰 자극제가 됨에도 불구하고, 명백한 결점을 가지고 있음을 언급하지 않으면 안된다. 우리가 이미 언급한 그 특징은 실천 강해와 높아진 수준의 목회 행위와 의무들과 결합되어 있다. 그 특징이 없다면, 그것은 백스터의 저서와 비슷한 정도의 책일 뿐이다. 그의 결점 때문에 크리소스톰은 낙담하고 있는 목사에게 지속적인 위로자가 되지 못한다. 그러나 두려운 놀람과 주저로 -Θαυμαζεῖ τινά ἐστι τῶν ἀρχοτων σωθῆναι (Homil. on Heb. xiii. 17.)라고 선언할 수 있으며, 이 말을 읽을 때마다 (De Sacerd. vi. i.) 자신이 지진처럼 흔들렸다고 고백하는 그 사람은 거룩한 우리 직분에 대해 좀 더 진지하고 자기를 낮추게 하며 흥분시키는 생각들을 우리에게 가르쳐줄 것을 틀림없이 많이 가지고 있는 사람이다. 우리는 또한 백스터의 저서에 대해 다음과 같이 말할 수 있을 것이다. 그 권면이 하나님의 약속들 속에 있는 믿음의 원칙들과 그리고 그리스도의 사랑을 깨달은 우려로부터 좀 더 충분히 그리고 자연스럽게 흘러나왔더라면, 마음을 뒤흔들어놓는 그의 권면은 그 날카로움을 조금도 잃지 않았을 것이다.

최고의 가치를 가지고 있어서 음미해볼만 하다. 추상적인 신학 논문에서보다는 이 책들에서 실용적인 세부 사항과 격려에 관한 좀 더 많은 교훈을 배울 수 있을 것이다.

사도 바울은 그의 사랑하는 아들에게 사역 가운데에서 연소함을 업신여김 받지 않도록 하기 위해 연구하는 습관을 가지라고 강조하고 있다(딤전 4:12, 13). 뷰캐넌 박사가 말한 바와 같이, "배움이 일반적인 이 세대에, 무식한 목사는 멸시를 받을 것이다."[19] 지식의 넓이는, 우리 마음과 정신을 일반적인 주제들로 채워야 할 책임을 더욱 가중시킨다. 확고한 가르침을 위한 자료들을 다양화시켜야 할 뿐만 아니라, 그러한 멸시로부터 우리의 인격과 직분도 보호하여야 한다.

우리 회중 가운데 있는 지적인 사람들보다 우리가 열등한 것이 뚜렷해지면, 이들은 우리들을 멸시하게 될 것이다. 공부에 대한 사도 바울의 강조는 "새로 입교한 자"에게 주어진 것이 아니고, 회심한 지 여러 해 지난 사람에게 주어진 것이었다. 그는 어려서부터 우수한 성경 교육을 받은 사람이었다(딤후 3:15). 이 사람은 천부적인 재능을 타고 난 사람이었고 사도의 개인 교습을 받아 신앙적으로 아주 유리한 입장에 있었던 사람이다. 그리고 일찍 교회에서 높은 위치에 있었던 점으로 미루어 보아, 그의 특성들이 만족할만하게 진보했음을 보여준다. 그럼에도 그는 다른 사람들을 가르치기 전에, 먼저 자기를 가르치라는 권면을 받았다. 먼저 읽는 것에 전념하고 그 후에 권면하고 가르치는 일을 하라는 것이다. 그런 상황 하에 그리고 영감의 시대에 살았던 한 장로에게 주어진 이러한 조언은 권위를 가지며, 또한 비교적 불리한 상황에 있으면서도 태만한 것에 대한 책망의 역할을 한다.

열심히 공부하는 습관이 우리가 보다 더 적극적으로 사역하는 것을

---

[19] Church Missionary Proceedings, Fourteenth Anniversary, p. 353, note.

반드시 방해하게 될 것이라고 생각하지 말자. 어거스틴의 묵직한 아홉 권의 책과 크리소스톰의 열세 권의 책에 대해 우리는 무슨 말을 할 것인가? 이 책들은 제롬의 경우처럼 수도원의 은둔생활에서 집필된 것이 아니라, 거의 매일 설교를 하면서 그리고 갈등과 염려가 많고 그러면서도 가장 책임이 막중한 임무들을 수행하는 가운데[20] 쓴 책들이었다. 이 책들은 가볍게 읽어나갈 수 있는 그런 책, 빠른 흐름의 얕은 연설이 아니다. 오히려 심오하며 잘 소화된 생각의 결과물이었다.

또한 가장 부지런한 설교자였던[21] 칼빈의 책들과 자기 시대에 가장 일 많은 목사였던 백스터의 책들은 많은 사고와 자료들로 가득 차 있으며, 연구를 부지런히 하면서 목회도 열심히 헌신적으로 하였음을 증거하고 있다. 이와 같은 능률의 비결은 모든 은사 중에 가장 귀한 것, 즉 시간의 가치를 깊이 인식하는 것이 없음이 분명하다. 특정 목적을 위해 시간의 가장 작은 단위까지도 경제적으로 배분하였던 것이다. 얼라인은 자주 다음과 같은 말을 하곤 했다. "나에게 자기 시간을 금보다 더 귀하게 여기는 그리스도인 한 명을 달라."[22] 커튼은[23] 방문객이 왔

---

20 "여러분은 어제 말씀을 들었다. 여러분은 내일 또 말씀을 들을 것이다." 이 말은 설교학 저서에서 아주 흔히 나타나는 문장이다.
21 "그의 지칠 줄 모르는 근면에 대해 내가 무슨 말하리요? 그것은 자연이 준 힘을 능가하는 것이며, 그의 근면성은 우리의 빈둥거림과 맞먹을 정도다. 이 근면은 더 줄 점수가 없을 정도요, 진실로 존중할 만하다. 바짝 야위고 남아있는 기운이 전혀 없어 보이며 피곤한 그의 육체가 어떻게 그 집필을 견뎌낼 수 있었을까? 일년 내내 그는 매주 세 편의 신약 강의 노트를 읽었으며 한 주 걸러 그 이상을 읽었다. 그는 매일 설교를 했다. 그러므로 (에라스무스가 크리소스톰에 대해 말한 바와 같이), 그 사람의 지칠 줄 모르는 힘을 더 존중해야 할지, 아니면 그의 청중의 끈기를 더 존경해야 할지, 나는 모르겠다. 그렇다. 목요일에는 장로회에 참석하는 것 빼고도, 그는 매년 강의는 186번 했고 설교는 286번 했다고 통계를 낸 사람들도 있었다." &c. &c. Clark's Lives. 파렐(Farel)에게 보낸 편지에서 칼빈 자신의 이야기는 이렇게 전하고 있다. "심부름꾼이 내 책을 달라고 하였을 때 수정해야 할 것, 설교할 것, 회중에게 읽어주어야 할 것이 20장이 있었으며, 42통의 편지를 써야 했고, 몇 군데 논쟁이 벌어지고 있는 곳에 참석해야 했고, 열 명 이상의 사람들에게 답장을 써야 했다. 이 사람들은 내가 일하고 있는 와중에도 조언을 달라고 해서 일을 중단해야 했다."
22 Alleine's Life and Letters, p. 94.
23 Cotton Mather의 조부이며, 전 임마누엘 대학의 우수한 학자요, 뉴잉글랜드 지방에 최초

다 돌아간 후에는 다음과 같이 후회를 하곤 했다. "이 사람이 나를 공부 못하게 허락하느니, 차라리 돈을 한 움큼 주는 것이 더 나았을 것을." 멜랑톤은 누구와 만날 약속을 할 때 몇 시뿐만 아니라 몇 분까지도 정하기를 바랐다. 멍하니 애태우면서 시간을 보내지 않게 하기 위함이었다.

세네카는 오랫 동안 우리를 가르쳐왔다. '탐하는 것이 미덕인 것은' 시간이 유일한 것이다. 여기서 자기 돈에 인색한 사람과 같이, 우리는 시간을 꼼꼼하게 절약해야 하며, 시간을 쓸 때에도 조심스럽게 지출해야 한다. 시간이 여유가 있을 때를 위해 책 한 권을 가지고 다니는 것이 좋다. 중요한 용무를 보고 다음 용무 사이에 생기는 시간, 소위 보일(Boyle)이 "괄호 또는 시간의 간주곡"이라고 부르는 이 자투리 시간을 좋은 목적을 위해 사용하는 것이 좋다. 시간의 가치를 인식하지 못하는 대부분의 사람들이 이 시간을 늘 놓쳐버린다. 심지어 선량한 사람들도 시간을 보존하는 기술이 없어서 이 시간을 잃어버리는 것이다.

세네카는 말하고 있다.

> 금장색과 제련사들은 일 년 내내 가게에서 쓸어 모은 것들을 잘 모아두는 습관이 있다. 왜냐하면 그 쓰레기 속에 값비싼 금속들이나 금, 은 등의 줄밥이나 부스러기들이 있을지도 모르기 때문이다. 어째서 그 어떤 금속보다 비교할 수 없게 더 값진 물건 즉 시간의 부스러기들을 잃어버리지 않기 위해 그리스도인은 그와 같이 조심스럽지 못한지 나는 알 수 없다.

로 정착한 사람들 중 1인. 뉴잉글랜드의 그의 동시대 사람들 중 한 사람(Norton)은, 다른 때처럼 그렇게 근면하게 일하고 공부하는 모습이 아닌 자기 자신을 발견할 때에는, 눈에 보이지 않은 죄가 주님의 노를 격발시켜 자기를 나태한 생활과 정신에 내버려두실까 두려워, 커튼의 마음과 생활방식을 회고해보곤 하였다. 그의 일기에 그는 때때로 이 말을 적어 놓았다. "Leve desiderium ad studendum: ponam ex peccato admisso." Mather's History of New England, Book iii.

특히 자연계의 사물을 과학적으로 관찰하여 그 경이로움을 관조하고 묵상함으로써 부스러기 시간을 잘 사용하면 우리 인생의 많은 부분을 되살릴 수 있을 뿐만 아니라, 그 부분을 가치 있게 사용할 수 있으되, 특히 경건의 유익을 위하여 사용할 수 있을 것이다.[24]

버넷 감독은 과연 다음과 같이 적절하게 말한다.

아주 적은 양의 학식을 가졌지만 굉장한 정도의 경건을 실천하는 사람은 위대한 길을 갈 수 있다.[25]

공부의 중요성에 대해 말할 때는, 학문의 폭 또한 반드시 짚고 넘어가지 않으면 안 될 것이다. 어떤 사람에게는 줄이 팽팽하게 당겨져야 하지만, 다른 사람들에게는 자기들이 자연스럽게 가지고 있는 성향대로 느슨하게 풀어주어야 할지도 모른다. 그러나 일반적으로 세커(Secker) 대감독의 말을 받아들인다.

목사에게 매우 중요한 점은, 그들이 학문을 좋아해야 한다는 것이다.[26]

---

[24] Boyle's Reflections, pp. 9-10.
[25] Pastoral Care, ch. vii.
[26] Secker's Charges. Mather는 공부하는 습관의 중요성에 대해 다음과 같이 말하고 있다. "근면하지 않은 사람치고 탁월한 사람이란 있을 수 없다. 만약 당신이 섬기기로 헌신했던 저 크신 왕 앞에 섰을 때 바람직한 상황에 처하기를 바란다면, 당신의 임무에 부지런해야 한다." Student and Pastor, pp. 195-196. (American Theological Seminary의 한 교수는 말하기를, "나는 이 점에 대해 여러분이 주목해주기를 바라서 이제껏 설명해 왔다. 결과적으로 예외없는 한 가지 진리가 무엇인가 하면, 정말로 잘 소화시켜 음미한 귀중한 지식의 양이 아무리 엄청나다 하더라도, 지칠 줄 모르는 근면이 없었다면, 나는 단 한 가지도 유익한 습득을 하지 못했다는 것이다." Professor Miller's Letters on Clerical Habits addressed to a Student in the Seminary at Princeton, N. J. p. 256. 이것은 기억력이 나빠서 공부를 못한다는 불평에 대한 훌륭한 답변이었다 (Lege, lege, aliquid haerebit). 잠언 14:13절의 말씀은 여러분의 서재 책상에 금박의 글자로 써놓을 가치가 있다. "모든 수고에는 유익이 있다." 또 다른 젊은 목사에게는 이런 말을 했다. "술 취해 있는 한 시간을 부끄러워하는 만큼, 빈

신학 연구가 영적인 마음을 만들어 준다고 주장하려는 것은 결코 아니다. 그렇지만 우리는 부지런히 학문을 연구하는 습관 없이 건전한 영성을 기대할 수 없는 일이다.

게으른 자의 신앙은 아무리 좋게 이야기하더라도 그 인격이 의심스러운 법이다. 공부와 실천 그리고 기도로서 열등한 재능을 부지런히 개선하는 것이, 적극적으로 사용하지 못하여서 낮잠 자고 있는 더 나은 능력의 은사보다는, 그 재능의 소유자에게 훨씬 더 많은 유익을 가져다 줄 것이고, 교회에도 유익할 것이다.[27]

그러나 공부의 개선을 위해서는 다른 요건들도 필요하다. 어떤 이는 상당한 인내심을 필요로 한다. 급한 마음은 모든 것을 당장에 얻기 바라고, 또 거의 그럴 줄로 기대하는 것 같다. 신앙심에서처럼, 여기에도 '지식을 따르지 않는 열심'이 있다. 결정할 때는 너무 성급하며, 보물의 무게를 재보고 저장을 하고 지혜롭게 쓸 만한 보물로 만드는 데는 시간을 너무 적게 쓴다.

그래서 책들을 숙독하기보다는 대충 훑어보는 해로운 습관들이 생겨나게 된다. 마음은 책의 지면 위를 얕게 날아다니기만 하고, 훑어 지나가면서 머릿속에 들어온 헷갈리는 기억만을 얻을 뿐이다. 그리고 실

둥대고 있는 한 시간을 혐오하라." Life of Mr. Thomas Shepard, in Mather's New England, Book iv.

27 Locke는 다음과 같이 말했다. "몸에서 그런 것과 같이, 마음도 마찬가지이다. 실천이 본질을 만든다. 탁월한 재능은 보통 타고난 재능으로 보는데, 그 탁월한 재능도 좀 더 세분화되어서 검증될 때, 실천의 생산물이며, 반복적인 행위에 의해 그 정도 높이까지 올라갔음이 드러날 것이다." 다시 말하거니와, "영혼의 능력은, 우리 몸이 같은 식으로 그렇게 되듯이, 개선되어 우리에게 유용하게 된다. 사람으로 하여금 글을 잘 쓰게 하거나, 그림을 잘 그리게 하거나, 또는 기계 조작을 솜씨 있게 그리고 쉽게 하게 만들고 싶은가? 그 사람으로 하여금 대단히 많은 정력과 활동, 유연함과 능란함을 가지도록 만들어라. 그가 그런 것에 익숙해있지 않다면, 그리고 자기 손 또는 몸의 다른 부분들을 이 동작들에 맞게 만드는 시간과 수고를 들이지 않았다면, 그 사람에게서 이런 솜씨를 기대할 사람은 아무도 없다. 마음도 똑 같다. 어떤 사람을 잘 생각할 줄 아는 사람으로 만들고 싶은가? 그 사람에게 잠자리에 드는 시간을 그것에 사용하도록 만들어야 한다. 자기 머리를 생각하는 일에 연습을 시켜야 하는 것이다."-Conduct of the Understanding.

제적인 용도를 위해서는 너무도 완벽하지 않은 기초적인 원리들만 알게 될 뿐이다.[28] 지식의 광석은 덩어리로 구입하는 법이지, 깨뜨려서 사는 것이 아니며, 중요한 대상들에게도 덩어리로 적용하는 법이다.

자신의 연구의 방향에 있어 자유재량을 필요로 하는 사람들도 있다. (버넷 감독이 자기 역사의 결론 부분에서 말한 바와 같이), "그 사람들은 자기 자신을 공부하는 것보다 더 많이 책을 공부한다." 그들은 수많은 책 속에서 자기 자신을 잃어버린다.[29] 그 값비싼 희생을 치르고서야, "책을 만드는" 것에도 끝이 없지만 책을 읽는 것에도 끝이 없다는 사실과, "많이 공부하는 것은 몸을 피곤하게"(전 12:12) 한다는 것을 알게 된다.

윌킨스(Wilkins) 감독은 이렇게 말한다.

> 우리가 매우 유익한 대화를 나눌 수 있는 다른 친구들이나 지인들을 선정할 때와 마찬가지로, 우리가 친숙하게 알고 있어야 할 그러한 책들을 올바르게 선택하려면 많은 기술이 필요하며 또 그 선택에 유익이 있다.[30]

---

[28] "끈기 있게 적용하는 것만이 전부이다. 그것 없이는, 절반밖에 형성되지 않은 아이디어들만 수없이 머릿속을 오락가락하게 될지 모른다. 그러나 어떤 주제에 대한 관련성이 있고, 깊이와 일관성이 있는 많은 생각들은 결코 얻지 못할 것이다. 인내심 없이 성급하기만 한 것은 깊이 몰두해야 할 지적 작업의 독이다. 만일 당신이 어떤 중요한 교리에 대한 조사를 하고 있다면, 그것을 쉽게 떠나지 말라. 그 작업으로 다시 오고 다시 오라. 모든 영역으로부터 빛을 찾아 구하라. 그리고 그 책의 가장 심오한 장점 속으로 당신이 할 수 있는 한 멀리 들어갔을 때까지, 그 분야에 가장 좋은 책들을 집중적으로 읽어라. 그리고 만일 어쩔 수 없이 이 지점에 도달하기 전에 그 주제를 떠나야 하면, 후에 만족할 만한 조사를 할 수 있도록 그것을 유보해 놓으라. 요컨대, 실천할 수 있는 한도까지, 철저하게 그것을 마스터했을 때까지는 절대로 그것을 방치해두지 않겠다는 것을 당신의 좌우명과 당신의 습관으로 삼으라." Proferror Miller's Letters, pp. 256-258.

[29] "여러 책을 다독하는 것은 혼란을 가져온다. 많은 책을 갖는 것 보다는 읽을 수 있는 책만 소유하라. 다독하는 사람은 많은 음식을 섭취하여 영양공급 보다는 오히려 건강을 해친다. 그러므로 정선된 책을 읽어야 한다"(Distrahit animum librorum multitudo. Itaque, cum legere non possi, quantum habueris, sat est habere quantum legas. Sed modo, inquis, hunc librum evolvere volo, modo illum. Fastidientis stomachi est, multa degustare; quae, ubi varia sunt et diversa, coinquinant, non alunt. Probatos itaque semper lege; et si quando ad alios divertere libuerit, ad priores redi). Seneca, Ep. I.

[30] Wilkins, Eccl. p. 44. Watts는 다음과 같이 말했다. "청소년이 독서를 위해서 신중한 친구

모든 것을 다 읽어낼 수 있는 사람은 없다. 우리 지식 창고도 그렇게 할 수용능력이 없다. 소화력은 과부하가 걸려 행동할 시간이 없게 될 것이다. 그래서 통제되지 않는 혼란이 정신을 지배하게 될 것이다.[31] 책을 읽고 이해하는 것보다 우리의 장서를 늘리는 것이 훨씬 쉬울 것이다. 신학 과목에 대해 아주 광범위하게 읽었으면서도 신학에 초보자가 될 수 있다.

캠벨 교수는 강한 어조로 다음과 같이 말한다.

> 많은 책을 읽는 것은 많은 학식을 가지고 있다는 것과 같다는 생각은 많은 세대에 걸친 오류였으며, 마찬가지로 현대에도 오류이다. 이것보다 상식에 어긋나는 큰 이단은 없다고 본 저자는 말하고 싶다. 독서가 필요하다는 것은 의심의 여지가 없다. 그리고 지식의 탁월성은 독서 없이는 도달할 수 없다는 것도 인정하지 않으면 안 된다. 그러나 이 화제에 대해 두 가지 점은 특별히 고려해야 하는데, 그것은 다음과 같다. 첫째, 우리가 읽는 내용의 양보다는 질에 더 많이 좌우되어야 한다.[32] 둘째, 읽은 것을

들이 추천한 매우 적절한 책들을 가지고 있다는 것은 지식의 개선과 시간 절약을 위해 굉장한 이점이 있다." On the Improvement of the Mind. ch. iv. 4장과 5장에는 기독교인의 공부에 대한 매우 귀중한 가르침들이 많이 있다. Franck 교수도 젊은 학생들에게 다음의 권면으로 같은 충고를 해주고 있다. "학생들은 적게 읽어야 한다. 그런데 그 적은 것을 잘 읽어야 한다. 학생들은 든든한 기초를 놓아줄 수 있는 그런 책들을 선호해야 하며, 그 책들을 침착하고 집중력 있게 읽어 그 책이 그러함을 증명해내야 한다. 앞 책의 주제가 완벽하게 이해되고 소화가 될 때까지는, 결코 다른 책을 시작해서는 아니 된다. 만약 이 권면을 소홀히 여기면, 설익은 학자는 될 수 있겠지만, 절대로 학식이 있는 사람은 될 수 없으며, 궤변가는 될 수 있어도 진정으로 지혜로운 사람은 될 수 없다. 정신은 우쭐거리게 만드는 지식을 찾아 난폭한 갈증에 사로잡히게 될 것이며, '위로부터 오는 지혜'에 무관심하게 되는 불경건으로 가득차게 될 것이다." Franck's Guide to the Reading of the Scriptures, ch. iii.

31 Seneca, ut supra의 인용문을 보라.
32 Lectures on Systematic Theology, Lect. i. Locke는 이 점에 대해 좀 더 훌륭하게 말하고 있다. "세상에는 근본적인 진리가 있다. 이 진리는 맨 밑바닥에 자리 잡고 있는 것이어서, 다른 수많은 사람들이 이 진리에 근거하고 있으며 이 진리에 자기들의 일관성을 만들어 간다. 이 진리들은 창작력이 풍부하고 비축량이 풍부하며 정신을 많은 것으로 채워줄 수 있다. 그리고 하늘의 빛들처럼 그 자체로서 아름답고 즐거운 것일 뿐만 아니라, 다른 것들에

이용해서 묵상과 대화만을 할 수 있는 것보다는 설교 원고 작성까지도 할 수 있는, 즉 쓸모가 있는 것에 좀 더 좌우되어야 한다.[33]

선교사의 자격요건에 대한 피스크(Fisk) 목사의 말을 여기에 적용시켜 보자. "언어에 대한 지식을 좀 더 획득해야 한다. 내 말은, 더 많은 언어

게 빛과 증거를 준다. 그래서 이 진리들 없이는 볼 수도, 알 수도 없다. 이 진리들을 비롯하여 또 이 진리들과 같은 그러한 것들은, 우리가 발견해내도록 모든 노력을 아끼지 말아야 할 것들이며, 우리 정신에 저장해 놓아야 할 것들이다." Conduct of the Understanding, § 43.

[33] 이 생각은 아주 신중한 공부의 귀재들의 견해들이었으며 지금도 그렇다. Watts 박사는 다시 말한다. "잘 갖춘 장서와 수용력을 갖춘 기억력은 과연 정신의 개선을 위해 유일하게 소용이 되는 것이다. 그러나 만일 당신의 학식이 모두, 그것의 의미 속으로 마땅히 침투해 보지 않은 그리고 당신 자신의 생각을 신중하게 선택하고 결정해 보지도 않은, 단지 다른 사람들이 글로 써놓은 것의 축적에 불과하다면, 당신의 머리가 책 선반 위에 있는 진정한 배움에 대해 무슨 타이틀을 가지고 있는지 나는 알지 못한다." On the Improvement of the Mind, ch. i. 그리하여 Locke는 다시 말한다. "독서는 오직 지식의 재료만을 머리에 채워준다. 우리가 읽은 것을 우리 것으로 만들어주는 것은 생각이다. 우리는 반추하는 존재이다. 그래서 머릿속에 잔뜩 지식으로 채워 넣는 것만으로는 충분치 않다. 어떤 저자들의 책 속에는 깊은 사색과 정확하고도 면밀한 추리, 그리고 잘 다듬어진 아이디어 등이 들어 있는 것이 사실이다. 만일 그 책을 읽는 독자가 그것들을 관찰하고 모방한다면, 이런 책들이 주는 빛은 대단한 소용이 있을 것이다. 그러나 그것은 우리 자신의 묵상에 의해서만 되는 것이다." Conduct of the Understanding, § 43. 이 점에 관한 Lord Bacon의 지시는 놀라운 지혜로 가득 차 있다. "반대하고 논박하기 위해 읽지 말라. 믿고 당연히 받아들이기 위해 읽지 말라. 이야기 거리나 연설 거리를 찾기 위해 읽지 말라. 대신에, 숙고하고 고려하기 위해 읽으라. 맛을 보아야 할 책들이 있고, 삼켜야 할 책들이 있다. 그러나 삼켜서 소화시켜야 할 책들은 적다. 즉 어떤 책들은 오직 부분적으로 읽어야 하며, 어떤 책들은 읽어야 하되 호기심으로 읽어서는 안 되며, 어떤 소수의 책들은 전체를 다 읽어야 하며 부지런함과 집중력을 가지고 읽어야 한다. 어떤 책들은 또한 대리인을 시켜서 읽어도 되며 다른 사람들이 그 발췌 목록을 만들어도 좋은 것이 있다. 독서는 온전한 사람을 만들어준다. 협의는 준비된 사람을 만들어준다. 글쓰기는 정확한 사람을 만들어 준다. 그러므로 만일 어떤 사람이 글 쓰는 일이 적으면 그는 탁월한 기억력을 가지고 있어야 할 필요가 있다. 만일 협의하는 일이 적으면, 그 사람은 자기가 모르고 있는 것을 알고 있는 것처럼 보이기 위해 아주 간교해야 할 필요가 있다." Mason은 다음과 같이 말한다. "다른 책들을 한 번 읽을 때 어떤 책들은 열 번 이상 읽어야 할 가치를 가지고 있다. 그리고 그 책을 속까지 제대로 읽었는지 아니면 겉만 핥았는지 알아보기 위해, 그 책 속에 들어 있는 중요한 설명에 대해 시험해 볼 것을 권하는 바이다." 어쩌면 현대의 정기 간행물들이 학문을 애호하는 정신을 함정에 빠트릴 수도 있다. 비록 많은 간행물이 귀중한 내용으로 채워져 있지만, 그럼에도 사소하면서 산만한 간행물의 성격으로 보아, 간행물 읽기는 공부 시간과 연결시키기 보다는 오히려 휴식 시간과 관련시켜야 한다.

에 대한 지식이 아닌, 언어에 대한 더 많은 지식이 있어야 한다는 뜻이다."[34] 공부의 정확도는 공부의 범위보다 훨씬 더 중요하다. "공부는 적게 하였으나 진지하게 생각할 줄 아는, 좋은 생각 속에서 잘 소화된 지식은 큰 효력을 가지는 법이어서 평생 동안 좋은 연장이 되어 준다."[35]

지적인 과정은 생각해야 할 주제들을 우리 자신의 생각과 통합시키는데, 부자연스러운 압박으로 인해 그 에너지를 약화시키기는커녕, 오히려 보물들을 받아들이고 보유하는 수용능력을 확대시켜주는 것이다. 이러한 소화 습관에 필요한 주요 조건들을 마씰론(Massillon)이 잘 지적해주고 있다.

> 공부를 사랑할 것, 우리 교인들에게 유익한 존재가 되고 싶은 열망을 가지고 있을 것, 공부가 제공해 주지 않는 그 지식을 기도로 이끌어낼 필요성이 있음에 대한 확신을 가질 것, 구원의 열망에 대한 통감의 필요성에 대한 신념이 있을 것, 복음의 지혜를 진보시킬 모든 수단을 사용할 필요성에 대한 확신이 있을 것, 한 마디로 말해, 우리 사역을 완수하고 싶은 진지한 포부를 가지고 있어야 한다는 것이다.[36]

가능한 한, 공부의 습관이 평생 유지되어야 한다는 것은 대단히 중요하다. 대부분 기초 공사만 한다. 초기의 달성에 만족하거나 흥분하지 말고 정보에 대한 갈증을 계속해서 가져야 한다. 유익한 습관이 들었다 해도, 그 습관이 성숙해지기는 아마 어려울 것이다. 사도 바울의 가르침은 교회에서 몇 년 동안이나 섬겨오고 있는 한 장로에게 주어진

---

[34] Life of Pliny Fisk, Missionary to Palestine. p. 25. 매우 귀중한 선교사 전기이며 또한 목사 전기이다. 피스크의 말은 학문의 연구는 실천하는 신앙심과 상반된다는 생각의 오류를 지적한 케이스 중의 하나이다.
[35] Burnet's Conclusion to the History of his own times.
[36] Massillon's Charges, p. 222.

것들이다. 스콧트는 마지막까지 신학생이며 목사였던 사람이었다.[37] "만일 우리가 옛 것들만 먹고 산다면, 우리는 결코 자기의 지식을 확장시키지 못할 것이다." 끈기 있게 공부만을 부지런히 추구한다는 것은 쉬운 일이 아니다. 우리 가족들과 우리 일상적인 의무들을 소홀히 해서는 안 되기 때문이다. 끈기 있게 공부하려면 고정된 계획이 필요하며, 또 열심히 그것을 따라야 한다. 천성적인 게으름과 사람 사귀기를 좋아하는 우리의 기질을 뚫고 나가야 한다.

세실은 이렇게 말한다.

> 타고난 천성이 어떻든지 간에, 최고의 목적을 이루기 위해 자기가 가진 힘을 쏟아 부으려 하는 사람은 모두, 외롭게 공부하는 사람이 되지 않으면 안 된다.[38]

그럼에도 불구하고, 결국 든든한 학식이 있고 학문을 좋아하며 지식을 잘 갖춘 사람도 형태가 이루어지지 않은 덩어리에 불과하다. 이 덩어리로부터 기독교 목사는 탄생한다. 활기 없는 물체 속에 빛과 생명, 그리고 운동력을 불어넣고, 하나님의 형상으로 그것을 빚고, 그것을 '주의 쓰심에 합당하게 영광스런 그릇'으로 만들기 위해서는, 생명력을 불어 넣으시는 성령의 힘이 여전히 필요하다.

---

37 Scott's Life, pp. 600-601. 사역을 하려는 자기 아들에게 리치몬드가 해 준 조언은 "기독교의 원칙들을 따르고 있는 한 청년이 사역에 헌신한 날로부터 그는 학생이 되어야 하며, 그의 모든 공부는 한 위대한 대상을 향하여 기울어져야 한다"였다.

38 Bickersteth's Christian Hearer, pp. 243-244. 한 장 전체가 그리스도인의 공부에 대한 귀중한 생각들로 가득 차 있다. "자기 머리를 충분히 채울 만큼 독서를 하는 사람이 얼마나 적은가! 머리는 우리가 비우는 즉시 저절로 지식으로 채워지는 과부의 그릇이 아니다. 어째서 목사가 변호사보다 덜 공부해야만 하는가? 세상적인 것뿐만 아니라 영적인 것에서도, '부자로 만드는 것은 부지런한 자의 손'이다." 사실, 신학의 그 어떤 주제에 대해 양심이 이렇게 속삭이고 있지 않는가? "이스라엘의 선생으로서 이것들을 모르고 있는가?" Christian Observer, 1828, p. 420.

학문을 좋아하는 습관에는 유혹의 함정이 따라온다는 것 또한 부인해서는 안 된다.³⁹ 생명나무는 말라가는 한편, 지식의 나무는 무성할 수도 있다. 지식이 많아지면, 자신을 칭찬하는 경향이 자연스럽게 생긴다. 공부하는 습관이 온당하지 못한 특권이 되지 않도록 경계를 하여야 한다. 즉 양심이나 적절성을 희생시켜서라도 지식을 많이 흡수하고 싶은 욕망, 거룩하고 실제적인 지식을 얻으려 하기 보다는 사색적인 질문에 시간을 뺏기는 것, 즉시로 처리해야 할 더 중요한 임무에 써야 할 시간을 선취하는 것, 그리고 공부와 동등하게 중요하거나 또는 공부보다 더 중요한 다른 일을 방해하는 것 등이 그것이다. 이러한 공부를 사역의 주요 목적으로 이끌기 위해서는, 건전한 판단력과 신령한 마음을 행사하여야 한다. 이들 중 아무것도 성경 공부나 설교 준비 등에 바쳐야 할 시간들을 침범하지 못하게 하라.

그리고 그 어떤 특정한 인간의 학문에 너무 지나치게 집중하게 만드는 경향을 발견한다면, 거룩한 연구와 우리의 최선의 향상을 빼앗기지 않도록 우리 자신을 경계하여야 한다. 모든 연구와 더불어 그 자신까지도 성전 봉사에 바쳐졌음을 목사는 기억하여야 한다. 그러므로 위대한 한 가지 목적을 달성하기 위해 모든 것을 행해야 하는 것이다. 거룩한 우리의 사역을 위해 보다 나은 자격요건을 얻을 목적으로 모든 학문을 추구해야 하는 것이다.⁴⁰

이 항(項)의 기초를 형성했던 퀘스넬(Quesnel)의 본문 강해로 이 항의 결론을 내리는 것보다 더 좋은 결론은 없을 것이다.

---

39 Bickersteth's Christian Student, ch. viii.에 이 주제에 대한 귀중한 언급이 있는 것을 보라.
40 Watts' Humble Endeavour for a Revival, pp. 17-18. Henry Martyn은 이런 조심성을 얼마나 가지고 살았던지! "다른 모든 공부는 단지 죽을 영혼들에게 거룩한 것들을 나누어주는 이 위대한 사역을 섬기기 위함이란 것을 내가 잊지 않도록 하게 하소서! 사역이라는 이 가장 거룩한 일과 영혼의 최대 헌신을 요하는 것들이 내 마음에 가장 소중한 것이 되게 하소서!" Martyn's Life, p. 269.

책을 전혀 읽지 않거나 공부를 하지 않는 것은 하나님을 시험하는 것이다. 또 공부 외에 다른 것을 하지 않는 것은 사역을 잊어버리는 것이다. 오직 자기 자신의 지식만을 자랑으로 여기기 위해 공부하는 것은 부끄러운 허영이다. 죄인들 앞에서 우쭐거리기 위한 수단을 얻기 위해서 공부하는 것은 당치않은 속임수에 불과하다. 그러나 공부와 기도로, 자기 머리를 성도들에게 적합한 지식으로 채우고, 분명한 가르침과 실제적인 훈계로 그 지식을 나누어주는 것, 이것이 신중하고 열정적이며 근면한 목사가 되는 길이다.[41]

---

[41] 목회사역에 능숙해지기 위한 과목을 공부하라는 말을 이 항에 보태는 것이 중요할지 모르겠다. 그 공부는 자기 시대나 아니면 다른 시대에 가장 심오한 신학자들 중 한 사람이 추구했던 것이 좋다. (Edwards 총장이 우리에게 전해주기를), "사역을 처음 시작할 때부터 내 공부 방법은 주로 글을 쓰는 것이었다. 이 방법으로 모든 중요한 암시를 더 발전시키는데 전념하였다. 독서와 묵상 또는 대화 속에 나오는 어떤 것이라도 내 마음에 뭔가를 생각하게 하는 것이 있을 때에는, 어떤 중요한 요지에 빛을 던져줄 것처럼 보이는 그 단서를 끝까지 따라갔다. 그리고 셀 수 없이 많은 주제들에 대해 내 최고의 생각들이라고 보이는 것을 나의 유익을 위해 글로 썼다. 이런 방법으로 공부를 하면 할수록, 그것은 습관이 되었고, 나는 그것이 즐겁고 유익하다는 것을 알게 되었다. 이런 식으로 공부를 많이 하면 할수록, 영역이 더 넓게 열렸다. 이런 식으로 하여 (만일 하나님이 내 생명을 오래 보존해 주셨더라면) 내 마음이 늘 신경 쓰고 있었을 많은 것들이 내 머리 속에 정리되었다." Life, Works, vol. i. pp. 79-80. 세실의 규칙을 존중할 때에는 주의 깊게 해야 한다. "사람은 누구나 한 가지를 잘 하도록 해야 한다. 만일 여러 가지 일에 자기 집중력을 분산시키면, 그 사람은 자기에게 맡겨진 놀라운 재능들을 가지고 있기는 하지만 그 재능들은 아무 짝에도 쓸모없게 될 것이다. 자기에게 적절한 대상에게 그 재능들을 집중한다면, 그 재능은 어마어마한 에너지를 갖게 될 것이다. 그러나 여러 곳에 분산시키면, 그 재능은 아무 힘도 가지지 못할 것이다. 원하면, 다른 대상들도 추구하라. 그러나 당신의 목적에 도움이 될 그 만큼까지만 가라. 이 규칙을 무시함으로써, 위대한 힘을 가진 머리에 경솔함과 무익함만이 쓰인 것을 나는 본 적이 있다. 그러나 그 규칙을 존중함으로, 매우 제한적인 머리를 가진 사람이 자기 직업 분야에서 서열 제1위에 올라선 것을 본 적이 있다. 나는 많은 자본과 많은 주식이 낭비되는 것을 본 적이 있다. 그리고 나는 적은 자본과 적은 주식이 더 나아져 큰 부를 이루는 것을 본 적도 있다."

2. 특히 성경을 연구하라

 이 항을 앞의 항과 연결하는 것은 유난히 중요하다. 폭넓게 공부하는 습관을 잘 들여서 끈기 있게 유지해야 하지만, 성경을 특별히 따로 연구하지 않으면 복음의 빛을 비추지도 못하거니와 복음의 의미를 반사하지도 못한다. 또한 단지 이 두 가지의 공부를 결합시키는 것만으로는 충분하지 않다. 이 둘의 결합은 평등한 결합이 아니다. 특정한 목적, 즉 신학적 목적에 맞게 폭넓은 공부를 직접적으로 도와주는 것이 일반적인 영역을 공부하는 목적이다. 하나님의 말씀을 보다 쉽게 깨닫고 열매를 풍성히 맺는 공부를 의미한다.[42] 문학 또는 심지어 신학 연구에서 얻는 지적인 즐거움은 많은 경계심을 필요로 한다. 그 즐거움 때문에 좀 더 영적인 일 즉 성경을 연구하는 일을 위해 바쳐져야 할 우리 마음의 신선함을 약화시켜서는 안 되기 때문이다.[43] 우리가 하는

---

[42] Richmond는 자기 아들에 대해 이렇게 말했다. "나는 내 아들이 자기 공부를 부지런히 하기를 바란다. 그러나 성경은 목회사역에 들어가는 청소년에게 적절한 장서이다." Life, p. 602. (P. Henry는 다음과 같이 말하곤 했다.) "나는 다른 책들을 읽었다. 성경을 보다 더 잘 이해할 수 있도록 하기 위함이었다. 또 네 눈이 성경 읽기를 좋아하게 하라. 다른 모든 것을 다 읽고 성경은 소홀히 하기보다는 오히려, 그 외에 다른 모든 것들에게 소경이 되어라." Life, p. 24. (그의 아들이 다른 목사들에게 말하기를), "꼼꼼하게 공부하라, 면밀히 공부하라. 특별히 성경을 공부하라. 성경 지식보다 내가 더 증가시키고 싶은 지식은 없다. 인간은 책으로 지혜를 얻는다. 그러나 하나님을 향한 지혜는 하나님의 책에서 얻어지는 것이다. 그리고 파고들어야 그 지혜를 얻을 수 있다. 성경의 표면을 걸어 돌아다니며, 여기저기서 꽃을 꺾는 사람들이 대부분이다. 성경 속으로 파고 들어가는 사람은 아주 적다. 그 책을 이해하기 위해 다른 책들을 훑어보라. 거기에서 기도를 가져오고 설교를 가져오라. 감동으로 된 그 책은 항상 흘러넘치는 충만한 샘이며 언제나 새로운 무엇인가를 가지고 있다." Life, p. 293. "성경은 밑바닥이 없는 깊은 진리를 갖고 있다. 따라서 성경을 매일 연구해도 끝이 없으며 그 깊이는 무궁무진하여 언제나 새롭게 역사한다. 성령의 조명을 통하여 성경을 깨닫게 한다"(Scripturarum ea est prefundior alititudo, quae nunquam exhauritur; ea impervia difficultas, quae, utcunque indies indagatur, nunquam tamen plene eruitur; ea perennis efficacia, quae multitoties repetita, de novo semper operatur in cordibus fidelium. Nec id quisquam miretur, cum infinitus sit spiritus, qui in iis loquitur, his prae aliis adest, et per has suam praecipuii exserit ενεργίαν). Bowles. lib. i. c. 18.

[43] Martyn은 이 점에 대해 매우 부드럽게 말하고 있는 듯이 보인다. "하나님의 말씀에 대한

공부로 성경을 끌고 가는 대신에, 우리가 하는 공부가 우리를 성경으로 인도하도록 그리고 우리의 공부를 성경으로 인도하도록, 또한 조심하지 않으면 안 된다.

전자의 경우라면, 그런 공부는 무익한 것보다 더욱더 나쁜 것이 될 것이다. "서로 조화되지 않는 많은 저자들의 견해들 가운데서 하나님의 진리를 연구하기 시작할 때, 인간의 견해들로 우리 머리를 미리 채우기 보다는 하나님의 순수한 말씀을 연구하기 시작해서 말씀 전체를 규칙적으로 연구해 나가는 것은 말로 표현할 수 없을 정도로 대단히 중요하다. 계속해서 하나님의 진리를 공부하고 있는 동안에는, 하나님의 순수한 말씀의 상당한 부분을 매일 읽어나가며, 성경의 진리를 계속적으로 머릿속에서 맴돌게 하는 것이 또한 대단히 중요하다. 그렇게 하는 것이, 우리의 머리가 인간 저자들의 책을 읽음으로써 받게 될지도 모르는 오점과 품격의 저하를 방지할 수 있는 유일한 효과적인 보존제일 것이다."[44]

진정한 프로테스탄트의 의미에서, 성경은 '목사의 책'(Liber Sacerdotalis)

그의 경외심이 매우 깊어서, 마음속에 의심이 일어났을 때에는 그가 공부하고 있는 그 어떤 다른 책이 그의 애정에 적절치 못한 영향을 끼칠 것 같으면, 그는 즉시로 그것을 접어 버렸다. 또한 하나님의 말씀이 최고로 탁월하다고 느끼고 그것을 깨달을 때까지는, 접었던 그 책을 다시 집어 들지도 않았다. 자기를 현혹시키기 시작한 그 모든 작은 빛들이 성경의 광채 앞에 모두 사라져버리기까지, 그는 만족할 수가 없었다." Life, p. 59.

[44] Bickersteth's Christian Hearer, p. 232. 한 청교도 저자의 다음의 말은 잘 들어둘 가치가 있다. "학자들이 성경 외에 다른 저자들의 말로 자기 머리를 가득 채울 때, 그들은 성경을 저자들에게로 끌어가고 그 저자들을 성경으로 끌어당기지는 못한다. 그들의 신학은 인문정신을 증명할 따름이다. 그리고 그들의 사역은 청중의 두뇌에 설교할 뿐이지, 청중의 양심에 말하지 않는다. 그러나 성경에서 자기 지식의 모든 보물들을 캐내고 신앙의 이유를 캐내고 그리고 다른 저자들을 사용하는 사람은 자기 자신을 뽐내기 위해서가 아니며 자기 믿음의 이유를 위해서도 아니고 자기 사역의 장식품으로 사용하기 위해서도 아니며, 성경의 깊은 지혜를 찾아 발견하려 함이다. 그러한 자는 저자가 가르치는 바를 믿는다. 그 저자의 인간적인 신뢰도 때문이 아니라, 그 말씀으로부터 생긴 하나님을 믿는 믿음 때문이다. 그리고 믿기 때문에, 그는 말한다. 자기 자신의 마음속에 있는 믿음으로부터 말하며, 더욱 능력 있게 말하여서 듣는 이들 속에 믿음을 낳으며 믿음을 더욱 굳게 한다." Hildersham's Address prefixed to his Exposition of John iv.

이다. "『시골 목사』(Country Parson)의 주요 지식은 책 중의 책인 성경에 있다. 성경은 생명과 위로의 창고이며 저장고이다."[45] 성경을 상당한 만큼 알지 못하고서는 아무도 그리스도인이라고 할 수 없는 것 같이, 성경의 내용에 대해 정확하고 영적인 통찰력을 가지지 않고서는 아무도 거룩한 직분을 맡을 자격이 없다. 단순히 "충성스런 사람"임일 뿐만 아니라, "다른 사람을 또한 가르칠 능력이 있는" 사람임을 증명해야 하며, 자기가 에스라와 같이 율법에 능통한 서기관임을 증명해야 한다.[46] 세커(Secker) 대주교는 자신의 사역자들에게 주지시킨다.

> 여러분이 목사인 것은 오직 복음 때문입니다. 다른 모든 학식은 당신을 필연적으로 목회에 부자격자로 만들 것입니다. 이것만이 (즉 복음의 교리와 가르침만이) 필요한 모든 것을 파악하게 합니다.

이 목적을 가지고 그는 성경을 부지런히 숙독할 것을 권하고 있다.[47] 과연, 성경이 빛과 진리의 샘이라면, 하나님의 말씀을 깨닫고 널리 파악하지 않고서는 인간의 저술에서 빛과 어둠을 구별하는 것, 진리와 오류를 구별하는 것이 불가능하다. 좋은 것을 취하기 위해서는 이 시

---

45 Herbert's Parson, ch. iv. (아이작 왓츠는 그의 특유의 스타일로 말하기를), "한 책이 평범하면서도 신중하고 유용한 규칙들로 가득 차있어서, 12 펜스 밖에 없는데도 여전히 그 책을 사고 싶어 하는 시골 목사는 어쩔 수가 없었다. 왜냐하면 그 책은 그로 하여금 마땅히 하여야 할 일이 무엇인지를 가르쳐주고 있으며, 또 그 해야 할 일을 아직 다 하지 못했음을 확인시켜 주었기 때문이다."

46 스 7:6; 딤후 2:2. (Burnet이 『자기 시대의 역사』(History of his own times)의 결론에서 말한 바와 같이), "거룩한 직분에 들어가기 위해 준비할 때 사람들이 저지르는 중대한 오류는, 성경 속에서 신학을 읽어내기 보다는 다른 책들 속에서 더 많이 신학을 읽어낸다는 것이다." 성경의 원어 지식으로부터 생기는 좋은 이점에 대해 언급하는 것은 불필요한 일이다. 그리고 우리들을 촉구하여 그것들을 공부하게 만드는 강력한 동기들에 대해서도 언급할 필요가 없다. 이 연구의 유익은 별개로 하더라도, 서로 충돌하는 주석가들의 견해들이 있을 때에는 우리 자신의 자원으로부터 지적이고 만족스러운 판단에 도달하는 것이 가장 바람직하다.

47 Secker's Charges, p. 267.

금석으로 모든 것을 헤아려보아야 한다.[48]

그러나 우리는 성경 속으로 탐색해 들어가는 공부가 부족하다. 숨겨져 있는 보물을 파고 들어가면서 끈기 있게 탐사하는 광부의 정신이 부족한 것이다.[49] 좋은 의도와 충분한 능력을 가지고 있는 사람도 어쩌다 보면 성경 내용을 꼼꼼하게 공부하는 대신 성경의 따뜻한 감동을 느끼는 것에 그쳐버림으로써, 경박하고 미숙한 사람이 되고 마는 위험에 처한다. 성경을 꼼꼼하게 공부하는 것만이 견실하고 효과적인 사역을 하게 해준다.

스콧트는 말한다.

> 일반적으로, 마치 한 구절, 한 구절을 설교라도 할 것처럼, 표현 하나 하나를 숙고해보며, 그리고 그것이 어떻게 연결되는지를 일일이 생각해보면서, 성경을 아주 꼼꼼히 읽는 것이 유익함을 나는 발견하였다. 그 다음에는, 마치 그 말씀이 나에게 직접 말씀하고 있는 것처럼, 그 결과를 내 자신의 경우와 인격, 경험, 행동에 적용하였다. 요컨대, 마치 다른 사람들에게 설교라도 할 것처럼, 본문을 일종의 설교로 만들어보는 것이다. 그리고 내 경우에 맞는 데까지, 적용 전체를 나 자신에게 돌린다. 다른 경우에는, 본문을 좀 더 넓게 읽었다. 그리고 나서 그 본문에서 가장 중요한 점 두세 가지를 선택했다. 그리고 그것들을 묵상하기 위해 정신을 집중시키고는, 그 말씀들이 내 마음 상태나 내 과거의 삶에나 또는 세상에서 내가 보고

---

[48] 살전 5:21. (Edwards 총장은 말하기를), "성경을 철저하게 알고 있다는 것이 나에게 얼마나 유익이 되는지 나는 알고 있다. 교리에 관한 책들이나 논란의 여지가 있는 책들을 읽고 있을 때 나는 훨씬 더 자신감을 가지고 책을 읽어나갈 수 있으며, 내가 어느 토대 위에 서 있는지를 알 수 있게 해준다." Life, Works, vol. i. p. 24.

[49] 잠 2:4; 요 5:39. 상게서의 Matthew Henry의 설명을 보라. 그리고 Scott's Continuation of Milner, vol. ii. Part ii에 나와 있는 쯔윙글리의 부지런한 성경 연구 이야기와 비교해 보라. 이 항의 주제 전체에 대해서는 본 저자는 매우 귀중한 책인 "Remarks on Clerical Education" By the Rev. Henry Raikes, Chancellor of the Diocese of Chester 을 권하고 싶다.

들은 것에 대해서, 혹은 교회에서 내가 보고 들은 것들에 대해서 어떤 의미를 가지고 있는지를 생각해 보았다. 그 다음에는 그것들을 우리가 알게 된 다양한 풍조나 경험들, 행위, 또는 저명한 인물들과 비교해 보라.[50]

우리의 탐색이 가능하면 광맥의 전 범위, 즉 성경 전체를 포괄해야 한다는 점 또한 매우 중요하다. 지혜롭게 성경 전체에 흩뿌려져 있는 진리에 관한 지식을 가지는 것이 몇몇 부분 안에 있는 압축적 지식을 얻는 것보다 가르침의 목적에 훨씬 더 부합한다. 적절하지 못한 편견으로부터 완전히 자유로운 사람은 우리 중에 아마 아무도 없을 것이다. 그리고 만일 우리가 좋아하는 교리들이 성경의 어떤 특정부분에만 집중되어 있거나 혹은, 그 부분에만 전적으로 집중을 하거나 균형을 잃은 집중을 했다면, 교리 전체에 대한 우리의 안목이 축소될 것이다. 진리가 현재 가지고 있는 성격 때문에 우리는 어쩔 수 없이 성경 전체를 공부하지 않으면 안 된다. 그래서 하나님의 마음 전체를 생각해 봄으로써, 우리가 느끼지 못하는 사이에 서서히 신적 계시의 넓은 정신을 보다 더 많이 흡수하게 되는 한 편, 우리 생각은 그분의 길이와 넓이에까지 뻗어가게 되는 것이다.

모세오경과 선지서, 그리고 서신서는 독특한 연구 주제들을 가지고 있기 때문에 돋보인다고 말할 수 있을 것이다. 모세오경에 관해서는, 그레하와즈(Graves) 학장의 강의록이 매우 귀중한 비평과 정보를 가지고 있는데, 마찬가지로 모세의 율법의 지혜와 어려운 점들도 잘 설명하고 있다.

파버(Faber)의 『모세의 시대』(Horae Mosaicae)는 모세오경에 대한 다양하면서도 교훈적인 그리스도인의 관점들을 보여주고 있다. 선지서에

---

[50] Scott's Life, pp. 328-329.

관해서는, 미드(Mede)가 이 신비로운 계시의 해석자들 중에서 독보적인 존재다.

뉴턴 감독의 논문들 또한 성취된 예언에 관한 중요한 예증들로 가득 차있다. 데이빗슨(Davidson)의 강의록은 건실하고 진지하며 독창적인 많은 직관들을 통해 우리의 시야를 열어준다. 비록 적절한 겸손과 균형감과 인내심으로 쓰여진 것은 아니지만, 그것들은 현재의 관점에서 아직 성취되지 않은 예언과 다양한 해석원리에 관해 쓰여진 것이며, 교회의 발전에 대하여는 어두운 전망을 보여주고 있다. 파버의 『선지서의 신성력(神聖曆)』(Sacred Calendar of Prophecy)은, 그의 체계의 특정 부분에서는 심각한 의문점이 생길 것이지만, 그럼에도 모든 면에서 집중해서 읽어볼 가치가 있는 것으로 생각된다.

빅커스텟(Bickersteth)의 『실제적인 선지서 입문』(Practical Guide to the Prophecy)은 비록 불확실한 견해 몇 가지를 가지고는 있지만, 성경의 빛나는 주제들에 대한 귀중한 정보를 담고 있다. 성경의 각기 다른 사슬의 예언을 단순하고 독립적이며 탐구적인 태도를 가지고 비교해놓은 것은 매우 흥미롭고 유익한 결과물을 보여준다. 이를 통해 우리는 우리를 절박하게 부르고 있는 현대의 징후들을 살피고 연구해야할 필요를 깨닫게 된다.

서신서들에서 서로 연결된 포괄적인 체제를 알아내는 것은 몇 가지 점에서 목사에게 매우 중요한 부분이라고 생각해도 좋을 것이다. 아마 스콧의 주석은 실제적인 만큼이나 참고 도서 목록도 방대한데, 대체적으로 볼 때, 영감을 받은 각기 다른 저자들이 논의한 큰 주제들에 관해 충실하고도 영적인 주석을 하고 있는 가장 훌륭한 책이다.

사람들에게 "유익한 것은 무엇이든지…가르치는"(행 20:20) 우리의 임무는 이 연구의 중요성에 주목한다. 어린아이도 먹여야 하지만 어른들도 먹여야 한다. 부지런히 믿음을 행사하는데 성공한 사람들은, 같은 이점을 소홀히 하여서 부족하게 된 다른 사람들과 같은 선과 또 같은 기준에 묶임으로, 더 높은 달성을 향하여 나아가는데 방해를 받아서는 안된다. 사역의 주된 목적은 우리 교인들을 앞으로 나아가게 하는 것 즉 "각 사람을 그리스도 안에서 완전한 자로 세우려 함"에 있다(엡 4:12; 골 1:28). 그러므로 '하나님의 깊은 것'에 대한 경건한 강해는 우리 임무 속에 포함되어 있으며, 성경을 깊이 그리고 정확하게 연구할 것을 요구하고 있다. 많은 유익이 있으려면, 우리가 성경의 권위에 복종하고 언제나 하나님의 가르침에 의존하여야 하나, 사실 어려움은 끝까지 있을 것이다.[51] 말씀에 겸손히 순복하겠다는 이 정신은, 이 신성한 보물의 어느 부분에 들어가더라도 반드시 준비되어 있어야 한다. 이 기독교 정신을 가장 겸손하게 소유한 사람은 반드시 가장 귀중한 축복을 깨닫게 될 것이다.

주석에 대해 말할 때, 성숙한 성경 지식과 건전한 해석 원칙들을 가지고 실천적인 가르침을 충실히 하고 있는 스콧의 주석의 가치는 일반적으로 인정 받고 있다. 헨리의 주석은 (비록 교리관의 명료성에 있어 스콧의 것보다는 못하지만) 문체의 단순성과 예증의 풍부성이라는 면에서는 스콧트를 능가한다고 말할 수 있다. 그러나 성경의 난해한 구절들의 명료화를 위해 필요한 주석적이며 비평적인 설명을 보려면, 칼빈의 주석, 풀(Poole)의 개관, 또는 패트릭(Patrick)과 로우스(Lowth)를 읽고, 그리고 낮은 수준으로 덜 성경적으로 씌여진 것을 보려면 휫비(Whitby)를 보아야 한다.

---

[51] Franck 교수의 『성경 읽기 입문서』(Guide to the Reading of the Scriptures)는 성경을 지적으로, 경건을 위해, 실제적으로 공부하는데 매우 훌륭한 규칙들을 제시해주고 있다. Horne의 『입문서』(Introduction)도 생각할 거리에 대해 귀중한 요약을 제공해주고 있다. vol. ii, Part ii. 성경을 다른 공부를 위한 비망록으로 만들라고 Dodwell은 신중하게 권하고 있다. (Letters of Advice, p. 235.) 사역의 준비를 위한 공부를 할 때 Philip Henry는 책 사이에 간지를 끼운 성경을 사용하여 성경 구절에 대해 간단한 노트를 해놓았었는데, 자기 학생들에게도 이것을 추천하였다. 이 간지에 써놓은 강해와 관찰 등은 때때로 주석가들의 책에서 발견한 것들보다 더 기쁘고 생각해 볼만한 것이 되었다. "나는 성경 지식 외에 다른 것을 가르치지 않을 것을 고백한다"라고 (그는 말하곤 하였나). Scott's Life, p. 206.

그러나 주석이 도움이 되느냐 되지 않느냐 하는 것은 전적으로 연구 체계에서 주석이 차지하는 위치에 따라 다르다는 것을 기억하는 것은 매우 중요하다. 주석을 아주 소용없는 것으로 던져버리지 말라. 하나님의 말씀을 멸시하는 사람들이 쓴 주석보다는 하나님의 말씀에 대한 훨씬 더 깊은 통찰력을 가진 여러 사람들의 수고로 이루어진 주석들이 많기 때문이다. 그러나 주석을 말씀 앞에 놓지도 말라. 하나님의 책(성경)을 공부한 내용으로 머리가 가득 차기까지는 주석들을 (적어도 상습적으로) 읽지 말라. 캠벨 교수는 이 점에 대해 매우 놀라운 말을 하고 있다.

> 처음부터 나는 여러분에게 그 어떤 주석도 찾아보게 하지 않을 것이다. 주석을 뒤적이는 것이 아무 소용없는 일이라는 뜻으로 잘못 생각하지 말라. 그런 식으로 주석 전체를 판단하고 있는 것이 아니다. 그러나 그 어떤 주석도 초심자에게는 적절하지 못하다. 초심자의 목적은 편견 없이 성령의 마음을 찾아내는 것이지, 어느 교리주의자의 교리 체계를 흡수하는 것이 아니기 때문이다. 거의 모든 주석가들은 자기 나름대로 좋아하는 체계가 있다. 이 체계는 그의 상상력을 지배하고, 그의 지식이 한 쪽으로 기울게 만들며, 그가 하는 모든 말을 얼마간 변질시킨다. 유일한 도움으로 내가 추천할 만한 것은, 여러분의 판단을 왜곡시킬 경향은 있을 수 없는 그런 것들이다. 그것은 뜨거운 기도와 더불어, 진지하게 그리고 자주 하나님의 말씀을 읽는 것이다. 그것은 성경을 성경과 비교해보는 것이다. 그것은 성경 언어를 부지런히 공부하는 것이다. 그것은 성경이 암시하고 있는 고대의 풍습과 역사를 공부하는 것이다. 이러한 것들이 여러분에게 모든 성경 본문을 어떻게 판단해야 하는지를 말해주지는 않을 것이다. 하지만, 그럴수록 더 좋다. 하나님은 여러분에게 판단력을 주셨고, 또 그것을 행사하기를 요구하신다. '어찌하여 너희들 중에 옳고 그름을 판단하지 않느냐?'(눅 12:57).

이 질문에 대하여 캠벨 교수는 다음과 같이 대답한다.

> 여러분이 성경의 정신과 정서에 대한 상당한 통찰력을 획득하고 나서, 교리 체계와 주석가들에게 의존하는 것이 적절할 때는, 여러분이 그 확실한 기준에 따라 이 저자들의 교리를 따라갈 것인지 아니할 것인지를 어느 정도 판단할 수 있다. 이러한 인간 저술의 조사와 함께 신학자들에 대한 판단이 이루어져야 하는데, 이것은 연구의 시작단계에서 이루어져야 할 일이 아니다.[52]

주석을 유익하고도 안전하게 사용할 수 있는 경우는 이것이 유일한 경우가 아니지 않나 생각한다. 우리는 그러므로 우리가 구할 수 있는 한도 내에 있는 모든 지혜의 축적을 자유로이 이용하여야 한다. 다른 한 편으로는, 동시에 우리의 "믿음이 사람의 지혜에 있지 아니하고 다만 하나님의 능력에 있게"(고전 2:5) 해야 한다.

이 원칙의 중요성을 예증해 보자. 열렬한 마음을 가졌지만 그러나 성경적 지식도 부족하고 성경의 원리들을 확정하지도 않은 한 신학생이 앉아서 매우 귀중한 풀(Poole)의 개관을 읽고 있거나 또는 심지어 그

---

[52] Campbell on Systematic Theology, Lecture ii. 이것은 연구 시작부터 Doddridge 박사의 계획이었다. Orton's Life: ch. i. Spratt 감독은 환란의 시대에 자기 책들을 모두 몰수당한 채 거의 20년 동안 탑 속에 구금되어 오직 성경만 연구하는데 몰두하였던 한 감독의 예에 대해 언급하고 있다. 성경은 그의 고독에 충실한 친구였으며, 그의 고난에 위안이 되어주었다. "그러나 가장 놀라운 것은 그리고 여러분이 모방할 가치가 있는 한 예로서 자신 있게 그를 제시하는 것은, 다음과 같은 말을 자주 그가 엄숙히 고백하였다는 것을 나는 알고 있기 때문이다. 자기가 전에 했던 모든 공부와 다양한 독서와 관찰들에서는, 어두워 잘 보이지 않는 곳에서 생생한 말씀이 자기 길을 지시해주거나, 뜻이 분명하지 않은 구절들을 깨닫게 할 정보나 또는 그 말씀을 체험을 해보아야 얻을 수 있는 진리들에 관해서 자기 양심의 만족을 줄 수 있는, 좀 더 유익한 안내자나 좀 더 확실한 해석자를 결코 만나보지 못했다는 것이다. 그래서 성경만 부지런히 묵상할 필요성을 절감하였으며, 말하자면, 설교의 균형을 위하여 성경을 성경으로 판단해야 한다는 필요성을 절감하였다는 것이다." Charge to the Diocese of Rochester, Clergyman's Instructor, pp. 265-266.

개관에서 자주 인용되는 책들의 목록을 만들고 있다고 가정해보자. 이 『성경 비평 주석』(Critici Sacri) 요약판은 곧 그에게는 『실바 비평 주석』(Sylva Critica)과 같은 책이라는 것이 드러날 것이다. 확신을 적게 때로는 많게 주면서 자기 앞으로 지나갔었던 의견들이 연속적으로 뒤바뀌어 있는 것을 발견하게 될 것이다.

또는 더 자주 있는 일은, 둘 사이에 판단을 내려줄 심판도 없는데 상충하는 두 벌의 의견이 서로 주목을 끄는 것이다. 심사숙고해서 깨달은 확신의 결과로서 판단을 내리기보다는, 주저주저하면서 마지못해 자기 판단이 형성되거나 혹은 성급하게 판단을 내리는 것이다. 또는 그 학생이 스콧트의 주석이나 그의 일반적인 신학 견해에 대해 칭찬하는 말을 많이 들었다고 가정해 보자. 그는 그것들이 자기 시대의 기독교에 영향력을 끼쳤다는 것을 알고 있다. 그래서 그는 그 책들을 탐독한다. 그는 그 책들을 정통 교리의 기준으로 받아들인다. 그리고는 자기 자신이 하나님의 진리에 관한 주류 입장들을 확고부동하게 확보했다는 느낌을 갖는다.

그러나 그는 스콧트의 원리들이, 똑같이 성경의 권위에 근거를 두고 있는 상당한 설득력과 예리한 통찰력을 가진 한 주장에게 논박을 당했다는 말을 듣게 될 것이다. 이제, 만일 그의 생각이 성경으로 단련되지 않았다면, 그는 그것들을 각각 믿음의 유추 안에서 비교함으로써 서로 반대되는 교리들을 틀림없는 기준에 맞추어 볼 능력이 없게 될 것이다. 그러므로 (비록 편견이나 존경 또는 확정되지 않은 확신으로부터 그는 여전히 자기의 근거를 유지할 수도 있겠으나), 성경이라는 요동치 않는 유일한 반석 위에 고정되어 있지 않은 그의 진리의 근거는 심하게 흔들리게 될 것이다. (만일 그가 '기수'[旗手]라면), 그의 깃발은[53] 약하고 흔들리는 손에 들

---

[53] '기준'이라는 말과 '깃발'이라는 말은 똑같이 영어의 'standard'라는 말로 표현한다.

리게 될 것이다. 그리고 그의 우유부단한 성격 때문에 그의 목회는 효과적인 면에서 낙관적인 전망을 미리 할 수 없게 될 것이다.[54]

교회에 존재하고 있는 많은 차이점들을 추적해 보면, 성경의 최고 권위를 미미하게 여기고 그 영향력을 인정하지 않는 데까지 거슬러 올라갈 수 있다. "진리란 무엇인가?"라는 질문을 시작하는 단계에서부터, 수많은 길들이 취해진다. 정신은 어떤 인간 체계의 편견의 통제를 받는다. 그리하여 진리의 통일성이 파괴된다.

그리고 믿음의 순종에 무조건 굴복하는 대신에, 서로 충돌하는 인간들의 선입견에 의해 성경 계시의 명백한 하늘 빛은 어두워진다. 사실, 인간의 정신 구조로부터의 진정한 독립은 극단적으로 어려운 일이며, 희귀한 일이다. 어떤 특정 체계에 집착하는 것은 영적인 방종이다. 이 영적인 방종은 너무나도 자주 우리의 성경 읽기에 안내자 역할을 하며, 해석에서 성경의 관점을 받아들이기 보다는 오히려 해석에 개인적인 관점을 부여한다.

하나님의 책은 과연 성령의 살아있는 목소리이다. 그러므로 성경 공부에 집중하면 반드시 하나님의 마음을 분명하게 이해하게 된다. 그

---

[54] 이런 식으로 성경을 읽는 원칙은 방금 언급했던 훌륭한 저자의 습관으로 잘 예증되었다. "논쟁이 일고 있는 어떤 주제에 대해 다른 사람들의 의견을 읽었거나 들었으므로, 어느 편에 진리가 놓여있는가를 내 자신이 마침내 판단내릴 수 있도록 하기 위해서, 매일 성경 읽기에서 나는 항상 그 견해들을 상고해본다. 이렇게 할 때, 나는 항상 내 생각을 두 가지 극단으로부터 떨어뜨려놓고자 한다. 한 편에는, 일종의 거짓 겸손에서, 그리고 저자들에 대한 무조건적인 존경에서, 내가 잘못 생각했다는 깨달음도 없이, 내 자신의 견해를 포기하는 극단이 있다. 그리고 다른 한 편에는, 빛을 배제시켜버리기 위해, 특히 그 빛이 원수나 혹은 별로 존경받을 자격이 없는 사람으로부터 왔을 때, 내 의견을 진리인 것으로 가정하는 극단이 있다. 그래서 나는 항상 확신을 받아들일 준비를 해왔다. 모든 사람의 있을 수 있는 의견을 시금석에 비추어보아 전에 그것을 시험해 본적이 없는 것이면, 그것을 공정하게 시험해 보는 것이다. 그러나 그것이 명백히 성경과 일치함을 보지 않고서는 그것을 받아들이지 않는다. 그리고 동시에 목표로 하는 것은, 내 마음이 내가 이해한 결론에 적절하게 감동받아야 하는 것이다. 이 점에서 나는 주로 실패했다." Scott's Life, pp. 329-330. 자기 아버지의 예에서 나타난 이 독특한 면모를 강조할 때 그의 아들이 언급한 귀중한 것들 몇 가지를 보라, pp. 667-668

래서 "성경(텍스트)에 정통한 사람이 좋은 신학도"(Bonus textuarius, bonus Theologus)라는 금언이 생겨났다. 윗시우스(Witsius)는 목사 자격요건 중에 이 첫 번째의 가치를 매우 아름답게 표현하고 있다 "성경에 능해야 한다." 신학을 공부하는 사람은 일반적인 것을 공부하는 낮은 학교에서 성경을 공부하는 더 높은 학과로 올라가야 한다. 그리고 자기의 교사이신 하나님의 발치에 앉아서 그의 입으로부터 나오는 구원의 감추어진 비밀을 배워야 한다. 이 비밀은 "눈이 본 적이 없고, 귀가 들은 적이 없으며, 이 세상의 왕들 중 아무도 알지 못했던 것이다."

이 비밀은 아무리 정확한 이성이라도 찾아낼 수 없다. 이 비밀은 비록 항상 하나님의 얼굴을 뵈옵는 하늘의 찬양대인 천사들도 일제히 '알고 싶어 하는' 것이다. 성경이라는 감추어진 책에서만 거룩한 지혜의 비밀들이 열려 있으며, 그 외에는 어디에도 없다. 성경으로부터 도출되지 않은 것은 그 어떤 것이라도, 성경 위에 세워지지 않은 것은 그 어떤 것이라도, 성경과 아주 정확히 일치되지 않는 것은 그 어떤 것이라도, 매우 고상한 지혜인양 아무리 자기 자신을 내세우더라도, 혹은 고대의 전통에 근거하고 있다고 아무리 자기를 추천하더라도, 학자가 인정한 것이라고, 또는 개연성 있는 주장의 무게를 싣고 있다고 하더라도, 이런 것들은 헛되고, 소용없으며, 요컨대 '율법에 대하여 그리고 증거에 대하여' 거짓에 지나지 않는다. "만일 이 말씀에 따라 말하지 않는 사람이 있다면, 그것은 그 사람 안에 빛이 없기 때문이다."

신학을 하는 사람은 하나님의 말씀을 즐거워해야 한다. 밤낮으로 그 말씀 안에 살아가야 한다. 그 말씀을 묵상해야 한다. 그 말씀 안에서 살아야 한다. 모든 지혜를 그 말씀으로부터 얻어야 한다. 자기의 생각을 모두 그 말씀과 비교해 보아야 한다. 여기서 발견되지 않는 것은 그 무엇이라도 받아들이지 말아야 한다. 신학을 공부하는 사람은 자기 믿음의 근거를 어느 한 사람에게만 두어서는 안 된다. 한 선지자도 안 되며,

한 사도도 안 되며, 심지어 천사라도 안 된다. 마치 사람이나 천사의 말이 믿음의 규칙이라도 되는 것처럼, 그리해서는 안 된다. 자기 믿음의 근거 전부를 오직 하나님께만 두어야 한다.

 그 이유는 우리가 배우고 가르치는 것은 하나님에 대한 믿음이지, 사람에 대한 믿음이 아니기 때문이다. 믿음은 너무나 순수하여 하나님의 권위 이외의 그 어떤 근거도 가져서는 안 된다. 하나님은 결코 거짓이 없으시며 결코 속이시는 분이 아니기 때문이다. 성경을 집중적으로 공부하는 것은 일종의 구속력이 있다. 성경 공부는 가장 빛나는 형태의 하늘의 진리로 마음을 충만하게 한다. 성경은 오류가 조금도 섞임이 없이, 순수함과 견고함 그리고 확실성을 가지고 가르치기 때문이다. 말로 표현할 수 없는 달콤함으로 마음을 위로한다. 성경은 젖과 꿀이 흐르는 강처럼 지식을 향한 거룩한 배고픔과 목마름을 만족시켜준다. 말씀은 저항할 수 없는 힘으로 마음 가장 깊은 곳으로 스며들어온다. 말씀은 그 자체의 증언을 마음속에 아주 단단하게 새겨주므로, 마치 세 번째 하늘에라도 올라갔던 것처럼 그리고 하나님 그분의 입에서 말씀을 듣기라도 했던 것처럼, 믿는 영혼은 안도감을 가지고 그 위에서 안식을 누린다. 자기가 읽고 있는 모든 것을 완전히 이해하지는 못했을지라도, 말씀은 모든 정서를 만져주고, 경건한 독자에게 거룩함의 달콤한 향기를 불어넣어준다.

 그러나 앞뒤가 뒤바뀐 성경 공부 방법에 우리가 얼마나 강하게 저항했는지 말할 수 없다. 이 방법이 우리들 가운데서 너무나 많은 세력을 얻고 있다! 인간의 저술에서 하나님의 것들에 대한 견해를 이끌어내며, 나중에는 우리 자신이 품은 의문이나 다른 사람들이 너무나 경솔하게 제시한 의문을, 그 주제에 대해 더 검토해보지도 않거나 곰곰이 생각해보지도 않은 채, 성경의 권위로 그것들을 증명한다. 인간의 저술을 이용하기보다는, 주님의 마음을 배울 수 있는 신학의 주요 요점들이 자리

잡고 있는 성경 그 자체로부터 직접 하나님의 진리들에 대한 우리의 견해를 이끌어내야 마땅한데, 그렇게 하고 있는 것이다.

이 절묘한 신학의 대가는 더 나아가, 구원의 신령한 지식을 통해 믿음의 규칙을 획득하는 유일한 수단인, 성령의 내적 가르침에 전념하는 것이 얼마나 중요한지에 대해 말씀하고 있다. "성경의 제자가 된 사람은 또한 성령의 제자가 되어야 한다." 그렇지만 『참된 신학도』(De vero theologo) 전체와 그 부속물인 『단정한 신학도』(De modesto theologo)는 그 우아한 라틴어법과 그 생각의 아름다움과 무엇보다도 그 저술 전체를 통해 숨 쉬고 있는 천상적인 감동 때문에 매우 가치가 있다.

이 책들을 신학생이 진지하게 고려해 보아야 한다고 권하는 것 외에 더 이상의 아무것도 필요로 하지 않는다.[55]

우리가 목사 안수식에서 행하는 진지한 권면은 포괄적으로는 공부를 하라, 구체적으로는 성경을 공부하라고 한다. 이 권면은 앞의 항과 연결해서 본 항의 내용을 적절하게 요약하고 있다.

> 여러분은 이 한 가지에 전적으로 전념해야 할 것이다. 그리고 여러분의 모든 목회와 연구도 이런 식으로 도출해내야 할 것이다. 동시에, 날마다 성경을 숙고함으로 여러분의 사역이 보다 더 풍성하고 보다 더 능력 있게 되기를, 우리의 유일하신 구주 예수 그리스도를 중보자로 하여 성령의 도우심을 하나님 아버지께 계속 간구하여야 한다.

---

[55] Witsii Misc. Sacra, vol. ii를 보라. Vitringa Typus Doctr. Prophet. pp. 106-108에 나와 있는 같은 영적 거룩함을 가지고 표현되어 있는 유사한 생각들도 또한 비교해 보라.

3. 특별 기도의 습관

오래 전에 루터는 다음과 같이 말했다. "기도, 묵상, 그리고 유혹이 목사를 만든다." 목사의 책임의 막중함을 깨달은 사람으로서, 자신은 하나님 한 분만으로 만족하며 기도는 하나님과의 의사소통의 통로라고 알고 있는 사람으로서, 이들 목사의 자격요건들 가운데 첫 번째 것, 즉 기도의 중요성을 인정하기에 주저할 사람은 없을 것이다. 자기의 목적과 필요한 자격요건들 그리고 사역에 대한 소명의 순수한 단순성을 확보하기 위해서 지혜와 겸손 그리고 믿음이 필요함을 자각하게 되면, 은혜의 보좌로 자신의 간구를 가져가야 할 것이다.

이 기도의 정신으로부터 이탈하여 일반적인 학문의 연구에 착념하게 되면 그는 무미건조함을 느끼게 될 것이다. 즉 자기가 가진 자원들을 사역이라는 한 가지 중심으로 끌어당기는 힘이 부족하게 되거나 사역의 주된 목적으로부터 방종의 길로 갈 수 있게 된다.[56] 그리고 성경을 읽는 이 특별한 의무를 행하고 있을 때에조차 자기 자신이 "하늘을 바라보고 있는 소경처럼," 느껴지고, 또 태초에 혼돈 속에 있던 세상이 "땅이 혼돈하고 공허하며 흑암이 깊음 위에"있던 때처럼 느껴질 것이다. "빛이 있으라!"고 하나님께서는 그의 마음에 분명히 말씀하셨다. 그리고 이를 위하여 하나님께 간구해야 한다.

성경해석자의 첫 번째 자격 요건에 대한 위클리프의 판단 또한 놀랍도록 정확하다. 성경 해석자는 기도의 사람이 되어야 한다. 즉 최고로

---

[56] 『앤드루 윌렛 박사의 생애』(The Life of Dr. Andrew Willet)는 우리에게 중요하면서도 용기를 북돋아주는 힌트를 준다. "지혜를 알고 구하고 발견하는 일에 자기 마음을 집중시키고 그 목적에 맞게, 사도의 가르침을 따라 그는 "읽는 것에 전념하였다." 그러므로 마찬가지로 부지런히 성경을 읽으면서 또한 자주 기도하기 위해, 그는 Cyprian to Donatus, Epist. lib. ii. Epist. 2에 나와 있는 경건한 조언을 따랐다. "때때로 하나님께 말하라 그리고 때로는 하나님께서 당신에게 말씀하게 하라." **그렇게 함으로써 하나님께서 자기의 재능을 얼마나 더 개선 시키셨는지를 그는 자기 친구들에게 털어놓았다."**

훌륭하신 교사의 내적 가르침이 필요하다.[57] 오웬 박사는 언제나 같은 인상적인 말투로 다음과 같이 말한다.

> 사람이 하나님을 부르지 않고서, 성령의 가르침을 받지 않고서, 성경의 어떤 부분을 해석하는 일을 떠맡는 것은 하나님을 매우 노하게 만드는 것이다. 자기 능력을 훨씬 뛰어넘는 일에 교만한 마음으로 종사하는 사람이 진리를 발견하리라고는 나는 기대하지 않는다. 그러나 기도는 어려운 구절들을 충실하게 해석하는 자의 마지막 수단이다. 이것 없이는, 하나님의 계시 속에 담겨있는 성령의 마음에 조금이라도 도달했다는 만족감을 느낄 수도 없을 것이다. 흔히 그렇듯이 다른 모든 도움들이 소용이 없을 때, 기도는 목사에게 가장 좋은 마음의 위로를 줄 것이다. 앞서간 해석자들의 수고는 아주 쓸모가 많다. 그러나 그것으로 이 지혜의 수맥의 깊이를 발견했다고 볼 수는 없다. 또는 우리 업적 중 가장 뛰어난 것도 우리 다음에 올 목사들에게 판단의 준거를 제공하지는 못할 것이다. 그리고 이따금 호기심 때문에 들여다보는 경우를 제외하고, 그 같은 전철을 밟는 그 이유는, 자기 임무를 성실하게 수행할 때 성령의 인도하심에 자신을 내어맡기지 않기 때문이다.[58]

목사후보생은 이 사역에 대한 대가를 심각하게 계산해 보라. 그리스

---

57 Milner's Church Hist. iv. p. 134.
58 성령에 대해 쓴 그의 책을 보라. Scott도 같은 증언을 하고 있다. 자기의 성경 공부에 대해 이야기 하는 중에 이르기를, "성경 읽기와 더불어 지속적인 기도 정신은 이 모든 것에서 실제적으로 나의 도움이 되어 주었다." Life, p. 330. 목사들에게 성경 공부의 중요성에 대해 이야기하면서, Quesnel은 다음의 말을 덧붙였다. "목사는 공부로 성경을 배우지 않는다면 다른 방법으로라도 성경을 배워야 한다. 성령의 기름부음은 이 공부에 있어 위대한 교사다. 그리고 우리가 그의 학자들이 되는 것은 기도를 함으로 되는 것이다. 많은 기도와 적은 공부는 기도 없이 공부만 많이 하는 것보다 하나님의 일을 더 많이 진척시킨다. "성경의 문을 성령이 지키시므로 성령의 도우심을 받아야 성경의 문을 통과할 수 있다"(non datur aditus, nisi propriae caecitatis conscius, jhujus opem imploraris) Bowles, Lib. i c. p. 18.

도인으로서 매일 겪는 삶의 어려움 위에 고통스런 믿음과 인내의 실천이 보태지는 것이 사역의 대부분이다. 그러므로 우리는 신학생에게 다음의 것을 상기시켜줄 필요를 느낀다. 기도하라고 일깨워주는 기상나팔이 있는가? 더 많은 하늘의 능력을 받으라고 일깨워주는 기상나팔이 있는가? 지식은 이해의 충만한 확신의 모든 부요한 데까지 자라나야 한다고, 마음은 즐겁게 순종할 준비가 되어 있어야 한다고, 모든 능력은 이 한 가지 목적에 바쳐져야 한다고, 그리고 준비하는 모든 일은 넘치는 축복으로 인쳐져야 한다고 일깨워주는 것이 있는가?

조지 허버트는 준비해야 할 몇 가지에 대해서 말하고 있다. 즉 목사 후보생의 "목표와 수고가 되어야 하는 것은, 지식을 획득하는 것뿐만 아니라 모든 정욕과 성정을 억제하는 것이며, 그리고 교부들 또는 신학자들의 책을 읽기만 하면 목사가 만들어지며 그 일이 완수된다고 생각하지 않는 것이다. 가장 크고 가장 어려운 준비는 우리 안에서 이루어져야 한다."[59] 과연 "이것은 힘든 일, 이것은 엄청난 일"(*hic labor-hoc opus est*)이다. 사역에 마음을 쓰고 또 거기에 마음을 두어야 하고, 편안해지고 싶은 마음을 수고와 자기부인과 맞바꾸어야 하며, 세상의 자랑을 그리스도와 그의 십자가의 능욕과 바꾸며, 연속적으로 찾아오는 실망과 낙심을 견뎌내야 한다. 내 안에서 낙담을 불러일으키는 것은 이것, 즉 "악한 영"이다. 그래서 성경은 "기도 외에 다른 것으로는 이런 종류가 나갈 수 없느니라"(막 9:29)고 말한다.

최초의 복음전도자들은 (자신들도 모르게 무의식적으로) 자신들의 사역을 감당할 준비가 되어 있었다. 예수님께서 그들을 세우시기 전 한적한 곳으로 물러나셔서 온 밤을 지새워 하나님께 기도하셨기 때문이다(눅 6: 12-16). 그와 동일한 거룩한 준비와 함께, 첫 선교사들이 이방인들

---

59 Country Parson, ch. ii.

에게로 보내졌다(행 13: 2-3). 그리하여 (유다의 귀인들처럼) "부끄럽고 근심하여 그들의 머리를 가리며 빈 그릇으로 돌아오는"(렘 14:3) 대신에 그들은 "하나님께서 함께 행하신"(행 14:27; 15:3-4) 큰일들의 소식으로 형제들의 마음을 기쁘게 했다. 기도의 영을 가지지 않고 이 위대한 사역에 들어서는 것은 가장 무서운 위험천만한 전쟁에 나가는 것과 같다.

사탄의 나라는 인쇄물의 공격을 별로 두려워하지 않는 것 같다. 또 외적인 형태의 어떤 조직적인 힘도 염려하지 않는다. 외부 성벽은 습격을 받을 수도 있지만, 성채는 난공불락으로 남아있을 것이다. 전능자의 능력으로 덧입은 복음사역이 아닌 그 어떤 다른 힘으로도, 결코 '전리품'을 그로부터 되찾거나 포로들을 구원할 수 없다(요 12:32; 고전 1:21-24). 이 수단으로 그리스도의 종들은 그 첫 공격을 가했고, 뜨겁게 기도하면서 미쁘신 약속들의 성취를 기다렸다(행 1:8, 14; 2:1). 목회사역은 믿음의 사역이다. 그리고 목회사역은 믿음의 역사일 수도 있고 아닐 수도 있지만, 그러나 그 사역은 반드시 기도의 사역이다. 믿음은 그 반작용으로 기도의 열심을 증가시키는 한편, 기도는 믿음을 획득케 한다. 영적이며 깨달음과 기쁨이 있는 사역자의 모습은 부지런히 하나님을 계속적으로 앙망하는 습관으로부터 흘러나온다. 우리는 그러므로 안전하게 버나드(Bernard)의 말로 결론을 내릴 수 있을 것이다.

> 독서도 유익하고, 학식도 유익하다. 하지만 더욱 필요한 것은 기름 부음이다. 이것이야말로 모든 것에 대해 가르침을 준다(Utilis lectio,-utilis eruditio-sed magis necessaria unctio, quippe quae docet de omnibus).

거룩한 직분의 후보자가 그의 앞에 놓인 위대한 사역을 그의 간구의 커다란 주제로 삼지 않고, 결코 무릎을 꿇지 않고서도 그의 일을 잘해 나갈 수도 있을 것이다. 그러나 그가 잠시 한적한 곳으로 물러나서 기도의 시간을 갖는 것이 습관이 되고, 그의 사역을 묵상해보는 단 한 가지 목적에 그 시간을 바치고, 자신을 그의 사역을 위해 구별한다면, 그는 더 잘 할 수 있을 것이다. 특별한 기도의 사람은 특별한 믿음의 사람이 될 수 있다.

믿음은 버러지 같은 인간으로 하여금 산을 부술 수 있게 만든다. 거룩한 승리를 향하여 자기 앞에 놓여있는 그 산을 내던져 버린다. "큰 산아 네가 무엇이냐 네가 스룹바벨 앞에서 평지가 되리라"(사 41:14, 15; 슥 4:7).

4. 영혼 치유 사역

"경건에 이르기를 연습하라"(딤전 4:7)는 말씀은 사도 바울이 사역을 위해 그의 사랑하는 아들에게 준 지혜로운 규칙들 중의 하나였다. 이 규칙에는 목회초보자에게 적용해야 할 아주 중요한 것이 있다. 이어지는 문맥에서 공부의 규칙과 이 다른 규칙과의 연관은 언급할 가치가 있다. 활동적인 에너지가 없이 '읽는 것에 착념'하면 그것은 매우 불완전하고 비효과적인 사역이 될 것이다. 연습의 부족은 신체에도 해로운 것만큼이나 영혼에도 해로운 것이다. 또한 독서의 결과가 사역 속에서 효과를 발휘하지 못하면, '읽는 것'은 그 어떤 유익도 주지 못할 것이다. 그래서 마찬가지로, 기도와의 결합이 중요하다. 사실, 공부와 기도, 그리고 실천이 목사를 만든다고 할 수 있을 것이다. 공부는 머리를 채우고, 기도는 하나님의 능력을 불어넣으며, 실천은 자원을 효과적인 것으로 만들어 준다.

사도 바울은 얼마 간의 수습기간을 주장하였다. 가장 미천한 사역을 하더라도 그것이 필요하다고 생각했다. 사람이 일관성이 있는지를 알아볼 뿐만 아니라, 타고난 재능과 영적인 자격요건들을 유의해서 보기 위함이었다(딤전 3:10; 행 6:3). 비록 교회에 의해 사역에 엄숙히 부르심을 받을 때까지는 이 영광을 자기 것으로 하는 사람은 없지만 영혼의 치료를 위한 많은 다른 부수적인 직임들이 있다. 이것을 통해 젊은 신학생은 자신의 천부적 능력을 합법적으로 사용할 수 있다. 경험도 쌓고, 교회에 상당한 혜택을 주고, 그 자신에게도 이득이 된다. 주일학교 전도사 사역을 하면서, 미래의 사역에도 유익이 될 뿐만 아니라 그들의 사역 내내 실제적으로 유용한 아주 귀중한 교훈을 얻는 사람이 많다. (이따금 일상적인 대화속에서 하든지, 또는 약간 체계적인 조직으로 하든지) 가난한 사람들을 가르치는 일은 거룩한 사역을 침해하지 않으면서 겸손과 인내 그리고 사랑으로 행할 수가 있다. 그리고 몇 달간의 집중적인 공부로부터 얻을 수 있는 것보다 더 많은 것을 미래의 사역을 위해 구비할 수도 있다.

미래의 교구 목회에서 다루게 될 주제들의 현실적인 실제 상태에 대한 통찰력을 얻게 되고 그들의 표현 방식과 그들의 독특한 어려움과 유혹들, 그들의 무지의 원인들, 그들에게 접근하기 위한 가장 지혜롭고 가장 성공적인 길을 알게 되는 것과 같은 지식을 얻게 될 것이다. 엄중한 임무를 맡기 전에, 이런 지식을 가질 기회를 갖는 것은 좋을 것이다. 이런 지식이 부족했기 때문에, 초기 사역에서 많은 훌륭한 목사들이 그들의 사역에 특별한 것이 없으며, 지극히 일반적이라는 인상을 주었다. 이런 상황에서는, 서재에서는 매우 훌륭한 설교라 하더라도 자기 교인들의 상황에 맞추지도 못하고 또 그들이 원하는 것에 맞추지도 못하게 된다.

그리하여, 성도들이 겪고 있는 고난에 대해 동정심이 부족한 것으로 여겨지게 되고, 그들의 무지에 대한 배려가 부족한 것으로 보이며, 사역의 성격에 정확한 한계를 설정하지 못하는 것으로 받아들여져, 결국은 "교훈과 책망과 바르게 함과 의로 교육"하는 일을 구체적인 사례에 제대로 적용하지 못하는 것으로 받아들여지게 된다.

불쌍히 여기는 그리스도인의 마음을 가지고 병든 자들을 심방하는 것은 사역을 준비하는 신학생에게는 대단히 중요한 일이다. 서재에서는 배우지 못할 것들을 여기에서 배우는 것들이 많다. 서재에서는 복음의 중요성을 서술하거나 묵상한다. 하지만 병든 자를 심방하는 데서는 그것을 깨닫게 된다. 서재에서는 세상의 헛됨과, 영원에 대한 가까움과 기대, 주님의 일을 꾸물거리는 것의 위험, 준비의 축복, 마음의 거짓됨, 사탄의 권세, 구주의 은혜와 사랑에 대한 회상을 진지하고 정확하게 음미해볼 수 있을 것이다. 하지만 병든 자를 심방하면 그 장면들이 모두 눈앞에서 일어나게 된다.

오! "잔칫집에 가는 것보다 초상집에 가는 것이 얼마나 더 나은가!" (전 7:2) 병실을 관찰하는 공부가 얼마나 중요한가! 병자들의 방을 자주 들여다보는 것은 얼마나 책임 있는 일인가! 그것과 연관된 교훈을 주는 것은 얼마나 열매를 풍성히 맺을 일인가! 그것을 목회의 공적 그리고 사적인 모든 사역 분야와 관련시키는 것은 얼마나 다양하고 직접적인 경험이 될 것인가! 많은 경우에 고통스럽지만 가르침을 주는 이 학교에 자주 참석했기 때문에, 훈련을 받아 교회에서 중요하게 쓰임 받았던 사람들이 많이 있다.[60]

사역은 (자연 과학의 어떤 분야들처럼) 관조의 일이 아니라, 활동적이며, 염려하고, 헌신하는 일이다. 그러므로 선한 일을 하고자 하는 정신과 선한

---

[60] "가장 훌륭한 대학인데 사람들이 훨씬 덜 찾아가는 대학은 아무도 찾지 않는 가난한 사람들이 살고 있는 아파트이며 고통받고 있는 자들의 오두막집 또는 초라한 작은 방이다. 그리고 가장 훌륭한 신학 강의와 가장 열매가 풍성한 교회 컨퍼런스는 이 세상의 가난한 자들과 하나님의 것들에 대해 대화를 나누는 것이다. 이들은 하나님께서 믿음의 부요한 자들로 선택하신 자들이기 때문이다. 많은 목사가 자기 자신의 영혼을 구원하는 지식에 대한 과목을 먼저 배우고 나서 그 중 가장 좋은 과목들을 자기 사람들에게 가르친다." Bickersteth's Christian Student, p. 37.

일 그 자체, 그리고 선한 일을 하는 기쁨 등은 사역 준비에 필수적인 부분이 되어야 한다. 목회후보생이 결코 "나는 하루를 망쳤다"(perdidi diem)라는 말을 할 필요가 없다면 좋을 것이다. 자기의 개인적인 일은 소홀히 여겨져도 좋다는 깊은 의식과 끊임없는 기도로 강해지고 줄기찬 노력을 유지하는 것에 근거하여 가능한 한 많은 행동을 하는 것이 지혜로울 것이다. 자신의 가족에서부터 시작하라. 개개인의 경우들을 특별히 배려하고 위하여 기도하라. 그 다음에, 자기와 관련이 있는 이웃, 친구, 사회로 옮겨 가라. 목사 후보생은 이들 모두에게 책임이 있다. 동심원의 가장 작은 원안에 있는 사람들을 부지런히 돌보는 일은 수고해야 할 많은 일들이 있게 할 것이다. 가르쳐야 할 이웃들이 있고 찾아가봐야 할 환자들이 있으며, 하나님의 길로 인도해 줄 청소년들이 있기 때문이다. 이 기회들은 매일 자기 앞에 주어진다. 이 기회들은 그것을 선용할 '마음이 없는 어리석은 자의 두 손 안에 있는 돈'과 같은 것이나, 목회후보생에게 이 기회는 무한한 가치를 지닌 보물들이며, 엄중히 중요하게 생각해야 할 달란트에 해당한다.

영향력이 미치는 범위와 기회의 영역은 그것에 뿌린 수고에 비례하여 확장될 것이다. 가장 작은 범위 안에서도, 목회 준비라는 위대한 목적을 섬기기 위한 믿음과 기도와 수고가 충분히 발휘 될 것이다. 그래서 "지극히 작은 것에 충성된 자는 큰 것에도 충성되고 지극히 작은 것에 불의한 자는 큰 것에도 불의하게"(눅 16:10) 될 것이다.

대학 공부로부터 교회 사역으로 신속하게 전환하는 것은 바람직해 보이지 않는다는 점을 지적해야 할 것 같다. 적어도, 이런 공부를 열심히 한 후에는, 이런 공부로부터 좀 더 말씀을 지키고 성화된 행동 습관으로 마음을 전환시키는 (수도원 은둔이 아닌) 능동적이면서도 조용하게 준비하는 중간 기간이 필요하다. 플라톤과 뉴턴 학파는 머리를 훈련시켜서 매우 쓸모 있는 목회 습관이 들게 하며, 가르칠 거리들을 많이 제공해 준다. 그러나 이들은 일반적인 영향력을 주기 때문에 즉각적이고 실제적인 목적들과는 너무나 거리가 멀다. 이것들은 목회 초보자들에게 체험 혹은 관찰과 같은 직접적인 내용들을 공급해 주지는 않는다.

영적인 체계에 대해 검증할 수 있는 전도사의 준비 과정은 우리 교회에 매우 귀중한 것이다. 이런 제도가 없다면, 판단력 있는 한 목사의 감독 하에 일정 기간 제반적인 사역을 시찰 혹은 검사 받도록 하는 것이, 풍성한 열매를 맺는 목회의 시작단계임을 후에 증명하게 될 것이다. 배움의 기회는 가르칠 준비를 가장 잘 하게 해준다. 믿음을 실천하는 경험 많은 그리스도인들과 대화를 나누는 것은 많은 유익이 있을 것이다.[61] 신앙적인 대화를 갖는 습관은 마음의 폭을 넓히는데 개인적인 공부보다 더 많은 유익을 줄 것이며, 이 시작 단계의 활동과 관찰로 얻는 바가 많을 것이다. 다른 방법으로는 이런 것들을 적절히 얻을 수가 없다.[62]

경험을 통해 저자는 이 주제에 대해 단호하게 말할 수 있다. (존경하는 한 친척[63]의 애정 어린 가르침 하에 한 시골 마을에서 잠시 거주하는 동안) 이 초보적인 방법에서, 나는 이 거룩하고 축복받은 사역에 처음으로 관심을 갖게 되었고, 사역의 다양한 성격과 엄중한 임무들에 대한 충분한 통찰력을 얻었다고 생각한다. 그리고 나의 사역의 길이 끝날 때까지도

---

61 그들 중에는 Doddridge 박사도 들어간다. 1. 우리 자신의 지식의 양을 증가시켜준다. 2. 우리 자신의 영혼을 분발시켜준다. 3. 우리가 섬기는 사람들 사이에 존경의 화해를 증가시켜준다. 4. 설교의 경험적 긴장 상태를 형성해준다. 그의『설교학 강의』(Lectures on Preaching)을 보라.

62 Edwards 총장은 그의 일기에서 다음과 같이 쓰고 있다. "그 어느 때보다도 더 신앙적인 대화의 유용성을 확신하게 되었다. 자연 철학에 대한 대화 때문에 나는 지식을 훨씬 더 빨리 얻는다는 사실을 알았다. 그리고 혼자 공부할 때보다도 훨씬 더 명확하게 사물의 이치를 깨닫게 된다. 종교적인 대화를 늘 하기로 진지하게 결심했다. 그리고 내가 유익과 기쁨 그리고 자유롭게 대화할 수 있는 사람들을 위해서도 나는 대화를 하리라." Works, i. p. 25.

63 워위크셔(Warwickshire), 윌로우바이(Willoughby)의 부목사였던 고(故) Dr. Bridges 목사. 다음은 Richmond가 임종 자리에서 자기 아들에 대해 진지하게 조언해준 충고였다. "사역에 대한 최고의 준비로서 이것을 헨리에게 권면해주라. 가난한 그의 아버지가 사역에 대한 가장 귀중한 교훈을 배웠다고, 그리고 그의 가장 유용한 신앙 체험을 가난한 사람의 오두막집에서 배웠다고 그에게 전해주라." Life, pp. 602-603.

못 갚을 은혜의 빚을 졌다.

　대체적으로, 목회 준비에서 이 세 항들에서 다룬 것들, 즉 공부, 기도, 실천을 결합하는 것은 참으로 중요하다. 그것이 무엇이든지 간에, 이 중의 하나를 빠뜨리는 것은 그 나머지 것들의 실제적인 영향력을 약화시킨다. 공부는 내용을 공급한다. 기도는 그 내용들을 성화시킨다. 실천은 우리 앞에 일어나고 경우들에 그 내용들을 적절히 배분하여 적용시킨다. 기독교 목사는 자기 사역의 모든 분야를 통해서, 공부, 기도, 실천의 가치와 그 풍성한 장점을 깨닫게 될 것이다.

　그렇지만 목회를 지망하는 자들은 그 일이 지고하고 거룩한 소명으로서 몰입을 요구하는 일임을 인식해야 할 것이다. 사역은 영원만이 열어 보일 수 있는 결과들을 수반하기 때문에, 그 위대한 계획들을 성취하기 위해 건강, 시간, 에너지, 그리고 삶 자체 등, 전적인 헌신을 요구한다. 사람이 사람들을 사망으로부터 구원하는 이 위대한 일에 정말로 몰두해서 구속자의 면류관을 바라보고 그들을 구원하는 도구가 되려 한다면, 다른 모든 목적은 단순히 일시적인 감정처럼 사라질 것이다. 구원의 도구가 된다면, 이 위대한 준비 사역으로 인하여 책임감이 얼마나 깊어지게 될 것인가! 우리가 가져야할 자기를 부인하며 갖는 욕망 한 가지는, 우리가 갈 길이 멀든 가깝든, 기쁨의 길이든 슬픔의 길이든, 영광의 길이든 치욕의 길이든, "주를 기쁘시게 하는 자가 되기를 힘쓰노라"(고후 5:9)가 되어야 한다.

제2부

목회사역에 성공이 적은 일반 원인

우리가 전한 것을 누가 믿었느냐(사 53:1)고 부르짖었던 한 선지자의 불평은 교회의 모든 사역에도 그러하다. 사람이 말하는 것처럼 말씀하시지 않았던 주님의 사역에도 그 말은 메아리치고 있다. 주님은 듣는 무리로 하여금 그의 입술만 바라보게 하셨던 분이다. 그리고 그 입에서 나오는 은혜로운 말씀에 모두 놀라게 만드셨던 분이었다(요 12:37-38). 이 말은, 성령의 나타나심과 권능으로 옷 입었던 사도 시대에 또 다시 반복되었다(롬 10:16). 그 이후로, 이 말은 주님의 추수에 충성스럽게 수고하는 일꾼들의 경험을 대변하는 말이 되었다. 목회의 대가를 정확하게 계산하지 않았던, 한 젊은 목사는 정말 마음을 다한 자신의 진리의 선포에 대해 회중의 확신과 수용이 거의 즉각적인 결과로 나타날 것을 기대했을 것이다. 그러나 곧 쓴 경험을 맛볼 것이고, 그런 기대감은 항상 보장되지 않는다는 것을 곧 깨닫게 될 것이다. 사탄의 권세, 죄의 급류, 그리고 이 세상의 방식, 이 모든 것이 결합하여 우리 사역에는 특별한 갈등의 성격이 있음을 통감하게 만든다. 그래서 이런 불평은 조사 연구가 되어야 하므로, (그리고 이보다 더 중요한 연구는 있을 수 없으므로), 우리 사역에 부정적 영향을 미치는 일반적 원인들 중 몇 가지를 살펴보기로 하자.

The Christian Ministry

1장

목회 성공의 성경적 보장과 그 성격:
성공 부족의 징후들

이들 예비적인 주제들에 대해 몇 가지 언급함으로, 포괄적인 주제의 논의를 시작해보기로 하자.

1. 목회 성공의 보장

우리가 하는 조사의 근거는 목회 성공의 보장이 확실하다는 점이다. 과연 이것은 우리의 사역의 특징이다(눅 1:17). 동시에 사역에 근면하고 인내할 수 있는 원천을 제공해 준다. 세상적인 추수에서처럼 영적인 추수에서도, 밭은 추수하는 일꾼의 낫을 기다리고 있다. 여러 일꾼들을 임명하고 그들의 일을 정해주는 섭리적인 분배 역시 성공적인 결과를 거둔다는 똑같은 보장을 가지는데(행 18:9-10), 이것은 인간의 지혜나 열심 또는 설득에 근거한 것이 아니라, "하늘에서 영원히 확고히 서 있는 말씀"에 근거하고 있다.

때마다 땅을 적셔서 소출이 나게 하는 소나기는 하나님의 갱신된 약속의 맹세와 상징이다(사 55:10-11). 그리하여 풍성한 열매를 맺는 일은 항상 구약시대 목사들의 수고에 수반되었던 것이다(말 2:6; 렘 23:22). 최초의 기독교 목사들을 안수하였던 목적도 이것이었다(요 15:16). 이것은 목사의 헌신에 대한 인침이었다(딤전 4:16). 그 약속의 내용들은 명백하게 나타났다(마 28:20). 오순절은 그 약속이 신실함을 크게 나타내 주었다(행 2:37-47). 그리고 그 후에 언제나, 사도들은 (박해하는 유대인들에게 설교 했던 또는 눈 먼 우상숭배자들에게 설교 했던) 자신들의 사도권에 대한 동일한 증거들을 보았다.[1] 그리하여 복음이 전파되는 곳은 어디나 그리고 그 사역이 계속되는 한, 반드시 성공적인 사역이 진행되었다.

같은 사명을 짊어진 우리도 같은 성공을 보장받고 있다. 이 보장은 주님의 말씀의 확실한 터이며, 주님의 말씀은 영원토록 지속된다. (우리가 무조건 복종해야 하는) 하나님의 주권은 곧 신실하신 하나님의 의로운 다스림이다.

그러므로 그의 주권을 그의 신실하심과 반대되는 자리에 놓아서는 안 된다. 우리의 사역에 성공적인 평가가 내려질 것은 확실하다. 길가나 돌밭, 또는 가시떨기가 많은 땅에 떨어지는 씨앗도 있지만, 어떤 씨앗은 좋은 땅에 떨어질 것이다(마 13:3-8). 적어도 "산꼭대기에 있는 땅에도 곡식이 풍성히"(시 72:16) 맺힐 것이다.

그 목적은 세상과 지옥의 모든 권세를 뛰어넘어 그것을 무너뜨리는 것이다. "아버지께서 내게 주시는 자는 다 내게로 올 것"(요 6:37)이다. 비록 이 약속을 사역의 평가에서 어떻게 배분하시느냐는 우리로서는 알 수 없지만, 그러나 무한히 지혜롭고 은혜로운 결정에 따라 될 것임

---

[1] 안디옥에서, 행 11:21; 13:48. 빌립보에서, 16:14, 34. 데살로니가에서, 17:4-5. 아덴에서, 32-34. 고린도에서, 18:8; 고전 11:2; 고후 3:1-3. 엡, 19:17-20. 롬, 28:24. 교회의 덕을 세울 때, 16:4-5.

은 분명하기 때문에, 이 약속은 믿음을 실천할 때 확실한 보장이 인쳐진다.

2. 가시적 성공

보장받은 성공의 구체적인 성격에 관해 말할 때, 가시적인 성공은 다양한 형태로 나타난다고 할 수 있을 것이다. 심는 사람이 있고 물을 주는 사람이 있다(고전 3:6). 터를 놓는 사람도 있고 그 위에 집을 짓는 사람들도 있다(고전 3:10). 보이는 부분을 설계하는 사람도 있고 보이지 않는 부분을 설계하는 사람도 있다. 그렇지만 모든 사람이 다 주님의 때에 주님의 방법으로 받아들여지고 자기 자신의 간증을 갖는다. 성공은 회심 사역에만 제한되는 것은 아니다.[2]

그러므로 목회사역이 회심시키는 일에 실패한 곳에서도 여전히, 그 사역으로 인해 우리가 설득하고, 책망하고, 권면하며, 깨우치고, 위로했음을 확신할 수 있을 것이다. 언제나 어느 정도는 누군가가 성공을 하고 있다. 순전한 믿음으로 말씀을 전달할 때, 말씀은 결단코 헛되이 하나님께로 다시 되돌아가지 않는다. 또한 말씀은 전혀 소망이 없는 상황에서도 그분의 변함없는 뜻을 성취하지 못함이 없다.

또한, 우리는 현재의 성공은 항상 눈에 보이는 것은 아니라는 사실을 기억해야 한다. 진정한 결과는 눈에 보이는 것으로 평가되어서는 아니된다. 수면 위로 끌어올릴 수 없는 경건의 저류(底流)가 항상 있기 마련이다. 느낄 수 있을 정도의 감흥도 없이, 지하에서 진행되고 있는 충실한 사역이 있을 수도 있다(막 4:26; 눅 17:24). 가장 무거운 이삭을 맺는 씨

---
[2] 사도 바울은 로마교회와 데살로니가 교회에게 영적인 확립과 위로를 나누어 주고 싶어 했었다. (롬 1:11-12; 살전 3:10).

앗은 땅속에 가장 오래 머물러있다는 것을 우리는 본다. 우리가 우리 사역의 결과들을 항상 가장 잘 판단할 수 있는 것은 아니다. 그래서 스콧트(Scott)는 자기 자신의 목회 경험으로부터 한 목사를 다음과 같이 격려하고 있다.

> 나의 전반적인 생각은, 당신은 유익한 사람이라는 것이다. 그러나 그 효과를 보지 못할 뿐이다. 나는, 레이븐스톤(Ravenstone)에서 했던 새해 첫날 설교에서, 지난 열두 달 동안 설교를 했지만 그 열매를 하나도 보지 못했다고 불만을 털어놓은 적이 있다. 그러나 그 다음 열두 달 동안의 사역을 또 하다 보니, 열 명인가, 열 두 명인가 되는 적지 않은 사람들이 실망스러웠던 그 해에 살아온 자기들의 삶의 방식을 재고해보기로 결심했던 것을 알게 되었다. 내가 모르고 있는 다른 사람들을 제외하고도 그렇게나 많이 있었던 것이다.[3]

병석이나 임종에서 우리 사역의 숨어 있는 열매를 보고서 우리 마음에 기쁨을 얻는 경우가 흔히 있다. 그리고 비록 어떤 일이 은혜롭게 드러나서 우리를 격려하기도 하지만, 그럼에도 더 많은 것들이 아마 감추어져 있을 것이다. 이것은 우리가 더욱 부지런히 일하게 하기 위함이요, 시험에 들지 않게 우리를 보호하려는 지혜로운 사랑의 배려로부터 일 것이다. 낙심과 의기양양한 태도가 우리 자아의 원리 안에 뒤섞여있는 것을 발견함으로 더 나은 효과를 거두기 위해 우리 주님의 책망이 크게 필요하지 않은 사람이 우리 중에 몇이나 되겠는가? 그러므로 모든 시련들을 겪으면서 현재 실패로 보이는 것 때문에, 신실하고 근면하면서 인내하는 것이 궁극적인 성공이라는 우리의 확신이 약

---

[3] Scott's Life, p. 387.

화되지 않도록 우리는 경계해야 한다.

또한 성공의 징후에 대하여 사람들은 잘못 생각하고 있다. 만일 사람들이 말씀을 들으러 구름떼같이 몰려오고(마 3:5), 그 사람들이 우리의 사람 됨됨이를 좋아하고(갈 4: 14-16), 또한 나의 설교를 좋아하고(겔 33:32), 그래서 그들이 일반적인 죄고백을 하고(마 3:6, 7), 또는 우리가 전한 메시지에 일시적인 관심을 가진다고 해도(요 5:35), 이 징후들은 의심해볼만한 징조들이다.

또한 다른 한 편으로, 은혜의 방편을 사용함에 있어 명백하게 부지런하지 않아 보이거나 우리의 교구 체제에 관심이 부족하다고 해서 너무 성급하게 결론을 내려서도 안 된다. 가족 상황이나 외부적으로 드러나 보이는 십자가들이 그리스도인의 특권들의 개선을 제한할 수도 있다. 전략의 부족, 눈에 띄지 않는 습관들의 영향, 또는 반드시 처리해야 할 가정사 등이 우리의 계획들과 의사소통을 방해할 수 있다. 이것은 하나님의 나라가 밖에서 사람의 눈으로 볼 수 있게 세워지는 것이 아니라, 진정한 '권능'으로 세워지게 하기 위함이다.

그러므로 너무 낙관적인 마음은 실망하기 쉬운 것처럼, 또 우리 자신의 지혜로 계산해서 우리 자신의 힘으로 시도했던 노력들이 실패를 보는 것처럼, 또는 성경적 근거나, 개인적인 어려움, 혹은 교회적인 어려움을 제대로 생각해보지도 않고 마음대로 가졌던 기대감이 와르르 무너지는 것처럼, 자신의 무능력에 대한 불만은 때로 근거가 없는 때도 있다.

부수적인 이익에 관심을 돌리는 것에 관해서는, "오직 진리를 나타냄으로 하나님 앞에서 각 사람의 양심에 대하여 스스로 추천하노라"(고후 4:2)고 말한다. 여기에 세상의 원리들과 반대되는 기독교의 도덕적 기준이 있다. 사람의 마음을 심리하시는 하나님의 기준이 있는데, 선에는 무쇠한 것으로 동과되었던 수많은 항목들에 대해, 이 기준은 유죄라고 한다. 따라서 이 기준은 보다 더 복음적인 양심의 가책을 불러일으키기 위한 초석을 놓는다. 그러므로 여기에는 긍정적인 평가를 받았던 악행에 대한 제한과 대응이 있고, 건전한 도덕적 의무를 많이 주입시킨다. 게다가, 늘 구주의 이름과 그 사역에 대해 생각하고 있으면, 우리 교인들과 친숙해지게 되어, 곤경에 처해 있는 사람들에게 피난처가 되고, 친구가 된다. 안전한 닻을 내릴만한 곳을 알려면 어디를 찾아봐야 하는지 알고 있다는 것은 폭풍 속에서 결코 작은 유익이 아니다. 그리고 지금까지는 복음을 소홀히 해왔었지만 지금은 자기 마음에 주권을 가지고 적용되고 있는 이 복음을 회상해봄으로써, 환란 중에 그런 피난처를 발견한 사람이 얼마나 되는지 누가 말할 수 있겠는가?

또한 좀 더 직접적으로 말하자면, 목회의 성공은 현재 보이는 것 그 이상의 연장선상에서 보아야 한다. 우리가 흙 속에 눕게 될 때까지 씨앗이 흙덩어리 밑에 누워 있다가 싹이 틀 수도 있다. 옛 선지자들 중에 "한 사람은 씨를 뿌리고, 다른 한 사람이 거둔다"고 말한 사람이 있는데, 그 말은 사실이다. 선지자들은 씨를 뿌렸고, 사도들은 추수를 거둬들였다. 우리 주께서 그들에게 상기시키시기를, "다른 사람들은 수고를 하였고 너희들은 그들의 수고에 참여하였다"고 하셨다.

우리가 하는 사역이 미래의 추수를 위한 파종의 시기에 해당할지도 모른다는 것은, 전혀 근거가 없는 위로일까? 혹은, 우리가 추수를 거둬들이지 않을 것이기 때문에 씨 뿌리는 일을 소홀히 해야 하겠는가? 비록 우리가 밭에서 직접 추수하는 일꾼은 아닐지라도, 추수의 기쁨을 함께 나누게 되지 않을까?(요 4:36-38) "여러 날 후에 도로 찾게" 되는 것은, 우리의 "떡을 물 위에 던지게" 하기에 충분한 격려의 말씀이 아닌가?

지혜자가 우리에게 권면한다.

너는 아침에 씨를 뿌리고 저녁에도 손을 놓지 말라 이것이 잘 될는지, 저것이 잘 될는지, 혹 둘이 다 잘 될는지 알지 못함이라(전 11:1, 6).

이 주제에 관해 다음과 같은 것이 놀랍게 관찰되었다.

끊임없는 실망을 방지하기 위해서, 우리는 우리의 안목을 확대할 줄 알아야 한다. 오직 즉각적인 결과와 눈에 보이는 결과들 속에서 영적인 일꾼들이 생산한 진짜 수확을 찾는 것은, 유한한 육신의 눈이 미칠 수 있는 제한된 시각으로부터 무한한 우주를 측량하는 것 못지않게 터무니없는 일일 것이다. 또는, 현재 시간의 눈이 가진 일시적인 순간으로 끝없는 영원의 시간을 추정해보려 하는 것도 어리석은 일이다. 하나님이 당분간 그의 축복을 보류하시는 일은 자주 일어난다. 그물이 오른 쪽에 던져졌을 때 그물 안에 들어있는 엄청난 고기는, 주님이 주님이신 것을 확실히 보게 하기 위함이다. 사람으로 하여금 자신들의 성공의 공로를 잘못된 곳에 돌리지 않도록 하기 위함이며, 자기 자신의 그물에 제사를 드리고, 자기 자신의 그물에 향을 사르지 않게 하기 위함이다.[4]

우리는 이것에 "적은 수확의 날(日)"로부터 막대한 결과들을 얻었던

---

[4] Bishop of Winchester on the Ministerial Character of Christ, pp. 544-550(2nd Edit). 그래서 Calvin은 땅 속으로 던져진 씨앗의 비유에 대해 다음과 같이 말하고 있다. "그들의 열매가 현재 보이지 않아서 목사들이 자기 사무실에서 마음이 침울해질까봐 그리스도는 자신의 설교를 자신의 말을 전달하는 목사들에게 진지하게 적용하고 있는 듯하다. 그러므로 그분은 그 목사들 앞에 농사꾼들을 데려다 놓고 따르라고 한다. 농부들은 수확기를 바라보면서 땅 속에 씨를 던지며, 결코 진정되지 않으려는 탐욕스러움에 당황하지 않는다. 대신 그들은 휴식을 취하러 가고 다시 일어난다. 즉 옥수수가 마침내 때가 되어 무르익을 때까지, 그들은 정상적으로 그들의 매일의 노동을 하고, 밤에는 휴식으로 취하여 다시 원기를 차린다. 그러므로 비록 말씀의 씨앗이 한 동안은, 마치 숨이 막히거나 아니면 물에 잠기기라도 한 것처럼, 땅 속에 숨어 있을지라도, 그럼에도 그리스도는 경건한 교사들에게 마음을 편히 가지라고 명령하신다. 못 미더워서 부지런히 일하는 일이 줄어들지 않도록 하기 위함이다." On Mark iv. 26.

사실을 보태도 좋을 것이다. "마게도냐 사람"이 본 환상의 직접적인 열매로 나타난 것은 오직 두 사람뿐이다. 그러나 왕성해지고 있는 그 지역의 교회들이 거둬들인 궁극적인 수확은 얼마나 풍성했는가(행 16:5-6; 롬 15:16), 그러므로 우리의 명백하고 고무적인 의무는 앞으로 나아가는 것뿐이다. 씨를 뿌리는 것이다. 믿고 기다리는 것이다.

인내도 있어야 하지만, 기대감 또한 있어야 한다. 성공의 보장은 확실하다. 외부로 보이는 개혁뿐만 아니라, 진보적인 영향력과 보편적인 영향력을 받은 영적인 변화라는 면에서도, 성공은 보장되어 있다. 목사의 수고의 열매는 그 성공의 징후가 언제나 눈에 보이는 것은 아니다. 그 결과가 즉각적으로 나타나는 것도 아니며, 양육에 비례해서 나타나는 것도 아니다. 믿음과 인내를 가져야 한다. 때로는 아주 심한 정도로 가져야 한다. 그러나 고생스럽게 눈물을 흘리는 파종의 시간이 끝난 후에는, 우리는 우리의 단을 기쁨으로 가지고 들어와 그 단을 하나님의 제단 위에 올려 놓을 것이다. 그 단들은 성령으로 거룩하게 되어 하나님께 열납될 것이다(시 126:5-6; 롬 15:16).

한편, 우리는 다음의 말씀에 주목하여야 한다.

> 주님은 속히 자기 일을 서두르시어 우리에게 그 일을 보게 하소서 (사 5:19).

평가와 시간은 주님의 일이다. 우리는 주님께서 자신의 일을 하시도록 맡겨야 한다. 우리의 영역은 사역이고, 성공을 주시는 것은 주님의 영역이다.[5] "추수의 주인"께서 언제, 무엇을, 그리고 어디에서 그 추수를 할 것인지를 결정하셔야 한다.

---

[5] "우리의 마음을 움직이시는 분은 하늘의 보좌에 계신다"(In caelo cathedram habet, qui corda movet. Augustine).

3. 목회 성공의 부족

그러나 보장된 기대에도 불구하고, 목회 성공의 부족은 안타깝게도 아주 광범위하게 감지되고 있다. 우리는 때때로 우리 자신처럼 그렇게 열매가 없는 수고도 없을 것이라고 쉽게 믿고, 또 그렇게 불평한다. 세상 사람들은 자기들의 수고에 비례해서 어느 정도의 보상을 기대한다. 그런데 우리의 보수는 수고와 슬픔뿐일 경우가 너무 흔하다. 기껏해야 아주 희박한 정도의 효과만을 얻을 뿐이다. 그리고 우리는 바로 우리의 눈앞에서 사람들이 멸망해가고 있는 끔찍한 광경을 어쩔 수 없이 보고 있을 수밖에 없다. 불멸의 영혼을 가진 그들이 생명의 소리, 사랑의 목소리는 듣지 아니하고, 자기들을 지옥으로 떨어뜨리는 목소리는 미친 듯이 듣고 있다.

이렇게 열매가 풍성하지 못한 가장 결정적인 징후들 중 몇 가지만을 말하는 것이 좋을 것이다. 우리의 회중 사역이 효과가 없을 때(사 64:7; 마 13:14-15), 불의가 판을 치고 우리의 회중이 계속해서 회개하지 않고 경건치 못한 상태에 있을 때(사 59:1-15; 렘 23:10), 하나님의 존귀와 하나님의 목적을 위하려는 관심이 우리 가운데 없을 때(학 1:4-10), "말씀의 순수한 젖"(민 21:5; 딤후 4:3)을 먹고 싶은 식욕이 전반적으로 부족하며, 주일 예배와 주중 예배에 참석하는 경우가 드물 때, 우리 주일학교에 회심의 사례들이 없이, 청소년들이 기쁨과 평강의 길로 인도함을 받는 경우가 드물 때, 그리스도인 부모들이 사망했을 때 그 자녀들이 교회에 가입하는 대신 계속 세상에 속해 살아갈 때(대하 18:1; 19:2; 스 9:2), 성례를 통하여 자신들의 구주의 죽으심을 진실로 기념하는 선택된 양무리가 별로 늘어나지 않을 때, 이 경우들을 비롯하여 이들과 유사한 상황이 벌어지면 걱정과 함께 다음과 같은 질문이 생겨날 수 있을 것이다. "여호와께서 우리 중에 계신가 아닌가?"(출 17:7) 이렇게 낙심천만

한 어두운 징후들은 진지하게 기도의 소리를 더욱 크게 높이라고 요구한다.

> 원컨대 주는 하늘을 가르고 강림하시고 주 앞에서 산들로 진동하게 하소서. 여호와여 주는 주의 일을 이 수년 내에 부흥케 하옵소서!(사 64:1; 합 3:2).

이런 실패의 일반적 원인들 중에는, 육적인 마음의 적개심, 사탄의 권세, 지역적인 장애물들, 그리고 목회 소명에 대한 확신의 부족으로 인한 하나님의 권능의 보류 등이 있다. 이들을 하나씩 살펴보기로 하자.

2장

하나님의 권능 유보: 목회 성공 부족의 주요 원인[1]

성공에 대한 성경의 보장은 우리로 하여금 목회사역의 수고에 대해 높은 기대감을 즐기도록 만든다. 우리가 수고한 모든 영역에는, 이 밝은 전망 위에 다소간에 구름이 덮여 있다. 이것은 마치 우리의 낙관적인 기질 때문에 공연히 높은 기대를 가졌던 것 같다.

앞서 살펴보았듯이, 땅을 많이 경작하였는데도 때로는 그 넓이에 비례한 수확을 거두지 못한다. 전에는 막대한 이익을 생산했던 똑같은 수단과 도구들인데도, 이제는 그들에게 익숙한 효과를 거두지 못한다. 자기의 정당한 기대치를 거두지 못한 실패의 원인들을 조사해보지 않고서야, 수포로 돌아갈 것이 분명한 상당한 대가를 치르면서까지 누가 자기 농지를 경작하겠는가? 우리는 다음과 같은 질문들을 던져서는 안 되는가? 전에는 상당한 힘이 있었음을 보여주었고 또 세상을 개혁하기 위한 하나님의 뜻이라고 우리가 알고 있는 그 수단들이 효과가 있기

---

[1] 이 주제에 대한 놀라운 설명을 보려면, Dr. Chalmers' Sermon on the necessity of the Spirit to give effect to the Preaching of the Gospel을 보라.

위해서는 도대체 무엇이 부족한 것일까?

세실은 이렇게 말한다.

> 오늘날의 사역에는 영적인 권능이 현저하게 부족하다. 나 자신의 경우에는 그렇게 느껴진다. 그리고 다른 사람들의 경우에도 그것이 보인다.[2]

우리 중에 만연되어 있는 열매 맺지 못함의 징후들을, 이 말은 충분히 설명해주고 있다. 왜냐하면, 땅을 비옥하게 만들어서 식물을 더 잘 자라게 하기 위해서는 하나님의 권능이 필요함과 마찬가지로, 이 하늘의 권능은 말씀을 소생시키는 능력에도 필요하기 때문이다. 그러므로 만일 주님이 구름을 명하여 영적 농토에 비를 내리지 말라 명하신다면(사 5:6), 우리의 쟁기질을 하고 씨를 뿌리는 것은 헛된 일이 된다.

성경의 증언으로 돌아가 보자. 성경의 증거들을 통해 우리는 선지자들의 보고와 심지어 하나님의 아들의 사역 속에서도 드러난 이스라엘의 불신과 더불어, 하나님의 뜻을 처음 선포하셨을 때 일어난 효과의 부족을 (비록 하나님의 뜻이 표적과 이적으로 확인되었기는 하지만) 볼 수 있다. (신 29:4-5; 사 53:1; 요 12:39-40). 우리 주님은, 자기에게 나아와서 그 안에 거하려면(요 15:1-5), 하늘로 부터 오는 능력이 필요하다고 주장한다. 이 능력이 부족하기 때문에 공적 사역이 효과를 내지 못하는 것이다. 비록 그분의 가르침이 하나님께로부터 왔지만, 비록 그분의 인격이 완벽했지만, 그리고 비록 매일 일어나는 기적들이 그분의 사명을 증명했지만, 그럼에도 그분의 하신 일이 별로 없는 듯 보인다. 한 편, 이 전능한 힘을 부여받았던 가난한 어부 베드로는 단 한 번의 설교로, 그의 교사께서 전 사역을 통틀어 회심시켰던 사람들보다 더 많은 사람들을 회심

---

[2] Cecil's Remains를 참조하라.

시키는 도구로 쓰임 받았다.[3] 다른 사도들도 공중 집회와 개인적인 경우에 똑같이 "성령의 나타나심과 권능으로" 설교하였다. 안디옥에서는, "주의 손이 그들과 함께 하시매 수많은 사람들이 믿고 주께 돌아오더라"(행 11:21)고 증거한다. 루디아는 바울이 말한 것에 주목했다. 바울이 말 잘하는 설교자였기 때문이 아니라, 또는 루디아가 집중해서 듣는 사람이었기 때문이 아니라, "주께서 그 마음을 열어 바울의 말을 청종하게"(행 16:14)하셨기 때문이다.

그리하여 성경의 기록은 일치된 방향으로 성령의 권능을 나타내고 있는데, 성령의 능력은 말씀의 인치심과 확증이며 생명을 주는 능력이다. 이 능력은, 하나님의 터 위에 첫 번째 산돌이 놓인 그 때 이후로 온 교회에 널리 미친 것이다. 그러므로 이 축복이 유보되면 목회의 비효율성의 괴로운 징후들이 나타나는 것이다.

아래 언급한 이유는 본 주제에 대한 위의 견해를 확인해준다. 인간의 자연 상태에 대한 성경의 진술은 "허물과 죄로 죽었고", "그들의 총명이 어두워졌다"는 것이다. 이를 인정하면서, 매우 매력적인 형태로 제시된 진리에 대해서도 인간의 마음은 대적하는 원리 바로 그 자체이다. 돌같은 인간의 마음은 진리의 축복에 대해서도 둔감하다(엡 2:1; 4:18; 행 26:18; 롬 8:7; 요 3:19-20).

---

[3] 행 2장. 요 7:39과 14:12절에 관련된 내용을 보라. "나는 한 때 내 마음이 어리석어서 속으로 이렇게 생각하곤 했다. '3천 명이 동시에 믿게 되었을 때, 베드로가 전했던 그 설교는 과연 어떤 종류의 설교였을까!' 어떤 설교였긴! 다른 설교들과 같은 그런 설교지. 그 설교에는 뭐 특별난 점을 발견하지 못했다. 효과는 그의 웅변술 때문에 생긴 것이 아니라 그의 말씀에 임재하신 하나님의 전능하신 권능 때문에 효과가 있었던 것이다. 성령께서 자신의 말씀에 함께 동반해주시기를 우리가 기도하지 않으면, 이 목사, 저 목사를 따라 하고, 이 설교, 저 설교를 따라 하는 것은 헛된 것이다." 오순절이 다시 오기를 간절히 바라는 마음이 옛날의 한 경건한 저자와 같지 않을 사람이 누가 있겠는가! "참으로 악한 이 시대에 아침 이슬처럼, 저녁 이슬비처럼 그리스도의 교회의 메마른 땅을 촉촉이 적시어 풍요롭게 하라"(O si hisce pessimis et ultimis temporibus consimili rore vespertino [ut illi matutino] sicca Ecclesiae Christi pomeria irrigarentur ac faecundarentur)! T. Hall's Sal. Terrae

차녹크(Charnock)는 "위로부터의 능력을 덧입을 필요가 있다는 것은 얼마나 명백한가"라고 물었다.

> 생명과 건강의 모든 유익들을 보여주는, 잘 쓴 연설이 죽은 사람을 일으킬 수 있는가? 병든 육신을 치유할 수 있는가? 소경에게 태양을 바라보고 즐기라고 권면하는 것이 차라리 나을 것이다. 죽은 시체 위에 아름다운 꽃을 흩뿌려놓으면 그 시체가 살아날 것이라고 생각하는 사람은 한 사람도 없다. 영적으로 죽은 사람에게 설득력 있는 주제로 촉구해도 그의 눈은 떠지지 않으며, 두 발로 서지도 못한다. '능력의 역사'는 단순히 도덕적 권면의 능력을 가진 이에게는 너무나 높은 타이틀이다. 단지 설득만으로는 힘을 주지 못한다. 왜냐하면 그 힘이 인간 속에 내재해 있는 것을 전제하고 있기 때문이다. 그는 자기가 이미 가지고 있는 힘만을 사용하도록 설득되었다.[4]

명료한 가르침은 이해를 도울 수 있을 것이다. 그러나 타고난 의지의 동기와 습관에서 벗어나는 방식으로도, 그 가르침은 의지를 흔들어 놓을 힘은 가지고 있지 않다. 그렇기 때문에, 복음이 성공적으로 사람의 마음에 영향력을 끼칠 때, 그것은 "만군의 여호와께서 말씀하시되 힘으로 되지 아니하며 능으로 되지 아니하고 오직 나의 신으로 되느니라"(슥 4:6)고 말씀하신 것과 같다.

관찰과 경험이 이 주제를 더욱 확인해 주고 있지 않은가? 자기 자신보다 훨씬 더 열등한 자격요건을 가진 다른 형제들보다 능숙하고 또 헌신적인데도 자기 일에 덜 칭송 받고 있는 목사들을 우리는 알고 있지 않은가? 같은 사역을 하는데도 효과의 차이가 있는 것을 우리는 발

---

4 Charnock on Regeneration, Works, vol. ii. p. 200.

견하게 되지 않는가? 그리고 똑같은 설교 사이에서도 효과의 차이가 있지 않은가? 이것은 오직 하나님의 권능의 주권적인 분여에 의해서만 설명될 수 있는 것이다.

똑같은 동기들이 똑같은 예배에서 다른 정도의 영향력을 가지고 작용한다는 것을, 개인적인 경험이 우리에게 보여주고 있지 않은가? 우리의 목회 경험에서, 강단 사역뿐만 아니라 목양 사역에서도, 같은 차이를 깨닫지 아니하는가? 때때로 한 문장이 전능자의 권능으로 덧입지 아니하며, 다른 때에는 그것은 단지 버러지의 연약한 호흡에 지나지 아니한가?

차녹크는 평상시의 간결한 말로 다음과 같이 물었다.

> 불경스럽고 행실이 나쁜 사람과 그렇게도 집요하게 말해본 적이 당신은 없는가? 그 결과, 그 사람이 자기 죄많은 삶에 대한 핑계거리가 없어 마음이 동요되기는 하지만, 그럼에도 자기 죄 때문에 동요되지는 않는다. 차라리 바다 전체에 일고 있는 조류에게 뒤로 물러서라고 설득하는 것이 낫고, 또는 사자에게 본성을 바꾸라고 설득하는 것이 나을 것이다. 당신의 모든 논지를 동원하여도 그를 압도하지는 못한다. 그러므로 인간의 기질을 바꿔주시도록 위대한 중보자이신 성령께 강력한 간구를 드리고 또 그분의 강력한 역사가 없이, 이 일을 할 수 있는 것은 인간의 약한 호흡이나 머리의 이성적인 사고가 아니다.[5]

---

[5] Charnock on Regeneration works, vol. ii. 201. (Howe는 탄식하였다), "아아, 살아계신 하나님의 영이 그의 능력을 제한하고 유보하는 한 편 우리가 설교를 그렇게 특수하지 않은 것으로 생각한다면, 설교가 무슨 일을 할 것인가! 하나님의 영이 없이 인간의 영혼에 선을 행하려는 것보다, 우리의 입의 호흡으로 튼튼한 벽을 부수려는 시도를 하는 편이 나을 것이다." Sermon xiv. on the Work of the Spirit in the Church. Works v. 356. "외부에서 복용한 약물이 몸 안에서 효력이 있는 것처럼 성령은 몸 안에서 역사하신다. 성령이 회중의 마음에 역사하시지 않으면 설교는 효력이 없다"(Spiritus sanctus operetur oportet intrinsecus, ut valeat aliquid medicina, quae adhibetur extrinsecus; nisi hic cordi adsit audientis, otiosus est sermon loquentis). Augustine.

그렇다면, 성령은 목회 성공의 주요 원천이 된다. "마침내 위에서부터 영을 우리에게 부어 주실,"[6] 그 때까지는, 아주 경작을 부지런히 함에도 불구하고, 광야는 광야로 여전히 남아 있을 것이다.

그렇다면, 이 축복의 약속이 어째서 유보되는가? "옳소이다 이렇게 된 것이 아버지의 뜻이니이다"(마 11:26). 그렇지만 우리는 자문(自問) 없는 묵인 속에 잠을 자고 있어서는 안 된다. 우리는 이 능력을 열심히 구하고, 또 이 능력을 소중히 여기고 있는가? 우리는 적극적으로 "네 속에 있는 하나님의 은사를 다시 불일듯하게"(딤후 1:6)하고 있는가? 무엇보다도, 하늘의 축복을 홀로 주장하시는 우리 하나님을 강단에서 충분하게 보여주고 있는가?(요 16:45; 행 2:36-37; 10:43-44) 기도와 믿음이 주는 격려는 언제나 동일하다.

하나님은 자기 축복을 나눠주심에 있어 정말 절대적인 주권을 가지고 계신다. 그러나 구하라고 명령하심으로써, 우리 구함이 헛되지 않을 것을 그분 스스로 맹세하신 것이다. 아낌없이 약속하셨으므로, 신실하게 수행하실 것이다. 모든 수단을 부지런히 사용하라. 그러나 의지하면서, 자기 부인, 자기 포기와 함께 사용하라. 목사들은 자기 교인들에게 당치않게 우쭐거리지 말라. 우리는 그들을 믿음으로 인도하는 도구에 지나지 않는 존재이다(고전 3:5-7). 그리고 자기 수고에 의지하면 하나님의 진노를 초래할지도 모른다. 그분은 자기의 영광을 타인에게 결코 빼앗기지 않는 분이기 때문이다. 매우 효과적인 사역이라도 말라 버리게 하는 분이며, 자기 자신을 의지하는 이 우상숭배자들은 그들이

---

[6] 사 32:15. Cecil은 말한다. "설교를 할 때, 하나님의 역사가 계속될 것이라는 믿음 이외에 달리 격려가 되는 말이 없다. 한 사람을 하나님을 사랑하게 만드는 것, 하나님의 법이 자기를 정죄하더라도 그것을 사랑하는 것, 하나님 앞에서 자기 자신을 미워하는 것, 하나님의 발 밑에 있는 땅을 밟는 것, 그리스도 안에서 하나님에 대한 배고픔과 갈증을 느끼는 것, **인간에게 이것은 불가능하다. 그러나 하나님은 말씀하셨다. 그것은 이루어질 것이다. 그리하여 그분의 도구인 나로 말미암아 이 위대한 목적들을 이루시기 위하여, 나가서 설교하라고 하나님은 나에게 명령하신다. 그러므로 나는 간다.**" Remains.

단지 인간에 불과하다는 점을 알게 될 것이다. 우리는 결국 "엘리야의 하나님 여호와는 어디 계시니이까?"(왕하 2:14)라고 물어야 할 것이다. 왜냐하면 그분은 우리가 그분없이 가장 강력한 설교로 성취할 수 있는 것보다 더 많은 것을 가장 연약한 한 문장의 말씀으로 성취하시는 분이시기 때문이다.

The Christian Ministry

3장

육적인 마음의 적개심: 목회 성공 부족의 주요 원인

목회사역의 직무가 사역의 성공을 요청하는 것처럼 보일 수도 있다. 그 직무란 '화목의 사역'이다. 이 화목의 사역에서, 피해자이신 하나님이 먼저 몸을 굽혀 화평의 제안을 하신다. 그리고 자기 사신들을 보내 간절히 탄원하게 하며, 우리를 하나님과 화목하게 하신다(고후 5:18-20). 사심 없는 자기 낮아짐과 무한한 겸손과 동정어린 사랑을 보이시면, 그 메시지에 감히 저항할 수 없는 효력을 일으킬 것으로 기대할 수도 있을 것이다.

그 메시지에 깊은 관심을 가지고 있을, 축복 받을 필요가 말로 다 할 수 없이 큰 사람들의 문 앞에, 영원한 사랑의 풍성한 열매들이 다다른다. 악의 없는 무지와 절박한 필요를 가진 인간들에게 주어진 이러한 자비의 선포는 모두, 보편적으로 환영을 받아야 마땅할 것이다. 그러나 여기서 그 선포는 거부하는 세력을 만나게 된다. 접근해야 할 출입구는 들어가지 못하도록 막혀있고, 성공은 비교적 좁은 범위 내에 국한되어있다.

지상명령에 의해, "만민에게 복음"(막16:15)이 전파된다. 그러나 결과는 이 말씀과는 전혀 어울리지 않는 것이다. 그래서 우리는 엄중하고 표현이 간결한 이 선포의 말씀을 생각하게 된다. "청함을 받은 자는 많되 택함을 입은 자는 적으니라"(마 22:14). 만일 우리가 하나님의 말씀을 혼잡케 하는 사람들이었다면, 만일 우리가 그 말씀의 요건들을 세상적인 표준으로 낮추었다면, 또는 부패한 마음에 맞게 낮추었다면, 사람들의 칭찬을 받음으로 (무한한 희생을 대가로 치르고 [갈 1:7-10]) 보상이 우리에게 이미 주어진 것이다.

그러나 만일 "순전함으로 하나님께 받은 것 같이 하나님 앞에서와 그리스도 안에서 말했다면"(고후 2:17), "숨은 부끄러움의 일을 버리고 속임으로 행하지 아니하며 하나님의 말씀을 혼잡하게 하지 아니하고 오직 진리를 나타냄으로 하나님 앞에서 각 사람의 양심에 대하여 스스로 추천"하였다면, 우리는 다음의 말씀을 되풀이해서 듣는다고 이상하게 여겨서는 아니 된다. "그는 내게 대하여 길한 일은 예언하지 아니하고 흉한 일만 예언하기로 내가 그를 미워하나이다"(왕상 22:8). 또한 이러한 반대가 소위 세상에만 국한되는 것도 아니다. 신앙을 고백한 교회에서도, 하나님의 진리 전체에 대한 극도의 혐오감을 보이는데, 이것은 기독교 교리의 실천을 거부하는 것에서 나타남을 스콧트(Scott)는 발견하였다.[1]

저항의 원칙은 똑같은 것이다. 그리고 "자기 청중의 양심을 예리하게 찌르기는 하는데 회개를 유발시키지 않는 목사는, 그들이 자기 사역에 불참자이거나 또는 공개적인 반대자는 아니지만 반항적인 청중임을 곧 알게 될 것이다."[2] 그러니까 우리가 가는 길 전체는 죄의 힘센 급류를 거슬러 올라가는 투쟁이다. 이 죄는 육적인 사람의 마음에 자

---

[1] Scotts, pp. 232-237.
[2] Bishop of Winchester's Ministerial Character of Christ, pp. 552-553.

리잡은 그칠 줄 모르는 편견에서 흘러나오는 것이며, 가장 높은 권위에 의거해서 이 죄는 "하나님과 원수"(롬 8:7)가 된다고 말씀한다. 그러므로 이런 식으로 복음을 수용하지 않는 것은 목사가 책임질 일로 보아서는 안 된다. 목사의 무지함, 일탈, 일관성 결여, 그리고 화목과 친절한 영접의 부족은 이런 적개심을 불러일으키는 원인일 것이다. 십자가의 정신을 불완전하게 보여주면 십자가에 대한 혐오감을 더욱 악화시켜놓는다.

그렇지만 반드시 기억해야 할 것은, 한 사자의 입에서 나온 복음의 사역은 타락한 인간의 육적인 원리를 흔들어 놓을 것이라는 점이다. 하나님의 아들의 사역을 특징짓는 위엄, 겸손, 인내, 그리고 사랑의 결합보다 더 사람을 끌어당기는 것이 무엇이 있겠는가? 그럼에도 주님의 사역은 전우주적으로 멸시를 받고 거부를 당하였다. 그분의 가르침은 겸손하지 못한 마음이 가지고 있는 천성적인 선입견에게는 가장 불쾌한 것이었다. 사람들은 일반적으로 호기심어린 관심과 새로운 무엇인가를 들어보아야겠다는 욕구를 가지고 그분의 말씀을 들었다.

그러나 청중의 양심에 말씀을 개별적으로 적용한 것, 그분의 십자가의 치욕, 귀한 것으로 여기는 모든 것을 그분의 사역을 위해 포기해야 한다는 것, 그분의 진리를 수용하는데 반드시 부복(俯伏)의 순종이 필요하다는 것 등, 이 모든 것이 합해서 그들 사이에 수군거림을 일으켰다. 그분의 말씀이 이해하기 어렵다고 불평하며, 자기들의 일시적인 신앙고백마저 버리기로 결정하였던 것이다(요 6:24-66).

그러므로 우리의 사역의 본질과 우리의 사역의 대상들 사이에 존재하고 있는 내재적인 반대는 우리 성공에 중대한 장애물이 된다. 이미 다른 것에 마음을 빼앗기고 있는 그들에게, 정서가 기울어진지 이미 오래된 그들에게, 그리고 죄의 속임수로 말미암아 마음이 굳어진 그들에게, 우리는 말하고 있는 것이다. 그러므로 신리가 진지하고 정직한 마음과 접촉하고 있는 것이 절대 아니다. 적개심은 인간 타락성의 농축된 본질이며, 도덕적 흑암 또는 영적 흑암의 원인이자 동시에 결과이기도 하다. 이 흑암은 빛의 입구를 닫아버려 이해의 눈을 밝히는 과정에 어려움을 초래한다. 하늘의 능력이 결핍되어 있는 그 어떤 힘으로도 이 흑암은 정복할 수 없다.

적개심을 죽이는 힘이 있어야 마음을 열어서 보게 하고 순종하게 하며 진리를 사랑하게 하고 우리 직분의 측량할 수 없는 축복들을 온전히 소유하게 한다.

4장

사탄의 힘: 목회 성공의 주된 방해물

사탄의 활동적인 힘과 탐지하기 어려운 그 치밀함은, "어떤 견고한 진지도 무너뜨리는 하나님의 능력"(고후 10:4-5)처럼 항상 목회사역을 방해한다. 구속자의 나라를 공격하는 그의 거대한 공격지점이 바로 목회이다. "우는 사자같이 두루 다니며 삼킬 자를 찾는"(벧전 5:8) 자가 자기 먹잇감을 자기 이빨로부터 벗어나게 조용히 놔둘 것이라고, 또는 "무장을 한 강한 자"(눅 11:21-22)가 격렬한 싸움도 치르지 않고 자기의 약탈품을 내놓을 것이라고 기대하기란 거의 어려운 일이다.

사탄의 그칠 줄 모르는 반대의 성질과 그 범위는 정확히 정의내리기보다는 차라리 상상해보는 것이 덜 어렵다. 그것은 어디에서나 우리를 만난다. 세상에서 그의 영향력은 명백하다. 하나님의 말씀에 열의 없이 집중하지 않을 때, 말씀으로부터 세상의 소용돌이 속으로 즉각 빠져들어갈 때(마 13:19), 구주의 영광을 전혀 보지 못할 때(고후 4:4), 영원에 대하여 아무 생각 없이 무관심할 때(눅 11:21), 그 영향력은 매우 뚜렷하다. 그리고 "사기의 영혼을 구원하지 못하며 나의 오른손에 거짓 것이 있지 아니하냐 하지도"(사 44:20)못하면서 그렇게 수많은 무리를 포로로 다스리고 있다는 점에서(딤후 2:26), 이 세상의 가는 길은 (또는 "육신의 정욕과 안목의 정욕과 이생의 자랑"[요일 2:16] 이라고 부르는 것은) "지금 불순종의 아들들 가운데서 역사하는 영"(엡 2:2)과 분명하게 동일하다. 그 동일한 원수가 그리스도를 따르는 자들에게 마음의 육적인 적개심을 부추긴다. 그리고 악의적인 혀와 펜, 그리고 하나님의 뜻을 거스른 힘을 끊임없이 사용한다(창 3:15; 계 12:17). 그래서 성경이 규정한 사탄의 성격이 "이 세상의 임금이요 신"이며, "거짓의 아비"이며, "온 세상을 속인 옛 뱀"임을 예증하고 있으며 또 그 성격을 확증하고 있는 것이다(요 12:31; 고후 4:4; 요 8:44; 계 12:9).

신앙을 고백한 교회에서도, 쉬지 아니 하는 이 원수는 불의의 모든 속임수로 교활한 누룩의 일을 한다. 사탄은 시대의 취향에 맞춰 기분 좋은 새로운 교리를 가르치게 해서 자기의 영적 간계를 은폐한다. 인간의 고안품을 섞어 넣음으로써 생명의 떡에 해독을 끼친다. 사탄의 치밀함의 독특한 특징은, 피해자들의 각기 다른 기질에 맞추어 각기 다른 속임수를 사용하는 것이다. 육적인 안정은 세상과 잘 어울린다. 물질적인 안정을 바라는 인간의 욕구가 자기 것들을 안전하게 보관하고자 하는 사탄의 욕망을 최대한도로 이루어주는 것이다. 그러나 그런 계획은 진지한 종교를 명목상으로만 인정하는 사람에게는 효과를 보지 못할 것이다. 그래서 교회 안에서 사탄은 "자기를 광명의 천사로 가장"(고후 11:14)해서, 자기 의의 매력적인 우상을 보여주거나, 가장 완강한 형태의 적그리스도, 즉 참된 교리를 고백하는 것만으로 충분하다는 생각을 불어넣는다.

효과를 거두지 못한 목회의 일반적인 징후들의 원인은 이 근원에 까지 거슬러 올라갈 수도 있다고 사도 바울은 암시하고 있다(살전 3:5). 사탄의 활동적인 영향력은 그 어떤 세부적인 일에서도 발견할 수 있다. 알곡 가운데 가라지들이 자라고 있는 사실에 대한 설명은, "원수가 이렇게 하였구나"(마 13:24-28)라는 것이다. 자기의 치밀함으로 하와를 속였던 그 뱀은 아직도 그리스도 안에 있는 순박함을 가지지 못하도록 약한 자들의 마음을 부패시키고 있다(고후 11:3). 신앙고백자들 사이에 사랑의 부족과 분열에서 오는 목회적 장애(고후 2:10), 때로는 유익한 목회계획에 대한 반대가 성공함으로 오는 목회에 장애, 이러한 방해의 원인은 동일한 활동 원인 즉 사탄의 은밀한 공작에 있다(살전 2:18). 교회 안에 있는 신앙고백자들의 위선(행 5:1-5), 또는 교회의 친교에서 돌아선 그들의 변절(눅 5:1-5), 그리고 교회사의 연이은 모든 흥망성쇠 등, 사역의 온전한 에너지를 방해 하는 이 모든 것들은, 계속해서 쓴 물을 내보내고 있는 이 악의 샘에서 흘러나온 것들이다.

개인적인 경험 또한 사탄의 끊임없는 활동을 폭로하고 있다. 은밀하게 그리스도인에게 불신을 일으키는 원인도 이 근원에 있다(창 3:1-3). 기도할 때 마음을 집중하지 못하게 하는 것(욥 1:6), 이따금 자기 과신과(대상 21:1; 눅 22:31) 영적인 교만(고후 12:7), 세상적인 생각에(마 16:23) 빠지게 하는 것도 사탄의 술수이다. 하나님을 모독하는 생각을 불어넣는 것(엡 6:16), 악한 성질을 내게 하는 것도(엡 4:27), 일반적인 죄를 짓게 하는 것도 모두 사탄의 공작이며, 우리의 수고가 거룩하고 복된 능력을 받지 못하게 방해를 일으키는 것도 사단이다. 이렇게 해서, 어두움의 세력과 빛의 세력 사이에(요일 3:8) 벌어지고 있는 끔찍한 싸움이 우리 앞에 나타난다. "이 세상의 신이 믿지 아니하는 자들의 눈을 혼미케"(고후 4:4)한다.

한편 복음의 사역은 주 예수 그리스도를 보여준다. "어두운 데에 빛이 비치라 말씀하셨던 그 하나님께서 예수 그리스도의 얼굴에 있는 하나님의 영광을 아는 빛을 우리 마음에 비추시는"(고후 4:6) 것이다. 그리하여, 악령의 활동이 직접적으로 혹은 매개체를 사용하여[3] 우리 사역의 진보를 방해하는 동안 다음과 같이 말할 수 있을 것이다.

> 우리의 씨름은 혈과 육에 대한 것이 아니요 정사와 권세와 이 어두움의 세상 주관자들과 하늘에 있는 악의 영들에게 대함이라(엡 6:12).

---

[3] "인간은 도구로, 세상은 물질로, 사단은 효과적으로 일한다"(Homines instrumentaliter, mundus materialiter, Satanas efficienter)라고 옛 저자는 간략하게 구별하였다.

5장

목회 성공의 지역적인 방해물들

우리는 이미 목회사역의 주요 장애물들 중 몇 가지를 살펴보았다. 여기서부터는 다른 것들을 좀 더 자세하게 생각해보게 될 것이다. 우리가 지금 다루려는 것은, 목사의 개인적인 인격이나 그 직분의 성격에 따라 달라지기보다는 목사 개인 영역의 상황과 관련된 비본질적인 원인들에 따라 달라지는 장애물들이다.

도시에는, 시골 교구목회에서는 알 수 없는 많은 장애물들이 있다. 인구의 밀집으로 인해 개개인의 도덕성에 접근할 수 없을 뿐만 아니라 지역사회의 여러 부분에 침투할 수 없음으로 인해 생명의 말씀을 개개인의 양심에 적용하는 일이 극히 드물게 되었는데, 이것은 강단의 효과적인 목회사역에 있어서 매우 강력한 수단이다. 공적인 가르침 역시 필연적으로 일반적인 색채를 띨 수밖에 없다. 목사의 마음의 성격과 그 행동에 따라 그의 체계에 개인적인 틀이 생길 수도 있다. 그러나 자기 교인들과 특별한 지인 관계가 부족하면 자기 사역을 교인들 각각의 독특한 경우에 적용시키는 일이 어렵게 될 것이다. 그 지역의 관습과 상황 역시 사역의 직접적인 힘에 반작용하는 경향이 농후하다. 산업난지와 같이 인구가 조밀한 구역은 부패하기 쉬운 취약지역이다. 이들은 죄의 길에서 "손에 손을 잡고서", "각기 이웃을 도우며 그 형제에게 이르기를 너는 힘을 내라"(사 41:6) 한다. 그 외에도 경제여건, 다시 말해 실직, 무교육, 가난과 같은 요인들도 사역의 결과에 흔히 영향을 끼친다.

또한 사역의 성격과 연관된 지역적인 방해물들도 있다. 거룩한 사역에 다른 이들과의 협력은 흔히, 고린도 교회에서처럼 파당이라는 이단을 만든다는 것은 몹시 고통스런 일이다. (이런 시기하는 마음들이 사역자의 마음에까지 일어나지 않는 것이 가장 좋은 일이기는 하지만) 상호간에 시기하는 마음이 빚어지기 때문이다. 서로가 서로에 대하여 사람을 자랑하며, 사람에게서 영광을 구하기 때문에 그 목사들은 영적인 임무수행이라는 최고의 이점을 가지고 있으면서도 영적인 자로서가 아니라 육적인 자로, 심지어 어린 아이처럼 말하고 "세상 사람처럼"(고전 1; 3; 4장) 행한다.

다양한 이단들의 발생과 그 진행 또한, 우리가 직접적으로 다스릴 수 없는 지역의 여러 변수들에 의해 강화될 수 있다. 넓은 영역에 퍼져있는 양떼들의 여러 분야에 대한 통찰력의 부족은 호시탐탐 노리고 있는 원수에게 그의 누룩을 던져 넣을 기회를 준다.

이것은 치명적인 영향력을 가지고 전체 덩어리를 부풀릴 수 있는 위협이 된다. 매우 탁월한 하나님의 종들 중 몇 사람이[1] 이 일로 인하여 심각한 어려움을 겪었다. 그것은 사탄의 활동이 성공을 거두고 있는 와중에 반드시 필요한 믿음과 인내 그리고 겸손의 연단이었고, "너무 자만하지 않게 하시려고" 대사도에게 주셨던 "육체의 가치"처럼 반드

---

[1] Cecil's Life of Cadogan. (Works I. 252.) Vaughan's Life of Robinson, pp. 188-195.

시 필요한 것이기도 했다(고후 12:7).

이런 지역적 성격을 띤 다른 장애물들 또한 목회사역 가까이에 있는데, 영국국교회의 사역자체에 포함되어 있는 이 방해물은 흔히 충성스럽고 수고스런 우리의 노력에도 불리하게 작용한다. 국교회를 반대하는 그 지반은 이미 개신교의 조직적인 체계에 미리 자리잡고 있을 수 있다. 그들은 복음의 대원리들을 깨닫고 있을 것이다. 그러나 세부 사항에 있어서는 우리의 신앙 체계의 틀에 반대하고 있는 많은 특수한 형태들 아래 있을 수 있다.

가장 호의적인 상황에서도, 이것은 악으로 간주되어야 한다.[2] 그 이유는, 기독교의 통일성의 결핍은 복음의 본질적인 힘도 감소하기 때문이다. 목사 각자가 관용과 형제애가 있는 사람이며 자신의 참된 사명감을 가지고 있는 사람이어서, 그들 사이의 차이보다는 합의에 훨씬 더 강조를 두게 되더라도 그 같은 생각이 그들이 목회하고 있는 회중 사이에도 보편적으로 퍼져있을 가능성은 적다. 그리고 이 상호 관용의 부족은 비교적 사소한 것들 때문에 나타나며 유해한 결과들을 가져옴으로써 우리에게 "얼마나 작은 불이 얼마나 많은 나무를 태우는가"(약 3:5) 라는 말씀을 생각나게 해준다.

또한 성실한 일꾼이라면 땅을 일굴 때, 이미 많은 장애물이 땅에 뿌리를 내리고 있음을 발견할 것이다. 무성한 잡초들이 많은 목사의 성장을 막는다. 그 잡초들이 없었더라면, 싹이 나서 온전한 열매를 맺었을 것이다. 목사는 복음에 대한 본성적인 적개심에 덧붙여진, 선입견의 결과 때문에 고난을 겪고 있을지 모른다. 이러한 선입견들은 선임 목사들의 경험 미숙, 경솔한 행동, 또는 무일관성 등에서 생겨난 것들이다.

---

2 Budd가 세례에 대한 그의 저서에서 이 주제에 대해 언급한 점들을 보라. pp. 282-283. 또한 Bickersteth's Christian Student, p. 290과 비교해 보라.

평신도의 영향력 또한 사역의 효과성 여부에 영향을 끼칠 때가 자주 있다. 교구 안의 높고 낮은 지위의 특정한 개체들이 사역의 효과성을 방해할 때가 자주 있다. 주일을 멸시하는 사람들, 교구의 지도자들 중에 쾌락과 방탕한 성격을 다분히 가진 자들, 신앙생활에 태만하거나 반대하는 자들 등, 이들이 우리의 노력과 가르침에 앞장서서 적대하는 일은 너무나도 자주 있는 일이다. 그리고 상류층의 영향력이 덜 결정적이거나, 혹은 심지어 그 영향력이 교회의 편에서 행사되고 있는 곳에서라 할지라도, 물질적인 면에서 장애가 되지 않는 경우는 좀처럼 드물다. 신앙에 대한 존중과 하나님의 명령에 대한 존중이 있다고 해서, 그 가정의 운영이나 외형적인 양식이나 하인들의 처신을 언제나 규정해주는 것은 아니다. 또 복음이 끼치는 영향력이 불편한 심기와 책망을 초래할 때 그 존중심은 권력에 대한 사랑, 다시말해 영적인 기준에 의해 제한받기를 꺼려하는 마음과 중립이라고 하는 편안한 길을 떠나기를 꺼리는 마음을 완전히 제어하지는 못한다.

이들 장애물들은 원래 개인의 책임과는 상관이 없다. 그러나 그 결과에 있어서는 몹시 해를 끼친다. 모든 형태의 저항에 적용시킬 수 있는 어떤 일련의 진행과정을 규정한다는 것은 분명히 불가능한 일이다. 하지만, 몇 가지 공격 지점에 대비해 만들어진 목회의 일반 원칙들은 이 싸움에 크나큰 도움이 될 것이다. 믿음의 근면성과 지혜의 온유함과 소망의 인내가 결합되어 만들어내는 그 힘은, 악을 완전히 물리치지는 못한다 하더라도, 악의 공격 작전을 현저하게 약화시킬 것이다. 광범위한 분야에 따라오는 어려움들 또한 극복할 수 없는 것이 아니다.

일반적인 체계들을 좀 더 세부적인 부분에 적용할 수 있도록 함으로써 많은 것을 할 수 있을 것이며, 이미 많은 것을 해왔다. 지역 유지들의 도움을 받을 수 있는 무질서한 여러 일이나 행사보다 잘 조직화된 관습은 몹시 불리한 상황에서도 더 효과적이다. 지역 심방 제도는 수고하는 목사들이 넓은 범위의 지역을 훨씬 더 각별한 마음을 가지고 다닐 수 있어서 열매를 많이 맺게 해주었다. 그리고 무엇보다, 교회의 머리되신 주님이 지혜롭게 감독하심으로, 그분이 선택하신 도구들이 각자 적합한 특정 사역분야에서 일하도록 하시는 것이 확연히 드러난다. 사람들 모두가 똑같이 모든 상황에 대처할 수 있는 요건을 가지고 있는 것은 아니다. 그러나 "오른손에 있는 일곱 별을 붙잡고"(계 2:1) 있는 그분은, 자기 이름의 영광에 가장 합당하게 그리고 자기의 뜻을 이루시기 위하여, 그리고 자기 교회의 발전을 위하여 가장 적절하게, 영적인 세계에서 그 자리를 각자에게 지정하신다.

그렇긴 하지만, 지금까지 우리가 언급한 장애물들은 우리의 진보를 분명히 방해한다. 그래서 우리의 목회 성공은 흔히 어떤 대단한 외부의 변화에 있다기보다는, 묵묵히 그리고 효과적으로 악의 세력에 반대하는 것과, 우리와 함께 수고에 협력하도록 한 무리의 증인들을 일으켜 세우는 일과 갈등과 낙심 중에도 기반을 유지시켜줄 수 있는 꾸준한 인내에 있다.

The Christian Ministry

6장

하나님의 부르심의 결핍: 목회사역 실패의 주요 원인

우리는 때때로 목회 실패의 원인이 사역으로 들어가는 바로 문턱에 있음을 발견한다. 교회의 질서에 따라 그리고 하나님의 뜻에 따라, 거룩한 직분에 부름 받은 것이 분명한가? 중대한 이 주제에 이 질문은 매우 중요하다. 소명이 분명한 곳에, 약속은 보증이 된다(출 3:10-12; 렘 1:4-19). 그러나 만일 우리가 보냄을 받지 않았는데도 달음질을 하고 있다면, 우리의 수고의 결과는 축복과는 무관할 것이다. 이 질문을 생각해 보지 않은 사람들이 많이 있다는 것이 참으로 두렵기조차 하다. 그러나 그들의 효과 없는 사역에 대해 씌어진 다음과 같은 교회의 확고한 규정을 볼 수 있지 않은가? "내가 그들을 보내지 아니하였으며 명령하지 아니하였나니 그들은 이 백성에게 아무 유익이 없느니라."[1] 심하게

---

[1] 렘 23:21-32. 루터의 언어는 매우 강하다. "소명을 기다리라. 당신이 솔로몬이나 다니엘보다 지혜롭다면 확신하라. 그러나 소명이 없다면 지옥 멀리 피하라. 하나님의 소명이 없으면 열매가 없으나 소명을 받은 자들은 큰 열매를 맺는다"(Expecta vocantem; interim esto securrus; imo si esses sapientior ipso Salomone et Daniele; tamen, nisi voceris, plus quam infernum fuge, ne verbum effundas. Si tui eguerit, vocabit te. Si non vocabit, non te

비난 받아야 할 것은, 그들의 교리가 불건전하다는 것이 아니라, 그들이 보냄을 받지 않고서 전한다는 것이다.

구약 시대에는, 제사장 직분을 침범하는 것은 가장 위험천만한 주제넘은 행동으로 여겨졌다(민 18:7; 대하 26:16-20). 그리스도의 교회에서 공인되지 않은 권한을 가지는 것은 그에 못지않은 찬탈 행위 그 자체이다. 우리의 머리되신 그분은 자신이 위임한 권위가 아닌, 위임받은 권위를 가지고 오셨다. 선지자로서 그는 자신이 위대한 사역에 부름 받았음을 선포하였다(사 48:16; 41:1). 그것은 그분의 공생애 기간 동안뿐만 아니라, 그 시작부터 세상에게 명백하게 선포되었다(마 3:16-17; 17:5; 요 12:28-30). 그는 자신을 천거하는 근거로서 위임받은 권위에 자주 호소하였다(요 8:16, 42). 그분의 권위를 가지지 않고 양의 우리로 들어간 자들을 "도둑이요 강도들"이라고 주님은 분명하게 구별하셨다. 그래서 하나님의 위임의 문으로 들어간 자신만이 양의 목자였다(요 10:1-2).

안수(按手)라는 성경 용어는, 대행자들이 직접적인 통제권을 가지고 있음을 의미한다.[2] 직분에 대한 다양한 예증들 역시 똑같은 점들을 가

---

rumpat scientia tua.—Nunquam enim Deus fortunat laborem eorum, qui non sunt vocati; et quanquam quaedam salutaria afferant, tamen hinil aedificant. E regione, magna semper fecerunt, qui, Deo vocante, docuerunt). Sal Terrae, 상게서에 인용되어 있음. 스콧의 Conti. of Milner, i. 156과 비교해 보라. "모든 목사들이 이 말을 잘 생각해보았으면 좋겠다. 부름을 받거나 보냄을 받지 않고서 달린다는 것이 어떠한 것인지, 그래서 하나님이 자기의 섭리로 그분의 일 한 조각을 자기 손에 넣어주실 때까지 기다리지 않고서 포도원 일에 주제넘게 나선다는 것이 어떤 것인지 생각해보기 바란다. 만일 자기 스스로의 노력이 아니라, 단순히 섭리의 지시함만이 자기를 한 임지에 둔다는 것을 그가 알고 있다면, 이것은 그 사람에게 그 생각 속에 훨씬 편안함과 그의 모든 수고에 훨씬 더 큰 만족을 줄 것이다." Burnet's Past. Care, ch. vii. "사역이란 순전히 은혜와 사랑의 문제이다. 그렇다면 누가 하나님의 부르심이 없이 감히 사역에 들어가고자 하겠는가? 자기의 대신들을 선택할 때보다 왕이 더 절대적인 권력을 행사하려고 하는 때는 없다. 그런데 우리가 감히 왕중의 왕과 싸워 그 왕으로부터 이 권리를 가져가려 하겠는가?" Quesnel on Eph. iii. 2. Col. i. 1.

2 부르심을 받은(히 5:4), **따로 세우라** (행 13:2; 롬 1:1; 요 20:21; 사 6:8), **하셨느니라** (행 20:28) 등이 그 예이다. Hooker는 다음과 같은 놀라운 말을 하였다. "그러므로 그들은 하나님의 대신들이다. 문관으로서(이들의 판단과 정의의 행사는 하나님의 섭리를 확정한다.) 그들의 권위가 하나님께 종속되어있다는 면에서 뿐만 아니라, 하나님으로부터 온다는 점에서,

리킨다. 우리는 스스로 위임한 권위를 가진 전령, 대사, 청지기, 파수꾼, 사자(使者), 천사를 상상할 수조차 없다. 사도 바울은 이들 중 첫 번째 것에 관해 묻는다. "보내심을 받지 아니하였으면 어찌 전파하리요?"(롬 10:15) 그들은 사명을 받지 않고서도 전할 수는 있지만, 그러나 하나님의 사자로서는 설교할 수 없다. 자기의 주권자로부터 지침을 받지 않고서는 (그렇지 않으면, 자기 자신의 두뇌의 산물을 전달할 뿐 자기 주권자의 뜻과 명령을 전달할 수는 없을 것이다), 아무도 대사가 될 수 없다. 또한 그분의 임명을 분명히 받지 않고서는, 아무도 합법적으로 하나님의 이름으로 와서 그의 뜻의 계시를 확정할 수 없다. 하나님은 자신의 임명은 인정하실 것이나, 사람의 찬탈은 인정하지 않으실 것이다.

거룩한 사역에 들어서는 것에 관하여 이야기해 보자. 특별한 사명을 받지 않았다면, 즉각적이고 특별한 소명이 있을 것으로 기대하지 않는다. 우리의 권위는 하나님께로부터 그리고 교회로부터 함께 나온다. 즉 원래는 하나님으로부터 받으나, 교회라는 수단을 통하여 확정되는 것이다.

외적 소명은 거룩하고 근원적인 규정에 따라 교회로부터 받은 위임이요 교회가 인정한 위임이다. 목사에게 자격을 주는 것이 아니라, 하나님이 이미 내적으로 그리고 합당하게 자격을 준 사람에게 신임장을 주는 것이다. 그러므로 이 소명은 단지 공적인 권위를 주는 것뿐이다.

내적 소명은 의지와 판단을 지도하고 개인적인 자격요건들을 갖추게 하시는 성령의 음성이요 권능을 가리킨다. 그러나 두 가지 소명 다, 비록 그들의 성격과 기원에 있어서는 본질적으로 뚜렷이 구별되지만, 우리가 위임받은 것을 수행하려면 반드시 필요한 것들이다. 그러므로

그리고 사람에게서 오는 것이 아니라는 점에서, 그들은 하나님의 대신들이다. 그들이 그리스도의 대사들이요 그의 일군들이라는 점에서, 그분 외에 누가 그들에게 위임장을 주어야 마땅한가? 그들은 그분의 가장 내적인 일들을 관리하고 있다." Book v. c. lxxvii, 1, 2.

"하나님은 무질서의 하나님이 아니시요 오직 화평의 하나님이시니라" (고전 14:33) 함과 같이, 두 소명은 그분의 관리 안에서 연합한다. 그리하여 이성과 거룩과 질서의 속성을 가진 하나님의 열심이 그분의 뜻대로 하시는 임명과 조화롭게 결합되는 것이다.

사도 바울의 서신서의 머리말들은 (한두 가지의 예외를 제외하고) 교회에게 하는 자신의 가르침들에 그의 하늘로부터 온 위임 도장을 찍고 있다!

> 그는 우리에게 이 진리를 -하나님의 뜻은 어떤 사람의 소명을 규정하는 단 하나의 규정이며 사역에 들어갈 수 있는 유일의 문이다- 되풀이하여 가르치는데 전혀 피곤해하지 않는다. 사명은 그 근원과 제정에 있어 하나님이 하신다. 그것의 통로와 전달 수단은 인간이다.[3]

그러므로 우리가 "내가 그의 아들의 복음 안에서 내 심령으로"(롬 1:9) 하나님을 섬기는 것은 이 결합된 권위가 있기 때문이며, 하나님이 우리와 함께 하시며, 우리 사역 곁에 계신다는 확신을 갖는 것도 이 결합된 권위가 있기 때문이며, "나를 능하게 하신 그리스도 예수 우리 주께 내가 감사함은 나를 충성되이 여겨 내게 직분을 맡기심"(딤전 1:12)도 이 결합된 권위 안에서 일어나는 것이다.

외적 소명은 비록 그 성질상 꼭 필요하고 권위적이기는 하지만, 그럼에도 단지 인간의 위임에 불과하여서, 그 자체로서는 우리 사역을 위한 충분한 보증이 되지 않음이 분명하다.

---

3 Quesnel on 2 Cor. i. 1. 루터는 말한다. "내가 젊은 신학생이었던 지난 시대에 나에게는, 바울의 모든 편지에서 너무나 자주 자기의 소명을 자랑스럽게 여기는 말을 하는 것을 지혜롭지 못한 것으로 보였고, 나는 그의 목적을 이해하지 못했다. 하나님의 말씀사역이 그렇게나 중대한 일인지를 나는 모르고 있었기 때문이었다." On Gal. i. 1.

내적 소명은 교회가 이 근거 위에 위임을 부여하는 추정된 근거이다. 우리를 향한 교회의 엄숙한 다음의 질문보다 더 명백하게 이점을 밝혀 주는 것은 없다. "이 직분을 감당하기 위해 성령의 내적인 감동을 받았다고 당신은 믿습니까?" "네."

버넷(Burnet)감독은 평상시의 그 진지함으로 말한다.

> 이 질문에 대해 한 대답은 잘 생각해보아야 한다. 왜냐하면, 만일 '그렇게 믿고 있습니다'라고 말하고서도, 그러한 감동에 대해서는 아무 것도 모르며 또 그것을 설명할 수도 없다면, 그 사람은 성령께 거짓말을 하고 있는 것이며 자기 입에 거짓말을 담고서 제단에 처음으로 나아가는 것이다. 그리고 그 거짓말은 사람에게 하는 것이 아닌, 하나님께 하는 것이다.[4]

이런 일들의 의미는 다음과 같이 예증될 수 있다. 성령으로 말미암은 마음의 감동은 성령께서 그의 마음에 어떤 영향력을 끼치셨음을 의미한다. 어떤 열광적인 충동에 의한 것이 아닌, 영혼의 가치에 대한 깊은 감동과 마음에 깨우침을 받는 것이다. 그리스도의 사랑으로 말미암아 그분만을 위해서 자신을 사용하며 또 그분을 위해서 쓰임 받겠다고 국한시키는 것이다. 건전한 자기 탐구를 하며 말씀을 매일 연구하고, 이 중대한 일에 대해 열심히 기도하며, 우리 주님의 뜻임을 섭리 가운데 나타내고 있는 징조들을 예의주시하는 일에 자기 양심을 기울이는 것이다.

그러나 "자기 소명에 대해 자기 자신을 자주적인 재판관으로 만듦으로써, 아무도 해서는 안 되는 일을 거의 모든 사람이 하고 있다."[5] 잘못된 편견, 타고난 성벽, 또는 세상적인 생각들은 흔히 이 길을 혼란스럽

---

[4] Pastoral Care, ch. vi.
[5] Quesnel on Heb. v. 4.

게 하며, 하나님의 인도하심의 증표들을 흐리게 만든다. 자기 성향이 사역으로 인도하니까, 혹은 사역을 위한 교육을 받았으니까, 혹은 친구들의 바람이나 부모의 조언, 또는 권위자의 조언에 따라 사역 속으로 떠밀려 왔으니까, 자기가 마음속에 성령의 감동을 받았다고 가정해도 좋은가? 마음의 심리적 경향만으로도 매우 엄중한 이 사역의 보장으로 충분하다고 생각하는 것은, 열광의 문을 넓게 열어놓는 일일 것이다. 동기와 기분, 개인의 성격과 능력 등을 자기도취라는 수단을 통해서 보는 경우가 매우 흔한 일이어서, 우리는 다음의 경구를 생각하지 않을 수 없다. "자기의 마음을 믿는 자는 미련한 자"(잠 28:26)이다. 차비가 갖추어지지 못한 마음의 우울함을 나타내는 것 외에, 혹은 목회사역의 낮은 수준 외에, 편견의 열기에서 살아남을 수 있는 것이 무엇이겠는가? 이는 이 직분을 완전히 멸시받게 할 뿐이다.

또한 우리는 사역의 선택에 있어 부모의 간섭을 용인해서도 안 된다. 사역은 소위 버넷이 일컫는바 '하나님의 소명'에 전적으로 의지해야 하기 때문이다. (이 문제에 대해 개인적으로 깊은 관심을 가지고 있었던 어떤 사람이 참으로 실감나게 말하였듯이), 이런 식으로 "합당하지 않은 사람들이 사역 속으로 매일 침범해 들어오기 때문에, 전국의 교회가 신음하고 있으며 그 정수리에서부터 발바닥까지 피를 흘리고 있는 것이다."[6]

교회의 유익과 깊이 연결되어 있는 점에 대해, 그리고 하나님의 뜻이 유일한 궁극적인 결정이 되어야 하는 곳에, 인간의 의지는 순종하여야만 한다. 앞장서서는 안 된다. "사도 바울과 같이 자기 자신의 뜻으로 말미암지 않고 자기 부모의 뜻으로도 말미암지도 않고 '하나님의 뜻으

---

[6] Life of Legh Richmond, p. 475. 자기 자녀들을 목회사역에 최종적으로 지명할 때 이 편지 전체는 그리스도인 부모들이 깊이 고려해보아야 할 가치가 있다. 경건한 퀘스넬은 이 치명적인 악에 관해 다음과 같은 기도를 올렸다. "주님, 부모들의 이 육적인 사랑의 급류를 정지시켜 주시옵소서. **주님의 교회가 이것 때문에 얼마나 피폐해지고 있는지 주님은 아십니다.**" On John vii. 5.

로 말미암아' 이 거룩한 사역을 하고 있노라고 말할 수 있는 자는 복된 자이다."⁷ 또 꾸준한 개인 경건이 (다른 고려사항과는 관계없이), 우리의 결심을 만들어내어서는 안 된다.

버넷 감독이 언급한 바와 같다.

> 자기 속에 신앙에 대한 사랑과 열정을 가지고 있지 않으며 마음속에 진정한 신앙심을 가지고 있지 않다면, 아무도 이 부르심을 생각해서는 안 된다. 신앙심은 주로 은밀한 기도와 성경 읽기로 자라나는 법이다. 이러한 것들이 한 인간에게 부담이 된다면, 그 사람에게 사역을 감당할 내적 소명도 없고 성령의 감동도 없다는 틀림없는 지표들이다.⁸

그렇지만, 또 한편으로는, 모든 그리스도인들이 다 목사 안수를 받지는 않는다. 아굴라와 브리스길라의 예와(행 18:25) 사도의 인사말에서 이름이 거명된 초대 교회의 여러 조력자들은(빌 4:3; 롬 16장) 하나님의 일에 헌신하는 것이 그리스도인의 의무의 한 구성요소이자 기뻐하시는 한 부분임을 분명히 증거하고 있다. 이 광범위한 사역 분야에서, 평신도들은 자신의 세상 직업과 완벽하게 조화를 이루면서 그리고 이 거룩한 직분에 대해 명시된 사명에 월권적인 침해를 하지 않으면서, 사역의 정신을 드러낼 수 있을 것이다. 하나님의 소명 없이 이 사역에 들어서는 것은, 아무리 위대한 달란트가 있더라도, 아무리 영성이 높다 하더라도, 아무리 의도가 좋다 하더라도, 정당화될 수 없다.

하나님을 위한 이 거룩한 부르심에는 두 가지 큰 자격요건이 결합되

---

7 Quesnel on 1 Cor. i. 1.
8 Conclusion to the History of his own times. 또 Past. Carer, ch. vii도 참조하라. 복음 전파와 연관되었을 가난한 자들을 돌보는 일을 위해서도 영적인 자격요건은 필수적이다. 행 6:3. 딤전 3:8-10과 비교해 보라.

어 있는데, 그것은 사역에 대한 열망과 그 적합성이다.

1. 사역에 대한 열망은 그리스도의 목회 성격과 그의 자격요건에서 두드러진 면모이다.

아버지의 품속에서 자신의 사역의 때를 기다리고 있는 동안, 그리스도는 사람들과 함께 기뻐하였다(잠 8:31). 그가 자신의 사역을 완수하기 위해 세상에 오셨을 때에도, 똑같은 간절한 열망으로 말미암아 그리스도는 구별되었다(시 40:8; 히 10:5-9). 육신적인 필요를 채워야 할 때에도 그는 "내게는 너희가 알지 못하는 먹을 양식이 있느니라"(요 4:32-34)고 제자들에게 말씀하셨으며, 아버지의 일을 기뻐하는 것은 그에게 있어서는 "필요한 양식" 그 이상임을 제자들이 이해해야 한다고 했다. 사도 바울은 강권하는 열망을 목사의 첫 번째 자격으로 꼽았다.[9] 이 열망은 하나님의 영광을 드러내고자 하는 일반 그리스도인의 바람보다 훨씬 더 높은 곳에 있는 어떤 것이다. 그것은 속에서 불타고 있는 특별한 것이다. 강도가 그렇다기 보다는, 그 성격이 그렇다는 것이다. 그것은 "내가 다시는 여호와를 선포하지 아니하며 그의 이름으로 말하지 아니하리라 하면 나의 마음이 불붙는 것"[10]같았던 그 마음을 말한다(렘 20:9). 이 강권은 모든 어려움을 이기며, 사역을 위해 희생하는 것을 기

---

9 '미쁘다'(This is a true saying)는 말은 바울의 독특한 강조법인데(딤전 1:15; 4:9; 딤후 2:11, 딛전 3:1), Ὀρέγομαι, 이것은 진지한 열망을 의미한다. "마치 두 손을 올려 잡아 당기는 것같다" quasi porrectis manibus prehendere et arripere, 딤전 6:10; 히 11:16. "어떤 말로 열망과 소망을 간절하게 표현할 수 있겠는가" Quo verbo vehementior appetitus ac desiderium significatur. Estius ad locum. Orexis apud Plinium desiderium.' Leigh's Critica Sacra. καλοῦ ἔργου ἐπιθυμεῖ. 영의 욕망이다.

10 렘 20:9과 비교해 보라. 그래서 모세는 하나님의 지명을 받은 사람들로 성막 짓는 자들을 구별했던 것이다(출 35:21).

쁨으로 여기며, 마음의 준비를 재빠르게 만듦으로 (적임자가 아니며 합당치 못한 사람이라는 의식 때문에 제한을 받지 않는다면), 다소 주제넘은 듯한 인상을 줄 수도 있다.

자신이 누추하다는 의식을 가지고 있으면 거의 입을 열 수가 없다. 그러나 사랑의 느낌이 있으면 가슴이 충만해진다. 그리고 그 느낌은 가만히 있을 수 없게 만든다(사 6:5-8). 최고로 높은 이 지상의 명예보다 이 사역을 더 바라게 된다. 그래서 기대가 무너진 가장 실망스런 상황에서조차도 그것을 포기할 수가 없는 것이다.[11] 마음이 매우 신령할 때, 그래서 축복의 전달을 상호간의 유익을 위한 간절한 기도와 연결시킬 때, 이 열망은 가장 활기를 띠게 될 것이다.

이것은 또한 사려 깊은 열망이 되어야 한다. 이 사려 깊은 열망은 비용을 계산해 본 결과여야 한다. 제단 봉사를 위해 세상의 직업을 (특히 육군과 해군) 맞바꿀 때, 때때로 이 비용을 보지 못하고 놓칠 때가 있다. 그러나 "믿는 이는 다급하게 되지 아니하리로다"(사 28:16) 라는 말씀이 이보다 더 중요한 경우는 좀처럼 없다. 시간을 기다리는 것은, 애초에 소명을 포기하게 만들었던 마음의 진짜 본질을 자세히 살펴보는데 대단히 중요하다. 하나님의 섭리가 무엇인가가 드러날 것이다.

그리고 "부르심을 받은 그 부르심 그대로 지내"(고전 7:20)는 것이 하나

---

[11] 그의 너무 이른 퇴출에 대해 어느 정도 안타까운 마음이 들지 않고서는, 이 주제에 관한 Henry Kirke White의 체험을 말하기는 어렵다. "나에게 진정한 의미의 신앙심이 일어난 이후로, 나는 언제나 그리스도의 교회에 쓸모 있는 존재가 되고 싶다는 강한 열망을 느꼈다. 그 열망은 나날이 증가했고 나의 간구가 된 그 열망은 아마도 하나님께로부터 왔으리라. 영적인 일들에 대해 갈망하게 되기 이전에 나는 **목사가 되고 싶다는 소원이 있었다. 그러나 그것은 아주 다른 것이었다.** 이제야 말할 수 있지만, 나는 목사가 될 것이라 믿었고, 잘 해 낼 것이라 생각했다. 비록 목사가 된다는 것이 얼마나 중대한 일인지 잘 알고 있지만, 나는 그것을 위해 모든 것을 희생할 것이다. 이 거룩한 직분의 임무에서 물러날 때까지 충실하게 능력으로 덧입혀 주실 것이라는 소망이 있다. 하나님의 영광을 드러내기 위해 하나님의 손에 든 도구가 되겠다는 희망은 나의 주된 동기라는 것 이외에 나는 다른 이유를 더 들 수기 없다." 그의 『Remains』를 보라.

님의 뜻이다. 거룩한 사역에 들어서기 위해서 세상의 소명을 포기하는 것은 결코 정당화될 수 없다. 그 개인이나 교회 어느 쪽에도 궁극적인 유익을 생산해내지 못한다. 또는 분명한 섭리적인 빛이 없이, 섭리의 해석자로 역사하고자 하는 자연적 내적경향을 가장 경계하고 주의해야 한다. 매우 진지하고 지속적인 기도를 해야 한다. 또 개인의 평안함, 자기가 하고 싶은 것을 하고자 하는 마음, 또는 개인의 유익 등의 모든 동기들이 제거되었다는 매우 만족스런 증거가 있어야 한다. 소명이 하나님께로부터 온 것이 아님이 분명한 상황에서, 자기 자신의 연약함에 대해 떨리는 마음을 가지고 앞으로 있을 어려움을 충분히 생각해본다면, 목회후보자의 마음은 책임이 덜한 일을 맡아야겠다고 생각할지도 모른다. 따라서 이 경솔한 열망은 점차 약해져서 사라지게 될 것이다. 만일 이 생각 없는 열망이 주제넘게 나서 사역을 하려 한다면, 회개의 쓴 열매, 무익한 열매들을 맺게 될 것이다.[12]

또한 그것은 사심 없는 열망이어야 한다. 주님의 일에는 가장 보잘 것 없는 사역에서조차 순수한 동기는 필수불가결하다. 그러므로 주님의 성소를 섬기겠다고 하는 우리의 선택은 학식의 사랑이나 휴식을 마음대로 취할 수 있는 기회 따위의 영향을 받지 않아야 하는 것은 더욱 중요하다. 직업적인 승진의 야망에 대한 경계를 하는 것이 중요하며, 존경과 세상적인 안락함의 이기적인 동기들을 벗어버려야 하는 것도 중요하다.

우리 자신을 위해 큰 것들을 추구하지 않아야 한다. 우리는 인간 이외의 그 무엇도 목표로 삼아서는 안 된다. 세상을 자신에게로 이끌어

---

[12] Matthew Henry는 거룩한 사역에 주제넘게 나서지 말라고 경고하고 있다. "우리는 영적인 은사의 행사에 있어 우리 자신이 나서서는 아니 된다. 교만이 열망의 탈을 쓰고 이 일에 나타나는 경우가 흔히 있다. 만일 동기가 올바르다면, 좋다. 그러나 **겸손은 소명을 기다릴 것이다.**" Life, p. 294.

오게 하려 하기보다는, 사람을 그리스도에게로 인도하는 일을 좋아해야 한다. 그리고 우리의 모든 재능들을 하나님을 섬기는 일에 전적으로 바쳐야 한다.[13]

버나드(Bernard)는 말한다.

> 사람들을 가르치라고 부르심을 받은 자는 자기 자신의 야망에서가 아니라 하나님의 부르심을 받은 것이다. 이 소명은 우리 형제들의 구원을 간절히 바라는 사랑의 내적 동기 이외에 무엇이겠는가? 말씀을 전하는 일에 종사하는 사람은 자기 내적 자아가 하나님의 사랑으로 흥분되는 것을 자주 느낄 것이다. 하나님이 거기 계신 것을 확신하라. 사람들의 유익을 추구하라고 하나님께서 자신을 부르셨음을 알라.[14]

같은 목적을 위해 퀘스넬은 말하였다.

> 하나님의 부르심의 가장 확실한 표는, 한 인간의 마음이 예수 그리스도와 그의 교회를 위해서만 살고, 일하며, 그것 외에는 아무것도 소유하지 않겠다는 뜻을 가지고 있다는 것이다.[15]

---

[13] 다음의 성경 구절은 은밀하면서도 진지한 자문(自問)을 사용하고 있다. 삼상 2:36; 미 3:2; 빌 2:20-21; 딤전 3:8; 딛 1:7-11. 하나님의 명령, 렘 45:5. 하나님의 충실한 종들의 간청, 삼상 12:3; 행 20:33; 살전 2:4-9. 버넷 감독은 말하기를, "자신에게 자주 이렇게 물어보라. 이 사역 생활에 안정된 교인 한 사람이 없다 할지라도 그리고 십자가를 지고 박해를 받으면서 전파해야 할지라도 당신은 이 삶의 여정을 따르겠는가? 이 지점에 도달하기까지는 당신은 아직 육적인 사람이며, 한 조각의 빵을 위해 목회에 들어서는 것이기 때문이다." Conclusion to the History of his own times.
[14] Milner's Church History, vol. iii. 409.
[15] Quesnel on Rom. i. 1; 요 10:1, 2. Calvin도 같은 견해를 보이고 있다. "우리 마음에는 선한 증거가 있다. 그것은 야망, 탐욕, 욕망이 아니라 하나님에 대한 신실한 경외심과 교회 설립을 위한 사명과 열정을 받아들이는 것이다. 목회사역은 하나님의 인정을 받아야 한다" (Est autem bonum cordis nostri testimonium, quod neque ambitione, neque avaritia, neque ulla alia cupiditate, sed sincero Dei timore, et aedificandae Ecclesiae studio oblatum munus recipiamus. Id quidem unicuique nostrum [ut dixi], si volumus Ministerium nostrum Deo

마음이 이기심으로부터 자유함을 얻을 때, 그래서 순전히 하나님의 뜻과 그분을 위해 수고할 준비가 되어 있을 때, 이 거룩한 임무를 향하여 전진하게 하는 격려의 말씀들이 많이 있다. 이 열망의 중요성과 그 순수함은 "하나님의 양무리를"(벧전 5:2)치는 중대한 자격요건들이다. "내가 내 자의로 이것을 행하면 상을 얻으려니와"(고전 9:17)라고 사도 바울은 말했다.

마씰론(Massillon)이 자기 목사들에게 말한다.

그러나 만일 여러분 자신 속에 하나님의 대사로 쓰임 받고자 하는 열망

---

approabare, necessarium est). Instit. iv. c. iii. 11. Comber는 생각하기를, 안수식에서 사용할 중요한 질문의 틀을 짤 때에 우리의 종교개혁자들은 자기들의 견해로서 이 정의를 가지고 있었다고 한다. 이것은 기독교 강요가 출판한지 몇 년 후에 작성되었다. 자신의 안수식에서 자기에게 주어진 질문에 대한 해답으로, Philip Henry는 이 열망에 대해 아주 아름다운 설명을 해주었다. "탐색하고 질문하면, (만약 이 소명에서 그러한 것들을 찾아내어야 한다면,) 지금까지 나는 내 속에 있는 위대한 것들을 찾아낼 수 있을 것이다. 그러나 내 마음으로는 나는 그것들을 찾지 않는다. 오히려 하나님의 영광을 위한 그리고 영혼의 구원을 위한 복음사역에서 받았던 은사의 향상은 내 눈 속에 있다. 만일 그 밖에 어떤 것이 있다면, 나는 그것을 소유하고 있지 않다. 그것을 허락하지 않는다. 많은 사람들은 자기 자신을 추구한다. 그러나 예수 그리스도의 일들을 추구하는 것, 그것이 나의 열망이고 그것이 나의 노력이 될 것이다." Life, p. 34. 같은 시기에 했던 매튜 헨리의 자문도 비슷한 정신을 보여주고 있다. "**1. 나는 누구인가?** 나는 나의 상태에 대해 확신이 있는가? 그리고 나의 죄에 대해 겸손한가? 나는 진심으로 그리스도에게 나 자신을 드리고 있는가? 나는 정말로 죄를 미워하고 성결을 사랑하는가? **2. 나는 무엇을 했는가?** 시간을 헛되이 보냈다! 기회를 놓쳤다! 약속들은 깨어졌다! 하나님과 본분은 잊어버렸다! **3. 어떤 원리에서 나는 이 일을 떠맡는가?** 하나님이 사역을 제정하셨으며, 하나님의 소명이 필요하고, 그리고 사역에 나를 부르셨다는 확신이 있음을 나는 믿는다. 하나님을 위한 열심과 귀한 영혼들을 사랑함이 있어야 한다. **4. 이 일에서 나의 목적은 무엇인가?** 목회를 내가 먹고 살기 위한 직업으로 택하는 것이 아니라, 내 자신이 이름을 얻거나 파벌을 유지하는 것이 아니라, 하나님의 영광과 사람들의 유익을 위하는 것이다. **5. 내가 원하는 것은 무엇인가?** 하나님이 나의 마음을 사역에 대한 헌신에 고정시켜 주시는 것, 내가 안수 받을 때에 하나님이 나와 함께 계셔 주시는 것, 지식과 설득력, 분별력을 주셔서 나를 이 사역에 적합한 사람으로 만들어 주시는 것, 목회에 은혜를 베푸시는 것, 특별히 성실성과 겸손을 주시는 것, 그리고 하나님께서 나에게 기회의 문을 열어 주시는 것이다. **6. 내 결심은 무엇인가?** 죄와 아무 관계가 없어지는 것, 복음의 순종에 풍성한 것, 그리고 내가 가진 달란트의 사용과 진리의 견지, 내 가족에 대한 의무, 내 양떼의 감독, 핍박 등을 견디어낼 때 나의 안수 서약을 생각할 것." Abridged from M. Henry's Life, pp. 34-44.

이 있다면, 당신이 주님의 포도원에 부름을 받았는지 당신 자신이 판단하라. 하나님은 자기가 하라고 부르신 그 사역에 대한 사랑을 마음속에 심어놓으신다. 그리고 당신이 사역의 임무를 수행하기에 좋은 기질이 부족하다고 느끼는 것보다는, 당신이 하고 싶었던 사역이 아니었다고 느끼는 것이 당신을 위해서도 더 좋을 것이다. '주님은 너를 보내지 아니하였다'라고, 하늘로부터 들려오는 음성이 당신에게 은밀히 말할 필요가 없다. 당신의 양심의 지시에 의해 강요받은 당신의 판단이 당신에게 그렇게 말하고 있기 때문이다.[16]

2. 그러나 이 열망에게 능력 있게 목회할 수 있는 은사가 덧붙여져야 한다.

우리 주님은 자신의 소명의 이 증거를 갖추고 있었고, 또 자기의 일을 하기 위한 천부적 재능을 가지고 있었다.[17] 사도 바울은 이 능력을 우리의 사명과 뚜렷하게 연결시킨다. 그는 우리의 사명을 일반적으로 충성스러운 사람들에게 위탁하라고 지시하지 않고, 그 사람들 중에서도 "또 다른 사람들을 가르칠 수"[18]있는 자들에게 위탁하라고 하였다. 그러나 이 주제가 이미 우리 앞에 와 있으므로,[19] 거룩한 사역을 위한 능력은 타고난 재능 또는 이 세상의 지혜와 학식과는 매우 다르다는 것만을 우리는 살펴볼 것이다.

---

16 Missillon's Charges, p. 60.
17 시 45:7; 사 11:2-4; 42:1; 61:1를 비교해보라. 예수님 자신의 사자는 사람들에게 이러한 신임장을 보여주었다(요 3:34).
18 딤후 2:2. 그 밖에 다른 곳에서 그는 이 자격요건을 한 마디로 특징짓고 있는데, 이 말을 우리의 번역자들이 충분한 정확성을 가지고 번역하였다. "가르칠 수 있는"-διδακτικος. 딤전 3:2; 딤후 2:24; 고후 3:6과 비교해보라.
19 제1부 6장을 참조하라.

이러한 것들은, 비록 부수적으로 매우 유용하고 중요하기는 하지만, 그 어느 곳에도 목사의 자격요건들의 필수적인 것으로 언급되고 있지는 않다. 보통 정도의 재능을 가지고 있고 하나님의 가르침을 받고 있는 사람도 기도할 수 있고 복음을 설교할 수도 있으며 성례를 집행할 수도 있고 불멸의 영혼들을 구원할 수도 있을 것이다. 그리고 그런 사람은 영적인 자격요건들이 부족한 박학한 학자나 연구 성과가 많은 신학자보다 더 그리스도의 사역자라는 타이틀을 가질 자격을 갖춘 것이다. 무지한 자들을 천국의 길로 인도할 때, 무관심하고 조심성 없는 자들을 일깨워줄 때, 반항적인 자들을 가라앉힐 때, 시험에 빠져 일이 복잡하게 된 사람들을 다루어야 할 때, 철학적인 예화나 역사적인 예증의 모든 힘은 얼마나 비효과적인가! 반면에, 단 한 번의 복음의 단순한 선포는(마 11:28; 요 3:16) 주님의 축복으로 어둠을 물리치며, 완고함을 녹여 버리며, 하늘의 빛과 평화의 모든 위로를 불러들일 것이다.

진정한 그리스도의 사역자는 인간의 학식을 잘 갖추고 있다. 이 귀중한 재능을 버리지 않고 하나님의 은밀한 곳에서 자신이 획득한 배움의 보다 높은 가치를 훨씬 더 많이 사용한다. 그리고 그런 사역자를 우리는 의심하지 않는다. 이것이야말로, 배타적은 아닐지라도 주로, 우리가 찾고 있는 사람의 자질이다. 목회초보자들은 자신의 자연적인 재능을 의식적으로 향상시키고, 영성뿐만 아니라 자신의 지성도 부지런히 증대시키면서, 매일 기도하는 습관을 들이라. 그러면 "무릇 있는 자는 받아 넉넉하게 되되 없는 자는 그 있는 것도 빼앗기리라"(마 13:12; 25:29)는 약속이 이루어짐을 보게 될 것이다. 이 과정에서, 그는 자기 열망을 크게 독려해서 이 거룩한 사역에 당연히 받아들여질 것이다. 하나님의 뜻과 말씀에 따라 그 결과들을 진지한 마음으로 바라보지만, 그러나 그것들을 자신의 사역을 위한 준비의 보장이나 또는 열망의 보장으로서 간주하지 않기 때문이다.

그렇지만 열망과 능력의 결합은 아주 중요해서, 서로 분리되어서는 그 어느 쪽도 충분할 수가 없다. 열망은, (비록 열렬함과 숙고, 그리고 순수성의 기준에 정확히 부합하고 있기는 하지만), 그것 자체로는 하나님의 부르심을 입증하지 못한다. 일꾼들이 아무리 가고 싶다고 해도, 자격을 갖추지 않은 일꾼들을 주께서 자신의 포도원으로 들여보내신다고 생각할 수 없다.[20] 그러므로 지적이면서도 효과적인 형태로 진리를 제시할 능력이 없음을 의식하고서, 자신의 가장 열렬한 소원에게 굴복하도록 하나님의 좋은 부르심을 받았을지도 모른다.

비록 자신의 봉사가 꼭 필요하지 않더라도, 이런 자기포기의 희생 속에서 자신의 바램들을 가장 은혜롭게 수용함으로 자기가 자기 자신을 위로해줄 수도 있다(왕상 8:18). (비록 그것이 그 그리스도인이 교회의 조력자로서 중요하게 쓰임 받을 수 있는 자격을 줄 수 있기는 하지만), 목사가 가진 은사들의 내용이 아무리 풍부하다 하더라도, 사역에 대한 특별한 열망과 관심이 없다면, 높고 중요한 이 사역을 위한 성령의 감동이 있었다는 것을 그것이 입증하지 못할 것이다. 그러나 주님이 자기 종의 마음을 한 가지 야망으로 국한시켜 그 사람에게 충분한 능력을 주었을 때, 수고와 고통 그리고 어려움을 분명히 파악하고도 이것들은 아무것도 나자신을 동요시키지 못한다(행 20:24)라고 말할 수 있을 때, 그 때 그는 사람들의 손을 통해 안수받아 따로 구별되려 해도 좋을 것이다. 하나님의 부르심을 받았다는 증거를 자기 안에 가지고 있기 때문이다. 그리고 그러한 부르심은 교회의 장로들에 의해 정당히 인정을 받을 것이며, 자신의 사역에 하나님의 축복을 받음으로 더욱 분명히 증명

---

[20] 일상생활에서도, "미련한 자 편에 기별하는 것은 자기의 발을 베어 버림과 해를 받음과 같으니라."-잠 26:6. 그렇다면 하나님의 지혜라면 그 가장 중요한 신뢰를 책임지기에 부적합한 능력을 가진 자에게 교회의 행정을 맡길 것이라고 우리가 생각할 수 있겠는가?

될 것은 의심의 여지가 없다.[21]

앞에서도 잠깐 언급했지만, 아마도 하나님의 섭리가 이 소명을 확인해주던지 또는 부인하던지 할 것이다. 왜냐하면 섭리는, 서로 조화롭게 연결되어 움직이기는 하지만, 자기 교회에 대한 하나님의 뜻에 곧바로 순복하여 움직이는 "바퀴 안에 바퀴"이기 때문이다. 그러므로 만일 이러한 섭리가 세속적인 직업의 선택도 명령해준다면, 하물며 하나님께서 자기 자신의 일에 내적인 소명을 인도하실 것을 우리가 기대하지 않겠는가? 이 일은 하나님 나라의 관심사들과 아주 깊이 연결 되어 있기 때문이다.

그러므로 이 주요한 목적에 맞게 한 사람의 상황과 생각, 성향 그리고 공부 등을 섭리로써 적소에 배치하는 것이다. 미래의 삶을 위한 자기의 계획에 실망하는 것, 세속적인 길들을 뜻밖에 그리고 반복적으로 막으시는 것, 예상치 않게 (호불호의 면에서가 아니라 유익을 끼칠 수 있다는 면에서) 교회의 사역 자리가 나는 것, 개인의 영역에서 어떤 특별한 위기가 온 것, 가정 형편에 변화가 있거나 영향이 있을 때, 이들 중에 한 가지 혹은 다수는 "이것이 그 길이다, 너는 그 길에 행하라"고 자기 등 뒤에서 말씀하시는 것일 수도 있다(사 30:21).

그러나 인도하심은 낙천적인 기질을 꺾고 나태한 습관을 분발시키는 등, 체질적인 성향과는 반대로 나타날 수도 있다. 지혜롭고 부드러운 훈육은 유순한 정신을 형성하여서, 우리 아버지의 뜻을 분별

---

21 이 주제에 대한 이 생각은 Burnet 감독의 생각과 거의 동일하다. 그의 적용은 너무 놀라운 것이어서 빠뜨릴 수가 없다. "(감독다운 엄숙함을 가지고 그는 말하기를), **감동을 받고 자격을 갖춘 이 사람이 그리고 이 사람만이, 진리 가운데 그리고 선한 양심을 가지고,** 마음에 성령의 감동을 받았다고 믿는다고 대답할 수 있다. 그리고 이것 없이 그 말을 하려는 사람은 모두 하나님과 성령의 이름을 망령되이 부르는 신성모독자이다. 그는 교회를 먹이기 위해서가 아니라 교회를 훔치려고 하나님의 교회를 침입하는 자이다. 그래서 **거짓말로 시작하는 자는 거짓의 아비가 보낸 자임이 확실하고, 사역에 들어오기 위해서 말한 그 첫 마디의 말에서부터 속이는 자는 "문으로 들어오는 자"라고 생각할 수 없다.**" Pastoral Care, ch. vi.

하고 따를 준비가 되게 할 것이다. 주님은 보통 자기 종들에게 기다리는 훈련을 시킨다. 그리고 주님을 즉시 섬기는 길에 있을 많은 충돌에 대한 훈련을 시킨다. 그러나 겸손하게 인내하며 자신감을 가지면, 그들의 길은 "환한 빛과 같이 될 것이다."22

그리스도인 친구들의 판단, 특별히 경험이 많은 목사들의 판단은, 사역에 대한 열망이 행동 원리의 충동이 아니라 감정의 충동이지 않은지, 그리고 자신의 능력에 대한 평가가 자기망상적인 주제넘음에서 나온 것인지, 마음에 결정을 내리도록 하는데 유용할 수 있다. 경건하고 학식 있었던 르런드(Leland) 박사는 자기 자신의 경우에 이 만족스러운 견해를 택했다.

> 은혜롭게도 하나님은 나에게 몇 가지 달란트를 주시기 기뻐하셨다. 이 달란트는 잘 갈고 닦으면 교회의 덕을 세우기 위해 유용한 것이다. 그분은 나에게 자원하는 심령을 주셔서 이 거룩한 사역을 택하게 하셨다. 그리고 세상적이고 육적인 목적과 생각에서가 아니라, 세상에 있는 사람들의 구원을 위해 그리고 진리와 경건, 의의 유익을 섬기기 위해, 하나님께서 나에게 주신 달란트를 사용하고자 하는 진지한 의도와 열망에서 온 것이었다.
>
> 몇 분의 학식 있고 경건한 목사님들의 판단과 승인 때문에 나는 힘을 얻었다. 그분들은 상당 기간 동안 일련의 시험기간을 가지고서 나를 이 거룩한 직분에 적합한 자격을 가지고 있다고 판단을 내렸고, 사역의 길을

---

22 저자는 섭리의 지휘와 안내에 자신을 내어맡기기로 결심할 수 있는 그러한 격려와 평안에 다음의 것들을 덧붙이지 않으면 안 된다. 즉 이 말을 정확히 따랐던 그 소수의 사람들 중 그 누구도 나는 알지 못했다는 것과, 심지어 이 세상에서조차 그 열매를 본 적이 없다는 것이다. 하나님이 자기들에게 일을 맡기는 것이 적임이라고 생각하시는 대로, 그것은 마치 자신들의 평가기준을 따르라고, 하나님을 의지하라고, 그분의 돌보심에 자신을 내어맡기라고, 하나님이 그들을 채용하고 자신의 농사에 한 몫을 맡길 문을 열어주실 때까지 기다리라. 사람들을 고부하려는 하늘의 비밀 계획이라도 있었던 것처럼.

가라고 나에게 권면해주었다.

이 모든 것들을 심각하게 저울질해보자. 내가 목회사역에 분명한 소명이 있다고 나는 생각하지 않을 수 없다. 그래서 만일 내가 그것을 거역한다면, 나는 하나님께 죄를 범하는 것이며, 많은 하나님의 백성 들을 슬프게 하고 나를 향하신 하나님의 섭리의 계획과 반대로 행동하는 것이고, 그분이 나에게 준 달란트를 원래 목적을 위해서가 아니라 다른 목적들을 위해 쓰는 것이라고, 나는 진실로 믿는다.[23]

이 토론의 중요성은 일반적으로 인정할 것이다. 확실한 위임도 받지 않고 어둠 속에서 수고하는 것은 하나님의 사업에 대한 믿음의 보증을 상당히 가려버린다. 그리고 그 목사는 하늘의 후원을 받을 수 없어 자기 일을 할 때 두 손이 축 늘어지고 무릎이 약해지는 것을 느끼게 된다. 반면에, 자기가 하나님의 부르심에 순종함으로 행동하고 있다는 자신감은 즉 자기가 하나님의 사역을 감당하고 있고 하나님의 길에 들어서 있다는 생각은, 모든 어려움 중에서도, 전능자의 능력을 갖게 하고 용기를 북돋아 준다. 그러나 하나님의 사역에 온전히 헌신한 사람은 어떤 상황 속에서도 괴로움에 빠질 것이라는 확실한 이유는 없다. 근심의 때에 목사는 하나님의 자비에 자신을 내던져야 한다. 그리고 하나님께서 받아주실 것을 의심치 말아야 한다.

이 주제에 대한 생각을 마치려함에 있어, 내적 소명이 항상 목회의 권위의 공적인 부여를 수반하는 것은 아니라는 사실을 잊어서는 안 된

---

[23] Leland's Life를 보라. "목회사역에 소명을 받은 사람은 하나님의 선물인 능력, 의지, 기회가 주어지며 우리의 노력, 기도, 성실함이 요구된다"(Vocantur, quibus data facultas, voluntas, et locus. Omnia tria Dei dona tamen requirunt nostrum studium. Oratio et diligentia poscitur, quo discas quod doceas. Voluntas etiam petenda a Domino est. Locus docendi item quaerendus est; nec tacendum, nisi ubi nemo velit audire). Bucer. De vi et usu S. Min.

다. 기독교의 가르침을 분명히 깨닫지 못하고 목사의 임무를 통감하지 않은 상태에서 이 거룩한 사역에 들어섰다는 것이 괴로운 기억으로 남아 있는 사람들이 우리들 중에 많이 있다.[24] 그러나 이 죄의 기억으로 인해 낙담하는 것이 아니라 겸손해져야 할 것이다. 우리가 거룩하지 못한 상태에서 거룩한 제단에 접근한 것으로 인하여 괴로워하자. 그러나 과도하게 슬퍼하지는 말자. 은혜로우신 우리 하나님께서는 다른 죄를 위한 자비도 있거니와, 이를 위한 자비도 있기 때문이다. 그것 때문에 우리가 그분에게 헌신하는 것이 헛되지는 않을 것이다.

우리 생애의 마지막 날까지 이 일을 특별히 회상하면서 우리는 이 죄를 짊어지지 않으면 안 된다. 이를 하나님의 넓으신 은혜로 기억하는 기회로 삼고, 우리 미래의 사역에서 배가의 노력을 경주하여야 할 동기로 삼아야 할 것이다(딤전 1:11-16). 우리 마음에 이러한 깊은 회개를 일으키기 위해서 우리 마음에 자주 그 일을 떠올리며, 특별히 안수 받았던 날이 매년 돌아올 때마다 그 때 했던 서약을 상기해 보는 것이 좋을 것이다. 그리고 그 서약의 책임감을 새롭게 인식하면서 우리자신을 하나님께 바쳐야 할 것이다. 하나님의 은혜로 그 서약을 성취하겠다는 마음의 큰 결심을 해야 할 것이다. 그리하여 부끄러움과 자책하는 마음으로, 그러면서도 감사한 마음을 가지고, 말하자면 재임명을 받은 자같이 되어야 할 것이다.

우리에게 사명이 주어질 것이다. 우리는 우리 자신의 영혼에 증거를 가지게 될 것이다. 비록 안수를 받을 때에는 우리가 성령의 감동을 받

---

[24] Scott가 자기 자신의 경우에 어떤 영향이 있었는지에 관해 말하고 있는 것을 참조하라. Force of Truth, and Practical Observations on Numbers xvi. 1-19. 또한 독특하게 단순했던 목사요 자기 주님의 사역에 아주 영광스럽게 헌신했던 Walker of Truro의 동일한 고백을 보라. Practical Christianity라는 제목을 가진 그의 귀중한 전도지 모음집을 보라 (pp. 190-191). 또한 최근 자기 사역에서 은퇴한 한 헌신적인 목사가 쓴 회고록 Humbling Recollections of my Ministry를 보라.

지 못했다 할지라도, 지금 우리는 그러하다. 지금 우리가 높은 하나님의 소명과 일치하지 않는 것은 무엇이나 다 버리고 있다는 것을 우리 양심이 우리에게 증거할진대, 우리의 사랑의 수고 전부를 하나님께서 자비롭게 용납해 주실 것을 의심할 필요는 없다. 그리고 (하나님 자신의 말씀을 확증하면서) 또한 우리가 수고한 대로, 우리 자신의 영혼에 축복을 주실 것을 의심할 필요가 없다.

제3부

목사 개인의 인격과 관련된 비효과적 목회의 원인[1]

저자가 다루고 있는 주제의 이 부분을 다룰 때 극도의 민감성과 숙고, 그리고 사랑이 요구됨을 저자는 잘 인식하고 있다. 그러나 비록 자기 개인의 유익을 위한 것이기는 했지만, 자기 형제들의 목회를 부지런히 관찰해왔음을 저자는 참으로 말할 수 있다.

이제부터 자세히 다루게 될 언급에 대한 자료는 다른 사람들의 목회를 면밀히 살펴본 것들에서 취한 것이라기보다는, 고통스러운 과정을 통해서 알게 된 저자 자신의 부족과 유혹들에서 가져온 것이다. 자기 만족의 교만한 마음에서 자기 형제들의 결점들을 들추어내는 것과 자기 자신의 마음을 깊이 살펴보면서 그들의 실패를 관찰하는 것, 그리고 공동의 유익을 위해 그 모든 것들을 압축된 생각으로 만들고자 하는 목적 사이에는 큰 차이가 있다는 것을 기억하여야 한다고 저자는 믿고 있다.

우리 개인의 목회 습관들이 갖는 중대한 영향력은, 긍정적인 것이든 부정적인 것이든, 분명히 존재한다. 개인의 인격은 그 목사를 형성 하는데 현저한 위치를 차지한다. 그러므로 그리스도인의 삶의 탈선에서 작용하는 원인들은 본 주제의 이 부분에 해당하는 것이다. 자 이제 세부 적인 이야기를 해보기로 하자.

---

[1] 우리가 다루고 있는 주제의 이 부분에 관한 귀중한 논문을 보려면, 독자들은 Christian Observer, p. 1822를 참조하라.

The Christian Ministry

1장

목회사역에 대한 온 마음과 전적 헌신의 부족

다음 본문(딤전 4:13-16)은 적합한 가르침의 가장 중요한 핵심과 목회에 헌신할 것을 권면하는 말씀을 간결하게 압축하고 있다.

> 이 모든 일에 전심전력하여 너의 진보를 모든 사람에게 나타나게 하라 네가 네 자신과 가르침을 삼가 이 일을 계속하라 이것을 행함으로 네 자신과 네게 듣는 자를 구원하리라(딤전 4:13-16).
> 우리는 기도하는 것과 말씀 전하는 것을 전무하리라(행 6:4-7).

사도 바울의 결심의 결과에서 목회에의 전적인 헌신이 목회성공에 미치는 영향을 볼 수 있다.[1]

과연 목자장께서는 자기 자신을 양떼들을 위하여 주셨고, 또한 우리도 회중을 위하여 내어 주셨다(엡 4:8-12). 우리의 사역과 연관된 생각 속

---

[1] 행 6:4-7. 초대교회의 충성스러운 목사가 본을 보인 이 결심을 보라. 이 결심은 기도와 고된 주님의 사역에도 똑같이 주어졌다. 골 1:7; 4:12; 빌 2:30.

에서, 양떼들이 우리를 그리스도께로부터 받은 선물로 소중히 여기도록 우리 자신을 우리가 섬기는 사람들에게 내어 주어야 한다는 의무보다 우리의 사역과 연관된 더 책임 있는 생각은 없다. 아! 다음과 같이 그들에게 말할 수 있다면 얼마나 좋겠는가.

> 우리는 그리스도의 것이고 그분은 우리를 여러분에게 주셨습니다. 우리는 우리 자신 이 완전히 여러분에게 빚진 자들입니다(롬 1:14). 우리는 예수를 위한 여러분들의 종입니다(고후 4:5). 우리는 이 일에 우리 자신을 드렸습니다. 그리고 마치 이것 외에는 위하여 살 가치가 아무것도 없는 것처럼 우리는 이 사역 속에 있기를 원합니다. 이 사역은 우리 기쁨과 즐거움 전부입니다. 우리는 우리의 시간 전부를, 우리의 성경 읽기 전부를, 우리의 마음과 몸 전부를 이 사역에 바칠 것입니다

"주 안에서 받은 직분을 삼가 이루는"(골 4:17) 일이 아킵보(Archippus)보다 우리에게 덜 필요할 것이라고 가정해서는 안 된다. 또는 부단히 수고하라는 사도 바울의 권면들이 사랑하는 디모데에게보다 우리에게 덜 적용해도 좋은 것으로 생각해서는 안 된다(딤후 4:1-2).

우리 교회의 특권과 면제권이 우리의 방종을 위한 구실이 되겠는가? 또는 힘든 자기부인의 실천에 관해서는 아무 희생도 치르지 않으며 주님을 섬기면서(삼하 24:24), 우리 상급기관의 감독자의 눈에 우리를 옳게 보이기에 충분할 정도로 가시적인, 판에 박힌 일상의 사역으로만 만족할 것인가? 우리는 주님의 포도원의 일꾼이 되어야 하지, 빈둥거리는 자가 되어서는 안 된다. 일을 하지 않는 것이나 다름없이 마지못해 일을 하는 자가 되어서는 곤란하다. 마치 주님이 우리를 버리실까봐 두려워서 일하는 자처럼, 또는 주님이 받으시기에 합당한 것을 드리기를 머뭇거리는 자처럼 일하는 자가 되어서는 안 된다.

목사의 긍지는 참된 종의 조건이다. 그것은 그 사람으로 하여금 예수 그리스도와 그의 교회에 자기 자신을 전적으로 헌신할 의무를 지운다. 목사와 목회는 둘 다 오직 교회를 위해 존재한다. 이 상태에서 교회의 사역에 전적으로 전념하지 않는 자는 도둑이요 하나님을 모독하는 자 취급을 받게 될 것이다. 하나님의 사역 정신을 가지지 않은 자마다 모든 달란트와 장점들이 무용지물이 된다. 그것들은 교회를 섬기기 위해 받은 것이기 때문이다. 목사는 모름지기 하나님의 일과 영혼 구원 외에는 마음에 아무것도 가지지 않아야 한다. 이것이 그의 기쁨이요, 그의 양식이요, 그의 생명이 되어야 한다.[2]

목사로서 우리는 성도들처럼 값으로 산 바 되었을 뿐만 아니라, 우리는 이 사역을 위해 구별된 사람들임을 기억하자. 그러므로 이 세상의 삶에 관계된 일에 얽매여 교회 일에 전적인 헌신을 방해할 권리가 우리에게는 없다. 초대교회는 이 의무가 상당히 강하게 느껴졌다. 그래서 장로는 집행자의 임무를 가져선 안 된다고 키프리안(Cyprian)은 교회의 판단을 전해준다. 그러나 그들이 분별없이 절대적인 규칙을 정했다 하더라도, 그 원칙은 여전히 훌륭하다. 목사가 영적인 일에만 항상 관여하게 함으로 심지어 중요한 세상 의무들에 필요한 주의를 기울이지 못하게 막았다는 그 원칙은 여전히 훌륭하다.[3] 마치 그것이 우리가 관심을 기울여야 할 유일한 일인 것처럼, 우리가 맡은 일들은 한 사람, 한 사람 모두에게 영혼의 전적인 헌신을 요구하고 있다.

---

[2] Quesnel on Rom. i. 1; Ephes. iii. 1; John iv. 34.
[3] 딤후 2:4. Cypr. Epist. i. Burkitt on Luke ix. 61-62를 보라. "Facile unusquisque intelligat, sacrum ministerium a nemine posse ulli ecclesiae, quamvis exiguae, qui non huic procurando ministerio se totum addicat et impendat." Bucer de Ordinat. Legit. Minist. Eccles.

그러므로 우리 사역의 중대한 목적을 섬기고 있지 않는 것이 분명한 공부와 행복의 추구, 심지어 레크레이션까지도 억제하는 것이 우리의 엄숙하고 즐거운 결단이 되어야 마땅하다. 심방과 여행, 그리고 삶에서 흔히 있는 교제에서, 그리스도인으로서 우리 특성뿐만 아니라 목사로서 우리의 특성도 결코 잊지 말 것을, 사도 바울은 우리에게 상기시켜주곤 했다. 이 모든 것에는 거룩함이 나타나야 한다. 이 모든 것은, 끊임없이 배우고 하나님의 것들 속에서 우리가 알게 된 것들을 나누어 줄 기회를 기다리면서, 철저하게 고수하는 체계의 일부분이 되어야 한다.[4]

목사들이 그들의 고유한 일 가운데 있지 않는 한, 마귀는 목사들이 무슨 일을 하든지 상관하지 않는다고 세실(Cecil) 목사는 말하곤 했다. 그것이 사냥이든 운동이든, 카드이든 조립이든, 클래식에 관해 메모를 쓰든 정치에 대한 메모를 해놓든, 그것은 마귀에게는 모두 한 가지다. 각각의 활동이 그 사람의 취향을 즐겁게 해줄 수도 있을 것이다. 이것과는 대조적으로, 교활한 자기 원수들이 하나님을 섬기지 못하도록 자기의 주의를 다른 곳으로 돌리려 했을 때, 그들에게 했던 느헤미야의 반복적인 대답은 얼마나 남자다운가. "내가 이제 큰 역사를 하니 내려가지 못하겠노라!"(느 6:3)[5]

---

[4] Scott's Letters and Papers, pp. 307-308. 다른 곳에서, 같은 열정과 여느 때와 같은 헌신된 마음을 가지고 그는 한 친구에게 다음과 같이 편지를 쓰고 있다. "어떤 목회 관련 일로 분주할 때 내 양심은 결코 고요하지도 아니하고 기뻐 날뛰지도 아니한다. 내 혀와 펜으로 하나님의 일들에 관한 지식을 획득하는 일에 있어서 뿐만 아니라 그것을 전달하는 일에 있어서도, 그리고 내 자신의 마음에 영향을 끼치려는 묵상을 통해서 뿐만 아니라 다른 사람들에게 영향을 끼치고 그들을 자극하여 주님을 찾고, 신뢰하고, 사랑하고 섬기도록 하게 하려는 다른 노력을 기울일 때, 나는 그렇다. 그리고 나로 하여금 적극적인 사람이 되게 영향을 끼치는 자긍심, 야망 등에 관해 수많은 생각들을 한 후에, (이것들은 교묘하게 들어오는 법이다) 사탄은 짐짓 정숙과 사양, 겸손한 체 하며 내 삶을 아무것도 하지 않게 하고 말 것이라는 말이 솔깃해진다. 사역을 지체하거나 사역을 옮기는 핑계거리를 내게 대주는데 사탄은 결코 부족을 모른다." Life, p. 213.

[5] 렘 6:3-4. 'Minister verbi es. Hoc age'는 거룩하고 학식도 많았던 Perkins를 고무하는 자극이 되었다.

그렇다면 영적인 성전 건축에도 동일한 헌신의 마음 집중, 동일한 우선적인 의무감이 필요하지 않겠는가? 같은 정신을 가지고, 우리 부패한 마음이 넌지시 제시하는 생각에 대답할 준비가 우리는 되어 있는가? 교만과 방종, 안일한 마음, 세상적인 것, 불신 등이 유혹하는 생각들에게, 즉 "나는 하지 않아도 될 것이다"-"나는 해서는 안 된다"- "나는 도저히 하지 못한다"는 생각들에게, "나는 내려가지 못하겠노라"고 대답할 준비가 되어 있는가? 이생의 일이 현재의 긴급한 의무를 지체하게 만들기 보다는, 우리는 참된 사역 정신을 가지고 "질그릇 조각은 이 땅의 질그릇 조각과 다투도록 버려두라." 그렇다. 심지어 "죽은 자들로 자기의 죽은 자들을 장사하게"해야 한다. 그리고 "너는 가서 하나님의 나라를 전파하라"(사 45:9; 눅 9:59-60).

버넷 감독은 "안수식을 관통하여 흐르는 목회의 주요 개념"에 대해 언급하고 있다.

> 목회는 한 목사의 일 전부가 되어야 하며, 목회가 그 사람의 생각과 시간을 소유하여야 한다. 이것들 안에 있는 것보다 더 큰 힘 또는 에너지가 어디 있겠는가? 다른 말로 바꿔서, 한 인간의 전부를, 즉 자기 시간과 수고를 완전히 바치는 것, 그리고 다른 모든 일로부터 자신을 분리시켜, 가능한 한 부지런히 그리고 열심히 이 한 가지를 추구하는 것보다 더 중요하고 더 긴급한 일을 어디서 찾을 수 있겠는가? 고대와 현대를 막론하고, 이런 힘을 가진 것은 어떤 직분에도 없다. 목회는 참으로 진지한 것이고 엄중한 것이다.[6]

목사는 "회계해야 할 곳이 두 곳"이 있다. 하나는 하나님께, 또 다른

---

[6] Pastoral Care, ch. vi.

하나는 인간에게 회계를 해야 한다. 비록 후자는 그 답변에 이의를 제기하지 않을지 모르지만, 그럼에도 목사의 임무가 교회의 대제사장이신 이가 보시기에는 적절히 수행되지 않았을 수도 있다. 비록, 인간적인 측면에서는, 그들의 일들이 정확히 조건적인 계약의 성격을 띠고 있지는 않다 하더라도, 공식적인 임무들 이외에도 수행해야 하는 분명한 일들이 있다. 구속력이 약하지 않으면서도 명확히 정해지지 않은 어떤 직무들이 있는데, 이 직무들은 목회를 위해 구별된 모든 사역자가 맡아서 이루어야 한다.[7]

인간 사이에 흔히 있는 거래들을 규정하는 상호성의 원칙에 따라 이루어지는 보통 직업으로서 목회를 보아서는 안 된다. 목사가 자기의 사역을 단지 상업적인 거래에 비추어 생각할 때 그 사람은 자기의 소명을 더럽히는 것이다. 상업적인 거래는, 어떤 값을 지불하였을 때 어떤 서비스를 되돌려 주는 것으로 거래가 성사된다. 그의 하늘 모형과

---

[7] Burnet's Past. Care, ch. viii을 보라. Richmond의 『사역』(Ministry)에서 이러한 "정해지지 않은 별도의 직무들의 견본을 찾아볼 수 있을 것이다." 안식일에 두 가지의 완전한 사역이외에도, 그것은 어린이들을 위한 주일 저녁 설교, 화요일과 요즈음에는 목요일에도 행하는 오두막집 설교, 금요일에 교회에서 행하는 설교, 소년원에서 일주일에 한 번 하는 설교와 매달 성례에 앞서 행하는 설교 등이 있다. 이런 식의 공식 설교와 결부해서 사도의 명령을 늘 이행해야 하는 것이 있는데, 그것은 바로 집집마다 방문하는 일이다. Life, pp. 114-115, 588-589. "힘에 지나치게 그 이상으로 힘쓸" 그리고 이러한 끊임없는 요구들 때문에 곧 자신들 마음속에서 사형 선고를 받게 될, 헌신적인 목사들이 많이 있을 것이다. 그리고 (한 훌륭한 목사가 자기의 형제에게 말하기를), "그리스도는 너무 훌륭한 주인이시고 너무 선한 주인이셔서 자기 종들에게 자기를 섬기다가 죽으라고 요구하시지는 않는다." 그러나 자기 후임자들에게 무거운 짐들을 남기는 것이 두려워 이러한 별도의 공식적인 일들을 보류하고 있다고 고백하는 사람들도 있다. 주님은 적은 체력을 가진 사람들에게는 그와 같은 분량의 일을 요구하시지 않을 것이다. 그렇지만 자기 힘에 맞게 자기 사역을 하여야 할 것을 주님은 자신의 모든 종들에게 정당하게 요구하신다. 우리 감독 기관의 높고 합리적인 요구들이 있기 때문에 우리는 더욱 노력하고 분발할 수 있다. 앞으로의 일을 생각하는 것이 우리의 현재 에너지를 마비시키지 않도록 하자. 그리고 천사들이라도 그 일에 참여하는 것을 영광으로 생각할 만한 일에, 건강한 체력을 소모하지 않도록 주의하자. 건강과 힘, 달란트, 기회가 허용될 때에, 긴급한 경우가, 양심의 소리가, 우리 주님의 사랑의 구속력이, (요 21:15-17) 또는 우리가 자발적으로 했던 저 엄숙한 안수 때의 약속들이 그러한 수고를 필요로 하지 않는다고 누가 말할 것인가?

같이, 목사는 쉴 새 없이 자기 주인의 사업을 해야 할 것이다. 그는 시간과 때와 주제들을 이용할 것이며 자신에게 맡겨진 진리를 증거해야 한다. 그 진리는 적절한 판단력을 가지고 관련성 있게 제시되어야 하며, 자신의 말을 "소금으로 고루게 함같이"(골 4:6)해야 하고, 아무도 자기를 비난할 수 없게 해야 한다. 또는 에서처럼 후회와 비난이 뒤섞인 말투로 "아버지의 빌 복이 이 하나 뿐이리이까?"(창 27:38)라고 묻지 않게 해야 한다.[8]

우리 "하늘의 모형"은 목회사역의 참된 정신 즉 "전력을 다하여 힘껏 하는 것"의 놀라운 본을 보여주셨다. 그분의 영혼 전부는 그의 사역에 있었다. 한 가지에만 뜻을 두었으며, 상대적인 임무들과(눅 2:49; 마 12:46-50) 개인적 편의를(사 1:5, 6; 요 17:4) 포기하고, 당면한 필요불가결한 것도(요 4:6-14) 사역보다 중요하지 않게 여겼다. 사소한 일에 시간을 허비하지 않았다. 그것은 염치없는 짓이다! 유용한 기회는 절대로 놓치지 않았다. 심지어 생활의 평범한 예의를 차리기 위해 하는 것들조차(눅 7:36-50; 11:37; 14:13-24) 그리고 공적인 행사들까지도(요 7:37) 가장 중요한 것을 가르칠 수 있는 절호의 기회로 삼았다. 자기 사역을 단념한다는 것은 견딜 수 없는 생각이었다(마 16:23). 맥이 풀릴 만한 치욕과 환난을 겪으면서도, 그분은 끝까지 인내하셨다(사 1:5-6; 요 17:4). 매일매일의 수고는 목회의 역사에서 전례가 없는 것이었다.[9] 그분이 가야 할 길, 그 긴 길이 3년이라는 짧은 공간 속에서 압축되었다.

위대한 사도 바울도 동일한 정신을 많이 가지고서 주님의 본을 따랐

---

[8] Bishop of Winchester's Ministerial Character of Christ. pp. 232-233.
[9] 막 1:32-38과 비교해 보라. 마태복음 13장의 비유들은 한 날의 오후에 전하신 것으로 보인다. 그 날의 앞부분은 가르침의 사역으로 보내셨다. Doddridge는 또 다른 때에 말하기를, "우리 주님이 이 한 오후에 하셨던 것과 같은 유익한 기적들을 그렇게 많이 자기 평생에 일으켰던 선지자는 우리가 구약에서 읽는 선지자들 중에는 아무도 없다." Family Expositor on Matt. ix. 33. Section lxxii.

다. 바울의 바로 그 영혼과 정신은 자기 사역에 고정되었다. 교회가 영적인 축복의 기관이 되기를(롬 1:11-12; 살전 3:8-11) 바울이 간절히 바라는 것처럼, 그렇게 승진을 바라는 피고용인은 없었다. 들을 귀가 있는 곳마다 그는 설교할 마음과 혀를 가지고 있었다. 심지어 로마 거기에서도 그러했다(롬 1:15).

바울의 이야기가 우리에게 전하는 바를 보면, 그는 "아시아에 들어온 첫날부터", "공중 앞에서나 각 집에서", "하나님의 뜻을 다…전하였고", "은이나 금이나 의복을 탐하지 아니하였고", "삼년이나 밤낮 쉬지 않고 눈물로 각 사람을 훈계하였으며", 밖으로는 자기 원수들의 시험에 노출되어 있었고, 안으로는 안타까움과 열심 그리고 눈물 이외에는 밖으로 분출 할 수 없는 긍휼 때문에 자기 심령에 심한 눌림이 있었다. 그리고 어떤 대가를 치르더라도 불굴의 인내심을 가지고 자기의 갈 길을 가겠노라고 결심하였다.[10] 그리하여 그는 다음과 같이 증언할 수 있게 되었다.

> 내가 그의 아들의 복음 안에서 내 심령으로 섬기는 하나님이 나의 증인이 되거니와(롬 1:9).[11]

그렇다면, 우리가 다음과 같이 물어서는 안 되겠는가? 하나님이 우리의 증인이신가? 설교의 구체적인 빈도수가 아니라, 충성스러운 말씀사역의 목적과 마음의 구조, 특질 즉 "하나님 자신의 마음에 합한 목

---

10 행 20:18-36과 비교해 보라. 상당한 분량의 다른 과정은 롬 15:18-28에 기술되어 있다.
11 롬 1:9. Brainerd는 이 정신에 가장 가까운 본을 보여주고 있다. 자기 주님의 사역에 대한 자기의 사랑의 온전한 광채를 말로 다 표현할 수 없었다. "나는 하나님의 사역을 하면서 계속 타오르는 불꽃처럼 되어 내가 죽는 마지막 그 순간까지 그리스도의 나라를 세우고 설교하기를 간절히 바랬다."

자"¹²의 정신을 그분은 우리 안에 각인해 놓으셨는가? 헌신된 목사는 자기의 사역이 평생 동안 해야 할 충분한 일이라고 느낀다. 자기가 이 정신으로 사는 한, 사역은 자신의 최고의 즐거움이라고 느낀다. 그리고 자기 자신을 사역에 온전히 쏟아 붓지 않고서는, 사역의 임무들을 제대로 수행하지 못할 것이라고 느낀다. 그러므로 이 중요한 목적과 조금이라도 연관된 일이 아니면, 다른 일을 할 시간이 없을 것이다.

그러므로 우리 사역에 하나님의 능력이 적게 나타난다는 것은 다음의 질문을 자세히 살펴보아야 함을 의미한다. 한 가지 목적을 가지고 온 마음이 그리스도의 사역에 바쳐져있는가? 브라운의 임종 모습은 이 문제에 대해 매우 힘이 되는 증언을 하고 있다.

> 오! 그리스도께로 영혼들을 인도하기 위해 수고하고 또 수고하십시오. 나는 여러분을 격려해주기 위해 이 말을 합니다. 주님이 나를 이 길로 인도하사 열심을 내게 하셨을 때, 그분은 내 마음 속에 아주 많은 위안을 부어

---

12 렘 3:15. Latimer의 단순하면서도 충성스러운 권면을 들어보자. "들에서 지내면서 밤에 자기 양떼를 지키는 목자들"에 대해 이야기를 하면서, 그는 다음과 같이 덧붙였다. "모든 목사, 부목사, 목사, 감독과 다른 모든 영적인 일을 하는 사람들이 이 불쌍한 목자들에게서 이 교훈을 배우기를 바란다. 자기 양떼를 지키고 양떼들 곁에서 밤을 보내고 양떼들을 지키는 것, 자기 자신의 즐거움을 좇아 여기저기로 뛰어다니는 것이 아니라 자기들이 임금을 받는 그 대상들 곁에 머물며 자기 양떼를 하나님의 말씀의 양식으로 먹이고 그들을 대접하며 그리하여 그들의 영혼과 육체 모두를 먹이는 것, 이것을 배우기를 간절히 바란다." 여러분에게 말하노니, 이 가난하고 무식한 목자들이 학식 있는 수많은 목사들을 정죄할 것이기 때문이다. 이 목자들은 이성 없는 짐승들을 돌보고 다스리는 것 밖에 모르지만, 부지런히 그것들을 지키고 먹인다. 다른 이들은 하나님의 어린 양들을 돌본다. 이 양들은 하나님이 자기 아들의 죽음으로 사신 것이다. 그럼에도 그들은 그 양들에게 너무도 관심을 쏟지 않으며 돌보는 일을 태만히 하고 게을리 한다. 그렇다. 대부분은 양을 먹일 의지가 없다. 오히려 양떼들이 자기를 먹게 해주기를 간절히 바라고 있다. 그들은 단지 자기 자신의 소일거리만을 찾고 있으며 그 이상은 관심도 없다. 하지만 그리스도께서 베드로에게 말씀하셨다. 뭐라고 말씀하셨는가? "베드로야, 네가 나를 사랑하느냐?" 베드로는 대답했다. 네. "그렇다면 내 양을 먹이라." 그리하여 세 번째로 그분은 베드로에게 자기 양을 먹이라고 분부하셨다. 눅 2:8-12. Quesnel on Luke xiii. 22와 비교해 보라.

주셨습니다. 그러니 그분은 내가 받을 상을 내 가슴 속에 주신 것입니다.[13]

훌륭한 베버리지(Beveridge) 감독의 진지한 권면의 말도 같은 취지를 담고 있다.

> 그리스도의 교회에서 집사나 목사의 직분을 취하러 나오는 자들에 관해, 주 예수 그리스도의 이름으로 이제 주 예수의 종이 되려 하는 그들에게 간청하노니, 오늘 이후로 그분을 자신의 대 주인님으로 생각하며, 그분이 부르신 그 사역에 자기 자신을 온전히 바쳐야 합니다. 그리고 사역을 하는 중 어떤 어려움을 만나더라도 사도 바울의 본을 따라야 합니다. 용기를 잃지 말고, 낙담하지도 말고, 기분 좋게 그리고 주저 없이 순순히, 자신이 세상에서 가장 훌륭한 주인님을 섬긴다는 것을 기억해야 합니다. 그 주인님이 여러분들 곁에 서서 도우실 뿐만 아니라 마침내 의의 면류관으로 여러분에게 상주시는 분이심을 잊지 말아야 합니다.[14]

---

[13] Brown's Life and Remains, p. 267.
[14] 안수식에 관한 Mant 감독의 메모에 인용되어 있는, 그의 Sermon on the Institution of Ministers를 보라.

2장

세상을 따름

사회의 구성원으로서, 세상과 어느 정도 교제하는 것은 꼭 필요한 일이다. 그렇지 않다면 우리는 "세상 밖으로 나가야 할"(고전 5:10) 것이다. 어느 정도의 의사소통 또한 우리의 목회 임무 수행을 위해서는 필수불가결하다. 그렇지만, 이러한 교제의 성경적인 제한과 원칙들을 확실히 해두는 것이 매우 중요하다. 우리 행위의 규정에 있어서 우리 주님의 명령으로부터 벗어나 그 요구조건들을 범하지 않게 하고, 또 그 기준을 낮추거나 다른 원칙들로 대체 시키지 않도록 하기 위함이다. "이 세대를 본받지 말라"(롬 12:2)는 금지명령과 "나와서 따로 있으라"(고후 6:17)는 하나님의 말씀이 어떤 의미가 있다고 한다면, 이 말씀은 교회 목사들에게 운동 경기나 사냥을 하지 말라고,[1] 극장, 무도장, 카드 테

---

[1] 만일 Jerome이 우리 시대에 살았다면, 다음과 같이 쓸 수 있었을까? "세상적인 일은 성직에는 어울리지 않는다"(Venatorem nunquem legimus sanctum?) 명령적으로 전달된 다음의 생각은 본질적으로 탁월하기도 하지만 권위의 무게감을 가지고 있다. "(작고한 젭[Jebb] 감독이 최초로 방문하였을 때 말하기를), 내 생각을 솔직하게 말하자면, 자신의 인격과 직분을 시종일관 거룩하게 분리시킨, 또는 자기에게 맡겨진 양떼를 시종일관 가르치

이블과 경마장 같은 곳은 가지 말라고 경고하고 있음이 분명하다. 그 무익하고 어리석은 육적인 삶 근처에는 가지 말라고 경고하고 있는 것이다. 우리도 모르는 사이에, 이러한 것들이 다른 사람들을 사귀는 목적을 벗어나 속히 죄의 쾌락의 덫에 걸리게 만들기 때문이다.

> 세상을 사랑하는 삶은 위엄이 있고 덕을 세워주는 경건과는 양립할 수 없다. 이러한 경건이 신성한 목회를 구별짓는 특징이 되어야 한다. 우리를 쓸모 있는 존재로 만드는 것은 이 경건뿐이다.[2]

취향이나 시간, 달란트와 여러 활동 등을 세속적이고 자기만족을 위한 일에 바친다면, 무슨 가르치는 능력이 행사될 수 있겠으며, 가르치는 능력이 증진될 수 있겠는가?

우리의 영적인 영향력에 매우 해를 끼치고 있는, 세상을 따르는 습관의 드러나지 않은 많은 부분들이 유독 영국 국교회 목사들에게 많다. 그들의 사회적 지위, 그들의 교육 정도, 생활양식, 그리고 체면을 차리기 위해 필요할 것이라고 흔히 생각되는 것, 이 모든 것들은 거룩하고 절제된 마음의 통제를 필요로 하는 상황이다. 우리의 위대한 사역에 방해물이 되지 않게 하기 위함이다.[3]

고 있는, 또는 안수식 때 자신이 한 서약을 일관성 있게 지키고 있는, 한 목사가 어떻게 해서 산이나 들에서 스포츠를 즐길 수 있는지, 경마장이나 극장에 들락거릴 수 있는지, 카드 테이블이나 무도회장에 갈 수 있는지 나는 알지 못한다. 이런 생각을 공언할 때, 나는 초대 교회서부터 구교의 감독과 신부들 그리고 현대의 가장 탁월한 목사들이 유지해온 생각을 공언한 것이다." 에드워드 6세 시절에 위임받은 서른 두 명이 편찬하고 1571년 4월에 폐하의 위임 아래 출간된 우리 교회법은 정확하고 고상한 기준을 가지고 있다. "Non sint compotores, non aleatores, non aucupes, non venatores, non sycophantae, non otiosi aut supini; sed sacrarum literarum studiis, et praedicationi verbi et orationibus pro Ecclesia ad Dominum diligentur incumbant."

2 Massillon.
3 네포시안(Nepotian)에게 보낸 Jerome의 편지는 비록 기독교 교리가 많지 않기는 하지만 목사의 행위라는 포괄적인 주제에 대해 중요한 힌트 몇 가지가 들어 있다. 이것은 'Bennet'

사람들이 예리한 눈으로 우리 옷과 가구, 음식, 가족 등을 세밀히 살펴보고 있으며, 우리의 목회 현장과 개인의 습관 사이를 면밀히 비교하고 있다는 것을 알고 있는 사람은 우리 중에 아마 별로 없을 것이다. 이 점에 대해 스콧트(Scott)의 관찰은 깊이 고려해볼 가치가 있다. 목사들이 겪는 불편한 점과 목사들이 자신의 합당한 신분 그 이상으로 마음껏 외모를 멋지게 꾸미고자 하는 유혹을 받는 것에 대해 언급하고 나서, 그는 다음과 같이 덧붙여 말한다.

> 만일 이 문제에 대한 우리 판단을 성령님으로부터 얻어내지 않는다면, 외적인 치장 혹은 탐닉의 문제에 있어 높은 사회 계층에서 참된 그리스도의 사역자들을 찾아낼 생각은 하지도 못할 것이다. 고위 목사들의 관심을 받으려면 그들의 화려한 생활 스타일을 따라 해야 한다고 목사가 생각한다면, 그는 잘못 알고 있는 것이다. 왜냐하면 자신의 좋은 의도와 또 적합성 여부에 대한 고려가 받아들여지기도 전에, 일반적으로 성령께서 이런 의견을 몰수하실 것이기 때문이다.[4] 그리고 세상적인 것들은 헛되며 그리스도인은 그러한 것들에 무관심해야 한다고 자신이 공적으로 선포한 것들이 진심이 아닌 것으로 의심 받게 될 것이기 때문이다. 자기의 상황이 허락하는 만큼 멀리 혹은 그 이상으로 목사가 세상을 따라가는 것을 보게 되면, 존경심이 혐오로 바뀌게 되는 경우가 비일비재하다.

---

s Directions for the Study of Divinity and the Articles of the Church' 12mo. 1715에서 찾아볼 수 있다. Burnet이 쓴 초록은 Pastoral Care, ch. iv.에 들어 있다. Campbell 교수는 같은 주제에 대해 설득력이 있는 언급을 하고 있다 . On the Pastoral Character, Sect. ii. 또 Secker's Charges, pp. 242-243과도 비교해 보라.

[4] Jerome's Tract는 유용한 힌트를 주고 있다. "Facile contemnitur clericus, qui, saepe vocatus ad prandium, ire non recusat. Nunquam petentes, raro accipiamus rogati." Quesnel on Luke xi. 37.

스콧트는 인생 후기에 이렇게 쓰고 있다.

> 필수품뿐만 아니라 체면 유지와 여유 있는 생활을 누릴 정도로 가족을 부양하고자 하는 욕구가, 내 생각에는, 단순히 주를 의지하는 영성의 삶을 갉아먹고 있다. 성경의 가르침을 설교하는 사람들 사이에서도 마찬가지이다. 이러한 것들이 그들의 사역을 가로막고 있다는 생각이 든다. 아니, 일반 대중의 신용을 잃게 만들고 있다. 그래서 쓰임 받을 가능성이 자기가 생각하고 있는 것보다 더 많이 배제되고 있다.[5]

우리의 수입으로 이러한 사치를 누릴 수 있다 하더라도, 그것을 피하는 것이 그리스도인의 절제의 한 부분이 아니겠는가? 우리 마음이 이러한 것에 있지 않음을 보여주는 것이 매우 중요하지 않겠는가? 그리스도인의 소박함과 검소함이 우리가 깊이 생각해서 한 선택임을 보여주는 것이 중요하지 않겠는가? 그리고 "판벽한 집"(학 1:4)에, 또는 쓸모없는 다른 장식품에 쓰였을지도 모를 그 비용을 하나님의 사역에 바치는 것은 양심의 문제요 특권의 문제임을 보여주는 것이 중요하지 않겠는가?

우리의 이웃과의 사교는 흔히 우리 사역에 심각한 장애가 된다. 기독교는 교양 있는 사람들과 절교해야 한다고 가르치고 있지 않다. 까다로운 세상의 관습들이나 세상의 우매한 자들을 경멸조로 지나치게 비난하지도 않는다. 그렇게 하는 것은 사랑의 복음의 정신도 아니며, 복음을 믿는 자를 특징짓는 정신도 아니며, 더구나 사역자를 특징짓는

---

[5] Scott's Remarks on the Character of Demas, in his notes on Pilgrim's Progress. Life, pp. 395-396. 또한 Letters and Papers, pp. 476, 482, Works, x. 224와도 비교해보라. "영적 성취에 세상은 치명적이다. 세상의 헛됨과 세상의 악, 세상의 어리석음을 깨닫고, 시간과 재능과 달란트를 무익하게 낭비하는 세상을 따르지 않는 것이 대단히 중요함을 일찍감치 깨닫는 것이 좋다." Legh Richmond. Life, p. 105.

말은 더더욱 아니다. 그처럼 불친절하고 무례한 모습을 드러내기보다는, 이러한 기질로 말하고 행동하는 것을 참는 것이 훨씬 나을 것이다. 친절한 말과 행동은 기독교의 신실함의 실천과 완전히 일치하는 우리의 의무이다(벧전 3:8).

그래서 성경의 분명한 제한을 받은 친절한 말과 행동은 선입견을 녹여 버리고 호의를 일으킨다. 그러나 '풀 속에는 뱀이 숨어 있는 법'(잠재적 위험을 조심하라는 뜻, latet anguis in herba)이다. 사물을 올바로 보는 바른 눈과 하나님께 전적으로 헌신된 마음을 유지하기 위해서는, 갑절의 경계와 기도가 무엇보다 필요하다. 세상은 마법에 걸린 땅과 같이 우리를 미혹한다. 신중한 그리스도인은 특별한 부름을 받지 않고서는 감히 그곳을 걸어 다니지 않는다. 작고한 허비(Hervey) 목사는 다음과 같이 결심했다. "자신의 주님께 접근하지 못하게 하는 사람들이 있는 곳에는 결코 들어가지 말자." 그리고 적어도 우리 주님을 소개할 마음이 우리에게 진짜 있고 또 그러려고 노력할 곳이 아니라면, 그 어떤 모임에도 들어갈 모험은 하지 않기로 결심해야 한다. 과연 "잠잠할 때가 있고"(전 3:7), 경건치 못한 자들이 있는 곳에서는 "우리 입에 재갈을 물려야 할 때가"(약 1:26) 있다. 거룩한 것을 개에게 주며 우리의 진주를 돼지 앞에 던짐으로써(마 7:6), 복음에 대해 불필요한 적대감을 유발하지 않기 위해서이다.

그러나 왓츠 박사가 제대로 본 바와 같이,

> 우리 자신의 소심함과 세속성 때문에 이 경고의 말씀은 시편 39편에서 다윗이 행한 것보다, 또는 마태복음 7장에서 예수 그리스도께서 말씀했던 것보다, 훨씬 더 거리가 먼 상태였다.[6]

---

6 Watt's Humble Attempt towards a Revival, pp. 88-89.

만일 우리가 "잠잠하여 선한 말도 발하지 아니"하며 다윗왕처럼 "우리의 슬픔이 북받쳐"[7] 오름을 느끼지 못한다면, "그리스도의 종"으로서의 특징을 우리가 잃어버렸다는 것은 너무도 명백하다. 이 신분을 유지했다면 이것은 우리의 영광이 되었을 것이다. 그리스도인으로서 우리의 신중성은 세상적인 소심함으로 퇴보하였고, 세상과의 우리의 대화는 사람을 두려워하는 마음과 육적 방종, 그리고 복음의 가장 엄숙한 경고에 대한 실제적인 불신앙에 의해 지배되어 왔다는 것은 너무나도 분명한 사실이다.[8]

우리 신앙이 예배당 안에서의 섬김에만 국한되어야 한다고 우리 주님께서는 결코 의도하신 적이 없다. 하나님의 사람으로서 우리는 신앙을 마음에 그리고 손에 가지고 있어야 한다. 사회의 구석구석에 영적인 향기를 퍼뜨리고, 그리스도를 고백한 자로서의 흔적을 세상 가운데서 지녀야 한다. 2000년 전 그분을 십자가에 못 박았을 때처럼, 세상은 아직도 그분을 똑같이 멸시하고 있다. 만일 우리가 그리스도인으로서의 분위기를 지니고 있지 않다면, 우리에게 어떤 흠이 있는 것이 분명하다. 그것은 어떤 식으로든 곧 감지되기 마련이다.

---

[7] 시 39:2. 시 40:9의 그의 호소를 보라.
[8] 예를 들면, 막 8:38. Secker 대감독은 다음과 같이 말하고 있다. "우리는 흔히 있는 삶의 관계에서 우리 역할의 중요성을 충분히 드러내 보이지 못하거나, 또는 우리 사명의 목적을 증진시키려고 충분히 노력하고 있는 것으로 보이지 않기가 쉽다." 그는 또한 우리에게 다음과 같이 경고한다. "세상 일에 대해서 아주 진지하게 이야기하는 것 혹은 본질적이지 않은 것이나 사소한 것에 대해 큰 기쁨으로 이야기 하는 것은 자칫 잘못하면 마음이 그러한 것에 많이 쏠리게 만든다. 아니, 우리는 오직 아주 특별한 정도 안에서만 그러한 일들이나 우리 임무와 연관되지 않은 일에 대해서 옳은 판단을 내릴 수 있다는 것은, 우리의 고유 임무를 소홀히 한 채 우리가 생각하는 것 그 이상으로 그 일들을 연구하였고 또 그 일들을 좋아하는 것이라고 흔히 생각할 것이다. 만일 그리스도인의 경건과 자선을 증진시키려는 끊임없는 열정과 함께 그 실천이 우리 교인들과 지인들이 당신에게 돌리는 첫 번째로 중요한 자질이 아니라면, 다른 곳에서 말했듯이, 만일 그 자질들이 당신에 관해 말하고 있다면, 이 글들을 건너뛰라. 그리고 그 자질들에 대해 질문을 받았을 때, 당신의 흠을 모르는 경우를 제외하고는, 무슨 말을 해야 좋을지 몰라 당황해 하라. 모든 것이 다 옳지는 않다. 그러나 그러한 목사는 결코 목사제도의 취지에 부합할 수 없다." Charges, pp. 229, 236-237.

우리의 사적 사역을 그렇게도 무의미하고 비효과적으로 만드는 것은, 이 삶에 명확한 기독교적 특징을 갖지 못해서이다.[9] 교구 심방에서 영혼의 상태에 대한 질문을 하지 않으면 아무런 의혹이나 관심도 없는 것처럼 여겨져서 누구도 유익을 얻지 못하게 된다. 만일 어떤 다른 사람들에게는 있는 신앙심이 목사에게는 별로 없다 할지라도, 그것은 새삼스럽게 별로 놀랄 일도 아니며, 강단의 엄숙한 말씀은 그들을 특정적으로 가리키고 있지도 않다는 생각을 쉽게 하게 된다.

세상 사람들과 교제하는데 세련된 매너가 중요하다는 생각은 때때로 십자가의 거치는 것을 직접적으로 전하는 것을 피하게 한다. 그러나 기억하라. 하나님은 타협하는 사람을 결코 존귀하게 여기지 않으신다. 성직의 성격이 세상에 대해서 단순히 부정적이어서는 안 된다. 오히려 지혜롭고, 친절하지만 담대하고 세상에 대해 확실한 경계선을 설정하는 것으로 특징지워져야 한다. 이 경계선은 서로간의 우호적인 적응의 관계 하에서도 진정한 의미에서의 상호간의 교제는 하지 못하도록 세상과 교회를 격리시키는 것이다.

사도 바울이 "이 세상 풍조"(엡 2:2)라는 강조의 말로 경솔한 방탕이나 악한 쾌락만을 의미했겠는가? 이 세상 풍조를 금지한다는 것은 세상의 원칙, 세상의 기준, 세상의 취향, 세상의 외적인 품위와는 관계가 없겠는가? (하나님의 명백한 선언뿐만 아니라 그것의 이유와 적합성으로부터 나온), 세상과 접촉조차 하지 말라고[10] 한 그의 경고는, 사고방식과 대화, 관심

---

9 작고한 한 훌륭한 목사의 일기에서 아마도 유익한 회상을 수집할 수 있을 것이다. "오 주님 나를 용서하여 주옵소서. 그리스도의 사역자들과 같은 그런 친구들을 좀 더 많이 만나지 않고 있습니다." Jay's Life of Winter. 다음은 작고한 Leighton의 생각이었다. "헛되고 경박한 대화의 습관보다 더 많은 것을 목사들의 권위와 그들의 메시지의 효력으로부터 깎아낼 것은 아무것도 없다." Pearson's Life, cxxvi. "나는 세상적인 사람들과 이야기를 나누는 일이 너무나 많이 있다. 오 내 영혼아, 만일 내가 이런 습성에 굴복한다면, 나의 쓸모는 굉장히 감소될 것이다. **자주 기억해낼지어다. 세례를 받을 때에 내가 세상을 포기하였음을.**" Diary of Legh Richmond. Life, p. 71,

10 "부정한 것을 만지지 말라." 고후 6:14-17.

과 교제의 모든 출처에 직접적으로 적용되지 아니한가? 이러한 것들은, 성경의 기준에 의하면, "아버지께로부터 온 것이 아니요 세상으로부터 온 것"(요일 2:16)임이 증명되었기 때문이다.

혹은 목사가 가진 교리의 복음적 정확성과 또 외적인 행동의 정당성은, "내가 세상에 속하지 아니함 같이 그들도 세상에 속하지 아니하였삽나이다"(요 17:14, 16)라고 말씀하신 주님의 이미지를 따르는 일과 함께 보장되기에 충분하지 않은가?

> (세커[Secker] 대감독이 우리에게 상기시키는 바와 같이), 종교를 호감을 가질 만한 것으로 만들려는 노력을 해야 한다는 점에는 추호의 의심도 없다. 그러나 우리와 함께 있는 사람들이 종교를 잊어버리게 만듦으로써 우리 자신을 호감 있게 만들려 해서는 안 된다.

우리 각자는 이웃의 유익을 위해 이웃을 기쁘게 해야 한다. 그러나 '그리스도의 종'의 성격을 잃을 만큼 그런 식으로 "사람을 기쁘게" 하려 해서는 안 된다(갈 1:10). 우리는 "우리가 어떻게 하든 몇 사람을 구원하도록 모든 사람에게 모든 것이" 되어야 하는데, 적절한 지식과 적절한 정도 안에서 그렇게 해야 한다.

> 그러나 만일 우리가 강단 밖에서, 강단 위에 섰을 때와 전혀 다른 사람이 된다면, 다른 사람들을 구원하는 것이 아니라 오히려 우리 자신을 잃게 될 것이다.[11]

훌륭한 이 말은 그리스도인이 가져야 할 정중한 예의의 정확한 성격

---

[11] Charges, p. 235.

과 성경적 제한을 규정한다. 그리스도인의 예의를 그리스도인의 덕의 끈으로 묶고 우리 자신의 유익을 전적으로 무시해야 함을 강조하는 것이다. 영원히 존재하는 영혼들의 구원이라는 주된 목적에 온 마음으로 헌신하여야 한다(롬 15:2; 고전 9:22; 10:33).

과연 세상의 비위를 맞추려는 성공적인 시도는, 유익을 예상해서 하기 보다 오히려 거룩한 열심으로 해야한다. 우리가 흠모한다고 고백하는 주님께서 아직도 그들에게 "멸시와 거부를 당한" 구주로 남아 있는데, 우연히 거둔 몇 번의 성공으로 인해 세상이 우리와 조화된다면, 성경의 원리를 생각해보건대, 자기 능력에 놀라기보다는 그 현상에 훨씬 크게 놀랄 일이다(눅 6:22). 목사가 자신을 한없이 희생하면서 그들을 섬기는 일에 전념을 하였지만(요 15:13-14, 18) 그들이 하나님의 아들이 하나님과 화목하라고 요구하는 것을(마 11:16-17) 거절하고, 또 만일 그들이 사도 바울을 "세상의 더러운 것과 만물의 찌끼"(고전4:13; 9:20-22)로 여기는데도, 그들이 우리와 사귀려 하는 것은, 우리가 하늘의 모델들에 가깝기보다는 그들의 기준에 가깝다고 생각했기 때문이다.

그렇지만 때때로 목사가 세상과 사귀는 것은 원칙적으로는 정당할 수 있다. 격에 맞지 않는 대화를 하거나 낭비적인 오락을 할 때, 그 사귐은 제약을 받아야 할 것이다. 세상과의 사귐은 기독교를 좀 더 많은 사람들이 받아들이게 하는데 긍정적인 유익이 있다고 생각되기조차 한다. 그러나 일차적으로 목사들과 관련된[12] 분명한 명령을 어기는 것은 고의적인 죄와 다름없다. 정상을 참작한다 해도, "선을 이루기 위해 악을 행하고 있다"는 죄의 성격을 나타내고 있기 때문이다. 비록 결

---

12 고후 6:17은 사 52:11를 가리키고 있는 것으로, 비록 후에는 오류가 없는 권위자의 허락 하에서 그리스도 시대에 일반적인 행동 규칙으로서 연장되었기는 하지만, 바벨론으로부터 이스라엘 백성이 돌아왔을 때 성소를 섬기는 자들에게 한 선지자의 말이다. Poli Synopsis, in Isaiah liii. 11. 스 8:24-30과 비교해 보라.

과적으로 유익이 있을 것이란 전망이 확실하고 만족할 만한 것이라 하더라도, (현재 경우에 있어서는 사실과 경험에 배치되지만) 또한 최선의 의도를 가진 동기라 할지라도, 하나님이 정하신 본분에 어긋난 것을 결코 정당화해 줄 수 없다. 그렇지만 우리가 함께 있다는 것에 대한 두려움과 우리가 함께 있음으로 받는 억제력이 악의 뿌리에까지 도달할 수는 없다는 것을 모를 사람이 누가 있겠는가?

그러므로 목사가 그들과 함께 있음으로 생기는 일시적인 그리고 비효과적인 영향력은, 목사의 인격의 품위를 낮추며 세상의 취향과 습성과 대화에 순응하게 하며, 또한 잘못된 행동 기준을 실제적으로 인정하는 등의, 값비싼 대가를 치르고 사는 것이다.[13]

레위 지파의 대제사장이라면 세상 사람들이 점잖게 벌이는 그 경박한 짓들에 참여하려고 하나님과 직접적인 관계를 가진 자기들의 거룩한 자리에서 내려오려고 하겠는가? 어째서 더 신령한 시대에 살고 있는 우리가 세상과 덜 분리되어 있어야 하는가? 우리 기준은 어째서 하늘나라의 기준보다 덜해야 하는가? 세상과 이런 식으로 관계를 맺고 있으므로 그들이 친절한 배려를 해준다고 하더라도, 그 관계 때문에 우리 주님에 대한 존경심이 더 생겨나는 것은 아니다. 그 이유는 보통 뜨거운 관심이 있다고 해서 그분의 이름을 입에 올리게 되진 않기 때

---

13 (Cecil은 말하기를), "젊었을 때 나는 실수를 저질렀다. 세상 사람들이 유리한 상황에서는 세상 사람들과 이야기해도 괜찮다고 생각했었다. 그렇게 함으로써 그들을 내 편으로 만들 수 있을 것이라 생각했다. 나는 그림그리기를 좋아했다. 그래서 그 화제에 대해 그들과 이야기를 했다. 이 일은 그 사람들을 기쁘게 했다. 그러나 그들이 추구하던 것에 내가 그 결과를 제공하였다는 것을 나는 생각하지 못했다. 결과는 그들에게 속한 것이 아니었다. 반면에 그 사람들이 더 높은 것에 관심을 갖도록 나는 그 사람들이 그 이상으로 올라가도록 애썼어야 했다. 나는 그 때에는 이것을 보지 못했다. 그러나 지금은 그것이 중대한 실수였음을 안다." Cecil's Remains. 이 책에는 목회라는 주제에 대한 매우 중요한 생각들이 풍부하게 들어 있다. (Quesnel은 말하기를), "세상의 패션과 예절을 따라감으로써 세상을 이기려고 생각하는 그 사람은 잘못 알고 있는 것이다. 세상은 세상에게 마음을 여는 사람들은 훨씬 더 빨리 부패시키는 법이다." On Matt. xi. 8.

문이며, 또 우리 대화의 영성 안에서 그분의 거룩한 이미지의 어떤 모습도 예증되거나 구현된 적이 없기 때문이다.14

우리 주님은 이따금 자신의 가르침에 단호하게 반대하는 사람들과 사귀셨다. 그렇지만 그분은 완벽하게 안전하게 오염된 대기를 호흡하실 수가 있었다. 그래서 보통의 신중함만 있어도 체질적으로 전염 성향이 있는 그런 사람들이 따라오는 것을 금할 곳에서 그분은 감행하실 수가 있었다. 게다가, 그분의 세상과의 교제는 모두, 세상에 순응하는 자가 아닌, 가르치는 자로서의 행위였다. 그분은 자신의 중요한 계획들을 성취하셨다. (화제거리나 상황으로 자신의 가르침을 예증할 때를 제외하고), 자기 대화 주제들을 그들의 취향에 맞추지 않고, 그들이 궁금히 여기는 관심을 "그의 입에서 나오는 은혜로운 말씀"에 사슬로 매심으로, 그렇게 하신 것이다.

그렇다면, 우리가 세상과 교제하는 방식은 우리 주님의 패턴에 따른 것인가? "하나님을 그분 소유의 세상 속으로 모시고 가는 어렵고도 험난한 일"을 할 준비가 되어 있는가?15 아니면, "우리는 누구에게 속해 있

---

14 Massillon은 이런 종류의 자기기만을 조심하라고 자신의 목사들에게 아주 예리하게 경고했다. "세상의 취향과 언어와 예의들을 받아들이거나 묵인해야 한다고, 세상 사람들이 받아들이기 싫어하는 사람들이 되어서는 안 된다고, 우리는 자주 우리 자신을 설득한다. 그러나 세상이 복음의 사역자 한 사람에게 구애하고 받아들이고 기뻐할 때, 그 목사는 자신의 지위와 자기 인격 존중에 합당한 예법을 귀하게 여기기를 그만두었다는 결정적인 증거를 제공한 것이다. 우리 주님은 자기 제자들에게 말씀하시기를, "만일 너희가 세상에 속한 사람이면 세상이 자기 것을 사랑할 것이다. 그러나 너희는 세상에 속하지 않았기 때문에 세상이 너희를 미워하는 것이다." 그렇다, 내 형제들이여, **세상은 거룩하고 존경받을만한 목사 뒤를 쫓아다니지 않는다. 우리 자신을 속이지 말자.** 우정과 세상의 존경을 사려면, 우리는 우리 사역의 존엄성과 중대성의 어떤 부분을 희생시켜야만 한다. 우리 자신과 연합하기 위해서 세상은 그 파괴적인 편견과 위험스런 처세훈을 아주 조금이라도 포기하지 않는다. **그렇다! 세상의 모임에 받아들여지려면 우리가 우리 인격의 일관성을 포기하지 않으면 안 되는 것이다.**" Charges.

15 Cecil's Remains. "그대가 세상과 섞여 살 때에 의무가 당신을 부르고 있는지, 즉 그것이 사람의 유익을 위하고 하나님의 영광을 위하는 것인지, 그것이 당신이 하고자 하는 그분의 일인지 검사해보라. 위를 보라. 그러면 당신의 주께서 그렇게 하셨음을 알게 될 것이다. 만일 그분이 유대인의 한 마을에서 사기 자신을 나타내셨다면, 그것은 자기 아버지의 일

으며, 또 누구를 섬긴다고 고백하고 있는가?"라는 측면에서 주님을 위해 분명한 증언을 하지 못하는 한편, 외부의 구속력이 가진 영향력에 대해서는 너무 쉽게 만족하지 않는가? "세속적인 마음의 상태는 엄청난 죄 못지않게 참 경건을 파괴시킨다"¹⁶는 말은 옳은 말이다. 사도 바울의 동역자였던 데마의 예는, 목회서신의 마지막 부분에 등대처럼 서서, 영광스런 영원한 세계를 바라보며 힘을 얻는 상태라 할지라도(딤후 4:6-8, 10) 우리가 사역의 이 파괴적인 덫을 매우 조심할 필요가 있음을 상기시켜주고 있다.¹⁷

이 주제에 대해 충분히 생각해보았으므로, 우리 목회의 비효과성의 대부분의 원인은 세상을 따르기 때문일 수 있다는, 필자의 결정적 신념을 말하지 않을 수 없다. 쾌락과 낭비를 사랑하는 경우가 너무도 흔

을 하기 위함이었다. 만일 혼인식에서였다면, 그것은 자기 능력을 보여주어 자기 가르침에 권위를 더하기 위함이었다. 공회원의 집에서였다면, 그것은 아브라함의 한 자녀를 구하기 위함이었고, 명절날 예루살렘에서였다면, 그것은 성전을 깨끗케 하기 위함이었다." Massillon.

16 Bishop of Winchester's Ministerial Character of Christ, p. 289. "이것 또한 생각해 보라. **이것은 위대한 진리이다**. 정도의 차이를 불문하고 세상을 사랑하는 마음은 모두 하나님을 사랑하는 마음에서 빼앗아간 것이다." Bishop Taylor's Advice to his Clergy.

17 본문에서 논지의 직접적 흐름을 중단시키기를 바라지 않으면서, (교회의 모든 부서의 목사들에게 동일한 결정을 적용시키면서) 우리는 **세상의 정치**에 지대한 관심을 갖는 것이 목사들의 영성을 서서히 파괴시키는 것은 아닌가 하는 생각을 주석의 형태로 던져 넣는다. (Burnet 감독은 자기 시대를 다음과 같이 관찰하고 있다.) "**정치와 파티**는 우리 중에서 연구와 배움뿐만 아니라 더 귀중한 유일의 것 즉 **진정한 신앙심**조차, 하나님의 아들을 위해서 살고 죽었던 그것을, 거룩한 사역에 들어선 이들이 자기들의 삶과 노동을 바치기로 서약하였던 그것을, 진보시키려는 진지한 열심과 함께 먹어 치우고 있다." 이 말들은 그 자체가 매우 중요한데, 『Pastoral Care』의 최신판의 서문에서 추가적인 중요성을 이끌어내고 있다. 이 책은 그 감독이 죽기 겨우 3년 전에 쓰였다. 그때에 우리는 (자기의 직분을 얻기 위해 너무나도 정치적이었던) 그분 자신의 인생을 회상함으로 우리에게 주의를 당부하고 있는 것이길 바랬었다. 목사는 자기가 가진 민간인으로서의 특권 행사를 또는 시민의 의무 행사를 무시해야 한다는 뜻이 아니다. 오히려 이 세상에 속하지 않은 나라의 일꾼이 이 세상의 정치에서 자기 자신의 이익에 관해 말할 준비가 되어 있어야 함은 분명하다. "질그릇 조각은 질그릇 조각과 싸우라." 우리가 정치인들과 어울리면 어울릴수록, 파티꾼들과 어울리면 어울릴수록, 우리는 목사들의 속성을 그만큼 적게 가지게 된다. 그리고 신앙적 열정과 풍성한 열매, 그리고 위로는 우리 사역에서 점점 더 적게 발견될 것이다. Scott's Life, pp. 306-307에서 목사들에게 유용한 힌트들을 찾아보라.

하기 때문에, 이것은 굳이 증거를 필요로 하지 않는다.

마씰론(Massillon)은 자신의 목사들에게 물었다.

> 주의를 딴 데로 돌리게 하는 세상의 어리석음과 완전히 혼합되어 있는데, 복음의 중요성에 대한 인식과 복음의 성공을 위한 열심을 가지고서 기독교 강단에 설 수가 있습니까?

그런 목사들이야말로 교회의 곪은 상처라고 우리는 "울면서" 말할 것이다. 또 우리 의식(儀式)이나 교회형태에 가장 강력하게 반대하는 사람들보다 더 분열을 촉진시킨다. 그리고 (훨씬 더 무서운 것은) 자기들의 부주의 때문에 혹은 자신들의 나쁜 본보기 때문에 영원히 존재하는 영혼들을 자기들과 함께 지옥으로 끌고 내려가는 끔찍한 일을 저지르고 있다고 할 수 있다.

그러나 해이함 또한 세상의 정신에 근접한 것이 아니겠는가? 항상 명백하게 가릴 수 있는 것은 아닐지라도, 일반적인 우리 습관과 외모에서 또는 세상과의 교제에서, 해이함이 목회 실패의 원인이 되지 않겠는가? 심지어 십자가를 충실하게 보여주는 것도 심각하게 약화되었다. 세상의 정욕과 사랑에 대하여 목사들을 못 박는 그 십자가의 능력을 보여주지 못했기 때문이다. 분명한 임무의 한계 그 이상으로 (또는 하늘의 성품이 없다면, 이 좁은 임무 범위 안에서도), 세상과 연관을 가지게 되면, 세상 풍조 속으로 우리는 끌려 들어간다. 그리고 세상 풍조는 영적 생활의 왕성한 활동을 죽여 버린다. 그래서 결국, 마치 어뢰처럼 우리는 우리가 만지는 것마다 모두 파괴시켜버리게 된다. 양심은 연약하고 민감한 상태에서 다음과 같은 질문을 하게 된다.

그러한 관계는 신령한 마음에 어떤 결과를 미치게 될까? 이 분위기 속에서 하나님과 기꺼이 교제하기보다 세상과 더 기꺼운 교제를 하지는 않았을까? 기도의 정신이 거의 소멸되어, 우리의 사역의 신령한 실천에 대한 기쁨이 상실되지는 않았을까? 그리하여 우리 사역은 약화되고 일반화 되어, 세상으로부터 분리라는 주요 요점이 불분명해지지는 않았을까? 또는 우리의 권면의 말씀이 성경적인 결정 기준에 도달했다 하더라도, 이 타협 정신 때문에 그 힘이 완전히 효력을 잃어 버린 것은 아닐까?

세상을 좇아 세상 사람들과 교제를 하면서, 동시에 진리를 정확하고도 성실하게 진술하면, 그 사람들의 기분을 불쾌하게 만들지도 않을지는 모르지만 동시에 그들에게 아무런 확신도 주지 못할 것이다.[18] "만일 목사가 바이올린을 켠다면, 어째서 평신도들이 춤을 추어서는 안 되는가?"라고 읊은 카우퍼(Cowper)의 시 구절은 적어도 그 속에 위트가 있는 만큼 진리도 있다. 만일 우리가 세상 속으로 한 발자국 걸어 들어가면, 우리의 양떼는 두 발자국 들어가도 좋다는 승인을 받은 셈이 된다. 세 발자국은 훨씬 더 쉬울 것이며, 분위기는 점점 더 유혹적인 분위기가 되어간다. 마침내 그것이 "새가 빨리 그물로 들어가되 그의 생명을 잃어버릴 줄을 알지 못함과 일반이니라"(잠 7:23)는 말씀을 입증하게 될 것이다.

그러므로 자기 교인들에게 세상을 따라가게 하지 못하게 하려는 목사는, 그 자신부터 세상과 상당한 거리를 유지하여야 한다. 만약 그가

---

18 그 "길은 여전히 좁으며" 그리고 "문은" 역시 "좁다." 세상은 우리가 이런 말을 공적으로 하고 오늘의 공부에서 그 말씀을 읽고 설교에서 이 엄숙한 말씀을 확대하는 것을 허락할 것이다. 그러나 만일 우리가 설교하는 것을 그대로 의미하는 것이라면 그리고 한 주일과 또 다른 주일 사이에 있는 날들 속에서 우리의 진실함을 사람들이 믿도록 일깨워 준다면, 그러면 한 목사와 그의 양떼 사이에 논쟁이 시작된다. 그가 반복되는 쾌락에 자신을 잃지 않는 한, 그는 잠에 빠져있는 세계를 조심하라는 하나님의 매우 두려운 경고를 의심 없이 전할 수 있을 것이다. 그리고 그를 괴롭힐 사람은 아무도 없을 것이다. 그러나 그 자신의 본보기가 그의 가르침을 도우러 끼어들자마자, 그래서 이 사람, 저 사람의 양심을 흔들어 놓기 시작하면, 그의 신조는 허위이며 어리석은 것임이 들어나게 된다." Antichrist. By the Rev. J. Ryland. pp. 49-50.

절벽 가장자리를 걷고 있으면, 다른 사람들은 절벽 밑으로 떨어질 것이다.[19]

이 땅의 것들을 사랑하는 것과 전혀 무관한 목사는 굉장한 보물이며, 교회에 굉장한 위안이 된다.[20]

---

[19] Scott's Life, p. 122.
[20] Quesnel on 1 Cor. ii. 3, Acts iv. 36. 본 단원에서 다루고 있는 주제에 대한 놀라운 생각들을 Bishop of Calcutta's Prefatory Essay to Baxter's Reformed Pastor, p. 53.에서 찾아보라.

The Christian Ministry

3장

사람에 대한 두려움

양심 있는 목사라면 어느 누가 하나님의 영감을 받은 다음과 같은 잠언의 진리를 생각할 때 고통스러워하지 않겠는가? "사람을 두려워하면 올무에 걸리게 되거니와"(잠 29:25). 아마 그 어떤 유혹도 사람을 두려워하는 것보다 더 그럴 듯한 가면을 쓰거나, 그 작전에서 이보다 교활하고 다양하지는 않을 것이다. 세상을 좇아가는 것과 관련하여 사람을 두려워하는 것은 목사의 담대함을 마비시키는 힘이 있음을 생각해 볼 때 충분히 분명해진다.

스콧(Scott)는 자기 사역 초기 시절에 이 유혹 때문에 심한 고통을 겪은 것 같다. 그는 말한다.

> 이것이 그리스도인이 획득할 마지막 승리이다. 여기서 나는, 다른 면들과 동일하게 혹은 그 이상으로, 내 자신의 결점을 발견한다. 그래서 인기 없는 말씀을 설교하려고 할 때나, 또는 내가 좋아하고 존경하고 있는 나의 회중 속에서, 이 약점만 아니라면 괜찮은 몇몇 사람의 두드러진 어떤

약점을 들춰내야 할 때, 나는 자주 마음속에서 겁을 먹게 된다. 마지못해 좋은 의견을 어쩔 수 없이 단념해야 할 때마다, 또는 내가 존경하고 있는 사람들의 판단과는 반대로 행동할 때마다, 나는 겁을 먹는다. 나는 목사의 직분 때문에 유독 이런 것과 싸우지 않으면 안 되는 입장에 있다. 사람을 기쁘게 하는 자가 아니라 하나님의 종으로서 나는 담대하게 말해야 한다. 그렇기 때문에, 이러한 두려움들을 모두 다스리려고 애를 쓴다. 그리고 사람을 따르지 않고 내 양심이 이끄는 대로 행동하려고 노력한다. 비기독교적인 일에 다른 사람들을 좇아가는 것, 사람을 두려워하는 것, 기회주의적인 노예근성 등은 목사들의 결함이다. 그리고 결과적으로 자기 사역의 가장 중요한 부분들을 수행하지 못하게 된다. 그리고 공적인 설교와 사적인 적용 모두에서 방해를 받는다. 그러나 이런 종류의 영은 매우 신령하고 경건한 생활을 지속하지 않는 한 떠나가지 않는다. 이 영을 퇴출시키는 것은 하나님의 선물이며, 특별히 하나님께 구하여야 할 것이다.[1]

라바터(Lavater)[2]가 주장한 자기성찰의 특징을 지닌 사람은 우리 중에 거의 없겠지만, 그러나 이 그림 같은 묘사에 어느 정도 공감은 가질 것

---

[1] Scott's Life, pp. 117-118. Walker는 이 점에 대해 매우 실감나게 쓰고 있다. 그는 자기가 겪은 중대한 시련들을 말하는 중에, "사람들의 얼굴들을 가장 끔찍하게 두려워하였는데, 특히 일대일로 대면하여 말할 때 더욱 그랬다"고 말하고 있다. "나도 이것을 뚫고 나아갈 때 매 순간마다 싸우지 않으면 안 되었다. 그 싸움은 그 두려움 편에 유리한 고지를 반복해서 내주지 않은 것이 아니었으며 그리고 직무에 따라 행동하지 않았다는 끊임없는 의식이 없는 그런 것이 아니었다. 나는 오늘날까지도 잘못을 저지른 사람들에게 사적인 방법으로 어떤 조치를 취할 용기를 가지지 못했다. 이것은 분명히 체질적으로 겁이 많은 것과 그 사람을 존중하려는 마음에서 나온 것이었다." Life, p. 453. pp. 342-343과 비교해 보라. 디모데에게 "네 속에 있는 하나님의 은사를 다시 불 일 듯하게 하기 위하여 너로 생각하게 하노니 하나님이 우리에게 주신 것은 두려워하는 마음이 아니요 오직 능력과 사랑과 절제하는 마음"이라고 권면한 것을 보니, 사도 바울은 이런 목회의 방해물의 권세에 으름장을 놓았던 것 같다. 딤후 1:6-8.
[2] 18세기 스위스의 시인, 관상가, 목사-역주.

이다. 스콧트의 경우에서와 같이, 공적 사역을 할 때 임무에 대한 신념은 흔히 거의 포기된다. 우리 회중 속에 있는 영향력 있는 사람들의 입맛과 습성들에 맞지 않는 주제들은 그냥 지나치거나, 그들을 현저히 기분 나쁘게 할 것이기 때문에 보류하거나, 아주 세심하게 손질을 하거나, 아주 넓게 확대시켜 애매모호한 것으로 일반화시킨다. 그래서 설교는 (주소를 쓰지 않고 우체통에 집어넣은 편지처럼), 아무에게도 향하지 않게 되고, 따라서 그 설교를 받아들인 사람은 아무도 없게 된다. 설교의 내용에 아무도 개인적으로 관심을 느끼지 못하게 되는 것이다. 그리하여 이 나쁜 영향력 아래 있는 목사는 구체적인 적용을 할 필요가 없는 일반적 진리들을 주로 다루게 된다. 청중에게 와 닿는 유익한 주제보다는 기분만 즐겁게 해주는 주제를 더 많이 다루게 되는 것이다.

다른 많은 주제들도 똑같이 필요한 것일 수 있고, 정말로 더 중요한 것일 수도 있다. 그렇지만 이 목사는 회중의 기분이 상하지 않고 그들과 화목하게 지내는데 문제가 없는 주제를 선택하게 된다. 그래서 양심과 세상 사이에는 계속적인 갈등이 있게 된다.

> 나는 양심을 위해 말해야 한다. 그러나 세상이 두려워 감히 그럴 용기가 나지 않는다.

기분을 상하게 하는 진리는 부드럽게 만들어야 하고 위장을 해야 하고 다른 것과 섞어야 한다. 그 진리가 희석되어서 김이 빠지고, 무엇을 말하려는 것인지 알 수 없게 되고, 효과가 없는 것이 될 때까지 그렇게 해야 한다. 세련되어야 한다는 풍조는 이렇게 타협하는 목회를 얘기하는데, 이것이 우리 목회의 효과를 가장 크게 약화시키는 방해물들 중 하나이다. 교회 안에서건 밖에서건, 이것은 세상에 실재하는 풍조다. 복음 본래의 단순성과 영성을 가진 복음을 온전히 그리고 담대하게 제시하면 받아들여지지 않기 때문에, 개조된 복음주의 진리 체계를 묵과해주고 심지어 승인까지 하는 것이다.

세실은 이렇게 말한다.

> 우리 속에는, 비천하고 오지랖이 넓으며, 획책과 책략을 쓰려는 얄팍한 마음의 기질이 너무나 많다. 이 사람의 입맛과 저 사람의 편견에 맞추기 위하여, 우리는 마땅히 투자해야 할 것 그 이상으로 우리자신을 투자한다. 사역은 중대하고 거룩한 일이다. 그렇기 때문에, 사역은 우리 속에 단순한 정신과 또 모든 결과에 대해 거룩하지만 겸손한 무관심을 요구하고 있다.³

우리의 일반적인 목회 또한 이 원리에 의해 고통과 방해를 받을 수 있다. "이 세상의 지혜"가 믿음의 단순성을 이기기 시작했을 때, 과연 비겁과 자기기만의 구실은 끝이 없다. 목사가 부자와 가난한 자를 똑같이 질책하는 신실성을 보여주는 경우는 얼마나 드문가!

이 사람, 저 사람으로부터 영광을 구하는 대신, 오직 하나님으로부터 오는 영광만을 구하는 것은⁴ 또 얼마나 힘든가! '지나친 열심은 좋지 않아요'라는 영향력있는 사람들의 말에 귀를 기울이고 있지는 않은가! 성경 기준의 요구 조건에 우리 자신이 못 미치는 것을 두려워하기 보다는, 그 기준의 요구 이상으로 너무 멀리 가고 있는 다른 사람들을 더 두려워하고 있지는 않은가?

---

3 Cecil's Remains. Luther의 규칙은 다음과 같다. "사람이 강단으로 들어설 때 그는 자기 앞에 있는 수많은 머리들을 보고 당황스러워 한다. 나는 거기 섰을 때, 아무도 쳐다보지 않는다. 그리고 그들은 모두 내 앞에 놓여있는 블록이라고 상상한다." Table Talk, ch. 22. Bishop of Winchester's Ministerial Character of Christ, pp. 433-438에 있는 차별적인 언급을 보라.

4 요 5:44. "사람은 때때로 아첨하는 세상의 유쾌한 소음의 자장가 때문에 잠이 와서 괴롭다. 이 소음은 목사가 자기 할 일의 절반을 수행하였다고 칭찬한다. 한편, 하나님은 그 나머지 절반을 태만히 하였다고 그를 정죄하신다." Quesnel on 2 Tim iv. 5.

그래서 때때로, 우리는 자기 사역에 십자가의 흔적을 분명히 지니고 있는 사람들과 교제하기보다는, 낮은 수준의 형제들과 교제하는 것을 더 선호하거나 심지어는 세상과 교제하는 것을 더 좋아하지 않는가!

얼마나 많은 경우에, 자기 신념이 "말 아래 숨겨놓은 등불"이 되거나, 또는 복음의 친구들에게만 그 신념을 나타내는가? 어떤 굉장한 이름의 보호 아래 증언할 때를 제외하고는, 훌륭한 신앙 고백을 증언하는 일에서 움츠러드는 사람들이 얼마나 많은가! 유익한 기회들이 간과되고 있는 경우가 얼마나 자주 있는가! 그리고 "직무를 다하고"(딤후 4:5) 있는 중에 십자가가 두려워서 "고난의 인내"를 피할 때가 얼마나 많이 있는가!

우리는 말한다.

> 우리는 모든 것을 한꺼번에 할 수는 없다. 우리는 조금씩, 조금씩 점점 점수를 받게 되기를 바란다. 그래서 순간의 충동 때문에 한 걸음을 크게 뗌으로써, 중요한 장거리 경주를 망쳐버리지 않으려는 것이다.

그러나 "매일의 십자가를 지지 않으면," 우리의 양심이 주님을 따르려는 마음을 우리에게서 걷어가 버리지 않는가? "그리스도를 위해 능욕을 당하는 것"을 우리는 무서워하지 않는가? "만일 너희가 사람들을 기쁘게 하면, 우리는 그리스도의 종들이 아니다"[5]는 말을 기억할 때는,

---

5 갈 1:10. "사람들의 성향에 아첨하는 것이 아닌, 그들에게 가장 필요한 것으로 예수는 그의 설교 사역을 시작하셨다." Quesnel, on Matt. iv. 17. "하나님을 섬기는 것이 꼭 필요했을 때, 사람을 두려워하지 않았다는 이 증언을 우리 양심 속에 지니고 있는 것은 얼마나 좋은 일인가." Quesnel, on 1 Thess. 2. (스코틀랜드의 열정적인 목사요 그 유명한 John Knox의 사위였던 John Welch는 말했다. "뭐라고! 내가 거룩하시고 영광스러운 대 주재 앞에서 서 있다는 것을 기억하고 또 내 자신 그렇게 확신하고 있을 때, 사람의 얼굴을 우러러 보거나 두려워해야 한다니. 나는 그분이 보고 계시는 가운데 그분의 말씀을 그의 종들과 피조물들에게 설교하고 있는 것이다! 이 생각이 내 머리 속에 들어왔을 때, 그렇게 하고 싶었지만, 나는 그 어떤 사람의 얼굴에도 경의를 표할 수가 없었다."

오히려 우리는 "모든 사람들에게 모든 것들이 되지" 않는가? 그리스도인의 신중성은 정말 그 자체로서 가장 귀중한 것이다. 그래서 신중성이 부족하면, 커다란 어려움을 겪게 된다. 그러나 담대함과 결합되어 그리스도인의 사랑의 따뜻한 분위기에 감싸인(딤후 1:7) 믿음의 행사가 아니라면, 이 신중함은 퇴보되어 세상적인 기회주의 정신이 되어버릴 것이다. 세상적인 불신앙이 위장을 하고 지배적인 원리 노릇을 하고 있을 때는, 종종 "사람을 두려워함"이 신중성의 이름을 취할 때가 있는 것이다.

신앙고백자들이 모인 교회를 두려워하는 마음 또한 이 유혹의 심각한 한 부분이 될 수 있다. 실천적인 의무들에 대한 가르침을 염두에 두지 않은 사람이라고 사람들이 생각할까봐, 우리는 은혜의 가르침들을 완전히 그리고 현저하게 나타내기를 두려워한다. 값없이 주는 복음의 초대와 그 특권들을 도덕폐지론적인 방탕을 허락하는 것으로 오인할까 염려되어, 복음을 차꼬에 매어 놓는 경우가 자주 있다. 법적인 책임을 지게 될까 두려워하는 마음이 있어, 그 관계된 의무들을 상세하게 강해하지 못한다. 사도 두 사람이 잠시나마 미혹되어 복음의 믿음을 부인하였던 것 외에, 우리에게 무슨 더 많은 증거가 필요하겠는가?(갈 2:11-14).

다른 또 한 사도가 자기 형제들의 연약함에 단호하게 저항하는 것이 그들을 회복시키는 고귀한 방법이라고 자기 사람들에게 말하였다.

> 너희에게나 다른 사람에게나 판단 받는 것이 내게는 매우 작은 일이라 나도 나를 판단하지 아니하노니 내가 자책할 아무것도 깨닫지 못하나 이로 말미암아 의롭다 함을 얻지 못하노라 다만 나를 심판하실 이는 주시니라(고전 4:3).

한 가지 목적에 전념하지 못하면, 우리 자신의 마음속에 끼치는 은혜의 사역이 흐려진다. 또한 우리가 기쁘시게 할 분은 오직 한 분밖에 없다는 의식이 없으면, 우리는 마음의 평정도 유지할 수가 없다. "우리의 선생은 하나요, 그리스도뿐이라"(마 23:8). 이 생각을 가지고 있으면, 크신 우리 주님을 최고로 존귀하게 하는 일이 결단코 중요하지 않은 것이 되어 버리는 일이 없다. 이것이 우리 사역의 성공을 보장한다. 불의 때문이 아니라 불신 때문에, "진리가 갇혀있는"(롬 1:18) 곳에는 목회사역에 효과가 부족할 것이다.

그리스도인다운 순전함을 직접 범하면, 그것이 우리 마음을 주된 목적에서 딴 곳으로 돌리기 때문에 필연적으로 목회 수행이 약화되는 경향이 있다. 주된 목적이 항상 우리의 시간과 에너지 전부의 방향을 지시해야 한다. 사람들을 가르치고 구원하는 그 주된 목적과 비교할 때 다른 목적들은 중요하지 않다. 세상적인 풍조 속에서는 양심의 소리와 의무가 약한 목소리로 말한다. 제멋대로 하는 습관들은 강해지고, 자기부인의 실천은 그 빈도와 효과 면에서 비례해서 감소한다. 따라서 마음은 세상에 더 많이 있게 되고, 사역에는 덜 있게 된다. 결과적으로 우리 임무들은 마지못해 수행되고, 그 결과는 비생산적이 된다.

비록 우리가 결코 무분별함을 옹호하는 것은 아니지만, 그럼에도 선한 의도를 가진 신중하지 못함이 이 세상의 냉랭한 지혜보다는 훨씬 낫다. 그리고 솔직한 자유를 가지고 편하게 행동하는 자들을 일반적으로 참아주게 될 것이고, 이들은 궁극적으로 평탄해진 자기의 길을 발견하게 될 것이다.

하나님과 인간 양쪽을 다 기쁘게 하려는 목적으로 세상을 따르는 풍조는, 양쪽 모두 실망하게 만들 것이다. 하나님을 존귀하게 여기지 않는 곳에서는 하나님도 그들을 존귀하게 여기지 않을 것이다. 그리스도인의 담력을 가진 사람이 되지 못해서, 우리 본보기의 영향 아래 있는 교인들이 동일한 무감각의 상태로 침몰할 것이다. 우리의 비효과성과 열매없음의 명백한 증거로 인해, 그들이 우리에게 둔 신뢰는 심하게 약화될 것이다.

단 한 구절에서 네 번씩이나, 하나님은 자신의 선지자에게 따라다니는 이 유혹에 대해 경고하셨다(겔 2:6). 다른 곳에서는 겁먹은 자신의 메신저를 완전히 혼란에 빠뜨림으로써 위협하기도 하셨다(렘 1:19). 하나님의 종은 그리스도인의 전신갑주로 자신을 무장하여야 한다. 그러면 자신의 완전한 성공을 위해 많은 것이 준비되어 있음을 발견하게 될 것이다.

영광스런 자기 사역의 높은 존엄성을 좀 더 깊이 연구하라(고후 4:1). "자기 교회의 사자들을"(계 1:13-20) 인도하고 힘을 북돋아주고 지지해 주시기 위해, 하늘에 계신 주님께서 "금 촛대 사이에 다니시는"(계 2:1) 그 임재를 깨닫게 해달라고 기도하라. 낮아지게 될까 하는 두려움의 속박에서 건짐 받아 "많은 증인 앞에서 선한 증거를"(딤전 6:12) 증거한 목사들과 사귐을 가지도록 하라. 자신의 기독교 원리들을 좀 더 일관되고 적극적으로 실천하라. 하나님에 대한 두려움은 사람에 대한 두려움을 복종시키는 법이다.

그 "동맹"이 아무리 강하더라도, 만일 그가 "만군의 여호와 그를 거룩하다 하면", 그에게 "그가 성소가 되어 주실 것이다"(사 8:12-14). 단순한 마음으로 믿음을 실천하면, 보이지 않게 존재하시는 하나님을 보게 될 것이다. 십자가의 인내 안에서 덮개가 되어주며, 심지어 "임금의 노함"으로부터 보호해 줄 것이다(히 11:27). 그리하여 성경에 쓴 바와 같이, "사람을 두려워하면 올무에 걸리게 되거니와 여호와를 의지하는 자는 안전하리라"(잠 29:25).

4장

자기부인의 부족[1]

우리 사역이 그리스도 십자가의 자기부인의 성격을 보여주지 않으면, 그것은 단지 의문(儀文)으로 쓴 목회사역이지 영으로 한 사역이 아니라고 일반적으로 말할 수 있다. 그런 사역은 하나님이 복주시기 위해 개입하신 사역이 아니다. 이 목회 원칙의 동기는 (역행하는 강한 조류가 없다면) 저항할 수 그런 것이 아니다.

(세상에 대한 생각과 육신의 생각을 모두 내려놓겠다고 우리 자신을 자발적으로 구속하는 예식인[2]), 엄숙한 안수식은 하나님의 사역에 우리를 바치는 일을 함에 있어서 늘 자기부인을 하도록 하기 위해, 시작부터 충격을 준 것

---

[1] 이 주제에 대해서는 Bishop of Winchester's Ministerial Character of Christ, 'The self-denial of the Ministry of Christ' 장(章)을 보라.

[2] 제사장들에게 주는 권면: 즉 (세커 [Secker] 대감독이 설명하고 있는 바와 같이) "이상한 쾌락이나 약간 고상한 오락이나, 심지어 그대의 직업에 관련된 책이나 권세나, 이익이나, 진보, 칭송 등을 그대 인생의 큰 목표로 삼지 말라. 그보다는, 사람들의 영혼에 유익을 끼치는 일에 그대의 자격을 갖추도록 힘쓰라. 그리고 그대가 획득한 자격들이 어떠한 것이든지 간에 그것들을 모두 이 목적에 잘 적용시키도록 하라."-Instructions to Candidates for Orders, appended to his Charges. 그렇지만 목적이 하나님의 영광을 위하지 않는 것은 모두 아무리 고상한 것이라 할지라도 이 조건들 속에 포함되어야 한다.

으로 생각할 수도 있다. 그렇지만 자기 마음대로 하고자 하는 본능과 (우리가 회심하기 전의 옛 상태가 가졌던) 옛 습성들의 영향력과의 끊임없는 싸움이, 결국 성경적인 실천 기준을 낮추는 쪽으로 작용한다는 것은 참으로 끔찍한 일이다. 그러므로 자기부인의 습관의 계발과 실천은 목회의 매우 유익한 근원이 된다. 이 습관의 결핍이나 약화에 비례해서 우리의 높은 동기와 힘의 작용이 이완된다.

레이턴 대감독은 세례 요한을 복음사역자의 본으로 잘 표현하고 있다.

> 자신의 조건과 상황이 허락하는 한 많이 세상으로부터 떨어져 사는 길은, 세상의 헛된 즐거움과 방법을 따르지 않는 것, 이 땅의 위안거리들과 쾌락들에 흠뻑 취하지 아니 하고 세상의 돌봄에 자기 자신을 연루시키지 않고, 오히려 세상 생활 방식에 취하지 않고, 세상 방식을 조심하고, 세상 방식을 억제하는 것이다. 육신을 즐겁게 하지 않고, 주님을 섬기며 주님의 길로 행하고 자기 백성들의 마음속에 그분을 위해 길을 준비해주는 것을 자신의 본분으로 삼는 것이다.[3]

사도 바울은 씨름꾼의 일상적인 절제를 우리 앞에 제시해 보이고 있는데, 이는 자기 자신의 목회 수행의 예증이며, 자기 자신의 확고부동함을 보존하기 위한 안전보장책이었다(고전 9:25-27). 절제하는 습관의 필요성은, 자신이 아무리 높은 달성을 이루었다 해도, 결코 줄어들지 않는다. 선교사 엘리엇에 대해 다음과 같은 말이 전해진다.

> 주 예수 그리스도의 십자가에 자신을 못 박았다는 것은, 마치 죽어가는 사람에게는 이 세상의 화려함이 아무 쓸모없는 것이듯이, 자기에게도 그

---

[3] Lecture on Matt. iii. Works, vol. iii. 25.

렇다는 것을 의미한다. 엘리엇은 육신의 정욕을 끊임없이 미워하고 억제했다. 그리고 어떤 목사가 자기를 중요시했다는 생각이 들었을 때는, 그는 다음의 말을 가지고 그 사람에게로 갔다. 형제여, 자기를 죽이는 것을 배우십시오. 자기를 죽이는 것을 배우십시오.[4]

우리는 사도 바울의 말을 완전히 다른 한 주제에 적용해도 좋을 것이다. "사람이 자기 자신을 다스릴 줄 알지 못하면 어찌 하나님의 교회를 돌아 보리오"(딤전 3:5). 하나님께 대해 충성하려면, 계속적인 기도와 말씀사역에 자기를 드리는 일과 조화되지 않는 것은 무엇이나 줄이든지 또는 단념해야 한다. 목사는 정욕으로 말미암은 세상의 오염으로부터 도망칠 수 있을지도 모른다. 그러나 게으름이나 경거망동 등의 포착하기 미묘한 방종은 세상적인 방탕만큼이나 해로운 영향력을 가지고 여전히 목사를 에워싼다.[5]

---

[4] Mather's Life of Eliot. 같은 정신을 가졌던 그의 전기 작가는 그가 사역에 들어섰을 때 "목사에게 절제의 부족은 매우 흔히 사역의 실패의 원인이 된다"는 말을 들었기 때문에, 같은 주제에 대해 가르침과 지시를 받기 위해 다른 책 몇 권과 더불어 오웬 박사의 절제에 관한 귀중한 소고(小考)를 거듭 읽기로 결심하였다. 메이더의 아들이 쓴 Life of Cotton Mather는 기독교인 전기들 중에서도 아주 훌륭한 축약판이며 지금은 Religious Tract Society가 출판하고 있다. 같은 시리즈에서 재판된 『오웬 스톡턴의 생애』(Life of Owen Stockton)에서도 이 주제에 대한 약간의 힌트를 찾아볼 수 있다. Henry Martyn도 이 목사의 습관의 무한한 가치를 깊이 느꼈던 것으로 보인다. "침대에 누워 빈둥거리는 이 비열한 방종 때문에 나는 내 인격이 무르다는 생각을 가지게 되었다. 그래서 나는 무릎을 꿇고 좀 더 자기부인의 삶을 살아가기로 결심하였다. **그러자 내 정신이 정상적인 상태로 돌아왔고 힘이 솟았다. 보통 때는 내가 해야 될 모든 일로부터 위축되어 있었는데, 그 일들이 재창조로 보였다.** 나는 4복음서에서 이 주제와 관련 있는 모든 구절을 모았다. 그것은 내 자신에게 설교해야 할 필요가 있는 말씀이었고, 또한 다른 사람들에게도 설교할 작정이었다. Life, p. 68.
[5] Oecolampadius는 그 유명한 발도파 교인들에게 보내는 서한에서 사제들의 독신 명령을 비난하면서 대단히 중요한 말을 다음과 같이 했다. "사제들을 망쳐놓는 것은 결혼이 아니라, **나태, 방종, 그리고 십자가를 두려워하는 마음**이다." Scott's Continuation of Milner, vol. i. 147. Watts 박사의 경고는 이 말을 상당히 상세하게 설명해줄 것이다. "쾌락을 즐기는 것, 육신적인 기질, 식탐, 술이나 맛좋은 것을 과도하게 즐기는 것을 경계하라. 이것은 영혼을 육적으로 만들고 또한 아주 정당하게 비난할 기회를 세상에게 준다." Humble Attempt, pp. 80-81.

이 중요한 자기부인의 습관을 좀 더 세밀하게 설명하자면, 자기부인의 습관이 사람들과의 교제와 우리 예의에서 가시적으로 나타나야 한다는 것이다. 보통 젊은 목사는 신학교를 떠나 시골 교회로 이동함으로써 새로운 세계에 들어선다. 여기서 교양과 교육, 그리고 지식을 가진 사람으로서, 자기 수준에서 사람들과 행하던 교제는 이제 그런 교육을 별로 받지 못한 사람들과의 접촉으로 바뀌고, 또 자기 취향과 세련 정도에 있어 전혀 어울리지 않는 일에 관여하게 된다. 또 이 사람들과의 교제를 거부하는 것도 (보통 다른 사람들의 인생에서처럼) 그리 자유롭지도 않다. 배려와 존중의 조건으로 뿐만 아니라 상호 신뢰와 사랑의 조건으로, 그들을 위해 그리고 그들과 함께 살아야 하는 중대한 책임을 짊어졌기 때문이다.

그러므로 목사는 자신을 부인하고 낮은 자리에 있는 사람들에게 겸손하게 하지 않으면 안 된다. 그 사람들을 목사의 가르침의 직접적인 영향권 아래 두기 위해서는, 그는 그들의 예법을 알아야 하고 그들의 사고방식과 표현 방식을 알아야 하며, 서로간의 관계에 대해서도 알아야 한다. 주님의 사역은 그분의 종들에게 최선의 모범이다. 자신이 말씀하실 수 있는 무한한 지혜로 말씀하신 것이 아니라, 어린 아이 같은 수준에서 그들이 알아들을 수 있는 말로, 그분은 사람들에게 말씀하셨다(막 4:33). 그리고 자신은 "마음이 온유하고 겸손하니", 확신을 가지고 "자기를 배우라"고 그들을 권유하셨다(마 11:29). 이 모범을 따르지 않으면, 자신감의 문이 닫히며 따라서 성공도 보이지 않게 된다. 또 목사의 교제에 사람들을 끌어들이기 보다는, 오히려 쫓아내는 능력만 생길 것이다. 울퉁불퉁한 곳들이 평탄하게 되는 대신에, 오히려 더욱더 험난해지고 아무것도 스며들지 않는 곳이 될 것이다.[6]

---

[6] 이 논지에 대한 Wilson 감독의 생각은 주님의 정신을 깊이 흡수한 사람의 생각이었다. "교회에서 가장 위대한 목사는 겸손과 사랑 그리고 자기 양떼들을 돌봄으로써 그리스도의 모

사역의 임무들을 수행하자면, 그리스도의 자기부인을 늘 실천하게 된다.[7] 그래서 자기부인이란 곧 우리 주님과 함께 있는 것이다. 주님께서는 영혼을 구원하는 기쁨에 빠진 나머지, 그의 음식과 휴식은 심지어 잊어버린바 되었다(요 4:6, 31-34). 꼭 필요해서 한적한 곳에 계셨던 때에도 방해를 받으셨지만, 그것을 심하게 꾸짖지 않으셨다(막 1:35-38, 31-34). 굶주림과 목마름, 추위나 피곤이라 할지라도 이런 것들은, 자기 자신을 잊어버리겠다고 단호하게 결심한 마음에 아무런 제한도 주지 못했다. 사도 바울 또한 자기 자신의 개인적인 편안함보다 자기 사람들에게 영적으로 유리한 쪽을 얼마나 일관되게 선호했던가! 우리의 쉽고 편안한 삶과 자기 마음대로 할 수 있는 합법적인 것들을 매일 희생시켜야 한다는 본을 우리에게 보여주고 있다.

병든 자들의 심방에 관해서, 그림쇼(Grimshaw) 목사에 대해 (이 말이 우리 중 많은 사람들에 대한 말이 될 수는 없을까?) 이런 말이 있다.

> 밤과 낮이 그에게는 똑같았다. 감히 다른 사람들은 문 밖에 나갈 생각도 못하던 눈보라가 치는 밤에 그는 병자 한 사람을 심방하러 수 마일을 걸어갔다.[8]

본을 가장 잘 따르며, 그리스도를 위해 하나님의 종의 종이 되고자 하는 그 사람이다." 그리고 다시 말하기를, "하나님은 나에게 참되고 분별 있는 겸손을 주신다. 세속적인 주지사와 관계를 맺지 않는 것, 그리스도의 양떼를 종으로 돌보는 것, 그리스도를 나의 본으로 삼아 되돌아보는 것, 그분의 행동과 정신을 연구하는 것이 그것이다. 내 양떼를 위해 내가 가진 것을 사용하고 또 내 자신이 사용되는 것, 그리고 대단히 사치스럽게, 휴식이나 취하면서 그리고 편히 독립적으로 살고자 결코 애쓰지 않는다." Sacra Privata.

[7] 목사의 생활이 쉽고 편안한 삶일 줄로 생각했기 때문에 이제 자기가 목사가 아니었으면 얼마나 좋겠냐고 자기에게 애로사항을 털어놓았던 한 사람에게 Johnson 박사는 이렇게 대답했다. "양심적인 목사의 삶은 쉬운 것이 아닙니다. 나는 항상 목사를 자기가 유지할 수 있는 것보다 더 큰 규모의 한 대가족의 아버지라고 생각합니다. 그렇습니다. 나는 목사의 생활을 쉬운 것으로 생각하고 부러워하지 않습니다. 그 삶을 편안한 삶으로 만드는 그 목사도 부러워하지 않습니다."

[8] Newton's Life of Grimshaw, p. 102. 이와 비슷한 목사의 자기부인의 경우를 보려면, Memoir of Oberlin, p. 216과 Neff by Dr. Gilly, pp. 133-136 (제 3판)과 Rev. T. Thomason,

우리는 전체 양떼의 목자가 되어야지, 선택된 소수의 목자가 되어서는 안 된다. 우리의 마음 내키는 대로 제일 가망 있고 관심이 가는 자들만 돌아보아서는 안 되며, 긴급한 상황 때문에 우리의 가르침을 큰 소리로 요청하는 그런 사람들을 위해 수고하여야 하며, 선한 목자와 같이 잃은 양에게 일차적인 관심을 쏟아야 한다(눅 15:4).

더 자세히 말하자면, 우리는 자주 그 사람들의 무지와 연약함을 담당해야 한다. 또한 때때로 그들의 주제넘은 요구와 합당치 못한 요구도 감당해야 한다. 그러나 그들의 영혼을 구원하겠다는 큰 목적이 있으면, 심지어 고침을 받으러 온 다리 저는 자들이나 병자들이라도 길 밖으로 쫓아내 버릴만한 호된 말투나 불쾌한 언동의 모양을 자제하게 될 것이다(히 12:13). 우리가 섬기는 사람들 중 가장 못된 사람들이라도, 온전한 자기 몫의 우리의 배려를 받아야 한다. 적절한 때에나 또는 심지어 우리가 불편해할 때에라도 그 사람은 우리에게 자유롭게 다가올 수 있어야 한다. 그 사람이 망설이고 있는 것, 그리고 어려운 일 하나까지 주의 깊게 생각해보아야 한다.

우리에게는 사소한 것으로 보이는 것이라 할지라도 그 사람에게는 매우 중요한 것일 수 있기 때문이다. 그 사람이 의심하는 것들과 그 사람을 당황스럽게 하는 것들이 그 사람에게는 성스러운 것이어서, 그것을 다룰 때에는 마치 그것이 우리에게도 성스러운 것이기라도 한 것처럼, 그와 동일하게 부드러운 민감성을 요구한다. 이 연민의 실천은 우리 사역의 성공 여부를 말해줄 뿐만 아니라, 우리 자신에게 실질적인 설교의 틀을 제공해 줄 것이다. 이 설교는 그 내용에 있어, "그 어떤 고전적인 학식보다, 성경 그 자체에 대한 비판 지식보다도, 훨씬 더 효과적인 부분이 될 수 있을 것이다."[9]

---

p. 117을 보라.
9 Doddridge's Sermons on the Power and Grace of Christ, on Is. xl. 11.

또한 나이가 들면 기력과 활동이 약해지는 경향이 미세하게 증가한다. 그래서 우리의 기력에 냉랭한 서리나 습기를 가져온다. 그리고 항상 눈을 부릅뜨고 지켜보며 우리가 하나님께 쓸모 있게 쓰임받는 일을 매우 다양한 방법으로 방해하거나 마비시키는 우리의 원수를 유리하게 한다. 마씰론(Massillon)은 이 점에 대해 아주 인상적인 말을 하였다.

> 어느 때이고 당신의 사역을 명예롭게 쉬고 있을 수 있는 상황으로 결코 생각하지 마라. 만일 시간을 다르게 사용하여 단 한 사람이라도 지옥으로부터 구할 수 있으면, 그 시간을 자기 자신을 위해 쓸 생각은 하지 마라. 통상적으로 하는 당신의 공적 임무를 다했다고 자족하지 마라. 그 일을 마친 후에라도, 다른 모든 일의 의무로부터 해방되었다고 우리 자신을 설득해서는 안 된다. 나이 그 자체 때문에 전투를 중지하지 마라. 당신이 그 일을 하느라고 늙어버린 목회 본업으로부터 오랫 동안 그리고 실제적으로 물러서면 비로소 전투를 중지할 합법적인 이유를 갖게 될 것이고, 그러면 마침내 휴식을 즐기게 될 것이라고 생각하지 마라. 긴 세월의 수고를 하였으니 이제 휴식을 취할 자격을 얻을 것이라 생각하지 마라. 오히려, 당신의 젊은 때를 '독수리와 같은 새 힘을 얻게' 하라. 그 성질상 오히려 힘을 빼앗아 갈지도 모르지만, 열심을 내면 힘을 공급받을 수도 있을 것이다. 이 값진 노후의 잔해는 사역에는 매우 명예로운 것이다. 늙었다고 해서, 자기 마음대로 해도 좋은 이유로 삼지 마라. 그 이유가, 목회 임무를 면제받을 때까지 헌신하였던 한 삶의 마지막에는 아주 똑같지 않을 수도 있다. 주의 사역에 계속해서 충만하라.[10]

---

[10] Charges, pp. 122-123. (사도적인 감독이었던 윌슨은 자기 자신에 대해서 다음과 같이 말한다.) **"자기 생애의 모든 날을 수고하기로 약속하였던 사람에게 휴식은 하나의 범죄이다."** Sacra Privata. 다음의 기도는 Whitefield의 빈번한 그리고 중요한 간구였다. "나의 여정의 마지막 단계에서 느슨해지지 않도록 주님은 나를 지켜주소서." Scott은 이 간구가 자기 자신에게도 필요함을 암시하고 있다(Life, p. 280). 그러나 여정의 마지막 단계에서뿐만 아니

우리 목회상의 연구도 자기부인의 다스림을 받아야 한다. 공부하는 습관의 중요성은 이미 살펴보았다.[11] 그러나 그 습관의 통제 또한 못지않게 중요하다. 목사들의 학문 교육에서 보건대, '좀 더 전문적인 연구를 하고자 하는 열심은 그들의 상황에 정확히 들어맞는 유혹이거나, 아니면 전에 이미 형성된 습관의 유혹이라는 것을 쉽게 알 수 있다. 그래서 이런 사람은, 겉보기에 덜 그럴듯해 보이는 다른 사람들보다 더 이런 유혹을 받기가 쉽다.' 결국 '목사의 학문 추구는 많은 경우에 있어 그의 신앙의 성격을 강하게 보여주는 증거가 된다. 하지만 한 개인의 취향에 맞거나 자신의 여가선용을 위해 필요한 세상 학문들은 자신의 목회 업무에 양심적으로 헌신한 목사의 주요 대상은 될 수 없다.'[12]

이 말은 이 주제를 정당한 모습 그대로 비춰 주고 있다. 이러한 학문들의 유용성은 전적으로 그 학문이 주목적에 종속하고 있느냐에 달렸다. 그 연구가 주된 자리를 차지하고 있다면, 그것은 우리 영혼을 세속화시키고, 우리 시간을 빼앗아가며, 우리의 관심을 우리 회중에게 집중시켜야 하는 일로부터 분산시켜 놓는다. 우리가 경계를 늦추지 않고 감독하지 않으면, 우리 회중은 무지와 죄로 멸망할 위험에 빠질 것이다.

스콧트는 우리에게 상기시켜 주고 있다.

> 우리에게는 하나님께 한 서약이 있다. 우리의 모든 독서는 가르침 이라는 직접적인 목적에 종속되어야 마땅하다. 우리는 어떤 책이라도 읽을 수 있다. 고대 책이건 현대 책이건, 거룩한 책이건 더러운 이교도의 책이건, 이단의 책이건 읽을 수는 있다. 그러나 더 좋은 책이 우리를 예수 안

라 초기에도, 이 간구가 필요하지 않은 사람이 누가 있겠는가? 여기에서조차 자기부인의 목소리는 때로 "너 자신을 아껴라"로 들린다. Venn이 자기 자신의 경우를 언급한 것을 보라. Correspondence, pp. 176, 185, 487.
11 제1부, 7장, 1.
12 Wilks's Essay on Signs of Conversion or Unconversion in Christian Ministers, p. 45.

에 있는 진리를 옹호하고 변론하게 할 수 있게 한다는 점에 항상 목사로서 주목하라. 단순히 오락이나 호기심으로, 또는 학문에 대한 사랑 때문에, 혹은 단지 독서 그 자체를 위해, 혹은 사람들의 점수를 따기 위해, 혹은 독서에서 어떤 득을 얻기 위해 세상 학문을 공부하는 것은 결코 하지 말라.[13]

모든 부차적인 요점을 일차적인 목표에 종속시키라. 단호한 결심을 가지고 일상생활에서 늘 자기부인을 실천하지 않고 괄목할만한 탁월함이나 성공에 도달할 사람은 아무도 없다. 아마 복음사역자에게 할 수 있는 최고의 칭송은, 닥터 존슨이 왓츠 박사에 대해 한 말이었을 것이다. "손에 잡히는 것은 무엇이든, 그는 영혼을 위한 끊임없는 갈망 때문에 그것은 신학으로 전환되었다." 단호하게 이 한 가지 목적에만 골몰하여야 후에 목회 의무에서 물러날 때 양심에 거리낌이 없을 것이다.

다른 한편으로는, 우리의 정신이 학문이나 취향, 성취, 또는 심지어

---

[13] Scott's Letters and Papers, pp. 309-310. Richmond는 말하기를, "유용한 책에 저장된 정신을 모든 목사가 갖기를 바란다. 그러한 책의 모든 부분은 성경과 인간의 영혼 연구를 위해 바쳐진 것이어야 한다." 그의 생애 이야기에서 Baxter는 다음과 같이 말했다. "저 무식한 자들의 어리석음을 나는 혐오한다. 그 사람들은 학문을 비방하거나 경멸한다. 학문이 무엇인지 제대로 알지 못하기 때문이다. 나는 참 배움의 그 어느 한 조각도 쓸모없는 것으로 생각하지 않는다. 그렇지만 내 영혼은 사도 바울의 결심을 받아들인다. 바울은 자기 청중 중에서 (십자가에 못 박힌 그리스도의 지식 외에 다른 지혜를 귀하게 받드는) 그 아무것도 알지 않기로 결심하였다." "나는 공부할 때 이 위대한 계획을 늘 실천에 옮겼다. 즉 하나님의 이름의 영광과 그 지혜와 권능과 진리를 더 많이 발견하기 위해 획득한 지식을 더 발전시키자는 계획이었다. 그래서 나의 세상 지식을 하나님의 지식을 향상시키는 쪽으로 환원하였다. 인간 학문 취득에 있어 이런 계획을 실행에 옮기지 않았으면, 나는 내 시간을 잘못 소비한 것으로 여겼다. 영혼에 그러한 학식만으로 채우면 결국 자기 육체와 함께 죽거나, 죽음에 도달한 그 다음 순간에 자기의 영원한 상태에 쓸모가 없게 되는 것은, 영원불멸의 영혼을 가진 사람에게 합당하지 않은 것으로 나는 늘 생각하였기 때문이다." Judge Hale's account of the Good Steward 이 유명한 평신도 그리스도인의 발밑에 앉는 것이 이득이 될 사람들이 우리 중에 많이 있을 것이다.

추상적인 신학에 몰두해 있기 때문에, 제대로 돌보지도 않고 가르치지도 못한 채, 한 영혼을 영원 속으로 보내버린 그 책임은 또 얼마나 두렵겠는가! "종이 이리 저리 일 볼 동안에 저가 없어졌나이다"(왕상 20:40)라는 고백은 얼마나 자기 스스로 죄가 있음을 인정하는 말인가! 사역을 적극적으로 하는 것보다 공부하는 것을 더 좋아하는 것은 항상 위험스럽다. 또는 목사로서 최소한의 가르치는 사역을 소홀히 할 만큼 "읽는 것에 전념하는 것"은 위험하다.[14] 이 부차적인 일은 그 성격상 합법적이다. 그러나 자기가 하고 싶은 것에 지나치게 탐닉한다는 점에서는 범죄이다. 몰두할 정도로 빠진다고 해서 비록 추문이 일어나지는 않겠지만, 목사 마음의 전적인 헌신을 막기 때문이다. 결국 목사가 돈이나 쾌락을 사랑하고 있다고 교인들이 선입견을 가지고 있는 것처럼, 우리가 쓸모 있는 사람이냐에 대해서도 마찬가지 정도의 편견을 가지고 있음을 입증할지도 모른다.

> 이 샘에서 끌어올린 물이 호기심 많은 정신에게는 매우 달콤한 맛이어서, 그들이 때때로 받았던 박수갈채에 대한 갈증을 해소시켜줄 것이다. 회개의 눈물을 펑펑 흘리면서, 그 물을 주님 앞에 부어드려야 할 이유가 충분히 있다고 나는 생각한다. 그 사소한 내용들을 기억하고 보존하느라 잊고 있었던 그 사람들의 피와 같은, 그런 눈물을 흘려야 할 것이다.[15]

---

14 자기 교인들은 가르침을 받시 못하고 내팽개쳐져 있는데, 자기의 모든 시간을 고상하고 영광스러운 주제들에 관한 공부와 묵상에 쓰고 있는 학생은 독수리가 하는 그 똑같은 일을 하고 있는 것이다. 자기 새끼들은 둥지에서 굶어 죽어가고 있는데, 어미 독수리는 하루 종일 앉아서 태양만을 바라보고 있다. Bishop Horne's Essay, p. 71. (형제들 중 달변인 한 장로가 묻기를), "고상한 학문에 관한 취향보다, 과학도의 그 수고보다, 철학자나 역사가의 열의보다, 그리스도의 사자의 그 단순한 성격에 더 반대되는 그 무엇이 있을 수 있습니까? 당신이 영혼의 치료를 떠맡은 것은 이것을 위함이 아닙니까? 그리스도의 사역자 속에 있는 학문을 사랑하는 정신은 자기의 높은 직분이 첫 번째로 요구하는 것에 정면으로 반격하는 것입니다." Bishop of Calcutta's Prefatory Essay to Baxter, p. 55.

15 Doddridge's Sermon on the Neglect of Souls. Works, vol. iii. 248. 이 설교는 'Williams's

(이미 우리가 살펴본 바와 같이) 헨리 마틴의 경건한 질투도 그러하였다. 자신의 학문과 신학의 추구가 (왜냐하면 신학이라 할지라도, 영적인 공부일 때를 제외하고는, 세속적인 방종이 될 수도 있기 때문이다.) 자기 영혼을 죽여, 보다 더 거룩한 실천을 하지 못하게 할까 두려워서였다.[16] 안수식 때의 그 엄숙함은, (아주 없어지는 못한다 할지라도) 적어도 매우 축소된 한도 내에서, 합법적인 그리스도인으로서의 관심사들을 자제할 것을 우리에게 요구하고 있다. 이것들이 우리의 여가 시간의 매우 큰 부분을 빼앗아 가며, 하나님의 영광을 위하고 우리 양떼를 가르치기 위한 것이라기보다는, 오히려 자신의 고상한 정신적 오락거리로서 공부하는 것이기 때문이다.

결과적으로, 우리가 마지막 계산을 하는 날에 이것들이 (이렇게 표현해도 좋을지는 모르겠지만) 우리의 값을 깎아내리는 품목들이 될 것이다. 이것들이 분명하게 드러나게 되었을 때, 이들은 모두 하나님이 보시기에는 "나무, 마른 풀이나 지푸라기"나 다름없는 것이어서 "불에 타버릴 공로"가 될 것이다(고전 3:12, 15). 이것들을 아무리 아름답게 꾸미고 금칠을 하였다 하더라도 그렇게 될 것이다.[17] 레이턴(Leighton)의 신령한 견해에 따르면, 목회 열매의 풍성함에 대한 최선의 전망은, "그리스도의 십자가와 비교해서 세상 전체를 헤아려 보는 것이며," 회심할 때에 프랑크 교수의 마음에 들어온 다음과 같은 생각을 음미해 보는 것이다.

Christian Preacher'에도 나와 있다.

16 3부 제3부 4장 6,7을 보라.

17 Doddridge's Sermon, 상게서. 또한 그의 『가정예배를 위한 강해』(Family Expositor)의 고린도전서 3:15에 대한 주석과 비교해 보되, Observations on the Childhood of the Saviour, On Luke ii. sect. xiv에서 특별히 젊은 목사들에게 주는 중요한 조언들을 잘 읽어 보라. 또 Bishop Hornes의 Considerations on John the Baptist, Sect. v.과 Coleridge의 Advice to the Young Parish Priest를 보라.

전에는 우상화되었던 학식을 가졌던 반면에, 지금 나는 가말리엘의 발밑에서 배웠던 모든 학식들이 우리 주 예수 그리스도를 아는 지식의 탁월함에 비교해 볼 때 배설물과 같이 무가치한 것임을 알게 되었다.[18]

그리스도인의 자기부인은 또한 목사의 오락과 레크리에이션에까지 연장되어야 한다. 정원을 가꾸는 오락은 조심스런 복종을 필요로 한다. 자기 마음이 현재의 임무를 수행하는 것에서 다른 곳으로 쏠리는 자기 방종을 감지하였을 때, 세실 목사는 자기 바이올린의 현들을 끊었고, 자기 그림붓을 집어 치웠다(막 9:47). 다시 말하거니와, 여가생활로 하는 농사의 레크리에이션도 분명히 "자기 생활에 얽매이는"(딤후 2:4) 일이다.

스콧 목사는 우리에게 권면한다.

사역이 우리 모든 시간을 차지하게 하라. 심지어 레크리에이션과 운동으로 기분전환하는 것까지도 잘 조절하고 적당히 해야 하고 종속시켜서, 그러한 활동들이 우리의 위대한 사역을 방해하거나 또는 사역을 하기에 부적절한 사람이 되게 만들어서는 안 된다. 오히려 우리는 사역을 하기에 적당한 사람으로 준비를 하여서, 그러한 활동들이 모두 우리의 주목적에 쓸모가 있도록 하여야 한다.[19]

---

[18] Preface to Professor Franck's Christ the Sun and Substance of Holy Scripture, p. 8. "우리는 예수 그리스도의 발밑에서 중요한 공부를 배워야 한다. 하나님의 아들은 자기 아버지로부터 받은 말씀을 선포하셨다. 그러므로 그분의 사역자들도 하나님의 아들로부터 처음 배운 것을 충실하게 가르쳐야 한다. 사도 바울은 '예수 그리스도와 십자가에 죽으신 그분 외에는 아무것도 알지 아니 하리라'고 고백하였다. 이 진리를 참으로 알고 있는 사람은 다른 모든 것들을 알고 있는 것이다. 그리고 십자가에 못 박힌 정신을 가지고 공부하는 사람은 그 자신의 필요와 교회의 필요에 정비례하여 이 지식에 도달한다." Pastoral Instructions to his Clergy, by Anthony Godeau, Bishop of Grasse and Vence, 불어 번역판, 1703.

[19] Scott's Letters and Papers, p. 309.

정신과 육체도 적절한 휴식이 없으면 유지될 수 없다. 그러나 영적으로 깨어 있는 사람치고, 편안함과 쾌락을 좋아해서 하나님께서 고용하신 일들을 하고자 하는 의욕을 경감시키지 않게, 그리고 우리의 소명에 부지런히 바쳐졌어야 할 귀중한 시간을 낭비하지 않게, 끊임없이 조심해야 할 필요성이 있음을 느끼지 않는 사람이 누가 있겠는가?

세커 대감독은 다음과 말하고 있다.

> 합법적인 모든 일들이 다 마땅히 해야 할 것은 아니다. 그리고 (세상적인 즐거움을 주는 것들에 관해 말하면서) 이러한 것들이 본질적인 신체의 건강과 정신의 상쾌함 또는 정말로 귀중한 목적 그 이상으로 나아가는 것은 확실히 우리의 여가 시간들을 아주 잘못 사용하는 것이다. 여가 시간을 잘 사용하는 본보기를 우리 회중에게 보여주어야 한다. 자기 임무에 관심을 기울여야 마땅한 하나님의 말씀의 사역자는 공적이든 사적이든 그러한 낭비 활동을 위해서 여가 시간을 보내서는 안 될 것이며, 그런 활동을 과도하게 좋아해서도 안 될 것이다.[20]

이 자기부인을 목사가 오라토리오를 보러 가거나 음악회에 가거나 그와 유사한 전시회장에 가는 것에 적용해서는 되는가? 만일 우리가 강단에서 세상적인 헛된 것을 추구하는 것에 대해 충고하는 것을 들은 세상적인 우리 교인이 그러한 장소에서 우리를 보고 놀라거나 또는 기

---

[20] Charges, p. 238. Massillon 목사가 자기 자신의 목사들에게 다음의 말을 말했던 것처럼 우리 중 어떤 사람들에게도 그가 이 말을 했을 것이라고 생각하는 것은 사랑이 부족한 것이 아니다. "오락의 필요성을 주장하는 목사가, 사실은 보통 오락의 필요도 없으면서 자기의 임무와 자기 직업에 딸린 일을 제일 소홀히 하는 사람들이라는 점은 참 이해가 되지 않는다. 그들의 생활은 나태가 습관화 되어 있다. 우리는 그들에게서 진지한 것을 찾아볼 수 없다. 그들은 방정치 못한 품행 때문에 서둘러 은퇴를 하는데, 피곤해서 일을 할 수 없는 척, 마지못해서 은퇴를 하는 척 할 뿐만 아니라 목회에서 은퇴한 후에도 마찬가지이다. 그들에게 위안이 되어야 마땅한 것이 그들에게는 골칫거리이다. 그들은 서둘러 세상으로 돌아간다. 그곳에서 자기 일과 자기 자신을 함께 잊어버리기 위함이다." Charges, p. 142.

뻔한다면, (최소한) 우리가 그런 곳에 가는 것이 마땅하냐에 대해[21] 우리 양심이 주의깊게 경계의 목소리를 속삭이는 것이 당연하지 않겠는가?

더구나, 방금 말한 규칙에 의하면, 만일 그런 장소에 나타난 우리 존재가 마음이 여린 자들에게나 또는 정말로 (사도가 언급한 경우에서와 같이), 세심하게 살펴보는 자에게 고통을 준다면(고전 8:10), 우리가 자제를 해야 하지 않겠는가? 자기가 하고 싶은 일을 하는 것의 합법성을 추상적으로는 인정한다. 그럼에도 불구하고, 자제는 당면한 과제이다. 이 의무를 태만히 하는 것은, "연약한 우리 형제들에게 죄를 짓는 것이며 따라서 그리스도께 죄를 짓는 것"[22]이다. 이러는 것이 좋을까 저러는 것이 좋을까 의심스러운 경우에, 그리스도인의 사랑과 자기부인은 좁고도 가장 안전한 길을 보여준다.

절제는 자연스럽고도 직접적인 형제 사랑의 표현이다. 절제는 우리가 형제들을 넘어지게 하는 돌들을 놓을 수도 있는 그 위험성을 제거해 준다. 이 형제들은 우리가 십자가의 길로 인도해야 할 사람들이다.

절제는 우리 자신의 성향을 거스르는 행위이며, 부름 받은 소명이다. 절제는 또한 "자기를 부인"(마 16:24)하라는 우리 주님의 명령의 참 정신 속에 들어 있으며, "형제들아 너희가 자유를 위하여 부르심을 입었으나 그러나 그 자유로 육체의 기회를 삼지 말고 오직 사랑으로 서

---

21 고전 6:12와 비교 해보라. Cecil's Remains, p. 117.
22 고전 8:12. 이 요지는 Professor Campbell, Lecture iii. on the Pastoral Character. 그리고 Archbishop Secker, Sermons, vol. iii가 강력하게 주장하였다. 상당한 수의 그리스도인들은 이러한 레크리에이션을 거부하는 것이 별로 어렵지 않다. 그렇다면 자신의 인격이 자기부인의 원칙을 구현해야 마땅한 복음의 사역자가 이러한 제한에 대해 불평해야 하겠는가? 이러한 제한은, 신중한 그리스도인들뿐만 아니라 믿음이 연약한 사람들이라도 우리 직분의 헌신된 거룩성을 유지하기 위해서 필요한 것이라고 생각하는 것이다. 결국 그림자를, 즉 아무것도 아닌 거품과 같은 것을 얻기 위해 "일찍 일어나고 늦게까지 앉아 있으며 수고의 빵을 먹는" 세상 사람들의 매일의 자기부인의 삶에 비하면 이 희생은 얼마나 적은 것인가!

로 종노릇하라"(갈 5:13)²³는 실천 명령의 본보기에 들어 있는 것이다. 이 원칙에 따라, 목사들은 사냥 오락도 금해야 한다. 이 오락이 도덕적인 악은 아니라 할지라도, 레위인으로서 적절한 습관을 가진 목사의 태도가 아닌 것은 분명하다.

사냥에서 집으로 돌아오는 길에 병자들과 죽어가고 있는 사람들을 심방한다는 것은 조금 모순된 일이라고 생각되지 않겠는가? 문지방에 사냥개와 사냥총을 놓아두고서, 병자의 방에서 영원의 그 말할 수 없는 공포나 또는 그 영원한 기쁨이 가까이 있음을 실감할 수 있겠는가? 사냥할 때 입는 복장 때문에 시험에 들어서, 우리 입에서 나오는 영적인 조언을 구하고 있는 영혼을 끌어들이기보다, 오히려 쫓아버리지 않겠는가? 혹은 무한히 중대한 질문 즉 "내가 어떻게 하여야 구원을 받으리이까"에 대한 대답을 듣고 싶어 하며 깨어있는 영혼을 끌어들이기보다는, 오히려 쫓아버리지 않겠는가? 특히 이 사역에는, 위로부터 오는 기쁨이 있을 것으로 생각하고 또 영적 열망의 일상적인 틀이 있을 것으로 사람들은 생각한다. 이 거룩한 사역은 그러한 오락과는 매우 명백하게 조화되지 않기 때문에, 적극적인 의무들보다 행해야 할 근거가 더 적은 것들로 인해 더 중요한 일을 포기할 수는 없다.

> 좋지도 나쁘지도 않은 일을 삼간다면 무슨 덕이 있는가? 만일 그 일들의 무죄성을 확신한다면, 어째서 다른 사람들의 미신에 따라 행동하고, 우리 자신의 신념에 따라 행동하지 않는가?
> 우리 중에 누구든지 자기를 위하여 사는 자가 없고 자기를 위하여 죽는 자도 없도다(롬 14:7).
> 믿음이 강한 우리는 마땅히 믿음이 약한 자의 약점을 담당하고 자기를

---

23 갈 5:13. Coleridge's Advice to the Young Parish Priest에 나와 있는 훌륭한 말들을 보라.

기쁘게 하지 아니할 것이라(롬 15:1).

정직하게 자기를 살펴보았을 때, 쾌락을 좋아하고 있지는 않는가? 다른 사람들의 유익을 그렇게나 심각하게 희생시켜가면서 자기만족의 습관을 허용할 수 있는 다른 원리가 무엇이 있는가? 우리의 행위에 대해 회중이 연약함이나 꼼꼼함 또는 편견으로 바라보는 일을 무시해 버리도록 영향을 미치는 것은, 악을 고치는 것이 아니라, 오히려 악을 인정하는 방법이다. 그것은 우리 자신과 우리 사역의 위엄과 축복에도 동일하게 해를 끼침과 동시에, 신성한 목사의 수준을 떨어뜨리게 된다.

지금까지 생각해 본 것을 다 합치면 단순히 이런 것이다. 우리 열심에 찬 물을 끼얹고, 우리 마음을 흩뜨리고, 우리의 관심을 다른 곳으로 돌리게 하며, 시간이나 관심의 대부분을 차지하는 것이라고 우리 경험으로 알고 있는 그것은, 바로 빼어 내버리라고 주께서 명령하신 바로 그 '오른쪽 눈'에 해당한다.[24] 필자가 금욕주의적 생활을 옹호하고 있는 것은 결코 아니다. 활시위를 항상 당긴 상태로 두어 활을 쓸모없게 만들려는 것도 아니다.

우리는 목사일 뿐만 아니라, 또한 인간이기도 하다는 것을 필자가 잊은 것도 아니다. 우리는 종이지, 노예가 아니라는 것도 잊지 않고 있다. 그러나 우리 구주의 최고의 사랑을 가로채려는 그 어떤 피조물을 사랑함으로써 자기들의 영원한 구원의 희망을 망쳐버리지 않도록 하라고, 우리 교인들에게 조심시키고 있는 우리가 아닌가?

헌신하는 일에서부터 벗어나 흥미 있는 어느 한 가지 것에 우리 마음

---

[24] 마 5:29. "거룩한 일에 사역자로 임명받은 사람은 세속적인 일이나 천한 예술을 하여 자기 일의 큰 부분을 삼켜버리게 해서는 아니 된다. 콘스탄티노플의 총대주교였던 Theophylact의 말로 하자면, 자기 서재에서 혹은 강단에서 자기 직분을 감당하여야 마땅한 때에, 자기 시간을 자신의 마구간에서 보내는 것은 커다란 게으름이다." Bishop Taylor.

이 쏠리면, 우리 주님께 불충성의 죄를 실제로 짓게 되는 것이며, 우리 사역에 축복을 가져오는 대신 저주를 가져오게 하는 것이며, 우리의 궁극적인 안전에 대해서 떨게 되어도 당연한 것이라고, 우리 자신에게 상기시켜야 하지 않겠는가?

   하나님께 바쳐진 종은, 좀 힘든 일을 하다가 자기에게 위로가 되는 일로 전환 하게 되면 어느 정도 휴식을 찾을 수 있을 것이다. 그러나 완전히 다른 일로 전환하는 것도 때로는 필요할 것이다. 자기 몸과 영혼이 휴식을 필요로 하는 때도 주님은 수고할 것을 요구하신다고 생각하지 말라. 현명한 기분전환은 에너지를 빼앗아가기보다는 오히려 자신의 신령한 인격의 품격과 사역의 능력을 북돋아 줄 것이다.

The Christian Ministry

5장

탐욕의 풍조

　목사의 탐욕은 거의 속담이 되기까지 이르렀다. 가룟 유다의 경우는 최고의 목회 은사를 가진 자가 어떻게 될 수도 있는지를 보여주는 끔찍한 예이다. 탐욕은 어떤 교회 체계의 잘못이 아니라, 부패하고 이기적인 마음의 당연한 원리이다. 탐욕은 로마 가톨릭의 부록이 되었다. 체제의 확장이 개인의 확장에까지 이르기 때문이다. 그러나 '죄의 사람'이 교회에 나타나기 훨씬 이전에, 유다와 데마는 탐욕의 희생자가 되었다.

　부의 유입으로 말미암아 탐욕은 개신교와 영국 국교회의 높은 목사들에게 맹장처럼 붙어 있다. 그리고 현재의 수요와 장래의 긴급한 상황에 필요한 재원이 충분하지 못한 낮은 직급의 목사들에게도 붙어 있다. 특별히 후자의 경우, 탐욕은 습관적이고 파괴적인 영향력을 가지고, 여느 영국 국교회에서와 마찬가지로 모든 개신교 교단들에도 연결되어 있다.

　성경이 이 이기적인 행동 원리를 거룩한 직분과 빈번하게 연관 짓고 있는 것은¹ 의심할 바 없이 하나님의 종에게 매우 만연되어 있는 유혹을 경고하고자 함이었다.

잉글랜드 국교회는 이에 대한 문자적인 분명한 언급이 없지만, 각각의 목사 안수식에서는 탐욕에 대한 언급을 요령 있게 암시하고 있다. 교회는 집사들에게 "더러운 이를 탐하지 말라"(딤전 3:8)고 하나님의 말씀으로 경고하고 있다. 교회는 목사들에게 '삯꾼'의 보기 흉한 그림을 보여주고 있다.² 동시에 어떻게 하면 모든 세상적인 근심과 세상적인 학문을 버려야 하는지를 이들에게 가르치고 있다. 목사들의 근면함에 대해서, 그리고 세상의 학문과 육신을 제쳐놓을 준비가 되어있는지 좀 더 면밀하게 다시금 그들에게 질문한다. 교회는 목사들에게 이 엄숙한 책임을 묻는 것이 필요하다고 생각한다.

> 그리스도의 양떼에게 이리가 되지 말라. 그들의 목자가 되라. 그들을 먹이라. 그들을 탐욕스럽게 잡아먹지 말라.³

---

1 유대 교사들의 묘사를 보라 (사 61:11; 렘 6:13; 겔 34:1-3; 미 3:11; 마 15:5-6, 23:14). 디모데와 기독교 교사들의 대조(빌 2:20-21)와 목사들에게 '더러운 이'에 대해 빈번하게 경고(딤전 3:3, 8; 6:9-11; 딛 1:7; 벧전 5:2; 벧후 2:3; 유 11)하는 말씀들을 보라. "유대 교사들은 예수 그리스도를 통하여 (양 우리 속으로) 들어가지 않는다. 그는 그리스도와 그의 교회의 유익 이외에 다른 유익을 바라봄으로 들어간다. 야망, 탐욕, 안일을 좋아하는 것, 또는 무리와 차이가 나고자 하는 욕망, 편리한 삶을 누리거나 우리 가족의 관심사들을 알리고자 하는 욕망과 부족하지 않은데도 공급하고자 하는 계획, 이것들을 통하여 도둑과 강도가 들어온다. 그리고 이런 길로 들어오거나 성직 매매, 술책 등을 써서 들어오는 자는 누구나 다 더 나은 이름을 가질 자격이 없다." Quesnel on John x. 1.
2 사도바울이 그리고 그 이전에 우리 주님께서 말씀하시길 일꾼이 제 삯을 받는 것이 마땅하다고 하셨지만, 목회자는 삯과 보상을 위해서 직분을 수행하는 것이 아니라 경건의 유익을 얻기 위함이다. Brewster, Bishop Man's Prayer Book에서 인용함, "충실하게 양떼를 먹이면서 자기 생활을 유지하는 사람은 삯꾼이 아니다. 그러나 '더러운 이'가 큰 목적이거나 동기인 사람은 삯꾼이다." Scott, 전에 인용한 곳. 다중의 목회지를 겸직하는 것은 (무관심한 몇몇 사람들과 필요한 예외 몇 사람을 제외하고,) 이 불건전한 탐심과 연관이 있을 개연성이 높다.
3 안수와 위임예배(Ordination and Consecration services)를 보라. "우리는 어떤 신실한 말씀을 선도하는 목회자라도 그가 동시에 돈을 사랑하는 자라면 함께 하지 않는다" "Colligimus, neminem probum verbi Ministrum, quin non idem sit pecuniae contemptor." Calv. in Acts xx.

탐욕을 격렬하게 비난하는 한편, 그의 평생을 통하여 비천한 고리대금업의 노예로 살았다는 것이 그 유명한 이교도 도덕론자의 흠이었다.[4]

만일 우리 개인의 습관이나 우리 부양가족들이 이에 오염된 모습을 보여준다면, 이 빠지기 쉬운 죄를 범하지 말라고 열심히 설교하는 것이 얼마나 신뢰를 잃겠는가! 우리 교인들에게 "돈을 사랑함이 일만 악의 뿌리가 되나니"(딤전 6:10)라고 우리가 경고할 때, 사람들은 우리 자신의 정원에 이 파괴적인 잡초가 있지 않은지 자세히 들여다 볼 것이다. 심지어 우리가 우리 교구에 있는 모든 정원에 잡초를 뽑아내려고 애쓰고 있는 동안, 잡초가 거기서 자라고 있을지도 모를 일이다.

탐욕은 우리의 검약과는 아주 구별된다. 검약은 이 세상의 것들을 바른 방향으로 적절하게 사용하는 것, 누구에게 아무것도 빚지지 않는 것, 세상의 것을 이용하되 그것을 남용하거나 오용하지 않는 것, 선한 청지기처럼 우리 가족들이 교회의 짐이 되지 않을 만큼 현재의 필수품을 잘 준비하는 것을 의미한다. 그리스도인의 자족과 더불어 이것은 올바른 인격을 형성한다. 그러나 탐욕은 이 세상의 걱정에 대해 과도하게 생각하는 것이며, 이 세상을 추구하는 욕망이며, 이 세상에 빠져드는 일이다.

탐욕의 두드러진 양상은 지나치게 아끼는 습관, 우리가 소유한 것에 지나치게 집착하는 일, 또 우리가 가진 것으로부터 멀어지는 것을 꺼려하는 뿌리깊은 성향과 같은 것들이다. 이것은 일반적으로 재난의 경우

---

33. "재산을 축적하겠다는 강하고 지배적인 욕망이 목사의 마음을 사로잡는 순간, 그가 정통 교리를 어느 정도의 활기를 가지고 설교한다 하더라도, 어느 정도로 자기 교인들을 심방한다 하더라도, 그의 주인의 나라의 확장과 영광이라는 단 한 가지 목적만을 가지고 있는 헌신된 포도원 일꾼은 되지 못할 것이며, 자기의 모든 일을 그 목적에 종속시키는 사람도 되지 못할 것이다. 사람이 재산도 크게 축적하고 동시에 헌신된 그리스도의 충실한 사역자가 되는 것이 불가능함과 같다. 그것은 빛과 어둠 사이에 사귐을 확립하는 것이 불가능하며, 그리스도와 벨리알 사이에 사귐이 불가능함과 같다." Professor Miller's Letters, pp. 433-434.

4 Seneca.

를 생각하고 대비하려는 욕구, 그리고 물질을 우리 구주의 나라의 확장에 매우 제한적으로 바치려는 생각과 관련되어 있다. 우리 기독교 협회의 보고서에는 상당한 재력을 가진 인사들이 설명할 수 없는 수준의 적은 기부금을 낸 것으로 기록되어 있을 때가 자주 있다. 이런 일은 그들이 기부금을 상당히 다양한 통로로 내기 때문에 생기는 것일 수도 있다. 그러나 그것이 돈에 대한 욕구나 자기방종 또는 탐욕에서 나오는 것은 혹시 아닐까?

허울만 좋은 형태의 이 원리는 흔히 세상과 많이 연결되어 있는 사람들에게 속한 것이다. 그 폐해를 개인들은 아마도 의식하지 못하겠지만, 일반적으로 세상으로부터 조금밖에 분리되어 있지 못한 삶을 살고 있는 사람들 속에서 보인다. 즉 신령하지 못한 마음과 생활과 대화 속에 그리고 자기의 일에 하나님의 영향력이 들어설 자리를 좁혀놓았기 때문이다. 카도간(Cadogan) 목사의 경우, 존경에 대한 그의 인격적 요구를 조금도 손상시키지 않고 그의 목사로서 인격의 위엄은 본래의 고결한 수준에서 더 높아졌다. 그의 삶의 여정을 통해 유지되어 온 검소함과 거룩의 기풍은 그의 주님이 추천하실 만한 특별한 증거들과 함께 존경을 받았다.[5]

정상적인 사역의 과정에서도 우리는 "탐욕의 옷"을 분별해낼 수 있을 것이다. 작은 물질에 대한 비열한 관심 속에서, 우리 경제 활동에 영향을 주는 동기 속에서, 현재의 외양을 유지하는 그 세심함에서, 다른

---

[5] Massillon은 그리스도의 시험에 대해 놀라운 설교를 하였다. 그는 그리스도가 받은 시험을 사역의 유혹으로 전환시켰다. (강단의 진지함에 적절치 못한) 다음의 가르침을 괴상한 형태의 연역 때문에 거부하지 않기를 바란다. 1. 유한계급의 사람처럼 살고 싶은 생각, "이 돌들에게 떡덩이가 되라고 명령하라." 이 위험은 사역에 처음 들어섰을 때 해당된다. 2. 고위 목사가 되고자 갈망하는 주제넘은 태도. "사탄은 예수를 성전의 꼭대기에 세웠다." 이것은 대망을 품은 목사에게 해당 한다: 두 번째 단계. 3. 부와 고위직의 존귀에 대한 무한한 욕망. 이 욕망 때문에 사람은 승진을 하기 위해 일을 하게 된다. "엎드려 나에게 절을 하면 이 모든 것을 내가 너에게 주리라."

사람들에게 돈을 쓰는 계획 속에서, 이득을 보려는 기대로 흥분되어 기뻐함 속에서, 그 반대가 되었을 때 실망해서 과도하게 낙심하는 마음속에서, 세상을 향한 자연스런 생각의 흐름 속에서, 탐욕을 종교와 같은 수준으로 쉽게 올려놓는 것 속에서, 우리는 탐욕의 옷을 발견해 낼 수 있다. 이 가증한 원리를 따르는 모든 행동 또는 그 어떤 행동이라도 틀림없이 그리스도인의 삶의 실천과 목사의 능력을 죽이게 될 것이다.

우리는 또한 교회의 요구들을 열심히 수행하는 것에 관해서도 탐욕에 대한 말을 할 수 있을 것이다. 논쟁하기 좋아하고 화해하기 어려운 성격은 우리의 가장 중요한 영향력을 치명적으로 상실하게 만든다. 불공정이나 강탈 혐의의 정당한 근거가 없는데도 그렇게 한다면, 우리가 친절해야 한다는 사실과 우리 직분의 주된 목적과 그 한 가지 목적을 위해서 우리가 생활비를 받고 있다는 사실을 기억하지 못하는 것일 수 있다.[6] 우리가 가족에 대해 어떠한 고려를 하더라도 숭고한 사역의 정신은 이기적인 생각을 뛰어넘어야 하며, 우리에게 맡겨진 위대한 신뢰 위에 고정되어야 한다.[7]

---

[6] Grimshaw 목사는 "자기 임무를 실행함에 있어 계산속이 빠른 사람이 아니었으며 자기 교인들이 자기에게 가져온 것에 만족했다고 한다." 그는 그들에게 다음과 같이 말하곤 했다. "내가 죽었을 때 내가 당신을 목회하면서 한 형편없는 수고의 대가로 내가 받은 것에 대해 나는 당신들의 저주를 받을 자격이 없을 것입니다. 나는 나의 하나님을 위하여 당신들의 영혼을 원합니다. 그리고 내 자신을 위해서 겨우 먹고 살아갈 정도의 생계비면 충분합니다." Newton's Life of Grimshaw, p. 124. 만일 이 원칙을 합법적인 경계선 그 이상으로 가져갔다면, 그 정신은 참으로 칭찬할 만하다. 세커 대감독의 말의 진리는 누구나 인정할 것이다. "적당한 정도로 사심이 없는 것이 목사의 수고가 성공하기 위해 필요한 한 가지 요건이다." Charges, p. 248. "나는 너희의 것을 구하지 아니하고, 너희를 원하노라" 고후 12:13-14. Scott on 1 Cor. ix. 13-18을 보라.

[7] 자기의 자녀들을 위한 Wilson 감독의 비망록은 원초적으로 사심 없는 높은 정신이 깃들여 있다. "만일 내가 감독에게 주는 사례비에서 너희들을 위해 더 많이 저축하지 않은 이유를 너희들에게 말할 수 있을 때까지 살지 못한다면, 이것으로 만족하여라. 교회에서 재물을 적게 받으면 받을수록 내가 너희들에게 남기는 그 안식은 풍성할 것이다. 교회 생활비는 가족들을 부양하거나 그 중에서 상속을 하기 위해서가 아니라, 우리 가족을 유지하고,

장차 우리의 후임자들의 관례를 고려해볼 때, 우리는 테일러 감독의 건전한 경고의 말을 유념해두는 것이 좋을 것이다. "교회의 이름을 개인의 탐욕의 구실로 삼지 말라. 당신은 많은 것들을 기꺼이 포기하고 싶지만, 그러나 교회에 해를 끼쳐서는 안되기에 못한다고 하지는 말라. 비록 당신이 후임자에게 해를 끼칠 수도 있다는 것은 사실이다. 그럼에도 불구하고, 그런 경우에 교회에 불편함이 없다면, 그런 많은 일들은 용서를 받을 것이다. 그러나 반드시 기억하라. 당신의 개인적 능력 안에서 하지 않으면 안 될 일은 단지 소수이다. 그러나 당신 자신이 공인으로서 행해야할 의무를 가진 일들은 그보다 훨씬 더 이상이다."[8] "부(富)를 사랑하는 것보다, 좁고 쩨쩨한 마음을 가졌다는 더 명백한 표시는 없다"고 심지어 한 이교도도 말하였다.[9]

그러한 유혹의 성향들과 유혹의 경우들을 끊임없이 경계하고 있다면, 이 미묘한 탐욕의 권세에 먹이를 줄 필요가 무엇이 있겠는가! 우리 영적 유익에 미치는 그리고 결과적으로 우리 사역에까지 미치는, 돈의 끔찍한 영향력에 대한 성경의 선포를 실제적으로 믿는 믿음을 늘 유지한다는 것이 얼마나 어려운가! "너 하나님의 사람아, 이것들을 피하고"(딤전 6:11)라는 말은 한 아버지가 한 젊은 목사에게 하는 조언이다. 사도의 검소함과 자기부인과 사도의 사랑으로 돌아왔을 때, 우리의 목회에 오순절 성령의 역사가 나타남을 기대해도 좋을 것이다.

탐욕은 세상을 좇는 것보다 훨씬 더 그럴 듯한 가면을 쓰고 있다. 탐욕은 필요성, 정의, 신중함, 그리고 경제의 덮개를 쓰고 주장할 것을 많

손님을 접대하고 가난한 자들을 먹이기 위해서이다. 언젠가는 이런 나의 생각에 너희들이 기뻐할 것이다. 그리고 그 생각에 따라 내가 행동하기를 하나님께서 허락해주시기를 바란다." Stowell's Life, pp. 58-59.
8 성직자들을 향한 충고. Bishop Randolph's Enchiridion Theologicon, vol. i. 또는 Clergyman's Instructor에서 찾아볼 수 있다.
9 "부를 사랑하는 것보다 더 비천하고 가난한 마음은 없다"(Nihil est tam angusti tamque parvi animi, quam amare divitias). Cic. de Officiis. Lib. i.

이 가지고 있다. 그러나 우리는 그 모든 속임수의 옷 아래 숨어있는 그 진짜 성격을 탐지해 낼 수 있다. 비싼 옷이나 음식, 가구, 생활양식 등에는 거의 제한을 두지 않으면서, 재원이 부족하기 때문에 그리스도인의 사랑을 실천하지 못한다는 것이 흔히 우리의 구실이 되고 있지 않는가? 재정 위기 때에 제일 먼저 삭감되는 것은 자선기금이지 않는가? "이 전이 황무하였거늘 너희가 이 때에 판벽한 집에 거하는 것이 가하냐?"(학 1:4).

가정의 경제생활에서 자기부인은 또한 건전한 검약을 실천하여야 한다. 자녀교육에 대한 지출(주로 외모를 치장하거나 자녀의 세상적인 유익을 위할 때)과 가족의 교육과 관리에 세상적인 격언을 채택하는 것은 (스콧트의 판단에 의하면, 이것이 오늘날 교회가 짓는 죄의 상당한 부분을 이룬다.) 비난을 받을 만하다. 목사의 가족들이 십자가의 제자로서 하늘나라 시민으로서 양육되지 않고 때때로 세상의 기대치에 따라가도록 양육된다는 것은 너무나 분명한 사실이다.

스콧의 다음과 같은 매우 귀중한 가르침은 그의 가정에서 실현된 가장 성공적인 행동 원칙으로서 매우 중요한 것이다.

> 우리는 제단에서 살아야 한다. 우리 자신이나 또는 우리 가족들을 끌어올리고자 하는 욕망의 생각을 품지 않고, 품위 있는 생활을 겨우 유지할 수 있는 정도의 삶으로 우리는 만족해야 한다.

스콧의 아들은 말한다.

> 아버지는 평생 동안 이 원칙에 따라 행동하셨다. 만약 돈을 적절하게 사용하였다면, 부유하게 태어난 목사들이나, 부유하게 태어나지는 않았지만 하나님의 섭리가 부유하게 만들어준 사람들을 아버지는 헐뜯지 않았

다. 아버지가 정죄한 것은 돈을 잡으려고 열망하는 사람들이었다.

그가 가장 좋아하는 교훈의 말은, "영혼을 위해 가장 좋은 것이 우리를 위해 정말로 가장 좋은 것이다"와 "그는 자기를 위해서나 자기 가족들을 위해서 세상의 재물을 부러운 눈으로 바라본 적이 결코 없었다"였다. (자기 인생이 끝나갈 즈음 회고해볼 때 그에게 가장 만족을 준) 그의 성공의 큰 비결은 이것인 것 같다. "나는 항상 내 자신을 위해서뿐만 아니라 내 자식들을 위해서도 '먼저 하나님의 나라와 그의 의를 구하였다.'"
스콧트의 아들은 계속 언급한다.

> 이 생각은, 현 세상에서보다는 오히려 영원에까지 실제로 그리고 분명히, 그 가치가 연장될 것이다. 그리고 특별히 자기 자녀 관리에까지 즉 자녀들의 가르침을 위해 보내야 할 장소들, 자녀들이 방문해야 할 가족들, 자녀들이 관계를 맺어야 할 사람들, 그리고 그 자녀들이 받아 들이거나 또는 거절해야 할 기회들에 이르기까지, 이 가치는 뻗어있을 것이다.[10]

다양한 형태를 띠고 있는 탐욕은 그리스도인 개인에게서보다 목사에게서 더 쉽게 탐지된다. 목사로서의 수입의 원천은 일반적으로 교인들로부터 나오는 것으로 알려져 있다. 따라서 그 돈의 규모와 어떻게

---

[10] Scott's Life, pp. 591, 611-614. pp. 91, 396-398과 비교해 보라. Works pp. 225-226. 루터가 죽을 때 드린 기도에는 온 세상을 자기 발밑에 정복했던 한 사람의 정신이 배어 있다-"주 하나님, 내가 이 세상에서 빈민이 된 것을 감사 하나이다. 나는 집, 토지, 재산, 돈도 없습니다. 하나님이 주신 아내와 아들을 돌려 드립니다. 저들을 먹이고, 가르치고, 보호해 주십시오. 오! 고아들의 아버지 과부들의 남편이신 하나님"Domine Deus, gratias ago tibi, quod volueris me esse pauperem super terram, et mendicum. Non habeo domum, agrum, possessiones, pecuniam, quae relinquam. Tu dedisti mini uxorem et filios. Tibi reddo. Nutri, doce, serva-ut hactenus me-O Pater pupiorum et judex viduarum.' Adam in Vita Lutheri. 또한 이와 유사한 칼빈에 관한 증언과 불신자 배일(Bayle)의 마음에 생긴 확신에 대한 증언을 참조하라. Scott's Contin. of Milner, iii. 486-488.

썼느냐 하는 것은 여러 사람의 비난거리가 될 수도 있는 문제이다. 게다가, "산위에 있는 동네"(마 5:14)처럼 그는 숨기워질 수 없다. 자기 가속들의 외양을 꾸미는 일에 나쁘게 쓰인 흔적이 조금이라도 있다면 모든 사람들이 알게 될 것이다. 이 점에 관해 하나님께 간구한 사도 바울의 호소는(살전 2:5; 행 20:33-35), 자기 성공의 가장 큰 원천들 중의 하나를 우리에게 열어주고 있다는 것은 의심할 바 없다.

다른 한편으로는, 탐욕보다 사역에 더 치명적인 장애물이 없다. 이 우상숭배 같은 성품보다 더 세상의 눈에 우리 개인과 우리의 수고를 경멸할 만하게 만드는 것은 아무것도 없다. 탐욕은, 사람들을 땅에서 하늘로 끌어올리는 우리 직분의 위대한 목적에 역행하는 것이다. 그것은 예를 들어 우리가 가진 돈의 정도에 따라 사역과 자선 그리고 대접에 전념할 수 있는, 우리 쓸모의 많은 원천들을 부패시켜 놓기 때문이다. 탐욕은 영혼이 영적으로 향상되는 것을 방해하고 우리 직분의 신성한 성격을 더럽힌다.[11]

---

[11] Gregory, de Cura Past. Part i. ch. xi와 비교해보라. 종교 개혁의 위대한 사역에 가담한 대부분의 탁월한 사람들에게는 공통의 정신이 있었다. Luther와 Melancthon이 가지고 있었던 사심 없는 정신을 닮아가고자 하는 자기 자신의 마음에 대한 느낌은 Scott 목사는 다음과 같이 진술하고 있다. 그 자신의 적용에 대한 말에 귀를 기울일 필요가 있다. "그렇다, 만일 우리가 이렇게도 고상하고 거룩한 사역에 성공적으로 고용되기를 갈망한다면, 우리는 이 세상의 관심사로부터 지금보다 더 거리를 두어야 한다. 오! 우리는 좋은 공급의 수단들과 근사한 생활 스타일을 유지해나가기 위한 수단을 궁구해내는 일에 너무나 많이 탐닉해가고 있지 않는가? 이것은 하나님의 교회에 위대한 일들을 하는 그런 기풍이 결코 아니었다. 비록 좀 다양한 의미를 가지고 있기는 하지만, 다음의 선고를 받지 아니 하도록 조심하자. '너는 너의 상을 이미 받았도다.' 상황은 더 나아졌으나 희망이 없는 수고를 하게 된다." Continuation of Milner, vol. ii. pp. 181-182. 이 점에 관해 이교도들에 대한 면밀한 그리고 정확한 관찰은 주목해볼만하다. 그들은 돈을 좋아하지 않을 자유 또는 돈 때문에 걱정을 하지 않을 자유를 기독교 영향력의 가장 강력한 증거로 생각한다. 그들 중에 가장 지성적인 사람이 자기 나라의 교사에 대해 다음과 같이 말했다. "그가 복음의 힘 아래 완벽하게 가져온 모든 것 중에서, 그가 가려낸 결점은 오직 한 가지였다. 그는 탐욕이 없었다. 그러나 그는 자기 돈과 작별할 때에는 어느 정도의 주저함이 있었다." Swartz가 놀라울 정도로 쓸모 있는 사람이라는 것은, 그가 높고도 일관적인 수준의 개인적 청렴을 가지고 있다는 것과 연관되어 있음이 분명하다. Pearson 학장이 쓴 Swartz의 흥미로운 일생을 보라.

그러므로 죠지 허버트의 초기 목회사역은 다음과 같이 요약될 수 있다.

> 그러한 일들에 가장 많이 수고를 기울인다. 탐욕은 자기 교구에서 뒷말을 만들어내기 쉽기 때문이다. 그는 모든 탐욕을 피하는 일에 있어 매우 용의주도하다. 어떤 세상적인 부를 얻으려는 탐심을 부리지도 아니하고, 인색하게 가지고 있으려고도 아니하며, 상실할까봐 고민하 지도 아니한 다. 오히려, 그의 말과 행동으로 돈을 대수롭지 않게 여기고 얕잡아 본다. 진노의 날에는 한 드라크마어치의 위안도 우리에게 주지 못할 돈을 세상이 어째서 그렇게 귀하게 여겨야 하는지 이상하게 생각할 정도로, 그는 돈을 하찮게 본다.[12]

인간을 부패시키는 이 열정을 방지할 가장 효과적인 예방책은, 소수의 욕구만을 가지는 것이며, 우리의 가난한 그리스도인 날품팔이 노동자들로부터 장래를 위해 믿음을 진작시키는 법을 배우는 것이며, 사람이나 시간을 위하여 살지 아니 하고 영원을 위해 사는 것이며, 하나님의 영광과 우리와 같은 인간들의 유익을 항상 바라보는 것이며, 우리 주님의 삶과 본을 공부하는 것이며, 십자가를 늘 바라봄으로 이 정신에 점차적으로 부합하고자 하는 것이며, 더 많은 영혼들을 하나님께로 계속해서 인도하고자 하는 진지한 욕망이 목사에게 허락된 유일의 탐욕이라는 사실을 목사로서 기억하는 것이다.[13]

---

12 Herbert's Country Parson. ch. iii.
13 Quesnel on Tit. i. 7. 이 단원의 주제는 **장래에 대해 생각하지 않는 것**의 반대되는 정신에 주목하는 것이다. 괴로울 정도로 당황스런 일들이, 자주 신중하지 못한 결혼생활에서 낭비가 심한 아내들로부터 혹은 둔한시 하는 개인의 습관으로부터 일어난다. 이런 일로 인해 목사들이 교인들 앞에서 품위를 잃어 왔다. 존경심의 상실 속에서, 그들의 직분의 참 위엄과 독립 그리고 그들의 교회에서의 유용성도 상실했다. 이런 어려움들이 이성적으로 구원을 내다보지 못해서 초래되었는지, 혹은 도피의 길을 열어주는 것으로서 구제의 도움을 생각해보았는지 간에, 어느 쪽의 경우이든 하늘의 부르심을 받은 우리에게는 합당하지 못한 것이다. 그리스도와 그의 사도들의 본을 따라 가난한 것은 결코 창피한 일이 아니다. 그

6장

혼자 있는 시간을 소홀히 하는 것

목회 일을 끊임없이 급하게 그리고 왕성하게 하고 있는 중에, 은혜로 우신 우리 주님의 사려 깊은 충고는 얼마나 적절한가.

너희는 따로 한적한 곳에 가서 잠간 쉬어라 (막 6:31).

끊임없이 일을 하는 분위기 속에서는 기도의 영이 자유롭게 숨쉴 수

러나 (자기 사욕을 위한 비뚤어진 방법으로 너무나 자주 하고 있는,) 다른 사람들의 자원을 함부로 쓰고 낭비하는 것은 사역을 경멸받게 만든다. 목사의 수입으로 해야 하는 엄격히 검소한 생활은 섭리적 약정이다. (특별한 경우를 제외하고) 우리가 그 경계선을 넘어가면, 개인과 우리 직분에 똑같이 수치를 불러오게 될 것이다. 악을 더욱 악화시키는 것은, 당황스럽게 하는 일이 흔히 실제적인 필요에서 일어나는 것이 아니라 불필요한 지출에서 온다는 점이다. 그러므로 우리는 측은하게도 품위 없는 저축을 비난하는 한 편, 우리 자원과 우리 욕구 사이의 엄격한 균형을 유지함에 있어 지혜로운 검소 생활을 심각하게 추천하는 바이다. 그리고 그 자원들의 경계선 이내에서 소박함과 검소함, 그리고 자기부인의 습관에 의해 자유로운 정신을 획득하기를 추천하는 바이다. 우리가 하고 싶은 대로 하는 생활을 제한하고, 우리 친구들에게 물질을 쓰며, 마음을 크게 하여 가난한 자들을 불쌍히 여기는 것, 그리고 모든 것을 하나님을 섬기는 일에 바치는 것은 목회사역의 높은 정신을 충분히 보여주는 것이 될 것이다.

가 없다. 명상하는 수도승처럼 분리를 목적으로 은둔을 추구하는 것이 아니라, 자기부인(自己否認)과 인내를 새로운 마음으로 실천하기 위한 영적 에너지를 모으기 위해, 우리는 한적한 곳을 찾는다. 회심 직후에 있었던 사도 바울의 아라비아 여행은 (바울의 사역 여행 중에 기록된 바가 없음) 자기 사역을 하기 위해서가 아니라, 더 깊은 계시를 받기 위함이었을 것이다.[1]

은밀한 기도와 묵상이 자기의 영혼에 하나님의 계시를 받는 통로였음은 의심의 여지가 없다. 그리고 자기 앞에 있는 무시무시한 희생을 계산해 본 것은 비교적 사생활이 보장되었던 이 기간 중에 했던 가장 유익한 일이었을 것이다.[2]

한 젊은 목회 후보생에게 해준 브레이너드(Brainerd)의 충고의 정신은 그의 거룩한 인격안에 있었다.

> 하나님의 임재를 즐기고 하나님의 사역에 잘 맞는 사람이 되는 방법은, 그분께 큰 헌신을 드리며 늘 자기 자신을 드리는 삶을 살아가는 것이다. 우리 마음의 동기와 기질을 잘 살펴보면, 거기 살고 있는 부패함을 알게 되고, 가장 작은 임무를 수행할 때조차 하나님의 도움이 언제나 필요함을 알게 된다. 그리고 오! 친애하는 목사여, 은밀한 금식과 기도의 귀중한

---

1 Macknight on Gal. i. 17
2 제한적인 자신의 목회 영역에 대해 한탄을 표현하면서, 처음 사역에 들어섰을 때 플레처(Fletcher) 목사는 자신의 그 특징적인 경건한 말투로 다음과 같이 말했다. "만약 하나님이 나를 이렇게나 많은 공적인 임무에 부르시지 않는다면, **나는 연구와 기도와 찬양에 좀 더 많은 시간을 보내고 싶다.**" Cox's Life of Fletcher, p. 24. 또 Quesnel on Gal. I. 17-19와 비교해 보라. "초기의 감독들은 자기들이 살고 있는 도시 근처에 은둔처들을 가지고 있었다. 이것은 자신들을 세상과 분리시키고자 함이었다. 또 다른 사람들 속에 있는 것들을 고쳐주려 수고하는 동안, 자신들에게는 소홀히 하면서 다른 사람들을 가르치지 않기 위함이기도 하고, 자기 자신 경건함을 잃지 않기 위함이기도 했다." Bp. Wilson's Sacra Privata. 이렇게 하는 것이 목사가 하는 평범한 준비과정이었던 것 같다. 미디안의 모세와 (출 2:15; 3장) 광야의 세례 요한(눅 1:80; 3:2), 나사렛의 예수(마 2:23)도 공적 사역을 위해 한적한 곳에서 훈련을 받았다.

임무들을 행하는데 자주 시간을 갖기를 그대에게 간청한다.³

여러분들 중 소수는 어쩔 수 없이 공인이므로 교회의 관심과 기도를 받을 자격이 있다. 만일 여러분들의 생활 습관이 매우 분명하게 자기들을 위해 규정되어 있지 않다면, 여러분의 독특한 유혹을 민감하게 느끼지 않는다면, 그리고 여러분의 믿음의 경계와 단순성을 늘 실행에 옮기지 않는다면, 여러분의 사욕 없는 수고를 통해 교회에 생기는 유익이 무엇이든 간에, 여러분 자신의 영혼은 반드시 손해를 입게 될 것이다. 엘리엇이 자기의 젊은 학생들에게 준 기묘하지만 훌륭한 다음의 규칙을 엄격하게 준수하는 것은 자신에게 큰 유익이 될 것이다. "여러분이 일찍 일어나는 새가 되기를 나는 기도합니다." 이 말의 뜻은, 단순히 일찍 일어나는 사람이 될 뿐만 아니라, 이른 아침에 그리스도를 공부하는 학생이 되라는 뜻이고, 무엇보다도 이른 아침에 예배하는 자가 되라는 뜻이다.

혼자 있는 시간을 갖는 습관을 기르는 것은 대단히 중요하다. 사람들과 어울리는 시간 때문에 우리 자신의 개인적인 관심사들이나 목회가 방해를 받아서는 안 된다. 좋은 성품과 지적 습관을 가진 경험 많은 아버지는 공적인 일을 위해 시간을 할애할 수 있는 여유가 있다. 그러나 젊은 목사가 공적인 일에 너무 많은 시간을 쓰다보면, 자신이 계속해서 쓰임받지 못할지 모르는 위험에 처해지는 대가를 치르게 된다. 젊은 목사는 성경적인 지식을 얻기 위한 시간을 어떻게 해서든지 확보해야 한다. 그렇지 않으면 그의 가르침은 자기 직분의 큰 목적들을 위

---

3 Letter ix appended to his Life. (퀘스넬은 말한다), "은둔처에서 금식과 기도를 하면서 하나님의 손에 의해 점진적으로 형성된 설교자와, 세상 외에는 달리 배울 곳이 없고 자기 자신 외에는 다른 교사들이 없으며 세상적인 이야기와 세상적인 학문으로 가득 찬 인문학 외에는 다른 준비를 하지 않고 급하게 안수를 받은 목사들 사이에는 얼마나 큰 차이가 있는가?" On Luke 3:2. Bishop of Winchester, pp. 62-66과 비교해 보라.

한 효과를 상실하게 될 것이다.

팰리 박사는 젊은 목사들에게 사역에서 떨어져 나와 있는 시간을 "거의 모든 좋은 습관의 기반으로서" 지혜롭게 추천하고 있다.

> 혼자서 사는 법을 배워라. 당신의 실수 절반은 이 능력이 부족한데서 생기는 것이다. 혼자 있는 시간을 못 견뎌하면, 당신은 계속해서 당신의 교구에서, 가정으로, 직무로 돌아다니게 되고, 모든 쾌락의 파티와 기분전환의 장소에서 당신은 가장 앞장서게 된다. 혼자 있는 것을 참지 못하면, 당신의 생각들은 흩어 없어지게 되고, 연구로부터 집중력이 분산되며, 돈을 쓰게 되며, 늘 걱정거리가 따르며, 자기 직분을 감당할 때 기쁨이 없게 될 것이다.[4]

목사의 삶의 행복과 그의 사역의 효과는, 공적인 일이나 사람들과 함께 보내는 시간을 혼자 있는 습관과 얼마나 신중하게 잘 결합하느냐에 달려 있다.

그러나 훨씬 더 중요한 것은, 하나님과의 교제를 위해 한적한 시간을 갖는 것이다. 루터는 그의 시간 중 가장 좋은 세 시간을 떼어 이 일에 사용하였고, 브래드포드(Bradford)는 공부를 그의 무릎으로 하였다. 이것들은 따라 하기보다 말하기가 더 쉽다. 그러나 근면한 목사는 자기 교구뿐만 아니라 자기 서재에서 사는 것이 자신에게와 자신의 교인들에게 중요하다고 느낄 것이다. 자신의 목회의 내용을 반드시 소화시키기 위해서뿐만 아니라 하나님께 늘 더 가까이 하기 위해서이다.[5] 하

---

4 Advice to the Younger Clergy of Carlisle.
5 이 문제에 대한 버넷 감독의 충고는 진실로 감독답다. "목사의 연구에 완전한 효과를 주라. 연구를 많이 하는 자기 시간의 대부분을 투자하여 은밀하고 뜨거운 기도를 하여야 한다. 자기 사역에 하나님이 인도하시고 축복해주시라고, 성령의 도움심이 늘 함께 해주시라고, 하나님의 일에 대한 생생한 인식을 주시라고 기도하여야 한다. 그래서 이것들에 대한 감

나님의 영이 우리 자신의 마음에 열어주신 그 성경의 열매를 교인들을 위한 영혼의 양식으로 생산해낸다는 것은, 우리에게는 얼마나 기쁜 일이며, 우리 교인들을 얼마나 새롭게 하겠는가![6] 기도 속에서 획득되고 전해지는 진리에는 독특한 기쁨이 있다. "주님을 앙망하는 것"은 결코 나태함을 격려하는 말이 아니다. 그렇게 하는 습관이 생기면, 가장 약한 사역이라 할지라도 효과가 있을 것이다. 그것을 소홀히 하면 가장 능력 있는 자라 할지라도 아무 힘도 못 쓰게 될 것이다.

마쎌론은 말한다.

> 우리 사역의 정신은 기도의 정신이다. 기도는 목사의 광채를 더하는 것이요, 인격의 주요 특징이다. 기도가 없으면, 사역자는 교회에 아무 소용도 없는 존재요, 사람들에게 어떤 유익도 가져다주지 못하는 존재가 된다. 그가 씨를 뿌리나, 하나님은 소출을 주시지 않을 것이다. 그가 설교를 하나, 그의 말은 단지 '소리 나는 구리와 울리는 꽹과리' 같을 뿐이다. 그는 하나님을 찬양하는 말을 읊조리나, 그의 마음은 하나님에게서 멀다. 그렇다면 우리의 남다른 목회에 힘과 효력을 주는 것은 기도뿐이다. 만일 내가 다음과 같은 표현을 써도 좋다면, 그 사람은 기도하기를 그치는 그 순간부터 공적인 목사가 아니라고 하고 싶다. 목사의 모든 수고에 위로를 공급해주는 것은 기도이다. 그리고 기도가 그 수고를 덜어주지 않거나 성공이 부족한 것을 위로해 주지 않는다면, 그는 삯꾼 목사가 자기

동이 자기 생각 위에 깊이 그리고 강하게 자라나는 것을 느낄 수 있어야 한다. **이것이 그리고 이것만이 목사로 하여금 피곤치 않고 항상 기뻐하면서 자기 사역을 계속해 나갈 수 있게 만들어준다. 자기 마음에 보물들이 가득 차 있고 그로 인해 항상 따뜻한 자기 마음의 좋은 보물로부터 그것들을 꺼내어 쓸 수 있을 때, 이것은 이러한 일들을 기쁘고 고상한 것으로 표현하게 해 줄 것이다.**" Pastoral Care, ch. viii.

6 그래서 Cyprian은 자기 사역에 대해 이렇게 말하고 있다. "성경의 거룩한 샘에서 흘러나오는 말씀을 전파하고 아울러 기도와 간구를 함께 해야 한다"(Non solum proferimus verba, quae de Scripturarum sacris fontibus veniunt, sed cum ipsis verbis preces ad Dominum et vota sociamus). De bono pudicitiae.

일을 하는 것처럼 종교 의식을 행하듯이 일하며, 그것을 무거운 일과 힘든 직책으로 생각한다.[7]

만일 솔로몬이 그의 '큰 백성' 사이에 판단하기 위해, 또 백성의 번영을 고안하고 가장 잘 시행할 도구를 만들기 위해, 하늘의 지혜를 구해야 할 필요를 느꼈다면, 우리는 훨씬 더 깊은 책임감을 가지고, 그러나 선악을 분별할 줄 모르는 어린 아이와 같은 순진함을 가지고 교인들 앞에 '출입'하여야 하지 않겠는가? 매우 훌륭한 목사라면, "듣는 마음을 종에게 주사"(왕상 3:7-9)라고 부르짖을 준비가 언제나 되어 있을 것이다. 빈번하게 열심히 드리는 간구로 인해 하늘로부터 오는 기쁨이 없다면, 가장 빛나는 달란트와 가장 힘 있는 언변과 가장 헌신적인 근면함이라도, 얼마나 쓸모없는 것이 되고 말겠는가!

그러므로 기도는 우리 사역의 절반에 해당한다(행 6:4). 그리고 기도는 그 나머지 절반의 사역에도 그 모든 힘과 성공을 준다. 기도는 교인들을 가르치기 위한 영적인 교통을 얻는 지정된 수단이다. 하나님과 아주 가까이 동행하는 자들은 "언약의 비밀"(시 25:14; 고후 3:5-6)을 가장 영적으로 잘 아는 사람들이다. 여러 시간 연구하는 것보다, 기도로 짧은 시간에 더 많은 지식을 획득하는 일이 자주 있다는 루터의 증언에 동감할 사람들이 많을 것이다.

기도는 또한 우리가 선천적으로 가지고 있는 사역의 능력을 강화시

---

[7] Charges, pp. 24-25. 같은 인상적인 언어로 다른 곳에서 그의 동료들에게 이렇게 말하고 있다. "나의 형제들이여, 기도하지 않는 목사, 기도를 좋아하지 않는 목사는 교회에 속한 사람이 아닙니다. 교회는 '쉬지 말고 기도'하여야 하기 때문입니다. 그런 목사는 열매 맺지 못하는 마른 나무입니다. 이런 사람은 주님의 땅을 훼방합니다. 그 사람은 원수이며 자기 교인들의 아버지가 아닙니다. 그는 목사의 자리를 빼앗은 나그네입니다. 그리고 그 사람에게는 양떼의 구원은 관심이 없습니다. 나의 형제들이여, 기도에 충실하십시오. 그러면 여러분의 역할은 더욱 유익을 줄 것이며, 여러분의 교인들은 더욱 거룩한 사람들이 될 것이며, 여러분의 수고는 훨씬 더 달콤한 것이 될 것이며, 교회의 악한 행위들은 감소할 것입니다." Disc. Synod.

켜줄 뿐만 아니라, 우리가 전심전력 수고하는 사역도 더욱 힘 있게 해 줄 것이다. 근원지에 가까이 살고 있으면, 우리는 빛과 지지와 위로의 신선한 공급을 끊임없이 받게 될 것이다. 이러한 것들은 우리 임무들을 도와주며, 우리를 능력 있게 하여 어려운 일들을 헤쳐 나갈 수 있게 해주며, 우리가 현재 하고 있는 사역의 인정과 그 궁극적인 성공을 우리에게 확신시켜 준다.

그 동일한 하늘의 원천이 우리에게 우리 교인들과의 체험적인 교제를 가능케 하는 수단을 제공해 줄 것이다. 우리에게 자연과 은혜, 죄와 거룩함의 역사를 볼 수 있는 분명한 통찰력을 주며, 끊임없이 치명적인 영향력을 끼치고 있는 사탄의 간계와 죄의 속임수를 무찌를 수 있는 영적인 능력을 우리에게 부여해 준다.

그리하여 우리는 우리의 양떼들의 형편을 돌보는 목회사역을 하나님의 권능의 영향 아래에서 감당해나갈 수 있을 것이다. 그래서 깨어 있지 못한 사람들에게 권능을 가지고 말하며, 마음이 강퍅한 사람들에게는 불쌍히 여기는 마음을 가지고, "상한 갈대는" 싸매어 주며, 우리 중에 "그 남은 바 죽게 된 것을"(계 3:2) 권면과 훈계로 강하게 할 수 있게 된다.

또한 이 습관으로부터 흘러나오는 유익은, 그들이 겪고 있는 어려움들을 공감하고 우리 자신을 그들을 섬기는 일에 내어주게 할 뿐만 아니라, 하나님 앞에서 교인들의 연약함을 옹호하는데 우리를 적합하게 만든다는 것이다. 아마도 에바브라의 이 은밀한 실행(기도, 골 4:12)의 수고로운 열정은 그의 공적인 사역만큼 열매를 많이 맺었을 것이다. 교인들을 위해 우리가 거둔 가장 성공적인 노력은, 우리가 하나님께로부터 그들에게 말하고 있는 때가 아니라, 우리가 그들을 위해 하나님께 말씀드리고 있는 그 시간들임을 누가 알겠는가?[8]

이렇게 볼 때, 우리 자신의 관심사를 우리 교인들의 관심사와 연결 짓는 것이 매우 중요하다. 그들이 어려운 문제들과 시련들과 연약함에 쌓여 있을 때 그들에게 줄 수 있는 도움은 우리 자신의 마음의 영적인 기질과 밀접하게 연결되어 있다. 그 영적 기질은 하나님과의 신령한 의사소통을 통해 획득되고 유지된다. 이 하늘의 의사소통을 매일매일 사용하고, 더욱 북돋우기를 제안한다. 이 실천의 성공은 너무나 확실해서, 한 훌륭한 신학생은 다음의 것을 일반 규칙으로 적어 놓았다.

> 우리가 어떤 위대한 일을 성취하려면, 가장 좋은 방책은, 세상의 눈에 보이지 않는 엔진으로 일하는 것이다.[9]

우리 주님의 예는 여기서 관찰해 보아야 할 점이 많다. 인간으로서, 그분은 하나님과의 교통가운데서 하셔야 할 가장 책임이 큰 관심사들을 가지고 계셨다. 기도 없이 이루어진 중요한 일은 없었다(눅 3:21). 자신의 첫 사역자들을 임명하시기 전에 먼저 그는 하룻밤을 기도로 보냈다(눅 6:12). 가르침과 병 고침의 일로 하루를 보낸 후에(그런 것은 우리가 보통 수고하는 것의 일주일 분에 해당할 것이다), 이 거룩한 일을 위해 잠자는 시간을 줄이셨다.[10]

---

[8] "천국은 침노를 당해야 한다. 그러나 얼마간의 폭력이 없이는 사람들을 그곳으로 들여보낼 수가 없다. 행동하는 것은 강단의 폭력이라기보다는 골방의 폭력이다." Bp. Sanderson's Sermon on Rom. xv. 5.

[9] Dr. Preston, 캠브리지에 있는 임마뉴엘 대학의 전 총장. 그러므로 Secker 대감독은 젊은 목사들에게 이 귀중한 격려의 충고를 해주었다. "진지한 마음으로 그리고 영혼의 영원한 싸움을 위한 열정을 가지고서, 철저하게 경건한 묵상과 열심있는 기도를 함으로써 너 자신을 형성해가라. 그러면 네가 해야 할 모든 것이 당연히 따라올 것이다." Charges, p. 267.

[10] 막 1:21-35. 성삼위 하나님과의 교제의 때와 실제상의 수고를 혼합시키는 이 패턴은 아무리 면밀히 묵상해보아도 지나침이 없을 것이다. 신령한 목사라면 자기 사역에 아주 가까이 종사하고 있는 동안, 햇볕에 있을 때뿐만 아니라 그늘에 있을 때도 기뻐하며, 하나님과

그러므로 우리 사역을 가장 효과적으로 방해하는 것은, 곧 우리가 하나님과의 개인적인 교제를 하지 못하도록 방해하는 것이다. 그리하여 우리의 영적인 공급과 우리 마음속에 있는 하나님의 일을 우리의 큰 원수가 성공적으로 가로챌 때, 그것과 연관되어, 그 익숙하고 필요한 지원이 부족해짐으로 우리 손에 있는 하나님의 일은 쇠약해지는 것이다. 공적인 활동이 하나님과의 사적인 교제의 방치를 속죄해줄 것으로 생각하지 않도록, 그리하여 우리 일이 우리자신에게 올무가 되지 않도록, 양떼들에게 풍기는 우리의 모든 영적인 분위기를 빼앗기지 않도록, 주의해야 할 필요가 많이 있다.

"끊임없는 설교 원고 작성으로 인해 개인 경건을 위한 성경 읽기가 부족했던 점과, 짧은 기도 때문에 하나님과 그 자신의 영혼 사이에 소원함이 있었다"는 것을 헨리 마틴(Henry Martyn)은 애통해했다. 그리고 자기 사역의 첫 해를 돌아볼 때, "자기가 공적인 목회에 너무 많은 시간을 드렸고, 하나님과의 개인 교제에 너무 적은 시간을 드렸다"[11]고 판단을 내렸다.

스콧 목사도 이 점에 대해 건전한 주의를 주고 있다.

> 비록 공궤하는 것이 그 자체로는 선한 사역이지만, '오로지 기도하는 일과 하나님의 말씀사역에 힘쓰는' 일을 하지 못하게 할 정도로는 '공궤를 일삼지' 않겠다고 사도들이 결정하게 만든 원칙은, 심지어 가장 유용한 모임에조차 봉사하지 아니하며 그들의 모임에 참석하지 않도록 매우 조심할 것을 오늘날의 목사들에게 시사해주고 있다. 현재의 위험은 이쪽에서 일어나고 있는 것같이 보인다.[12]

혼자 있는 것을 좋아하지 않겠는가?
11 Martyn's Life, pp. 60-62.
12 Scott's Letters and Papers, p. 313.

필자는 그러므로 자기 자신의 마음과 자기 형제들이 언제나 이것을 기억했으면 하는 바람이다. 즉 하나님과의 친밀한 교제를 소홀히 하면 우리를 비옥하게 하거나 위로해 줄 것은 아무것도 없다는 것이다. 우리는 어떻게 하든 하나님과 동행하여야 한다. 그렇지 않으면 우리 영혼은 죽어버리게 될 것이다. 심지어 그리스도인들 간의 교제도 이 신성한 교제를 대체할 수 없는 헛된 것이 될 것이다. 명령은 이것이다. "너는 네 골방에 들어가 문을 닫고"(마 6:6). 헛된 것과 세상은 다 문 밖에 두고 닫아 버리라. 심지어 성도들의 교제를 위한 시간도 그리하라. 하나님과의 교제 이외에 다른 교제에서는 영혼이 그 영적인 활력을 상실할 것이다. 가장 나쁜 교제에서도 가장 좋은 교제에서도 마찬가지이다. 교회에서도 세상에서도 마찬가지이다. 사역을 적극적으로 하고 있을 때에도 세속의 일을 하고 있을 때에도 마찬가지이다.

> 플렛처(Fletcher)가 하나님과 나눈 가장 깊고도 가장 현명한 교제는 자기 골방의 문이 인간들뿐만 아니라 인간의 걱정거리들이 들어오지 못하도록 닫혀져 있던 그 시간에 이루어졌다고 한다. 그의 골방은 그가 가장 좋아하던 한적한 곳이었다. 그곳에 그는 자주 들어갔다. 그의 공적인 수고가 끝나고 쉴 시간을 가질 수 있을 때마다 그렇게 했다. 그의 공적인 수고는 (그 자체로서 대단한 것이었지만), 그의 마음으로 하는 기도와 간구에 비하면 아주 적은 분량에 불과했다. 남이 보지 않는 곳에서 그는 기도와 간구에 온 몸을 드렸던 것이다. 공적인 사역은 종종 중단되기도 했지만, 기도와 간구는 거의 중단되지 않고 여러 시간 지속되었다. 그는 기도의 분위기 속에 살았다.[13]

---

[13] Gilpin's notes on Fletcher's Portrait of St. Paul, pp. 50-51.

이것이 그의 목회의 특별한 능력의 비결이 아니었겠는가? 간구하시는 성령의 부어주심은 우리의 사역을 부흥케 하고 성공을 확대시킬 것이다. "장래 일을 내게 물으라 또 내 아들들의 일과 내 손으로 한 일에 대하여 내게 부탁하라"(사 45:11)고 누가 말씀했는지 우리는 알고 있다.

The Christian Ministry

7장

영적 교만의 영향

사람의 마음을 가장 깊이 살펴본 자가 말하기를, 영적 교만은 사탄에게 그리스도인을 능가하는 이점을 제공해준다고 했다.[1] 그리고 과연, 많은 상황은 (그 자체로는 보잘 것 없으나, 우연의 원인들로부터 무서운 힘이 가세된다.) 은밀히 타고 있는 불길에 연료를 뿌린다. 그리고 이것의 파괴성에 대해 우리는 이렇게 외칠 수밖에 없다.

보라! 어떻게 작은 불이 어떻게 많은 나무를 태우는가(약 3:5).

사랑이 많고 헌신적인 한 목사가 하나님의 존귀케 함을 받고 그의 양떼에게 사랑을 받았다. 어떤 이들은 그를 하나님처럼 존경하고, 루스드라에서(행 14:13) 있었던 일처럼, 그에게 제물을 바칠 준비까지 되어 있다. 자연스런 마음의 이기적인 동기와 함께 매우 강력하게 들어오는

---

[1] President Edwards' Thoughts on the Revival in New England.

이 교만의 유혹을 뿌리치려면, 얼마나 많은 겸손과 얼마나 끊임없는 하나님의 은혜의 공급이 필요하겠는가.

> 외적인 우상들을 파괴시키려고 혹은 다른 사람들 속에 있는 저 악한 것들을 파괴하려고 노력하면서, 느끼지 못하는 사이에 그 자리에 우리 자신을 대체시키지 않도록 매우 조심해야 한다.[2]

고기를 잘 잡는 어부들은 자기 그물에 제물을 바치고, 자기 그물에 향을 사르지 않을까 특별히 경계해야 한다(합 1:6). 우리는 성공이 확대되기를 위해서 정말로 수고하고 쉬지 말고 기도하여야 한다. 그러나 이 기도를 하면서도, 우리는 때때로 우리가 구하는 것을 알지 못할 때가 있다. 놀랍게 일이 잘 되어갈 때 아마도 우리 영혼에는 한 시간쯤의 유혹이 있었을 것이다.

커튼 매이더(Cotton Mather)는 사역에 처음 들어섰을 때, 이 문제에 대해 진지하게 실천하였던 듯 보인다. 다음과 같은 내용에서 우리는 철저한 자기반성을 위해 그의 삶을 참고해야 한다.

> 내 마음 속에서 역사하는 교만의 우려 즉 젊은 목사의 죄가, 주님 앞에서 말로 표현할 수 없는 괴로움과 혼란으로 나를 채웠다. 기도나 설교가 거창하게 자세히 확장될 때, 어떤 질문에 쉽게 그리고 적절히 해답을 줄 때, 나는 내 마음 속에서 나에게 박수를 쳐주고 있는 것을 발견하였다. 나의 나이나 나의 가치에 속한 것 그 이상으로 나는 탁월한 체 하였다. 그래서 나는 내 교만을 매우 어리석은 짓이요, 미친 짓으로 보고자 노력하였다.

---

[2] Qesnel on Acts xiv. 15. "때때로 자기 마음을 속이며, 자신의 일에 대해서 사랑하지 않고도 사랑하는 척, 세상의 영광에 대해서 사랑하면서 사랑하지 않은 척 행동한다"(Saepe sibi de se mens ipsa mentitur, et fingit se de bono opere amare quod non amat: de mundi autem gloria, non amare quod amat). Gregor. de Cura Pastor. Bowles. Lib. i. c. 8.과 비교해 보라.

교만은 마귀의 바로 그 형상이었으며, 그리스도의 은혜와 형상과는 정반대되는 그런 것이었다. 교만은 탁월한 아무것도 없고 부패한 심성을 가진 그런 자에게 속한 것이다. 교만은 대단히 위험해서 하나님의 진노를 일으켜 내가 가지고 있는 잠재 능력과 기회들을 빼앗길 그런 것이었다. 그러므로 나는 언짢아진 나의 마음을 예수 그리스도로 치유 받기로 결심하였다. 그분은 모든 것을 치유하시는 의사이다. 나의 교만한 마음을 지켜보시고, 그 교만의 본성과 악화를 알아보시며, 그 반대되는 은혜를 풍성히 주시는 분이시다.

영적인 교만은 "젊은 목사의 죄이다" 라는 말에는 중대한 진리가 들어있다. 교만은 끊임없이 갈등을 일으키는 원수이다. 멜랑톤(Melancthon)같이, 젊은 목사들은 '옛 아담'의 속성을 빨리 배워서는 안 된다. 아마 처음 사역이라는 것에 대한 흥분이 자기 사역에 강력한 기대를 줄 것이다. 어쩌면 인기를 받고 있다는 분위기가 자기를 둘러싸고 있을지도 모른다. 이 모든 것은 젊은 목사들을 맹인으로 만들어 내부에 있는 '죄의 비밀'을 인지하지 못하게 하고 자만심을 흥분시킨다. 그 결과, 그들은 영혼의 구원에 있어 거의 하나님의 파트너쯤으로 자신을 추켜올리게 된다. 또는 적어도 자기들의 섬김이 하나님의 섭리에 대단한 중요성을 갖는 것으로 생각하게 된다.

"백성의 소리"(Vox pupuli)는 그들의 은밀한 모토이다. 군중의 입김은 그들의 생명이다. 그러므로 "나쁜 소식"보다는 "좋은 소식"이 그들의 마음속의 원리를 훨씬 더 면밀하게 시험해볼 수 있다. 이 거룩한 경구에는 인격에 대한 위대한 지식이 있다.

도가니로 은을, 풀무로 금을, 칭찬으로 사람을 시련하느니라(잠 27:21).**3**

헨리 마틴이 한 다음의 말을 자기도 말할 수 있는 사람은 얼마나 적은가.

사람들은 자주 나를 칭찬한다. 그리고 나는 기분이 좋다. 그러나 내가 느끼는 그 좋은 기분이 나는 혐오스럽다!**4**

이기심은 이 죄의 독특한 특징이다. 마치 우리 자신이 아닌 다른 사

---

3 잠 27:21. "사람들이 자기에게 해준 칭찬의 적어도 한 부분이라도 받아들이지 않기란 매우 혼치 않은 일이다. 칭찬은 그리스도의 사역자의 충성을 시험해 보는 시금석이다. 우리 자신을 조롱거리로 만들고 싶지 않기 때문에, 굉장한 칭찬과 굉장한 아첨을 거절할 때 우리는 우리자신을 귀하게 여기는 것이다. 그러나 칭찬이 정교하고 미묘할 때 그리고 감언이 솜씨 있게 준비되었을 때, 그로 말미암아 우리 자신이 그 말에 취하지 않기란 얼마나 희귀한 일인가!" Quesnel on Act xiv. 13-14. "목사가 칭송을 받으면 위험 가운데 처해 있는 것이다" "Si minister verbi, laudatur, versatur in periculo." Augustine. "자기 입술의 아첨의 말로 우리 마음의 교만을 부추기는 그들은, 절친한 우리 친구가 아니다. 다른 사람들 속에 두신 하나님의 은혜는 감사한 말로 고백하여야 한다. 그리고 낙심과 유혹을 받으면 지혜롭게 그리고 적절하게 말해야 한다. 그러나 아무리 강한 그리스도인들이라도 자기를 칭찬하는 말을 들을 때보다 더 자기의 연약함을 보이는 경우는 드물다. 그리스도인이여! 자기 주변에 화약이 있음을 알지어다. 불을 가지고 다니는 그 욕망을 그대로부터 멀리 떼어 놓으라. 교만한 마음이 아첨하는 입술을 만나는 것은 위험한 위기이다. 때에 맞고 사려 깊은 믿음의 말이 우리에게는 훨씬 더 안전하다. 그리고 우리 영혼의 죄를 죽이는데 더 유리하다." Flavel. Walker 목사는 애통해야 할 것들에 대해 말하기를, "자만심의 활동, 특히 내가 한 일에 대해서 말하거나 듣는 일에 있어 자만심은 많은 자기 정죄를 불러오고, 이것에 저항하기 위해서는 많은 두려움과 신중함을 필요로 한다. 처음에 나는 그것을 별로 보지 못했다. 그리고 그 악은 더 보지 못했다. 비록 지금 나 자신 감지할 수 있을 만큼의 자만심이라고 부르는 것 즉 마음을 자극하는 그 기분 좋은 느낌을 경험하는 일은 드물기는 하지만, 그럼에도 나는 더 나쁜 것 즉 자기 과대평가가 자리 잡는 것을 두려워해야 할 이유가 있다. 자기 과대평가는 당연히 칭찬을 받을 것이고, 다른 사람들의 복종을 기대할 것이기 때문이다." Life, p. 453.

4 Life, p. 43. 동일한 그리스도인의 예민함과 자기의심은 그의 목회 성공의 보고에서도 나타났다. "나는 말로 표현할 수 없을 정도로 기운이 솟았다. 그리고 기쁘게 그래서 감사하게 내 자신을 하나님을 섬기는 일에 바칠 수가 있었다. 그러나 동시에 비록 하나님이 그의 주권으로 내 입에 있는 당신의 말씀을 축복하셨지만, 그 때문에 나의 목회에서 지은 내 죄가 작은 것이 아니었음을 되돌아볼 때, 내 마음을 살펴 볼 수 있는 기회도 되었다."

람들로 말미암아 이루어진 죄인들의 회심에는 비교적 아무 관심도 없기라도 한 것처럼, 이기심은 그렇다. 또는 마치 우리 자신의 영광을 드러낼 기회가 있어야 하나님의 영광에 대한 우리의 관심이 측정되기라도 하는 것처럼, 이기심은 그렇다. 우리는 쓸모 있는 사역자가 되기보다는 탁월한 사역자임이 증명되기를 바란다. 우리는 혼자서만 다른 사람들보다 우뚝 서기 원한다. 다른 사람들의 영적인 유익에 기뻐하기보다는, 심지어 그 재능들이 위대한 주님을 섬기는 일에 바쳐졌을 때에도, 우리는 그 훌륭한 재능을 칭찬하는 것이 마음 내키지 않는다. 우리 의 너무 가까이에서 빛나는 어느 것도 우리는 견딜 수가 없다. 그 훌륭한 재능 속에 또는 그들의 재능이 부지런히 노력함으로 더 발전되었을 때, 우리 자신의 환함이 그 빛을 잃게 될 것이기 때문이다.

이스라엘 입법자의 정신은 얼마나 달랐던가! 그는 모든 사람들이 자신의 특별한 재능을 공유하는 것을 기뻐했던 것이다(민 11:29). 대사도의 기질은 얼마나 달랐던가! 그는 비그리스도인적인 동기에서라도, 자신의 사심 없는 수고를 은근하게 반대하는 자들의 입을 통해서라도, 복음이 확장되는 것을 기뻐할 수 있었다(빌 1:15-18). 그렇다면 이 비그리스도인적인 시기심에 저항하고 있을 때, 그리고 하나님앞에서 은밀한 성향의 교만한 마음을 겸손으로 덮고 있을 때를 제외하고, 우리의 사역에 어떠한 하나님의 능력이 함께 할 것으로 기대할 수 있는가? 아무도 자신은 덫에 걸리지 않을 것이라고 생각하지 말라. 인간 본성은 저명할 정도로 높아지게 되면 반드시 허영심의 유혹을 받기 마련이다. 미묘하게 유해한 영향력이, 강단에 올라가는 계단 주위에도, 거룩한 헌신의 순수한 대기 속에도 숨 쉬고 있다.

우리 사역의 진보를 이 죄가 방해한다는 것은, 질투하시는 하나님의 인격으로부터 연역적으로 주장될 수 있을 것이다. 하나님은 "내 영광을 다른 자에게"주지 아니하신다(사 42:8). 그리고 하나님은 자신을 하나님의 대리인으로 가정하는 모든 자만을 자신의 주권적인 특권에 대한 침해로 여기시고 부숴버리신다. 이것은 실제로 양심과 관찰 그리고 경험의 증거에 의해 발견될 수 있다. 찍는 자에게 스스로를 자랑하는 "도끼"는 무능하지 않은가?(사 10:15) 우리들에게 사람의 영광을 가져다주는 그런 목회는 우리 주님의 임재하심과 권능의 증거들의 지지를 받지 못한다는 것을 우리 모두가 알고 있지 아니 하는가?

고린도에서의 사도 바울처럼, 우리는 그리스도 때문에 약하고 멸시 받는 어리석은 자로 보이는 것에 만족하고(고전 4:10), 그리스도의 능력이 우리 위에 머물게 하기 위해 우리 연약함 속에 깃들여 있는 영광을 매우 기뻐할 준비가 되어 있기가(고후 12:9), 결코 그렇게 쉽지는 않을 것이다. 우리 사역이 달란트와 박식함 또는 연민의 정으로 특징지어진다면 그것은, 비교적 덜 중요하다. 그러나 만일 우리 사역이 겸손과 사랑의 맛에 의해 특징지어진다면, 임마누엘의 영광을 가장 잘 나타내는 것이고 또 그의 영의 나타나심으로 존귀함을 얻게 될 것이다.

8장

개인 신앙의 결여 또는 결핍

　사도 바울이, 처음에는 장로들에게, 그 후에는 에베소 교회의 감독에게 한 당부는 순서상 개인적으로 조심할 것이 먼저 위치하는데, 이것은 확실히 아무런 이유나 의미가 없는 것이 아니다. "너희는 자신을 위하여 삼가라"(행 20:28; 딤전 4:16). 목사가 사실은 진정한 그리스도인이 아니고, 우리의 진짜 인격은 "살았다 하는 이름은 가졌으나 죽은 자"(계 3:1)인 반면에, 능력은 가지고 있다면, 그것도 심지어 계속적으로 목회를 수행해 왔기 때문에 목회의 재능이 늘어난다면, 얼마나 끔찍한 일이겠는가! 자기가 잘 알지도 못하는 구주를 설교한다는 것이 얼마나 어렵겠는가! 그리고 얼마나 끔찍한 일인가! "그들을 진리로 거룩하게 하옵소서"(요 17:17)라고 기도했던 우리 주님의 기도는 공적으로 유용한 사람이 되기 위한 토대로서 우리 개인의 성결을 강하게 제시하고 있다.

　"세상의 소금", "세상의 빛"(마 5:13-14)과 같은 목사의 모든 호칭들은 그 동일한 책임을 암시하고 있는 것이다. 과연 우리가 하나님의 입으로부터 나왔다고 고백하는 말씀사역에 대한 사명에 능력과 기름부음을 주는 것은 바로 이것이다. 로마의 한 웅변가가 우리에게 말하기를, 자신이 모르고 있는 주제에 대해서 진실로 힘 있게 말할 수 있는 사람은 아무도 없다고 했다.¹

알지도 못하고 느끼지도 못한 진리를 나타내는 것이 영구한 효과를 낼 것이라고 기대할 수도 없다. 록크(Locke)도 우리에게 상기시키기를, "자기 자신이 회심하지 않은 사람은 다른 사람들을 회심시키려 하는 일에 매우 부적격한 사람이다."²

청교도 백스터(Baxter) 목사는 그의 특징인 엄숙함을 가지고 다음과 같이 말하고 있다.

> 교회에 거듭나지 아니하고 경험도 없는 목사들이 있는 것, 그리고 너무도 많은 사람들이 그리스도인이 되기도 전에 목사가 되는 것은 진실로, 교회의 공통된 위험이고 재앙이다. 그리스도의 제자로서 그리스도께 마음을 다해 헌신함으로 거룩하게 되기도 전에 하나님의 제사장들로서 제단에 바쳐짐으로 거룩하게 되는 것은 교회의 재앙 이다. 알지도 못하는 하나님께 예배하는 것, 그리고 알지도 못하는 그리스도와, 알지 못하는 성령과, 알지 못하는 성결의 상태를, 알지도 못하는 하나님과의 교제를, 그리고 알지도 못하고 영원히 알 것 같지도 않은 영광을 전파하는 것, 이것은 교회의 재앙이다. 그것은 자기 마음에 전파된 그리스도의 은혜를 가지고 있지 않는, 열의 없는 설교자에 지나지 않기 때문이다.³

---

1 Cic. de Orat. Lib. 1.
2 Letter on Toleration.
3 Reformed Pastor. "아무리 신학 지식이 박학하다 해도, 내가 무엇을 하여야 구원 받습니까!" 라고 묻는 이 질문에 답을 할 수 없다. 대답을 하는 그 사람은 뭔가 더 좋은 것을 가지고 있어야 한다. 같은 종교를 소유해야 그제야 다른 사람들에게 만족스러운 설명을 해줄 수 있다. 그렇지 않으면, 그는 그 질문에 어안이 벙벙해 하거나 또는 자기 자신의 지혜에 자신이 있으며 또는 그 지혜로 영원히 멸망할, 소경을 인도하는 소경이 될 것이다.' Antichrist, Rev. J. Riland, p. 118. "자기의 구원을 게을리하는 사람은 다른 사람의 구원을 열심히 돌보지 않을 것이다"(Neque enima aliorum salutem sedulo unquam curabit, qui suam negligit).

비록 축복은 교회에 있고 도구인 인간에게 있는 것이 아니기는 하지만, 도구의 결함은 흔히 교회의 힘을 약화시킨다. 개인 신앙심의 부족은 그러므로 목회의 효과에 가장 심각한 방해물이다. 가르침이라는 목회의 일반적 사역을 감당할 때 복음의 권능에 대한 체험은, 목회의 여러 다른 경우들을 어떻게 다루어야할지를 지시해주는데 필요하다.[4]

우리가 진리의 깨우침을 받고 그 결과로 진리를 확증하고 그 안에 뿌리를 내리게 된 수단을 회상해 보는 것은, 교인들의 어리둥절함을 결부시켜 생각해볼 때 매우 중요하다. 확신의 역사 속에서, 우리 자신의 죄성에 대한 경험적 인지 외에, 우리로 하여금 죄의 흉측함과 속임수를 폭로할 수 있게 만드는 것이 무엇이겠는가? 정죄하고 죽이는 그 권세를 우리 자신이 느껴본 적이 없다면, 하나님의 법의 광대한 넓이와 그 신령함을 우리가 어떻게 표현할 수 있겠는가? 격려라는 좀 더 즐거운 사역을 할 때, 복음의 위로를 시행하는 그 힘은 우리 자신의 마음에 그 사람들을 받아들이는 것과 결부되어 있다(고후 1:4-6). 구주에 대한 사랑, 그분의 말씀의 신실함과 거룩의 아름다움 그리고 영원을 바라봄은, "우리도 믿는 고로 또한 말하노라"(고후 4:13)고 말할 수 있는 사람들이 가장 효과적으로 나타낼 수 있음은 물론이다.

진심에서 우러나온 신앙이 결여되어 있거나 부족하면, 강단에서의 결실은 기대하기 어렵다.

죠지 허버트(George Herbert) 목사는 자신의 비머턴(Bemerton) 교회 취임

Calvin on acts xx. 28. "영적으로 그리고 실제로 그리스도를 알지 아니하면, 사람들이 수수께끼를 말하는 것처럼 그리고 옛 시대에 제사장들이 자기가 말하는 것을 자기도 모르면서 아침 기도를 올리는 것처럼 그렇게 학생들은 하나님의 말씀을 말하게 될 것이다." Perkins on Gal. i. 15.

4 Brainerd는 임종 때에 자기 형제 목사들에게 다음과 같이 말하였다. "목사들이 이 은혜로운 힘을 자기 마음에 느낄 때, 그것은 사람들의 양심에 다가가 자기 손으로 그것들을 다루는데 굉장한 도움이 된다. 그것 없이 우리가 그 어떤 이유나 달변을 사용한다 해도, 우리는 손이 아니라 손가락이 잘리고 남은 뭉툭한 부분을 사용하는 것이나 다름없다." Ministerial Biography 중 가장 훌륭한 부분인 Appendix to his Life를 보라.

식에서 말한다.

> 목사의 덕스러운 삶은, 목사를 존경하고 사랑하며 적어도 그와 같이 살기를 원하는 모든 사람들을 설득하는데 가장 강력한 말이 되기 때문에, 나는 반드시 잘 살아야겠다고 생각한다.[5]

과연, 하나님의 사랑이 없이 하나님의 일들을 말하는 피곤함 속에 무슨 설득력이 있을 수 있겠는가? 자신을 설득해서 거룩하게 만들 수 없는 사람은, 다른 사람들의 양심을 성공적으로 다룰 수 있는 가망이 거의 없을 것이다.

백스터는 말한다.

> 나는 그런 설교자들에게 이렇게 충고해줄 것이다. 회중에게 가라. 거기서 시편 50:16-17에 대한 오리겐의 설교를 되풀이해서 설교하라.[6]

이 본문을 읽고, 앉아서 그 말씀을 강해하고 눈물로 그 말씀을 적용하며, 자기들의 죄들을 자유롭게 고백하고 회중 앞에서 자기들의 경우를 애통해 하라고 충고할 것이다. 그리고 용서와 새롭게 하는 은혜를 주시도록 하나님께 간절한 기도를 드리라고, 그리스도를 머리로만 받아들이기 이전에, 그리스도를 마음에 모셔 들이라고 조언할 것이다.

---

[5] Walton's Life of George Herbert.
[6] 오리겐의 역사에서 감동적인 사건에 관해 말하자면, 우상에게 제사했다고 출교당한 직후 그는 예루살렘에서 어떤 제한된 방식으로 설교해 달라는 요청을 받았다. 그는 성경 시편 50편 16절을 폈다. "악인에게는 하나님이 이르시되 네가 어찌하여 내 율례를 전하며 내 언약을 네 입에 두느냐"를 읽자, 그는 자기 죄가 생각이 나서 눈물을 흘리면서 그 책을 덮었다. 그리고 회중의 마음을 녹여 자신의 슬픔과 공감하게 만들었다. Clark's Marrow of Eccles. Hist. 여기서 이 사건에 대한 자신의 회한과 후회를 매우 놀랍게 표현하고 있다. pp. 20-23.

여기서부터 그들은 자기들이 알고 있는 그리스도를 설교해도 좋고, 자신이 말하는 것을 느껴도 좋을 것이며, 경험에서 나오는 복음의 풍성함을 찬양해도 좋을 것이다.[7]

천재적인 재능도, 학적인 설득력도, 웅장한 열변도, 회중에게 효과를 내는데 꼭 필요한 것은 아니다. 오히려 감동과 사랑으로 하는 그리스도인의 설득력은 성경의 문자뿐만 아니라 영의 감동을 준다. 진정한 연민의 정과 단순함이 "그 쌓은 선에서 선한 것을 내는"(마 12:34) 것이다.

레이턴은 옳게 말하기를, 거룩하게 되지 못한 사람이 강단의 가르침에서 유창한 열변 그 이상의 힘을 주기 위해서는, 이 '생활의 수사학'이 필요한 것이다. 이 매우 바람직한 요건을 획득하기 위해서는, 교인들에게 말씀을 나눠주기 전에 우리자신이 먼저 그 말씀의 맛을 보아야 한다. 설교를 개인 경건시간의 성경 읽기와 조심스럽게 연결 지어야 한다. 아무리 잘 소화시켰다 해도 설교가 우리자신에게 먼저 적용되기 전까지는 결코 잘 전달될 수 없다.[8]

---

[7] Reformed Pastor. "사람이 이러한 것들에 대해 영적인 이해를 갖고 있지 못할 때 중생을 설교하고 믿음을 설교하는 것은, 꿀을 한 번도 먹어본 적이 없으면서 꿀의 달콤함을 말하고 있는 것과 같고, 한 번도 가보지 못하고 지도로만 알고 있는 그런 나라의 훌륭함을 말하고 있는 것과 같다. 만일 하나님의 진리를 단지 책으로만 또는 저자로만 알고 있고 자기 자신의 마음이 이러한 것들의 능력을 느끼지 못한다면, 당신은 포도주가 흐르게 하는 도관(導管) 혹은 다른 사람들에게 시원한 물을 따라주는 도관에 지나지 않는다. 통행인에게 방향을 지시하는 손처럼 당신 자신은 가만히 서 있는 것이다." Anthony Burgess's Funeral Sermon for Rev. T. Blake.

[8] 이것은 Doddridge 목사의 습관이었다. Life, ch. ii를 보라. 그리하여 단순한 생각이나 비판적 연구가 줄 수 있는 것보다 더 심도 있게 그리고 영적인 분별력을 가지고 우리 주제 속으로 침투해들어가지 않겠는가? 예민한 심각성과 멸망해가는 영혼들에 대해 불쌍히 여기는 마음이 없다면, 그리고 우리 직분을 공적으로 이행하게 되는 목사로서의 의무감이 없다면, 이것을 심지어 우리 강단에서조차 사용하지 않아야 하지 않겠는가? (17세기 유명한 목사의 한 사람인) Robert Bolton 목사는 "그는 자기 마음에 그것을 먼저 가르치지 않고서는, 그 어떤 경건에 대해서 절대로 가르치지 않았다고 그의 임종 때에 고백하였다." 뉴 잉글랜드의 세퍼드 목사도 그 같은 증언을 하였다. 우리가 그렇게 우리의 갑옷을 증명하였을 때 우리는 얼마나 지신 있게 그것을 추친힐 용기가 생기겠는가! 나쁜 사람늘을 위해 설교를 준

이것은 우발적으로 성취하는 힘을 훨씬 넘어선 성령의 기름부으심의 현재적 경험이며 자양분이고 열정과 기쁨이다. 그것은 우리 교인들에게 덕이 되도록 우리를 만들어줄 뿐만 아니라, (더 드물고 더 어려운 것은) 우리 자신을 유익한 목사로 만든다. 우리 마음에 쓰인 메시지를 전달하는 것이 하나님의 일들의 깊고도 중대한 감동을 교인들에게 전달하는 최선의 방법이다. 만일 그들이 "아버지와 그 아들 예수 그리스도와 사귐이 있게" 되기를 원한다면, "눈으로 본 바요 주목하고 우리 손으로 만진 바"된 무언가를, 우리는 그들에게 주어야 한다(요일 1:1-3). 세례 요한처럼(요 1:36), 우리는 그분의 영광과 사랑에 대한 우리 자신의 인식으로부터 구주를 교인들에게 전해야 한다.

우리는 그리스도인의 본을 보여줌으로써 우리의 증거를 확증함에 다시 개인 신앙의 중요성을 보게 된다.[9]

비하면서도 자기 자신의 영혼을 파멸시키는 위험에 때때로 자기가 빠져 있다는 것은, 작고 한 유명한 목사가 말한 이 경계심을 소홀히 했기 때문이다.

[9] 초대 교회의 판단은 이 점에 관해 매우 일치하고 있다―"목사가 먼저 가르치는 것들을 실천하지 않으면 회중들은 그 가르치는 것들을 확신하지 않는다"(Non possunt quae doces habere firmitatem, nisi ea prior feceris). Lactan. Instit. Lib. 4. c. 24. "목사의 행위가 목사의 설교를 부끄럽게 해서는 안 된다. 목사가 교회에서 설교할 때 회중들이 목사는 왜 실천하지 않느냐고 질문하는 일이 없도록 해야한다"(Non confundant opera tua sermonem tuum: ne cum Ecclesia loqueris, tacitus quilibet respondeat, cur ergo haec quae dicis, ipse non facis? Sacerdotis Christi os, mens, manusque condordent). Hieron. ad Nepot. 트렌트 공회 역시 높은 수준의 목사의 언행일치를 나타내었다―"회중들에게 경건과 하나님을 섬기는 일을 계속적으로 교육할 수 있는 방법은 성결한 사역에 충실한 목사의 생활과 모범 밖에는 없다. 주님으로부터 소명을 받은 목사들은 자신의 얼굴 표정, 몸짓, 언어, 걸음걸이 등 모든 행동을 정중하고 질서있게 해야한다. 목사는 경건한 삶과 모습을 통해서 회중들의 귀감이 되어야 한다"(Nihil est, quod alios magis ad pietatem et Die cultum assidue instruat, quam eorum vita et exemplum, qui se Divino Ministerio dedicarunt, &c. Quapropter sic decet omnino clericos in sortem Domini vocatos, vitam moresque suos omnes componere, ut habitu, gestu, incessu, sermone, aliisque omnibus rebus nil nisi grave, moderatum, ac religione plenum prae se ferant, &c). Concil. Trid. Sess. 22. c. 1. 그러나 단지 외적인 중요성을 가진 자기 의와, 복음의 원칙들의 결과로 생겨서 마음에 영향을 끼쳐 목사로서 헌신하게 하는 인격의 영성 사이에 구별을 하도록 매우 조심해야 한다.

사람들은 귀로 듣는 것보다 눈으로 본 것으로 사물에 대한 보다 더 완전한 판단을 내리며, 따라서 목사의 실천은, 자신의 설교보다 더 중요하다고까지는 못하더라도, 그와 동등하게 중요한 것이다. 보통 대화에서는 아주 평범한 육적인 사람인데, 강단에서는 설교자가 거룩한 천사들을 닮아야 한다고 생각해 보라. 신앙심에 있어 믿음의 실재로 청중의 마음에 확실한 감동을 끼치거나 또는 그들의 영혼이 실제적으로 그 믿음의 실재와 사랑에 빠지게 할 수 있는 것은, 천 마디의 공교한 말이 아니다.[10]

피넬론(Fenelon)은 자신이 쓴 『설득력에 관한 대화』(Dialogue on Eloquence)에서 다음과 같이 말하고 있다.

도덕의 가르침이 분명한 원칙과 좋은 예들의 지지를 받지 못할 때, 아무 중대성도 영향력도 가지지 못한다. 도덕성으로 말미암아 회심한 사람이 누가 있는가? 사람들은 그러한 장광설을 듣는데 익숙해져 있다. 그리고 자기 눈앞에 지나쳐가는 아름다운 광경들을 많이 보는 것을 재미있어 하듯, 그것도 재미있어 한다. 그들은 마치 풍자소설을 읽는 것처럼 그런 강의를 듣고, 자기 역할을 잘 연기하는 배우를 보는 것처럼 연사를 바라본다. 그 사람이 이기적이요, 야망에 차 있고, 허영심이 많으며, 나태와 사치를 일삼을 뿐만 아니라 이런 것을 즐기는 생활과 작별하지 않고 있음을 알고 있을 때, 그들은 그 사람의 말보다 그 사람의 생활이 보여주는 것을 더 믿는다. 그는 이런 생활을 버리라고 다른 사람들을 권면한다. 비록 그가 선포하는 것은 그들이 듣고 있는 관습과 예식을 위한 것이긴 하지만, 그들은 그가 하는 것을 믿고 그대로 한다. 그러나 가장 나쁜 것은, 이 직업을 가진 사람들은 자신들이 가르치는 것조차 믿지 않는다고 사람들

---

[10] Blackwell's Methodas Homiletica, 1712. 귀중한 지시이다.

이 결론을 내린다는 점이다. 이런 생각이 목사들의 기능을 격하시킨다. 그리고 다른 사람들이 진지한 열정을 가지고 설교할 때, 사람들은 이 열정을 진지한 것으로 좀처럼 믿지 않을 것이다.[11]

우리는 두 손으로 즉 우리의 가르침과 우리의 삶으로, 집을 지어야 한다. 우리는 우리가 설교하는 내용 바로 그것이어야 한다. 경건의 패턴과 동기, 그리고 행동 원칙들을 교인들에게 제시해주어야 한다. "그들 앞에 글씨본을 놓아두어 그들에게 쓰게 하도록 해야 할 뿐 아니라, 펜을 잡고 글자 하나 하나를 어떻게 써야 하는지 보여 주어야 한다."[12]

목사는 정기적으로 보여지는 인물이 아니라, 계속적으로 보여지는 인물이다. "거룩의 아름다움"은 단지 주일만의 부속물이 아니다. 거룩한 설교는 단지 한 시간이다. 하지만, 거룩한 생활은 그의 영원한 설교이다. 생활은 자기의 가르침에 대한 실제 주석이며, 감각에 호소하는 복음이다. 그래서 (교부들 중의 한 사람이 우리 주님을 바라본 것 같이), 주님께서는 그의 입을 열지 않았을 때에도 자주 설교하셨다. 신실한 목자와 같이 자기 양떼들을 다 내어놓은 후에 앞서 가기만 하면, 양떼들은 그의 음성을 알기 때문에 그를 따라간다.[13]

---

11 (Bull 감독은 말하기를), "의로 옷 입지 않은 제사장은, 비록 인간의 학문과 신학의 모든 장식품으로 치장하고 천사의 신중함의 광채로 온통 금도금을 하였더라도, 여전히 벌거벗은 거지와 같은 비열한 존재에 지나지 않아서, 권위도 없고 관심도 없으며 쓸모도 없고 하나님의 교회에 득도 되지 않는다." Sermon in Clergym. Instruct. p. 286. 대제사장의 값비싼 제복 위에 새겨 넣은 "여호와께 성결"이라는 문구는 성전을 섬기는 자들의 직업을 장식하는 표시다. 출 28: 28-30; 39:30-31. 레 21:21과 비교해 보라.
12 Scott's Sermon. 딤전 4:12와 비교해 보라.
13 요 10:3-4. "자기 사람들을 그리스도께로 인도하고자 하는 목사는 Lactantius가 말한 바와 같이, 능력있는 교사로서만이 아니라 지도자로서 행동해야 하며 지시하는 자가 아니라 앞에서 실천하는 자가 되어야 한다." Bp. Reynolds' Works, p. 1061. 한 애굽 왕의 비석에 쓰여 있는 비문인 헤로도투스의 말은 목사의 모토가 되어야 한다.-"올라가야 할 산은 경건이다"(Eis eme tis orewn, eudebeis). 키케로가 원로원에게 적용했던 것을 여기서 말하지 않으

목사의 생활이 자기 사역의 생명이라고 옛 목사들이 바르게 말하였다. (혼[Hornel 감독은 말하기를), "세상을 책망하는 일을 떠맡은 사람은 세상이 책망할 수 없는 그런 사람이어야"¹⁴ 하기 때문이다. 우리는 각자자기 자신을 맡은 지역에서 빛을 발하는 발광체로 임명받았다고 생각해야 한다. 발광체는 그 체제 속에서 중심에 위치한다. 발광체는 범위 안에 있는 모든 이에게 빛과 열을 내는 근원이다. 우리는 그래서 빛을 내는 빛이 되어야 할 뿐 아니라, 타오르는 열이 되어야 한다(요 5:35). 우리는 항상 빛을 발하고, 언제나 타올라야 한다. 빛뿐 아니라 사랑, 거룩한 사랑의 빛이 있어야 한다.¹⁵

경건치 못한 목사들로 인하여 교회가 받은 깊은 상처에서 이 주제의 예화를 보여주는 것이 얼마나 괴로운 일인지 모른다.

> 엘리의 아들들의 죄가 여호와 앞에 심히 큼은 그들이 여호와의 제사를 멸시함이었더라(삼상 2:17).¹⁶

다른 사람들에게 복음을 강요하는 사람들 속에도 이 청소년들의 후계자들이 발견되고 있다. 자기 자신은 그것을 소홀히 하면서, 즉 신앙고백은 하나님의 종처럼 하고 행동은 자기 자신을 섬기고 있으면서, 자기들의 가르침으로 파괴해버렸던 것들을 자기들의 삶으로 다시 세우고 있고, 책임감에 있어 유죄이므로 자기 자신을 범죄자들로 만들고 있다.¹⁷ 반면에 일관성이 있는 목회의 힘은 얼마나 설득력이 있는가!

면 안 된다. "목사는 결점이 없어야 하며 회중의 귀감이 되어야 한다"(Is ordo vitio careto: caeteris specimen esto). De Leg. Lib. iii.
14 Considerations on John the Baptist, p. 81.
15 "여러분은 좋은 사람이지만, 선한 행위의 열정이 없을 수 있다." 그러나 만일 당신이 이 열정이 없다면, 당신은 예수 그리스도의 좋은 사역자가 아니다.
16 삼상 2:17. 하나님의 심판을 보라, 렘 23:15; 레 10:1-3.
17 목사들이 모든 회중들의 모범이 되지 못하면 선선한 교리를 세우는 것보다 못된 행실로

레위가 자기 입에 진리의 법이 있었을 때, 그는 많은 사람들을 불의로부터 돌이켰다(말 2:5-6). 요한의 충실한 사역의 성결은 악한 헤롯에게 경외심까지 불러일으켰었다. 한 때에 큰 무리가 주께 더하여졌고, 아마도 여러 차례에 걸쳐 더 많은 무리들이 "그 빛에 즐거이 있기를" 원하였다.[18] 데살로니가에서의 사도 바울의 성공은 주로 그 같은 원인에 의한 것이었다(살전 1:5, 9). "교회 안에서 그들의 삶과 대화의 은밀한 분위기가 사람들을 그리스도께로 인도하는 수고를 감당하는 자들은 복되도다."[19]

자기 가까이 오는 사람들에게는 반드시 하나님과 천국과 신앙의 무엇인가를 남기기로, 엘리엇(Eliot) 선교사는 자기 자신에게 한 법을 부과하였다. 그래서 그가 가는 곳마다 많은 사람들에게는 위엄과 존경이 함께 하였다. 그가 어느 방향으로 걷고 있는 것을 본적이 있다고 우리가 말할 수는 없다. 그러나 거기서 그는 하나님과 동행하고 있었다. 오리겐(Origen)에게 이런 말을 한 것 같이 그에게도 이 말을 할 수 있을 것이다.

    그는 가르치는 대로 살았다(Quemadmodum docet, sic vixit).
    그는 살았던 대로 가르친다(Quemadmodum vixit, sic docet).[20]

세속적인 일에도 하늘의 분위기가 퍼지게 하는, 그런 일상적인 목회는 하나님의 감동의 표를 나타내며, "오직 진리를 나타냄으로 하나

더 많은 악영향을 미친다. 목사는 참으로 성결한 신앙의 모범이 되어야 하며 설교는 양심적이고 진실해야 한다. 그래야 자유주의자와 무신론자들의 마음 문을 열게 한다. 일관성이 없는 목사들을 심하게 풍자하는 말은, "그들이 강단에 있을 때는 결코 거기서 나와서는 아니 된다. 그리고 나왔을 때는 다시는 거기로 들어가서는 아니 된다."
18 막 6:20; 요 5:35; 행 11:24과 Doddridge, on John viii. 30과 비교해 보라.
19 제3부 6장을 보라.
20 Mathers Life of Eliot.

님 앞에서 각 사람의 양심에 대하여 스스로 천거"(고후 4:2)한다. 그것은 "한 천사가 해 앞에서 서 있는 것"(계 19:17)과 같이, 의심할 바 없이 하나님의 위엄을 대표한다.

우리는 목사의 경건이 가진 힘에 대해 더 말할 수 있을 것이다. 즉 경건은 뜨거운 기도로 심은 씨앗에 물을 줄 수 있는 능력을 우리에게 준다. 기도가 신령한 신앙심의 생명이듯이, 필연적으로 따라오는 결말은, 신령한 목사는 기도의 사람이 될 것이라는 점이다. 그러나 이미 이 점을 상세히 설명하였으므로, 우리는 이제 이 성스러운 직분의 모든 영역의 상호 관계를 지적함으로 그것을 간단히 언급만 하겠다.

이런 질문을 해볼 수도 있다. 종교가 우리 직업이라는 바로 그 상황 때문에 우리 개인의 신앙이 얼마나 위험에 처해 있는지 우리는 충분히 생각해 보고 있는가? 우리의 거룩한 직분이 존경받고 있다는 것으로 말미암아 생긴 품위있는 절제는 생명력 넘치는 신앙심과는 필연적으로 구별된다.

다른 한편으로, 우리의 재능을 받아들이고 자극함으로, 우리의 재능을 계속해서 행하는 것은 참 본질을 희미하게 나타내는 것에 불과할지 모른다. 직업이기 때문에 경건한 것에는 즉 공중 앞에 보이는 신앙심에는, 큰 위험이 있다. 그 반영은 정말로 대단하다. 강단의 뜨거운 활기 중에 얼마나 많은 부분이 순전히 자동적인가! 영성이라기보다는 충동에 가까운 것이지 않은가! 그러므로 자기 임무를 수행해 나가는 과정에서, 경건한 척 꾸며 보이고, 경건한 언어를 사용하며, 경건한 신앙심을 드러내 보이는 것 등은 매우 조심하고 경계하고 예민해야 할 것들이다!

그리고 신앙심을 보존하기 위해서는 진지한 기도가 필수적으로 따라야 할 것이다. 그들이 나를 "포도원지기를 삼았음이라 나의 포도원은 내가 지키지 못하였구나"(아 1:6; 고전 9:27) 라고 불평할 이유가 우리에게는 없다. 광야를 경작하느라고 우리는 무의식적으로 우리 자신의 정원에 잡초들이 자라고 있는 것을 간과하고 있지는 않는가? 늘 은혜의 도구의 주체가 되지 않고서, 은혜의 도구가 된다는 것에 만족하지는 않는가? 만일 우리가 은혜로 우리 자신을 섬기지 않는다면, 우리의 청중에게 은혜로 섬긴다는 것이 얼마나 의미 없는 일이겠는가? 우리의 개인적 인격과 공적 인격의 가장된 동일성으로 인해, 우리 양심이 찔릴 때가 자주 있지 않은가? 비록 우리가 하나님의 일에 고용되어 있기 때문에 우리가 공적으로 영적인 옷을 입고 있기는 하지만, 그럼에도 불구하고 가르침의 영성이 언제나 마음이나 행위의 영성과 결부되어 있는 것이 아님을 발견하지 못한 사람이 누가 있는가?

우리 중 가장 훌륭한 목사라도 사적인 골방에서보다는 강단에서 훨씬 더 신령할 것이다. 그래서 우리 자신의 마음속에 있는 죄 하나를 죽이기보다는, 우리 교인들의 모든 죄를 비난하는 설교를 하기가 쉬울 것이다.

> 오! 마음으로부터 설교하기보다 지성으로부터 설교하기가 얼마나 더 쉬운가!
> 우리 자신의 인격을 그것의 정신으로 힘들여 만들어가기보다는, 우리 교인들에게는 만족스러울 정도로 명백하게 진리를 설명하고, 우리 스스로는 기만적인 자기만족을 느끼며 진리를 설명하기가 얼마나 쉬운가!
> 그러므로 그 전 날 설교 본문 연구를 할 때 마음의 거룩한 준비를 해야 하고, 설교를 전달할 때에 하늘의 분위기에 대한 거룩한 준비가 있어야 하며, 설교가 끝나고 되돌아 볼 때에 체험적이고 실제적인 영향력이 있어야 한다!

이 어려움은 독특한 자기기만에서 나온다. 우리는 우리 개인의 인격과 우리 직업의 인격을 혼합하기 쉽다. 그래서 목사라는 직업적인 성격 속에서 우리가 그리스도인임을 잊기 쉽다. 그래서 그 의미의 정밀한 조사를 위한 시간을 내야 하고, 또 그 메시지를 목회에 적용할 시간뿐만 아니라 성경의 진리들을 영적으로 먹는 시간 또한 반드시 찾아내야 한다.

만일 그리스도인으로서 성경을 공부하는 것보다 목사로서 더 많이 공부해야 한다면, 우리 자신의 영혼의 생기를 위한 양식으로서 공부하기보다 우리 교인들을 가르칠 재료를 찾기 위해서 더 많이 공부한다면, 우리는 우리 자신을 우리 주님의 발아래 놓기를 태만히 하는 것이다. 그분과의 교제는 중단되고, 우리는 거룩한 직업에 단순히 형식주의자가 되는 것이다. 마틴 목사는 이 유혹을 예민하게 의식하고 있었던 듯하다.

> 성경을 펼 때마다 내 머리는 설교나 강해 생각뿐이다. 그래서 심지어 혼자 있을 때 성경을 읽는 것조차도 공중 앞에서 성경을 읽는 것 같다.[21]

우리는 다른 사람들을 먹임으로써 살아갈 수는 없다. 또는 우리 교인들을 치유하는 단순한 일을 함으로써 우리 자신을 치유할 수 있는

---

21 Martyn's Life, p. 60. 이 미묘한 질투를 경계함에 있어, 그의 경건한 질투에서 얼마나 많은 것을 배우는가! (후기에 그는 말하기를), 선교사가 자기 자신의 영혼을 소홀히 하기 쉬운 유혹을 받기가 얼마나 쉬운지 나는 알고 있다. 겉으로 보기에는 하나님을 위해 고용되어 일을 하고 있었지만, 내 마음은 더욱 단단해지고 교만해지고 있었다. 이 땅위에서 첫 번째로 중요한 일은 내 자신의 영혼의 성화이다. **그래야 사역의 임무들을 더욱 거룩하고 엄숙하게 수행할 수 있게 될 것임을 나는 배우지 않으면 안 된다.**" pp. 263-264. 그 똑같은 중단 없는 경계가 번역 작업에서 행사되었다. "내 영혼에 자비로우신 주께서 그분 자리에 그 어떤 종류의 우상을 세우는 짓으로부터 나를 구원하소서. 그분과의 교제보다는, 그분을 위해 하겠다고 고백한 일을 심지어 더 좋아함으로써 저는 우상을 섬기고 있나이다! "순종이 제사보다 나으며, 듣는 것이 수양의 기름보다 나으니라." 그분을 섬기는 체 하면서 다른 일들에 종사하는 것보다, 내 자신의 영혼에 대한 하나님의 직접적인 명령을 따르는 것이 내가 할 일임을 저로 하여금 이 말씀으로부터 배우게 하소서.' p. 272.

것도 아니다. 그러므로 이 공적 사역의 이러한 과정을 통해, 우리가 사망과 영원이라는 끔찍한 현실과 익숙해짐은, 영원을 깊은 심각성과 관심을 가지고 바라보며, 자기 묵상의 유익한 열매를 자기 교인들에게 가져다주는 하나님의 사람이기보다, 마치 무덤 파는 사람들이나 의사, 군인과 같을 것이다.

> 사람이 신앙을 개인적인 것으로 보지 않고 단순히 직업적인 중요성을 가진 것으로 보기 시작할 때, 그는 자기 길에 평신도들은 알지 못하는 장애물을 가지고 있는 것이다.[22]

우리가 하나님의 사역에 친숙해지는 것이 우리에게 유혹인지, 아니면 유익이 되는지 결정하기는 정말 어렵다. 왜냐하면, 자신을 정확히 관찰하는 사람이, 사역의 수동적인 반복에 관한 버틀러(Butler)의 말을 검증해보지 않았기 때문이다.[23]

그리고 형식적이고 목회적인 반복의 효과가 빨리 그리고 강력하게 인격을 무감각하게 만드는 것을 알지 못했기 때문이다.[24] 제단 불을 새

---

22 Wilkes's Essay on Conversion and Unconversion in Christian Ministers, p. 14.
23 Analogy, Part I. ch. 5. Paley 목사는 말하기를, 사역을 방해하는 주요 장애물들에 대해 언급하고 있다. "종교적 감동에 대해 무디면 종교적 주제에 대한 대화를 늘 하게 되고 더 나아가서는 종교 직분이 그 감동을 가져다주는 것으로 늘 잘못 생각하는 버릇이 생긴다." Payley의 다음 말은 더욱 옳다. "반복의 결과를 우리는 더 예민하게 느낄 것이다. 우리는 우리가 주장하는 바를 다른 사람들에게로 향하게 하는 습관이 있다. 왜냐하면 그것은 항상 우리자신에게로 그 결론을 되가져와야 하는 두 번째의 노력, 별개의 노력, 그리고 특별한 마음의 노력을 요구하기 때문이다. 우리는 우리 생각과 연구를 우리 주장에 이용하며, 우리는 그것을 계속적으로 보이는 곳에 둔다. 그 모든 생각과 연구에는, 그것을 읽거나 들은 사람들에게 생산해낼지도 모르는 효과가 있다. 우리 묵상의 최선의 사용은 (우리 자신의 마음과 양심에 미쳐야 하는 묵상의 영향력은) 다른 것의 면전에서 사라져버리는 것이다." Sermon on the Dangers of the Clerical Character, Works, viii. 137-142.
24 Massillon은 형식적인 목사에 대해 대단히 엄숙하게 말하고 있다. "그는 하나님의 일을 예민하지 못하게 다루기 때문에 무감각하게 된다. 그 무감각 때문에 그는 하나님의 일들에 대해서 더 무감각하게 된다. 그리고 그것 때문에, 그는 지금까지도 자신이 각성한 결

롭게 하지 않고 매일 그리고 주일의 늘 하는 일들을 하는 그 당연한 결과로서, 복음의 가르침은 계속 유지될 것이다. 한편, 우리 인격을 하늘의 영에 동화시키는 일은 완전히 등한시될 것이다. 이 신령한 인격이 결여되어 있으면, 하나님의 영이 찾아온 적이 없고 성령의 용납하심의 증거가 없는 우리 사역은, 아름답지만 생기 없는 메커니즘 그 이상의 무엇이겠는가?

우리는 개인의 인격이 우리 목회에 갖는 중대한 영향력에 대해 대략적으로 살펴보았다. '단순성과 경건한 진실성,' 사욕 없음, 겸손, 목사로서 일반적인 흠이없는 것 등은 '모든 사람들이 알고 있고 또 읽고 있는 편지'이다. 과연 인격이 힘이다. 그러므로 인격의 결여는 우리 자신의 신앙심의 진실성과 복음의 실질적인 효과를 의심받게 함으로써, 우리의 성공을 망쳐놓는다.

또한 우리의 공적인 언행일치의 당연한 효과와는 별도로, 또한 우리 행동원칙들을 늘 실행에 옮김으로써 확산되는 은밀하지만 핵심을 관통하는 영향력이 있다. 그가 좀 더 신령한 그리스도인이었더라면 그는 아마 좀 더 쓸모 있는 목사가 되었을 것임을 누가 부인하겠는가? 은밀한 기도를 아주 열렬하게 그리고 풍성하게 하고, 자기 연구도 늘 계속하고 있으며, 자기 주님의 정신으로 흠뻑 젖어있으며, 뚜렷한 한 가지

과 모든 은혜의 보통 수단으로 구원받을 수 있다는 확신을 갖지 못한다." 오웬 박사의 언어는 마찬가지로 대단하다. "편안하게 구덩이로 내려가려는 자, 그 사람에게 신앙에 관한 한 좋은 평을 얻게 하라. 설교를 하며 다른 사람들을 현재의 그들보다 더 나은 사람으로 만드는 노력을 하게 하라. 그리고 그러는 동안 자기 마음을 낮추고 성결과 유익으로 하나님과 동행하는 일을 등한히 하게 하라. 그러면 자기 목적을 이루지 못하는 일이 없을 것이다." Sermons and Tracts, folio. p. 47. (한 옛 저자가 말했듯이), "강단 밑에 있는 사람들이 지옥으로 떨어지는 것은 충격적인 일이다. 강단에 있는 사람이 그러는 것은 얼마나 더 하랴! 거룩한 직분이 우리를 거룩하게 만든다고 생각하는가? 기억하라. 초기 유년시절부터 제사로 바쳐진 음식을 먹고 향냄새를 맡은 사람들은 "벨리알의 아들들이었다. 그들은 하나님을 알지 못했다"(삼상 2:12). 유다는 "자신의 사도직으로부터 떨어져서 자기 곳으로 갔다"(행 1:25)는 사실을 우리가 잊을 수 있는가? 회심을 하지 않은 목사가 다 자기 자신의 사명 속에 이미 자기 자신에 대한 정죄 선고를 지니고 다니지 않는가?" 막 16:16.

목표가 분명하고, 인격이 곧고 목표를 추구함에 있어 인내하는 그가, 자기 사역에서도 존귀함을 받지 않겠는가? 그런 사람은 특별한 기쁨으로 충만하지 않겠는가? 자기 마음의 부요함을 많이 말하지 않겠는가?

그리고 그의 양떼는 그 목사가 자기 하나님의 임재가운데 살고 있다고 알지 않겠는가? 그리고 그가 심방 왔을 때나 강단에서 설교할 때 "하나님의 사자로서, 그리스도 예수의 사자로서" 그를 받아들이지 않겠는가?

9장

가족의 신앙 결여: 목사 가족과 사역 간의 연결 결여

    기독교 감독의 자격요건들은 일반목사에게도 해당된다. 그의 가족 안에서의 목사의 존재는 결코 중요하지 않은 것이 아니다. (퀘스넬[Quesnel]이 아름답게 묘사하고 있듯이), "가족은 작은 교구이다. 이 교구에서의 첫 시금석들은 교회에 대한 열심, 경건, 그리고 신중함이다."[1] 그러므로 만일 "사람이 자기 집을 다스릴 줄 알지 못하면 어찌 하나님의 교회를 돌보리오"(딤전 3:5).[2] 그 사람에게 집에서도 제대로 하지 못한 일

---

[1] Quesnel on 1 Tim. iii. 12.
[2] 딤전 3:5. 우리 교회는 이 문제의 중요성을 완전히 인식하고 있다. 그래서 이 직분을 갖고자 하는 각 후보자에게 가족의 경건을 분명히 서약하기를 요구하고 있다. "당신 자신과 당신의 가족들을 그리스도의 가르침에 따라 형성해가기를, 또 당신 자신과 그들을 그리스도의 양떼에게 건전한 본이 되도록 부지런히 힘쓰겠습니까? 주께서 나를 돕는 자시니, 내가 이 서약을 하나이다." Service for Ordination of Deacons. "그 동일한 명령이 초대 교회 법에 의해 시행되었다. 초대 교회 법은 목사의 아내, 자녀들과 하인들에 관해서 평신도들보다 훨씬 더 엄격했다. 목사의 집은 모든 교인들을 위한 미덕의 학교이어야 하며, 한 교회의 작은 표상이어야 하며, 화평과 선한 질서와 절제와 헌신의 모범이어야 한다." Comber. 또한 Mant감독의 사역에 대한 주석에 나와 있는 Nicholls 박사와 비교해 보라. 다음의 기도는 훌륭한 Philip Henry가 자기 가정 예배에서 자주 간구하는 기도이다. "우리가 사역을 지니고 다닐 은혜를 가지게 하옵소서. 목사로서, 목사의 아내로서, 목사의 자녀들로서, 그리

을 자기 교구에서 제대로 수행할 것을 기대할 수 없기 때문이다. 엘리의 가족을 통해 주어진 증거는 규정의 필요성을 예증하고 있다. 즉 장로는 충실한 자녀들을 가진 자여야 한다는 것이다(삼상 2:17; 3:13; 딛 1:5-6). 비록 자기 자녀들에게 은혜를 전달할 수는 없었겠지만, 적어도 엘리는 제재를 가해서 하나님앞에서 자기 아들들을 더 중히 여기는 죄를 면할 수는 있었을 것이다(삼상 2:29). 자녀들이 언행이 일치하는 행동을 함으로써 그의 목회사역을 증진시킬 책임이 있음을 그들에게 가르칠 수 있다.

> 단지 자신들의 신앙 고백뿐만 아니라 자기 부모들의 원칙들까지도 아름다움을 더할 수 있으며, 자기 아버지의 집과 목회의 원칙들이 자기 행동의 규칙이요 자기들의 참 기쁨임을 보여줄 수 있었을 것이다.[3]

허버트(Herbert) 목사의 저서인 『시골 목사』(*Country Parson*)[4]에서는 목회자가 자신의 가정을 어떻게 다스려야 할지에 대한 적절한 본을 보여주

고 목사의 하인들로서, 그것을 지니고 다닐 때에, **사역이 그 어느 것에서도 비난을 받지 않게 하옵소서.**" Life, p. 81. 아주 단호한 기독교의 원수들 중 한 사람이 이 점에 대해 한 증언 또한 놀랍다. 줄리안 황제는 이교를 다시 세우려는 시도를 할 때 다음과 같이 말하였다. "그리스도인들이 고백한 그 엄격함과 거룩함은 그들의 믿음이 퍼져나가게 된 주요 원인이다. 그것은 이교도 제사장들이 진지한 기질과 품행의 사람이 되지 않으면 안 된다는 방향을, 복장이 비싸거나 화려해서는 아니 되며 오락장에 가지 아니 하여야 한다는 (초기의 제사장에게 준 명령들을 그대로 따른 것이 분명한) 방향을 제시해 준다. 그러한 품행은 아주 훌륭한 사람들 즉 공공 게임장이나 호화로운 구경거리에는 한 번도 가본 적이 없는 사람들이 하는 것이다. 그리고 **자기 아내와 자녀들, 그리고 하인들도 자기 자신들처럼 경건하도록 조심시키는** 그런 사람들이 하는 행동이다." Fas est et ab hoste doceri. 그래서 Secker 대감독은 이 증언을 간략하게 적용하기를, "이 배교자가 너희들을 부끄럽게 만들지 않게 하라." Jul. Epist. 49, ad Arsac, pp. 430-431. Fragm. Epist. pp. 301-305. Secker's Charges, pp. 244-245.

3 Richmond's Life, p. 294, 295. 모세의 율법은 제사장의 딸이 거룩한 직분에 끼친 수치스런 일에 대해 그의 범죄를 중벌로 다스리고 있다. 레 21:9.

4 제3부 10장을 보라.

고 있는데, 그는 그것을 그대로 교인들에게 모델로 제시하고 있다. 그의 집은 신앙의 학교이다. 가정은 매일의 가정 예배, 가족 교육의 전 영역, 교육의 원칙들, 특별히 성경을 근거로 한 원칙들, 대화 습관의 규정과 같은 넓은 영역들에 관계되어 있다. 이 모든 영역들은 동시에 아주 세부적인 부분에까지 강단에서 증거될 가르침들이다. 모든 것을 적당한 때에 하기, 모든 것을 적절하게 사용하기, 모든 것을 적절한 장소에서 하기 등, 질서에 관련된 습관들 또한 이 기독교적 모델의 중요한 부분을 형성한다.

제 때에 고지서 금액을 납부하고 빚은 절대로 지지 않는다는 점도 여기서 깊이 생각해보아야 할 문제이다. 자녀들에 관하여는, 다른 사람들에게 행하는 질서와 복종 그리고 관용의 규칙들의 실제적인 예들을 교인들에게 주의깊게 보여주어야 한다. 이 점에 있어 다른 사람들에게는 지혜로운 말을 해주면서, 자신에게는 그렇지 못한 사람이 우리 중에 얼마나 많은가! 우리가 그만큼 자기기만에 빠지는 곳은 아마 아무 데도 없을 것이다. 자녀 관리만큼 신념이 없는 곳도 없을 것이다. 우리 하인들을 규제하는 데 있어서도 질서의 중요성이 매우 분명하다. 그들에게 너무 과도한 짐을 지우지 말라. 도움을 더 받은데 대해서 적절한 지불을 한다면 짜증과 혼란을 예방할 수 있을 것이다. 그리고 무엇보다, 이 일 때문에 사적인 신앙 의무들을 이행하지 못하게 되는 일이 없을 것이다.

이러한 의무들에 양심적으로 참여하도록 하라. 몸이 아픈 자들은 참작해 주어야 한다. 인내와 오래 참음은 항상 유지되어야 한다. 그들의 모든 시련과 어려움의 때에 불쌍히 여기는 마음을 보여야 한다. 개별적인 가르침과 함께 가족 성경 읽기가 따라야 한다. 우리 목회가 가족의 하위 영역에까지 두루 퍼지게 하라. 그들의 현실적인 행복에 관심을 가지고 그들의 영원히 존재하는 영혼을 돌보는 일을 책임지고 있는 것처럼, 집안의 각 식구들을 생각하라.

후퍼 감독의 목사관에 들어가는 것은 마치 우리가 "교회나 성전에 들어가는 것 같았다. 그곳의 모든 모서리에는 미덕과 선한 본보기와 정직한 대화와 성경 읽기의 냄새가 흐르고 있었다."[5] 청교도 조셉 앨라인(Joseph Allein) 목사에 대해서 다음과 같은 말이 있다.

> 그가 집안 여기저기를 걸어 다니고 있을 때, 그는 일어나는 일 모든 것을 영적으로 사용하곤 하였다. 그리고 그의 입에서는, 주위에 있는 모든 이에게 꿀과 같은 무엇이 떨어졌다.[6]

필립 헨리의 가족 경영은 가정의 경건함과 단순함 그리고 질서의 아름다움을 보여주었다. "그 자녀와 권속에게 명하여 여호와의 도를 지켜 의와 공도를 행하게"(창 18:19)[7] 했으며 자기를 본받으라고 하였다. 이것이 가정의 목사 즉 자신의 집안을 잘 다스리는 목사의 좋은 모델

---

[5] Clark's Marrow of Ecclesiastical History, p. 222, and Foxe's Acts and Monum. vi. 644.
[6] Alleine's Life and Letters, pp. 97-100.
[7] 창 18:19. Philip Henry's Life, pp. 82-86과 비교해 보라. Cotton Mather의 가족 상황은 알려진 것이 거의 없다. 그는 자기 자녀들 한 사람 한 사람을 위해 따로 기도했으며, 실제적으로 유익한 교훈을 가르치는 도구로서 성경 이야기들을 일찍부터 들려주었다. 자녀들이 자기 길에서 넘어졌을 때, 그는 항상 그들에게 말씀이 되었다. 자녀들이 은밀하게 하는 기도의 습관은 일찍 형성이 되었고 또 자주 상기시켜 주었다. "얘야, 네가 가르침을 받은 대로, 매일 혼자 가서 기도하는 것을 잊지 말도록 해라." Mather는 그리스도의 사랑으로 가족들의 마음을 넓혀주려고 노력하였으며, 매일 서로에게 선을 베풀도록 했다. 자녀들이 그 일을 기뻐하는 것을 볼 때마다, 그는 자녀들을 격려하고 칭찬하였다. 그리고 그렇게 하지 않는 것은 자기를 별로 기쁘게 하지 못한다는 것을 그들에게 알려 주었다. 아이들이 충분히 나이가 들었을 때에는, 아이들을 한 명씩 따로 데리고 가서, 하나님을 두려워하고 그리스도를 사랑하며 죄를 미워해야 한다는 것을 사랑과 엄숙함으로 가르쳐주곤 했다. 그는 아이들 때문에 자신이 뜨겁게 기도하는 것을 아이들이 보게 하곤 하였다. 그는 자녀들에게 복음의 각 부분을 모두 가르치고, 그들의 관심을 끌고, 그들의 마음에 그 진리를 집어넣어 주며, 그 진리를 그들의 마음에 적용시키는 최선의 방법으로서 모든 진리를 질문의 형태로 만들었다. 가정 사역에 그렇게 부지런한 것이 그의 공적 사역의 특별한 권능과 연관되어 있다는 것은 조금도 놀랄 일이 아니다. 그 모범은 적용과 격려의 저항할 수 없는 힘을 가지고 성경의 가르침을 해설한 것이었다.

이다. 목사는 과연 산 위에 세운 성읍이라 숨길 수가 없다. 그는 자기 개인의 인격이 준비되어 있어야 할 뿐 아니라 자기 가족들도 준비되어 있을 것으로 기대하여야 한다. 자기 아내의 행동, 자기 자녀들과 하인들의 복장과 습관들, 자기 가구, 그리고 자기 식탁 위의 음식 등이 자기를 바라보는 사람들의 관찰 대상임을 알아야 한다. 그래서 올바른 우리 가정생활이 상당히 넓은 범위에까지 우리 교인들의 기준이 되는 것이다. 반면에 목사의 가정생활이 자신의 가르침과 일관되지 않으면, 목사가 의무 태만이나 죄에 대한 적극적인 방치의 구실을 제공하게 된다. 가족 신앙의 세부사항은 또한 우리 목회의 구성요소가 되는데, 끊임없는 가르침과 감독, 본으로 보인 가르침, 그리고 매일매일 그리스도인의 자기부인, 거룩, 기쁨, 그리고 사랑을 실천하는 것과 같은 부모의 통제와 마땅히 순종해야 할 행동원칙들이 포함된다.

이제 (사람들은 들은 것보다는 자기가 보는 것으로 훨씬 더 많이 영향을 받듯이), 목사가 가르침뿐 아니라 모범을 보이지 않으면, 거기서 나오는 권면들은 경건하지 못한 사람들의 조롱만 살 것이요, 그 사람들의 죄의 습관을 인정해주는 것이 될 뿐이다. 우리 식구들이 하나님의 종으로 보이거나 또는 이 세상의 자식들로 보일 때, 그것이 교인들에게 끼칠 영향은 얼마나 다르겠는가! 목사 자신이 생활과 삶에 일관성을 가진다 하더라도 가정의 경제생활에 세상적이라는 낙인이 찍히게 되면 신실한 목회의 능력은 완전히 마비되는 경우가 자주 있다.[8] 그러므로 비싼 것을 사들이는 모든 습관들과, 장식품에 대한 관심 그리고 "이 세상의 풍습을 좇는" 쾌락과 허영의 모든 모습을 억제하는 것이 대단히 중요하다. 금전상 그렇게 해서도 안 되겠지만, 우리 교인들에게 그것들이 해로운 인상을 주기 때문이기도 하다.

---

[8] 한 젊은 목사에게 조언해주고 있는 '하지 말라'는 규칙에 들어있는 '목사 가족의 의심스런 싱대'에 관한 확인된 놀라운 내용들을 보라. Cecil's Remains.

사도는 우리의 위대한 목표와 연관되어 있는 진지함과 절제, 적절한 처신, 그리고 자기 나름의 공적인 의무들을 신실하게 보여줌에 있어, 목사의 아내의 예를 들고 있다(딤전 3:11).

> 헝가리의 개신교에서는, 목사의 아내가 카드놀이, 춤 또는 집 밖에서 다른 오락들을 하면, 사람들은 그 목사의 직위를 격하시켰다. 이러한 행위는 그리스도인 여성의 진지함의 증거이기보다는 세상을 사랑하는 쾌락을 즐긴다는 증거이기 때문이다. 이러한 엄격함은 자기 남편에게 순종하겠다고 약속한 여성은 남편이 지시하거나 인정한 것 외에는 아무것도 할 수 없다는 가정으로부터 나온다. 그러므로 목사의 아내가 세상으로 흐르는 경향이 있다면, 자기 남편이 아주 엄숙한 설교로 세상을 포기하라고 설교하는 것보다 더 성공적으로, 자기 행동으로 세상을 따르라고 가르치는 것이 된다고 결론짓는다. 사람들은 실례가 가르침보다 더 큰 무게를 가진다고 생각하기 때문이다.[9]

그러나 이 가정의 모범 외에도 우리의 위대한 사역에 직접적으로 섬기는 의무에 더 보탤 것이 있다. 자기 사역을 완수하였기 때문에 이 사람이 한 말이 무게가 있다.

> 목사의 가족과 집, 직업, 그리고 목사와 관련된 모든 것은 성경의 가르침과 일치해야 한다. 자기의 다양한 목회사역을 감당하기 위한 여지를 최대한 가지도록, 모든 가족의 대소사는 (물론 마땅히 신중한 고려를 해서) 그

---

[9] Fletcher's Portrait of St. Paul, p. 129, 주석. "목사의 공적 수고는 그의 사적인 위로들과 가정의 위로들과 밀접하게 연결되어 있다. 자기 양떼의 유익을 위하여 애쓰고 염려하는 일을 함에 있어, 목사의 아내는 자기 남편을 격려 또는 낙심시키는 주요 근원이 된다. 아내의 모범과 행동에 매우 많은 것이 달려 있다." 자기 딸이 목사와 결혼하는 날 L. Richmond가 딸에게 보낸 편지.

의 목회사역 아래 종속시켜야 한다.[10]

그러므로 목사의 배우자 선택의 책임은 얼마나 중대한가! 그리스도인의 결정에 관한 성경의 규칙인 "오직 주 안에서"(고전 7:39)는 별개로 치더라도, 목회자의 결정에 영향을 끼쳐야 하는 것은 덜 이기적인 성격의 동기들이다. 그의 사역의 분위기가 이 중대한 상황 변화에 의해 형성될 것이다. 그는 예전의 그가 아닐 것이며 그는 행동에 있어 새로운 성향과 원칙들의 제한 아래 있어야 한다(고전 7:32, 33).

이 점에 관해 한 나이 많은 목사가 젊은 목사에게 말하기를, "영원히 존재하는 많은 영혼들은 지금 당신이 내딛고 있는 그 한 발자국에 지대한 관심이 있다." 진실로, 만일 그의 양떼가 이 새로운 관계에서 유익을 얻지 못한다면, 그 양은 잃어버리게 될 것이다. (자연적인 원인이나 우발적인 원인, 또는 영적인 원인으로부터 생기는) 경험과 연민 또는 도움과 관련이 없는 경건도 목사의 힘을 무력화시킨다. 그래서 전보다 덜 능력 있고, 덜 흥미 있고, 덜 자유롭고, 덜 효과적인 목사가 될 것이다.[11]

그러므로, 만일 자기의 모든 행위에 그리스도인의 인상을 남기고, 자기의 거룩한 직분의 위엄과 성실함과 높은 위상의 인상을 남기려 한다면, 이 행위 때문에 자기 목회의 위기를 가져올 것인지 또는 미래 목회의 커다란 추진력을 불러 올 것인지 결정될 것임은 분명하지 않겠

---

10 Rev. H. C. Ridley's "Parochial Duties practically illustrated." (Seeleys and Hatchard). 이 책은 목사의 헌신에 대해 매우 흥미롭고 재미있게 묘사하고 있다.

11 "한 목사의 아내의 기분이 그 목사에게 그리고 그의 사역에게 어떤 영향력을 끼칠지는 계산하기 어렵다. 만일 그녀가 그 충분한 기준에 미치지 못한다면, 그녀는 훨씬 더 많이 자기 남편의 사역에 장애가 되어 어지럽게 될 것이고, 남편 목사의 정신적 행복도 가져오지 못하게 할 것이다. 목사 아내의 일은 세상에서 가장 위대한 일이다. 이 일을 올바른 기풍으로 수행할 때, 목사는 거대한 기계를 움직이게 하는 것이다. 그래서 자기 아내의 인격이 자기에게 미치는 결과는 계산할 수 없을 정도이다. 만일 그녀가, 그 기계를 앞으로 움직이게 하는데 남편에게 도움이 되지 않는다면, 그녀는 쓸모없는 추와 같이 그 시계 바퀴에 매달려 있는 것이다." Cecil's Remains.

는가! 만일 이 무서운 책임감이 "나에게는 너무 무거워서, 나는 혼자서 이 모든 사람들을 감당할 수 없다"는 불평을 일깨웠다면, 그는 하나님이 그분의 섭리와 기도에 대한 응답으로서 모세에게 하나님의 영으로 충만한 70장로를 붙여주셨던 것처럼 그의 편에 서서 그를 도울 사람을 붙여주심으로 그와 함께 짐을 나눠지게 하시고 그를 홀로 있게 하지 않으실 것을 기대하지 못하는 것이다. 그리스도인으로서의 선택과 목사로서의 선택에는 차이가 있으며, 또 마땅히 있어야 한다. 그리스도인은 자기를 위해 돕는 자를 원한다. 그러나 목사는 자기 사역의 멍에를 함께 멜 사람을 원한다. 목사는 자기 자신을 위할 뿐만 아니라 자기 교인들도 위할 사람을 원한다. 목사의 아내가 하나님의 일을 하지 않으면, 우리 사역이 상당히 약화된다는 것은 의심의 여지가 없다.

모든 영역에서 목사의 아내에게 독특하게 적합한 일들이 있다. (여성도에게 해당되는 가르침과 같이) 고유한 상황 때문에 목사가 자기 영역의 모든 범위를 다 다루지 못할 경우가 자주 있다. 그것 외에도, 일의 압박감이나 또는 방해하는 수많은 일들 때문에 집중할 수 없어서 멍에를 같이 메는 자의 능동적인 섬김과 조언이 요구된다. 그러므로 배우자를 처음 선택하는 일에 실수를 하거나 여성 쪽에 책임감의 부족이 있으면, 많은 땅을 기경하지도, 완벽하게 기경하지도 못하게 되어서, 풍성한 추수의 많은 희망이 꺾이게 된다.

어머니로서의 책임에 관해서는 제약할 것이 없다. 그러나 아주 긴급한 다른 일들을 침해하지 않고서는 (그 정도는 양심이 결정해야 할 것이다), 주님의 일을 위한 시간을 마련할 수 없을 것인가? 아내는 자연발생적인 어머니가 될 뿐 아니라, 영적인 어머니도 되는 영광을 갈망해서는 안 되는가? 그녀는 자기 남편의 영적인 가족들과 아무 연관도 갖지 않아야 하는가? 그녀는 남편의 인생의 파트너가 될 뿐 아니라, 그의 사역의 파트너도 되기를 갈망해서는 안 되는가? 그녀는 남편의 공적인 일로부터 물러나서, 남편의 연민의 절반만을 공유하고 남편의 짐들의 매우 작은 부분만을 지는 것으로 만족해야 하는가? 그녀의 특성은 복음의 주요 특징 즉 십자가의 제자의 특징을 가져야 한다.

자기가 기독교 목사와 연합하였을 때, 그녀는 남편의 사역과 남편의 십자가에도 자신을 묶어놓은 것이다. 그래서 자기 남편 옆에 나타나는 한, 하나님의 충실한 종에게 몫으로 준 곱절의 어려움과, 곱절의 오해와, 곱절의 비난 받는 것을 불쌍히 여길 뿐만 아니라, 실제로 함께 겪어야 할 것을 기대해야 한다. 십자가의 정신을 구성하는 사랑과 겸손, 인내, 그리고 자기부인을 실천해야 한다.

목사의 아내와 연관된 것으로 중립적인 것은 아무것도 없다. 자기 남편의 사역의 진보에 또는 그의 관심에 힘을 실어주기에 가장 적합한 그의 일련의 행동에 냉담하게 무관심한 것, 혹은 심지어 그의 사역에 권태를 느끼는 것 등은, 기계가 더 잘 돌아가도록 기름을 쳐주는 대신에 그 기계의 바퀴들에 제동을 거는 것이다. 또한 목사의 아내 쪽에 친절이나 배려가 결여되어 있으면 목사와 양떼 사이의 거리가 멀어지게 만든다. 그리고 상호간에 생산적인 유익일 수 있는, 목회에 필요한 의사소통을 많이 제한시킨다.

반면에, 친절과 배려가 있으면 화해의 자연스런 분위기와 연민의 정이 흘러나온다. 친절하지 않고 연민의 정이 없으면 이런 것은 제한되기 마련이다.[12] 그래서 상호 간에 더 애착을 느끼는 유대감이 한 아버지와 그의 수많은 가족들 간에 형성이 된다. 이렇게 해서 우리가 담당한 여성도들에 대한 사역에 자신감이 생겨 목회상의 교제의 매우 좋은

---

[12] Cotton Mather는 한 목사의 아내에게서 재미있는 예를 전해주고 있다. 여성도들이 자기들의 속상한 얘기들을 그녀에게 부담 없이 털어놓는다는 것이다. 그 아내는 편리할 때 자기 남편에게 이 사실을 알려서, 남편의 공적 사역에서 영원의 혜택이 있는 그러한 것들에 대해 좀 더 구체적으로 그리고 유익하게 언급하도록 돕는다. Mather's New England, Book III. p. 17.

매개체가 우리에게 열리고, 또한 영구적이고 광범위한 열매의 매우 귀중한 서약도 우리 앞에 열리게 되는 것이다. 심지어 목사 개인의 인격이 의심을 받을 때에도, 그리고 어떤 경우, 그들 각각의 수고에서 목사가 더 쓸모 있는 사람이냐 혹은 목사의 부인이 더 쓸모 있는 사람이냐 의심스러울 때조차도, 여성의 책임의 무게는 때때로 그 직분의 위엄과 유익함을 지지해준다.[13]

그러나 일반적으로 자기 자신의 영역을 지켜야 한다는 것은 중요한 일이다. 간섭은 양쪽의 독립을 해치며 힘을 약화시킨다. 그러나 자기 아내가 자기 가정에서는 지휘자요 보호자이면서, 교회에서는 자기 교인들의 어머니인, 목사는 행복하다. 자기에게 그리고 자기 양떼에게 이 특별한 사랑을 베푸는 것에 대해 감사를 하는 그는 정말로 복된 자이다.

필립 헨리(Philip Henry)[14]와 스콧트 목사의[15] 덕스러운 실천처럼, 목사의 가정 예배는 매일 목회의 성격을 가져야 한다는 점을 필자는 말하고 싶다. 그러나 이 예배가 가르침을 더욱 풍성하게 만드는 수단이 되기 위해서는 기도와 묵상의 영적인 습관이 필요하다. 우리는 형식주의에 빠지지 않도록 경계해야 한다. 우리는 생명의 삶으로 믿음과 기대를 언제나 살아 있게 해야 한다. 이따금씩 교리문답식의 가르침을 섞는 것은 이 일에 유용한 다양성을 줄 것이다. 성경의 대부분도 거룩한 분야를 좀 더 부지런히 그리고 넓게 탐색할 것을 격려하고 있으며 또 가리키고 있다.

보편적 교회가 필요로 하는 것과 타락한 세상이 필요로 하는 것들을

---

13 작고한 Turner 감독이 교구의 사제였을 때, 열 한 명의 확고한 회심자가 그 부인의 수고의 최후를 장식하였다.
14 Philip Henry's Life, pp. 72-81. Wesley 목사는 이 책을 자기 교인들에게 추천하면서, 그의 가정 예배 실천 방법을 하나의 모범으로서 지적하고 있다.
15 Scott's Life, pp. 71-76.

끌어안고 넓은 마음으로 하는 중보 기도는 최고로 중요하다. 이렇게 사랑의 실천을 충분히 확대시키면, 우리 가족들에게 중요한 실천 의무들을 가르치는 것이 되고, 또 그들이 특권을 가지고 있는 유용한 영역 속으로 식구들을 끌어 들이게도 된다.

그러나 이 가정 목회에는, 공식적으로 늘 하는 일, 즉 익숙하고 가깝고 애정 있는 권면과 일련의 가르침 그 이상의 어떤 것이 포함되어 있다. 목사의 직분 그 이상으로 가정 목회의 이점을 기꺼이 개선시키고 싶은 그 누구에게나 유익하게 뻗어나간다. 강해가 아무리 훌륭하다 해도, 단순히 강해를 읽는 것은 이러한 섬김의 책임감을 불러일으키지는 못한다.

또한 그 효과에 있어 대단하지도 않다. 왜냐하면 언급의 방식이나 내용에 있어 그 어떤 외부의 도움도, 각각 다른 식구들의 성격과 항상 변하는 가족 상황에 대한 적응력을 공급해줄 수는 없기 때문이다. 매일 반복되는 예배에 흥미를 주려면 이 적응력이 꼭 필요한 것으로 보인다. 스콧 목사의 주석을 가족들이 사용한다면, 평신도들에게 도움이 될 것이다. 또는 그 책을 목사가 사용하면, 얽매이지 않는 강해를 위한 분명하고도 유용한 자료들이 될 것이다. 가르치기를 잘 해야 하며 말씀을 가르쳐서 하나님의 나라로 들여보내는 서기관의 성격을 가져야 한다는 목사의 자격요건은, 주일의 목회뿐만 아니라 매일을 위해서도 "새것과 옛것을 그 곳간에서 내오는" 능력을 가져야 함을 의미한다.[16]

안수 받을 때에 우리 안에 두신 하나님의 선물을 소홀히 하지 않는 조심성과, 그것을 매일 사용하도록 일깨우는 부지런함을 유지하기 위

---

16 딤전 3:2. 마 13:52. 한 미국 목사가 자기 아들들에게 격려하기를, 확신을 가지고 이 익숙한 일을 하라고 했다. 그 자신이 이 일에서 다른 많은 신학 공부를 한 것만큼이나 많은 유익을 발견했기 때문이다. 그는 그것을 "내가 아브람에게 무엇을 숨기겠느냐?" 하신 말씀을 하나님께서 은혜롭게 성취하신 것으로 간주한다고도 말했다. Mather's New England, iii. 150.

해, 기도의 정신과 믿음을 적극 활용하는 습관이 우리에게 얼마나 필요한가!(딤전 4:14; 딤후 1:6)

신선하게 실천할 때마다 쉽게 부러지지 않는 상호 감정의 줄로 우리를 우리 교인들에게 묶어놓는다. 그리고 그들의 마음을 열어주어 진리를 수용하게 하고 진리를 좀 더 확고하게 즐거워하게 한다. 그러므로 교회를 위한 수고의 모든 영역은 넓게 퍼진 그늘이 되어 우리 교인들을 그 아래에서 거하도록 초대하게 된다(호 14:7). 그래서 그 활기를 주는 신선함을 회상할 때, 그들은 주일이 끝나갈 때 필립 헨리의 감탄을 받아들일 준비가 되어 있는 것이다.

> 정말 좋구나. 만일 이것이 하늘나라로 가는 길이 아니라면, 하늘나라로 가는 길이 어떤 것인지 나는 모르겠다.[17]

---

[17] Philip Henry's Life, p. 192.

10장

믿음의 부족

영국 침례선교회(Baptist Missionary Society)는 두 가지 단순한 아이디어에 근거해서 세워졌다. 이 아이디어는 캐리(Carey) 박사가 인도로 출발하기 직전에 이사야 54:2-3에 대한 한 설교에서 제안한 것이다. "위대한 것들을 기대하라, 위대한 것들을 시도하라." 이 기대는 믿음의 생명이요 사역의 생명력이다. 또한 하나님을 영화롭게 하는 것이며, 또 하나님이 영화롭게 하는 것이다. 우리의 모든 실패는 궁극적으로 믿음의 부족에 그 원인을 찾아볼 수 있을 것이다. 우리는 너무 적은 것을 구하며, 너무나 적은 것을 기대하며, 적은 것에 만족한다. 그러므로 우리는 적은 것을 받으며, 적은 것을 할 수밖에 없다.[1]

우리 구주께서는 이 원리를 그가 행하신 거의 모든 기적에서 행사하

---

[1] Scott 목사는 자기 아들에게 보내는 편지에서 이렇게 말하고 있다. "우리가 **구하지 않기 때문에** 그리고 하나님께로부터 오는 축복을 기대하면서 구해야겠다는 생각을 가지도록 다른 사람들을 분발시켜주지도 않기 때문에, 우리는 **성공하지 못한다고** 나는 생각한다." Life, p. 393.

셨다. 그리고 그의 전능하신 능력은 불신의 힘의 제약을 받는 것처럼 보였다(마 8:2-3; 9:2; 막 11:22-23; 마 13:58; 막 6:5-6). 눈에 보이는 기적들 속에 나타난 이 믿음의 능력은 모든 기적들 중에 가장 큰 기적, 즉 영혼의 회심에 관해 믿음이 행사되도록 북돋아 주기 위한 의도인 것 처럼 보인다. 하나님의 주권을 제외하고는 그 어느 것도, 믿음으로 드리는 기도가 이루어질 것을 기대해도 좋다는 보증을 제한하지 못한다(마 21:22; 요일 5:14-15). 은혜의 시대는 이 규칙 위에 세워져 있다. "너희 믿음대로 되라"(마 9:29). 그러므로 살아있는 믿음은 목사의 사역의 생명력이자 그의 성공의 샘과 같다.

하나님의 약속에 근거를 두지 않은 자신감은 믿음이 아니라 공상일 뿐이다. 그러나 목사의 믿음의 근거는, 하나님의 역사하심이며, 하나님의 뜻이며, 하나님의 약속이다. "만군의 여호와의 열심이 이를 이루시리라"(사 9:7). 비록 위장을 하고, 불균형적이고, 불확실할 때가 매우 자주 있기는 하지만, 인간의 마음속에는 이 단호하고 열렬한 말씀으로부터 많은 것이 기대될 것이다. 그러나 이 여호와의 열심이 하나님의 마음을 소유하고 있다는 생각은 얼마나 놀라운가! 사랑하는 자기 아들의 나라의 진전에 하나님의 마음은 무한히 깊은 관심을 가지고 있다. 하나님의 생각은 이 일에 몰두되어 있다. 이 일을 품고, 그의 주요한 계획들을 이루시기 위해 세상의 모든 커다란 움직임들을 통제하시는 우리로서는 알 길이 없는 그의 계획에 몰두되어 있다. 그러므로 하나님의 뜻과 약속을 성취하기 위한 그 거대한 엔진으로, 목회사역의 반석은 얼마나 든든한가![2]

그러나 믿음의 행사의 매우 어려운 점은 쉽게 감지되지 않는다. 때때로

---

2 Calvin은 이 근거에 대해 언급하기를, 자신의 가르침은 하나님 그분 외에는 아무도 뒤집을 수 없음을 확신하면서, 목사들은 믿음의 힘을 가지고 하나님의 말씀을 하나님의 이름으로 설교하기 위해서 강단에 올라가야 한다고 하였다. Comment on 2 Cor. iii.

우리는 더 좋은 것들을 기대할 수도 있는 마음이 기운이 빠져 가라앉는 것을 본다. 예레미야의 경우는 젊은 목사들에게 가르쳐주는 바가 크다. 젊은 목사들은 공적으로는 담대하지만, 혼자 있을 때는 기가 죽기 쉽다. 자기 교인들의 안타까운 상태를 보고 동정어린 눈물을 흘리지만, 자기 자신의 불신의 힘 아래에서는 말할 수 없는 스트레스를 받는다(렘 9장; 20장).

자신을 의존하는 것은 우리의 효과적인 사역에 커다란 장애물이다. 우리의 머리되신 영광스러우신 주님은 자신의 사역자들을 위한 기반이자, 거대한 저장고로 성령을 갖고 계신다(말 2:15; 골 1:19; 요 1:14, 16; 3:34). 그러나 그분의 충만으로 끊임없이 공급받는 것과 떨어져서, 죽은 자를 새로운 영적인 생명으로 불러 일으키려는 우리는 누구인가? 우리 안 어디에 생기를 주는 미덕이 내재되어 있는가? 전능하신 하나님 대신에 인간의 도움에 기대는 것은 엘리사가 자기 하나님 대신에 사환을 믿었던 것과 같다(왕하 4:31). 그것은 건방진 태도여서, 질투하시는 하나님의 책망을 듣고 우리는 겸손해질 것이다. 다시 말하거니와, 순전한 경건이 부족하면 우리 하나님의 완전하시고 신실한 약속들을 믿기 보다는 가망이 있어 보이는 외양을 신뢰하게 된다.

우리는 일시적으로 우리의 전망을 밝게 말하기가 쉽다. 이 똑같은 것이 "수고롭게 일하는 우리를 안위하리라"(창 5:29). 우리가 우리의 징조들을 보지 못할 때나(시 74:9) 아침의 구름과 이른 새벽의 이슬처럼 그것들이 사라졌을 때 우리는 낙담하기 쉽다. 만일 약속을 그 근거로 삼고, 형편 좋은 상황은 단지 우리 소망을 격려해주는 것으로 삼았다면, 우리 마음은 믿음의 균형상태가 보호될 것이고, 모든 상황의 변화 가운데서도 도움을 받아 유지되며, 시들어가는 한 바탕 실망 가운데서도 "소망으로 기뻐하고," 바랄 수 없는 중에도 바라며 믿음에 강하고 하나님께 영광을 돌리게 될 것이다. 그러나 마땅히 해야 할 기억을 하고 있지 못하면, 목사의 믿음보다는 개인의 믿음을 행사하기가 더 쉽다. 비록 양쪽의 경우에 같은 보증을 받는다 하더라도, 비록 믿음의 원리가 모든 긴급한 상황에 똑같은 힘으로 적용된다 하더라도, 그리고 비록 목사의 전투의 훈련이 우리 개인적인 시련들의 열매의 결과라 할지라도, 그렇게 되기가 쉽다.

그러므로 주된 어려움은 우리 사역에 있는 것이 아니라, 우리 자신에 있으며, 우리 자신의 불신앙과의 갈등에 있고, 게으름이나 자기의존의 형태에 있는 것이다. 믿음을 정말로 행동으로 옮길 때, (그 정도가 백배로 증가된다 할지라도) 어려움의 정도와 그 악화는 비교적 덜 중요한 문제이다. 첩첩이 쌓인 어려운 일들이라 할지라도 결코 하나님의 약속 그 이상일 수는 없기 때문이다. "누가 이 일을 감당하리요"라고 한탄할 정도의 가슴 떨리는 염려거리를 헤쳐 나가기 위한 우리의 대답은 이미 준비되어 있다. "우리의 만족은 오직 하나님으로부터 나느니라"(고후 2:16; 3:5). 도덕적 원인과 결과의 사슬에는 관련성이 있다. 이 관련성은 피조물의 무력함과 하나님의 전능하심을 연결하는 것이어서, 피조물들이 어떤 것도 할 수 없다는 의식을 가지고 모든 것을 시도하도록 격려해준다. 그래서 연약할 때에 하나님의 능력이 온전해진다고 철저히 느끼게 만드는 것이다(고후 12:9).

우리의 낮아짐을 느끼는 것 그리고 그 겸손을 그에 상응하는 균형 잡힌 믿음의 행사로 유지하는 것 또한 마찬가지로 중요하다. 낮게 엎드리자. 그러나 높이 보자. 우리 약점과 강점을 동시에 깨닫자. 현재의 믿음을 행사하면서 동시에 과거를 기억하자. 사도 바울은 자신의 책임의 무거움을 느낄 때, 주님 한분만으로 충분하다는 일반적인 생각뿐만 아니라 그것이 자기 속에서 어떻게 역사했었는지를 떠올림으로써 자신의 마음을 지켰다(고후 3:5-6). 이 기억을 떠올리면 우리는 전능자의 은혜만이 충분함을 확신하게 될 것이다.

그리고 비록 우리의 사역이 우리가 가진 모든 자원보다 훨씬 크다 할지라도, 하나님의 권능과 약속은 그 긴급한 일을 충분히 해낼 것만큼 신실하게 맹세된 것이다. 그러므로 능히 해결되지 못할 어려움이란 없다. 우리 하나님은 자신의 전능함을 믿음의 원리에 투자하신다(막 9:23). 가장 작은 밀알과 같은 믿음이라도 산을 그 자리에서 옮길 것이다.³ 그렇다면 커다란 밀알이 하지 못할 것이 무엇이 있겠는가? 많은 밀알들이 하지 못할 일이 무엇이 있겠는가? 만일 제일 약한 믿음의 실행도 그렇게 힘이 있거늘, 믿음의 습관에서 기대하지 못할 것이 무엇이 있겠는가? 우리에게 항상 제자의 기도, 곧 "우리 믿음을 더하소서"란 기도를 드리게 하옵소서(눅 17:5).

믿음의 행사를 우리 사역의 다른 분야에 적용하기 위해서는, 만일 사역이 영적인 일이면, 믿음의 행사를 영적인 원리에 근거해서 행해야 한다. 그러므로 믿음은 사역의 모든 분야에 속한 것이다. 믿음은 시계의 큰 태엽과 같은 것이며, 조절기와 같은 것이다. 믿음은 기계의 모든 톱니바퀴와 회전축 속으로 들어간다. 믿음의 힘, 또는 믿음의 부족은 모든 지점에서 느껴진다. 그것이 사역에 활력을 불어넣거나, 사역을 마비시키기 때문이다.

그래서 설교할 때, 우리는 아무것도 아니요, 우리 손에 하나님의 능력의 지팡이를 잡고 있다는 기억은 얼마나 우리에게 힘을 북돋아 주겠는가! 우리 말을 축복하시겠다는 하나님의 임재는 이미 맹세된 것이다. 그분의 전능한 복음을 우리가 볼품없이 목회한다 해도 그 복음은 하나님의 교회를 모으고 가르치는 약속의 수단인 것이다!(고전 1:21)

우리의 공적인 설교에 담력을 주는 것 또한 믿음이다(벧후 2:5; 히 11:27; 행 4:24, 31). 하나님의 임재와 그 권능을 깨닫게 될 때 우리는 사람

---

3 마 17:20과 비교해 보라. (Quesnel은 이 구절에 대해 언급하기를), "그리스도에게 기도하는 말에 그분이 응답하지 않을 그런 사역자들은 아마 별로 없을 것이다. 그들의 믿음의 연약함이 영혼의 회심과 그 진보에 방해물일 뿐이다."

의 얼굴을 두려워하지 않게 된다. 믿음의 사람은 가장 성공적인 설교자이다. 휫필드는 자기 메시지에 회심의 보증이 없이는 좀처럼 설교하지 않았다고 전해진다. 그것은 하나님의 능력을 단순하게 의지한 결과이다!

반면에, 믿음 없이 형식적인 설교를 했다면, 심지어 복음주의 진리를 설교했다 하더라도, 그것은 완전히 비생산적인 설교이다. 그리고 또한 심지어 진지한 사역이 열매가 없음도 그 같은 근원에서, 즉 사역은 하나님으로부터 온다는 실제적인 확신의 부족에서 원인을 찾을 수 있지 아니한가? 때로는 정확한 강해와 설득력 있는 예화 또는 강력하고 설득력 있는 논지에 의존했다 하더라도, "심히 큰 능력은 하나님께 있고 우리에게 있지 아니함을"(고후 4:7) 우리는 잊고 있지 않는가? 우리 빛이 반드시 우리 회중의 눈을 열어야 하는 것처럼 생각하고 있지 않는가? 마치 우리 빛 때문에, 그들은 반드시 보아야 하고, 납득해야 하고, 설득당해야 한다고 생각하고 있지 않는가? 그러나 수단에 의존하는 것은 그분의 영광을 흐리게 하고, 따라서 무익하다.

다시 말하지만, 교인들을 심방했을 때, 하나님의 입에서 나오는 말씀을 전할 때보다 저절로 우리 입에서 나오는 말을 할 때가 얼마나 더 훨씬 많은가! 우리 교인들의 경우에 알맞은 가르침과 견책 또는 위로가 되는 말의 인도함을 받기에 유익한 지혜를 찾으면서, 늘 믿음을 단순하게 유지하기란 얼마나 어려운가! 우리 교회의 주일학교에서 사역할 때도 우리 손이 얼마나 쉽게 축 늘어지던가! 여러 날 후에 도로 찾으리라는 가느다란 희망을 품고, 우리는 우리 떡을 물 위에 던져 버린다(전 11:1). 우리가 원하는 모든 것을 본 것이 아니기 때문에 아무것도 성취하지 못했다고 우리는 금방 생각해버린다. 우리가 원하는 것은 즉시로 딸 수 있는 열매요, 가시적인 진보요 감사의 보답이다. 환자 심방이라는 낙심천만의 경우에, 하나님의 은혜가 주권적으로 거저 주시는 것임을 우리는 얼마나 자주 잊어버리고 있는가? 낙담에 저항하고, 기대를 살아있게 하며, 계속해서 기다리고 간구하며, 마지막까지 희망을 잃지 않는 일에 실패하지 말자. 이미 얻은 것을 향상시키는 일에 부지런하며 더 큰 축복을 찾게 되기를 기대하면서, 우리가 보는 것으로 말미암지 않고 믿음으로 행해야 하며 일도 그렇게 해야 한다.

그러나 우리 사역의 어떤 분야에 대해서 (예를 들어 환자 심방이나 어린이들을 가르치는 일 따위) "나는 그것을 할 재능도 없고 달란트도 없다"고 우리는 말하기 쉽다. 그러나 하나님의 지혜에 대한 약속을 의지하면 분명히 그 요구를 충족시키기 위한 완전한 능력을 얻게 될 것이다(약 1:5). 만일 그 능력이 보류되었다면, "도리어 크게 기뻐함으로 나의 여러 약한 것들에 대하여 자랑하리니 이는 그리스도의 능력이 내게 머물게 하려 함이라" 하였으니, 그렇게 겸손하게 만드는 믿음의 행사는 얼마나 유익하겠는가!(고후 12:9) 그러나 겸손한 척 하면서 게으름을 피우며 투덜대는 것보다 더 믿음을 마비시키고, 실행의 바퀴들을 더 방해하는 것은 아무것도 없다. 때로 낙심이 될 때 우리는 마치 이 일에 아무 소용도 없는 사람이었던 것처럼 느껴진다. 우리 앞에 눈에 보이는 열매가 아무것도 맺히지 않고 있기 때문이다. 그러나 궁극적인 약속을 온전히 확신하면서 가장 큰 시도를 하라고 하나님의 약속이 우리에게 보증하고 있지 않은가?

(덧없는 우주의 전쟁보다 하나님의 눈에는 훨씬 더 높은 것으로 생각되는 일인) 불멸의 한 영혼을 구하는 도구로 쓰임 받는 한 벌레의 호흡의 생각은 바랐던 효과를 불러 오기에는 부적절한, 그럼에도 하나님이 지정하신 수단임을 증명한다. 모세의 지팡이, 놋뱀, 여호수아의 나팔, 기드온의 항아리, 마른 뼈들의 골짜기에서 외친 에스겔의 예언들도 그러했다. 그러나 그들의 바로 그 약함은 하나님의 능력의 표현이었고, 믿음 행사에 대한 하나님의 기뻐하심이었다. 이들의 경우에 수단을 소홀히 하였

더라면 그 결과는 치명적이었을 것이다.

　그러므로 성경은 낙심을 믿음의 시련이라고 말하고 있다. 언제 하나님이 먼저 시험해보지 않은 믿음을 영화롭게 하신 적이 있는가? 또는 시련 중에 또는 시련 후에, 그 믿음을 영화롭게 하지 못했던 적이 있던가? 우리 연약함의 기억거리로서 그리고 우리 믿음의 자극제로서, 낙심은 우리자신에게 영적인 힘이 흘러들어오는 통로와 우리 교인들에게 풍성한 영적인 축복의 통로를 적절히 유지하고 증명한다.

　우리의 사역을 그 합당한 성격으로서 믿음의 일로 습관적으로 생각하는 것은 대단히 중요하다. 이렇게 이 원리를 적극적으로 그리고 끈기 있게 행사함으로써만 믿음은 유지될 수 있다. 이것은 하나님이신 우리 주님을 높이는 위대한 수단으로서 뿐만 아니라 우리 자신의 영혼에도 은혜의 방편이 되도록 만들어 준다.

　늘 즐거움으로 일할 수 있도록 우리 사역을 활기 있게 만드는 것은 믿음이다. 심지어 실수를 했다 할지라도 그의 영광을 위해 바꾸실 것이라는 소망 속에, 믿음은 그 모든 부분을 하나님께 의지한다. 그리하여 우리의 깊은 책임감에 따라오는 과도한 염려를 우리에게서 거두어 가신다. 평안의 지름길은, 날마다 자신의 부족함을 용서해 주시기를 바라고 은혜를 공급해주시기를 바라면서 우리 자신을 하나님께 던지는데서 찾을 수 있다. 당장의 열매를 보기를 너무 바라지 말아야 한다. 그렇게 했을 때, 우리의 노력은 변함없이 고요히 진행된다. 그것은 평안이지 잠이 아니다. 일을 하면서 취하는 안식이지 일을 놓고 취하는 휴식이 아니다.

　믿음은 또한 우리 목회자가 분쟁의 시련을 겪고 있을 때 언약의 신실함과 교회의 안정을 분명하게 보여줌으로 우리를 지지해 준다. 모든 약속들은 믿음에게 준 것이거나 또는 믿음으로부터 나오는 은혜에게 준 것이므로, 믿음은 그리스도인의 용기와 소망의 유일한 샘이다.

불신앙은 어려운 일을 바라본다. 믿음은 약속을 생각한다. 그러므로 불신앙은 우리의 일을 노예의 일로 만든다. 믿음은 우리의 일을 "사랑의 수고"로 생각한다. 불신앙은 우울한 낙담을 끌어들인다. 믿음은 성공을 기다림으로 충분한 인내, 즉 소망의 인내를 만든다(살전 1:3). 모든 어려움이 불신의 열매였던 것처럼, 불신 또한 모두 믿음의 인내로 마침내 극복될 것이다. 그러므로 노력을 갱신하여 활동적이고 힘 있는 근원을 얻기 위해서, 우리는 우리의 뿌리를 믿음의 토양 속으로 더 깊숙이 내려야 한다. 그 이유는 우리가 전능하신 하나님의 팔을 의지하느냐 인간의 팔을 의지하느냐에 따라, 사역이 성공하든지 쇠퇴하든지 둘 중의 하나가 될 것이기 때문이다.**4**

아무리 헌신적인 하나님의 종이라도, 쟁기를 잡기 전에 비용을 정식으로 계산하는 사람은 거의 없다. 따라서 이처럼 믿음을 행사하는데 있어서 준비가 부족하기 때문에 한심하게도 연약한 마음이 생기는 것이다. 이러한 연약함 때문에 원수는 우리 평화를 깨뜨리고 우리의 노력들을 약화시키는 유리한 고지를 점령하게 된다.

그러나 결국, 위대한 비결은 습관적으로 우리 눈을 그리스도에게 고정시키는 것이다. 구주를 바라보는 대신 파도를 바라보았던 베드로는 물속으로 가라앉기 시작했다(마 14:30). 우리 사역의 어려운 면만 바라보고 우리와 항상 함께 하시는 우리 머리되신 주님의 팔이 우리를 붙들고 있다는 사실을 잊어버린다면, 우리도 낙심이 되어 가라앉게 될

---

4 Brainerd의 경험 속으로, 즉 그의 낙심과 그 후의 반등 속으로 들어가는 것이 아닌가 하고 느끼는 사람들이 우리 중에는 많이 있는지 모른다. "오! 사역의 수행을 위해 믿음으로 전능하신 자의 팔을 붙잡을 줄 모를 때, 나의 사역은 얼마나 힘이 드는지 모른다! 이 경우에 가라앉을 뻔한 적이 여러 번 있었다. **나를 온전한 샘으로 회복시키는 하나님을 송축할지어다.**" 또 다른 목사는 말하기를, "사막에 버려진 불쌍한 나그네처럼 짐이 버거워 나는 내내 비틀거린다. 내딛는 발걸음마다 그 짐으로 인해 나는 쓰러질듯 하다. 그러나 더 이상 한 발자국도 걸을 수 없어 쓰러져 죽을 것 같을 때마다, 한 샘이 내 눈 앞에 솟구쳐 오른다. 그래서 나는 힘과 용기를 얻어 지친 몸을 조금 더 앞으로 끌고 나아가곤 한다." Memoir of Dr. Payson of America.

것이다. "믿으라, 앙망하라, 일하라"는 것이 우리 사역의 슬로건이다. 약속을 믿으면 앙망할 줄 아는 힘이 생긴다. 앙망하면 일할 힘이 생긴다. 그리고 그러한 일은 주 안에서 헛되지 않는다.

인격과 사역에 있어 목사의 믿음의 행사가 매우 중요하다는 것 역시 유념해야 한다. 믿음은 눈에 보이지 아니하는 현실을 마음에 구체화시키는 것이다. 우리가 위임받은 위대한 일들은 영원 세계와 직결되어 있다. 영혼이 귀한 것은 영혼이 영원과 관계가 있기 때문이다(마 16:26). 구주의 선물은 그리스도인에게 축복된 영원을 바라볼 수 있게 해주며 또 확신을 준다(요 3:16).

이 세상의 고난은 "보이지 아니하는 것들"을(고후 4:17-18) 늘 묵상함으로 버틸 수 있고, 또 우리 안에 계시될 보다 나은 영광을 생각함으로 견딜 수 있다(롬 8:18). 오직 하늘나라의 영원히 지속되는 성격과 정확히 비교해보아야만, 우리는 잠깐 있다가 없어지는 이 세상을 실감하게 된다(요일 2:15-17). 매일의 경험을 통하여 우리는 영원한 것들을 영적인 눈으로 본다는 것이 얼마나 어렵다는 것을 알고 있다.

시간과 감각에 둘러싸인 사물들은 우리의 영적인 눈에 두터운 막을 치고 흐릿한 안개로 덮는다. 그리고 이러한 막과 안개는 마치 없는 것처럼 보이기도 한다. 이제 진리를 생생하게 이해하는 것만이 믿음의 온전한 확신의 원천이다. 이것만이, 아무 도움도 받지 않은 최고의 달란트가 가진 힘을 능가할 정도로, 우리의 가르침에 사랑과 진지함과 위엄을 주입시켜줄 것이다.

> 믿음은 목사의 큰 샘이다. 지옥이 내 앞에 있다. 그리고 영원토록 번민에 쌓인 수천의 영혼들이 거기에 갇혀 있다. 예수 그리스도는 사람들이 이 무저갱 속으로 달려 들어가지 못하도록 구원하시기 위해 앞장서신다. 그는 그분의 능력과 그분의 사랑을 선포하라고 나를 보내신다. 나는 네 번

째 생각 따위는 원하지 않는다! 네 번째 생각은 모두 말할 거리도 안 되는 것이다. 네 번째 생각은 모두 주제넘은 말이다.[5]

우리는 또한 개인적 믿음의 확신을 우리 사역의 효과성의 근원으로 보아야 한다는 것에 주목해야 한다. "우리가 어디에서 일하든지 우리는 담대하다"(고후 5:8-9)라고 사도 바울은 말한다. 자기가 믿고 있는 그리스도에 대한 확신에 찬 지식이 고난당할 때에 그를 지탱해 주기도 하였고, 그리고 그가 인내의 원리를 지키고 있을 때에 그를 지탱해주었다(딤후 1:12). 자기가 누구의 것인가 하는 확신은 그로 하여금 내가 누구를 섬기고 있는가에 대한 고백을 더욱더 자신 있게 할 수 있게 하였다(행 27:23).

주님의 기쁨이 즉 용서의 기쁨과 용납의 기쁨과 교제의 기쁨과 기대의 기쁨이, 사랑이 넘치며 헌신적이며 단순한 믿음 안에서 우리 사역에 우리 힘이 된다는 것을 알지 못하는 자가 누가 있겠는가(느 8:10)?

"양자의 영"은 수고를 기쁨으로 바꾸어 주신다. 종에게는 고된 일이 자녀에게는 특권이 된다. 양심이 괴로워서 억지로 하는 대신, 자녀는 믿음으로 하며 사랑으로 절제한다. "수고하는 것 자체가 즐거움이다" (Labor ipse voluptas). 그리하여 믿음은 원칙이며 사랑은 즐거움이고 적극적인 헌신은 사역의 습관이다.

---

[5] Cecil's Remains. (Bates 박사는 Manton 박사에 대해 말하기를), "자기 속에 있는 하나님의 진리에 대해 살아있는 믿음을 가지고 있는 사람처럼 그는 말했다." "우리 믿음이 대단히 약하다는 것이 모든 것의 가장 커다란 장애물이다. 그래서 만일 우리 속에 천국과 지옥이 있는지에 대한 불신의 흔들림이 없다면, 우리가 한 사람을 회심시키기 위해 우리의 온 힘을 다해 그에게 달려든다. 그러나 어쨌든 천국과 지옥에 대한 믿음이 너무나 약해서 우리 속에 단호하면서도 지속적인 열심을 타오르게 하는 일은 좀처럼 없을 것이다. 그래서 우리의 행동 모두는 약할 수밖에 없을 것이다. 왜냐하면 믿음의 샘이 너무 보잘 것 없기 때문이다. 그러므로 자기 자신과 자기 사역을 위해 목사가 자기 믿음을 잘 살펴보는 일은 얼마나 필요한지 모른다. 특별히, 다가올 삶의 기쁨과 고뇌에 대해서, 성경 진리에 대한 자신의 승인이 건전하고 생생한지 살펴보아야 한다." Reformed Pastor.

은혜로우시고 신실하신 우리 주님의 성품을 기억하는 것으로 위안을 삼으면서, 우리는 이 주제에 대한 결론을 내릴 수 있을 것이다. 신실한 목사라면 누구나 "교회의 감독이 된 자는 예수 그리스도의 감독을 받아야 한다"는 폴리캅(Polycarp)의 말의 기초위에 서 있어야 한다.

　우리 주께서 우리가 연약함을 잘 알게 하실 것이다. 그러나 그분은 우리로 하여금 그 연약함 때문에 넘어지게 만드시지는 않을 것이다. 주님 한 분만으로 꽉 차있는 우리 창고에는 그분의 다함없는 충만이 저장되어 있다. 우리를 불쌍히 여기시며 받아주시는 그분이 우리의 부족함을 덮으실 것이다. 그분은 규칙들과 지시를 주실 뿐만 아니라, 중대한 우리 사역을 감당하기 위한 능력과 은혜도 주신다. 만일 주께서 우리에게 의지하는 영과 단 한 개의 눈과 일편단심의 마음을 가질 수 있게 하셔서 우리 자신과 우리 달란트를 그분을 섬기는 일에 남김없이 바치게 하신다면, 그분은 우리를 위해서 모든 걱정 근심거리들도 물리쳐 주실 것이다. 그리고 우리는 사역을 할 때 기뻐하며 우리 길을 가게 될 것이다.

　그러나 불신이 가진 힘과는 끝까지 매일 싸워야할 것이다. 아마도 그것이 우리의 가장 큰 걸림돌임을 발견하게 될 것이다. 불신의 힘은 성공을 이루지 못하게 하여 맥이 빠지게 만들거나, 외형상 효과적인 것처럼 보이게 하여 자만심을 부추겨 놓는다. 어느 경우든, 생명과 평안의 성경적인 순서를 거꾸로 만들어 우리가 보는 것으로 말미암아 행하고 믿음으로 행하지 않도록 만든다. 그리하여 우리의 불신 때문에 구주께서는 능력 있는 일을 우리 중에서 많이 행할 수 없게 되는 것이다(마 12:58, 막 6:5-6). 내적으로 성령의 감동을 받고 자기 주님의 영광과 교회의 유익을 추구하려 하는 대신에, 목회사역에 들어서는 것을 존경을 받거나 봉급을 받는 길로 생각한다면, 목회사역에 들어서는 목사들에게서 우리 교회가 입을지도 모를 피해가 얼마라고 말할 수 있는 사람이 누가 있겠는가?

성공의 큰 비결은, 우리의 공적 그리고 사적 목회 속으로 복음의 영과 기쁨을 가져오는 것에 있다는 것은 의심의 여지가 없다. 그러므로 우리 각자는 버넷 감독의 탁월한 충고를 따르자.

> 특히 자기 자신을 검증해보자. 복음이 모든 그리스도인들에게 강조하고 있는 그 자애로움과 부드러움, 그 온유함과 겸손, 그 사랑과 불쌍히 여기는 마음을 우리가 가지고 있는지 살펴보자. 복음의 주가 되시는 그분의 전 생애를 통하여 그렇게나 환하게 빛났던, 그리고 그 속에 그렇게나 많은 매력을 가지고 있던, 그것들이 있는지 점검해 보자. 이러한 것들은 단지 이 사랑스러운 미덕을 가지고 있는 사람들을 칭찬할 뿐 아니라 우리 구주의 가르침을 자기 교인들에게 장려할 때 그들에게 많은 유익을 주고 있다.[6]

과연 이런 그리스도인다운 언행일치의 부족 때문에 우리가 위임받은 일의 신용장이 우리 교인들에게 무색하게 보이는 것이다. 그 사람들에게 자신 있게 그리고 성공적으로 우리의 소명의 적법성에 대해 옹호해보았자 소용이 없다. 우리의 충실성과 겸손, 일관성, 자기부인 그리고 사랑을 빼놓고는, 우리를 그리스도의 사역자로 그리고 하나님의 비밀을 맡은 자로 그들이 생각하게 만들 수가 없다.[7]

---

[6] Pastoral Care, ch. vii.
[7] 고전 4:1. Burnet 감독은 사역 초창기에 자기가 받은 현명한 조언에 대해 언급하고 있다. 그 당시에는 거의 보편적으로 받아들여지고 있던 것과 같이, 초대교회에 대한 연구에 엄숙한 목사의 의무감에 관한 생각을 결합하라는 것이었다. 아무리 분명하게 이해되었다 하더라도, 교회의 편을 드는 주장은 우리 목회에서 우리 체질의 근본적인 패턴과 근본적인 정신을 보여줄 수 있을 때까지는, 세상에 대하여 충분한 영향력을 행사하지 못할 것이다. "이 조언은 심지어 그때에도 나에게 깊은 인상을 남기었다. 그리고 공부하는 기간 내내 그 의식이 나를 떠난 적이 한 번도 없었다는 것에 나는 하나님께 감사를 드린다."

우리가 사도의 가르침과 그 모범을 결합한 영광을 가지고 사도의 계승을 빛내지 않고서는, 우리 사역이 사도의 계승을 따르고 있다고 아무리 주장해도 소용이 없다. 이 확정적 인증이 없는 고대의 어떤 거룩한 관습에 우리의 신령한 힘이 있는 것이 아니라, 이 통일된 일관성에 우리의 영적인 힘이 있다. 비국교도들은 사도의 계승을 받지 않은 척하면서도 사도의 가르침을 전하는데, 이들은 자기 땅에 도덕적 영향력을 계속 유지할 것이다. 우리의 공적 사역과 사적 사역이 그 동일한 성경의 틀 속에 부어 만들어져 나오지 않는다면, 이러한 영향력을 얻기를 우리는 결코 바랄 수가 없다.

이제 교회는 소경과 절름발이들을 신임할 수가 없다. 교회 목사들의 삶은 거룩함의 도덕적 무게감을 지니고 있어야 한다. 우리 교인들은 당연히 그리스도가 우리 속에 말씀하고 계시다는 이 증거를 찾고 있다 (요 3:2). 이스라엘의 한 선생께서 자신의 하늘 선생님에게 나아가셨다는 인상을 우리에게서 받고자 함이다. "랍비여 우리가 당신은 하나님께로부터 오신 선생인 줄 아나이다."[8]

자기 사역에서 특별히 존경을 받고 있는 목사들은 일과 행동에 있어 일관성 있는 기준을 가지고 있기 때문에 뛰어났었다고 우리는 일반적으로 생각한다. 그래서 영성에서 우러나오는 사랑을 더 많이 가지고

---

[8] Pastoral Care, ch. iv. 머리말과 비교해 보라. 거의 같은 목적으로 그는 다른 곳에서도 언급하고 있다. "우리가 가지고 있는 것보다 더 많은 능력을 달라는 주장을 계속하는 것은, 이미 우리 손 안에 가지고 있는 권세를 잘 이용하고 있다는 것을 세상이 보지 않는다면 소용이 없을 것이다. 그것은 세상 왕들에게도 그런 것처럼 목사들에게도 마찬가지이다. 특권을 왕의 신하들에게 불안한 것으로 만들지 않는 유일한 길은, 그리고 논쟁의 여지가 없게 만드는 길은, 그 사람들의 선과 유익을 위해 그것을 건전하게 관리하는 길 뿐이다. 그러면 그들이 그 특권이 자기들을 위한 것임을 알게 될 때 모든 것이 그것을 위한 것이 될 것이다. 목사들은 잘 살고 많이 수고하라. 그러면 잘 관리하는 방법을 알게 되는 그 만큼 많은 권세가 따르리라는 것을 느끼게 될 것이다. 마땅히 살아야하는 식으로 살고 마땅히 해야 하는 수고를 하지 않고서는, 경멸을 면할 길이 없을 것이다." Conclusion of the History of his own times. 고후 13:3.

있고, 세상으로부터 더 많이 분리되어 있으며, 구주에 대한 뜨거운 사랑과 그분의 대의를 위한 열심을 더 많이 가지고 있고, 영혼의 가치를 더 높게 여기고 하나님과 더불어 그리고 하나님을 위하여 살고자 하는 결심을 늘 더 많이 함으로써, 우리는 우리 교인들의 마음속에 더 분명하고 더 효과적인 증거를 심어주게 될 것이다.

우리는 그들 중에서 우리의 직분을 더 영광스럽게 만들 것이다(롬 11:13). 그리고 그들은 기쁘게 우리를 "하나님의 천사와 같이 또는 그리스도 예수와 같이 영접"(갈 4:14) 하게 될 것이다.

The Christian Ministry

제4부

목회사역의 공적 임무

말씀의 공적사역은 우리 사역 중에서 가장 책임이 막중한 부분이다. 하나님의 일의 가장 큰 추진력이요, 목회 수행에서 그 영향력이 가장 광범위한 엔진이요, 교구 심방과 같이 개인적인 상황에 따라 달리 행동하는 것이 아니요, 똑같은 시간에 다수의 사람들에게 똑같은 힘으로 적용되는 것이 말씀사역이다.

그러므로 말씀사역에 대한 백스터의 말은 옳다.

우리 중 그 어떤 사람이 말씀사역에 들이는 기술보다 더 상당한 기술을 요하며, 특별히, 우리 중 그 어떤 사람이 말씀사역에 쏟아 붓는 삶과 열심보다 더 위대한 삶과 열심을 요하는 일[1]

우리는 목회사역 영역을 훑어 지나갈 필요가 있다. 그 세부적인 사항에 대해 완전히 설명하기 위해서는 책 한 권을 채울 수 있는 막대한 자료들이 필요할 것이다. 성경이 높이고 있는 것과는 다르게 이 하나님의 명령이 격하된 현대에, 이 언급이 더욱 중요하다는 것을 우리는 말할 필요가 없다.

---

[1] Baxter, Reformed Pastor.

The Christian Ministry

1장

설교의 제정과 그 중요성

하나님을 아는 지식의 부족이 인간 사이에 벌어지는 모든 죄의 원인 이기 때문에, 이와 반대로 모든 우리 행복의 근거와 우리에게서 자라나는 완벽한 미덕의 씨앗은 하나님의 것들과 관계가 있는 바른 생각이다. 이런 종류의 지식을 첫 번째 것으로 그리고 가장 주요한 것으로 간주해도 좋을 것이다. 하나님은 이 지식을 자기 백성들에게 분여하신다. 그리고 여러 직무 중 첫 번째가 되는 것(설교)을 위해, 그분의 자비로운 손에서 이것을 받는 것이 우리의 의무이다. 하나님을 아는 바른 지식을 가지고 우리는 이 땅에서 공적으로 그분을 영화롭게 하는 일을 한다. 그러므로 모든 부류의 사람들을 가르쳐 영생에 이르게 하기 위해, 하나님의 거룩한 구원의 진리가 공개적으로 그들에게 선포되는 것은 반드시 필요한 일이다. 하늘 나라의 비밀을 공개적으로 공표하는 것이 설교라고 한 고위 목사는 말한 적이 있다.[1]

---

[1] Hooker, Book v. 18.

에녹과 노아를 잠시 살펴보면, 이 설교의 제정을 대홍수 이전 시대와 연결시키고 있음을 알 수 있다(출 14:15; 벧후 2:5). 족장 시대에는 공적인 가르침이 아마도 가장에게 부여되었던 것으로 보인다(창 14:14; 18:19). 모세는 하나님으로부터 직접 사명을 받았다. 후에 그는 자기와 함께 하였던 70명의 장로들의 도움을 받기도 하였다(출 24:12; 민 11:16, 24, 25). 여호수아는 자신의 선임자와 같이 사람들을 모아 하나님의 말씀을 듣게 하였다.[2]

역사가 흐름에 따라 우리는 선지자 학교에 대한 이야기를 읽게 되는데, 선지서는 그 땅을 위한 공적인 가르침의 기록이다(삼상 10:5-6). 포로 시대 이후에는 그 의식이 현재의 단순하면서도 엄숙하고 잘 진행된 의식에 따라 행해졌던 것으로 보인다. 강해와 해석의 정해진 순서를 따른 것 같기도 하다(느 8:4-8; 행 13:14-15; 15:21). 위대한 의의 설교자이신 우리 주님께서는 이 직분의 수행을 위해 기름부음을 받았다(사 61:1-2; 눅 4:16, 21, 43). 그리고 항상 그 일을 하셨다(시 40:9-10; 눅 19:47). 그는 자신의 사도들을 이 직분의 후임자들로 삼으셨고(막 3:14), 자기 자신의 영을 선물로 주심으로 사도들의 사명에 인치셨다(마 28:18-20; 막 16:15; 눅 24:47-49). 이 권위를 받은 그들은 공적으로 그리고 사적으로 자신의 노력을 최대한 펼쳐, 하늘 아래 있는 모든 피조물에게 다시 말해 자기가 받은 사명의 최대 범위까지 복음을 설교했다(행 5:20-21, 42; 20:20-21; 롬 15:19; 골 1:23).

초대 교회의 어떤 교인들도 (터툴리안[Tertullian]이 기록한 바대로) 거룩한 설교로 배불리 먹지 않고서는 흩어지지 않았다.[3] 비록 수세기 동안 설

---

[2] 신명기 전체를 수 22-24장과 비교해 보라.
[3] 안식일에 두 번, 혹은 자주는 아니지만 이따금씩은 세 번 하는 고대 교부들의 설교는 이 점에 대해 충분한 증거가 된다. Bingham과 Cave와 비교해 보라. Mosheim은 2 세기의 설교의 단순성과 그 후 오리겐 시대의 일탈에 대해 말하고 있다. 후대에는, 오리겐 시대와 마찬가지로 변질이 하나님의 빛을 어둡게 하는 또 다른 형태를 띠었는데, 공적 가르침이 성경에

교 직분이 로마 가톨릭에서 보류되기는 하였고, 그리스 정교회의 몇 교파에서도 여전히 그렇게 하고 있긴 하지만, 그럼에도 불구하고 지금 설교는 세상 사람들의 회심을 위한 하나님의 사역에 일차적인 도구라고 일반적으로 인정되고 있다.[4]

우리 시대의 한 능력 있는 저자는 이 위대한 제도가 가지고 있는 힘에 대해 잘 설명하고 있다.

> 종교를 퍼뜨리는 모든 방법들 중에 설교가 가장 효과적이다. 기독교가 그 탄생과 그 진행, 그리고 그 진보를 보인 것은 다름 아닌 설교 때문이었다. 그리고 이교도로부터 초대 기독교까지 로마 제국의 회심을 불러온 것은 (무지한 자들이 이것을 아무리 과소평가하더라도) 순회 설교 덕택이다. 종교 개혁이 성공함으로 교황의 속박으로부터 우리가 자유롭게 된 것도, 그리고 현대에 만연된 불신과 무관심 때문에 교회가 겪었던 쇠퇴기로부터 기독교의 부흥이 일어난 것도 설교 때문이다. 서적이 아무리 훌륭하다 할지라도, 적어도 그 책들을 펴서 숙독해야 할 사람 편에서 어느 정도

서 끌어내온 것이 아니라 교부들의 저술에서 끌어온 것이었다. 그래서 교회는 암흑 속으로 가라 앉아버렸다. 이 가장 오류가 많은 안내자들에 대한 그들의 암묵적인 믿음 때문이었다.

[4] 고전 1:17-18, 21과 비교해 보라. "설교는 은혜를 전달하는 신성한 도구이며 설교를 통해서 하나님의 법이 회중에게 선포, 설명되고 회중의 구원과 건덕을 세우게 한다"(Praedicatio verbi est medium gratiae divintus institutum, quo res regni Dei publice et explicantur et applicantur populo ad salutem et aedificationem). Bowles' Past. Evang. Lib. ii. c. i. Grindal 대감독은 자신의 설교 수행에 제한을 가한 엘리자베스 여왕에게 보낸 항의문에서 목회사역에 있어 설교의 우선성을 잘 지적하고 있다. "하나님의 말씀을 공적으로 그리고 계속해서 설교하는 것은 인간을 구원하기 위한 보통의 수단이요 도구입니다. 바울은 설교를 사람을 하나님께 '화목시키는 사역'이라고 불렀습니다. 하나님의 말씀을 설교함으로써, 하나님의 영광이 확대되며, 믿음은 양분을 공급받고, 사랑은 증가합니다. 설교로 무지한 이들은 가르침을 얻으며, 게으른 자들은 권면과 자극을 받고, 목이 곧은 자들은 책망을 들으며, 마음이 약한 자들은 위로를 받으며, 강퍅한 악의 죄를 지은 모든 자들에게 하나님의 진노가 임합니다." 이 놀라운 편지의 전문이 Fuller의 『교회사』(Church History) 안에 들어 있다. Book ix. and in Strype's Life of Grindal.

의 관심이 있어야 할 것을 요구한다. 그러나 설교자는 그 주의를 사로잡는다. 글로 쓴 기록은 단지 초청할 뿐이다. 그리고 살아 있는 사람의 목소리와 다수의 청중은 그것들이 일으키는 공감과 열정에 의해 감동이 고조된다. 설교자의 마음속에 있는 현실은 말로 표현되어 청중의 감정에 그대로 전달된다. 그리고 청중은, 적어도 그 순간에는, 같은 생각을 공유하게 되고, 또 서로의 확신을 증가시키게 된다.[5]

설교는 언제나 높은 존경을 받아왔다. 나지안주스의 그레고리(Gregory Nazianzen)는, 설교가 "복음의 사역자들인 우리들에게 속한 것 중 가장 중요한 것"이라고 주장하였다.[6] 어거스틴(Augustine)은 설교를 감독 고유의 임무로 보았다.[7] 로마 가톨릭의 암흑시대에서도 헨리 3세는 지역 종교회의에서 통치 칙령을 내렸는데, "사람들에게 자기가 담당한 일에 전념하게 하며, 하나님의 말씀의 양식으로 그들을 먹이게 하라"고 모든 교구 신부들에게 명령하였다. 그 종교회의는 이 의무를 소홀히 하는 자들을 '짓지 않는 개'라고 불렀다.[8]

에라스무스(Erasmus)는 설교에 높은 탁월성을 부여하고 있다. "그리

---

5 Douglas's Advancement of Society in Knowledge and Religion. 한 익명의 필자가 어쩔 수 없이 좀 두서없는 견해를 피력하였다. "우리가 강단을 국가의 후생상태를 지켜보는 입법자의 눈으로 보든, 대중의 지식과 취향을 시기하는 학자들의 눈으로 보든, 공동체의 미덕을 열망하는 도덕철학가의 눈으로 보든, 영원이라는 저울 위에 모든 것의 무게를 달아보는 경건한 그리스도인의 눈으로 보든, 설교 강단은 반드시 모든 점에서 대단히 중요한 것으로 보아야만 한다." Eclectic Review. 우리는 또한 설교단이 교회에 끼치는 영향력은 너무 막강해서, 어느 특정 시기의 교회의 일반적인 위상은 널리 행해지고 있는 설교 스타일로 정확하게 가늠해 볼 수 있을 것이다.

6 πρωτον των ημετερων. Orat. 1.

7 De Offic. 1. c. 1. 그리하여 트렌트 공회는 이 임무를 지명하고 있다-praecipuum Episcoporum munus. Sess. iv. c. 2.

8 Bishop Stillingfleet's Duties and Rights of the Parochial Clergy, p. 15. 리치몬드 백작부인(헨리 7세의 모친)은 "그 당시에 이 직임의 필요성을 절감하여서 자기 자신의 돈으로 많은 설교자들의 월급을 지불하였고 피셔 감독을 고용하여 설교에 가장 훌륭한 적임자를 찾아내도록 하였다." Ibid. p. 206.

하여 설교단에서 주의 양떼들을 거룩한 말씀으로 먹일 때 목사는 그의 매우 높은 위엄을 가지게 된다."⁹ 손다이크(Thorndike, 목회사역에 관한 권위자)는 말하기를, "개인의 사역에 관련해서 설교를 말하자면, 설교는 감독과 장로가 하나님을 섬길 때 할 수 있는 일 중에서 가장 탁월한 일이다."¹⁰라고 하였다.

후커(Hooker)의 생각도 같다.

> 하나님의 일의 한 부분은 매우 귀중한 것이어서, 만일 설교를 하나님의 명령으로 생각하지 않았다면, 우리는 큰 잘못을 저지르는 것이다. 설교는 하늘나라에 들어가는 열쇠요, 영혼의 날개요, 선한 성정을 가진 사람에게는 격려가 되며, 음식처럼 건강에 유익하며, 병든 자에게는 의사와 같다. 하나님으로부터 인간에게 내리는 하늘의 진리의 사자요 전달자가 되는 것보다, 확실히 더 고귀한 직업은 없으며, 위대한 영혼의 주의를 더 끌만한 일은 없으며, 친절하고도 자유로운 공급을 요구하는 일은 없다. 설교는 거룩한 가르침의 신실한 말씀으로 수많은 충성된 사람들을 낳으며, 일단의 피조물을 하나님께로 향하게 한다. 하나님이 그러셨던 것처럼, 설교는 하나님의 형상을 인간들 속으로 주입해서 그들을 구원한다. 설교자에게 보내신 의의 태양처럼, 하나님은 태양을 향하도록 설교자를 돌려놓으신다. 하나님은 자기 날개 아래 치료하시며, 새로운 빛은 드는 자들의 마음속에 있는 추위와 어둠을 뚫고 들어온다. 설교는 청중들을 음침한 불모지 밖으로 이끌어내어 구원의 지식과 선한 행위의 맛있고도 향기로운 샘으로 인도한다.¹¹

---

9 Ersm. Eccles. Lib. i. 다른 곳에서 그는 말하기를, 설교 없이는 신앙은 매우 냉랭해진다고 한다.
10 그의 Due Way of Composing Differences를 보라. 초기의 감독들 (어거스틴, 그레고리, 크리소스톰, 암브로즈 등)은 자기 시대에 가장 훌륭한 설교자들이었다.
11 Milton.

다양한 우리의 수단과 도구는 모두 섬기는 일에 쓰여야 한다. 그리고 그것들의 능력은 설교 사명의 신실한 수행 여하에 달려있다. 완수된 모든 일 혹은 완수하여야 할 모든 일은 하나님이 선택하신 최고의 명령인 설교의 미련한 것과 연결이 되어야 한다.[12]

국가적 축복과 성경적인 신앙의 퍼짐과 더불어, 신성한 역사는 이 설교 사역과 연결되어 있다. 아사왕의 통치 시절 국가적인 환란과 고통은 "가르치는 제사장"의 결핍을 말해주고 있다(대하 15:3, 5). 그 후 여호사밧의 통치 때, 위대한 번영은 모든 성읍들을 통틀어 레위인들과 제사장들이 사명을 다했던 일과 연결되어 있다(대하 17:5-12). 설교가 비교적 부족했던 것은 로마 가톨릭의 암흑시대의 특징이었다. 한편, 설교에 부흥이 일어났던 때는 종교 개혁시대와 같은 때였다.[13]

죠지 허버트(George Herbert)는 그러므로 자신이 쓴 『시골 목사』에서 강단을 "자기의 기쁨이요 자기의 보좌"라고 불렀다.[14] 그곳은 과연 그 자체만의 고유한 위엄과 존엄과 열매가 있는 곳이다.

---

12 고전 1:21, 23-24; 막 16:15; 롬 10:14-17을 보라. 이 성경의 분명한 선포에도 불구하고, 우리는 이제 다음과 같은 소리를 듣는다. "설교가 아니라 성례가 하나님 은혜의 원천이다." (Advert. Tracts for the Times, vol. i.). 다시 말하거니와, "우리가 설교를 유익한 일의 한 방식쯤으로 전적으로 낮게 평가한다고는 생각하지 말기 바란다. 연약하고 쇠퇴해가는 국가에서는 필요할지도 모른다. 그러나 설교는 하나의 도구이며, 성경은 설교를 결코 많이 장려한 적은 없다!' Tract 89. 이러므로 자신감에 넘쳐 있는 교만한 자가 공개적으로 하나님의 증거에 반대되는 말을 하고 있는 것이다! 사명을 합당하게 생각하라는 Robinson 목사의 생각은 얼마나 하나님의 마음을 진실 되게 파악하고 있는가. '말씀을 전파하라'는 그의 주된 일이었다. 그 나머지 것들은 한참 뒤에나 따라올 그런 것들이었다. 심방하는 것은 잘하는 일이다. 친절을 보이는 것도 잘하는 것이다. 사귐을 갖고 자기 가정에서 가르치고, 교인들의 가정에서 가르치고, 어린이들을 교육하고, 헐벗은 자들을 옷 입히는 것도 다 좋은 일이다. 그러나 설교 강단은 매우 유용한 장소이다. 그곳에서 영혼들을 회심시켜 세워야 한다. 이것을 악화시키는 결과를 불러올 수도 있는 것들은 그 어떤 것이라도 허용되어서는 아니 된다. 그 밖에 모든 일은 설교를 보다 더 효과적으로 만들려는 계획과 소망으로 이루어져야 한다." Life, p. 297.

13 『설교서』(Book of Homilies)에서 개혁자들의 목표는, 설교 임무를 다 하지 않음으로 해서 야기된 그리고 목사들의 무지에서 비롯된 설교 장애물들을 제거하는 것이었다.

14 Country Parson, ch. vii.

2장

설교 준비

"하나님의 마음에 합한 사람"의 영혼은 얼마나 영예로웠던가? 그는 아무 값도 지불하지 않은 것을 자신의 하나님께 드린다는 생각이 견딜 수가 없었다(삼하 24:24). 그리고 그는 그 일의 중요함과 하나님의 위엄을 묵상해보면서, 자기 하나님의 집을 위해 자기 힘이 닿는 대로 힘껏 준비하였던 것이다!(대상 29:1-5)

그의 아들도 자기 나라의 영광이요 세상의 경이인 그 위대한 눈에 보이는 성전에 바치는 것 못지않게 영적인 성전의 건축을 위해 마음의 준비와 봉헌식 준비를 잘 하였다. 눈에 보이는 성전을 위해서는 자기 나라의 모든 보물들을 드렸고, 영적 성전건축을 위해서는 자기 마음의 모든 부요함을 드렸는데, 이는 "바닷가의 모래 같이"(왕상 4:29) 많고 풍부하였다. "전도자는 지혜자이어서 여전히 백성에게 지식을 가르쳤고 또 깊이 생각하고 연구하여 잠언을 많이 지었으며"(전 12:9). 그의 온 영혼은 가르침의 가장 좋은 내용뿐만 아니라 가장 좋은 양식도 발견해 내었고, 하나님이 저자이신 그의 위대한 주제에 대한 생각들은 언어로 옷 입혀지게 되었다. 그는 육신의 피곤보다 더 가치 있는 '공부'의 유익함을 생각하였음이 분명하다. 그리고 사람들 중에 가장 지혜로운 이 사람의 말들 즉 수고와 공부의 열매는 나태한 자들을 자극하는 회초리 역할을 하였다. 사람들의 귀를 얻어 그들의 마음을 움직였을 뿐만 아니라, "잘 박힌 못과 같이"(전 12:11) 기억과 양심 그리고 판단력에 고정되었던 것이다.

공적인 가르침을 위한 헌신적인 준비의 이러한 예는 우리가 따라야 할 모범이 된다. 왜냐하면, 우리 교인들이 구체적으로 필요로 하는 것들을 늘 머리 속에 떠올리는 것, 성경의 가르침과 권면과 위로의 적당한 과정을 결정하는 것, 진리를 가르치기 위해 가장 적합한 방법을 선택하는 것, 이러한 것들은 수고롭고 끈기 있게 성실함으로 감당해야 할 일이다. 그러나 어떤 이들에게는, 자신감이 준비의 자리를 대신 차지하기도 한다. 몇 개의 설교 노트 혹은 그 순간의 충동, 유창한 언변의 재능, 성경과 성경사전, 이것들만 있으면 위대하신 하나님의 이름으로 강단에 설 충분한 보장이 될 것이라고 이 사람들은 생각한다. 그러나 성실한 것만이 영원하다. 상상력, 타고난 언변, 혹은 격렬한 흥분 등은 실질적 내용이 부실한 것을 보상해줄 수 없다. "내가 또 내 마음에 합한 목자들을 너희에게 주리니 그들이 지식과 명철로 너희를 양육하리라"(렘 3:15).[1] 쓸 것에 비례해서 모아 놓지 않는다면, 사람들에게 나누어주기 위한 "지식과 명철"의 비축이란 있을 수 없다.

이런 종류의 설교자들은 일반적으로 다양성이 부족한 것으로 알려져

---

[1] 렘 3:15. Fenelon의 First Dialogue on Eloquence를 보라. '설교'는 입술의 노동이 아니며 마음의 가벼운 상상력으로부터 오는 혀의 한담이 아니다. 그것은 하나님의 사람들에게 유익하도록, 진지한 마음의 묵상으로부터 나온 그리고 건전한 분별력 속에 근면한 수고와 연구로 말미암은 하나님의 축복을 통해서 오는 하나님의 진리를 말하는 것이다. 이 설교는 가치가 있으며 존중을 받아야 하고, 하나님의 명령을 따른 데서 오는 공로를 획득하며, 듣는 이들에게 역사할 것이며, 권세 있게 말하는 것처럼 깊숙이 찌를 것이다.' Bernard's Faithful Shepherd, 12mo. 1621.

있다. 내용적으로 보아도 동일한 가르침일 뿐만 아니라, 설교 자체도 거의 동일한 설교이다. 새로운 분문에서도, 내용은 같은 생각의 반복일 뿐이다. 늘 그렇듯 똑같은 말로 지루하게 길게 늘어놓을 뿐이다. 그들은 집을 소유하고 있는 자이기는 하지만, 그 안에 보물이 없다. 그들은 옛것을 쉽사리 꺼내올 수는 있다. 그러나 "새것"(마 13:52)은 어디 있는가? 이러한 생각의 빈곤은 자료가 부족한 탓이라고 말할 수 없다. 왜냐하면 다양한 국면과 다양한 관계보다 더 놀라운 성경의 특징은 없기 때문이다. 이 다양성 속에서 성경은 신선한 흥미와 중요한 가르침으로 가득 찬 동일한 진리들을 제시한다. 모든 주제들 중 가장 고상한 것에 대해 다루고 있다 할지라도 단조롭게 전달하면 힘이 없어 감동을 주지 못한다. 이 무미건조한 똑같은 이야기는 회중들을 무감각에 빠지게 하거나, 또는 생각이 있는 사람들로 하여금 불만을 토로하게 만든다.[2]

---

[2] Bishop of Winchester's Charge, 1837, p. 39. Jewell 감독은 설교자들에게 많은 강의를 한다. 그의 전기 작가는 말하기를, "설교자는 그 위엄이 뛰어나면 뛰어날수록, 사역에 더 열심을 낸다. 그 횟수가 그렇다는 것이 아니라 탁월한 가르침에 있어 그렇다는 말이다. 왜냐하면, 비록 자기 설교가 매우 빈번히 있기는 하지만, 그럼에도 그 설교들은 항상 그 전달 방식이 다르고 내용도 다르다. 로마의 웅변가는 우리에게 '근면한 태만'(negligentia quaedam diligens) 즉 태만한 근면과 학식 있는 무지에 관해 말하고 있는데, 연설자가 척하는 기술을 모두 조심스럽게 피하고 힘써 노력할 때, 그의 연설은 공을 들인 것 같이 보이지 않을 수도 있어서, 맑은 정신을 가진 분별력 있는 청중은 불평할 만한 원인이 된다. 태만한 종류의 근면이란, 강단으로 빈번하게 올라가기는 하지만 임기응변식의 설교를 하는 많은 인기 있는 설교자들 속에서 볼 수 있는데, 흔히 산고를 치르기는 하지만 그러나 고통이 없는 산고를 치른다. 그리고 대부분 공허한 말 외에 아무것도 전달하지 않는다. 마치 설교가 그 무게로 가치가 결정되는 것이 아니라, 횟수로 가치가 매겨지는 것처럼 생각한다. 이 사람들의 설교는 비록 그 길이에 있어 시간을 초과하기는 하지만 그리고 수에 있어 일주일의 날수보다 더 많기는 하지만, 그럼에도 그것 자체는 주님의 일을 게을리 하는 모든 자들을 비난하는 선지자의 저주를 받을만한 것이다." 그의 모든 역할과 장소에 있어, 저주의 모든 위험으로부터 Jewell은 가장 자유로웠다. 왜냐하면 비록 그는 이런 종류의 독서를 무척 많이 했으며 계속 설교를 하기는 했지만, 먼저 묵상을 하지 않고서는 그리고 또한 자기 설교의 주요 대지들을 적지 않고서는 아무리 보잘 것 없는 마을에서라도 결코 설교하려 하지 않았기 때문이다.' Featley's Life of Bishop Jewell. 어떤 식으로 자기 사역을 시작하였는지에 대한 세실 목사 자신의 이야기와 비교해 보라. Life, prefixed to 'Remains.' 제롬 당시에 불평은 이러했다 "오직 성경만이 유일한 길이라고 모든 사람들이 주장하나 수다쟁이 노인, 궤변가들은 말은 하나 배우지 못하고 가르친다"(Sola Scripturarum ars est, quam sibi passim

서재에서나 강단에서 빈둥거리는 것은 우리 안에 있는 하나님의 선물을 소홀히 하는 것이다. 하나님은 우리 게으름이 아닌, 우리 노력에 복을 주실 것이다.

우리 주님과 우리 교인들은 우리 최고의 시간과 달란트를, 우리의 가장 숙성된 생각들을, 그리고 가장 꼼꼼한 연구를 요구할 정당한 권리를 가지고 있다. 보잘 것 없는 알맹이를 가지고 감히 이 대단한 하나님의 일을 하려고 한다는 것은, 우리가 우리의 높은 임무에 무관심하다는 것을 증명할 것이다. 그것은 잘못이다. 재능 있는 몇몇의 목사들은 연구 없이 설교를 해도 효과적인 설교를 할 수 있다는 것을 인정하면서, 그렇지만 우리 주님의 이름에 영광을 돌리는 것과 강단의 위엄과 숭고한 사역을 곰곰이 생각해본다면, 이 거룩한 일을 성급하게 그리고 충분히 이해되지 않은 상태에서 하는 것을 억제하는데 도움이 될 것이다.

우리 교인들의 양심과 다양한 상황들에 적용시킬 가장 강력한 방법을 저울질해보지도 않고서, 여기서 조금 저기서 조금 요약을 따오고, 서로 연결되지 않는 진리들을 긁어모으는 것은 이 절박한 경우에 얼마나 어울리지 않는 일인가!³ 성경의 모델은 핑계할 수 없는 게으름의 결과로 생긴 엉성한 진술을 장려하지 않는다. 믿음으로 부지런히 노력하면, 항상 그 말씀이 받아들여지게 되어 있다. 반대로, 고의적인 나태는 우리가 뻔뻔스러웠던 것에 대한 응분의 보상을 만나기 마련이다.

---

omnes vendicant. Hanc garrula anus, hanc delirus senex, hanc sophista verbosus, hanc unversi praesumunt, lacerant, docent antequam discunt).-Epist. ad Paulin. 심지어 이교도 풍자 시인은 다음과 같이 읊었다. "청소년이 우둔한 재능을 가진 것처럼 보이면 전령사로 키우라"(Si duri puer ingeni videtur, Praeconem facias). Mart. Lib. 5. Epig. 57.

3 (Baxter는 우리에게 상기시키기를), "설득하는 법과, 사람들 속으로 들어가는 법과, 각각의 진리를 사람들의 속살까지 가지고 들어가는 법을 우리는 공부해야 한다. 그래서 꼭 그래야 할 경우가 아니고서는, 이 모든 것을 우리의 임기응변식의 즉흥 설교에 맡겨서는 아니 된다. 인간은 배움을 가지고 태어난 것이 아니며 열심히 공부하고 지칠 줄 모르고 수고하고 경험하지 않고서는 지혜로워질 수 없다는 것을, 경험이 가르쳐줄 것이다." Reformed Pastor.

매우 뛰어난 설교자들의 설교문의 스타일과 배열 그리고 내용은 그들이 설교 준비를 부지런히 하였음을 증명하고 있다. 에드워즈(Edwards) 총장이 가지는 설교자로서의 높은 평판은, 특히 그의 초기 사역에서, 설교 원고 작성에 그가 크게 수고를 하였기 때문에 생긴 것이다.⁴

필립 헨리(Philip Henry)는 후에 이렇게 말하곤 했었다.

> 지금은 그가 강단에서 훨씬 더 자유롭게 말할 수 있을 것이다. 즉 사람들에게 친근한 말로 말할 수 있다는 것이다. 삶의 쇠퇴기에도 여전히 사람들에게 지식을 가르쳤던 예루살렘 왕궁의 전도자처럼(전 12:9), 마지막까지 그는 설교 준비를 줄이지 않았다.⁵

---

4 그의 Works의 앞부분에 있는 그의 삶을 읽어 보라, vol. i. 49.
5 Life, p. 192. 훌륭한 그의 아들의 설교 준비도 마찬가지로 그칠 새 없는 그런 것이었다. "그 주요한 목표에 다른 모든 것은 종속되었다. 그가 들은 것들 외에도, 그 목표에 관계되는 정도에 따라, 그가 말한 모든 것 그리고 그가 보았던 모든 것에, 때로는 적게 때로는 많게 주목하였다. 잘 다듬어지지 않은 것이나 잘 이해되지 않은 것은 아무것도 설교 강단으로 가져가지 않았다. (그는 말하기를), 여러분의 일에 태만을 주의하라. 살아 있는 동안에는 수고를 하라. 얼마 후에는 쉬면서 옛날 했던 설교 파일이나 뒤적여도 될 것이라고 생각하지 말라. 성경은 아직도 새로운 것을 찾고 있는 사람들에게 새 것을 공급하고 있다. 계속해서 찾으라. 만일 여러분이 게으르다면, 어떻게 하나님의 축복을 기대하며 또는 여러분의 교인들이 말씀을 지킬 것이라고 기대할 수 있겠는가?" Life, p. 112, 113. 설교 준비의 중요성에 대한 Eliot의 생각은 놀랍다. "그는 잘 연구하지 않은 설교는 싫어했다. 그리고 생각과 독서를 잘 해야 알아들을 수 있는 설교를 대단히 장려하곤 했다. (그의 전기 작가는 말하기를), 그가 예배를 마치고 집으로 데리고 온 한 설교자에게 이런 말을 했을 때 나도 거기에 있었다. '목사님, 성전 봉사를 하기 위해서는 반드시 필요한 기름이 있어야 했습니다. 그것은 반드시 두드려서 짜낸 기름이어야 했습니다. 오늘 당신의 기름은 아주 잘 두들긴 것이었습니다. 주님은 우리가 항상 우리 기름을 두드려 짜기 위해 열심히 공부할 때 도와주십니다. 우리 설교에 풀어지지 않고 남아있는 매듭들이 없게 하기 위함입니다. 그리고 하나님의 집에 밝은 빛이 있도록 하기 위함이기도 합니다.' 그는 마찬가지로 단지 인간의 공부 외에 그리고 그것을 넘어선 뭔가를 설교에서 찾았다. 그는 설교 속에서 설교와 함께 숨 쉬고 계시는 하나님의 영을 갖기를 원했다. 그리고 그 감동으로부터 그리고 그 애정을 가지고 그는 그러한 것들을 위해 말했다. 그래서 청중은 '하나님의 영이 여기 있었다'라고 말하지 않을 수 없었다. 나는 다음과 같이 그가 불평하는 것을 들은 적이 있다. '설교에 한 가지가 부족한 것을 볼 때 즉 하나님의 영이 부족한 것을 볼 때, 그것은 참으로 슬픈 일이다.'" Mather's Life of Eliot.

그러나 설교연구의 영적이고 체험적인 분위기를 돋우는 것이 더 중요하다. 지적 자료들로부터 찾은 내용들이나, 또는 낮은 수준의 정통 신학으로부터 나온 자료들은 단지 성전의 바깥마당만 밟게 할 뿐이다. 우리 교인들의 마음이 속에서 활활 타오르도록, 우리는 제단에서 핀 숯을 취해야 한다.

그러나 독창성이 없이 어떤 인기 있는 패턴을 따르면, 커다란 해를 입을 수도 있을 것이다. 우리 형제 목사들 속에 있는 다양한 재능들을 관찰해보는 것은 유익하기는 하다. 그러나 우리의 주요 임무는 우리 자신의 은사들을 분별하고 계발하는 것이며, 모든 목회 은사들을 완전한 정도로 획득하기 위해 공들여 노력하는 것, 적어도 그 어느 부분에서도 전적으로 부족하지는 않도록 노력하는 것이다. 낮은 수준이지만 어쩌면 동등하게 유익한, 자기에게 주어진 능력을 개선시키려 하기 보다는, 더 많은 은혜를 입은 자기 형제들의 높은 능력을 억지로 행사하려다가 자신이 낼 수 있는 효과도 제대로 내지 못하는 젊은 목사들이 많이 있다.[6]

그러나 열매를 풍성히 맺는 설교의 준비는 우리의 근면보다는 우리의 영성에 더 많이 달려 있다. 영성은 더 나아지려는, 근면한 습관이다. 그것은 그리스도의 사랑과 영혼의 귀함, 시간의 촉박함, 그리고 영원에 대한 지대한 관심에 대한 의식으로 가득 차 있는 마음에서 흘러나온다. 그래서 이러한 습관이 성경의 내용에 제대로 고정되었을 때, 성경의 진리에 대한 분명한 생각이 아름답게 열리며, 또 명쾌하고도 자연스럽게 흐르게 된다. 그 생각은 공적 가르침에도 도움이 되지만 개인의 영적인 함양에도 도움이 된다. 이렇게 그리스도인의 진행 원칙이 있으면 주된 목적에 대해 정확한 인식을 하게 되며, 마음의 모든 힘

---

6 Raikes, Clerical Education, p. 221.

을 그 인식에 집중시키게 된다. 이 습관이 없으면, 가장 근면한 목사라 할지라도 자신의 막중한 사역에서 단지 시간을 낭비하게 될 뿐이다.

이 문제가 중요하기 때문에, 그것을 좀 더 자세히 생각해보려고 한다. 설교 원고 작성, 묵상의 습관, 그리고 특별기도 등의 세 가지 세부 사항을 살펴보자.

1. 설교 원고 작성

우리의 설교 전달에는 얼마나 많은 책임감이 달려있는가! 그것은 가벼운 순간일 수 없다. 회중이 지식과 명철로 마음껏 배부르게 먹게 될지, 아니면 적절하지 못하게 설익은 양식을 먹게 될지 모르기 때문이다. 강단은 늘 생명의 양식을 나눠주는 곳이다. 그래서 "진리의 말씀을 옳게 분별"(딤후 2:15)하도록 정말로 많은 지혜가 필요하다. 우리 각자는 "때에 맞는 말이 얼마나 아름다운고"(잠 15:23)라고 말할 준비가 되어 있는가.

설교 주제를 선정할 때, 성경은 거의 무한대의 영역을 펼쳐 보인다. 우리는 모든 영역 전체를 포괄할 수 있는 것 처럼 가장할 수 없고, 단지 현재 관심사 중 가장 적절한 요점만을 붙잡을 수 있을 뿐이다. 사도 바울은 "사람들에게 아름다우며 유익한 것"과 "무익한 것과 헛된 것"(딛 3:8-9)을 분명하게 규정함으로써 우리에게 설교주제 선택에 관한 몇 가지 현명한 경계 규정을 주고 있다.

그는 우리에게 경고하기를, 호기심이나 사색적인 문제들은 우리의 직분과 상관이 없는 것이며 해로운 결과를 가져온다고 한다.[7] 그는 인

---

[7] 딤후 2:15-16, 23. Reynolds 감독은 이것에 가깝게 연합해 있는 위험성에 대해 우리에게 경고를 해주고 있다. "가장 평범한 본문에서 무엇인가 새로운 것이나 이싱힌 것을 발견해

간의 부패와 회복의 교리가 실질적 경건의 유일한 효과적 원천임을 우리로 하여금 끊임없이 확인하게 만들곤 하였으며,[8] 그 자신의 본을 따라(고전 2:2), 모든 주제들을 자연스럽게 그리스도를 향하게 만들고, 그 내용들을 모두 그분의 십자가를 충분히 보여주는 일에 집중시킨다.

이 체계적인 가르침을 위한 자료들은 매일의 독서 과정에서, 하나님과의 은밀한 시간에서, 일상적인 가족 간의 교제에서, 기대하지 않았거나 심지어 평범한 섭리 속에서 생겨나, 우리 앞에 드러난다. 현재 우리 교인들의 부족한 상황과 어려운 처지에 어떻게 적용시킬까에 대한 관심을 가지고 있으면 이러한 자료들은 항상 눈에 띄는 법이다. 교구 사역가운데서 교제하는 가운데 알게 된 문제들 즉 무지와 목이 곧은 고집과 황당함, 혹은 깨달은 신념 등은 또한 우리의 주일 사역을 위한 최고의 자료를 제공해주기도 한다.[9]

낸 척 하는 헛된 생각은 확실한 학식이나 판단을 가진 사람이라기보다는 교만하게 제멋대로 하는 사람이라는 것을 보여준다." Sermon on Self-denial, Works, p. 810. 설교 강단에서의 목사의 임무는 하나님의 마음을 강해하는 "해석자"의 임무이다. 본문이 무엇을 말하고 있을 수도 있는가를 보여주는 것이 아니라, 성령이 말씀하시려고 의도하신 바라고 믿을 만한 충분한 이유가 있다는 것을 보여주는 것이다. 그래서 우리는 성경적인 말씀을 하고도, 동시에 잘못된 성경 강해를 할 수도 있다. 이런 식의 사역은 하나님의 권위에 불확실한 의존을 둠으로써 매우 설득력 있는 내용의 힘을 약화시켜 놓으며, 결국 우리 믿음을 인간의 공상과 상상 위에 건설하게 된다. 공상과 자만심을 만족시킬 때, 실천적인 참 가르침은 간과되기 마련이다. 성경이 마치 뚜렷한 의미를 가지고 있지 않은 것처럼 취급당하고 있다. (Hooker가 말했듯이,) "자기 마음대로 아무것이라도 만들고, 마지막에는 모든 진리를 아무것도 아닌 것으로 만들어 버린다.' 본문의 주제에 관해서는 Simeon 목사가 귀중한 수정을 많이 해서 편집한 Claude's Essay를 보라. 그의 세부적인 점에 대해서 어떤 생각을 하던 간에, 분명한 이해를 돕고 우리가 다루고 있는 주제를 명료하게 배열했다는 점에서, 이 책보다 더 유익한 책은 없을 것이다. 몇몇 훌륭한 힌트 역시 Lectures on Homiletics and Preaching, by E. Porter, D. D. President of the Theological Seminary at Andover, United States 얻을 수 있을 것이다. Bowles. Lib. ii. c. 1, 2와 비교해 보라.

8 딛 3:8, ινα- …하기 위하여, …할 목적으로 등.
9 Blackwell은 주제의 선택에 관해서 다음의 세부사항들을 주목하고 유익하게 상세설명하고 있다. 1. 교인들의 영적 상태 2. 복음을 들을만한 그들의 능력 3. 눈에 띄는 그들의 죄 4. 섭리적인 경우들. Meth. Evang. pp. 48-58. 커튼 메이더의 규칙은 '주제를 정하는 방법으로서, 자기 청중의 경우와 상황들을 생각해보라. 그리고 자기가 설교한 모든 설교에서 구체적인 교화 계획을 가지라'는 것이었다. Bowles는 늘 기억하고 있어야할 규칙을 덧붙였다-

한 본문의 의미와 목표는, 말씀에서 도출된 진리 진술의 기초로서의 하나님의 말씀으로부터 분명하게 결정된다. 이것은 당연하고 자명하다. 그러나 단지 본문을 강단 설교의 첫머리에 인용문으로 삼기 위해 선택하는 것이 과연 적절한 것인지 의문스럽다. 설교를 본문에서 만드는 대신, 본문이 설교에서 만들어지고 있기 때문이다. 본문은 관례적인 서론쯤으로 읽어버린다. 본문을 읽으면서 산만한 질문들을 던질 기회로 삼기도 한다. 그러나 본문의 구성 요소들이나 문맥과 그 본문과의 연결 등은 손도 대지 않고 남겨둔다. 이 방법은, 강해자의 임무를 상실했다는 것 외에도, 하나님의 말씀에 대한 정당한 존중도 인정하지 않는 것처럼 보인다. 비록 때로 유용한 토론을 하기 위한 기회들을 제공하기는 해도, 이 방법은 문제가 있다.

> 조사와 묵상, 그리고 성경을 숙고해 보는 작업을 떠나 마음을 다른 곳으로 분산시키는 경향이 있다. 성경은 영혼의 참 양식이며 하나님의 지혜의 보고이다. 그리고 성령의 회심시키는 은혜가 성경에만 있다.[10]

자기 학생들의 본문 다루기를 위해 커튼 메이더(Cotton Mather)가 세운 규칙 중 일부는 다음과 같다.

> 가능하면 본문을 원어로 읽고, 설교문을 작성하기 전에 주석가들의 말을 들어보라. 자기 설교문에 들어있는 성경 구절들의 스타일을 공부하고, 성경의 증거나 성경적 예증이 있는 토론의 대지 몇 개를 확인하라. 성령이 그리스도를 영화롭게 하기를 원한다는 것을 안다면, 모든 자신의 설

"설교는 사람들의 구원을 위한 최고의 법이다"(Salus populi inter concionandum suprema lex est), Lib. ii. 1.
10 Vitri. Methodus Homiletica, cap. iii.

교에 그리스도가 많이 있게 하라. 그리고 이 규칙을 따랐다면, 자신의 사역수행에서 능력을 많이 베푸시는 성령의 은혜가 있기를 소망하라. 각 설교를 가능한 한 모호하게 다루지 말고, 대신 관심 있는 문제들로 가득 채우라.[11]

이러한 규칙들 중 몇 가지에 대해서 좀 더 말을 해야겠다. 설교문을 작성하기 전에 주석을 사용하는 것은 좋다. 그러나 설교에 대해 깊이 생각해 보고 설교 구성을 짜기 전에 주석을 사용하는 것은 좋지 않다. 다음은 세실 목사의 준비 방법이다.

주석 사용이 자기 자신의 생각을 앞지르지 않게 하라. 자기 마음에 스쳐가는 것들은 모두 적어가면서, 그 주제에 대해 자기 자신에게 먼저 이야기해 보라. 그리고 자기가 써놓은 것들을 배열하고, 자기 계획을 확정짓고, 자기 자신의 자료들을 모두 사용한 후에, 도움이 되는 외부 자료들을 모두 이용하라.[12] 자기 자신의 것은 등한시하면서, 다른 사람들의 자료를 많이 사용하는 것보다 견실한 배움에 더 방해가 되는 것은 없다. 보조물의 이용은, 일반적으로 또한 특별히, '골격'의 형태로 만들어진 '설교 구성'을 볼 때에는 대단한 분별력과 판단력과 성실함을 요구한다. 이러한 것들은 우리가 가지고 태어난 능력의 적극적인

---

11 Cotton Mather's의 Life를 보라.
12 'Remains' 앞머리에 있는 그의 생애를 읽어보라. 한 저자는, 외적인 리서치에서 생기는 중요한 이점들 가운데 다음의 것이 주요 자료에 대해 일차적인 것이 아닌 보조적인 것이라고 보았다. "그것은 마음에 흥분을 일으킬 것이다. 그리고 높은 에너지와 활동의 상태로 마음을 분발시킬 것이다. 그것은 생각과 묵상에 많은 자료들을 제공할 것이다. 그리고 왕성한 이해와 더불어 마음은 오직 흥미로운 한 가지 생각에만 고정되어야 한다. 한 가지 아이디어는 기차의 첫 칸이 될 것이다. 이것은 전체 이야기에 성격을 부여해 주고 가치를 부여해 줄 것이다. 그것은 부가적으로, 당신의 생각이 부분적으로 생각했을 수도 있지만 그러나 아주 재미나게 하는 힘이 그리고 감동적인 힘이 약간 부족했을 많은 예증에 넓이와 풍성함과 생생함을 줄 것이다. 그것은 또한 당신 자신의 의견을 표현할 때 좀 더 많은 자신감을 줄 것이다." Mental Discipline, Rev. H. F. Burder, p. 85.

에너지를 제한하기 때문에, 이런 것들은 설교작성의 능력을 배양하는 데 심각한 걸림돌이 된다.

잘 알려져 있고 또 매우 유익한 시므온 목사의 저서는 필요한 도움의 정도를 정확하게 지적해주고 있다고 할 수 있다. 이 책은 경험이 없는 사람들의 노력을 격려해주고, 동시에 달란트의 사용을 위한 공평한 능력발휘의 여지를 주기 때문이다. 그의 책을 읽고 설교를 만들어 내는데 따르는 관심과 생각을 위해 할 수 있는 말은, 완전하고 균형이 잘 잡힌 설교는 독창적인 작문에 필요한 수고와 완전히 동등한 수고가 따른다는 것이다. 문단 나누기를 아주 솜씨 있게 하고, 빈 공간을 적절한 것으로 채움에 있어 판단력을 사용하고, 성경적인 내용을 정확하게 배열해야 한다.[13] 아마 이 책에 대한 최고의 칭찬은, 이 책을 단순히 모방한 사람은 선지자가 본 환상 속의 매우 마른 뼈들처럼 골격들을 제시할 것이라는 점이다. 생각 있는 사람이라면 그 뼈들을 견실한 내용으로 옷 입혀 균형과 힘의 형태로 만드는 일이 거대하고 유익한 일임을 알게 되었을 것이다.[14]

설교 원고를 내용으로 채우기 위한 커튼 메이더의 규칙에 대해 말해 보자. 우리 토론이 "내 속에는 말이 가득하니"[15](욥 32:18)라는 엘리후의

---

[13] 좀 약하기는 하지만 이 말은 그의 저서 Horae Homileticae에도 적용된다. 이 책은 목사뿐만 아니라 평신도도 사용하기 좋게 구성되어, 좀 더 많은 내용을 가지고 좀 더 완전한 모습으로 저자의 손으로부터 나왔다.

[14] 겔 37:2. 예를 들어보자. 시편 9:17에 대한 Martyn 목사의 설교는 그 본문에 대한 Simeon 목사의 『골격』(Skeleton)을 채우고 있다. 그 작업은 (그의 생애』(Life)에서 우연히 알게 된 것이지만) 특이하게 불리한 상황과 정신적 동요에서 이루어졌다. 그러나 설교 전반에 걸쳐 주입된 그 생기와 그 확대의 다양성과 그 여러 부분들의 길이의 정확성, 단락을 솜씨 있게 완성한 점과 전체를 따스하고 강하게 채색한 점 등, 이 모든 것이 결합되어 설교에 독창적이고 재능 있는 작문의 힘과 효과를 주고 있다. 그의 Life, pp. 130-132를 보라. 또한 그의 설교문을 담은 책과 Skel. 387에 있는 "설교 구성을 위한 도움말"을 비교해 보라.

[15] 욥 32:18. Usher 대감독은 Manton 박사를 부피가 큰 설교자라고 부르곤 했다. 그의 설교가 길이가 길어 지루했기 때문이 아니라, 막대한 분량의 신학 내용을 압축하여 짧게 만들었기 때문이었다.

말과 같이 되어야 함이 좋다. 그러나 선한 사람이 언제나 지혜롭거나 완전한 사람은 아니라는 것을 우리는 안타깝게 생각해야 한다.

우리는 우리 교인들의 능력과 그들의 이해력의 제한된 성격을 기억해야 하며, 그들의 타고난 능력 그 이상으로 그들을 잡아당기면 심각한 부상을 초래할 수 있다는 것을 잊지 말아야 한다. 우리 주님의 가르침의 원칙은 "그들이 알아들을 수 있는 말로 말씀을 가르치는 것"(막 4:33)이었다. 자신이 말할 수 있는 것을 모두 말씀하셨다면, 그들이 받아들일 수 있었던 것보다 훨씬 더 많았을 것이다. 그 결과, 그의 가르침의 원대한 목적은 잃어버리게 되었을 것이다. 너무 넓은 표면을 다룸으로 뚜렷한 감동을 약화시키지 않게 가장 적합한 가르침을 선정하는 것은 상당한 신중을 필요로 한다. "한 설교에 무엇을 넣지 말아야 하는지를 알려면 상당한 숙고가 필요하다"고 세실 목사는 말했다.[16] 얼마나 많은 것을 말하느냐의 문제가 아니라, 무엇을 가장 잘 말해야 하느냐의 문제인 것이다. 우리 주제의 각 대지마다 우리가 말하고 싶은 것을 모두 다 집어넣는 것을 목표로 삼지 말자. 구성의 통일성을 침범하지 않으면서, 그 논의로부터 우리 생각이 선별적이며 견실하고, 말하는 가운데 자연스럽게 흘러나오도록 하자.

자신보다 더 경험이 많은 필자들의 규칙들에 필자는 별로 더 보탤 것

---

[16] Cecil's Remains. "하나님의 백성에게는 많은 말씀이 아니라 깊이 있는 말씀이 전파되어야 한다. 목사는 설교문 안에 많은 교리 내용을 포함하는 욕심을 갖는다. 그것은 올바른 설교가 아니며 성도를 바로 세우지 못한다. 회중들에게 다양한 교리들은 도리어 혼돈에 빠지게 한다. 그러므로 많은 교리의 내용들은 회중들에게 중요하지 않다"(Verbum sic populo Dei dispensandum, ut multum, non multa. Prurit quandoque concionatoris animus, ut multa doctrinae capita percurrat; sylvam materiae in concione accumulet. At nec hoc est rite concionari; nec sic pupulus aedificatur. Maxima pars vulgi, qua est ingenii hebetudine, multitudine, rerum, quae varii generis, potius obruitur, quam instrutur. Non tam itaque refert, quot poteramus doctrinae capita percurrere, quam, quid auditoribus commodum). Bowles' Pastor, Lib. ii. c. 10--"목사는 회중들이 이해 못하는 말들은 피해야 한다"(Qui docet, vitabit omnia verba, quae non docent)는 것이 어거스틴의 현명한 규칙이었다. De Doctr. Christian. Lib. iv. 10.

이 없다고 생각한다. 명심해야 할 요지는, 성경을 펼쳐서 하나님의 마음을 해설하라는 것이다. 우리가 다루고 있는 주제를 추상적으로 다루지 말라. 성경이라는 매개체를 통하여, 잘 빻아서 교인들 앞에 펼쳐 보이라. 이와 같은 설교의 일차적인 목적을 위하여, 모든 본문은 반드시 완전한 의미를 담고 있다. 자료들을 잘 다져서 이 의미를 적용시켜 주고자 할 때, 그 자료들의 선택에는 상당한 주의가 요구된다. 모든 주제들을 정확하게 똑같은 하나의 형태로 만드는 기술적인 계획을 피하려면, 우리는 그 정해진 규칙과 원칙들을 매우 조심스럽게 적용하여야 한다. 이 규칙과 원칙들은 학문으로서의 설교학에 속한 것들이며, 이 학문은 설교에 가장 좋은 방법과 표현을 주기 때문이다.

주제는 설교를 구성하기 전에 이미 분명하게 이해되어 있어야 한다. 이렇게 함으로, 흥미로운 방법의 다양성과 함께 계획의 통일성이 확보될 것이다. 그렇게 함으로써, 논리적인 분석의 원칙에 따르기보다 언어 분석의 원칙에 따라 분석하는 흔한 폐해도 막아줄 것이다. 논의되고 있는 자료들을 몇개의 대지 아래 분배하기보다 단어들을 분배해놓으면, 일차적인 대지가 흐려지고, 이차적인 소지가 확대되며, 관계도 없는 자료를 설교 틀 속으로 불러들이게 된다.

서론은 인간이 만든 구조를 위한 공간이 아니며 인간이 연구한 것을 장식 삼아 나열하는 공간도 아니다. 또 열렬한 호소를 위한 공간도 물론 아니다. 서론은 다루고 있는 상황이나 주제를 간략하게 설명함으로 본문을 자연스럽게 소개하는 공간인 것이다.[17]

---

17 "설교의 서론 부분은 설교 내용을 전달하는 출발점이다. 따라서 서론 부분이 매우 중요하고 필요하며 특별히 구속사의 내용을 포함해야 한다. 서론 부분이 명쾌해야 다음의 본론의 내용을 연결시키게 된다"(Exordium est ingressus quidam, quo ceu viam stermimus ad rem, quam tractaturi sumus; et quo de rebus non levibus, sed necessariis et salutaribus dicturos nos significamus, ad attentionem nobis conciliandam; quo etiam, in continuato textu praeuntis loci cum praecedenti connecxionem ostendimus). Bucani Methodus Concion. vide p. 12. 12mo. Groning. 1645.

설명의 명료성은 설교의 범위 안에서 충분히 확장 설명할 수 있는 숫자
보다 더 많은 수의 대지를 갖지 않는 것에 상당히 달려있다. 대지 수를 제
한하여 청중이 이해할 수 있게 해야 하기 때문이다. 대지들은 서로 분명
하게 구별되는 것이어야 하며, 동시에 대지들은 모두 하나의 주제에 집
중되도록 하여야 한다.[18]

이렇게 하는 것이 진리를 개관하고 보유하는데 있어 청중에게 도움
이 된다.

방법을 하나의 사슬로 만들면, 만일 어떤 사람이 어느 한 부분을 놓쳤을
경우, 그것이 가지는 전체와의 관련과 그 의존으로 보아, 쉽게 그것을 다
시 찾아낼 수 있다.[19]

유창한 언변, 예증의 풍부함과 다양함 등, 최고의 설교 재능들의 어
떤 것들은 질서있는 배분을 하지 못하면, 주목을 받는데도 실패하며
꾸준한 감동도 주지 못한다. 너무 인위적으로 만든 방법도 위험하며,
때때로 성경 말씀의 자유롭고 쉬운 흐름에 비해 너무나 정확히 따르
려고 하는 제한으로 인해 (바람처럼 임의대로 부는) 성령을 속박하는 방법
의 이편에도 위험이 있다.[20] 그러나 우리 본문에서 멀리 도망치는 습관

---

18 Fordyce's Eloquence of the Pulpit.
19 Bishop Wilkins's Ecclesiastes, p. 6. Reybaz는 말하기를, "뚜렷한 구분은 화병의 손잡이이다. 그 손잡이를 잡을 때, 화병이 담고 있는 모든 것이 그것과 함께 따라간다. 방법은 복잡하고도 무질서했던 자료들의 혼잡함으로부터 그리고 무질서한 집합으로부터 생생하고도 아름다운 평정을 일으킨다. 생각들의 어두운 혼란은 빛과 질서와 하모니를 요구한다. 이것은 대단한 판단력과 함께, 모든 부분에 적절한 중대성과 모양 그리고 상황을 배당한다. 모든 것은 서로의 필요를 위해 존재하며 각각의 대지는 전체에 우아함과 힘을 부여한다. 세 가지 것들이 특별히 필요하다. 부분들의 구별, 부분들의 상호 의존, 그리고 전체 구성의 명쾌함이 그것이다." Sir Richard Blackmore's Accomplished Preacher, 8vo. 1731.
20 Augustine은 훌륭한 말을 하고 있다. "뛰어난 메시지를 준비하는 동안에 꼭 가르쳐야 하

은 피하는 것이 가장 바람직하다. 이 습관 때문에 우리 중에는 '도망자 설교자'라는 이름을 얻은 이들도 있다. 부자연스럽게 연결시키면 매우 좋은 내용이라도 그 흥미를 상실한다. 매우 단순한 주제라 할지라도 관련성이 없는 세부사항까지 모두 소개하면, 그 주제가 말하고자 하는 내용이 모호해질 수 있기 때문이다.

윌킨스(Wilkins) 감독은 설교의 세 가지 구성 요소로서, 방법, 내용 그리고 표현을 꼽고 있다. (그는 말하기를), "이들 각자는 서로를 돕는 일을 한다. 좋은 방법은 적절한 내용을 가리키고, 잘 들어맞는 내용은 훌륭한 표현을 가능하게 한다."[21] '방법'은 구조를 놓을 때 보여진다. '내용'은 그 구조를 채울 때 보여지며, '표현'은 그것에 적당한 옷을 입혔을 때 보여진다. 우리는 방법에 대해 이미 언급하였다. 교화를 위해서는 설교 내용이 풍부하여야 한다. 적어도 설교의 내용이 부족하면, 그에 비례하여 그 효과성이 감소된다. 설교 내용의 일차적인 자료들은, 본문에 있는 모든 중요한 말을 면밀히 분석하고, 본문 전체의 구조를 세밀히 분석할 때 발견된다. 또 평행 구절들을 조사하여 예증으로 삼고, 문맥을 반추하면서 면밀히 살펴보며, 믿음의 유추를 잘 참조할 때, 자료들을 찾을 수 있는 것이다.[22]

본문과 연관된 어떤 역사적 상황을 찾아내어, 그 의미를 분명하게 설

는 내용을 놓치지 않도록 주의하라"(Periculum est, ne fugiant ex animo quae sunt docenda, dum attenditur, ut arte dicantur).-Lib. iv.-ut supra. Hall, Sermon on the Ministry, pp. 25-26. 에 있는 이 주제에 대한 탁월한 생각을 보라.

21 Bishop Wilkin's Ecclesiastes, p. 5.
22 "목사는 설교를 준비하면서 먼저 본문을 반복해서 읽고 또 정독해야 한다. 각 단어와 구절들의 의미를 정확하게 구별해야 한다. 그리고 여러 좋은 번역본을 참고하고 본문의 내용과 의미를 파악하고 다른 구절과의 일치점을 고찰해야 한다"(Concionem paraturus-textum ante omnia legat, relegat, perlegat; phrases seu locutiones, vocumque, tum singularum, tum complexarum, significationes accurate examinet; idque faciat, vel consultis ipsis fontibus, vel saltem omnium optimis laudatissimisque versionibus, unde sensum germanum eruat cum περιστασει loci, fidei analogia; et aliis Scripturae locis convennientem). Bucan. ut supra. p. 10.

명해 주어야 한다(그러나 불필요하게 장황한 해석을 하여 청중의 정신을 흩트려 놓아서는 곤란하다). 성경 저자의 의도와, 저자가 자기 요점에 도달한 연속적인 단계들과 연속적인 논리 등은 모두 주목해야 할 것들이다. 본문에서의 화자와 시간적 배경, 그리고 본문의 청중 또한 고려하여야 하며, 본문에서 전개된 원칙들을 그 결과에까지 추적하고, 그 원래의 원칙에 다시 언급된 결과들을 추적해 보아야 한다.

수단이 그 목적에 연관성이 있는지 그리고 적절한지를 검증해야 하며, 이 요점들이 실제적이고도 경험적인 적용과 함께 교훈적인 내용을 제공하고 있는지도 고려해보아야 한다. 평행 구절, 대조, 예증 등의 다양한 형태 속에서, 부차적인 내용을 찾아볼 수 있을 것이다. 이것들은 직접적인 추론이나 이의제기 혹은 가정적인 제안 등에서 그 목적을 추구하는 방법이다.[23] 이러한 도움을 효과적으로 사용하려면, 건전한 판단력과 활동적인 지적 체계를 갖춘 정신이 분명히 필요하다. 이러한 정신은 가르침을 전달하는 우리의 능력을 확대시켜주기도 한다.

그러나 결국, 한 노인이 스위스의 개혁자 중의 한 사람이었던 무스쿨루스(Musculus)에게 말하였듯이, "당신이 훌륭한 설교자가 되길 원하신다면, 훌륭한 성경 연구자가 되려고 노력하십시오"(Si vis fieri bonus concionator, da operam, ut sis bonus Biblicus). 성경은 우리의 가장 귀중한 자료들이 들어 있는 무궁무진한 창고이다. 그것은 분명한 가르침의 창고도 될 수 있고, 설득력 있는 주장의 창고도 될 수 있으며, 힘 있는 설교나 사람의 마음을 녹이는 설교의 창고도 될 수 있고, 심지어 솜씨 있는 언변의 창고도 될 수 있다.

성경은 활활 불타오르는 언어들 속에서 숨 쉬고 있는 생각의 창고

---

23 Sturtevant 목사는 이러한 다양한 내용의 자료들에 대한 Claude 목사의 자세한 이야기를 적절히 예화로 들고 있다. 그의 Conversations and Letters upon Preaching과 The Preacher's Manual을 보라.

일 수도 있다. 그러므로 우리 설교가 열매를 맺지 못한다거나 매번 똑같다는 정당한 불평은, 우리의 자료가 부족하기 때문이 아니라 우리가 조사를 부지런히 하지 않았기 때문에 일어나는 것이다. "설교자의 지혜는 성경을 얼마나 부지런히 그리고 지혜롭게 찾아보느냐에 따라 결정된다"라고 어거스틴은 옳게 주장하고 있다. 설교자가 자기 자신의 창고의 빈곤함을 보면 볼수록, 이 보물을 더욱 풍부히 가져야할 필요성을 더욱 절실히 느끼게 될 것이다.²⁴ 우리가 긴 본문을 추천하는 것도 아니요, 소위 버넷이 일컫는바 '단순한 성구사전 찾기 연습'을(왜냐하면 심지어 거룩한 창고에서라도 잘못 이해된 인용문들은 매우 유익하지 못하기 때문이다) 장려하고자 함도 아니요, 오직 우리 설교의 뚜렷한 요점들을 확인하려 할 때 성경을 분명히 참조할 수 있게 하고자 함이다.

우리 설교에 너무 많은 것을 담기 위함이 아니요, 동시에 하나님의 증언에 충분한 탁월성을 돌리기 위함이다. 우리 자신의 스타일의 자연스런 흐름 속에 있는 우리의 증거들을 희석시키는 것은, 비례적으로 하나님께서 이렇게 말씀하셨다는 감동을 약화시킨다. 성경의 권위를 분명하게 가리키는 것은 하나님의 인증과 함께 우리의 진술을 확인시켜주며, 시내산에 진 쳤을 때와 같이 우리의 청중을 하나님의 큰 위엄 앞에 엎드리게 만든다. 이 점에 있어 사도 바울의 말과 설교는 지혜와 말로 꾀는 것이 아니라 성령의 가르침을 전하는 것이었다. 자기 교인들의 믿음이 사람의 지혜에 근거해서는 아니 되고, 하나님의 능력에 근거해야 하기 때문이다.²⁵

---

24 Augustine, ut supra, Lib. iv. 5. Watts 박사는 자기 사역자에게 그가 단순히 논리의 기부 (基部)에 관한 철학자도 아니요 이교도 학파의 웅변가가 아니라, 하나님의 말씀의 사역자요 성경의 교수와 설교자임을 상기시켜주었다. Humble Attempt, p. 64.

25 고전 2:4-5, 13. Chrysostom은 말하기를, "만일 성경 없이 어떤 말을 하면, 청중의 지식은 정지된다." On Psalm lxxxvi. 같은 취지로 Augustine은 말하기를, "나는 이 말을 하고, 당신은 저 말을 하고, 그는 이것을 말하는 것은 의미가 없다. 오직 주님이 말씀하신다"(Non valet—haec ego dico, haec tu dicis, haec ille dicit; sed haec dicit Dominus). Ad Vincent.

일반적으로 말해서, 논지는 두 대지 혹은 세 대지 이내에서 파악되어야 한다. 설교의 내용은 몇 개의 주된 대지 아래 적절히 자리잡도록 분명하게 배열되어야 한다. 주요한 요지들은 성경의 증언으로 강화되고 예증되어야 하며, 우리 회중의 각각의 상황에 밀접하게 적용되어야 한다.[26] 만일 논의가 일정 범위를 넘어 연장될 것 같으면, 서론에서 간단한 개요를 말해주거나 가장 중요한 요점들을 다루어주는 것이, 피곤함으로 준비가 덜 된 마음에, 억지로 개인적인 관심사를 강요하는 것보다 더 낫다.

설교는 놀라운 생각이나 좋은 생각들을 담고 있어야 한다는 것만으로는 충분하지 않다. 전체적으로 좋은 효과를 거두도록 자료들이 배열되어야 한다. 점점 고조되던 흥미는 분명하고도 강력한 결론으로 안내되어야 한다. 그러나 우리가 조심해야 할 것은, 우리 마음을 설교의 구조에 고정시킴으로, 설교에 생기와 힘을 불어넣을 수 있는 유일한 것을 잊어버린다는 점이다. 우리는 살로 덧입혀진 해골을 만들어낼 수 있다. 그리고 그 여러 부분들의 정확한 비율을 보여줄 수도 있다. 그럼에도 그런 설교는 여전히 전에 언급했던 마른 뼈들처럼, 활기를 띤 하늘의 생기가 없는 그런 것이다. 지적인 습관과 마찬가지로 영적인 습관도, 설교 작성과 설교의 전달 양쪽에 모두 필수적인 것이다.

설교의 스타일에 관해 말하자면, 단순함과 요점이 가장 중요한 특징이 되어야 할 것이다. 단순성은 위엄이 없이 친근함을 의미하며, 요점은 효과를 내기 위한 부자연스런 수고가 없는 것을 말한다. 왓틀리(Whately) 감독은 이 스타일과 관련해서, 간결함과 장황함의 두 극단을 피하라고 우리에게 경고하고 있다. '극단적으로 간결한 설교가 지적인

---

[26] 설교 원고 작성으로 유명한 한 교사는 짤막한 세 가지 규칙을 제시하고 있다. "주제를 머릿속에 집어넣어라. 자기 자신을 주제 속에 던져 넣으라. 자기 자신과 주제 둘 다 청중의 가슴 속에 쏟아 부어라."

능력과 교양이 낮은 청중에게 적합하지 않다는 것은 자명하다. 그러나 그러한 사람들에게 장황한 스타일을 사용하는 방법도 성공하는 경우는 드물다. 지루한 확대 설명에 청중이 당황해서 말씀에 꾸준히 집중을 유지 할 수 없게 만들기 쉽기 때문이다. 설교 전체가 다 끝나기도 전에 자기들이 이미 들은 것을 잊어버리기 쉽다. 게다가, 과도하게 내용을 희석시킴으로써 생기는 효과의 미약함은 집중력을 흐리게 만들 것이다.

그러나 아무리 그 자체로서는 분명하다 하더라도, 완벽한 집중을 받지 못하는 내용은 일반적으로 충분하게 이해되지 못하는 법이다. 젊은 필자들이나 설교자들은 호화로운 말을 많이 하는 스타일 속으로 빠져들기 쉽다. 그렇게 하면 말하는 내용에 명료함과 힘 두 가지 모두를 증가시켜줄 것으로 생각하기 때문이다. 그러나 그렇게 할 때, 산더미 같은 불필요한 말로 의미 파악을 거추장스럽게 만들 따름이다. 이런 종류의 설교자를 '언어 구사력이 매우 훌륭한 사람'이라고 말하는 것을 듣는 것은 흔히 있는 일이다. 하지만 "그의 언어가 그를 지배하고 있다"고 말하는 것이 좀 더 정확한 표현일 것이다. 즉 그런 설교자는 생각의 맥락을 따르지 않고 말의 맥락을 따르고 있는 것이다.

성경은 분명하고 자연스럽고 힘이 왕성한 스타일에 따른 설교의 완벽한 모델을 제시하고 있다. 그러므로 우리 설교의 옷조차 성경의 패턴을 따라 만들어야 한다는 커튼 메이더의 규칙이 적절하다고 본다. 성령의 인도함을 따른 표현은 공적 설교를 위해 특별하게 계산된 것이다(고전 2:13). 하나님의 책만큼 현명한 책은 없다. 그 어느 책도 인간을 자기 자신에게 그렇게 분명하게 계시해주지 못한다. 그 어느 책도 사람의 마음에 그렇게 말로 이루 다 표현할 수 없는 영향력을 행사하지 못한다. 그 어느 책도 평범한 인간의 감정과 관심사들을 그렇게 자연스럽게 연결시키지 못한다.

그렇기 때문에 하나님의 진리가 인간들의 개념이나 표현들을 통과하면, 하나님의 진리의 느낌은 현저하게 감소한다. 그것이 강해의 언어이건, 설교의 언어이건, 예증의 언어이건 간에, 영감으로 쓴 책만큼 그렇게 일반적으로 수용할 수 있는 언어는 없다. 소렝(Saurin)과 프랑스 목사들의 (그들의 신학은 정통 신학이며 성경 진리를 말하는 그들의 진술은 설득력이 있다) 독자들 중에, 그들의 저술에 거룩한 언어를 적게 사용한데서 생기는 열정과 따뜻함과 신령한 흥분의 부족을 느끼지 않은 사람은 거의 없다. 이것은 천재성이나 설득력의 그 어떤 힘도 영적인 사람에게는 거룩한 언어의 결핍을 보상할 수는 없음을 잘 보여주고 있다.[27] 샘

---

[27] (작고한 Hall 목사는 말하기를), "성경은 마음속에 귀하고 가치 있는 모든 것과 친히 연관되어 있기 때문에, 그 말은 그 어떤 다른 것보다 더욱더 힘 있게 헌신적인 정서를 자극한다. 적당히 그리고 건전하게 사용될 때, 설교에 다른 방법으로는 공급할 수 없는 감동을 준다. 경건한 감동을 위해서는 성경적인 언어의 흔적을 가지고 있거나 혹은 적어도 성경적인 친숙한 모델들을 연상하게 하는 설교들이 가장 성공적인 것임을 우리는 알아야 한다." Review of Foster's Essays. Vitringa는 같은 취지로 다음과 같은 훌륭한 말을 하고 있다. "성경의 구와 절에는 사상과 교리만이 아니라 위대한 힘과 능력이 있다. 그것은 단순하고 독특한 원래의 의미를 고찰함으로써 영적인 내용을 설명하는 데 어떤 말과도 비교할 수 없다. 인간적인 해석과 유혹의 달변이 섞여 있지 않은 성령충만의 말씀은 회중의 마음에 작용하고 변화를 주며 인간적인 메시지는 무의미하게 느껴지게 한다"(Non in sententiis tantum et doctrinis, verum etiam in dictis et prasibus Scripturae S. tantam vim et pondus esse, ut nullum verbum qualecumque aliud ei, in exponendis rebus spiritualibus sive simplicitatis, sive proprietalis et nativae significationis respectu, comparari queat. Vocabula et dictiones Spiritus S. nudae, et nullis permixtae lenociniis orationis aut exegesios humanae, passim sic afficiunt et illustrant mentem, ut quickquid iis admiscetur, insipidum videatur). Method. Homil. Cap. iii. 같은 정신을 가지고 Witsius는 말하기를, "하나님의 사역을 설명하는 데는 하나님의 말씀이 제일 중요하다. 선지자와 사도들이 사용한 언어와 용어로 회중의 마음을 감동시키는 것은 잘못이며, 사람의 입과 혀, 마음을 창조하신 하나님의 말씀이 가장 정확하고 명확하고 효과적이고 이해시키는 데 알맞는 것이다"(Res Dei commodius explicari non possent quam verbis Dei. Male putat, quisquis presumit, se accuratius, vel clarius, vel efficacius, vel ad intelligendum aptius Theologiae arcane explanaturum, quam iis terminis et phrasibus, quibus post Prophetas Apostoli usi sunt, ab eo dictatis, qui homini os et linguam formavit, qui fingit singulorum corda, et idcirco omnium optime novit, qua ratione cor instrui et moveri debeat). De Vero Theologo. 해딩턴(Haddington)의 Brown 목사는 비록 상당한 신학 지식을 가지고 있는 사람이지만, 그는 자기 자신에 대해서 말하기를, "마치 성경 이외에는 다른 책을 읽은 적이 없는 것처럼 설교하라고 하나님은 나를 만드셨다. 나는 성경의 진리를 성경의 언어로 설교하기를 시도했다." Life and Remains, p. 20. 그러나 Watts 박사

에서 갓 길어온 내용과 방법이 언제나 가장 생기가 넘치는 법이다.

우리는 설교를 베끼는 자의 안타까운 습관에 대해 거의 비난할 필요가 없다. 애디슨 목사는 (신학보다는 문학 쪽에서 성취가 많은 권위자의 이름임) 로저 드 커벌리 경(Sir Roger de Coverley)의 궁정목사가 훌륭한 목사의 설교 목록을 가지고, 일 년간의 설교 계획서를 쉽게 작성할 수 있다는 점을 칭찬하고 있다.

> 나는 여러분들의 교구 목사들 중 더 많은 사람들이 이 모범을 따르기를 간절히 바랍니다. 자기 자신이 직접 수고롭게 원고 작성을 하느라고 자기 기운을 낭비하기보다는, 멋진 연설을 따르는 수고를 하면 됩니다. 다른 모든 달란트들은 위대한 대가들이 글로 써놓은 것을 사용하기에 적당한 것들입니다. 이것은 자기에게 더 쉽기도 할뿐 아니라 교인들을 교화시켜주기도 할 것입니다.[28]

이런 식의 체계적인 게으름이 우리 자신들에게도 더 용이하다는 것은 의심할 바 없다. 그러나 교화의 결과는 매우 의심스럽다. 단지 피동적으로 대행하는 사람은 견실하고 쓸모 있는 사역자가 될 수 없다. 자기에게 맡겨진 달란트를 매일 쓰기 위해 밖에 내놓는 대신에 수건에 싸서 숨겨둔 이런 행위는 그 사람이 "무익한 종"이라고 낙인을 찍기에 충분하다(마 25:25-30). 은사를 사용하지 않고 소홀히 여긴 곳에(딤전 4:14; 딤후 1:6), 무슨 성령의 축복을 기대할 수 있겠는가? 성령을 근심시키고 수치스럽게 할 뿐이다. 설교의 능력에 대한 애디슨의 생각은 믿음과

는 "문장의 우아함에 가치를 두면서 그리고 소위 그들이 일컫는 바 예의바른 말에 대해 그렇게 멋진 취향을 가지고 있는 설교자에 대해, 한 도미문(掉尾文: 주절이 문장의 끝에 있는 글-역주) 안에 있는 성경 본문을 인용하기 위해 그 문장의 운율을 감히 망치려 하지 않는 나"고 말하고 있다. Improvement of the Mind, Part II, ch, vi, sect iii.

[28] Spectator, no. 106.

기도의 열매라기보다는 아마 열변의 마법적인 효과나 도덕적 설득의 효과일 것이다.

신령한 기쁨은 일반적으로 이 세상의 지혜로운 것들과 연관되기보다는 "약함"과 연관된다(고전 1:26-29). "인쇄되어 있는 훌륭한 설교들이 매우 많이 있는 곳에서는, 형편없는 설교를 했다는 것에 대해 핑계를 댈 수 없다"는 이의에 대해서, 죠지 허버트는 "비록 세상이 그러한 태연한 생각들로 가득 차 있지만, 그럼에도 자신의 것이 자기에게는 가장 잘 맞는 것이고, 쉬운 것이고, 가장 좋은 것이다"[29] 라고 옳게 대답하고 있다.

과연 어떤 설교문이 어느 경우에나 보편적으로 사용 가능하도록 구성될 수 있는지 의문이다. 왜냐하면 다른 영역에 각기 다른 정도의 무지나 지식이 있다는 것을 생각해본다면, 그런 설교는 너무 초보적이거나 너무 완전하게 확대 설명된 것일 수도 있고, 또는 충분히 체계적이지 않거나 충분히 자세하지 않아서 어느 쪽으로도 적용할 수가 없을 것이기 때문이다. 그러나 외부의 자료들을 독창성이 없게 사용하는 것

---

29 Country Parson, ch. v. Sprat 감독은 이 관습을 강하게 비난한다. 그러나 Bull 감독과 Burnet 감독은 그것을 젊은 목사들과 무학의 목사들에게 추천하고 있다. 전자는 Tillotson의 설교와, the Homilies 또는 the Whole Duty of Man. Clergym. Instructor, pp. 249, 251, 297-298의 한 부분을 사용할 것을 권하고 있다. Burnet, Past. Care, ch. ix. The Homilies는 과연 이 목적에 맞게 편집되어 있다. 그리고 우리 종교개혁자들의 생각을 잘 표현한 것으로, 그 설교들은 (그 당시의 어법을 약간 수정한다면) 독창적인 원고를 대체할 수 있는 최고의 것이라고 생각해도 좋을 것이다. 목사들을 위한 학문적인 가르침의 일부분인, 주제를 다루는 방법과, 설명, 주장 등의 방법에 주목하면서, 최고의 실제 설교들 몇 가지의 축소판을 사용해볼 것을 Wilson 감독은 추천하고 있다. 그러나 "설교문의 첫 청중이 아닌 다른 장소 또는 다른 상황에도 훌륭하게 들어맞는 설교란 적다"라는 말을 저자는 덧붙이고자 한다. Works iv. pp. 381-383. 극단적인 경우에는 편집이 허락될지도 모르나, 확립된 규칙이 되어서는 아니 된다. 왜냐하면, **"가르치기를 잘하라"**는 목사의 중요한 자격요건이 **전적으로 결핍**되어 있다면, 거룩한 직분에 하나님이 부르셨다는 증거가 어디 있는가? (Burnet 감독의 예화를 사용해서 말하자면), "사람이 목다리 없이 걸어 다닐 수 있을 때까지 그리고 패턴 없이도 일할 수 있을 때까지는, 학생의 주요 성격 속에 남아 있는 것이 더 낫지 아니 하겠는가? 기도와 공부로 목회사역에서 좋은 학위를 딸 수 있을 때까지, 학생으로 남아 있는 것이 더 낫지 아니 하겠는가?"

을 이렇게 비난하는 것은, 우리가 하는 설교의 모든 생각이나 모든 문장이 (엄밀한 의미에서) 독창적인 것이어야 한다는 것을 의미하는 것은 아니다. 독서 습관은 많은 예화들과 생각의 줄기들을 제공해줄 것이다. 이런 것들이 우리가 모르는 사이에 우리 마음속으로 들어와 우리 개인의 적용 방법을 통해 우리 자신의 것이 되는 것이다.

그래서 우리가 모든 설교문으로부터 배운다고 말할 때에는, 아무 설교문에서도 차용하지 않았다는 말을 듣게 될 것이다. 목사들은 이런 실천이 마음에도 유익하고 자기 영혼의 은혜의 수단으로도 유익함을 발견하게 될 것이다. 믿음과 기도와 사랑의 단순함 속에서 주께 바쳐진, 자기 자신의 연구의 열매와 성도들이 필요로 하는 것을 아는 것의 열매는 (비록 규칙을 따른 것이 아닐지라도, 그리고 내용이 매우 보잘 것 없어도) 존귀함을 받게 될 것이다.

그러나 설교자료에 의존하는 것과 게으름 그리고 무관심은 축복을 받지 못할 것이다. 몹시 비열한 은사가 어느 정도까지 성공적으로 배양될 수 있을는지 우리는 말할 수 없다. 어쨌든, 다른 사람의 재기 넘치는 설교문을 나태하게 사용하는 것보다는 우리 자신의 마음의 가장 연약한 노력을 사람들은 더 수용해줄 것이다. 그러므로 목표를 높게 잡고 우리 앞에 있는 최선의 규칙들을 지키는 한, 우리는 (그것이 우리 자신의 눈으로 보기에는 아무리 작은 것이라 할지라도) 우리 속에 있는 은사를 분발시키도록 격려를 받는 것이다. 그리고 능력이 부족하다는 구실은 인정하지 않게 된다.

세실 목사는 심사숙고하는 설교 준비에 대해서 언급한다. "늦게 시작해서 설교를 급히 작성하려하는데, 사고가 발생할 수도 있다. 사고가 발생하면 그 주제에 대해 온전한 주의를 기울이지 못하게 될 수도 있다. 만일 주말에 다른 할 일이 생기면, 그래서 마음이 한 쪽 구석으로 쏠려 있다면, 대개 설교가 거칠고 소화가 제대로 되지 않은 것이 되어

버릴 것이다. 거절할 것을 거절하고 해야 할 것만을 함으로써, 시간을 만들라."[30]

해몬드 박사는 항상 한 가지 주제를 손 안에 가지고 있었다. 그리고 한편의 설교를 마치자마자, 그는 또 다른 설교를 시작했다.[31] 비록 이것을 일상적인 일과로 따르는 것이 바람직하지 않을는지 모르나, 그럼에도 우리가 공부한 것을 즉시 사용하는 습관은 대단히 중요한 것이다. 생생한 상상력은 순회 설교자에게는 정말이지 도움이 된다. 그러나 같은 회중에게 일주일에 두, 세 번 설교하며, 일정지역에서 목회하는 목사의 설교는 상상력의 비축이 없어서 재미가 없고, 불필요한 말의 반복이 많고 따라서 가르치는 바가 없다.

그렇기 때문에 보다 소화된 설교를 하였다면 "그리스도 안에서 아버지가 되었을"텐데, 그들을 초보적인 가르침에서조차 어린 아이처럼 뒤로 물러나 있게 만든다. 목사의 생활은 끝까지 거룩한 묵상과 연구의 삶이 되어야 한다. "읽는 것에 착념하라"는 사도 바울의 권고를 무시하는 사람은 누구라도 현명한 회중에게 유익한 설교자로 오래 남을 수 없을 것이다. 아주 능력 있는 사람들의 타고난 자원들이라 할지라도 계속 채워야 할 필요가 있는 법이다. 그러므로 설교자는 "단지 과거에만 독서의 사람이어서는 아니 된다. 현재에도 여전히 독서를 해야 하는 것이다. 그렇지 않으면 그의 설교는 진부해지고 생각이 메말라 버릴 것이다."[32] 그러나 임무 때문에 순간적인 충동에 맡기거나, 이미 바닥이 난 인간적인 자원에 신중하지 못하게 의존하는 것 보다는, 옛 설교를 꺼내 와서 새로운 설교문으로 다듬는 것이 나을 것이다. 어쨌든 우리 주일 사역을 위해 준비된 도구가 없이 주말을 보낸다는 것은 나

---

[30] 그의 Life, prefixed to the 'Remains'를 보라.
[31] Fell's Life of Hammond를 보라. 이것은 교훈적인 전기이다.
[32] Dr. Porter's Lectures on Homiletics, p. 215.

태함과 뻔뻔함의 표지이며, 이 막중한 책임을 부적절하게 그리고 별 효과 없이 수행할 것은 불을 보듯 뻔하다.[33]

2. 묵상의 습관

"읽기는 찾는 것이다, 기도는 구하는 것이다, 묵상은 발견하는 것이다, 관상은 맛보는 것이다"(Lectio inquirit-oratio postulat-meditatio invenit-contemplatio disgustat)는 말은 어거스틴이 설교 준비와 관련 있는 부분들을 구별한 특징이다.[34] 마지막 두 가지는 반추하는 습관을 말한다. 이것 없이는 연구와 설교 원고 작성의 결과는 위 속에 들어 있는 소화되지 않은 음식처럼 행동의 능력을 막아 약하게 만든다. 우리의 그 어떤 정신의 부분도, 형태가 제대로 갖춰지지 않은 혼란스러운 재료들을 수용해줄만한 창고가 되어줄 수는 없다. 그것들은 실제적인 목적에 맞지 않기 때문이다. 그러므로 묵상이 없는 설교는 간단히 말해서 '잡다한 아이디어들'만을 제공할 뿐이다.

묵상은 지적인 활력에 필수적이다. 이것 없이도, 우리는 외부로부터

---

33 (고령의 훌륭한 목사인) Dod 목사는, 준비 없이 강단에 올라가기보다는 차라리 했던 설교를 열 번 하겠다 말하곤 했다. "일주일 내내 세상에서 지내다가 토요일이 되어서야, 그것도 오후가 되어서야, 자기 서재로 들어가는 그 사람의 수고를 하나님은 저주할 것이다. 한 편, 기도할 시간이 별로 없고, 울 시간도 별로 없고, 자기 마음을 다가오는 주일의 임무들에게 맞게 적절한 틀로 만들 시간도 별로 없다는 것을 하나님은 알고 계신다." Preface prefixed to Shepard's Subjection to Christ. 또한 Philip Henry's Life, p. 61도 보라. Owen 박사는 "비록 일주일의 나머지 모든 날을 다른 공부에 쓰고 있으면서 자신의 공부에 너무도 중독되어 있어서, 한 주간의 마지막 날이 자기 사역을 준비하는데 충분하다고 생각하는," 어떤 선한 사람들에 대해 비난하고 있다. Sermon on 1 Cor. xii. 11. Strong 목사는 설교를 자기 일로 삼고, 그 일에 너무나 많이 몰두하므로 낮 시간에 공부하느라 수고하는 것 이외에도 밤의 대부분의 시간도 자주 깨어있었다고 한다. Preface to Strong's Sermons, by Dr. Henry Wilkinson, Dean of Christ church.
34 Augustine. Bishop Wilkins에 인용되어 있음.

온 지식을 획득하고 저장할 수는 있을 것이다. 그러나 묵상 없이는 결코 그것을 우리 것으로 만들지는 못할 것이다. 또한 우리 자신의 사역의 성향 때문에라도, 이 습관을 배양하는 것이 대단히 중요하다. 즉 설교자는 설교자로서 생각하여야 한다. 모든 것을(보통의 다른 분야에 종사하는 전문가 같이) 자신의 직업의 안목으로 보아야 한다는 것이다. 자기 주변에 있는 모든 대상들을 끌어들여 자신의 위대한 사역과 연결시키는 이 과정으로 인해, 그에게는 기독교의 가르침을 위한 매우 귀중한 자료들이 풍부해지며 자기 설교에도 예증이 풍부해지고 다양해지는 것이다. 자신의 생각이 자신의 능력들을 충분히 통제할 힘을 가지고 있을 때, 생각의 습관 또한 좋은 문장 스타일을 획득하는 좋은 수단이 된다. 끈기 있게 생각하고 정확하게 생각하는 훈련이 없으면, 말들은 무의미하고 오류투성이의 배열에 불과하다. 어떤 정신의 단련이 없으면, 우리는 이런 식으로 여러 시간을 헛되게 보낼 수도 있다.

귀중한 서적들의 책장을 넘기고는 있지만, 그리고 매우 신선하고 배울 것이 많은 글들을 적어 놓기는 하지만, 그 주제에 대한 이해와 분석이 없이 공부하면, 그리하여 결과적으로 실질적인 양식을 정신에 전달해주지 못한다면, 이 묵상하는 습관의 부족은 피상적인 종교 지식의 한 원인이 된다. 현명한 그리스도인이라면 누구라도 이 습관을 느슨히 했을 때 오는 상실을 의식하고 있어야 한다. 마음이 단지 개념들로만 가득 차게 되고, 생각으로 차게 되지 않기 때문이다. 그러므로 그것은 마음 위를 가볍게 스쳐지나가는 진리의 능력과, 실제로 느낀 깊은 감동 사이의 모든 차이를 나타낼 뿐이다.

전자의 경우, 표면을 겨우 훑고 지나갔을 뿐이고, 후자의 경우에는 근간을 이루는 원리들을 보았고 또 그것을 행동으로 옮긴 것이다. 한 번 번쩍하고 지나가는 빛은 아무런 영향력도 남기지 못한다. 진리가 분명히 마음에 제시되어, 강렬하게 그리고 끊임없이 우리의 눈앞에 보이고, 그것을 깊이 묵상하고, 면밀하게 적용할 때까지는, 마음으로부터의 아무런 움직임도 발생하지 않는다. 이 묵상의 습관은 외부의 도움이 부족한 것을 보상해준다.

끊임없는 자극은 지적인 윤택함을 증대시키고, 마음은 자기 능력의 범위를 알게 되며, 반복적인 실천으로 말미암아 강화되고 지지를 받게 되면, (루터의 말을 사용하자면) 우리의 마음은 "모든 주석가들을 합친 것보다 더욱더 많은 생각들을 하게 된다."

그리하여 마음은 더욱 더 활력을 얻게 되어, 그 모든 사역을 감당하는데 자기 성격의 특징을 남기게 된다. 정신은 본능적으로 자기에게 주어진 자료들의 페이지를 여러 번 반복하여 넘기고, 또 넘긴다. 다른 생각들과 행동의 원칙들과 연계하고 의존하여 그 자료들을 파악한다. 그리하여 정신은 현재 상황에 적응하는데 성공하는 것이다.

설교 준비의 그 어떤 부분도 단지 지적인 작업으로 끝나서는 아니 된다. 묵상의 습관은 영적인 목적을 위한 영적인 대상에 대한 마음의 훈련이어서, 진리에 대한 분명하고 변치 않는 감동을 마음에 고정시켜 준다. 우리 주님께서는 이 습관을 우리의 공적인 사역을 위한 즉각적인 준비로 제시하신다(겔 3:1-2). 과연, 사역의 어려운 점(특권들 중의 하나라고 말을 덧붙이면 안 될까?) 중의 하나는 이것이다. 우리 성도들 앞에 내어 놓을 저 진리의 틀 속에 우리 마음을 던져 넣기 위해서, 영적인 주제들을 끊임없이 반추해 볼 것을 요구한다는 것이다. 이 습관의 배양은 우리의 전반적인 효과와 매우 중요한 관계가 있다(딤전 4:15; 딤후 2:7). 왜냐하면 그 습관은 "하나님의 사람"을 믿음과 건전한 교리의 말씀으로 양육된 "예수 그리스도의 좋은 일꾼"의 인격으로 형성해주기 때문이다(딤전 4:6). 왜냐하면 퀘스넬이 말한 바와 같다.

말씀으로 자신을 양육하지 않는 자가 어찌 다른 사람들을 말씀으로 양육할 수 있을 것인가? 사람이 자신의 이해력을 계발하고 자신의 상상력을 채우고 자신의 기억력에 더 많은 것을 채우는 것과, 자신의 마음을 말씀으로 양육하는 것은 별개의 것이다. 만일 말씀을 먹고 살아간다면, 그 사람은 자신을 말씀으로 양육하는 것이다. 만일 그 사람이 말씀을 자기 자신의 양식으로 변화시킨다면, 그 사람이 그 말씀을 몸소 실천한다면, 이 일을 자신에게 적절하고 친근한 일로 삼는다면, 말씀을 양식과 자양분으로 삼아 다른 사람들에게 먹이기 위해서 그렇게 한다면, 그 사람은 말씀을 먹고 사는 것이다.[35]

성공적인 설교 준비를 위해 우리의 자료 저장량이 증가하고, 우리의 생각이 더욱 강화되며, 가장 효과적인 의사소통 방법을 우리가 알게 되는 것은 매우 중요하다. 성경을 충실하게 연구하는 것은 필연적으로 도움이 된다. 동시에, 하나님의 책이 아닌 다른 서적에서 이끌어온 설교는 보잘 것 없고 영적이지 못한 것이 되어버릴 가능성이 농후하다.

먼저 우리의 설교본문이 순수한 하나님의 말씀으로부터 다져져 나오게 하고, 그다음에 묵상과 기도로 소화되게 하자. 그리고 우리가 가진 자료들에 우리의 수고를 통하여 배열의 명료함과 힘과 영혼을 불어넣자. 이 거룩한 실천은 우리 믿음의 능력과 활동성, 지성과 기쁨을 확장시켜서 풍성한 결과를 가져올 것이다. 피상적인 학생은(만일 학생이라고 불러야 한다면) 오직 자신의 기억력의 운동을 위해서만 읽을 뿐, 그 의미에 대한 조사는 소홀히 한다.

어거스틴은 말하였다.

---

[35] Quesnel on 1 Tim. iv. 6. Owen Stockton은 사역을 위해 자신의 격려로 삼고 있다고 다음과 같이 말한다. "설교를 위한 자신의 묵상 속에서 자신의 영혼의 유익을 찾는 것을 다른 사람들을 위해 공부하고 있는 동안, 주님은 그것을 자기를 위한 가르침의 말씀으로 만드셨다. 그리고 그는 다른 사람들에게 물을 주는 것이 성장의 최고 수단임을 발견하게 되었다." 그의 Life를 보라.

더 선호해야 할 것은, 그 단어를 보유하는 것에는 신경을 많이 쓰는 것이 아니라, 자기 마음의 눈이 성경의 바로 그 핵심을 보고 있는 그런 사람들이다.[36]

공적 사역을 즉각적으로 수행해야 할 때에도 이렇게 묵상하는 습관을 갖는 것은 또한 동등하게 중요하다. 우리의 메시지를 전달하는 행동에서, 이 습관은 우리의 자유와 자기몰입 그리고 개인의 평안에도 많은 도움을 준다.

말하자면, 우리 머리와 가슴에 말씀의 내용이 새겨지게 하는데 도움이 된다는 뜻이다. 묵상은 또한 우리로 하여금 그 순간을 위해 준비된 생각들을 관련성 있게 쉽사리 이용할 수 있게 만든다. 그리고 당황하거나 헷갈리지 않고서도 그 생각들을 그 적절한 자리에 접목시킬 수 있게 해준다.

그래서 하나님을 섬기게끔 우리 마음의 힘을 전적으로 집중시킨다면, 우리가 "주님의 쓰심에 합당하며 모든 선한 일에 준비함이 되리라" (딤후 2:21)하신대로 귀히 쓰시는 그릇임이 증명될 것이다. 브레이너드는 한 목사에게 편지를 썼다.

---

[36] Aug. de doctr. Christian. iv. 5. (한 저자가 말한 바와 같이), "아주 분명한 본문에는 거룩과 영성의 세계가 있다. 그리고 만일 하나님께 기도하고 의지하면서 우리가 앉아서 그 본문을 생각해보았다면, 우리에게 보이는 것보다 훨씬 더 많은 것을 우리는 반드시 보게 될 것이다. 한번 읽거나 보면, 별로 보이는 것이 없거나 엘리야의 종처럼 아무것도 보지 못할 수도 있다. 그는 한 번 나가서 아무것도 보지 못했다. 그러므로 그는 일곱 번 보라는 명령을 받았던 것이다. 지금은 어떠냐? 선지자는 말한다. '사람의 손바닥만한 구름이 떠오르는 것을 내가 보나이다.' 그리고 점점 하늘 전체가 구름으로 뒤덮였다. 그렇게 당신은 성경을 가볍게 보는 고로 아무것도 보이지 않을지 모른다. 다시 보라. 그러면 조금 보일 것이다. 그러나 그 본문을 일곱 번 보라. 그것에 대해 자주 묵상하라. 그러면 햇빛 같은 빛을 거기서 보게 될 것이다." Carl on Job.

그러므로 기도와 독서와 하나님의 진리에 대한 묵상에 전념하라고 그대에게 간절히 간청하는 나를 용납하라. 진리의 밑바닥까지 침투하도록 하라. 그리고 절대로 피상적인 지식에 만족하지 말라. 묵상으로 인해 그대의 생각들은 점점 설득력이 있어지고 사려 깊게 성장할 것이다. 그대는 이것 때문에 귀중한 보물을 소유하게 될 것이다. 그 보물 중에서 하나님의 영광을 위해 새것과 옛것을 생산하게 될 것이다.[37]

3. 특별 기도

설교 준비에서 이 부분의 중요성은 아무리 깊이 생각해도 부족하다. 많이 공부하고 묵상하고 그리고 조금 기도하는 것은 모든 것을 마비시킨다. 반면에, (도드리지 박사가 경험으로 발견한 바와 같이), "기도를 잘하면 잘할수록, 공부도 더 잘할 수 있다."[38]

그러므로 어거스틴이 권면하는 바를 기억하자.

우리 기독교 설교자는 설교하기 전에 기도하라. 그러면 사람들이 즐겁게 듣고 이해할 것이다. 어떤 말을 설교하기 전에, 자신의 목마른 영혼을 하나님께 올려드리라. 왜냐하면 해야 할 말들이 많이 있고, 같은 것을 말하는 방법도 여러 가지가 있으므로, 모든 사람의 마음을 살피시는 성령

---

[37] Letter ix. appended to his Life.
[38] Orton's Life, ch. viii. sect. 8. 다시 말하거니와, "비록 이 말이 수수께끼처럼 들리겠지만, 가장 많이 기도하고 묵상할 때, 나는 가장 많이 일한다." Ib. Sanderson 감독은 기도와 공부는 함께 손을 잡고 간다는 말을 하면서, 다음과 같이 말하고 있다. "둘 중의 한 가지를 생략하라. 그러면 그 나머지 하나는 헛수고가 될 것이다. 공부 없는 기도는 건방진 것이요, 기도 없는 공부는 신앙 없는 삶이다. 책장을 넘기면서도 더 높은 곳을 바라보지 않는다면, 당신은 헛되이 책을 잡는 것이다. 그리고 'Da, Domine'라고 부르고 더 이상 간구가 없다면, 당신은 당신의 입술에 하나님의 이름을 헛되이 가지는 것이다." Sermon on 1 Cor. xii. 7.

님 외에 누가 그 순간에 어떤 말을 해야 가장 편리한지 알 수 있으랴? 그리고 우리와 우리의 말을 손 안에 가지고 있는 그분을 빼고서야, 누가 우리가 마땅히 할 말을 하도록 만들 수 있겠는가? 이 기도의 수단으로 말미암아 설교자는 가르쳐야 할 모든 것을 배우게 될 것이고, 목사에게 어울리게 말하는 능력을 획득할 수 있을 것이다. 또 설교 시간에, 주의 말씀이 충실한 심령들에게 나타날 것이다. '어떻게 무엇을 말할 것인지 생각하지 말라. 말하는 것은 너희가 아니라 너희 안에서 말씀하시는 너의 아버지의 성령이시기 때문이다.' 만일 성령께서 그리스도때문에 핍박자들 앞에 끌려나온 자들의 입술을 통해 말씀하신다면 어째서 그리스도를 배우려는 자들에게 말씀을 전달하고 있는 그 설교자들에게 또한 나타나지 않겠는가? 그러나 만일 누군가가 말하기를, 만일 성령이 사람들을 교사로 만드신다면, 그 교사들은 어떤 설교 규칙도 알 필요가 없다고 말할지도 모른다. 또한 주님이 말씀하시기를, '너희 아버지께서 네가 구하기 전에 네가 필요한 것을 알고 계신다'고 하셨으니까 사람들은 기도할 필요가 없다고 어떤 사람들은 말할지도 모르겠다. 따라서 사도 바울이 디모데와 디도에게 준 규칙들이 소용없다고도 말할지도 모르겠다.[39]

묵상하며 연구하는 습관이 가져올 가장 귀중한 결과들도, 기도가 없으면 반드시 결함이 있다. 그것들은 가슴으로부터 나온 것이라기보다

---

[39] De Doct. Christian. Lib. iv. c. 15-16. 또한 Bishop of Winchester's work, p. 100, n.에 있는 아름다운 인용문도 보라. 다음은 한 저명한 저자의 좋은 충고이다. 그의 열정을 의심하는 사람은 아무도 없었다. "목사는 설교하기 전에 깊은 기도를 해야한다. 어린이의 입을 유창하게 열게하신 하나님께로부터 지혜의 입술과 말씀의 충만을 간구해야 한다. 그럴 때에 말씀의 능력, 활기, 그리고 빛이 나오게 된다"(Sub horam concionis ecclesiates det se profundae deprecationi, et ab eo postulet sapientiam, linguam, et orationis eventum, qui linguas infantium facit disertas. Incredible dictu, quantum lucis, quantum vigoris, quantum roboris et alacritatis hinc accedat ecclesiastae). Erasm. Eccles. 페리클레스는 자기 신들에게서 오는 축복을 간구히지 않고서는 결코 연단을 올라간 적이 없었다고 한다. 이 유명한 아테네 사람에게서 정죄를 받고 서있는 그리스도인 설교자는 없는가?

는 머리에서 나온 것들이기 때문이다. 그래서 차갑고 활기가 없으며, 죽어 있다. 설교자의 머리가 좋은 것으로 많이 채워져 있어야 한다는 것이 아무리 중요하다 하더라도, 그의 가슴이 깊이 감동을 받는 것이 훨씬 더 중요하다.

 설교자는 자신의 뜨거운 기도 속에서, 자신의 성도들에게 충분히, 단순하게, 그리고 사랑으로 꺼내 줄 수 있는 자양분을 자신의 주제로부터 도출해내야 한다. 설교 원고 작성의 성공 여부는 주로 자기 자신의 영혼의 상태에 달려 있다는 것은 진실이다. 자기 가슴에 감동이 없을 때, 설교자는 사람들을 교화시키는 설교를 만들 수 없다. 하나님 외에, 아무도 교인들을 가르칠 수 있도록 설교자를 가르칠 수 있는 사람은 없다. 서재에서 하는 하나님과의 대화는 설교를 준비할 때, 거룩함과 능력의 보증이 될 것이다. 우리의 목적은 우리 재능이나 말솜씨를 자랑하는 것이 아니라, 거룩한 감수성의 습관을 자극하고 강화시키는 것이다. 하나님의 말씀과 사역을 하는 바로 이 일은 그러므로 경건한 심령으로 우리의 설교를 준비하게 만든다. 그리고 그렇게 해야만, 우리는 위로부터 우리 성도들에게 나누어줄 축복을 받을 수 있다. 우리 메시지는 생명과 흥미가 있어야 적용된다. 인간의 말의 능력으로 할 때에는 그렇게 되지 않는다. 그러나 그 메시지를 전달하는 영성과 기쁨이 하나님과 갖는 진정한 교제의 분위기를 나타낼 때, 성도들은 그 메시지를 자신들의 삶에 적용한다.

 우리의 공적 사역을 위한 준비와 관련해서, 간구를 다루는 주제 몇 가지를 생각해 볼 수 있을 것이다.

 위로부터 본문과 화제의 선택의 인도함을 받아야 한다. 이것은 커튼 메이더의 일반 규칙이었다. 설교 원고를 쓰기 전에 또는 성경을 읽기 전에 그는 엄숙하게 간구를 올렸다. 이러한 영적 습관은 하나님의 섭리의 상황으로부터, 또는 성령의 은밀한 지도하심으로부터, 적합하고 덕을 세우는 주제들로 인도하심을 받을 수 있게 만든다.

우리 주제를 시작해서 계속 써나갈 때, 간구했던 그 많은 내용은 그 자체가 설교 거리가 된다. 커튼 메이더의 규칙은, 매 문단의 끝에서 멈추어 기도하고 자기검증을 하며 자기 마음에 그 주제의 거룩한 감동을 고정시키려 했던 것이었다. 그래서 그가 보통 설교 한 편에 쓴 일곱 시간은 결국 자기 영혼의 경건 생활이요 자기 설교 원고에 활기와 따뜻함과 영성을 불어넣는 가장 효과적인 방편이 되었다.[40] 이 규칙에 의하면, 앞서 우리 자신의 영혼에 복이 되지 아니하였던 설교라면, 우리는 우리의 성도들에게 절대로 그것을 설교해서는 안 될 것이다.

강단에서의 우리 자신의 마음가짐은 우리가 또 따로 간구해야 할 기도제목이다. 하나님의 말을 하는 것처럼 말할 수 있도록, 우리에게 말씀의 문이 열리도록, 우리의 성도들에게 특별한 메시지를 주시도록, 우리의 마음이 그들의 상태를 사랑의 마음으로 느끼도록, 우리의 설교가 사랑으로부터 나와 그들에게 도달하도록 그리고 마음으로부터 우리 주님의 영광을 위한 뜨거운 열심이 흘러나오도록, 적합한 형식으로 우리의 설교를 전달하게 도움을 주시도록, 우리는 특별히 기도해야 한다.

---

[40] 강단에 섰을 때 하나님께서 도와주시라고 기도하는 것이 중요하다는 말로 이야기를 돌리면서, 그 똑같은 도움이 책상에서도 필요함을 우리 상기해보기로 하자. 영감을 받지 않은 사역은 마음이나 영성을 담고 있는 것이 아니라 단지 예식을 담고 있는 것이다. 우리 이해와 우리 마음 양쪽의 사역으로서, 사역은 영적 습관의 헌신뿐만 아니라 그 에너지도 요한다. 세실 목사는 "기독교 목사들의 주요 결점은 경건생활의 부족이었다"고 말했다. 이 말은 종종 책상에서의 단조로운 형식성과 강단에서 보여주는 열정을 대비시킴으로써 논증되는 주장인데, 이것은 마치 간구와 중보와 감사기도로 그리고 회개의 겸손과 믿음으로 하나님과 교제하는 것이 죄인 형제들에게 설교하는 일보다 덜 영적인 것처럼 치부하는 것이다. **이런 상황에서는** 교회 예배 순서에 따라 예배드리는 자들이 불안한 모습을 보이거나 그들의 반응이 결여되어 있는 것에 대해 우리는 이상하게 생각하지 않는다. 기도문을 단지 읽는 것만으로는 회중 전반에 기도의 영을 분발시키는 힘이 별로 없다. 목사의 마음으로부터 그의 회중의 마음에까지 공명의 감정이 진동을 일으키는 것은 그 감정이 감지될 때이고 또 그들을 위해 기도할 때이다. "여호와여 일어나사 주의 권능의 궤와 함께 평안한 곳으로 들어가소서 **주의 제사장들은 의를 옷 입고 주의 성도들은 즐거이 외칠지어다**." 시 132:8-9.

사람을 두려워하는 것으로부터 보호해주시도록, 그리고 단순히 하나님의 축복만을 진정으로 의지하도록, 서재에서 그리고 설교를 전달하는 그 순간에도 주께서 우리 마음에 우리의 설교를 선포하시도록, 우리는 간구하여야 한다(합 2:1).

우리가 하는 수고의 본 목적을 잊지 말아야 한다. 우리의 목적은 우리 성도들의 마음과 양심에 하는 우리의 사역의 능력에 있다. 우리는 그들에게 설교도 해야 하지만, 그들을 위해 기도도 해야 한다. 하나님 앞에서 그들을 위해 우리의 사역을 하여야 하며, 그들을 위해 간구도 하여야 한다. 그들의 주의가 집중되도록, 그리고 그들의 마음이 열려 우리 설교를 받아들이도록, 선입견이나 무지, 무관심, 세속적인 생각과 불신 등의 모든 장애물들을 제거해 주시도록, 겸손과 성실함과 거룩함과 믿음의 영이 그들에게 보장되도록, 우리는 기도해야 한다. 한 마디로, (우리 교회의 아름다운 언어를 사용하자면), "당신의 모든 사람들에게 은혜를 더하옵시고, 당신의 말씀을 온유한 마음으로 듣게 하옵시며, 순전한 사랑으로 말씀을 받게 하시며, 성령의 열매를 맺게 하옵소서"라고 기도하여야 한다.

많은 기도를 드린 후에 설교를 전할 때 주시는 능력같이, 우리 설교에 그런 능력을 주는 것은 아무것도 없을 것이다.[41] 기도로써 설교에 물을 주지 아니하면, 아무리 좋은 설교라 할지라도 듣지 않는다. 그러나 만일 옛날 선지자처럼 우리가 "내가 내 파수하는 곳에 서며 성루에 서리라"(합 2:1)하면, 우리는 해야 할 말을 그분의 입으로부터 받게 될 것이다. 기도와 믿음 속에서 그리고 하나님의 축복을 기대하면서 말씀을 권하게 될 것이다. 우리 성도들에게 우리 자신이 공부한 것을 가져

---

41 (뉴 잉글랜드의 Shepherd 목사는 자기의 임종 때에 젊은 목사들에게 말하기를), "여러분의 일은 위대합니다. 그래서 큰 진지함을 요합니다. **나에 대해 말하자면, 설교 원고를 작성할 때 큰 소리와 눈물로써 기도하지 않고서는 나는 결코 설교를 한 적이 없습니다.**"

오는 것은 쉽다. 그러나 축복은 마치 하나님의 입에서 나오는 것 같이 그들에게 전달되는 메시지에 속한 것이다. 그리고 하나님을 앙망하면, 때때로 이 사명을 새롭게 갱신시켜주고, 우리의 현재 필요를 공급해주며, 우리의 담대함을 강화시켜주며, 우리를 위해 흐르는 은혜의 감격인 저 파레시아($παρρησια$)를 획득한다. 이 흐르는 은혜의 감격은 우리 설교에 활력과 힘을 주며, 더듬거리는 혀를 풀어 "우리가 마땅히 말해야 할 것을 담대하게 말하게"[42] 한다.

이러한 기도 정신은, 우리의 최선의 준비와 목회 은사 또는 영적인 습관 등, 이 모두에 대한 의존을 포기하는 것을 의미한다. 이런 것들이 우리의 사명을 수행하는데 필요한 자격을 주기에 부족함을 인정하는 것이며, 그분이 임재하시는 능력을 덧입기 위해 우리 영광스러운 머리되시는 분을 단순히 의지하는 것을 의미한다. 이것은 "단순성과 경건한 성실성"이다. 사울의 경우와 같이, 마치 우리가 사람들 앞에 존귀를 받으려고 하는 것처럼 하는 것이 아니라, 오직 진리를 나타냄으로 하나님 앞에서 각 사람의 양심에 대하여 스스로 추천하기를 바람으로 그렇게 하는 것이다(삼상 15:30; 고후 4:2).

스콧트 목사는 이 정신으로부터 이끌어낸 것이 설교에 상당한 도움이 되고 있다고 말하고 있다.

> 설교 준비를 꼼꼼하게 한 후에, 회중에게 말하고 있는 동안, 심지어 매우 평범한 주제에 대해 말하고 있는 동안에도, 새로운 생각과 새로운 논지들과 힘찬 전달 등이, 내 마음 속으로 흘러들어오는 경우가 종종 있다. 내가 서재에서 그러한 것들을 곰곰이 생각하고 있을 때와는 완전히 다른 사람이라도 된 듯한 느낌이 드는 것이다. 나의 설교에는 불확정인 요

---

[42] 엡 6:19, 20. 기다림과 기도에 대한 응답으로써 이것은 특별하게 첫 사도들에게 주어진 것이었다. 행 1:14; 2:1-13.

소들이 있다. 그러나 내 설교에서 가장 놀라운 것들은 미리 계획되지 아니한 것이다.[43]

이 증언이 친숙하게 느껴지는 우리 형제들이 많을 것이다. 그들에게는 이 기도 속에서 거의 순간적으로 진리에 대한 생각이 환하게 그리고 감동적으로 자기 마음속에 떠오르는 일이 자주 있다. 그러나 이것은 오직 지정된 방편의 사용 안에서만 실현되는 것이므로, 허술하게 준비하는 것을 장려하는 것은 아니다. 기도는, 현재 도움을 받기 위해 믿음의 행사를 하도록 격려하고, 우리 사역에 더 많은 활기를 불어 넣어주고, 설교 전달 시에 우리 설교의 생생한 내용이 하늘로부터 내려오게 한다.

그러므로 설교자의 최고의 문장 스타일은 기도에 전념하는 것이다(행 6:4). 이 기도 때문에 어떤 열등한 설교자들은 달란트를 더 많이 받은 다른 형제 설교자들보다 더 존귀하게 여김을 받는다.[44] 왜냐하면 훨씬 더 지성적인 사람들의 설교는 기도를 소홀히 함으로 은혜를 받지 못한 반면에, 주로 묵상과 기도를 통해 얻은 설교는 무게가 있고 힘이 있기 때문이다. 그러므로 가장 뛰어난 하나님의 종들은 설

---

[43] Scott's Life, pp. 393-394. 여기서 설교를 하기에 앞서 힘써 기도하면서 우리 일을 하는 것이 얼마나 중요한지를 특별히 제시하고자 한다. 만일 즉흥 기도가 부적당하다고 생각한다면, 몇 가지 간구 제목을 하나의 짧은 형태로 모아서 우리 일에 축복해 주실 줄로 하나님의 영에게 전적으로 의지한다는 것을 표현해도 좋다. 이렇게 성령을 분명히 그리고 엄숙하게 존귀하게 함으로, 하나님의 능력이 우리 사역 위에 임하게 될 것이다. 한 편, 우리 회중 중에 믿는 자들을 통해서 자극된 연민은 믿음에 큰 격려와 보증을 줄 것이다. 마 18:19와 Scott's Life, pp. 392-393을 보라.
[44] "목사가 교회를 세우는 데는 교육, 달변, 근면으로 충분하지 않다. 이것들이 목회사역에 필수적인 도구와 재능이지만, 성령께서 목사의 마음과 입술을 조정하시고 열정, 용기, 능력을 주시며 주인과 인도자가 되어야 한다"(Vera ecclesiae aedificaione administrandis nulla eruditio, eloquentia, et diligentia [quae interim tamen Divinissimae hujus provinciae omnibus modis necessaria sunt adminicula et instrumental sufficit: sed nauclero hic et prae side opus est Spiritus Sancto, qui intellectum illuminet, cor et linguae plectrum gubernet, atque ignitum reddat, et animum viresque addat). Zepperi Ars Concion. Pref. 4, 또한 Lib. ii. c. i. 16-18

교 준비 중에서 이 부분에 우선권을 두고 있다는 것은 그만한 근거가 있는 것이다.[45]

심지어 성실한 목사들도 효과가 적은 원인은 기도가 부족한 것임을

---

[45] 스코틀랜드의 혼란기에 '그 땅에서 훌륭한 인물' 중의 한 사람인 Bruce 목사에 대해 다음과 같은 말이 있다. "비록 그는 성경에서 하나님의 마음을 찾는 일에 많은 수고를 한 것으로 알려져 있었지만, 그리고 자기 교인들의 교화를 위해 적합한 내용을 부지런히 준비하는 일을 감히 소홀히 하지도 않았지만, 그럼에도 **그의 주된 일은 자기 자신의 마음을 거룩하고 경건한 틀 속으로 들어 올리는 일이었다. 그리고 설교자를 도와달라기보다는 메시지에 도움을 주시도록 하나님과 씨름하면서, 그 마음을 하나님 앞에 쏟아내는 일이었다.**" "우리가 그를 전파하여 각 사람을 권하고 모든 지혜로 각 사람을 가르침은 각 사람을 그리스도 안에서 완전한 자로 세우려 함이니 이를 위하여 나도 내 속에서 능력으로 역사하시는 이의 역사를 따라 힘을 다하여 수고"(골 1:28-29)하려는 그의 진지한 노력 속에서 효과는 충분히 입증되었다. Fleming's Fulfilment of Scripture에 나와 있는 Bruce에 관한 흥미로운 이야기를 보라.

리버풀(Liverpool)의 Spencer 목사는 (특별히 장래가 촉망되는 젊은 목사였으나, 우리가 생각하는 바대로, 비록 그 자신에게는 자비였음이 의심할 바 없으나, 너무 일찍 교회에서 하나님 나라로 부름을 받았다.) 그는 반드시 하나님과의 은밀한 교제로 시작해서 소위 그가 '무서운 곳'이라고 부르는 강단으로 갔다고 전해진다. Preface to a volume of posthumous sermons published by the Religious Tract Society. 보기 드문 유익과 효과는 그의 목회 활동에 기초를 두고 있는 것처럼 보인다. 그러나 그것은 자타가 공인하는 강단 설득력의 힘으로부터 나왔다기보다는 그의 마음의 거룩한 습관으로부터 직접 이끌어내진 것임은 의심할 바 없다. 왜냐하면, Jebb 감독이 말한 대로, "모든 수사법의 원칙들보다는 뜨거운 기도가 더 감동적인 설교자를 만들고, 은혜로우신 자기 하나님의 임재 가운데 자기가 아는 것을 말하고 자기가 느끼는 것을 증거하는 그 사람이, 사람의 설득력과 천사의 설득력을 모두 합한 것을 마음대로 휘둘렀을 때보다 더 많은 영혼들을 하늘나라로 인도할 것이기 때문이다."

'성자 같은 Fletcher'라는 별명을 가진 Southey 목사의 실천 이야기로 한 번 더 가보자. Gilpin 목사는 다음과 같은 사실을 우리에게 알려주고 있다. "그의 설교에는 항상 기도가 앞서고, 기도가 동반되며, 그리고 기도가 따른다. 이 의무를 수행하기 시작하기 전에, 그는 자기 교인들의 상태에 적절한 주제를 주시도록 '조합의 대가(大家)'에게 요청했다. 자기 자신을 위해서는 지혜와 말과 능력을 주시도록 간절히 구했다. 교인들을 위해서는 진지한 생각, 편견 없는 정신, 그리고 잊어버리지 않는 마음을 주시도록 간구했다. 자기 목회 임무의 유익한 수행을 위해 필요한 이 준비는, 그 당시의 그의 상태에 따라 그 기간이 길 때도 있었고 짧을 때도 있었다. 그는 혼자 있는 시간에 체험했던 무기력함이나 혹은 풍성한 은혜에 따라, 공적인 자리에서 생산될 효과를 정확하게 판단할 수 있었던 적이 빈번히 있었다. 기도 정신은 골방에서부터 강단에까지 그를 동반했다. 그리고 밖에서 그가 자기 청중에게 진리를 외치는 일을 하고 있는 동안, 속에서는 자기의 변개함이 없으신 주님께서 마지막으로 주신 저 큰 약속, 다시 말해-'세상 끝 날까지 내가 너희와 항상 함께 있으리라'하신 그 약속을 이루어 주십사고 간구하였다." Gilpin's Notes on Fletcher's Portrait of St. Paul, p. 52.

말하고 나서, 마씰론(Massillon)은 덧붙여 말하였다.

> 습관적으로 경건한 기도를 하지 않는 사역자는 오직 자기 성도들의 귀에만 설교할 것이다. 사람의 마음에 말하는 방법을 홀로 알고 계시며, 기도를 태만히 함으로 말미암아 그 사람 안에 자신의 거처를 삼지 않으시는 성령님이 그 사람의 입으로 말하지 않기 때문이다.[46]

필립 헨리(Philip Henry)는 공부하는 날에 대해서 말하였다.

> 공부를 시작하였을 때, 하나님의 도움을 갈망하는 기도를 입 밖으로 내어 말로 표현하는 것을 나는 잊어버렸다. 그리고 전차 바퀴는 그에 따라 굴러갔다. 주님, 저의 기도의 생략을 용서하소서. 그리고 저를 의무의 길에서 벗어나지 않게 하소서.[47]

한 연로한 목사가 말하였다.

> 만일 하나님이 그의 도움을 떨어뜨려주지 아니하면, 우리는 잉크 없는 펜으로 글을 쓰는 것과 다름없다. 만일 세상에 다른 사람들보다 더 하나님을 의지하면서 살아가야 하는 사람이 있다면, 그 사람은 바로 목사이다.[48]

우리는 또한 설교 원고를 작성할 때뿐만 아니라, 설교 전달에 대해서

---

[46] Charges, pp. 207-209.
[47] Philip Henry's Life. pp. 60-61.
[48] Gurnal. '목사들이 설교하기에 앞서, 공부하는 수고가 있어야 한다. 설교를 하는 열정과 사랑이 있어야 하며, 설교 후에 수난의 수고가 있어야 하고, 그리고 **성공적으로 그 전체를 마무르기 위해서는 기도의 수고가 항상 있어야 한다.**'

도 기도가 많이 필요하다. 회중 속으로 들어가기 전에 마음을 특별히 준비해야 하기 때문이다.

백스터(Baxter) 목사는 말하였다.

> 왜냐하면, 만일 그 때 마음이 냉랭하다면, 어떻게 듣는 이들의 마음을 뜨겁게 할 수 있겠는가? 그러므로 하나님께 가서 특별히 활기를 구하라.[49]

또한 우리는 설교 준비를 위한 기도뿐만 아니라, 많은 무리들을 가르치고 나서 그들을 보내시고 기도하시러 산으로 가셨던 우리 주님처럼(막 6:34-46), 설교가 끝난 후의 기도도 잊지 말아야 한다. 우리 성도들이 하나님의 집에서 해산되어 집으로 돌아갔을 때에도, 우리의 일은 끝난 것이 아니다.

우리가 강단을 떠났을 때에도 여전히 활동하는 자가 있다. 그 자는 우리보다 훨씬 더 능력있게 우리가 강단에서 외친 말들을 청중들의 마음속에서 되돌려 놓는 일을 끊임없이 하고 있다. 우리가 깨어있어 기도하지 않으면, 그 자는 그의 모든 노력에도 불구하고 신앙으로 회귀한 자들을 다시 빼앗기 위해 모든 지략과 치밀함을 사용한다.

오웬 박사는 우리에게 상기시키고 있다.

> 말씀을 설교하면서도, 끊임없이 그리고 빈번하게 기도로 말씀을 따르지 않는 것은 말씀의 유익은 믿으면서 말씀의 목적은 소홀히 하는 것이며, 복음의 모든 씨앗을 아무렇게나 던져버리는 것이다.

처음 시작할 때와 마찬가지로, 우리 설교의 결론을 마치고 나서도 우

---

[49] Reformed Pastor.

리가 한 설교에 대해 깊이 관심을 갖기를 원한다. 방금 들었던 망치를 내려쳤던 일로 인해, 몇 사람의 확신을 일깨워 주었든지 그들을 더 강하게 만들어 줄 수 없었을까? 일시적인 감동으로 끝난 몇 사람들의 경우는, 일단 그 감동이 시작되었을 때 내가 좀 더 철저하게 다루었어야 할 수고를 소홀히 한 탓은 아니었을까? 몇몇 사람들은 하나님의 은혜를 이제 처음으로 조금 맛본 것은 아니었을까? 이 경우들은 목회 상담과 함께 기도의 모든 힘과 열정을 필요로 한다. 그러므로 무슨 일이 있어도 꼭, "복음의 가르침들을 체계적으로 전달하는 것은 기독교의 기본 방침들의 형성과 점차적인 발달에 반드시 필요하다. 그러나 하나님의 그 은혜의 얼마쯤이라도 분출시키기 위해서는, 그것에 열렬한 기도가 많이 수반되지 않으면 안 된다."[50]

비록 말씀의 전달 다음에 오는 것이기는 하지만, 이 기도의 실천은 진실로 설교 준비의 일부분이다. 마음을 기도의 분위기로 유지하라. 그리고 다음 설교의 때에 행동할 준비를 하라. 그 위에, 앞으로의 기대를 지난 일의 회고와 연결시키는 것은 너무도 자연스러운 일이어서 과거에 부어주신 축복을 또 다시 간구 할 때마다 뜨거운 소원이 따르며 계속해서 필요한 것들을 공급해주실 것이라는 확신으로 기대하게 된다. "하나님께 많이 기도하라. 그리하면 연구만 하는 것보다 더 많은 원군(援軍)과 성공을 그대의 사역에 가지게 될 것이다."[51]

이제 세부적인 부분들을 결합했을 때 얻는 효과와, 도움의 정확한 보장에 관해 몇 마디 더하고, 설교 준비라는 주제를 맺고자 한다.

메이더 목사는 미국 목사인 미첼(Mitchell) 목사의 실천을 자세하게 묘사하고 있다. (아리스토텔레스가 한 유명한 책을 저술할 때 그랬다고 회자되고 있는 것처럼), "설교에 대한 그의 강화의 저술에서, 그는 자기의 펜에 자

---

[50] Bishop of Winchester, pp. 284-285.
[51] Mather's New England, iii. 138.

기 영혼의 잉크를 찍어서 썼다." 그가 설교 한 편을 쓰려고 할 때, 그는 기도로 시작하였다.

그는 "기도를 잘했다면, 연구를 잘한 것이다"(Bene orasse est bene stuuisse)라고 생각했던 것이다. 그리고 나서 그는 원어 성경으로 본문을 읽었다. 그리고 성령의 언어를 숙고해 보았다. 해석에 어려움이 생기면, 그는 자기가 아직도 읽어보고 있는 든든한 해석자들의 흐름과 자신의 해석과의 차이가 무엇인지 용의주도하게 찾아내곤 하였다. 주초(週初)에, 그는 자기가 가르칠 것들과, 그리고 아마도 자기 설교의 다른 대지들도 작성해 놓고 싶어 하였다. 이따금씩 떠오르는 자기 생각들을 그 설교에 유용하게 쓰기 위해서였다. 그리고 그는 그 주제에 대해 다룬 다른 저자들의 책들을 읽어보기 전에, 자기 설교의 형태를 만들기 위해 보통 자기 자신의 묵상을 개선시키곤 하였다. 다른 저자들의 생각들을 단지 자기 자신의 생각을 수정하고 꾸미는 데만 사용하기 위함이었다. 마지막으로 설교 작성을 다 끝낸 후에는, 자기를 도와주신 하나님께 감사하는 것으로 마쳤다.[52]

미숙하고 이해되지 않은 자료들을 모두 제쳐 놓고, 우리 보물 창고에서 성도들을 교화시키는 확실한 양식을 꺼내오도록 하기 위해서, 꼼꼼한 연구, 꼼꼼한 묵상 그리고 뜨거운 기도를 포함한 모든 설교 준비를 어떤 식으로 완성해야 하는지에 대한 생각을 이 예는 잘 보여주고 있다. 긴급한 경우에는 우리가 특별한 도움이 있을 것을 기대한다 할지라도, 보통의 경우에는 우리 마음속에서 별로 중요하게 생각해보지도 않고 진리의 말씀에 비교해 보지도 않았던 것을 만들어내려 하는 것은, 우리가 아무 대가도 치르지 아니한 것을 하나님께 제물로 드리는 것과 같다. 아니, 그 이상이다. 그것은 눈 먼 것과 다리 저는 것과 병든

---

[52] ut supra, iv. 205.

것을 바치는 것이며, 심지어 제물로 드리기에 흠이 있는 것으로 드리는 것이다(삼하 24:24; 말 1:8; 13-14).

그러나 하나님의 진리의 말씀을 아주 정확하게 연구할 때 우리는 그 진리가 주는 거룩한 감동을 받게 된다. 그 진리는 우리 마음의 틀 속으로 들어와서, 마음에서 마음으로 말하게 되는 것이다. 그 감동이 없으면, 우리 수고에 대한 우리 자신의 관심 즉 우리 자신의 영혼을 교화시키는 관심을 잃게 될 것이다.

우리가 전할 메시지 속에서 하늘나라의 단맛을 맛볼 때, 우리의 공적 사역은 얼마나 즐거운 일이 되겠는가! 이 즐거움의 힘으로, 우리는 거의 엘리후의 말을 하게 된다. "내 속에는 말이 가득하니 내 영이 나를 압박함이니라 보라 내 배는 봉한 포도주통 같고 터지게 된 새 가죽 부대 같구나 내가 말을 하여야 시원할 것이라 내 입을 열어 대답하리라"(욥 32:18-20). 이것은 연구를 해서 얻을 수 있는 것 그 이상의 무엇이며, 인간적인 수단에 의한 감격이나 개선, 그 이상의 무엇이다. 이것은 믿음의 행사이며, 오래 지속되는 뜨거운 기도의 열매로서, 우리 사역에 강력한 에너지를 불어넣어 우리의 말로 많은 사람이 믿게 된다(행 14:1). 그러한 설교는 "우리 구주의 피가 뿌려진 것이요, 그의 영이 그 속에 숨 쉬고 있는 그런 설교이다."[53]

그러므로 어느 모로 보나, 설교 준비는 우리 자신과 우리 성도들 양쪽 모두를 위한 위대한 의식(儀式)이다. 그런 설교는 영광스런 우리 주님을 설교 주제의 중심점으로 끌어안는다. 지적인 묵상뿐만 아니라 기도의 묵상을 통해서도, 설교 준비는 우리 영혼을 영적으로 성숙시킨다. 설교 준비는 헛되게 그리고 무익하게 배회하게 하지 않게 하고, 구체적인 요점들과 이러한 요점들에 대한 확실한 파악에 우리 마음을 집

---

[53] Mather's Student and Pastor, p. 178.

중시켜준다. 이것은 감동적인 느낌과 함께 확고한 지식을 가져다준다. 말은 간결하게 표현되지만, 그 진리는 단순하면서도 확대된다. 내용이 빛으로 가득찰 뿐만 아니라 흥미와 힘으로 가득 차게 된다. 그러므로 우리 목사들은 양심의 인도에 주목해야 할 필요가 있다. 성령의 역사하심과 확신과 마음의 활동과 그것으로부터 생기는 효과들을 특징적으로 가지고 있어야만 한다. 목사들은 자연의 상태에서는 사람들에게 알려지지 않은 그리스도인의 체험 속에 있는 다른 변화들에 주의를 기울여야 한다.

하나님 나라의 비밀의 지식을 획득하기 위해, 그들은 또한 묵상과 기도로 하나님과의 끊임없는 교제를 유지하여야 한다. 그리고 "너는 이스라엘의 선생으로서 이러한 것들을 알지 못하느냐"(요 3:10)라고 주께서 니고데모를 책망했던 그 심한 질책을 사람들이 피할 수 있도록, 다른 사람들의 양심을 섬겨야 한다. 진지한 그리스도인들의 양심은 신중하고 경험적인 사역의 가치를 발견한다. 그들은 하나님의 방법과 사탄의 방법에 의해 영적인 훈련을 받은 민감한 마음에서 우러나온 설교에 더 건전한 위안을 받는다. 차갑고 추상적인 성경적 진술에서 나온 설교보다는, 하나님의 말씀의 탄탄한 강해로 지지되고 성령의 증거와 나타나심으로 행해진 설교에서 더욱 큰 은혜를 받는 것이다.

거룩한 진리의 고매한 향기는 자연스럽게 인간의 성향에 대한 커다란 통찰력을 준다. 그리고 판단과 양심의 가책과 마음의 확실한 가르침의 확신을 줄 수 있게, 목사가 자기 사명을 솜씨 있게 수행할 수 있도록 해준다. 이렇게 직접적인 적용을 시켜주면, 경건치 못한 자들의 양심 속에 그리고 성실한 그리스도인들의 연민 속에 반응이 나타나는 것을 보게 될 것이다.

실제적인 신앙의 금언은 우리의 주제에도 충분히 적용된다. 마치 우리의 성공 전체가 설교 준비에 달려 있기라도 한 것처럼, 설교 준비를 위해 힘써 수고하라. 기도하고, 그분 없이는 우리는 아무것도 할 수 없다고 생각하면서 그리스도께 전적으로 의존하라. 준비를 소홀히 한다는 것은, 곧 그의 정상적인 경로에서 벗어나시도록 하나님을 유혹하는 것과 마찬가지이다. 우리의 준비를 신뢰하는 것은, 우리의 은사를 하나님으로 삼는 것이다. 우리 설교의 작성이나 전달에서 하나님의 도우심의 방법들을 조사해보는 것, 또는 우리 자신의 생각의 결과와 위에서부터 내려온 감동 사이의 정확한 경계선을 결정하려는 노력은, 중요하다기보다는 호기심에서 나오는 것이다.

그러나 성공의 모든 영광은 하늘의 하나님께 돌리고 사역에서 생기는 모든 연약한 점들은 우리 자신에게 돌리는 것이 안전할 것이다. 우리에게는 우리가 필요로 하는 것을 최대한 도움 받게 될 것을 기대해도 좋다는 보장이 있다. 그래서 우리는 효과적인 묵상, 원고 작성이나 전달의 유일한 기초로서의 그 보장에 전적인 강조점을 두어야 한다.

그러나 준비의 필요성에 우선하는 그러한 의존은 비성경적이고 망상적이다. 많은 양의 준비나 판에 박힌 준비과정으로 살 수 있는 것이라고, 다시 말해 도움이 기계적으로 충분하게 주어질 것이라고 기대해서는 안 된다. 수년간 능력 있게 그리고 인정받는 분위기 속에서 설교한 후에도, 우리는 당장의 도움을 바라는 처음 설교하는 사람처럼 의존적이다. 공급은 오직 새로워진 믿음의 행위 속에 계속되어, 흘러넘치는 생명의 샘으로부터 우리 영혼을 가득 채우게 된다.

세실 목사는 이 주제에 대해 말할 필요가 있는 모든 것을 요약해주고 있다.

> 사람들이 어떻게 설교하는가, 누가 오류를 범하는가를 관찰해봄 으로써, 나는 인간편에서 마땅히 해야 할 준비도 없이 성령의 영향력 만을 기대하는 버릇을 고침 받았다. 우리는 루터와 사도 바울을 결합 해야 한다.

루터의 '연구를 잘 했다면 설교를 잘한 것이다'(Bene orasse est bene studuisse)는 말은 '이것들을 묵상하라. 너 자신을 전부 그것들에게 바쳐라. 모든 사람에게 너의 유익함이 나타나도록 하라'는 사도 바울의 말과 결합되어야 한다. '나는 좋은 평판을 얻을 수 있는 설교를 하겠다'라고 말하는 사람은 오류를 범하는 것이다. 그리고 자신은 부지런히 설교 준비 하는 것을 등한시 하면서, '나는 모든 것을 성령님의 도우심에 맡기겠다'고 말하는 사람 또한 잘못하는 것이다.⁵⁴

---

54 Cecil's Remains. 우리 대부분은 다음에 나오는 겸손한 고백에 동감할 것이다. "아! 우리가 설교를 준비할 때, 얼마나 냉담하고 얼마나 형식적이었던가! 우리는 기도를 첫 번째로 해야 할 것으로 생각하지 않고 마지막으로 해야 할 것으로 생각하였다. 우리는 설교가 아니라 논문을 썼다. 우리는 성경을 보지 않고 주석가들의 책을 보았다. 우리는 과학의 인도함을 받았지 마음의 인도함을 받지 아니 하였다. 그러므로 우리가 발견해낸 것은 매우 길들여져 있어 뻔했고, 생기가 없었으며, 우리 청중에게 흥미가 없었고 그리스도의 흔적이 별로 보이지 않았으며, 사도 바울의 영감 있는 본보기와는 별로 닮지 않았다." Bishop of Calcutta's Essay to Baxter's Reformed Pastor, p. 13.

The Christian Ministry

3장

율법 설교의 성경적 방법

"하나님께 부끄러울 것이 없는 자로 인정받은" 목사의 표지는, 그 사람이 진리의 말씀을 옳게 분별하는 것이다. 이것은 회심하지 않은 그의 청중에게 복음을 충분히 그리고 직접적으로 적용하는 것을 의미하며, 여러 계층의 그리스도인들에게 영적인 가르침을 시행하는 것을 의미한다. 이런 목사의 설교체계는 성경적인 균형과 이해의 특징을 가질 것이다. 그 체계는, 교리의 가르침과 체험이라는 특권과 실천적 결과로서, 하나님의 계시 전체를 포함한다.

이 계시는, 비록 서로 밀접하게 연관되어 있기는 하지만 본질적으로는 서로 다른 두 부분, 즉 율법과 복음으로 나눠진다. 한 쪽에 대한 정확한 지식이 없으면 다른 쪽을 알 수가 없다. 율법 설교는 그러므로 우리가 다루는 주제의 주요 부분이다. 우리는 그것을 분리해서 생각해 보고, 또 복음과 연계해서 생각해 보게 될 것이다.[1]

---

[1] 성경적 율법 설교를 매우 명료하게 보여주는 경우를 위해서는, Simeon의 Horae Homileticae 안에 있는 Simeon's Sermons on Gal. iii. 19를 보라. 율법을 설교하는 것의 중

1. 율법 설교와 그 성격, 용도 그리고 임무

율법의 참된 성격과 그 연관성을 설교하는 것이 복음사역의 중요한 한 부분을 형성한다는 점에는 의문의 여지가 있을 수 없다. 율법 설교를 율법적인 설교로 매우 부적절하게 동일시하는 사람들도 있다. 다른 사람들은 복음과 독립적으로 율법을 설교한다. 또 다른 사람들은 세상적인 견해나 편의, 신중함이나 그것의 결과 등의 어떤 낮은 규칙들과 열등한 기준으로 인물과 행위를 평가하여 율법의 범위를 축소시킨다. 그러나 복음의 설교에 율법적인 형태가 있는 것과 같이 율법 설교에도 복음적인 형태가 있다. 율법은 의롭게 하지 못하기 때문에 율법을 설교하지 말아야 한다고 반대하는 제안이 왔을 때, 루터는 크게 화를 냈다.

> 우리가 아직 살아 있는 동안에, 그렇게 유혹 하는 자들은 우리 백성들 가운데 이미 와 있다. 그렇다면 우리가 죽은 후에는 어떻게 되겠는가? 사도 바울이 했던 설교보다 더 담대하고 호된 설교는 세상에 없었다. 그 설교에서 바울은 죄인의 구원을 위해 불충분한 것으로 모세를 그의 율법과 함께 폐지하고 없애버렸다. 그럼에도 불구하고, 우리는 적당한 때와 적당한 장소에서 십계명을 설교해야 한다. 우리가 의롭다 함을 받기 전에, 우리는 율법을 크게 존중해야 한다(율법이 죄를 깨닫게 해 줌으로). 우리는 그것을 최고로 높이고 찬사를 보내야 한다. 그리고 (사도 바울과 같이) 우리는 그것을 좋은 것, 참된 것, 영적인 것, 그리고 하나님의 것으로 간주해야 한다. 사실이 그렇다.[2]

요성과 그 의무에 관해서는, Daven on Col. i. 28과 비교해 보라.
2 Luther's Table Talk, ch. xii.

사도 바울은 율법의 성격과 용도에 대한 자신의 견해를 복음 진리에 대한 자신의 가장 확대된 견해와 결합시키고 있다. 그는 그 성격을 "거룩하고 의로우며 선한"(롬 7:12) 것으로 정의하고 있다. 율법의 용도는 우리에게 "유익하다"(딤전 1:8)고 바울은 우리에게 알려주고 있다. 그 성격의 설명과 이 용도의 집행은 그러므로 목사의 사명의 조건 속에 포함되어야 한다.

하나님의 마음과 형상의 사본으로서 하나님의 율법은 "거룩함"을 가진다. 거룩함은 인간에게 하나님의 사랑을 보여주며 동시에 인간에 대한 하나님의 사랑의 증거를 가장 영광스럽게 나타내고 있다. 사랑은 하나님의 거룩함의 진수이다. "의로움"은 하나님과 그의 피조물 사이의 맨 처음의 가장 단순하면서도 분명한 정의에 관한 원칙들에 순응하는 것이며, 또 그것으로부터 연역된 것이다. "선함"은 양심이 우리에게 말하고 있는 바대로 이러한 율법이 하나님의 성품에 적합한 것이며 하나님의 뜻을 성취하기에 즉 순종의 기쁜 훈련을 통해 인간을 하나님과 연합시키는 것을 성취하기에 가장 유용한 것이다. 저 축복의 절정으로 인간을 인도할 신실한 순종은 하나님의 일의 목적과 보상으로서 제정된 것이다.[3] 그리하여 율법을 만드신 분 속에서, 그 내용 속에서, 그 목적 속에서, 율법은 우리의 최고의 존중을 요구하는 것이다.

율법의 용도는 다양하며 중요하다. 많은 건전한 좋은 결과들에 대해 세상은 율법의 신세를 지고 있다. 율법은 하나님의 거룩한 속성과 성품을 발견하게 해주며, 세상 사람들에게 그들의 의무를 알려주고, 그들이 율법을 행하도록 구속한다. 율법이 고삐를 묶어 인간에게 제한을 가하지 않았다면, 세상은 '피의 광장'이 되었을 것이다. 율법은 또한 그 멍에를 벗어 버리는 자들을 정죄하고 있다(딤전 1:9). 심지어 이교도에

---

[3] Vitr. Obs. Sacr. Llb. vi. ch. xvii. 11.

게도 "자기 마음에 쓰인 율법의 역사"로 말미암아 유죄 판정을 내린다 (롬 2:14-15). 율법은 또한 죄를 확정하는 수단이다. 자신의 사역에서 율법을 없애는 자들은 십자가 외에는 다른 죄를 확정하는 수단을 인정하지 않는다. 그러나 이 명백한 목적을 위해, 우리 주님도 젊은 관원에게 도덕법을 적용하지 않으셨는가? 율법은 또한 사도 바울을 자기 죄에 대한 영적인 근심으로 이끌었던 고정적인 수단이 아니었던가?[4]

율법은 모든 생각과 상상, 욕구, 말, 그리고 일을 인지한다. 그리고 율법은 절대적이고도 중단되지 않는 순종을 강력하게 요구한다. 영원한 형벌의 고통에 대해, 율법은 마음의 죄와 더러움과 비참함을 확인시켜, 거룩하시고 진노하시는 하나님의 찌푸린 얼굴 아래에서 죄인이 핑계 대지 못하게 하며 동시에 도움도 주지 않은 채로 내버려 둔다. 죄인은 구주를 반길 준비를 하고, 그분 없이는 영원히 죽게 되어 있다. 그래서 기도하지 않을 수 없다. "하나님 이 죄인에게 자비를 베푸소서." 밖에서 보이는 그(사도 바울)의 행동은 "율법의 의로는 흠이 없는 자"(빌 3:6)였다. 그는 이제 자신 속에서 죄성을 보고 복음이 말하는 바 비참함을 본다. 그래서 갈망과 믿음의 손을 뻗는다.

그는 그리스도가 값없이 주는 선물을 받는다. 그래서 이제 그는 율법의 유익을 너무나도 잘 느끼고 있다. 율법이 의롭게 하는 힘을 상실

---

[4] 롬 7:7-9. 그의 포괄적인 주장, iii. 20과 비교해 보라. 다시 말하지만, 율법이 들어왔기 때문에 **죄가 많아졌다고** 그는 우리에게 알려주고 있다(20절). (율법의 직접적 열매로서) 마음의 죄가 많아졌다는 것이 아니라, 율법의 영성이 강하게 나타남으로 말미암아 양심의 가책이 일어났고 그 의로운 저주의 고발이 많아졌다는 뜻이다. 만일 "죄가 율법을 어기는 것" (요일 3:4. 4:15과 비교해 볼 것)이라면, 율법의 정당한 이해는 죄의 자각의 매개체가 된다. 또한 율법 없이 죄를 자각한다는 것을 우리는 생각할 수도 없다. 주어진 기준을 참조해야만 빗나간 것을 발견할 수 있기 때문이다. 심지어 그리스도의 십자가도 죄의 자각의 수단이 되어, 궁극적으로는 돌아서 다시 율법 속으로 들어간다. 율법의 어김은 죄가 되며, 이 죄가 그의 죽음의 원인이 된 것이다. 그러므로 율법은 항상 사용하여야 하며 없어서는 안 되는 그런 것이어서, 공포 때문에 그리스도에게 나아가는 것이 아니라 죄의 자각 때문에 그리스도에게로 우리를 인도하는 것이다.

하였다는 이유로, 도덕 폐기론자들과 함께 기꺼이 율법을 던져 버린다(롬 8:3). 율법의 언약적 형태는 복음의 필요성과 성격 그리고 탁월성에 대한 그의 이해를 확대시킨다. 구원의 보장과 구속자와 속죄의 나타남은, 율법을 높이고 영광스럽게 만들고자 하는 하나님의 결정의 결과였다(사 42:21). 하나님이 영광스럽게 죄인들을 용서하시고 의롭다 하시고 구원하시도록 하기 위함이었다. 율법의 가르침과 형벌은 그러므로 임마누엘의 고난과 죽음이 필연적임을 설명해준다. 그리하여 "정죄의 직분도 영광이 있은즉 의의 직분은 영광이 더욱 넘치리라"(고후 3:7-9). 복음이 우리에게 직접적으로 보여주는 것, 즉 그분이 우리 대신에 어떻게 되고 무엇을 하였고 어떤 고난을 겪었는가를 알고 그리스도를 사랑해야 할 우리의 무한한 의무를, 이 거울은 우리에게 간접적으로 보여준다. 이것이 우리가 그분을 섬기지 않으면 안 될 구속력이다. 그분의 순종은 모든 요구를 만족시켰으며, 우리가 당해야 할 모든 형벌을 겪었으며, 하나님 앞에 용납하심을 받는 근거로서 영원한 의를 불러왔기 때문이다.

또한 삶의 규칙으로서 율법은 그리스도인에게는 굉장히 중요하다. 율법은 그의 창조자, 그의 주권자, 그의 재판관이신 하나님의 권위를 가지고 "의의 최고의 완전함으로"[5] 그리스도인에게 다가 온다. 그리스도인의 구속자의 법으로서 그것은 갑절의 힘을 갖는다. 비록 그리스도인이 "하나님께는 율법이 없는 자"가 아니라 할지라도, 그리스도인은 특별히 "그리스도의 율법 아래에 있기"(고전 9:21) 때문이다. 이것이 자기 주인의 사랑의 멍에를 메고 즐겁게 순종하는 그의 길이다. 이것은 이 땅에서의 최고의 특권이다. 이것은 또한 하늘나라에서는 즐거움의 절정이 될 것이다(마 11:29-30; 계 7:15; 22:3).

---

[5] Calv. on Luke x. 26.

삶의 규칙으로 율법을 이용하는 것은 지속성과 일관성을 증진하기에 매우 효과적인 수단이다. 마음에 쓰였기 때문에, 그것은 그리스도인에게 진정성의 계속적인 시금석 역할을 해준다. 그리스도인은 자기 양심의 증거를 가진다. 선한 율법을 인정하고, 속사람을 따라 그것을 기뻐한다. 모든 것에 관련된 하나님의 모든 명령을 옳은 것으로 생각한다. 자신이 완전하게 율법을 따르지 못한다는 것을 모든 순간의 죄라고 생각한다. "하늘에 계신 너희 아버지의 온전하심과 같이 너희도 온전하라"고 하신 것처럼, 거룩하지 못한 그 어떤 것에도 만족하지 못한다(롬 7:16, 22; 시 119:128; 벧전 1:15; 마 5:48).

율법의 규정은 또한 매일 자기 검증의 기준을 제공해 준다. 하나님의 종은 자연적으로 그리고 흔히 무의식적으로 자신을 높이는 그 근원에 대해 한탄한다. 그러나 완전함의 표준으로서 율법은 계속적으로 시기적절한 견제를 그 근원에 해준다. 율법은 하나님의 종을 지면으로 낮추어 준다. 율법은 자신의 드러난 허물뿐만 아니라 사역에서의 죄들 때문에도 그를 당황하게 만든다. 그리스도와 견주었을 때 그 모든 것을 배설물과 찌끼로 생각하게 만들기 위해서다. 그리스도의 십자가를 의지함에 있어 다른 마음을 품지 않게 함이요, 용서와 용납 그리고 은혜의 공급을 날마다 새롭게 적용하도록 하기 위함이다.

그리스도인이 가진 이 율법의 의무는 하나님의 보좌로도 변경할 수 없는 것이다. 피조물이 그의 창조주와의 필수적인 관계를 폐지할 수 있는 것이 무엇이 있겠는가? 구속(救贖)이 추가적으로 결합된 것은 본래의 의무를 강화시키기 위한 것이지, 폐지하기 위한 것이 아니다. 우리가 새로운 피조물이 되었다고 해서 피조물이 되는 것이 중단되는가? 그러므로 우리는 여전히 하나님의 주권에 따라 개인적으로 순종해야 하지 않겠는가? 또는 율법의 의무가 그리스도의 손을 통해 우리에게 전달되었다고 해서 율법이 그 힘을 잃는가? 그리스도는 만유의 주시며 가장 귀하고 권위있는 관계안에서 우리 앞에 서계시지 아니한가? 왜 사람들이 이 규칙을 제거하고 싶어 하는지 우리는 물어야 할 것이다. 하나님의 속성의 거룩함에 적의를 품고 있지 않다면, 율법의 지도로부터 도피하겠다는 생각은 참을 수 없는 것이다.

율법은 속박을 야기하기는커녕, 복음을 수종드는 완벽한 자유이다. 그래서 우리가 언약으로서의 율법으로부터 구원의 덕을 더 보았는지, 혹은 규정으로서의 율법에 구속되었다는 탓을 해야 하는지는 말하기 어렵다. 우리가 구주를 사랑하는 증거는 "그의 계명을 지키는 것"이다(요 14:15). 그것은 다름 아닌 도덕법의 가르침이다. 그 도덕법은 가장 강력하고 가장 매력적인 의무의 사슬로 그리스도인의 마음에 매여 있는 것이다. 각성한 죄인의 첫 번째 소원은, "주님, 제가 무엇을 하여야 하리이까"(행 9:6)라는 것이다. 끊임없는 그의 기도는, 저의 "사랑을 지식과 모든 총명으로 점점 더 풍성하게 하사"(빌 1:9), "어리석은 자가 되지 말고 오직 주의 뜻이 무엇인가 이해하게"(엡 5:17) 해달라는 것이다.

그러므로 그것은 법적인 구속이 될 수 없고, 사실은 구주의 손으로부터 율법을 받는 복음적인 특권이다. 구주는 율법의 정죄하는 권세를 벗겨 버리셨고 우리의 애정과 기질과 대화를 자기의 영광을 위해 통제하신다. 우리 성도들 중에 어떤 이들은 복음의 약속들 때문에 매우 흥분하며 활력을 얻지만 그러나, 율법을 가르치면 그들은 풀이 죽는다. 이것은 율법의 목적과 사용에 대한 편협한 오해에서 비롯된 것이다.

다른 많은 경우, 나쁜 행위를 하는 것은, 그들이 율법의 건전한 제한과 지시의 필요성을 의식하고 있지 않다는 것을 너무나도 분명하게 입증하고 있는 것이다. 또한 우리 형제 중 어떤 사람들은 자기들이 그리스도의 교사들이 아니라 모세의 교사들이라고 생각될까봐, 율법의 의무들을 행하는 것을 두려워하고 있는 것처럼 보이기도 한다.

그러나 우리 주님은 옛 시대의 의무들을 확립하거나,[6] 또는 자신의 제자들에게 그것들이 자기의 의무라고 고백하게 하는데(눅 17:10), 추호의 망설임도 없으셨다. 그러므로 우리는 율법의 금지조항을 어김으로써 듣게 되는 양심의 비난을 견디는 것보다는, 율법의 금지조항을 준수하도록 규제하는 법률을 수용하는 것이 더 쉬울 것이다.

도덕폐기론자들의 누룩은 정말 우리 마음의 타락과 가장 성질이 같은 것이다. 그리고 그 치명적인 영향력은 그것을 따르는 사람들의 모순된 생활 속에서 너무나도 분명히 드러나고 있다. 사랑의 법을 십계명의 규정으로 대체시키는 것은, 시계의 조절기가 위치할 자리에 스프링 장치를 놓는 것이며, 안정적인 행위의 지침을 끊임없이 변하는 자기기만적인 마음의 속임수에 의해 쉽사리 위조된 한 원칙과 맞바꾸는 것이다. 이 학교의 제자들은 자기들이 옳다고 고백한 것에 성실하게 도달하는 일이 거의 드물다. 너무나 빈번하게 그리스도인의 신실함이 결여되어 있어, 영원히 존재하는 영혼은 속임수의 가련한 희생자들처럼 멸망한다.

율법의 면모와 유익을 잠시 살펴보면서, 우리는 이 말을 한다. 언약으로서의 율법은 "무서워하는 종의 영"(롬 8:15)을 자극하여 두려움에 빠지게 한다. 우리를 낮추며, 경고하고, 설득하고, 절망으로 인도한다. 이와 달리 생활의 규칙으로서의 율법은 하나님의 인도 아래 그리스도인 속에 "양자의 영"(롬 8:15)이 일하게 한다. 그의 일상적인 소원과 율법에 따르는 기쁨은 하나님의 권속에 대해 관심이 있음을 증거하는 것이다. 언약으로서의 율법은 사람들을 그리스도에게로 인도하여 율법의 폭정으로부터 구원받게 한다. 그리스도는 사람들을 그들의 삶의 규칙으로서의 율법으로 되돌려 보내고 있다. 그들이 율법의 다스림으로

---

[6] 마 5:17; Calvin in loco.

부터 구원받은 한 편 (이제는 우리가 얽매였던 것에 대하여 죽었으므로,) 그들을 "의문의 묵은 것으로가 아닌, 영의 새로운 것으로 섬기도록"(롬 7:6) 한다. 그리하여 그리스도께서 자신들을 위하여 언약의 율법에 완전하게 순종하신 것에 대하여, 그분을 섬김에 있어 삶의 한 규칙으로서의 율법에 순종함으로 그들은 그분께 감사한 마음을 보여주는 것이다.

우리는 복음을 너무 많이 가졌다 할 수 없다. 그러나 우리는 율법을 너무 적게 가지고 있다고 할 수 있다. 그래서 복음주의적 율법 설교의 부족은, 율법적인 복음 설교만큼이나 비효과적인 사역의 분명한 원인이 된다. 그러한 사역에서는 일반적으로 죄의 영적 자각의 부족이 반드시 있을 것이다. 구체적으로 말하면, 죄의 영적 자각과 거기에서 직접 흘러나오는 영적 순종에 대한 기준이 낮아질 것이다. 기독교교회 안에 널리 퍼져있는 오류들은 이러한 근원으로 거슬러 올라갈 수 있을 것이다.

만일 율법의 영적 표준이 분명하게 제시되었다면, 그리고 그것의 설득력이 참으로 느껴졌다면, 우리는 완전해질 수 있다는 감리교의 말을 결코 듣지 말아야 했다. 속에 있는 빛을 의지해야 한다는 신비주의자들의 말도 들어서는 안 되었다. 도덕폐기론자들의 기만도 듣지 말았어야 했다. 정통주의의 모순된 고백도, 바리새인들의 자기 의(義)도, 펠라기우스와 소시니우스의 인간은 타고난 성향이 올바르다는 말도 듣지 말았어야 했다. 이 신념의 부족으로, 복음주의 견해에 대한 완전한 인식은 경험적이고 실제적인 효과에서 실패할 것임이 틀림없다.

그러나 반대편에는, 도덕폐기론의 오류들이 있다. 만일 도덕폐기론이 하나님의 율법의 완벽한 기준을 순종하지 않게 한다면, 단순한 도덕 설교는 이 거룩하지 않은 누룩을 교묘히 꾸민 종류가 아니겠는가? 신념 있는 도덕폐기론자와 마찬가지로 이러한 설교자는 하나님의 율법의 기준을 성향이나 변덕이 정함이 없고 늘 변하는 기준과 맞바꾸어

버린다. 다른 경우에 있어서와 같이, 구원과 자비의 개념들은 여기서 죄의 변명으로 사용된다. 모든 것에 대해 소망을 가지며 아무것도 두려워하지 않는 것이 이 설교의 특징이다.

속임을 받은 영혼들이 이 황금 같은 꿈속에서 영원 속으로 미끄러져 들어가는 것은 생각만 해도 끔찍한 일이다! 오류에 대해 반대하고 하나님의 진리를 효과적으로 제시하기 위해서, 하나님의 율법의 영적인 성격과 변경할 수 없는 그 의무들을 충분히 제시해 보임으로써 우리의 사역이 구별되어야 한다는 것은 대단히 중요한 것이다!

2. 율법과 복음의 연결

뉴턴 목사는 이 주제의 중요성에 대해 놀라운 말을 하고 있다. 율법과 복음 사이의 구별과 연결 그리고 조화와 그리고 서로 예증하고 서로 세워주기 위한 그 둘의 상호 보완적 성격을 분명하게 이해하는 것은 보통이 아닌 특권이며, 영혼이 좌측 혹은 우측에 있는 오류들에 말려들지 않게 보호하는 기쁜 수단이 된다![7] 사도 바울 시대에 어떤 사람들은 "율법의 선생이 되려 하나 자기가 말하는 것이나 자기가 확증하는 것도 깨닫지 못하였다"(딤전 1:7). 이것은 그리스도인 교사에게 있어 그 모든 복음과의 연결과 함께 율법의 분명한 이해가 얼마나 중요한지 모른다는 것을 의미하는 것같이 보인다. 그리고 한 죄인이 하나님께 용납함을 받는다는 중대한 문제는 이 주제에 대한 분명한 견해 없이는 정확하게 진술할 수 없다. 갈라디아 교회의 유대교에 입교한 교사들은 이 요지를 오해하여 하나님의 말씀을 지식이 없는 말로 어둡게

---

[7] Newton's Works, i. 322.

하였다. 어리석은 자기들의 청중을 홀려서 복음의 단순함을 보지 못하게 하였던 것이다. 그리고 그들을 그리스도 안에 있는 자유함으로 자유롭게 세워주기 보다는 그들에게 속박의 멍에를 다시 씌웠던 것이다(갈 3:1; 5:1).

1) 이 주제는 율법과 복음의 차이에 대한 명백한 진술을 포함하고 있다.

"율법과 복음을 잘 구별할 줄 아는 자는 하나님께 감사해야 하며, 자기가 신학도임을 알아야 한다"(Qui scit bene distinguere inter Legem et Evangelium, Deo gratias agat, et scat se esse [Theologum]).[8]라는 문장은 오래된 신학교에서는 격언이 되었다. 본래의 계시에 있어서는 이 둘 사이에 많은 차이가 있다. 적어도 부분적으로는, 율법은 인간 본성의 빛으로 발견할 수 있다(롬 2:14-15). 반면에, 복음은 "하나님의 비밀 속에 감추어져 있다." 그래서 오직 계시의 빛으로만 알 수 있다(롬 14:25). 그러므로 우리는 자연 상태에 있는 인간도 부분적으로 율법을 알 수 있다는 것을 알고 있다. 그러나 복음은 전혀 알 수가 없는 것이다. 또한 율법과 복음이 인간에게 각각 관계하는 방식에는 차이가 있다. 율법은 인간을 하나님의 피조물로 본다. "하나님의 모든 뜻 안에서 완벽하고 완전하라"는 율법이 처음 공포되었을 시기에 있던 그대로 보는 것이다. 복음은 인간을 현재의 상태로 본다. 즉 순종할 능력도 없고 불순종에 대한 대가도 치룰 수 없는 죄인으로 보는 것이다. 죄가 인정되고, 정죄 받고, 어쩔 수도 없고, 멸망 받을 죄인으로 보는 것이다.

---

8 이 주제에 대한 귀중한 언급들은 멜랑톤의 생각과 함께 (이 사람에 대해 루터가 증거하기를, "그는 매우 잘 가르치며 율법과 복음의 올바른 차이와 사용 그리고 유익에 대해 분명하게 가르친다"고 하였다), Scott's Continuation of Milner, vol. II. pp. 230-237에서 찾아볼 수 있다.

율법과 복음은 또한 그 제재력에 있어서도 다르다. 그 둘은 우리가 어떤 사람이 되어야 마땅하며 어떤 행동을 해야 마땅한지를 우리에게 가르쳐준다. 그러나 복음만이 그 필요한 자원을 공급해준다. 하나님의 아들과의 연합 속에서, 그리고 그로부터 파생된 하늘나라의 생명에 참여하는 것이다. 명령은 율법의 특징이다. 약속과 격려는 복음의 특징이다. 전자에서는, 죽음의 형벌을 면하기 위해서 순종이 요구된다. 후자에서 순종은 생명의 약속에 의해 격려를 받는다. 약속은 과연 율법의 순종에도 달려있다(갈 3:12). 그러나 아담의 언약의 조건보다 훨씬 더 어려운 조건으로 주어져서, 우리가 손으로 잡을 수 없는 곳에 있다. 그에게는 완벽한 순종을 할 수 있는 충분한 힘이 부여되었지만, 우리는 아무리 낮은 영적 기준이라 할지라도 그것을 만족시킬 만한 도리가 없다. 복음은 반면에 약속을 거저 주고 있다. '순종하기 위해서'라는 말이 그 약속의 원칙이자 동기인 것이다.

정죄하는 힘 또한, 율법은 복음과는 많이 다르다. 한 저자가 간결하게 말하기를, "율법은 죄인을 정죄한다." 따라서 그를 의롭다 할 수 없다. 복음은 예수를 믿는 죄인을 의롭다하고 따라서 정죄할 수 없다. 율법에는 하나님이 영원한 사망의 무시무시한 위협자로 등장한다. 복음에는, 그분은 영생의 은혜로운 약속으로 자신을 나타내신다. 전자에서는 에발산에서처럼 그분은 저주하신다. 후자에서 그분은 그리심 산에서처럼 축복하신다.

전자에서, 그분은 우뢰 속에서 그리고 무서운 위엄으로 말씀하신다. 후자에서, 그분은 부드러운 속삭임이나 '세미한 음성으로' 말씀하신다. 율법의 나팔을 불어서, 그분은 죄인과의 전쟁을 선포하신다. 복음의 기쁜 나팔을 불어서, 그분은 화평을 선포하신다. "땅위에 평화요 사람들을 향하신 은혜"인 것이다. 율법은 죄가 확정된 죄인들에게 두려움의 소리요, 복음은 기쁜 소리이며 "큰 기쁨의 좋은 소식"이다.

전자는 하나님을 진노와 복수의 하나님으로 표현한다. 후자는 사랑과 은혜와 자비의 하나님으로 표현한다. 율법은 그를 "소멸하는 불"로 죄인들에게 제시한다. 후자는 그의 의로운 진노를 가라앉히는 어린 양의 보혈을 보여준다. 율법은 죄인들에게 심판의 보좌를 보게 하고, 복음은 은혜의 보좌를 보여준다.

성경에 있는 정죄의 문장들은 모두 율법에 속한 것이다. 의롭다 하심의 모든 문장들은 복음의 일부분을 형성하고 있다. 율법은 한 번만 죄를 지어도 그 죄인을 정죄한다. 그러나 복음은 그에게 그의 모든 죄에 대한 용서를 베푼다.[9] 그리하여 이전에는 영광스러웠던 것(율법)은 더 뛰어난 영광을 가진 것(복음)으로 인해 더이상 영광스럽지 못하게 된 것이다.

2) 율법과 복음의 조화 문제는 또한 우리의 목회에서 매우 중요한 주제이다.

비록 구별되기는 하지만, 그것들은 반대가 아니다. 동일한 출처로부터 오기 때문에, 그 둘은 궁극적으로 같은 계획 속에서 만나며 같은 목적을 섬긴다. 영광스러우신 그 둘의 저자가 보기에는 반대되는 완전함인 것 같이, 율법과 복음은 기독교 체계 안에서 서로를 섬기면서 조화를 이루고 있다. 복음의 공급은 율법의 요구와 충분히 잘 맞는다. 복음의 의는 언약으로서의 율법을 성취한다. 복음의 은혜는 규칙으로서의

---

[9] Colquhoun on the Law and Gospel, pp. 166-167. 또한 스코틀랜드의 개혁자 Patrick Hamilton은 다음과 같이 쓰고 있다. "율법은 우리에게 우리 죄를 보여준다. 복음은 우리에게 그 죄의 치유책을 보여준다. 율법은 우리의 정죄를 우리에게 보여준다. 복음은 우리에게 우리의 구속을 보여준다. 율법은 진노의 말씀이고, 복음은 은혜의 말씀이다. 율법은 절망의 말씀이고, 복음은 위로의 말씀이다. 율법은 불안의 말씀이고, 복음은 화평의 말씀이다." Patrick's Places, 순교자 John Frith의 짧은 서문 수록. 또한 이 주제에 대한 Bradford의 견해를 보라. Fathers of English Church, vi. pp.389-390.

율법에 순종한다. 둘 다 명령하는 힘과 정죄하는 힘을 가지고 있다. 둘 다 죄인을 그리스도에게로 결합시킨다. 몽학 선생으로서의 율법은 죄인에게 그리스도가 필요함을 간접적으로 보여주고 있다.

복음은 모든 점에 있어 죄인의 필요에 적합한 그분을 직접적으로 보여주고 있다. 이 영원한 사랑의 중심에서, 복음의 "자비"와 율법의 "진리"가 함께 만나는 것이다. 율법의 의와 복음의 화평이 여기서 서로를 감싸 안는 것이다.[10] 우리가 하나님의 방법을 귀하게 여기도록 둘은 연합되는 것이다. 유죄 판결의 도구로서 율법은 우리에게 복음의 은혜를 귀하게 여기도록 가르치며, 거룩함의 행동원리로서의 복음은 우리로 하여금 "속사람을 좇아 하나님의 법을 즐거워하도록" 분발시켜 주는 것이다.

율법의 지시적 힘은 복음의 정신 및 목적과 동등한 조화를 이룬다. 복음의 은혜는 율법의 규칙에 의해 우리 마음과 생활을 다스린다. 사랑은 율법의 완성인데, 이것 또한 복음의 큰 목적이다. 복음은 오직 하나님의 법이 마음에 쓰여진 곳에서만 거주한다.

그래서 복음과 율법이 둘 다 같은 계시의 두 부분이기 때문에, 비록 각각의 임무는 구체적으로는 다르기는 하지만, 둘을 분리해서는 아무것도 발견되지 않을 것이다. 둘 다 하나님의 마음과 형상의 사본이므로, 양쪽 다 미워하거나 또는 둘 다 사랑하거나 해야 한다. 증오는 육적인 마음의 급진적인 원리이다. 사랑은 그리스도의 마음이며 하늘나라 섬김의 시작이다.

---

10 시 85:10. Calvin on Matthew v. 17을 보라.

3) 복음을 위한 준비로서 율법은 또한 우리 사역의 일부분이다.

세례자 요한의 설교는, 주로 율법의 성격을 많이 가지고 있는데, 그리스도를 위해 길을 예비하라는 것이었다. 로마서는, 가장 체계적인 구조의 목회적인 가르침인데, 진리의 말씀을 구분하는 이 순서를 분명하게 나타내고 있다.[11] 사도 바울은 우리에게 말하기를, "믿음이 오기 전에 우리는 율법 아래에 매인 바 되고 (계속해서 매여 있는 것이 아니라) 계시될 믿음의 때까지 갇혔느니라"(갈 3:23)라고 말하고 있다. 그리하여 율법은 믿음으로 의롭다 하심을 얻도록 하기 위해 우리를 그리스도에게로 안내하는 우리의 교사이다. 루터는 이를 설명하였다.

> 율법은 의롭다하심을 얻을 사람들 위에 내려져야 한다. 그래서 믿음의 의가 오기까지, 그들은 그로 말미암아 감옥에 갇혀 있어야 한다. 그들이 율법으로 말미암아 내던져지고 낮추어졌을 때, 그들은 그리스도에게로 날아가야 한다. 주님은 그들을 낮추신다. 그들을 멸망시키기 위해서가 아니라 그들을 구원하시기 위해서이다. 왜냐하면 하나님께서 상하게 하셨으므로, 하나님께서 다시 치료하실 것이기 때문이다. 하나님은 다시 살게 하시려고 죽이신다.[12]

이것이 교회의 통일된 견해였던 것으로 보인다. 어거스틴은 말하였다.

---

[11] 이방인과(갈1:18-32; 갈2:14-15), 그리고 유대인(갈2장), 그리고 온 세상 사람들 전체(갈 3:9-19)를 율법으로 말미암아 정죄하는 것을 보라. 율법으로 세상의 절박한 상태가 증명되었으므로(20), 복음이 이제 그 충분성과 영광 속에 소개되고 있다(21-31; 4:5 등). 그러나 제시된 경우들은 우리가 복음과의 연계 없이 율법을 설교하지 못하도록 하고 있다. 심지어 요한의 사역(마 3:1-11; 요 1:29; 3:25-36; 눅 1:76-77)은 주님의 사역보다(막 1:15) 훨씬 더 많이 복음을 율법의 훨씬 더 심한 훈계와 연관시키고 있다. 산상수훈은 율법의 영적인 성격에 대한 가장 심도 있는 해석을 복음의 많은 선포와 결합시키고 있다. 로마서의 첫 몇 장은 나중에 성경의 가장 중요한 부분으로 발전하고 있다.

[12] 갈 4:23-24. Luther, ut supra.

상함을 입지 않았다면, 양심은 고칠 수 없다. 그대는 율법을 설교하고 강조하라. 신이 벌을 내린다고 위협하고, 다가올 심판을 매우 진지하게 그리고 끈질기게 설교하라. 듣는 자가 공포에 떨지 아니하면, 듣는 자가 괴로워하지 아니하면, 그 사람은 위로를 받지 못할 것이다.[13]

종교개혁자들은 분명히 이러한 심판의 사람들이었다. 틴달(Tindal)은 우리에게 다음과 같이 쓰고 있다.

첫째로, 율법을 열어 보임으로 말미암아, 성령으로 나오지 아니하는 모든 것들과 그리스도를 믿는 믿음에서 나오지 아니하는 모든 것들이 죄임을 입증하며, 그것으로 말미암아 그들을 자기 자신과 자신의 불행과 비참함을 아는 지식에 이르게 하고, 그리하여 도움을 간절히 소원하도록 하는 것은, 그리스도의 기쁜 소식을 전하는 설교자에게 잘 어울리는 일이다.

다시 틴달은 존 퍼스(John Firth)에게 말하였다.

율법을 진지하게 강해하라. 모든 육체를 정죄하라. 그리고 모든 사람들이 죄인임을 입증하라. 그리고 자비가 정죄를 가져가 버리기 전에는, 율법 아래서 모든 행위가 죄이며 저주받을 것임을 입증하라. 그 다음에 신실한 목사로서, 우리 주 예수의 자비를 널리 펼쳐 보여 상한 양심들이 생명수를 마시게 하라. 그렇게 해서 그대의 설교는 힘이 있게 될 것이며, 위선자들처럼 되지 않을 것이다. 그리고 하나님의 영이 그대와 함께 역사할 것이며, 모든 양심들이 그러하다고 당신을 증언할 것이다.[14]

---

[13] Comment. in Psalm lix.
[14] Prologue to the Epistle to the Romans, and Foxe's Book of Martyrs, v. 133.

루터에 대해서는 이미 말했다. 칼빈은 말하기를, "율법은 복음의 준비 외에 다른 것이 아니다." 그리고 다른 곳에서는 이렇게 말하고 있다. "먼저 자기를 낮추지 않고서는, 신실한 사람들은 복음에서 유익을 볼 수 없다." 자기들의 죄를 알게 되기까지는 그럴 수 없는 것이다. 사람들의 양심을 불러 하나님의 판단을 받게 하는 것 그리고 두려움으로 상처를 받게 하는 것, 이것이 율법의 고유한 기능이다.[15] 베자(Beza)는 간략하게 그러나 요점을 잘 말하고 있다. "율법을 설교함으로, 설교자는 복음을 설교할 준비가 항상 되어 있어야 한다."[16]

어셔(Usher) 대감독은 우리 앞에 주어진 질문 즉 "믿음을 낳기 위해, (목회에서)어떤 순서로 말씀을 전달하고 있는가?"에 대한 대답으로서 다음과 같이 말하고 있다.

> 첫째, 율법의 언약을 촉구하여 죄와 그로 말미암은 벌을 알게 만들어야 한다. 양심의 가책이 하나님의 진노에 대한 의식으로 마음을 찔러야 한다. 그리고 그 때 영생을 스스로 얻을 수 있는 능력이 없는 것에 대한 완전한 절망을 느끼게 만들어야 한다. 이 준비를 시킨 후에 하나님의 약속들이 선포되어야 한다. 그 때 용서의 소망을 잉태한 죄인이 하나님의 자비를 간절히 구하게 되는 것이다.[17]

유능한 청교도 목사들은 이 주제에 대해 이러한 견해를 가졌었다. (그들 중에 가장 체계적인 목사였던) 청교도 퍼킨즈(Perkins) 목사는 율법 사역의 영향력 즉 복음의 길을 예비하는 것에 관해 다음과 같이 말하고 있다. "그리고 나서 적당한 때에 복음의 사역이 따라온다."[18]

---

[15] Calvin on John x. 8. xvi. 10.
[16] Beza on 2 Cor. iii. 11.
[17] Usher's Body of Divinity, p. 399.
[18] Perkins on the Nature and Practice of Repentance, ch. iii. on Rom. viii. 15.

(자기 시대에 가장 설득력이 좋고 경험이 많은 목사들 중에 한 사람인) 볼튼(Bolton) 목사는 말한다.

> 율법의 힘으로 먼저 부수고 상하게 하라. 이것은 은혜를 심기 위한 필수 준비이다. 그리고 가장 달콤한 복음의 위안의 가장 값진 기름에 (아끼지 말고) 풍덩 담그라. 그러나 자신의 성화의 부족으로 인해서나 또는 주님의 일을 관리하는 기술이 부족함으로 인해, 이 방법을 쓰지 않아서 모든 것을 망치는 사람들이 많다.[19]

청교도 데드햄의 로저스(Rogers) 목사는 이 견해에 관해 다음과 같이 강하게 말하고 있다.

> 아무도 율법 설교에 대해 반대하는 말을 하지 말라. 그것은 하나님 자신과 그분의 종들이 모든 세대에서 취했던 건전한 길이기 때문이다. 율법이 먼저 겸손하게 한다. 그리고 복음이 위안을 준다. 사전에 아무 준비도 없이 믿음이 순식간에 처음 생겼다고 아무도 증명할 수 없다.[20]

(자기 시대에 높이 존경을 받았던 같은 학파의) 그린햄(Greenham)은 간략하게 썼다.

> 말씀이 힘 있게 그리고 성실하게 시행될 때, 율법 설교가 갑자기 끼어든다는 것은 의심할 여지가 없다. 그리고 복음의 설교는 우리를 그리스도께로 인도한다.[21]

---

19 Bolton's Discourse on True Happiness, p. 176.
20 Roger's Doctrine of Faith, pp. 66, 99.
21 Greenham's Works, p. 139.

또 한 저자는 다음과 같이 말하고 있다.

> 인간이 참으로 의롭다함을 받을 믿음을 받아들일 수 있기 전에 인간의 본성이 그러하므로, 인간은 말하자면 율법에 의해 산산조각이 나야 한다.²²

거날(Gurnal)은 그의 특징인 친근한 예화로 이 견해를 표현하고 있다.

> 복음의 약속들에 의해 피조물이 그리스도께로 이끌림을 받기 전에, 율법의 날카로운 끝이 양심을 찔러야 한다. 쟁기가 땅을 갈아엎을 때까지는, 밭은 씨가 뿌려져 들어가기에 적합하지 않다. 영혼도 율법의 공포로 부서지기 전까지는 복음의 자비를 받을 준비가 되어 있지 않다.²³

우리는 이 일련의 인용문들을 오웬(Owen) 박사의 충분하고도 결정적인 증언으로 맺는다. 그는 기독교 교리를 힘 있게 방어하는 것보다는 체험적인 경건의 모든 부분을 꿰뚫어보는 깊은 통찰력으로 더 유명하다.

> 율법에 대해 아무것도 알지 못하는 자는 복음을 이해한 것으로 아무도 생각하지 말라. 하나님의 속성과 사물 자체의 성격은 죄인에 관한 한 율법에게 앞자리를 내주었다. 왜냐하면 율법으로 말미암아 죄가 무엇인지를 알게 되기 때문이다. 그리고 복음의 믿음은 율법에 의해 던져진 그 상태와 조건으로부터 구원받기 위해 하나님의 마음에 따른 영혼의 행위이다. 믿음에 대한 그 모든 묘사들은 학자들의 글들 속에도 많이 있다. 그러나 적어도 그 글들 속에는 이 상태와 조건에 대한 실제적인 존중, 또

---

22 Yates's Model of Divinity, Book ii. ch. 26.
23 Gurnal on Ephesians vi. 19.

는 죄인의 양심에서의 율법의 역사에 대한 존중은 들어있지 않다. 따라서 그 글들은 모두 헛된 사색에 의한 결론에 불과하다. 이 가르침 전체에는 이미 말한 대로, 참 믿음에 앞선 죄의 자각의 필요성보다 더 든든히 신봉할 것이 아무것도 없다. 죄의 자각 없이는 참 믿음의 단 한 줄도 제대로 이해할 수 없다. 그래서 인간은 참 믿음에 대한 자신의 주장에서 허공을 칠 뿐이다.[24]

율법의 이 준비 사역은 모든 경우에 있어 같은 강도로 행하지 않는다. 그럼에도 타락한 우리의 첫 조상들의 경우에서처럼(창 3:9-15), 소원을 불러일으키려면 어느 정도 죄의식의 느낌은 필요한 것처럼 보인다. 그리고 복음을 받아들일 길을 예비하기 위해서도 그렇다. 그러나 회한이 피상적인 일이 되지 않을까 염려하여, 죄인에게 위협을 가하는 일이 없도록 조심하여야 한다. 창피하다는 진정한 의식은 율법의 단독적인 사역이 아니라, 복음을 예비하고 복음과 결합된 율법의 사역 즉 죄의식과 비참함에 대한 자각이 자비의 소망과 결합되는 것이다. 이 준비 작업을 공로라고 한다거나, 또는 복음의 값없는 무조건성을 조금이라도 침해하는 것으로 주장해서는 안 된다.

이 준비 작업은 필요한 것이다. 우리를 추천할 자격요건들로서가 아니라, 우리를 그리스도께로 이끌어주는 경향으로서 필요한 것이다. 조건이라는 것이 만일 있다면, 그분 자신의 은혜로운 초청의 조건에 따라, "돈 없이 그리고 값없이"(사 55:1) 우리는 그분께 나와야 한다. 그러나 치료를 받기 위해서는 비참하다는 생각이 미리 준비되어 있어야 한다. "건강한 자에게는 의원이 쓸데 없고 병든 자에게라야 쓸데 있느니라"(마 9:12). 칼빈이 말한 바와 같이, "자기를 낮추고 자기 자신의 죄

---

[24] Owen on Justification, ch. ii.

에 대한 자각으로 당황해 하는 자들에게만 그리스도는 약속되어 있다."[25] 초청장은 "수고하고 무거운 짐 진 자들"(마 11:8)에게 특별히 보내지며, 자기 귀를 기울여 들으러 올 사람이 아니면 아무에게도 보내어지지 않는다. 그림서(Grimshaw) 목사의 경우를 보고 뉴턴(Newton) 목사는 말하였다.

> 율법 아래에서 철저하게 유죄 선고를 받고 받아들여진 빛으로 인해서 양심이 개선되었지만 그리고 하나님과 동행하기는 하지만 복음을 불완전하게 알고 있는 목사는, 무지하고 악한 사람들에게 효과적으로 설교할 수 있는 독특한 자격을 갖고 있다. 이 사람들의 죄의 습성은 거룩한 하나님의 율법을 오랜 동안 무시해왔기 때문에 더욱 강화되었고, 복음을 들을 기회를 전혀 갖지 못했었기 때문이다. 이들은 처음에는 복음의 진리의 정확하고 질서정연한 진술과 설명을 받아들일 수 없으며, 심지어 이해할 수도 없다. 분별력 있고 계발된 청중은 더 많은 지식을 가지고 있는 목사들에게서 복음의 진리를 듣는 것이 더 받아들이기 쉽다. 그러나 무지하고 악한 사람들은 자기 양심에 밀접하고 충실하게 적용됨을 느낀다. 그리고 주님의 사랑스런 자비들을 고려해봄으로 많은 영향을 받을 수 있기 전에, 주님을 두려워하는 마음 때문에 설득됨으로 자기 갈 길을 생각해보게 된다. 복음을 완전하게 알고 있지 못한 목사라도 그 길의 첫 단계를 그들 앞에 충분히 가리켜 줄 수는 있다. 그리고 목사가 은혜 속에 자라며, 구주를 아는 지식에 점점 앞으로 나아감에 따라, 그 사람들도 점차 목사를 따르게 된다. 그리하여 현대의 가장 뛰어난 복음주의 설교자들을 따르는 무리들이 많이 생겨난 것이다.[26]

---

[25] Calvin on Isaiah lxv. 1.
[26] Life of Grimshaw. 스콧트 목사의 초기 사역은(그의 'Force of Truth'를 볼 것) 이 귀중한 언급을 예증해줄 것이다.

4) 우리는 복음으로 율법이 세워진 것을 잊어서는 안 된다.

사도 바울은 그래서 칭의에 관한 자기의 진술에 이의를 제기할 것이라고 예상하고 있었다.

> 그런즉 우리가 믿음으로 말미암아 율법을 파기하느냐 그럴 수 없느니라 도리어 율법을 굳게 세우니라(롬 3:31).[27]

복음의 믿음 또는 복음의 가르침은 율법을 언약의 형태로 세운다. 의롭다하심을 얻을 대가로서 율법에 순종하여야 한다는 하나님의 보증을 보여주고 있는 것이다. 지시적 형태를 취함으로 실천적인 의무들을 더욱 든든한 근거 위에 심어주며, 그 의무들에 하늘 생명의 힘을 불어넣어주고 복음의 동기들을 자극시킴으로 성취시킨다. 그래서 그리스도의 사역들은 감격으로 결합되는 것이다. 우리 구원의 보장으로서, 그분은 우리를 율법의 저주에서 구원하신다. 이 성경적인 믿음이 우리를 율법의 정죄에서 구원하고, 우리로 하여금 율법의 요구조건을 만족시킬 수 있게 만들어 주는 것이다. 이 원칙을 제거해 보라. 그러면 우리는 법을 어긴 것에 대한 충분한 형벌 아래 놓이게 된다. 좋은 열매를 맺도록 하기 위해서, 타락한 나무를 접붙일 그 어떤 뿌리조차 없게 된다.

---

[27] 롬 3:31. 이 본문에 대한 교부들의 많은 주해들은 율법에 대한 그들의 부족한 관점을 입증한다. Origen은 믿음으로 율법이 성립한다고 설명한다. "그리스도께서 말씀하시길, 모세가 나에 관하여 썼다". Ambrose는 다음과 같이 말한다. "성경의 의식들은 성취되었고 최소한의 도덕법들만이 남아 복음에 더해졌다. 그리고 미래에 약속되었던 것이 도래하였음을 믿음이 증거한다." Jerome은 다음과 같이 말한다. "우리는 믿음으로 말미암아 율법이 스스로 율법과 언약이 성취될 것임을 말하고 있음을 본다." Parè는 거기에 덧붙여 이렇게 말한다. "어느 정도는 그렇게 말하지만 전부는 아니다." Augustine은 바울에게 보다 더 근접했다. "율법은 버려지는 것이 아니라 오히려 믿음으로 세움을 입는다. 왜냐하면 믿음은 율법을 완성케하는 은혜를 소유하기 때문이다." De. Spir. et Lit. c, 29. 또한 Augustine은 다음과 같이 말한다. "문자는 명령되었으나, 영은 주어졌다." Epist. 200.

또한, 복음의 은혜는 이중적인 성격으로 율법을 세운다. 믿음의 교리가 계시한 것을 믿음의 은혜는 적용한다. 언약의 형벌에 노출되었으므로 용납하심을 받기 위함이다. 그리고 율법의 마침이 되는 그 사랑을 실행에 옮길 능력을 얻기 위함이기도 하다. 그러므로 여기서 믿고 행하는 것은 비록 의롭다 하심의 문제에 있어 빛과 어둠처럼 서로 반대가 되기는 하지만, 그럼에도 의롭다 하심을 받은 죄인의 삶과 행위에는 일치하는 것이다.

만일 율법이 하나님의 형상의 사본이며 의의 완전한 규칙이라면, 그리고 율법의 가르침에 순응하는 것이 거룩의 본질이라면, 그 후에 계시된 복음이 어떻게 율법의 권위와 의무를 무효화시킬 수 있는가? 그리스도인은 율법 가운데 어느 부분을 즉 하나님에 대한 사랑 또는 자기 이웃에 대한 사랑의 상응하는 의무 중에, 어느 부분을 무효화시키기를 원하는가? 무효화시키는 것이 아니라 오히려 의무를 추가해서라도 양쪽 다 인정하기를 원하지 않겠는가? 복음의 가르침과 그 동기들이 즐겁게 순종하는 습관을 길러주지 않겠는가?

지금까지의 논의 전체는 우리에게 우리 사역에서 율법과 복음을 정확하게 구별하는 것의 중요함을 일깨워주고 있다.

> 우리는 성경에 대한 오해로 인해 율법을 복음으로 잘못 알고 있지도 않고, 복음을 율법으로 잘못 알고 있지도 않다. 한쪽의 목소리를 다른 쪽의 목소리와 잘 구분하고 구별한다.[28]

율법이 어느 정도는 구원의 유효적 원인이라고 설교할 때(갈 2:21), 또는 율법의 요구조건들을 마치 우리 자신의 힘으로 행할 수 있다고 가

---

[28] Patrick's Places, ut supra.

르칠 때, 이 구별은 헷갈리게 된다. 이 비복음적인 진술의 혼란이 하나님께 자유롭게 그리고 즉시로 접근할 수 있는 길을 막는다. 율법적인 요구조건들을 복음의 수용을 위해 없어서는 안 되는 것으로 그 사이에 끼워넣기 때문이다. 심지어 성실한 그리스도인들도 때로는 복음의 의로부터 위안을 찾기 보다는 율법의 순종에서 자기의 위로를 찾으려 한다. 그리하여 계속되는 실망감으로 말미암아 그들은 그리스도가 우리를 자유하게 만든 그 자유함 속에 기쁨으로 든든히 서지 못하고, 오히려 두려움의 종의 영의 지배를 받게 된다(갈 5:1). 따라서 이렇게 "다른 복음"(갈 1:6-9)을 설교하는 것은 자기 의를 부추기고 각성한 양심에 당혹스러움과 고민을 가져다주고, 복음 안에 있는 일관성과 확고함을 방해한다.

그러나 그 두 가지를 구별하면서도 또한 그 둘의 상호 의존성과 연관성을 유지하여야 한다.

> 세상적인 쾌락주의자들과 안전한 배금주의자들은 율법의 가르침이 자신들과 적절히 관련되어 있음을 알기 때문에, 대개 복음의 감미로운 약속들을 받아들여 자기 자신들에게 적용한다.[29]

그러므로 율법 없이 복음을 전하면 자기기만을 부추기게 될 것이다. 다른 한편으로 루터가 아름답게 표현한 바와 같다.

> 비 없는 우뢰는 유익보다는 해를 더 가져왔다. 그래서 율법의 공포를 설교하되 동시에 복음의 가르침과 위안이라는 이슬을 떨어뜨려 주지 않는 목사들은 현명한 건축가가 아니다. 왜냐하면 그들은 무너뜨리기는 하지

---

[29] Patrick, ut supra.

만 아무것도 다시 세워놓지 않기 때문이다.

우리의 사명이 우리에게 지시하기를, 율법의 엄숙한 제재 아래에서 복음을 설교하며, 그리고 복음의 은혜로운 격려 아래서 율법을 설교하라고 한다.

이것은 율법 설교를 매도하는 그 사람들의 무지와 어리석음을 보여주고 있다. 비록 사도 바울의 가르침을 받아, 율법이 그리스도께로 인도함을 우리는 알고 있지만, 율법설교를 매도하는 자들은 율법을 실망과 불만으로 인도하는 길로 보여주고 있는 것이다. 율법만을 설교하는 것은 그것의 용도를 왜곡하는 것이다. 우리는 그렇게 할 힘도 없고 사명도 없다. 왜냐하면 우리가 가진 것은 가르쳐 깨닫게 하는 힘이지 멸망시키는 힘이 아니기 때문이다. 율법은 복음의 부속물로서 공포되었다. 그래서 그렇게 설교하여야 한다. 그것은 중재자의 손 안에서 공포되었다. 그것은 복음적으로 공포되었다. 그래서 그렇게 설교되어야 한다. 그렇지만 우리는 율법을 설교하여야 한다. 그리고 그 율법 자체의 무서운 모습으로 설교하여야 한다. 왜냐하면, 비록 그것이 사랑 안에서 공포되었기는 하지만, 그것은 또한 심지어 중재자의 손 안에서조차 우뢰와 불, 폭풍과 흑암 속에서 공포되었기 때문이다. 왜냐하면 이것은 먼저 죄를 확정하고 그 다음에 그리스도 안에서 의와 피난처를 계시하는 성령의 방법이기 때문이다. 율법은 영혼 속에 그리스도를 맞아들일 여지를 만들고, 준비시키는 선구자이기 때문이다.[30]

---

[30] Bishop Reynolds' Works, p. 149.

The Christian Ministry

4장

성경적인 복음 설교

이 주제는 목회의 효과성의 주근원지를 우리에게 열어 준다. 저자는 기독교의 관용과 결합된 단호한 진리의 기준을 가지고 이 글을 진행하고자 한다. 성경적인 설교 원칙은, "만일 누가 말하려면 하나님의 말씀을 하는 것 같이 하라"(벧전 4:11)[1]는 것이다. 산에서 자기에게 보여주었던 그 형태를 따라 모든 것을 만들라는 명령을 모세가 받았듯이, 모든 우리 설교를 거룩한 모델에 따라 만들라는 것이다(히 8:5).

이 원칙의 뜻은, 설교의 모든 요점마다 조심스럽게 그 요점에 합당한 비중과 균형을 주라는 것이다. 모든 설교자는 하나님의 진리를 보는 자신만의 견해가 있다. 개인적 체질이나 개인적 상황이 주는 편견을

---

[1] 벧전 4:11. 딤후 2:15에 대한 Beza의 주석은 이 규칙을 아주 훌륭하게 강해하고 있다. "목사는 '옳게 분별함'의 교리를 중요시해야 한다. 따라서 교리를 더하거나 빼거나 나누거나 비틀지 않아야 한다. 그리고 회중이 이해하고 감동받고 있는 가를 보살펴야 한다"(ο ϱθοτομεντα-id est, qui primum omnium, quod ad doctrinam ipsam attinet, nihil praetermittat, quod dicendum sit; nihil etiam adjiciat de suo, nihil mutilet, discerpat, torqueat; deinde spectet diligenter, quid ferat auditorum captus, quicquid denique ad aedificationem conducit).

가지고 있으면, 무의식적으로 결점 투성이의 복음이나 불균형의 복음을 설교하게 될 수도 있는 절박한 위험성이 있다. 그러나 우리의 원칙의 틀은, "예수 그리스도와 그가 십자가에 못 박히신 것 외에는 아무것도 알지 아니하기로 작정하였음이라"(고전 2:2)고 말한 사도 바울의 결심이 되어야 한다.[2]

이것이 하나님이 축복하시겠다고 약속하신 설교 방법이다.

> (쾰른[Cologne] 대감독 허만[Herman]의 놀라운 명령에 따라서), 우리의 설교문은 모두 주 그리스도를 알리고 높이기 위해 만들어진다.[3]

이 주요한 요점에 대한 한결같은 생각은 언제나 신실한 목사들의 노고의 특징이었으며,[4] 이로써 자신의 사역에 하나님의 축복을 확보하였던 것이다. 특별히 이 점이 결핍되면 반드시 그에 비례하는 비효과적인 결과가 따랐다. 마치 그 이름이 마법과 함께 작용하기라도 하는 것처럼, 그 이름을 한 번 부를 때마다 우리가 경종을 울린다는 것이 아니다.

---

2 고전 2:2. 이 문맥이 사역을 완전하게 요약해주고 있는 것이라고 해도 좋을 것이다. (1) 그 성격은 **하나님의 증거**, (2) 그 가르침은 **십자가에 못 박히신 그리스도**, (3) 그 정신은 **연약함과 겸손의 자각**, (4) 그 형태는 **인간의 지혜로 하지 아니함**: 1-4, (5) 그 능력은 **성령의 나타나심**, (6) 그 목적은 **하나님의 터 위에 믿음을 세우기 위함**.

3 Religious Consultation for a Christian reformation. Herman, Archbishop of Cologne and Prince Elector, 1548. Bucer와 Melancthon의 지시를 받아 작성된 종교개혁의 계획 통고장은 Scott's Continuation of Milner, I. 377-379에서 찾아볼 수 있다.

4 젊은 목사에게 주는 선교사 Eliot의 말은 다음과 같다. "그대의 사역에 그리스도가 많이 있게 하라" (Mather's Life). 메이더는 자기 『학생과 목사』(Student and Pastor) p. 180에서 말하기를, "당신이 할 수 있는 한 많이 영광스런 그리스도를 나타내라. '그리스도는 모든 것이다'를 당신의 전체 사역의 모토로 삼으라. 당신의 설교를 구속자의 피로 물들이라. 그 피는 하나님의 가장 강력한 언어이기 때문이다(Skelton)." Romaine 목사가 한 번은 저자의 친구에게 이렇게 말한 적이 있었다. "우리가 항상 그리스도를 전파하는 것을 사람들은 이상하게 생각한다. 그러나 사실, 우리에게는 그 외에는 설교할 것이 아무것도 없다." 한 고명한 목사가 한 젊은 목사에게 이렇게 말했다. "그리스도를 설교하십시오." 그 대답은, "그렇게 하고 있습니다." "그렇다면 그리스도를 다시 설교하십시오. 항상 그리스도를 전하십시오. 모든 것마다 그리스도를 전하는 것과 연결시키십시오."

자기 설교에서 10분마다 그리스도의 이름을 부름으로 자신이 그리스도를 영광스럽게 설교한다고 생각하는 사람들이 있다. 하지만 이것은 그리스도를 설교하는 것이 아니다.[5]

설교의 직접적인 주제로 그리스도를 가지고 있지 않은 설교는 모두 비복음적인 것으로 낙인을 찍는 까다로운 사람들도 때때로 있다.

성경의 모든 부분은, 형태적으로는 아닐 수도 있지만 실질적으로는, 복음을 포함하고 있다. 우리는 그러므로 그리스도의 이름을 끊임없이 소개할 목적으로 강제로 성경에 대해 자연스럽지 못한 해석을 해서는 안 된다. 복음의 모든 원리와 의무들이 많게 혹은 적게 그분과 직접적인 관계를 가지고 있는 것과 같이, 이 관계에 근거해서 그 원칙과 의무들을 실행하는 것은, 그분의 고난과 죽음의 가장 완전한 표현인 사도적 패턴을 엄격하게 따르는 것이다.[6] 오직 그의 이름이 모든 우리 사역 위에 생명과 영광을 주시도록, 그리고 모든 설교가 죄인들을 그분께로 이끌며 그들의 일관된 고백 속에 그리스도인들을 세우도록 관심을 기울이자. 사도행전은 공중 연설을 할 때의 설교의 모델을 제시하고 있다. 서신서들은 좀 더 변증법적인 가르침으로 설교를 하고 있다.

그러나 이러한 배타적인 생각 때문에 소수의 요점만을 가진 좁은 신학 범위 안에서 우리 설교가 제한되어야 한다는 것은 아니다. 십자가에 죽으신 그리스도에 대해서는 전혀 언급이 없이 기독교 교리나 그리스도인의 특권 또는 그리스도인의 실천의 한 요지에 대해서만 말하는 것은, 대도시로 가는 길도 없는 작은 한 마을에 대해 말하는 것이나 다름없다. 에베소서 1장이 "모든 영적인 축복"의 수단으로서 사랑스런

---

[5] Cecil's Remains.
[6] 만일 엡 4-6장이 십자가에 죽으신 그리스도를 전파하는 것이 한 구성요소가 아니라면, 사도 바울은 자기 자신의 규칙을 배반한 것이었다. 고전 2:2.

이 이름을 얼마나 귀하게 여기고 있는가!(3-14절) 에베소서 전체를 통틀어 하나님 나라의 가르침과 특권, 또한 모든 개인적인 의무, 또 그와 관련된 의무들이 얼마나 활기찬 능력을 이 근원으로부터 이끌어내고 있는가! 가장 관계가 없어 보이는 토론의 와중에서도 사도들은 자신들의 주님을 얼마나 자연스럽게 소개하고 있는가![7] 이 요점은 넓게 그린 원의 중심으로부터 시작해서,[8] 하나님께 영광이 되고 인간에게 유익한 모든 것을 즉 하나님의 신실하심과 사랑, 우리 인격과 우리 신앙 고백과 우리 특권과 우리 의무와 영원을 향한 우리 소망과 전망에 관련된 모든 것의 즐거운 방법들을 포함하고 있다!

그러므로 그리스도 외에 아무것도 알지 않기로, 아무것도 설교하지 않기로, 아무것도 영화롭게 하지 않기로 한 결심은, 마찬가지로 설교의 동심원도 크게 확장시키며 그 이해에 있어서도 성경적인 정신을 나타낸다. 그러한 설교는 사람들에게 악에 상응하는 구제책으로서 그리스도를 제시한다. 이 구제책은 모든 사람에게 충분하며, 모든 사람에

---

[7] 남편의 의무, 엡 5:25; 종의 의무, 벧전 2:18-25; 악한 것을 말하는 죄, 딛 3:2-6; 교회 징계의 문제, 고전 5:7 등. 성경 저자들의 격렬한 느낌은 매우 기술적으로 통제가 되어서, 화제가 바뀔 때 저자가 하는 말은 예상하지 못한 것이었고 자연스럽고 우아하기까지 하다. "진지한 그리스도인이라면, 그리고 여기서 영감을 받은 저자의 열심이 행해지는 곳이면 어디서나, 그 훌륭한 솜씨를 보라. Pindar의 송가는 화제를 바꾸는 말의 그 아름다움으로 유명하다. 비록 담대하고 놀라운 것이기는 하지만 그 말들은 완벽하게 자연스럽다. 우리는 이 곳에 그 아름다움을 가지고 있다(고전 5:7). 아주 솜씨 좋게 그 같은 아름다운 화제 바꿈을 하고 있다. 사도 바울은 근친상간을 한 고린도 교인에 대해 말하면서 매우 예술적으로 소화시켜서 자기가 하고 싶은 화제, 즉 십자가에 죽으신 구주 이야기로 가고 있다. 그러한 경우에 누가 그것을 예상했을 것인가? 그러나 그렇게 받아들여졌을 때, 누가 그 주제의 적절성과 그 가르침의 세심한 전부를 보고 감탄하지 않겠는가?" Hervey's Theron and Aspasio, Dialogue III.
[8] Matthew Henry는 그리스도를 설교하는 것의 중요성에 대해 언급하면서, 다음과 같이 아름답게 말하고 있다. "성경 각권들은 믿음의 원주이다. 성경의 둘레를 믿음이 돌고, 믿음은 성경의 주위를 도는 모든 요점에 접촉한다. 그럼에도 성경의 중심은 그리스도이다. 그리스도는 성경이 의지하는 북극성이다." William's Life, p. 119. 사실, 이것이 태양과 함께 시작된 태양계가 진실로 가르치고 있는 것이다. 빛의 큰 중심을 설명하여 우리가 이해하게 만들기까지는 아무것도 이해할 수 없는 것이다.

게 제시되는 것이다. 이 한 가지 요점에 우리의 다양한 화제들을 모두 솜씨 있게 적용시키는 것은 우리가 평생 동안 배워야 할 과제이다. 진실로 그것을 좀 더 완벽하게 배우고 그것을 보다 효과적으로 실천하는 우리의 모든 수고는 그만한 가치가 있는 것이다.

사실들에 근거한 호소가 이 배타적인 사역으로부터 생긴 유익하고 항구적인 결과를 입증할 것이다. 그 호소란, "성령의 나타나심과 그 능력으로"(고전 2:2)[9] 사도의 사명을 훌륭하게 입증하였던 이 복음 설교 사역이었다.

그리고 이 사역이 교회의 그 다음 세대 동안, 제단의 거룩한 불처럼 결코 완전히 꺼지지 못하도록 촛대의 불을 계속 타오르게 한 것이다. 종교 개혁 시대에는 이 똑같은 무기를 가지고 로마 가톨릭에 성공적으로 저항하였다. 모라비안 선교사들이 처음 주정뱅이 그린랜드인들에게 하나님의 인격과 그 완전함을 알려주고 또 자기 피조물에 대한 하나님의 정당한 주장을 설명해 주었을 때, 그 불쌍한 이교도들은 자기들의 얼음 덮인 산처럼 꼼짝없이 얼어붙어버렸다. 그러나 그들에게 겟세마네와 갈보리의 가슴뭉클한 장면들을 읽어주자, 그들의 마음은 통회와 믿음과 사랑으로 부드럽게 녹아내리기 시작했다. 그들은 그 이야기를 반복해 달라고 간청했다. 그것은 그들에게 "죽음에서 얻은 생명"이었기 때문이다.[10]

---

9 고전 2:2와 사도행전을 비교해 보라.
10 Crantz' History of Greenland. 북미에서는 아주 다른 주제들에 대해서도 똑같은 효과가 나타났다. 다음의 말은 그 첫 회심자가 그에 대해 전한 감동적인 이야기이다. "형제들이여, 나는 이교도였고, 이교도 사이에서 자랐다. 그래서 이교도들이 어떤 식으로 생각하는지 나는 알고 있다. 한 번은 설교자가 와서 우리에게 하나님이 계시다고 말해주었다. 우리는 이렇게 응수했다. '당신은 지금 우리가 그것도 모를 줄 안다고 생각하는 것이요?' 또 다른 한 설교자가 우리에게 가르치기 시작했다. "여러분은 훔치거나 거짓말 하거나 술에 취해서는 안 됩니다." 우리는 또 응수했다. "이 바보야, 우리가 그것을 모르고 있다고 생각하는 거요?" 그리고 우리는 그를 쫓아버렸다. 얼마쯤 시간이 지나자, Henry Rauch 목사가 나의 오두막집으로 들어와서 내 옆에 앉았다. 그는 내게 거의 다음과 똑같이 말했다. "나는 하

브레이너드(Brainerd)도 인디안 이교도들에게 이 전능한 이야기를 단순하게 들려주었음에도 하나님의 특별하신 능력이 임하였던 동일한 이야기를 하고 있다.

> 이것은, 하나님의 축복을 받아 사람들을 일깨운 설교방법이었고 그리고 수많은 사람들의 구원의 회심을 일으킨 방법이었고, 청중 사이에 놀라운 개혁을 일으키는 수단이 되었던 설교 방법이었다.[11]

세상을 개혁하기 위해서 우리가 복음을 설교해야 한다는 것은 진정 참된 사실이다.

트루로(Truro)의 워커(Walker) 목사와[12] 헐(Hull)의 밀너 목사는[13] 우리 시대에 더 가까우며 우리의 교회에도 더 가까운 사람들인데, 이들의 삶도 그 같은 요지를 말하고 있다. 근면하고, 양심적이며, 모범적인 그들의 수고는 기독교 교리의 잘못된 체계에 근거하고 있어서, 완전히 비생산적이었다. 그 후에 좀 더 그들의 잘못을 깨달은 후에 행했던 목회에서는 매우 기쁜 성공이 그들을 따라왔다.

늘과 땅의 하나님의 이름으로 당신에게 왔습니다. 그분은 나를 보내서서, 하나님이 당신을 행복하게 만들 것이며, 지금 당신이 처해 있는 그 비참한 생활에서 당신을 구해 주실 것이라고 당신에게 알리라고 하셨습니다. 이 목적을 위해 그분은 한 인간이 되었으며, 자기 생명을 인간을 위한 속전으로 주셨고 우리를 위해 자기 피를 흘리셨습니다.' 나는 그의 말을 잊을 수가 없었다. 심지어 잠들어있는 동안에도 나는 그리스도가 우리를 위해 흘리신 그 피 꿈을 꾸었다. 이것이 내가 지금껏 들어왔던 말들과는 다른 것임을 나는 알게 되었다. 나는 헨리의 말을 다른 인디안들에게 통역해주었다. 그래서 **하나님의 은혜로 말미암아 우리들 중에 각성이 일어났다.** 그러므로 내가 말하노니, 형제들이여, 우리 구주 그리스도를 전파하라 그리고 그의 고난과 죽으심을 설교하라. 그러면 이교도들 중에 들어갈 말을 가지게 될 것이다.' Loskiel's Mission to the North American Indians.

11 Appendix I to Brainerd's Life. 이 부록은 기독교 목사나 선교사에게는 매우 중요한 기록이다.

12 Prefixed to his Lectures on the Church Catechism, p. 24. 또한 Edwin Sidney목사가 최근에 출간한 좀 더 완전하고 흥미로운 전기를 보라.

13 Prefixed to his Sermons, p. 23.

고 코니어즈(Conyers) 박사 또한 요크셔에서 제조업을 하는 넓은 교구에서 수고할 때, 아마도 그는 이 국가가 배출한 또는 이 세대가 배출한 "교구 목사의 가장 완벽한 본보기"라고 복음 전도 협회에 보고되었다. 그의 새로운 성격의 설교 하에서 죄의 뿌리는 공격을 받았으며, 지금까지 알려지지 않은 삶과 거룩 그리고 사랑의 원칙들이 제시되었다. 그의 회중은 개혁되었을 뿐만 아니라 회심까지 하였다. 많은 무리들은 그의 "사도됨을 주 안에서 인친 것"(고전 9:2)이었으며, 그의 교회에 가입하였다. 그리고 "무식한 자들과 불신자까지도 하나님이 자기 안에서 진리의 하나님이 되셨노라"고 말하였다.[14]

오직 복음의 진리만이 영혼들의 회심의 도구가 될 수 있다. 진리에 대한 말을 고의적으로 억제하거나 또는 진리를 타협하는 말을 하는 것은 성령의 특별 사역을 불명예스럽게 하는 것이며(요 16:14-15), 따라서 성령의 고무적인 영향력을 제한하게 된다. 진지하며 사랑이 많고 근면한 목사들 중에는 자기 사역에 구체적인 열매가 없는 것에 대해 가슴 아파하는 사람들이 많다. 그들은 악의 뿌리가 그들 자신 안에 놓여있다는 것을 전혀 의심하지 않는다. 잘못되거나 혹은 결함 있는 기준의 가르침이나 실천에 목사가 관련되어 있을 때, 성실성과 열정, 양심적임, 그리고 자기부인 따위는 급격한 변화라는 이 도덕적인 기적을 일으키는 데 전혀 어울리지 않는 수단이 된다.

홀슬리(Horsley) 감독은 말하기를, "목사들이 화목의 말씀을 전해야 한다는 이 고유의 임무를 제대로 보지 못할 때가 종종 있다."[15] 이 화목

---

14 고전 14:23-25와 비교해 보라. 그리고 Newton's Works, I. 562-563에 있는 흥미로운 스케치를 보라. "우리는 오래 동안 도덕 설교를 통해 국가를 개혁시켜보려 노력해왔다. 어떤 효과를 보았는가? 아무 효과도 없었다. 우리는 우리의 목소리를 바꿔야 한다. 우리는 '그리스도와 그의 십자가에 못박히심을' 전해야 한다. 복음 외에는 그 어느 것도 구원하는 하나님의 능력이 되지 못한다." Bishop Lavington's Charges.

15 Charges, p. 7.

의 사역이 없이는(고후 5:19), 성도들 앞에 서 보았자 아무 소용이 없다.

"하나님과 화목하라"고 우리는 눈물로 그들에게 간청할 수도 있을 것이다. 우리는 그들의 자기사랑을 고쳐주려고 애를 쓸 수도 있을 것이다. 그들과 그들의 어리석음에 대해 변론을 할 수도 있을 것이다. 우리의 주장으로 그들을 설득시킬 수도 있을 것이다. 그들이 "악기를 잘 타는 사람의"(겔 33:32) 소리를 듣는 것처럼, 우리 말을 들을 수도 있을 것이다. 그러나 잘못된 기준이나 혹은 결함 있는 기준의 가르침이나 실천에 목사가 관련되어 있을 때, 지속적인 감동은 결코 줄 수 없을 것이다.

세상의 술주정뱅이, 하나님의 이름에 욕설을 퍼붓는 자들, 세상 일에 헌신적으로 추종하는 자들, 모두 똑같이 아무런 영향도 받지 않을 것이다.[16] 그러나 우리의 사역에서 그리스도의 십자가를 들어 올리는 일을 한다면, 하나님의 성령께서 자신의 사역을 감당하시며, 그리스도의 얼굴을 기쁘게 드러내시며, 얼마나 이 장대한 주제에 그의 활기찬 빛을 비춰 주시겠는가!

그렇게 함으로써, 그리고 그렇게 함으로써만이, 하나님의 전능하신 보혜사께서 가르침을 마음에 적용시켜주실 때 우리 성도들은 생명을 얻고, 빛나고, 번성하게 될 것이다. 그리하여 그들은 죄에 대하여 십자가에 못 박히고, 세상의 영과는 분리되며, 하나님의 형상을 닮아가며, 하나님을 섬기는 일에 헌신하게 되는 것이다. 그들은 또한 그리스도인의 특권들을 현재에 즐기게 되며, "빛 가운데서 성도의 기업의 부분을

---

16 이 요점은 우리의 매우 훌륭한 그리스도인 시인 Cowper(Task, Book v.)가 설득력 있게 잘 예증해 보이고 있다. 우연히 실제로 한 지도자가 시험해보았는데, 이 체험의 결과는 Dr. Chalmers' Address to the Inhabitants of Kilmany, pp. 40-43에 솔직하고 분명하게 진술되어 있다. Bishop of Winchester's Min. Char. of Christ. pp. 442-443에 있는 귀중한 언급들을 보라.

얻기에 합당하게"(골 1:12)¹⁷되는 것이다.

그렇다면 우리는 실천적인 의무들에 대한 가르침은 제쳐 놓을 것인가? 우리의 공적 목회사역의 완수를 위해서는, 도덕적 의무들의 성경적인 실천이 교리적인 진술 못지않게 필요한 것임을 보여줄 기회가 곧 있을 것이다.¹⁸

마치 하나님의 은혜의 영광으로 부요하게 된 것같이, 복음은 하나님의 거룩하심의 광채로 둘러 싸여 있다. 그러나 어떤 목사들은 "플라톤과 세네카 그리고 아우렐리우스의 차가운 도덕을 설교하며, 그들의 실

---

17 (고전적인 현자들과 웅변가들을 언급하면서), "이 모든 달란트와 탁월한 재능이 한 사람 속에 결합되어 있다면, 그리고 당신이 이렇게 풍성한 재능을 받은 사람이라면, 그리고 당신이 설교하는 모든 설교에 이것들 모두를 사용할 수 있다면, 그러면서도 당신이 한 영혼을 회개시켜 구원하겠다는 정당한 소망을 가질 수 없고, 당신이 그리스도의 영광스런 복음을 제쳐 놓고 그것을 당신의 설교 밖으로 완전히 제쳐 놓을 수가 있겠는가. 좀 더 말해 보자. 지금껏 인간이 획득했던 자연 종교의 모든 원리들과 의무들을, 하나님에 대해서 그리고 당신의 동료 피조물들에 대해서 모두 당신이 완전하게 알고 있었다면, 이 모든 것들을 가장 아름다운 순서로 배열하고 가장 완전한 빛 속에 그것들을 배치하며, 시내산에서 이스라엘 백성들에게 했던 것처럼 하나님의 율법 전체를 능력 있게 그리고 영화롭게 선포하고 표현할 만한 천사의 솜씨와 말을 당신이 가지고 있었다면, 당신은 아마도 (율법으로는 죄를 알게 되기 때문에) 인간들의 양심을 깊은 가책에 빠뜨렸을 것이다. 그러나 당신 손에 맡겨진 이 복음이 없다면, 당신은 결코 한 영혼도 하나님과 화목하게 만들지 못할 것임을, 당신은 결코 한 죄인의 마음을 변화시키지도 못할 것임을, 그 죄인을 하나님의 사랑 속으로 데리고 오지도 못할 것임을, 그 죄인을 천국의 기쁨에 참여시키지도 못할 것임을, 나는 충분히 확신한다.

위대하시고 영광스러운 하나님은 자기 아들 예수의 권세와 존귀에 몹시 마음을 쓰신다. 또한 하나님 자신이 규정해준 것 이외에 하나님의 목적을 이루기 위한 다른 어떤 방법들도 축복하지 않을 것이다. 또한 그 임무가 그리스도를 영화롭게 하는 것인 하나님의 성령은, 지정된 유일한 구주인 그의 아들의 이름과 직분을 알면서도 멸시하고 무시하는 죄인들의 구원을 위한 어떤 다른 종류의 수단에도 동의하지 않을 것이다. 하나님의 구원의 능력은 오직 복음뿐이다. 만일 선지자들이 자기 말을 듣고 서지 않고 백성들에게 자기 말을 듣게 하지도 않았다면, 그들은 이스라엘을 그들의 불의한 길에서 돌아서게 할 수 없었고 그들의 악한 행위에서 돌이키게 할 수도 없었을 것이다. 그러므로 당신이 영혼들을 구원하기 위한 모든 노력 속에 그 의식을 가지고 다닐 만큼 그리스도의 복음에 대한 높은 존경심을 가지고 있지 않고 그 신적인 가치와 능력에 대한 의식을 가지고 있지 않으면, 사역을 내려놓고 당신의 신성한 직업을 단념하는 것이 더 나을 것이다. 왜냐하면 당신은 당신의 힘을 헛되이 써서 헛된 선포를 하느라 당신의 호흡만 낭비하고 있기 때문이다." Watts's Humble Attempt, pp. 30-31, 38

18 p.415-422를 보라.

천을 보고 키케로와 소크라테스가 구주와 사도들보다 더 훌륭한 설교자들이라고 자기들은 생각한다고 분명하게 선포한다."[19] 그러므로 우리는, 복음과는 관계없이 행하는 도덕에 대한 단순한 강의는 영적인 효험이 전혀 없음을 알아야 한다. 만일 목사들이 짐승을 인간으로 전환시키는 일은 한다 하더라도, 없어서는 안 되는 더 높은 변화 즉 인간을 성도로 전환시키는 일은 결코 성취하지 못할 것이다. 믿음의 줄기 위에 접붙임되지 아니한 모든 도덕성은, 열매를 개량시키기에는 아무 소용없는 시도이다. 나무를 좋게 만들지 못하기 때문이다. 사도 바울보다 더 많이 도덕성에 대해 설교한 사람은 아무도 없다. 그러나 그것은 언제나 복음의 가르침의 기초 위에서 행해졌다. 이 '작은' 세상에 싹을 틔우고, 꽃을 피우고, 그 표면을 열매로 가득 채우는 것은 그리스도께 접붙임을 받은 사람들이다.

"십자가에 달리신 그리스도는 하나님의 큰 포고였다."[20] 그리스도의 이름과 그의 공로와 그의 영광을 선언하지 않고서는 아무도 그분에게로 올 수가 없다. 우리의 양떼가 그리스도를 영접하여 그 안에서 행할 때, 그리스도인의 확고부동한 신념은 "그리스도 예수를 주로 받았으니 그 안에서 행하되 그 안에 뿌리를 박으며 세움을 받아 교훈을 받은 대로 믿음에 굳게 서는"(골 2:6-7)것이다.

세커(Secker) 대감독은 자신의 교역자들에게 다음과 같이 경고하였다.

> 충분히 복음적으로 설교하지 않았기 때문에, 우리는 사실 우리 교인들을 분리주의자들에게 많이 잃었다. 그리고 우리는 그들이 달려 들어간 그 곳으로부터 그들을 다시 되돌리지도 못할 것이다.[21]

---

19 Dwight's Sermons. vol. ii. 452.
20 Cecil's Remains.
21 Horn 감독도 똑같은 취지의 말을 하고 있다. "이 시대의 선한 의도를 가진 많은 그리스도인들은 복음의 교리에 대한 갈증을 느끼고 있어서, 예수 그리스도로 말미암은 구원을 듣

그리고 더 많은 사람들이 분리주의로 가는 것을 막지도 못할 것이다. 그러나 올바른 방법으로 우리가 다시 돌아감으로써 즉 "하나님의 모든 말씀을 선포함으로써", 원리적으로 "사람의 지혜가 가르친 말로 아니하고 오직 성령께서 가르치신 것"(고전 2:13)으로 함으로써 우리는 그것을 막을 수 있을 것이다.

그리고 다시 말하거니와, "만일 상당한 시간을 한 곳에서 설교하였는데도 아무 효과가 없거나 적었다면, 분명히 당신의 청중 속뿐만 아니라 당신이나 당신의 설교 속에도 어떤 잘못이 있을 것이다. 왜냐하면, 원래도 그랬던 것 같이 오늘날에도, 적절히 설교했을 때 "하나님의 말씀은 살았고 운동력이 있어 좌우에 날선 어떤 검보다도 예리하게"(히 4:12) 작용하기 때문이다. 그렇다면 잘못이 어디에 있는가 조사해보라."[22]

정확한 성경적 설교관은, 진술이 충분하고도 구별되어야 하며, 그 어조가 감동적이어야 하며, 그 전달 방법이 대중적이어야 하며, 체험적인 공감이 있어야 하며, 그 실행이 직접적이고 실제적이어야 함을 의미한다. 요컨대, 성경의 바로 그 언어와 그 정신이 깊이 스며들게 해야 한다는 것이다. 그래서 우리에게 보장된 자신감을 가지고 우리 성도들을 향하여 우리가 그리스도의 마음을 가지고 있다고 말할 수 있어야 한다. 사람이 우리를 그리스도의 사역자로 여기게 하라. 하나님의 비밀을 맡은 청지기로 알게 하라(고전 2:16; 4:1). 우리는 이제 이 주제의 좀 더 중요한 세부사항들을 살펴보게 될 것이다.

지 않았다면 아무 말도 듣지 않은 것이라고 생각한다. 이것이 우리가 말하는 복음이기 때문이다. 만일 그들이 복음을 들을 것으로 기대하는 우리 강단에서 나오는 설교 속에서 그들이 그 복음을 듣지 못한다면, 그것을 찾으러 예배의 다른 요소에서 이리 저리 헤맬 것이다." Qu. 우리 교인들이 분리주의자들을 유용하는 것이 개탄스럽기는 하지만, 그 전적인 책임 아니면 적어도 그 주요 책임이 결함 있는 우리 설교와 연관이 있는 것은 아닌가? "내 백성이 지식이 없으므로 망하는도다." 호 4:6.

22 Charges, pp. 276, 296. 고 Porteus 감독과 Barrington 감독의『Charges』또한 이 똑같은 점을 뚜렷이 언급하고 있다.

1. 복음 교리 설교

지금까지 우리는 "십자가에 죽으신 그리스도"가 기독교의 정수에 해당한다는 것을 살펴보았다. 이제 이 교리에 대한 우리의 설교는 충분하고 분명하여야 한다는 말을 하고자 한다.

설교는 그 범위 내에서 그리스도의 비밀 전부를, 즉 그의 인격과 사명 그리고 공로를 파악하여야 한다. 또한 모든 부분의 특권과 의무, 약속 그리고 소망에서, 성부의 사랑과 성령의 역사와 연결되어야 한다. 우리는 목회사역을 할 때 이 넓은 원 안에 들어있는 것들을 항상 준수하지는 않는다. 많은 설교들이 설교자가 좋아하는 교리들에 국한되어 있고, 적어도 동등하게 중요성을 가지고 있는 다른 교리들은 소홀히 해버린다. 어떤 설교는 거짓 신앙고백의 거짓됨을 탐지하는데 계속 사용된다. 또 다른 설교들은 율법의 공포들을 퍼붓는데 사용되며, 회개하지 않은 자들의 끔찍한 상태를 묘사하는데 사용된다. 또 어떤 설교들은 널리 일반적으로 그리스도에게로 초청하는데 쓰이거나, 복음의 약속과 위로를 무분별하게 전하거나, 실천해야 할 의무들을 추상적으로 강해하는데 사용되기도 한다. 세상뿐만 아니라 교회도 활기찬 사역이 필요하다는 것을 잊고 있는 것 같이 보이는 목사들도 있다. 전혀 자기 신학 체계에서 나온 것이 아니면, 적어도 성경에서 두드러지게 다루고 있는 문제라고 생각되지 않으면, 그들은 "성령으로 우리에게 보이시고 통달하시는 모든 것, 곧 하나님의 깊은 것"(고전 2:10)들을 유보한다.

이 모든 경우에서, 전체적인 것들을 다루는 일이 결핍되어 있다. 목사가 사자(使者)로서 우리의 메시지에 가까이 있듯이, 대사로서 우리에게 위임된 것을 수행하듯이, 보관자로서 우리에게 맡겨진 신뢰에 충실하듯이, 이 일은 우리의 직분에 매우 단단하게 결속되어 있는 것이다.

학식과 지혜, 말솜씨와 은사가 목사를 만들어주지는 않는다. "사람이 충실하여야 한다는 것은 청지기에게 요구되는 점이다."[23] 우리는 숨김없이 우리의 증거를 선포해야 한다. 기분을 상하게 하는 진리들을 탁월한 것으로 부당하게 선포해서는 아니 된다. 그렇지만 성경의 비중으로 보아 그것들을 보류하려 하지도 말아야 한다. 우리의 해야 할 말을 우리 성도들의 영적 능력에 맞추지도 말고(막 4:33; 고전 3:1-3; 히 5:11-14), 시기심에서 또는 우리 자신이나 우리 청중이 특정 교리들을 듣기 싫어한다고 해서 빠뜨리는 것이 있어서는 아니 된다.

> 하나님의 말씀을 혼잡하게 하지 아니하고 오직 진리를 나타냄으로 하나님 앞에서 각 사람의 양심에 대하여 스스로 추천하노라(고후 4:2; 2:17).

타락으로 인해 인간이 죄를 짓고 부패하고 멸망하게 되었다는 것, 구속자의 속죄하는 피와 순종의 공로를 믿는 믿음으로 말미암아 은혜로 완전히 의롭다하심을 얻는다는 것, 믿음으로 하나님의 가족, 즉 양자가 된다는 것, 이 믿음의 거룩한 특징과 그 증거들이 있다는 것, 중생과 점진적인 성화과정의 사역 속에 그리고 거룩한 하늘나라의 위로를 주는 그의 모든 사역 속에 성령이 직접적으로 중개하신다는 것,[24] 삼위

---

23 고전 4:2; 7:25. 여호수아(8:35)와 예레미야의 사명(26:2, 42:4), 자신의 공적 사역에 관한 우리 주님의 호소(시 90:9, 10; 요 15:15; 17:8), 사도들에게 전한 천사의 메시지(행 5:20), 교회 앞에서 행한 바울의 증거(행 20:26, 27)의 경우에 주목하라. (Latimer는 그의 솔직한 "평범한 설교"에서 묻기를), "누가 진정으로 충실한 청지기인가? 그 어떤 새 돈도 주조하지 아니하며, 그 집의 선한 사람이 되기를 구하며 그 은전을 바꾸지도 아니하고, 돈을 쓸 일이 있어서 자기 앞에 가져오게 했을 때 은을 떼돌리기 위해 그 은화의 가장자리를 깎아내지도 아니하는, 그러한 사람이 참 청지기이며 충실한 청지기이다. 자기 주님의 것으로 알고 가져온 그 모습 그대로 사용하며, 자기 주님이 자기에게 명령한 그대로 그 돈을 사용하는 그 청지기는 충실하다." Sermon on Luke xvi. 1, 2.

24 항상 성령의 사역(고후 3:6-8)의 그 참 성격을 띤 복음을 선포하고 있는가? 특별히 그리스도를 믿고 영접하게 하는 효과를 일으키는 원인으로서, 성령의 임무들을 온전히 성경적인 영광과 필요성 속에서 널리 나타내고 있는가? 이 성령에게 마땅한 존귀를 돌리면서 우리

하나님이 각각 자기 분야에서 구속의 섭리 가운데 조화로운 사역을 하신다는 것, 이러한 것들이 하나님 나라를 가르치는 모든 서기관으로서의 사역에서 중요한 것들이다.

그러나 복음에 대한 이러한 견해들이 중요하고 영광스러운 것들이기는 하지만, 이것들이 복음 전체를 구성한다고 생각하는 것은 전체의 자리에 (비록 매우 상당한 부분이기는 하지만) 한 부분을 배제하는 격이다. 여기서 우리가 하지 말아야 하는 일은 하나님의 계시의 많은 부분을 유보하여 우리 성도들에게 알리지 않는 것이다. 그리고 진리의 성경적인 기준으로부터 우리의 진술을 낮추는 것이다. 우리는 영원의 깊은 곳에 있는, 즉 하나님의 가슴 속에 있는 무한한 이 자비의 강의 근원까지 거슬러 올라가야 마땅하다.

> 하나님이 우리를 구원하사 거룩하신 소명으로 부르심은 우리의 행위대로 하심이 아니요 오직 자기의 뜻과 영원 전부터 그리스도 예수 안에서 우리에게 주신 은혜대로(딤후 1:9).

영원하신 이 뜻은 구원 계획의 빠뜨릴 수 없는 부분이기도 하지만 모든 샘들의 근원이기도 하며 모든 것들이 놓여 있고 모든 것들이 돌아가는 토대이기도 하며, 모든 것이 확정되는 보증이기도 하다. 나머지 모든 것은 아무리 바람직하고 또 그것들을 원한다 하더라도, 그 도달을 확보할 아무것도 제공해주지 못한다. 그것들은 피조물의 변하기 쉬운 뜻, 다시 말해 하나님께 대적하는 인간의 뜻 이외에는 아무것도 아니다. 하나님과 화목해지고 하나님 안에서 행복해지는 것을 보장해줄 수 있는 것은 아무것도 없는 것이다. 자기 제자들과의 친밀한 대

가 뚜렷하게 그리고 정중하게 성령의 은혜로 돌리는 그 힘을 행사하심으로, 그분이 우리를 존귀하게 할 것이라는 점을 우리는 바라도 좋을 것이다.

화 속에서뿐만 아니라, 또한 공적으로 대중들을 가르치실 때에도, 우리 주님께서는 은혜의 이 일차적인 근원을 언급하셨는데, 즉 자기 복음의 효과적인 적용을 자기 아버지의 주권과 관련시키셨다(요 6:24-65; 10:24-30). 사도들도 교회론을 가르칠 때 아주 분명하게 같은 견해를 개진하였다.[25]

그러므로 이 패턴을 따르고 또 이 진술들과 조화를 시키면서, 복음의 초대가 값없이 주어지는 것임을 선포할 때, 우리는 우리의 유효적 소명의 토대를 숨겨서는 안 된다(요 4:37). 은혜의 부요함을 설교할 때, 그것의 근원이 하나님의 기뻐하시는 주권에 있음을 잊어서는 안 된다(엡 1:3-6; 딤후 1:9). 우리는 거룩함의 의무가 하나님의 영원한 계획과 연결되어 있고 또 그것으로부터 온 것임을 강조해야 한다(롬 8:29; 엡 1:4; 살후 2:13; 벧전 1:2). 이러한 가르침의 경향이 건전하고 거룩할 때, 우리가 그 교리들을 정당한 자리와 정당한 순서로 설교할 때, 그리고 성경에 있는 것을 힘 있고 분명한 말로 설교할 때, 우리는 두려워 할 필요가 전혀 없다.

억지로 하는 반복, 그리고 불필요한 반복을 피하라. 그러나 성경이 결정해놓은 것을 담대한 어조로 선포하는 일에서는 움츠러들지 말라. 이 진리들을 구원의 사슬을 잇고 있는 모든 고리들과 연결시켜라. 하나님의 마음을 그 출발점으로 하여 그 마지막 영원의 완성까지 하나님 자비의 모든 단계들과 연결시켜라. 그리하여 그 모든 과정에서 하나님께서 영광을 받으시게 하라.

이 주제에 대한 우리 교회의 생각에 관해 말하자면, 모든 사람은 17번째 신조를 공부하라. 그러면 그 안에 우리의 부르심과(딤후 1:9), 부르심에 대한 우리의 순종과(벧전 1:2), 우리를 의롭다 하심과(롬 8:30), 우리

---

[25] 로마서와 에베소서를 보라. 로마서 전체에서, 특별히 그리스도인의 특권을 다루고 있는 8장에서, 선택하시는 사랑이 그 괄목할 만한 비율로 중문히 나타나 있다.

의 양자됨과(엡 1:5), 우리의 성결과(롬 8:29; 엡 1:4; 살후 2:13), 그리스도인으로서 우리 삶과(엡 2:10), 그리고 우리의 최후의 복락(요 6:39; 10:28, 29; 17:24; 롬 8:30)의 원천인 '선택하시는 사랑'(electing love)의 전체적인 그림을 보게 될 것이다. 분명히 교회는 이 진리, 곧 이 조심스럽지만 타협하지 않는 진리를 잘 다듬고 정확하게 진술하여, 교회의 목사들이 이 높고도 거룩한 교리를 가르치도록 하나의 모델로서 제시하였다. (교회가 진술한 바와 같이), "이 진리가 경건한 사람들에게는 달고 유쾌하며 말할 수 없는 위로로 가득 차 있다"면, 이 진리의 설교는 그것을 받아들임으로부터 흘러나오는 그리스도인의 특권과 거룩한 헌신의 큰 힘과 연결되지 않겠는가?[26] 그래서 우리의 목회에서 이 진리들의 명랑한 빛들과 활기를 북돋아주는 원리들이 부족하다면, 그것이 몸으로 느껴지지 않겠는가? 꼭 회심의 역사는 아니더라도, 그리스도인의 성화 과정에서의 진보가 더디고, 특별히 무엇보다, 다른 사람들이 하늘의 기쁨을 특징짓는 그 마음의 바탕이 결핍되어 있는 경우에, 주권적인 은혜를 맛보고도 인정하지 않고 찬미하지 않는 경우에, 그것이 느껴지지 않겠는가(계 5:9-14)?

하나님의 마음과 하나님 말씀을 온전하고도 분명하게 선포하지 않는 것 만큼, 신중하게 진술했다는 말을 들을 자격이 거의 없는 것은 없다. 그것은 오류 없고 무한한 하나님의 지혜보다 우리의 어리석음을 더 선호하는 우둔한 행동이기 때문이다.

리치몬드 목사는 말한다.

> 나는 하나님께서 자기 교회에 나타내신 것을 감히 빠뜨리지도 않거니와 그것을 무용하다거나 위험하다고 부르지도 않는다. 하나님께서 믿고 가

---

[26] 이 가르침이 위치하고 있는 저 위대한 구절, 롬 8:33-39를 보라.

르치라고 나에게 명령하시기 때문이다.[27]

과연 우리는 성경의 모든 부분을 우리에게 비추인 빛에 따라 우리 교인들에게 설명해주어야 할 의무가 있다. 성경은 회중을 가르치라고 쓰인 책이기 때문이며, 우리는 안수 받은 그 성경의 해석자들이기 때문이다. 안수식 때 우리에게 맡겨진 사명 즉 "그대는 하나님의 말씀을 설교할 권위를 받으라"[28]는 것은, 복음의 모든 교리를 다 분명하게 보여주어야 한다는 것을 암시한다. 그러므로 현명한 설교는 성경에서 진술되어 있다고 생각되는 그 비중에 따라, 그리고 그 목적을 위하여, 그 진술과 순서에서 복음의 모든 교리를 분명하게 나타내 보이는 것을 의미한다. 우리의 불완전한 이해 때문에 우리가 하나님의 모든 뜻을 선포하지 못하였다면, 우리 설교가 적어도 "꺼리지 않고 하나님의 뜻을 다 너희에게 전하였음이라"는 것과, 우리가 그것에 유의하고 있다는 것과, 의도적으로 숨긴 것은 아무것도 없다는 것을 보여주어야 한다(행 20:27).

이 넓은 분야의 지식에는 영원히 진보해야 할 끝없는 범위가 있다(빌 3:10; 엡 3:18-19). 그러므로 "은혜와 그리스도의 지식에 자라가도록" 연구하고 기도하는 것을 우리 목표로 삼아야 할 것이다. 이것은 우리의 설교가 진실할 뿐 아니라 또한 우리의 설교가 진리가 되도록, 즉 예수 안에서 전체적인 진리가 되도록 하기 위함이다. 정확한 교리체계는 우리로 하여금 설교의 모든 부분을 귀중한 목표와 잘 연결시키면서 하나님의 권위 있는 인이 찍힌 모든 진리를 선언하게 인도할 것이다. 결함이 있는 체계는 기독교 교리나 실천적인 권면에 제한이 있을 것이다. 반면에, 우리는 자기 개인의 생각을 과장되게 진술하거나 부당하게 한

---

27 Life, p 139.
28 Ordination of Priests.

쪽으로 치우치는 설교를 하지 않도록 조심하여야 한다. 이것 또한 부당하게 숨기는 것이므로 비성경적이다.²⁹ 추론은 겉으로 보기에는 합법적일지라도, 분명하게 성경의 선포의 지지를 받는 경우를 제외하고는 매우 조심스럽게 수용하여야 한다. (캠벨 교수가 우리에게 상기시키고 있는 바와 같이), "계시가 멈추는 곳에 멈추고, 그 계시 이상으로는 단 1인치도 넘어가려 하지 말라."³⁰

---

29 Scott's Sermon on Election and Perseverance의 적용에 관한 중요한 언급을 보라.
30 On Systematic Theology, Lect. ii. 이 주제에 관한 Calvin의 말은 때때로 특별한 지혜와 냉철함을 나타내고 있다. Instit. Lib. iii. c. 21. §3, 4. 같은 정신을 가지고, Ridley 감독은 자기의 동료 순교자 Bradford에게 다음과 같이 쓰고 있다. "그 문제에 있어서는 (Coverdale이 알려준 바에 의하면, 선택의 교리를 가리킴. 그는 이것에 관한 훌륭한 논문을 썼다.) 나는 너무 두려워서, 바로 그 본문이 내 손을 잡고 인도하고 있는 것 이외에 거의 아무것도 더 상세하게 말하지 않았다." Fathers of the English Church, vol. iv. p. 249. 저자는 자기 형제 목사들에게 삼가 자기 견해를 진술하고자 한다. 빛과 사랑의 성령이 완전히 알려주실 때까지는 심오하고 신비스런 이 주제들에게 차이가 존재함을 예상해야 한다는 것을 저자는 인식하고 있다. 그러나 우리 중에 현재의 달성에 만족할 만큼, **전체 진리를 완전하게 소유하고 있는** 사람은 아무도 없다고 저자는 생각한다. 성도에게 전한 믿음의 모든 영역이 모든 영적 이해력에 똑같이 뚜렷하게 드러나는 것은 아니다. 진리에 대한 좀 더 명확한 견해를 얻기 위해서, 그리고 그 진리를 강해함에 있어 충분성과 단순성 그리고 감격을 증가시키기 위해서는, 좀 더 공부하고 기도해야할 것이다. 이 특정 교리들에 반대하는 많은 편견은 논쟁의 여지가 있는 불쾌한 진술 방식 때문에 일어났다. 이런 태도는 겸손과 경계심, 거룩한 전념, 그리고 그리스도인의 특권을 즐거워함과는 관련이 없는 것이다. 이것 속에서 교회는 높은 정도의 영성에까지 부흥하고, 하나님의 영의 보다 충만한 감동이 쏟아져 나오는 것이다. 동시에, 인간의 사고 체계에 집착하는 위험성이 있기 때문에, 지구상에서 아무에게도 주님이라고 부르지 않도록 우리는 매우 세심하게 주의를 하게 된다. 다른 한편으로는, 우리가 이해하고 있지 못한 것에 반대하지 않도록 우리는 똑같이 주의해야 한다. 우리는 성경의 어느 특정 부분들의 연구에 강한 반감을 갖지 않도록 경계하여야 한다. 이것은 마음에 나쁜 기질이 있음을 보여주는 분명한 표식이며, 말씀을 듣고 떠는 자세가 부족한 표시이기도 하며, 교만한 우리 마음이 받아들일 수 없는 것을 무효로 만들려는 성향을 나타내는 것이기도 하다. 저자는 그러므로 자신의 칼빈주의 형제들과 알미니안주의 형제들 모두에게 성경에 주어진 그대로 진리의 온전하고도 명백한 진술의 의무를 지우고자 한다. 그들의 마음의 편견은 결국 다양한 진술을 소개하게 될 것이다. 하나님의 말씀은 존귀함을 받을 것이고, 그들이 의도적으로 진리를 억눌렀다는 죄의식을 가지고 전달하게 될 것이다. 어떤 차이가 나타날지가 논쟁의 맛을 내는 것이 아니다. 그들 각각의 견해가 좀 더 가깝게 근접하면, 그들의 마음은 조화롭고 형제애가 있는 합의점에 도달하게 될 것이다. 그들은 또한 서로에게 양보를 하게 될 것이다. 하나님께 대한 충실감으로부터, 그들이 다양하게 자신을 위해 주장하는 자유와 "우리가 어디까지 이루었든지"라는 사도의 규칙에 순응하여, 그들은 그 같은 규칙과 그 같은 것에 따라 행하는 법을 배우게 될 것이다. (빌

사도들의 편지들을 연구해보면, 우리 설교가 (궤변론적인 질문들을 제외하고[롬 14장; 고전 7-8장 등]) 초대 교회에 전달되었던 성경적 진리를 일점일획까지라도 모두 포함하고 있는지 그렇지 않은지 알 수 있을 것이다.

또 무엇을 어떠한 방식으로 가르칠지, 그리고 어떻게 하면 교리와 진술 그리고 용어들을 성령의 영감으로 된 모델과 같이 구성할지 등을 우리에게 가르쳐 줄 것이다. 이 모델은 은혜의 교리에 대해 추상적인 설명을 하는 것이 아니라, 성경의 저자들의 본을 따라서(신 7:6; 10:15-16; 롬 8:29; 엡 1:4; 2:10; 살후 2:13; 벧전 1:2) 실제적인 실천을 교리와 함께 결합시키고 있다. 그것은 또한 혐오심이나 오해, 방탕한 마음을 자극할까 두려워서 거룩한 성령의 감동으로 영감된 깊고 신비스런 교리를 표현하는 성경 용어들(그리고 우리 성도들이 자기들의 성경 속에서 그 용어들을 찾아볼 수 있다)의 사용을 피하는 오류를 지적해 준다. 이것은 의도는 좋지만 복음의 순수성을 인간의 육적인 지혜로 더럽히는 비복음적인 정신이다.[31] "다른 어떤 모범을 고정적으로 따라 하는 것은 절대적인 오류는 아니라 할지라도, 그것은 복음의 일부분만 표현하게 만들며, 이는 무분별한 잘못으로 인도할 것이다."[32]는 말은 옳다. 우리의 공적 사역에서 성도들 자신의 성경에 쓰여 있는 모든 진술을 구체적으로 보여줌으로써만, 우리는 우리 교인들의 신뢰를 얻을 수 있다. 홀슬리 감독의 설득력 있는 권면의 말로 이 요지를 정리하고자 한다.

3:16).

31 Davenant 감독은 이 점에 대해 다음과 같이 말하고 있다. "이것은 그리스도의 사역에서 요구하는 자유를 부정한다. 그리스도의 사역자들은 진리의 본질을 사수하며 국경 수비대처럼 마지막 국경선을 지켜야한다"(Hoc adversatur huic libertati, quae requiritur in Ministris Christi: quos oportet, non modo ipsam substantiam [ut ita loquar] et possessionem veritatis retinere; sed extremos etiam limites, et quasi confinia ejusdem defendere). in Col. iv. 4.

32 Bishop of Chester's Apostolical Preaching, pp. 257-258. Macknight's Essay I. Prefatory to his Commentary on the Epistles에서 귀중한 생각들을 찾아볼 수 있다.

그대의 청중의 마음속에 성령의 은밀한 영향력을 끼쳐 말씀사역을 도와 주시도록 하나님께 간절하게 기도하라. 그리고 하나님께서 그대의 기도를 들으셨다는 것을 조금도 의심하지 말라. 당신이 거룩한 기능을 수행하고 있는 그 회중이 아무리 비열하고 무식하다 할지라도, 그들 앞에 하나님의 온전한 뜻을 차려놓기를 두려워하지 말라. 당신의 메시지 전체를 남김없이 열어 보이라. 그리고 '주님, 제 마음속에 주님의 의를 감추어 놓지 않았습니다. 거대한 회중이 듣지 못하도록 주님의 사랑과 진리를 숨겨놓지 않았습니다'라고 담대하게 말하라.[33]

교리의 진술은 또한 단순해야 한다. 우리 설교 재료들은 충분히 단순하다. '죄와 구원'이다. 타락한 인간이 그리스도로 말미암아 회복된다는 것이다. 그러나 이것은 대단히 중요하다. 도피성으로 가는 저 길처럼, 그리스도께로 가는 죄인의 길도 평탄하게 만들어야 한다. 불신과 자기 의라는 걸림돌은 하나님의 사람들의 길 밖으로 치워져야 한다(사 57:14).

먼저 거룩에 도달하는 것부터 필요하다는 주장이 인정되어서는 안 된다. 그분의 말씀의 보증에 근거하여 즉시로 그리스도께 다가갈 수 있다고 하여야 한다. 복음의 초대는 값없이 받아들일 수 있으며, 구주께서는 기꺼이 받아 주시며, 또 그리스도 한 분만으로 충분하다는 것을 알려 주어야 한다. 그리고 마지막으로, 회개하고 복음을 믿는 모든 사람을 다 받아주시는 그 확실성을 보증해 주어야 한다. "회개하고 복음을 믿으라", "회개하고 돌이키라"(행 3:19), "믿고 구원 받으라"

---

[33] Charges, p. 16. 이 중요한 충고와 이 신성한 본보기가 남겨둠의 교리에 얼마나 분명하게 반대하고 있는지를 말해야 할 필요가 있다. 이 교리는 최근에 "The Tracts for the Times" (Tract 80)에 공표된 것으로, 하나님의 은혜의 영광스런 복음의 영광을 흐리게 만들고, 그 영향력을 마비시키려는 가르침이다.

(행 16:31), "보라 그러면 살리라"(요 3:14-15), "원하는 자는 누구나 나아오라"(계 22:17). 복음의 주변에서부터 시작하여 그리스도께로 올 때까지, 단계별로 설득하여서는 아니 된다. 이렇게 하면 죄인은 어둠 속에서 기다리게 된다. 그는 왕을 보기 원하는 것이다. 멀리서부터 긴 알현 의식을 할 필요가 없다. 커다란 목표를 바로 눈앞에 보이게 두라. 이것이 부족한 모든 것들은 대단히 부적절한 것이다. 죄인은 죽어가고 있다. 그는 지금 당장 의사를 보아야 하고, 처방을 받아야 한다. 놋뱀은 그 사람 앞에 높이 들려야 한다. 그가 믿기 때문이 아니라, 그가 필요로 하고 있기 때문이며, 그가 믿도록 하려고 하는 것이다.

이것이야말로 값없이 주는 복음, 죄인에게 적합한 복음이다. 우리의 설교에 이 성경적인 단순성이 있기 때문에, 우리 목회가 무능력하게 되지 않게 보존해줄 것이다. 익숙해진 종속적인 주제를 다룸으로써 목회가 둔화되는 것을 막아줄 것이다. 레이놀즈 감독이 적절하게 말하고 있다.

> 아무것도 하지 않고 자기의 모든 시간을 새로운 신학을 말하거나 듣는데 쓰는 아덴 사람들의 기질을 가지고 있는 사람들같이, 건전한 말씀의 전체적인 형태와 정통 교리의 전반적인 조화에 만족하지 않고, 새로운 실험을 하고 새로운 발견을 하기 위해서, 모든 연구와 자기 마음의 항해를 미지의 신학 속으로 인도한다. 마치 그것들이 심오한 하늘의 비밀이라도 되는 것처럼, 교리적인 것들 안에서 새로운 빛을 칭찬하고, 사람들을 형이상학적인 공상들로 즐겁게 만든다. 그러면서, 의무와 회개와 새로운 순종의 쾌활한 구원의 원리들을 설교하는 일은 소홀히 한다. 그렇게 함으로써, 사람들이 자기들이 앞서서 배웠던 진리 모두를 쉽게 의심하게 만들어 버린다. 새로 배운 것들의 확실한 지식을 획득하는 것보다 의심

이 훨씬 쉽게 생기기 마련이다.[34]

　이 단순함의 정신은 또한 우리 안에 있는 성경의 일점일획에 대한 거룩한 경외감을 보존해주고, 단 한 개의 관사라도 왜곡시키는 것을 싫어하는 거룩한 시기심을 줄 것이다. 성경을 강해할 때, 우리는 하나님의 가르침으로부터 가장 자연스럽게 흐르고 있는 것으로 보이는 그 해석을 채택하게 될 것이다. 그리고 만일 교회 안에서 그 어느 편에도 속해 있지 않다면, 원래 의미로 보이는 그런 해석을 하게 될 것이다.

　우리가 하는 교리적 설교는 또한 연결되어 있어야 한다. 어떤 한 편의 설교가 복음 전체를 자세히 다룰 수는 없다. 그래서 설교가 다루는 주제는 서로 연결된 전체의 일부분을 다루게 되며, 전체의 구조와 뚜렷하게 관련성을 가지고 다루어야 한다. 분명한 연관 없이도 복음의 중요한 진리들을 많이 설교할 수 있을 것이다. 그러나 엄밀히 말해서 복음 그 자체는 전해지지 않는다.

　그리스도의 사역 안에 있는 그 조화로움을 보지 못하면, 하나님의 완전하심을 설교할 수 없다. 복음의 값없이 주심과 그 거룩함에 연결되지 않고서는, 하나님의 뜻이 제대로 전달되지 않는다. 하늘나라로 가는 길이신 그리스도를 언급하지 않고서는, 하늘나라의 영광을 제대로 전해질 수 없다. 그리스도로 말미암은 구원의 교리를 제쳐 놓고서는,

---

34 Sermon on Self-denial, Works, pp. 809-810. "성경의 새로운 의미를 알아낸 체 하는 것과 다른 학자들의 경건하고 견실한 강해에서 예외들을 뽑아내는 것에 대해 경고를 한 후," 그는 이 좋은 조언을 덧붙였다. "우리 자신의 어떤 의견이나 생각을 삽입하는 것이 필요하다고 판단이 설 때마다, 우리는 첫째, 겸손과 존경심을 가지고 우리와 다른 생각을 가지고 있는 다른 사람들에게 대한 존경심과 영광을 유보해놓고서 그렇게 해야 한다. 마치 의견이 아니라 하나님에게서 받은 말씀을 말하고 있기라도 하는 것처럼, 내가 발견하였다는 고압적인 자세를 가져서는 아니 된다. 둘째, '믿음의 유추'와 경건에 따른 지식으로부터 이탈하여 공상과 비판적인 호기심 속으로 빗나가지 않도록 조심하여야 한다. 가장 정통적이요 실제적이며 거룩하며 의무와 경건을 촉진시키는 성향이 가장 많이 있는 강해들을 최선의 것이요 가장 건전한 것으로 판단하기로 결심하라."

죄의 권세와 더러움, 죄의식 그리고 정죄 등을 제대로 설교할 수 없다. 성령의 사역은 구속과 연결되지 않고서는 전할 수 없다. 그리스도와의 연합과 관계짓지 않고서는, 거룩은 설교될 수 없다. 우리에게 전가된 그리스도의 의는 그가 나누어준 의와 분리해서는 설교될 수 없다. 마음을 새롭게 함으로 믿음이 적극적으로 역사하는 것을 말하지 않고서는, 믿음으로 그리스도를 영접하는 것을 설교할 수 없다. 약속을 보여주는 것은, 의무들과 분리해서는 설교할 수 없고, 또 그 부과된 동기와 따로 설교할 수 없다.

이것들은 복음의 여러 부분이라고 말할 수는 있을 것이다. 그러나 그 부분들이 성경의 연관과 끊어져 있다면, 그것들은 복음 설교를 구성하지 못한다. 이 분리되어 있는 진리의 조각들은 기독교 교리의 든든한 기초를 만들 수 없으며, 또 그 위에 하나님의 전이 세워질 상부 구조를 만들 수 없다. 시계 장치의 구조에 혼란이 있는 것처럼, 복음의 진리를 제자리에 두지 못하면, 전체 시스템이 망가지게 된다. 복음의 계획을 그 원리들로부터 끊어버리면, 소생시키는 모든 힘이 마비된다. 그리스도를 직접적으로 그리고 즉시로 언급함이 없이 설교하면, 아무리 중요한 실천적 진리의 진술도 성령을 기쁘시게 하는 열매를 거두기보다는, 들포도나 죽은 행위만을 거둘 뿐이다. 왜냐하면 행함이 없는 믿음이 죽은 것 같이, 믿음이 없는 행위도 죽은 것이기 때문이다.

그러므로 필수적으로 복음에 속한 매우 귀중한 진리를 설교하는 것이 가능하면서도, 그러면서도 복음을 전하지 않을 수 있다. 그리스도에 대해 전하면서, 그러나 그리스도를 전하지 않을 수도 있다. 하나님의 말씀의 모든 부분을 전체에 연결시켜주는 중대한 연결의 부족이 있을 수 있다는 말이다. 그래서 다시 말하지만, 우리는 설득력 있게 신앙의 중요성을 선포하면서도, 그 참되고 영적인 성격을 보여주지 못할 수도 있다. 또는 죄인의 멸망이라는 요점에 대해서는 분명하면서도, 그 치유책을 설명하는 데는 불분명할 수 있고 하나와 다른 하나를 계속해서 연결시키지 않을 수도 있다. (일반적으로, 젊음, 경험 부족, 일찍부터 갖게 된 편견, 또는 불완전한 이해 등의 이유로 인한), 이러한 결함을 가진 진술은 복음의 아름다움과 완전함을 손상시키고, 하늘로부터 온 복음의 능력과 복음에 대한 논증을 약화시킨다. 그러나 우리는 다른 사람들이 진리를 왜곡했다고 해서, 진리를 삭제하거나 억누르거나 연결을 끊어서도 안 된다.

우리는 어떤 사람이 진리의 질을 떨어뜨려 놓았다고 해서, 또 다른 사람들이 진리를 개에게 던져 주었다고 해서(마 15:26), 자녀들에게 그들의 떡을 주지 않아서는 안 된다. 어떤 사람들이 그 사람들을 맛없는 섞은 술로 취하게 했다고 해서, 우리는 곧 죽을 사람에게 강한 술을 유보하거나, 마음이 곤고한 자들에게 하늘 위로의 포도주를 주지 않아서는 안된다(잠 31:5). 만일 어떤 이들이 자신의 회중에게 해독을 끼쳤다면, 다른 이들은 그들을 굶어 죽일 위험성도 있을 수 있는 것이다. "교인들을 지식과 명철로 먹이고 있는, 하나님의 마음에 합한 목자들"이 얼마나 적은가!(렘 3:15)

급격한 반동적인 생각은 비성경적인 교리체계가 간접적으로 끼치는 병폐들 중 하나이다. 오류의 반대편이 또한 오류일지도 모른다는 사실을 우리는 잊고 있다. "이단은 이단으로 치유될 수 없고, 진리로 치유된다."[35] (예를 들어, 선택 교리와 같은) 진리가 그 진술에서 매우 왜곡되어질 수 있고 그 연결에서 끊어짐으로써 명확한 오류가 될 수도 있다. 그 어느 쪽이든 절반의 진술 또한 잘못된 진술이다. 만일 근본적으로 중요하다고는 할 수 없지만 그래도 상당히 중요한 다른 요점들에 대해서 불분명하게 말하거나 또는 잘못된 생각을 가지고 말한다면, 다른 요점

---

[35] Cecil's Life of Cadogan.

에 대해 사람과 천사의 방언으로 말한다는 것은 별로 중요하지 않다.

우리의 교리 진술이 구속받지 않도록, 우리는 또한 주의를 기울여야 한다. 이렇게 되기 위해서는, 인간의 지각 수단에만 만족해서는 안 된다. 우리 자신을 살펴야만 한다. 그것은 "주의 빛 안에서 우리가 빛을 보리이다"(시 36:9) 라는 자세를 의미한다.

성경 전체를 끌어안아 성경적 설교를 하겠다는 시도를 할 때, 어떤 신학 체계에서 벗어난다는 것은 매우 어려운 일이다.[36] 게다가 진리의 전 영역을 파악하고 있는 그러한 신학 체계도 없다. 또한 많은 거친 모서리들을 부드럽게 다듬지 않고서는, 그리고 일관성을 상실할까 하는 두려움에서 많은 본문들을 생략하지 않고서는, 신학 체계는 잘 정리될 수도 없다. 그러므로 교리들이 성경 안에서 서로 연결되면서도 구속당하지 않게, 기독교의 정직성을 가지고 복음의 교리들을 진술하기 위해 수고해야 할 것이다.

성경의 체계는 (성경적인 진리 체계가 있다는 것은 의심의 여지가 없다) 하나님의 우주적인 공평성과 완벽하게 조화를 이루고 있는 하나님의 주권과 그리고 전적 타락의 영향을 받지 않은 인간의 자유 행위를 끌어안는다. 만일 겉으로는 반대로 보일 수도 있는 이 요점들의 일관성을 우리 이성이 분별하거나 조정할 수 없다면, 믿음은 단순하게 그 두 가지를 다 받아들여서, 가장 측량할 수 없는 용어로 이 두 가지 모두를 진술할 것이다. 이 두 가지를 조화시키는 작업은 하나님의 무한한 지혜에 맡기는 수밖에 없다. 주권자로서 하나님이 자기 자신의 뜻에 따라 모든 것들을 만드셨다면, 그의 언약의 신실한 실행에 따라 그의 자비가

---

[36] Witsius는 자신의 목사에게 다음과 같이 엄중하게 경고하고 있다. "하나님의 말씀을 가볍게 여기고 지키지 않는 것은 죄를 범하는 것이다"(Ea [Dei oracula] quovis, vel levissimo torquere modo, ut praejudicatis respondeant hypothesibus, nefas ac propemodum scelus est). De theologo Modesto.

값없이 흘러 나올 것이다. 그는 모든 사람을 기뻐하시는 뜻대로 각각 나누신다. 그분은 줄 수도 있고, 거절할 수도 있다. 그러나 하나님은 말씀하시기를, "찾으라 그러면 찾을 것이요"(마 7:7, 8)라고 하신다. 그리고 이 약속으로, 하나님은 아무도 "나를 혼돈 중에서 찾으라고 이르지 아니하였노라"(사 45:19). 중생의 사역에서는, 하나님이 효력을 지닌 유일한 원인이시다.

인간은 전적으로 수동적이다. 그래서 인간은 마치 기계처럼 수동적이라고 말할 수 있는 것처럼 보이기도 한다. 그러나 그는 "내가 사람의 줄 곧 사랑의 줄로 저희를 이끌었고"(호 11:4)라고 말씀하신다. 인간의 의지 위에 놓인 제약은 아무것도 없다(시 110:3). 구원은 인간에게 주어지는 것이지, 억지로 강요하는 것이 아니다. 그러므로 공로 전체는 처음부터 마지막까지 하나님의 은혜이며, 인간의 자유 행위는 보존된다.[37] 모든 것은 하나님으로부터 온다. 하나님은 인간이 일하게 하심으로써 일하신다(빌 2:12-13). 그리고 그분이 일하시는 과정의 원리는, "있는 자는 받을 것이요 없는 자는 그 있는 것까지 빼앗기리라"(막 4:25)이다. 인간은 이성적 존재로서 말씀을 받는다. 비록 마비되기는 했지만, 인간은 걸으라는 명령을 받는다. 비록 죽었지만, 인간은 "죽은 자 가운데서 일어나라"[38]는 부르심을 받고 있다.

인간은 그리스도께로 올 수 있다. 그는 오라는 초청을 받았다. 그는 와야 한다. 그리고 오지 않으면 그것은 죄다. 그의 이기적이고 교만한 마음이 그를 도덕적 무능력 상태에 매어놓고 있지만, 하지만 그는 평

---

37 Augustine은 다음과 같이 말했다. "자유의지가 없으면 세상이 어떻게 정죄를 당할 것인가? 은혜가 없으면 구원을 어떻게 받을 것인가?"(Si non sit liberum arbitrium, quomodo damnabitur mundus? Si non sit gratia, quomodo servabitur?) Bernard의 언어와 거의 동일하다. "자유의지가 없다면 구원 받을 수 없으며, 은혜가 없다면 구원 받을 수 없다"(Si non sit liberum arbitrium, non est quod salvetur; si non sit gratia, non est unde salvetur). Epist. 46.
38 엡 5:14. 마른 뼈의 비유에서 예증된 이 주제를 보라. 겔 37:1-10.

계를 댈 수 없다. 왜냐하면 그의 무능력이 그의 의무를 취소시킨다는 것은 생각할 수 없기 때문이다. 또는 하나님은, 자기의 공정하고 절대적인 요구보다 더 적은 어떤 것을 요구함으로써, 육적인 인간들과 타협한다는 것은 생각할 수 없기 때문이다.

결국 인간은 자신 안에 그것을 행하도록 내적으로 보유하고 있는 힘이 없는 것을 행동하도록 요구되고 있다. 인간은 자신의 능력의 관심을 끌기에 적합하고, 그의 본성적인 감성을 움직이기에 적합한 화제의 요구를 받고 있다. 그리고 이 제정된 수단의 질서 속에, 하나님의 주권과 은혜와 권세는 그의 말씀의 분여에 생명을 주는 것이다. 우리는 우리의 메시지를 이해할 능력이 있고 그것을 받아들이는 반응을 보일 수 있는 이성적인 존재들을 다루고 있다. 그러므로 메시지를 이해할 수 있고, 단순하고, 연결되고, 구속받지 않게 하라. 그러면 주께서 "자기 은혜의 말씀을 증언"(행 14:3)하실 것이다.

교리의 성경적 기준이 그에 상응하는 거룩과 특권의 상승과 불가분의 관계가 있다는 단호한 신념을 가지고 이 주제에 대해 상세히 언급했다. 절충하고자 하는 희망을 가지고 인간의 정신이 만들어낸 철학에 우리의 진술을 맞추려는 것은, 인간의 육적인 마음은 복음에 적의를 품고 있으며(요 1:5; 3:19-20; 롬 8:7), 모든 설교자들의 가장 지혜롭고 가장 매력적인 사역이라 할지라도 그것에 작정하고 반대한다는 사실을 잊고 있는 것이다(마 11:16-19; 요 12:37-40).

이렇게 복음의 진술을 절충하려 했다면, 사도 바울은 절대로 유대인들과 헬라인들을 "십자가의 어리석음"으로 걸려 넘어지게 하지 않았을 것이다. 즉 그는 그들에게 복음을 믿게 하려고 "하나님의 능력과 지혜"(고전 1:22-24)를 그들에게 전하지 않았을 것이다. 뚜렷하지 않고 흐릿한 진술은 마음속의 적의를 가라앉혀, 우리 회중을 어떤 단계의 확신에까지 이끌어 올 수도 있을 것이다. 그러나 그런 진술들은 결코 그 사람들을 주요한 요점에까지 이르게 할 수는 없을 것이다. 그래서 그 진술들이 성공을 거두게 하기 위해 인간의 힘만을 의존하게 될 것이다. 메이더가 그의 부교역자에게 상기시켜 주었던 것과 같다.

> 우리가 제시하려고 한 이러한 진리들 속에는, 교회가 그 위에 서거나 넘어지는 조항들이 있다. 그 조항들이 당신의 사역의 생명이 될 것이다. 또 생명이 없이는 경건함의 능력도 유지될 수 없을 것이다. 이 진리들을 상실하면, 사역은 활기도 없고 열매도 없는 것이 되어 목자들에 대한 다음과 같은 불평을 얻게 될 것이다. '그대는 병든 자들의 힘을 돋우어 주지도 않았고, 쫓겨난 것을 다시 불러오지도 않았도다.'[39]

달란트나 열변이 아니라, "단순함과 경건한 성실성"이 우리가 맡은 사역의 원리이다. 다음의 짧은 한 문장이 우리의 체계를 잘 묘사해주고 있다. "오직 그리스도는 만유시요 만유 안에 계시니라"(골 3:11). 그 분은 단순히 그림에 등장하시는 분이 아니라, 그림의 주요 인물로서 그림의 가장 앞부분에 존재하신다. 그림의 다른 모든 부분들은 이 맨 앞부분에 종속되어 있는 것이다. 다른 모든 부분들은 그리스도를 뛰어나게 보이게 하고 그 효과를 높이기 위해 있다. 그래서 독점적으로 그 분께만 사람의 눈과 마음을 끌리게 한다.[40]

---

39 Mather's Student and Pastor, p. 185.
40 Bowles는 우리 사역에서 그리스도를 충분히 나타내어야 할 설득력 있는 이유 몇 가지를 제시하고 있다. 1. 그리스도 안에 우리의 유일한 구원의 희망이 있기 때문이다. 행 4:12; 요 14:6. 2. 그리스도는 진리의 전 영역을 포함하고 있는 성경 전체의 범위이기 때문이다. 성경은 (모세의 율법같이) 우리를 그리스도에게로 데리고 가든지, 또는 그를 마치 우리 눈앞에 있는 것처럼 묘사하든가, 또는 외적인 그리고 내적인 수단을 사용하여 우리를 그분과 교제하게 하거나, 또는 마지막으로, 우리를 그분에 합당하게 살아가도록 한다. 3. 복음의 첫 사역자들 모두가 그리스도께 자기들의 사역에서 최우선의 자리를 드리는데 일치하고 있기 때문이다. 세례 요한(요 1:29), 빌립(행 8:5), 바울(행 9:20; 고전 2:2; 엡 3:8.) 4. 사람들을 그분께 접붙이는 일을 제외한 우리의 사역은 모두 훌륭한 죄들과 다름없다 (요 15:4-

레이놀즈(Reynolds) 감독의 놀라운 권면은 이 주제의 결론을 잘 내리고 있다. "열심히 그리고 성실하게 이 신령한 설교의 하늘로부터 오는 기술에 전념하라." 그래서 죄를 납득시키라. 즉 죄의식과 더러움과 죄의 오염, 저주와 비방을 확신시키라. 영혼이 그로 말미암아 죄에 노출되는 것이다. 그대의 청중이 깨어나 겸손하게 되어 "임박한 진노로부터 피하라"는 예고를 받게 될 수 있으리라. 그래서 그리스도의 완전하게 충분한 의와 헤아릴 수 없는 그 부요함을 납득시키라. 그의 지식의 탁월함과 그의 사랑의 측량할 수 없음과 그의 약속들의 고귀함을 깨우쳐주라. "그의 고난에 동참하고 그의 부활의 권능에 동참함"과 그의 거룩함의 아름다움과 그의 멍에의 쉬움과 그의 화평의 복과 그의 구원의 기쁨과 그의 영광의 소망을 이해시키라.

그대의 청중의 마음이 자기 속에서 불 타오르게 하여, 피난처와 성소를 찾아 구속자의 품 안으로 비둘기처럼 날아들게 하라. 구속자는 자기로 말미암아 하나님께로 오는 자들을 구원하실 능력이 있으시며 또 그러기를 기뻐하신다. 청중이 모두 순종할 마음을 가지고 그리스도의 사랑의 강권하는 힘으로 말미암아 이 평화의 왕의 다스리심에 굴복할 것이다. 이 분으로 말미암아 이 세상의 왕이 심판을 받고 내어쫓김을 당할 것이다. 그리하여 이 세상 왕의 일은 멸망하게 된다. 이 목적을 위해 우리는 값을 주고 산 사람들이다. 우리는 우리 자신의 것이 되어서는 아니 된다. 우리는 우리를 사신 그분의 것이다. 또 더 이상 우리

---

5). Lib. ii. c. 8. 다시 말하거니와, 1. 그의 인성의 존엄성의 시각에서 볼 때 (골 2:3, 9; 아 5:9-16), 하나님과 사람이심으로 우리의 구주와 우리 믿음의 근거가 되시기에 적합하시다. 2. 그의 직분의 시각에서 볼 때, 우리를 위하여 하나님과 사람 사이에 중보자가 되신다. 3. 측량할 수 없는 축복들의 시각에서 볼 때, 모든 복이 그분에게서 흘러나온다. c. 13. "목사는 예수 그리스도 안에서 인간의 구원과 희망이 있다는 것을 가르쳐야 한다. 그는 그리스도를 통해서 하나님의 은혜의 부여함이 넘치는 그리스도를 선포하는 자이다"(Christum illi soli annunciant vere, et uti oportet, qui in illo solo docent omnem spem salutis humanae repositam, qui per illum solum agnoscunt divitias gratiae Divinae ad nos derivari). Dav. in Col. i. 28.

자신에 대해 살아있는 사람이 되어서도 아니 된다. 우리는 "우리를 사랑하시고 우리를 위해 죽으셨으며 다시 살아나신" 그분에 대해 살아있는 사람이 되어야 한다.

"주 그리스도 예수를 전파하라", "너희 중에서 예수 그리스도와 그가 십자가에 못 박히신 것 외에는 아무것도 알지 아니하기로 작정하라." 그분의 이름과 은혜, 그분의 영과 사랑이 모든 설교에서 승리를 얻게 하라. 당신의 위대한 목적이 마음속에서 그를 영화롭게 하고 그분을 그분의 사람들의 눈에 사랑스럽고 귀하게 보이게 하라.

청중을 그리스도께로 인도하라. 사람들을 보호하는 성소로, 그들을 화목하게 하는 희생 제물로, 그들을 부요하게 하는 보물로, 그들을 치료하는 의사로, 그들과 그들의 섬김을 하나님께 드리는 옹호자로, 그들을 상담하는 지혜로, 의롭게 하는 의로, 다시 새롭게 하는 성화로, 구원하는 구속으로, 그리스도를 그들에게 알리라. 그리스도가 당신의 모든 설교의 가슴에서 반짝이는 다이아몬드가 되게 하라.[41]

2. 체험적 복음 설교

"아마 사도 시대 이후로 현재보다 복음의 이론을 더 잘 이해하고 있는 시대는 없었을 것이다. 그러나 복음을 설교하거나 복음을 믿음으로 고백한 많은 사람들이 생각의 조직적인 틀을 너무도 많이 강조하고 있고, 기존의 한 그리스도인의 인격을 형성하고 행동을 통제하는 그 중

---

[41] Reynolds, Works, pp. 1039-1040. 그의 저서들의 균일 판이 최근에 출간되어 런던 주교에게 헌정되었다. 『Christian Remembrancer』지는 레이놀즈 감독을 '17 세기 목사들 중에 가장 탁월한 한 사람'으로 평가하고 있다. 그리고 그의 저서들의 이 판을 '건전하고 장부다운 신학의 우리 저장고에 접근할 수 있게 해주는 가장 귀한 것'으로 선정하였다. November, 1826.

요하고 체험적이며 실제적인 영향력 즉 생명과 능력은 너무 적게 강조하는 것 같다."⁴² 우리의 진술은 완전하고 단순하며, 연결되어 있고 자유로울지도 모른다. 그러나 교리 체계를 마음의 공감을 얻도록 적용시키지 않으면, 단지 영향력 없는 차가운 지식을 나누어 주는 것에 지나지 않는다. 사실 우리는 항상 일련의 영적 체험들을 다루지는 않는다. 그러나 소위 스쿠걸(Scougal)이 일컫는바, "인간의 영혼 속에 있는 하나님의 생명"에 속해 있는 여러 가지 감정들과 어려움들, 갈등과 특권들을 상세하게 다루는 작업으로, 급히 들어가는 일은 중요하다.

　이 항이 앞의 항과 연결된다는 것은 분명하다. 그리스도인의 체험이란 교리적인 진리의 힘이 정서에 끼치는 능력이다. 그러므로 하나님의 진리의 원리들을 보여주지 않고서는, 마음과 하나님을 연결해주는 그 실천을 일으킬 수 없다. 그러나 느낌과 성경의 가르침을 연결시키지 않고 단지 그리스도인의 느낌들을 기술하는 그런 설교는 알맹이가 없고 결함 있는 설교가 된다. 설교자의 마음에서 우러난 진리의 지적 진술은 자연스럽게 청중의 마음으로 체험적인 감동을 가지고 흘러들어간다.

　이 스타일의 설교를 유익하게 적용하기 위해서는 많은 지혜가 필요하다. 이 스타일은 다양한 정도의 종교적 감동 즉 신념의 힘, 또 종교적 감동을 소홀히 하는 것의 위험성, 그리고 그 감동을 소중히 여기게 하고 깊게 하고 인도하는 최선의 방법 등을 포함하고 있다. 이 스타일의 설교는, 많은 사람들을 자기 뜻대로 포로로 삼고 하나님의 종들에게 활동적이고 너무나도 성공적인 영향력을 끼치는 사탄의 힘에 대한 언급도 포함하고 있다. 타락한 본성의 원리들의 끊임없는 활동이 원수와 합세하여 그 커다란 음모를 거들고 있다. 설교자는 이 모든 것을 매우

---

42 Newton's Life of Grimshaw, p. 65.

정확하게 묘사해야 할 필요가 있다.

진정성을 확신하기 위한 규칙들 그리고 "영들이 하나님께 속하였나"(요일 4:1) 성경적으로 분별하기 위한 중요한 규칙들도 여기서 다루어야 할 주제이다. 성령의 다른 사역들, 즉 기도할 때 연약함을 도우시고, 확신을 주시고, 깨닫게 하시고, 위로하시며, 영혼의 모든 부분에 힘을 주시며, 하나님의 형상을 새겨주시고, 자기 자신의 일에 대해 증거하시는, 이 모든 것 또한 자세히 설명해야 하기에 충분하고도 흥미로운 주제가 될 것이다. 그리스도의 사랑과 직분에 관계된 성령의 사역과, 교회의 모든 지체 및 모든 부분과 관련된 그리스도와 교회간의 상호관심과 교제는 그 생생한 적용과 그 모든 체험적 위로 가운데 속죄라는 큰 주제를 보게 할 것이다.

복음의 도식에 대한 이러한 관점은 무미건조하고 추상적인 교리의 진술과는 아주 많이 다르다. 그 생명이 강해에 있는 것이 아니라, 충실한 그리스도인의 성화와 위로를 위해 그 교리를 마음에 적용하는 데 있기 때문이다. 비록 이러한 특징을 가진 주제들이 이따금씩 우리 설교에서의 한 가지의 완전한 주제가 될 때가 있지만 그러나 이러한 특징은 우리의 사역에서 보편적인 분위기와 성격을 가져야만 한다. 그러나 조심하고 경계하라는 성경적인 권면은 진지하게 선포되어야 한다. 우리 속에 있는 열정의 단순한 전달과 우리 교인들 속에 있는 그것의 진짜 위험성을 미연에 방지하기 위해서이다.

흥미로운 이 설교 스타일은, 설교자가 개인적으로 직접 이러한 실천을 하고 있으며, 이것이 가져다주는 특권에 개별적인 관심을 가지고 있음을 전제로 한다는 것은 말할 필요가 없다. 마음의 연약한 끈과 접촉할 수 있게 하며 자기 가르침을 성도들의 각기 다른 경우와 어려움과 상황들에 맞출 수 있게 함으로써, 목사에게 유용한 사람이라는 자

격을 주는 것은 체험 밖에는 없다.[43]

윗시우스(Witsius)는 아름답게 표현하였다.

> 목사가 무언가를 들었을 뿐만 아니라, 생명의 말씀을 보고, 만지고, 맛보았다 치자. 단지 사색으로 알게 된 것이 아니라 실제 체험으로 알게 되었을 때, 그렇게 해서 그가 발견한 것은 자기 이성의 확신 있는 설득력으로 안전하게 가르칠 수 있고, 각자에게 적합한 것이 무엇인지를 아는 자기 자신의 지식에서 모든 경우에 적용이 된다.[44]

그러므로 설교자는 고통스런 실천의 완전한 댓가를 기대해야 한다. 단지 자기 자신의 겸손을 (자신의 성공을 위해 가장 필요한 준비이다) 위해서 뿐만 아니라, 또한 주님처럼 "주 여호와께서 학자들의 혀를 내게 주사 나로 곤고한 자를 말로 어떻게 도와 줄 줄을 알게"(사 50:4)하시는 것도 기대해야 한다. 설교자가 평신도의 수많은 시련과 두려움과 원망과 시험을 맛보았다면, 다양한 각각의 불평에 대해 구체적인 치유책을 처방할 수 있을 것이다. 그리고 그 모든 것을 가지고 교인에 대한 연민의 마음을 실행에 옮길 수 있을 것이다(고후 1:3-7).

사도 바울은 교회에 보내는 자신의 편지에서, 자기 자신의 체험을 이따금 언급함으로써 상당한 효과를 보고 있다(롬 7장; 빌 3장; 딤전 1:12-15 등). 그리고 "우리는 여러분들과 함께 똑같은 환란을 겪고, 그 똑같은 어려움들과 싸웠고, 그 똑같은 덫에 걸린 적도 있으며, 그 똑같은 시험을 이겨낸 적이 있습니다"라고 우리가 교인들에게 말할 수 있을

---

43 "내 마음에 대한 작은 지식과 주님이 내 영혼을 다루심에 대한 작은 지식은 내 설교에 많은 도움이 되었다. 그리고 다른 것들보다 더 많은 느낌을 가지고 내가 체험했던 것을 열심히 전하기가 쉬웠다는 것을 나는 알게 되었다." Brown's Life and Remains.

44 De Vero Theologo.

때, 이것은 관심의 상호성을 유발하며, 현재의 고통 속에서도 그들이 우리로 인하여 '하나님께 감사'하게 되고, 자기 자신을 위해 담대하게 된다. 이런 성격의 것들을 전하면, 달빛의 차가운 선명함과 대조되는 태양의 활기를 주는 빛처럼 따뜻함과 감동이 되어 그것은 마음으로 곧 바로 흘러들어간다.

길의 표지판은 여행자에게 방향을 안내한다. 그러나 그것 자체는 움직이지 않은 채로 서 있다. 그러나 살아있는 안내자는 자기 동행자의 마음을 알아주고, 자기 동행자에게 활력을 주고, 자기 동행자를 격려해준다. 그러나 이런 언급을 자주 하고 또 적절히 하는 것은 조심스럽게 조절되어야만 한다. 우리가 주 그리스도 예수를 전파하는 대신에 우리 자신을 전파하고 우리 자신의 체험을 우리 교인들을 위한 기준으로 세우지 않도록 하기 위해서다. 그래서 주인의 자리에 종을 두게 되고, 하나님의 자리에 벌레 같은 우리를 두지 않기 위함이다.

우리의 "목회사역"은 여기서 매우 귀중한 도움을 제공해줄 것이다. 갈라디아서를 주해하면서, 죄와 자기 의의 위험성에 대해 충실한 초상화를 그릴 수도 있다. 그러나 이 미묘한 것이 교인들 속에서 얼마나 다양하게 활동하고 있는지를 관찰해 본다면, 보다 더 가깝게 개인적인 적용을 할 수 있는 자료들을 얻게 될 것이다. 우리가 경험이 많은 목회자들에게서 빌어온 서로 다른 계층의 청중들에 관한 예화들은, 우리가 일상적으로 목회하면서 겪게 되는 사소한 사건들에서 건져낸 것보다 현실감과 설득력이 떨어질 수밖에 없다.

이 설교 스타일의 장점은 다양하고 또 중요하다. 이 스타일이 우리 교인들의 마음속에서 공명을 울리게 하는 것은 말할 것도 없고, 우리의 사역에 특별한 유연성을 주며, 우리로 하여금 교인들의 다양한 절박한 사정들을 향하여 분명하게 말할 수 있게 해준다. 이 스타일은 또한 우리 자신의 체험을 적절하게 이용할 수 있게 해준다. 이 스타일을 우리의 사역에 기준으로 삼기 위함도 아니요, 다른 한편으로 그것을 목사 개인의 사생활을 감시하는 호기심으로 삼게 하기 위해서도 아니다. 설교를 위해 유용한 자료들로 삼기 위함이다. 목회의 이러한 성격에는 또한 보편적으로 특별한 축복이 따른다.

작고한 리치몬드 목사는 말하였다.

> 타고난 부패와 구원받고 싶은 간절한 열망, 내 자신이 아무것도 아니라는 느낌, 그리고 내 구주만으로 충분하다는 생각 등, 이런 것들에 관해서 내 마음의 깊은 느낌으로 말을 할 때, 사람들이 듣고 느끼고 교화되고 강해진다는 것을 나는 언제나 발견한다. 한편, 주제의 세부적인 내용들을 단지 형식적으로 차갑게 설명하기만 하면, '내가 무엇을 하여야 구원을 받으리까'라는 위대한 질문은 생기지 않는다. 따라서 나의 청중과 나는 함께 기력이 말라가고 활기가 없어진다. 그리고 선한 일이 아무것도 일어나지 않게 된다.[45]

사도들의 서한들을 연구해보면, 이 체험적 스타일의 설교가 충분히 예증될 것이다. 로마서 8장에서의 생생한 체험은 얼마나 흥미롭게 세부적으로 묘사되어 우리 앞에 놓여 있는가! 언행이 일치하는 신자의 사랑과 화평과 거룩한 교제와 갈등과 기쁨과 승리의 체험을 말할 때, 이 체험은 복음의 교리 및 교훈이 주는 직접적인 영향력으로 인해 생긴 것이다.

이 설교 방식의 또 한 가지 이점은 모든 그리스도인들에게 똑같이 적절하다는 점이다. "물에 비치면 얼굴이 서로 같은 것 같이 사람의 마음도 서로 비치느니라"(잠 27:19). 인간의 얼굴의 모습들이 그 주요한 특징

---
[45] Richmond's Life, p. 184.

들에 있어서 반드시 똑같은 것처럼, 그리스도인의 체험에 있어서도 그 모습이 다양한 정도가 끝이 없음에도 불구하고 그 성격의 동일성은 그대로 가지고 있다. 모든 이들이 다 같은 하나님의 가르침을 받고 있는 "자녀"이므로(사 54:13), 이 체험 설교를 통해 실질적으로는 똑같은 것들을 배우게 될 것이다. 비록 인간의 가르침의 과정이나 우연발생적인 상황들이 설교자의 숙련도에 따라 여러 경우들을 개별화하기는 하지만, 체험적인 설교의 원리는 동일하게 모든 사람들에게 적용될 것이다. 하늘나라의 생활 원리들이 이식되어서 소중히 여김을 받으며, 또 유지되는 그 방법과 수단을 자세히 묘사해주면, 청소년이나 노인이나 똑같이 유익을 얻을 것이다.

심지어 믿지 않는 자의 마음에라도 '만일 이것이 기독교라면, 나는 아직 그것에 대해 알아야 할 것이 많고, 느끼고 즐길 것이 많이 있겠구나'라는 확신을 비쳐주게 될 것이다. 그런 생각이 소원을 낳고, 소원이 기도가 되어, 오직 끝없는 영원의 영역에서만 그 완전한 범위와 힘을 알게 될, 그 새로운 한 생명이 시작될지 누가 알겠는가!

3. 실천적 복음 설교

복음은 매우 정확한 교리로도 전할 수 있고, 체험적인 위로의 모든 부요함으로도 전할 수 있다. 그래도 그것은 여전히 "고운 음성으로 사랑의 노래를 하는"(겔 33:32) 것에 지나지 않을 수 있다. 교리적인 강해를 관심 있게 듣고 자기기만적인 기쁨을 가지고 그 영적인 즐거움을 맛보기는 했지만, 복음의 실천이라는 면에서의 상세한 진술은 청중의 기분을 상하게 할 수도 있다(마 13:20; 요 5:35; 히 6:5). 부패한 의지를 가지고 이해를 제대로 하지 못한 사람보다는, 즐거운 느낌을 가지고 있지만 제대로 이해를 하고 있지 못한 사람을 다루는 것이 더 쉽다.

하나님의 역사가 그에 상응하는 어떤 실천적 의무가 없이 이해와 정서로 끝나야 하는 것이었다면, 메시지는 믿지 않는 사람들의 마음을 훨씬 덜 불쾌하게 했을 것이다. 그러나 교리나 체험을 전혀 언급함이 없이 하나님의 말씀을 선포하는 것이 불완전한 것처럼, 목사는 실천적인 의무를 직접적이고 상세하게 설명함이 없이 하나님의 모든 말씀을 선포하는 것은 완전하지 못하다고 느낄 것이다(마 28:19-20). 교리 설교와 실천에 대한 설교 간의 상호 연관성과 상호 의존 그리고 상호 사용의 이 세 가지 요소들을 설교 속에 나타내도록 하라. 그러면 머리와 가슴, 그리고 생활이 동시에 영향을 받을 것이다.

실천 설교와 교리 설교를 연결시키는 것은 굉장히 중요하다. 십자가에 죽으신 그리스도의 교리는 실천해야 할 의무보다 훨씬 더 중요하다고 생각했던 사람들이 있었다. 마치 전자는 절대로 후자에 속해서는 안 되기라도 하는 것처럼, 그렇게 생각했던 것이다. 기독교 교리의 기초 위에 그리스도인의 의무를 가르치는 것, 구속의 사랑에 대해 감사하는 당연한 실천으로 그리스도인의 의무를 표현하는 것, 십자가의 교리로부터 흘러나오는 천국의 동기들의 작용을 나타내는 것, 그리스도와의 연합을 성결의 유일한 근원으로 삼는 것, 그리고 이 연합의 열매들을 받아들이는 그 근원을 오직 그분의 구속과 중보에서만 찾는 것, 모든 상대적인 의무들을 그리스도의 교리와 연결시키는 것,[46] 이것이 사도들의 실천 설교의 체계이며, 이 방법만이 유일하게 효과적인 것이다. 이것은 "시온에 놓은 터" 위에 거룩한 구조를 세우는 것이다.

---

46 남편들의 의무와 같은 것, 엡 5:25; 아내들, 22; 종들, 엡 6:5; 골 3:1; 딛 2:10; 아래 사람들, 벧전 2:13-25; 악한 말, 딛 3:2-7. 또한 벨릭스에게 한 사도의 설교와 비교해 보라. 행 24:21, 25. 추론을 이끄는 불변화사 (관사, 전치사, 접속사 따위 어형 변화가 없는 것-역주) **(그러므로)**가 이 연관성과 의존성을 뚜렷하게 예증하고 있나. 롬 12·1, 엡 4:1; 골 3:1 등.

홀슬리 감독의 증언은 이 점에 대해 매우 결정적이다.

> 교리들이 일반적으로 이해되고 확고하게 받아들여진 그것에 비례 하여, 신앙의 실천도 항상 커지는 법이다. 그러므로 복음의 가르침들을 실천 하도록 사람들의 양심에 촉구하는 것은, 복음의 설교자가 해야 할 큰 의무라는 것은 사실이다. 그렇다면, 이 실천을 특정한 방식으로, 즉 그 교리들을 가르침으로써 수행하는 것이 그의 의무라는 것도 동등하게 진실이다. 계시된 교리들이 공급하는 동기들은 그가 다루어야 할 유일한 동기들이며, 그리고 그 유일한 동기들에 의해 신앙적인 의무가 효과적으로 수행될 수 있다.[47]

혼(Horne) 감독은 다음과 같이 말하였다.

> 저 위대한 구속과 은혜의 성경적인 진리들을 전혀 가르치지 않고 실천 설교를 하는 것은, 즉 소위 사람들이 말하는 미덕과 악덕에 관해 전하는 설교는, 시계를 모두 돌아가게 만드는 스프링을 잊어버린 채 톱니바퀴를 조립하고 시계 바늘을 끼우는 것과 무엇이 다르겠는가?[48]

구속의 은혜만이 우리를 분발하게 만들어서 죄를 버릴 수 있게 하며, 의를 따라 가게 만들기 때문이다. 다른 곳에서, 혼 감독은 자신의 재미있는 예증력을 가지고 그와 같은 효과에 대해서 언급하고 있다.

> 성경의 예증을 통해 우리가 주장하는 한 가지 사실은 먼저 의롭다 하심과 성화를 가르치지 않은 채 도덕적 의무와 실천을 설교 하고 실천하는

---

[47] Charges, p. 10.
[48] Bishop Horne's Essays, p. 162.

자는 누구나, 손이나 발 하나도 움직일 수 없는 사람에게 걸어 다니는 것의 장점에 대해 변론하는 것과 다름이 없다는 것이다. 의롭다 함을 받고 성화되기까지는 아무 선한 것도 할 수 없는 영혼의 본성적 불능도 그러하다! 변론을 아주 우아하게 하라. 내 생각에는, 그런 우아한 설교보다 베드로의 평범한 말이 절름발이에게는 만 배의 가치가 더 있을 것이다. '나사렛 예수의 이름으로 일어나 걸으라.' 이것이 윤리적 목사와 기독교 설교자와의 차이이다![49]

이 주제에 대한 예를 들자면, 삼위일체 교리를 진술 할 때 기독교 예배와 연결할 수 있고, 그리고 하나님에 대한 사랑의 실천과 연결한다(마 28:19; 살후 3:5). 어떤 때는, 성육신의 교리로부터 죄를 지적하는 화살을 만들어낸다.[50] 또 다른 때에, 그 화살을 겸손(빌 2:4-6), 사랑(고후 8:9), 또는 순종의(마 17:5; 행 3:22-23) 동기로부터 만들어낼 수도 있다. 죄를 미워하고(롬 5-6장) 구주를 사랑하는(고후 5:14-15) 원칙으로 속죄를 제시할 수 있다. 선택 교리는 항상 개인의 성결과 연관 지어서, 그리고 꾸준히 근면해야 하는 그러한 동기와 연결하여 가르칠 수 있다(벧후 1:10). 주권적인 은혜와 값없이 주는 은혜의 교리는 손 쉬운 도덕폐기론의 허용이 아니라, 근면한 삶의 원리들임을 가르쳐준다.

---

49 Bishop Horne on Preaching the Gospel, pp. 7-8. "세네카나 에픽테투스의 책에서 만나는 것보다 더 높고 순수한 도덕성이 한 터 위에 세워진 당신의 설교들을 통해 불어넣어질 것이다. 모든 사람들이 그 도덕성을 이해할 수 있고 시인함으로 실행되며, 오직 최고로 어리석은 자만이 멸시할 수 있는 그런 것이다. 하나님을 사랑하고 구속자에게 전적으로 애착을 가지는 그런 도덕성을 가진 영혼은 진리를 기꺼이 받아들인다. 모든 사지(四肢)에 널리 퍼져 새로운 피조물의 모든 특징 속에서 그 자신을 표현하여 영혼에게 아름다움을 준다. 그것이 하나님의 진리에 대한 정당하고 감동적인 생각의 참 열매이듯이, 당신은 결코 그것을 그것의 부모 줄기로부터 잘라내지 않아야 하며, 또한 사람들을 복음의 영으로 강하게 고취시키지 않고는 사람들을 인도하여 성결하게 한다는 헛된 희망을 품지도 말아야 한다. 진리와 성결은 기독교에서는 서로 매우 친밀하게 결합되어 있다. 그래서 전자를 뜨겁고 충실하게 가르친다는 것은 후자를 위한 유일의 기초를 놓는 것이다." Hall's Sermons, p. 39.
50 너희가 거룩한 자를 죽였도다. 행 3:14-15.

이런 식으로, 복음의 교리는 그 성격과 의무를 설명할 뿐만 아니라, 그 자체가 성결의 원칙이다. 아니, 유일한 원칙이다. 우리는 매순간 믿음으로 살아야 한다. 그리고 살아갈 때, 우리는 사랑해야 할 것이다. 세상을 이겨야 한다. 죄를 십자가에 못 박아야 한다. 하나님을 섬기는 일에 기뻐해야 한다. 단순히 가르침만으로는 죄의 육적인 사랑을 근절시키거나 마음속에 이 새로운 편견을 불어넣지 못할 것이다. 그리스도를 생명의 근원으로 제시하고 거룩한 습관의 실천을 모두 상세하게 가르침으로써, 믿음의 교리만이 이 위대한 변화를 불러일으킨다.[51]

사도 바울이 (이 점에 있어 바울의 설교는 우리의 모델이 된다) 새 사람에 대한 기술에서 단지 일반적인 모습 뿐만 아니라 또한 모든 특징과 행동을 상세하게 묘사하고 있기 때문이다. 바울은 성결의 일반적 가르침에서 시작하여 구체적인 의무들을 열거하는 것으로 마치고 있다. 그리고 자기 교인들의 상태에 대한 자신의 지식이 자신에게 지시하는 바대로, 특정한 죄를 책망하고 있다(롬 12장; 엡 4:5).

실천 설교를 체험 설교와 연결 짓는 것 또한 상당히 중요하다. 실천해야 할 의무들은 제쳐놓고 체험 설교의 한정적인 기준과 복음의 기쁨만을 늘 표현하는 것은, 우리 하나님의 명령을 매우 충실하지 못하게 그리고 허약하게 행하는 것이다.

그리스도인의 특권이라 자기가 하고 싶지 않으면 아무것도 하지 않아도 되는 원칙이 아니라, 하나님께 늘 헌신해야 하는 원칙임을 보여주어야만 한다. 하나님의 사람이 천국의 유업에 관심이 있음을 자각하고 있을 때, 용서에 대한 의식이 자기 마음에 적용되어 있을 때, 성령의 인치심이 자기 마음에 새겨져 있을 때, "아버지와의 교제로 그리고 그의 아들 예수 그리스도와의 교제로" 자기 영혼의 힘이 북돋아짐을 받

---

[51] 웰즈(Wells)의 대집사를 심방했을 때 설교하였던 이 주제에 관한 훌륭한 설교를 보라. By Ralph Lyon, M.A.

고 있을 때, 그 때 감사의 탄성이 터져 나온다. "내게 주신 모든 은혜를 내가 여호와께 무엇으로 보답할까?"(시 116:12; 사 6:6-8).

세부적인 그리스도인의 의무는 체험적 특권에 대한 그의 감사의 마음을 실천적으로 표현한 것이다. 모든 부분에서 구원자 하나님 교리에 광채를 더 하도록, 그리스도인의 관계는 이제 모든 인간관계의 의무에 더 적극적으로 활동하도록 개선된 것이다. 그래서 그리스도는 의무의 정수요 은혜의 정수요, 특권의 정수이다. 그리스도는 분발하도록 격려해주고 활기를 주는 빛과 열이다. 도덕적 아름다움과 축복의 과정으로 인도하며 신자에게 확신을 주는 것은 약속이지 교훈이 아니다. 격려이지 강요가 아니다. 은혜이지 자연 현상이 아니다. 은혜를 실천에 옮기든 의무를 행하든, 그는 현저하게 하나님의 손으로 지으심을 받은 자다. "하나님을 따라 의와 진리의 거룩함으로 지으심을 받은 새 사람"(엡 4:24)인 것이다.[52]

성경적인 설교는 교리들을 실천적으로 강해하며, 실천을 교리적으로 설교한다. 그 어느 쪽도 빠뜨리지 않는다. 다른 쪽이 없이는 한 쪽을 설교하지 않는다. 또 체험적인 신앙과의 연결을 끊지도 않는다. 실천과는 뚜렷이 구별되게 그러나 분리시키지 않고서, 교리를 충분히 설교하여야 한다고 주장하면서, 실천적인 의무들을 부인하라거나 또는 약화시킨다는 말을 우리는 때때로 듣는다.

그러나 혼 감독은 다음과 같이 말한다.

> 우리가 도덕적 의무들의 근원인 믿음을 전한다는 이유로 어떻게 도덕적인 의무들의 존재를 부인하라는 말을 들어야 하는지 나는 모르겠다. 포도나무를 심지 아니한다면, 그 행동으로 포도열매의 존재를 부인하는 것

---

[52] Budd on Infant Baptism, p. 446.

이다. 열매는 나무로부터 그 좋은 것을 받는다. 나무가 열매로부터 받는 것이 아니다. 열매는 나무를 좋게 만들지는 못하지만, 나무가 좋다는 것을 보여줄 수는 있다. 마찬가지로 행위는 믿음으로부터 그 모든 좋은 것을 받는다. 믿음이 행위로부터 받는 것이 아니다. 행위는 그 자체로는 의롭다 하지 못한다. 그러나 행위를 맺는 영혼은 앞서서 의롭다하심을 받았다는 것을 보여준다.[53]

그렇지만 어떤 이들의 교리 설교에 결점이 있다면, 다른 설교자들은 교리의 실천 설교에 결함이 있다. 그러한 교리 설교는 기독교 실천의 상세한 점들을 유보한다. 무조건적으로 값없이 주는 복음 언약을 침해하지 않도록 하기 위해 그렇게 하는 것이다. 교리 설교를 하는 설교자는 설득력 있는 권면의 불필요한 도움을 받지 않고서도, 실천이 필연적으로 교리의 추상적인 강해로부터 흘러나올 것으로 기대한다. 그러나 적극적인 돌봄과 양분의 공급 없이, 이런 식으로 나무가 저절로 자라서 잎을 내고 꽃을 피우고 열매를 맺도록 사도들은 내버려 두지 않았다. 자신들이 교회에 하나의 원칙을 주고, 교회가 자기 자신의 규칙과 그 규칙을 생각나게 하는 것을 찾아내도록 내버려두는 것에 사도들은 만족하지 않았다. 누가 성경의 가르침을 아주 충분하게 진술하는 사람만큼 그렇게 실천적인 의무들을 상세하게 말해주겠는가?

사도 바울의 편지들의 후반부는 복음 교리에 직접적으로 연결시켜서 실천적인 의무들을 강해하고 있다. 그래서 오도된 주석가나 설교자

---

[53] Bishop Horne on Preaching the Gospel, pp. 5-11. 이 생각이 제 13조의 참으로 성경적인 그러나 몹시 겸손하게 만드는 교리와 일치한다는 것은 말할 필요가 거의 없다. 이 생각에 근거하여, 어거스틴은 이교도 철학자들의 도덕적 미덕을 "빛나는 죄악들"(splendida peccata)라고 정당하게 명명하였다. "믿음을 통하여 행위로 나아가나, 행위를 통하여 믿음으로 나아가는 것이 아니다"(Per fidem venitur ad opera; non per opera venitur ad fidem)는 옛 목사들의 교훈적인 경구들 중의 하나였다.

는 사도바울의 서신에 대한 강해를 교리부분에서 끝내버리거나 혹은 실천을 다룬 장들을 강해할 때 혐오감을 품고 강해하는 자신을 발견하고서 당황해할 것이다. 그 서신서들의 마지막 장들은 신약 성경 계시의 일부분이 아닌가? 그리고 그것들은 사도가 신앙을 고백한 교회들에게 가르치는 한 부분을 형성하지 않는 것인가? 우리는 이렇게 제한된 사역은 흔히 지극히 중요한 성결에 대해 혐오감을 보인다는 사실이 (일반적인 말은 참아줄 수 있지만, 상세한 진술은 거부한다) 두렵다.

혹은 사람들이 자기들의 마음을 면밀히 그리고 꼼꼼하게 살펴 조사하는 것을 싫어하고 또 복음의 양보 없는 기준에 따라 자신들의 행위를 측정하는 것을 싫어한다는 것을 우리는 두려워하는 것이다. 일단 믿음을 가지고 있다면 그는 그리스도인이라 불릴 수 있을 것이다. 그들이 모든 신비와 모든 지식을 이해할 수도 있을 것이다. 그러나 (심지어 사도 야고보의 권위를 가지고), "행함이 없는 믿음은 그 자체가 죽은 것이라"(약 2:17)는 말을 해준다 해도, 그들의 눈에는, 율법으로 보일 것이요, 그래서 값없이 주는 단순한 복음과 모순되는 것으로 보이는 것이다.

그래서 그들의 사랑하는 형제 바울에게 주어진 가르치는 지혜를 따라서, 다른 사도들도 자기의 교리 가르침의 실(絲) 속에 실천적인 권면들을 짜 넣었다. 그렇게 해서, 성경 진리의 든든한 기초 위에 그들은 훌륭한 상부구조물을 세웠던 것이다.[54] 그리스도의 전체 교리는 복음의 소망뿐만 아니라 복음의 길도 포함되어 있다. 복음의 위로뿐만 아니라

---

[54] "이 모델에 근거해서 복음의 사역자들은 자기들의 설교를 만들어야 한다. 목사는 가르치기만 해서도 아니 되고, 권면만 해서도 아니 되며, 둘 다 해야 한다. 믿음의 교리 안에서 사람들을 가르침이 없이, 사람들에게 그리스도인의 삶의 성결과 임무들을 권면하는 것은, 기초가 없는 집을 짓는 것이다. 그리고 다른 한 편으로는, **사람에게 하나님의 일들에 대한 지식을 가르치면서, 경건의 힘, 그 실천을 강조하기를 소홀히 하는 것은 그 건물을 잊어버리는 것이다. 이 둘은 분리할 수 없는 참 믿음의 동반자이기 때문이다. 건물은 일단 놓인 그 기초 위에 세워져야 마땅하다. 마찬가지로 건물을 잊어버리는 것도 매우 어리석은 일이다.**" Leighton on 1 Peter ii. 11.

복음의 열매 맺음도 포함되어 있다.

   교리를 복음의 성결로부터 분리하는 것은, 성결을 십자가의 교리로부터 해체시키는 것만큼이나 결점 있는 설교이다. 부분적인 설교는 편파적인 청중을 무수하게 거둬들이게 될 것이다. 이들에게 성경의 대부분은 소용이 없다. 자기감정에 도취되어서 자신들의 신앙 고백에서 수많은 개념들을 고백하기는 하지만, 자신의 습관과 기질에서는 그 개념들이 정복되지 않는다. 여전히 지극히 중요한 신앙심의 뿌리와 생명과 활동과 열매와 즐거움과 인내가 결핍되어 있다.

   또한 이런 분위기의 목회는 복음을 진실되게 고백한 자에게도 심각한 해를 끼친다. 자기 검증을 늘 소홀히 하며 경건한 대화를 등한시함으로써, 정통 교리의 신앙고백의 빛은 영향력 있는 특징을 띠기보다 사색적인 특징을 띠게 된다. 그래서 우쭐거리게 하는 지식이 "덕을 세우는 사랑"을 대체하게 되는 일이 흔히 있다.

   그러므로 자기가 도덕 설교자라고 생각되는 것이 싫어서, 복음의 교리들의 예증과 또한 그 요구사항들을 가르치지 않는 일이 없도록 하라. 거짓 신앙 고백자들을 걸러내기 위해서, 그리고 진실된 그리스도인들을 활기 있게 하기 위해서도, 실천 설교는 필요하다. 이 설교를 잘하기란 아마도 교리 설교보다 더 어려울 것이다. 그러나 이 실천 설교는 성경의 가르침을 제한함이 없이 가장 자유롭게 보여주며, 따라서 완벽함과 효과가 있다.[55]

---

[55] Robinson의 전기 작가가 말하기를, "로빈슨 목사는 뛰어나게 실천적인 설교자였다. 일반적으로 그는 자기 설교에 복음적인 교리를 많이 포함시켰다. 때로 체험적인 설교를 하기도 했지만, 그러나 그는 언제나 실천적이었다. 교리에서 엄격하게 실천적인 결론을 이끌어내지 않고서는, 그리고 그 결론을 양심에 밀접하게 적용시키지 않고서는 교리를 설명한 적이 없었다. 구체적으로 실천적인 성향들을 지적하지 않고서는 그리스도인의 체험을 상세하게 다루지 않았다. 그는 의무의 특정 부분을, 충분하게 그리고 마음을 훑어보는 식으로, 매우 상세하고 구체적으로 발전시켜 나갔다. 자신의 교리적인 의견을 별로 인정하지 않는 자기 청중 몇 사람이 자기 사역을 크게 칭찬하게 만들려하기 보다는, 가정에게 유용한 가르침들로 가득 차게 했었다." Vaughan's Life, pp. 309-310.

4. 복음의 적용 설교

다베넌트(Davenant) 감독은 다음과 같이 말한다.

> 접촉으로 모든 행동은 완수된다는 철학자의 금언은, 설교라는 성스러운 행동에서 중요한 위치를 차지하고 있다. 일반적으로 제시된 교리는, 말하자면, 태도가 냉담한 대상 속에 자리를 잡는다. 그래서 영혼 그 자체에 닿을 수가 없다. 그러나 그 구체적인 적용은 마음의 가장 깊은 곳으로 들어와서 마음을 접촉하고 침투한다.[56]

이 적용은 설교의 생명과 관심을 형성하며, (더욱더 중요한 것은) 설득의 큰 도구가 된다. "우리 자신을 구원하고 우리의 말을 듣는 저 사람들을 구원하는"[57] 주된 내용을 급히 다루기 위해, 우리는 작은 내용들을 그냥 지나쳐 버린다.

세커 대감독이 우리에게 상기시키고 있는 바와 같다.

> 이 목적을 위해, 우리는 그 사람들 앞에서 좋은 것들을 말하고 있을 뿐만 아니라, 우리가 말하고 있는 것이 말로 표현할 수 없을 만큼 그 사람들과 중대한 관계가 있는 내용이라는 것을 그들에게 몸소 지시해 주어야 한다는 것을, 우리는 처음부터 끝까지 그들에게 보여주어야 한다. 보다 더 일반적인 설교를 하게 되면, 설교자들이 자기 자신을 아는 기술이 부족하게 되는 경우가 허다하며, 더 흔히는, 성향에 정통하는 기술이 부족하게 된다. 그래서 사람들은 무슨 설교가 전달되고 있든지, 그것에 상관없이 멍청하게 설교 시간 내내 앉아 있는 것이다. 그러므로 우리는 그

---

[56] Dav. in Col. i. 21.
[57] 딤전 4:16. "Semper ad eventum festinat." Horace.

들이 설교에 흥미를 갖게 하여야 한다. 그들에게 잘 관찰해보라고 요구하고, 마음속에서 조용히 대답해보라고 질문들을 던지면서, 우리의 설교를 바짝 뒤쫓고 있는 모든 신중한 자극물들을 사용하여야 한다.[58]

마씰론의 설교에서는 지적이 매우 잘 이루어졌다고 말해진다. 그래서 아무도 가던 길을 멈추고 그의 설교를 비난하거나 칭찬하지 않는다. 각자는 그의 설교를 통해 마음에 꽂힌 화살을 가지고 갔다. 설교자의 말을 자기자신을 겨냥해서 한 말이라고 생각하며, 그것을 다른 사람들에게 적용할 시간도 없고 생각도 없으며, 그럴 의향도 없었다.[59]

우리는 우리 청중이 그렇게 마음에 들지도 않는 진리들을 자기 자신에게 적용할 것이라고 기대하지 말아야 한다. 자기에게 적용하는 이 습관은 자연스럽게 생기는 것이 아니다. 그래서 대부분의 사람들은 그 가르침을 자기 자신이 아닌 어떤 다른 사람에게 적합한 것으로 생각한다. 설교자들의 의미 없는 일반적인 칭찬은, 개인적으로는 흥미도 관심도 없다는 것을 너무도 명백하게 말해 주고 있다. 설교자 자신이 적용을 시켜주어야 한다.[60] 마치 기둥으로 그 적용점들을 쳐서 박히게 만

---

[58] Charges, pp. 181-182.
[59] Cecil 목사는 Lavater의 실천요령을 채택하였다. '자기 회중 속에 있는 어떤 사람들을 각기 다른 부류의 대표자들로 삼아 그들에게 고정하라. 설교 원고를 작성할 때 이 사람들을 자기 눈 안에 보존하라. 이들 각자의 경우들을 만족시킬 수 있도록 설교 주제들을 틀에 짜 넣도록 하라.' 특별한 경우들을 제외하고서(딤전 5:20), 공적 책망이 아닌 사적 책망에 속하는 그 특정 사람을 피하려면, 이 방침은 많은 판단력을 요하는 것이 분명하다 (마 18:15). 아마도 보다 더 나은 일반 방침은 진리를 직접적으로 나타내 보이도록 목표로 삼는 것일 것이다. 그러면 개인의 적용에서 양심 자체가 해야 할 일을 하도록 진리가 강권할 것이다. Dwight's Sermons, vol. ii. 451-454와 비교해 보라.
[60] 삼하 12:1-7을 보라. 요한이 일반적인 진리를 선포했을 때 "헤롯이 기쁘게 그의 말을 들었다." 그러나 "그대가 그대 형제의 아내를 취함이 합법적이지 못하다"라고 구체적으로 적용했을 때 그 설교자는 자기 목을 잃었다 (한 목사가 말한 바처럼.) "목사는 자기의 청중 모두에 대한 지식을 갖게 되기를 바라야 하며, 가능한 한 모든 사람에게 구체적으로 말할 수 있도록 해야 한다(렘 6:27). 비록 개인적인 결점을 공표해서는 안 되지만, 그럼에도 설교자는 자신의 책망을 구체적으로 적용할 수 있어야 한다. 그래서 그 죄가 있는 당사자가 자

들기라도 할 것처럼, 막대기와 못은 옆에 놓아두기만 해서는 안 된다. 대신, 조립의 대가들에 의해 박혀져야 한다(전 12:11).

그러므로 적절한 적용을 해주지 않고 일반적인 진리들을 가르치는 것은, 또는 그 사람들이 더 나아지도록 길을 치워주지 않고 중요한 방향 제시만 해주는 것은, 이것은 우리 사역의 성격에 의하면, 진리를 모든 사람의 문 앞에 놓아두는 것이다. 모든 사람의 마음에 진리를 촉구하는 것도 아니며, 때를 따라 그들에게 그들 몫의 고기를 나누어주는 것도 아니다(딤후 2:15; 눅 12:42). 이러한 설교 분위기는 비위에 거슬리는 진리들을 부드럽게 만들거나 누그러뜨리는 것도 아니며, 또 청중에게 얼마간의 마음의 불편함도 끼치는 것도 아니다. 또 청중 개개인에게 직접적인 관계도 없다. 오히려 살리는 말씀의 권능을 약하게 예증할 뿐이다(히 4:12).

그리하여 이런 설교는 죄인에게 복음에게로 들어오라고 강권하지도 않을 것이다(눅 14:23). 아마도 "옳은 말이 어찌 그리 고통스러운고 너희의 책망은 무엇을 책망함이냐"(욥 6:25)**61**는 무심한 대답을 들을 것이다.

십자가의 책망을 피하기 위해 "성령의 검"의 날을 무디게 하는, 이 입에 맞는 사역은 설교자에게 매우 막중한 책임감을 묻게 할 것이다. 개인적인 적용은 유대 선지자들의 설교와 우리 주님의 공적 설교와 개인에게 권면하는 말의 중추를 이루었다(사 58:1; 미 3:8). 서기관들과 바리새인들에 대한 그분의 책망과 사두개인들과 헤롯 당원들에게 했던

신이 책망을 듣고 있다는 것을 알아야 하고 느낄 수 있어야 한다. 설교할 때, 할 수 있으면, 이 설교에서 유익을 보았으면 하고 우리가 바라는 그 사람을 직접적인 목표로 삼아야 한다. 우리의 가르침은 옷처럼 몸에 꼭 맞아야 한다. 모든 사람에게 꼭 맞는 옷은 실상은 아무에게도 맞지 않는다. 바울은 자신에 대해 말하기를, **자기 설교에서 자기는 모든 사람을 훈계하고, 그리스도 예수 안에서 모든 사람을 완전한 자로 나타내기 위해 수고하였다**고 했다." Hildersham on John iv. Lect. lxxx.

61 욥 6:25. Philip Henry는 "자기 청중의 머리 위로 장황한 수사학적 언어의 화살을 쏘지 않았다고 한다. 또한 너무 단순한 표현을 써서 그들 발 아래로 쏘지도 않았다고 한다. **밀접하고 생생한 적용을 시킴으로 그들의 마음에 언어의 화살을 쏘았다**고 한다." Life, p. 59.

책망은 그들의 특정 죄들에 대해 분명하게 언급하고 있었다(마 22; 23장). 젊은 관원과(마 19:16-22) 사마리아의 여인을 다룰 때에도,[62] 그분은 일반적인 언급을 피해서 그들을 따라다니며 그들의 욕망을 만족시켜 주는 죄들에 대한 자신의 가르침을 가리켜 보여 주셨다. 한 현명한 저자가 젊은 관원의 경우에 대해 지적한 바와 같이, 예수는 "우리가 서로의 말에 대해 하듯이, 그들의 생각에게 말씀하셨다."[63] 베드로의 청중은 그의 적용 설교 때문에 마음에 찔림을 받았다(행 2:22-37). 마음이 굳어버린 가장 완고한 죄인까지도, 양날을 가진 칼 끝 아래에서는 아프지 않을 수 없게 되었던 것이다(왕상 16:20; 22:8; 암 7:9; 눅 4:28; 행 5:33; 계 11:10).

이교도 현자들의 가르침에서는 이런 종류의 것을 전혀 찾아볼 수 없다. 플라톤과 아리스토텔레스, 툴리 등은 자기 제자들에게 미덕과 악덕에 대해 차갑고도 불분명한 설명을 분배해주었다. 그러나 개인적인 신념으로 마음에 깊은 인상을 남기려는 노력은 전혀 하지 않았다. 호레이스와 쥬비날은 이 면에서 약간의 시도를 하기는 하였다. 그러나 어떤 실천적인 결과를 생산하려하기 보다는 조롱과 혐오를 자극하고 싶은 생각으로 그랬던 것이다. 그들의 체계는 행동할 줄 모르는, 생기 없는 물질의 집합체였다. 아마 유대인 교사들의 가르침 역시 그러했을 것이다. (복음주의자들이 생각하듯이), 주로 사람들의 전통에서 이끌어온 활기 없는 논쟁들로 구성되어 있어서, 정신과 감성과 양심에 작용할 힘을 전혀 갖고 있지 못했다(마 7:29; 막 7:1-9).

설교가 효과적이기 위해서는, 막연하게 일반적인 것에서부터 구체적이고 개인적인 성격으로 바뀌어야 한다. 각 사람의 관심사와 가슴 속의 생각에까지 정통하여야 한다. 그 사람은 무기력 상태에 빠져 습

---

[62] 요 4:7-26. Bishop of Winchester's Min. Char. of Christ, ch. 13와 비교해 보라.
[63] Benson's Life of Christ, p. 300.

관적으로 교회에 출석하는 사람이다. 그런 사람을 향하여 손을 들어 가리키는 것에 그치는 것이 아니라, 실제로 주먹을 들어 그 사람을 내리쳐야만 그 사람으로 하여금 생각하게 만들 것이다. 그들의 이름들은 거론할 필요가 없다. 그들의 양심에 접촉한 진리가 스스로 말하기 때문이다.[64]

심지어 경건하지 못한 사람들이라 할지라도, 꼭 그 사람들을 향해 해야겠다고 목표를 정한 설교가 아니라도, 설득력이 있는 설교는 영향을 줄 수 있다. 모든 사람에게 향해 하는 일반적인 설교는 실상은 아무에게도 설교를 하지 않은 것과 같다. 그러므로 그런 설교는 우리 눈앞에 있는 사람들뿐만 아니라 또한 지난 세기의 사람들이나 외국에 있는 회중에게도 적합한 설교일 것이다. (시틸링플리트 감독은 말하기를), "그러한 설교는 흔히 사람들의 마음에 아무런 효과도 남기지 못한다. 사람들을 움직이는 어떤 것이 있다고 한다면, 그것은 청중의 양심에 관련된 것에 관해 구체적인 적용을 해주는 것이다."[65]

---

[64] 마 21:45; 요 8:9과 비교해 보라. 그 사람들의 사정에 대해 조금도 알지 못하고 설교를 작성하였는데도, 목사들은 개인에 대고 설교한다는 비난을 자주 듣는다. 이것이 양날을 가진 검의 찌름이 아니고 무엇이겠는가? 고전 14:25.

[65] Duties and Rights of the Parochial Clergy, p. 31. "악과 죄를 짓지 말라는 일반적인 선포는 그것들을 고려해보고 돌아보도록 사람들을 분발시킨다. 그러나 이것은 흔히 효과가 부족하다. 그것들만으로는 사물에 대한 이해를 혼란스럽게 하기 때문이다. 그리고 행동으로 옮길 결정을 내리지 못하게 하는 성향이 있기 때문이기도 하다. 사람들이 무엇을 실천에 옮겨야 하는지 철저하게 생각해보거나 결심하기도 전에 일반적인 선포는 뇌리에서 사라져 버린다. '불이야!'라고 외치는 사람이 다른 사람들을 선동하고 그 사람들을 사방으로 우왕좌왕하게 하는 일종의 경향을 불러일으키듯이, 그렇지만 어디서 무슨 일이 생겼는지 구체적인 정보를 듣기까지는 아무도 거기서 의지적으로 움직이지는 않는다 (그 다음, 자신과 관계가 있다는 것을 파악한 사람들은 불이 난 반대 방향으로 서둘러 달려간다). 우리의 허물이 어디에 있는지 우리가 구체적으로 분별을 할 때까지는 그렇다. 우리가 그 허물들의 끔찍한 성질과 나쁜 결과들을 구체적으로 알게 될 때까지는, 그들을 교정하는 일에 효과적으로 전념할 수 없을 것이다. 사람들이 자기 죄에 대해 구체적으로 알게 되는 것은 반드시 필요하다. 그래서 적절한 주장으로 그 죄를 그치도록 설득해야 한다." Garrow's Sermons. "일반적인 설교는 사람들의 삶을 즉각적으로 개선시키지 못하는 경향이 있다. 그들은 군중 속에 있기 때문이다. 그리고 특정 개개인들의 양심을 현명하게 그리고 자각하게 건드려주지 못하기 때문이다. 하나님의 말씀에서 적절한 논지들을 취하고 또 특정 미덕과 악

그러므로 우리 성도들 '앞에' 설교를 해야 할 뿐만 아니라, 우리 성도들'에게' 설교를 해야 한다.

> 청중은 설교자의 손이 자기 양심을 더듬어 찾고 있음을 느낄 수 있어야만 한다. 그러면 각 개인은 자기 자신이 어떤 등급에 속해 있는지를 알게 된다. 좋은 결과를 보겠다는 목표를 가지고 있는 설교자는 무엇보다도 자기 청중을 격려하고, 각 사람들을 떼어놓으려 할 것이며, 듣는 자가 군중들 속에 숨어 도피하는 것이 불가능하다는 것을 알게 만들 것이다. 심판의 날에 주변의 광경이 만들어내는 관심을 집중케 하는 것, 즉 자연의 낯선 모습과 체질이 녹아짐, 그리고 마지막 나팔소리는, 자기 자신의 모습과 자기가 받은 최후 선고, 그리고 자기의 불변의 운명을 향하여 몰려오는 파도를 죄인들이 돌아보게 하는 것 이외의 어떤 영향도 끼치지 않을 것이다. 자기를 둘러싸고 있는 셀 수 없이 많은 사람들 중에, 그 죄인은 따로 떨어져 슬피 울게 될 것이다. 그래서 설교자는 양심의 법정을 준비하고자 노력하여야 하며, 자기 청중이 각자의 눈을 자신에게로 돌리도록 노력해야 한다.[66]

덕의 성질로부터도 적절한 논지들을 취해서, 우리가 구체적인 교리와 죄를 다루어 사람들에게 전자 즉 교리를 실천하도록 권면하고, 또 후자 즉 죄에게서 그들을 찾아오려 노력해야 한다." Tillotson's Sermons, Folio, p. 491. "일반적인 개념들만 잘 다루고 구체적인 주장을 목표로 하지 아니하는 설교자는 지혜롭지 못한 어부와 같다. 그 어부는 자기 그물을 허공에다 던진다. 그곳은 자기 수고가 성공하리라는 것을 전혀 기대할 수 없는 곳이다." Bishop Wilkins's Eccles.

66 Hall's Sermons, &c. pp. 23-24. George Herbert의 "'목사'는 구체적인 설교를 하곤 하였다. **구체적인 것들은 일반적인 것들보다 더 감동적이고 의식을 깨워놓기 때문이었다.**" Ch. vii. "모든 지혜로운 설교자가 마땅히 그렇게 설교해야 하는 것처럼, 모든 설교자는 그렇게 설교하라. 단지 사람들에게 설교하거나 사람들의 귀 **속**에 설교할 뿐만 아니라, 또한 사람들의 귀 속에 들어가도록, 그리고 가능하면, 사람들의 마음속으로도 들어가도록 그렇게 설교하라. 어떻게 하면 설교를 사람들 속으로 스며들어가게 할 수 있는지, 이 기술과 지혜를 찾아내는 것보다, 사람들에게 도달할 설교를 찾아내는 것이 쉽다." More's Wise Preacher.

이 적용 설교 방법은, 복음의 각성을 위한 권면을 해야 할 뿐만 아니라 위로의 권면에까지 설교가 연장되어야 한다. 보편적인 약속들을 구체적인 경우에, 적용시켜야 하는 것이다. 용서의 약속들을 모든 특징적인 각각의 경우에 참회와 믿음의 모든 특징적인 각각의 경우에 적용시켜야 하며, 인도와 보호 또는 평안의 약속들을 각각의 특정한 위기의 순간에 적용시켜주어야 하되, 마치 그 약속들이 그 하나의 경우만을 위하여 주어지기라도 한 것처럼 적용시켜야 한다.

훌륭한 초상화가 가지고 있는 속성은 훌륭한 설교가 어떤 것인지를 잘 묘사해준다. 초상화가 놓여 있는 위치가 달라도, 마치 각각의 사람에게 "나는 당신에게 전해야 할 하나님의 메시지를 가지고 있습니다"라고 말할 준비가 되어 있는 것처럼, 훌륭한 설교란 그 사람을 똑바로 바라보고 전하는 설교이다.[67]

설교의 가르침은 지혜와 진지한 적용이 필요한 것이다. 전자는 뛰어난 머리가 필요하며, 후자는 따뜻한 가슴이 필요하다. 설교 주제들에 대한 설명은 직선적이어야 한다. 적용에는 상당한 폭이 허용되어야 한다. 설명하는 과정에서는 의도적으로 여러 요점들을 생략할 수 있다. 적용에서 더 많은 효과를 얻기 위해서이다. 우리는 여기서 또한 설교

---

67 삿 3:20. 우리 설교를 맺을 때에 관한 Burnet 감독의 훌륭한 언급을 보라. Pastoral Care, ch. ix. on Preaching. 또한 부록의 Simeon의 노트와 Claude의 관찰을 보라. Alleine의 설교는 '마음과 영혼'을 아름답게 예증하였다. 그 감독은 이 요지까지 왔을 것이다. "그는 헛되이 수고하는 것과, 자기 청중의 마음에 자기가 좋은 씨를 좀 뿌렸는지 또는 전혀 뿌리지 않았는지 관심이 없는 사람처럼 설교 한 편에서 또 다른 한 편으로 건너가는 것을 너무 싫어했다. 그 어떤 본문에 대해서건 적용 부분을 마치려 할 때, 그 영적 전투에서 마치 허공을 치는 사람처럼 싸우지 않았다는 어떤 확신이 없이는 그는 그 주제를 떠나고 싶어 하지 않았다고 표현한 적이 있었다. 또한 마침내 자신의 가장 절박한 경고들을 모두 한 후에, 그 청중을 하나도 변화시키지 못하고 그들을 떠나게 될까보아 크게 두려웠었다고 말한 적도 있었다. 여기서, 그는 자주 회개하지 않는 죄인들의 경우에 얼마나 거룩한 말로 훈계하였는지 모른다. 언급하기에는 너무도 많은 말로 그리고 잊어버리기에는 너무도 중대한 말로 그렇게 했는지 모른다. 그들이 자리를 뜨기 전에, 그리고 그들이 삶과 사망의 선택을 하도록 그들에게 선한 결심을 하라고 격렬하게 촉구하였다!" Alleine's Life and Letters

의 과정에서 어쩌면 추상적으로 전달되었을 수 있었던 많은 것들을 청중의 양심에 새겨놓아야 할 것이다.[68]

설교의 적용은, 논의의 주제에 따라 다양화되어, 타고난 달란트와 설득력을 행사할 수 있는 넓은 영역을 제공해 줄 것이다. 역사적인 주제를 다루고 있을 때에는, 적용은 역사 기록의 훌륭한 사건이나 인물이나 그것과 관련된 상황들로부터 가져올 수 있을 것이다. 교리적인 주제들을 다룰 때에는, 보통 실천적 경향의 예증 또는 교리의 경험적인 위로를 예증의 방식으로 연역할 수 있을 것이다. 실천적인 주제들을 다루고 있을 때에는, 그리스도인의 의무에 대한 상세한 강해로부터 자연스럽게 흘러나올 것이다.

즉 우리가 중대한 의무로 인정한 것들을 탐색해본다든지, 반대하는 방해물들을 극복하는 가장 효과적인 방법들과 더불어, 그 의무의 타당성과 이점을 분명하게 개진할 수도 있을 것이다.

유형적 또는 비유적인 주제들을 다룰 때에는, 그 인물이 관련된 대형(antitype: 對型) 또는 관련된 교리로부터 찾아낼 수 있을 것이다. 예언적 본문의 정당한 적용은 많은 주의와 조심을 요한다. 그리스도에 관련된 예언을 설교할 때, 그 길은 복음 설교의 직접적인 통로에 놓여있다. 교회에 관련된 예언은, 성취되었건 혹은 아직 성취되지 않았건, 또는 교회의 현재의 특권과 환란을 언급하는 것이건 혹은 장래의 것들에 관계된 것이건, 교회의 약속들에 관한 우리의 관심과 교회의 시련에 대한 우리의 동정과 교회의 영광스런 승리 상태를 바라보는 우리의 기대, 혹은 교회에 임박한 심판으로부터 오는 우리의 위험성을

---

68 Quintilian은 말하기를, 결론의 힘은 마음에 호소하는 열정에 달려 있다. 설교의 최고의 힘은 이 부분이 올 때까지는 유보되어 있어야 한다. 여기서, 만일 힘이 있다면, 설득력의 모든 수문들을 여는 것이 적절하다. 여기서, 만일 우리가 다른 부분에서 성공을 해왔다면, 우리는 우리 청중의 마음을 사로잡을 수도 있다.

개진하여야 한다.

　세상에 대한 예언적 선포에 대한 설교는 경고와 격려를 위한 전체 범위를 다루어야 한다. 얼마나 확실한가! 그 위험성이 얼마나 막대한가! 우리 심판주의 능력 앞에서 얼마나 황급히 우리 자신을 낮추어야 하는가! 그리고 순종함으로 행복한 그분의 성도들 가운데에 한 자리를 찾아야 하는 일이 얼마나 시급한 일인가!

　그러나 이러한 말들은 주로 설교가 끝날 때까지 남겨두어야 할 적용이 있음을 가정하고 있다. 하지만 도드리지 박사의 충고는 다음과 같다. "기억하라. 회심한 자들과 회심하지 않은 자들에게 당신의 설교를 소개할 자리가, 마지막 적용, 반추, 또는 추론들만은 아니다."[69] 그렇게 하는 것은 실제로 많은 단점들이 있다. 설교의 형식과 일상적인 틀이 그 힘을 잃는다. 주제에서 자연스럽게 나온 뜻밖의 방향성이 잘 잡힌 호소가 잠자고 있는 관심을 일깨우는 데는 훨씬 효과적이다. 설교를 맺는말이 그 동안 주의 집중하느라 지쳐 있는 사람들에게 힘이 없게 들리는 경우가 너무 흔하다. 또는 설교자의 마음도 흔히 적용을 앞두고 성급하게 설득하기 위해서 내용들을 다시 대충 훑어갈 때도 있다. 그러므로 각 대지를 따로따로 적용하는 지속적인 적용 방법이 아마도, 효과를 내기에 가장 적합 할 것 같다. 그런 다음, 맺는말에서 성도들의 부류에 따라 구별된 적절한 권면이나 경고 또는 격려의 말을 하는 것이 좋을 것이다.[70]

---

[69] Doddridge's Preaching Lectures, Lect. 10.
[70] (Robinson 목사가 한 목사에게 말하기를), "직접적으로 양심을 겨냥한 말 한 마디도 없이 당신은 반 시간을 보냈습니다." Life, p. 217. (원래는 설교의 형태로 전달되었던) 그 자신의 '성경의 성격'은 이 설교 방식의 훌륭한 견본이다. 또한 Claude's Sermon on Phil. ii. 12도 보라. 그의 Claude 판의 부록인 Mr. Simeon's Sermon on the Gospel Message, the Sermons of Walker of Edinburgh (예를 들면, 고후 6:1에 관한 설교 같은 것)와 Vitringa's Methodus Homiletica에 들어있는 Vitringa's Sermon on the History of Jabez (대상 4:10)도 보라.

히브리서에는 이 전략의 매우 완전한 모델이 제시되어 있다. 히브리서는 그 전체가 논쟁적이며, 연속적인 논지로 연결되어 있고, 그 연역이 논리적이다. 연속적인 각 고리는 개인적인 설득 그리고 힘 있는 설득으로 끊어져 있지만, 그 사슬의 연결성은 끝까지 보존되고 있다. 그리하여 그리스도가 천사보다 우월하다는 (주장의 첫 단계) 논지는, 복음에 관심을 기울이게 하려는 동기와 그리고 그것을 소홀히 하지 말라는 경고의 동기로 삼음으로써, 앞으로 나아가고 있다(히 1:2). 그리스도가 모세보다 더 우월한 존재라는 다음의 논지는 믿음을 굳게 지키려는 격려와 분발을 암시하고 있다(히 3:1-6). 모세의 이름을 언급함으로써 자연스럽게 이스라엘의 역사를 소개하고, 영감을 받은 저자는 이스라엘 사람들에게 자연스럽게 자기 자신을 말하고 있으며, 그들의 전형적인 성격과 특권들을 개관하면서, 엄숙한 경고와 활기를 불어넣어주는 격려를 하고 있다(히 3:7-19; 4:1-11).

그리스도가 레위 제사장보다 훨씬 탁월하심을 보여주는 방법은, 실천적인 권면, 복음적인 특권을 새롭게 보여주기, 또는 그리스도의 공로의 충분성에 대한 새롭고 힘을 주는 언급 등 다양하다(히 4:12-16; 5-7장). 비교가 안 될 정도로 상당한 특권이 있는 복음의 그림자로서, 유대인의 속죄제도 전체를 개진하는 것은, 믿음과 사랑과 일반적인 헌신 등을 실천하게 하려는 자극을 주는 동기들과 혼합되어 있다(히 8-10장). 구약의 역사를 결론적으로 기술하는 것은 신구약 양 시대 아래에 있는 기독교의 원리의 정체성을 아름답게 예증하고 있는 것이다(히 11장). 그것으로부터 도출된 실천에 관한 다양한 추론들은 모든 시련과 혼란스러운 일들 아래 있는 신실한 신자들을 가르치고 격려하기에 아주 적합한 것이다(히 12-13장).

그러나 현재 적용의 이 방법은 가장 어려운 형태의 설교이다. 적절한 화제들을 솜씨 있게 도입하고 생각과 표현들을 독특하게 선택하며 깊은 감동과 활기를 부어주는 태도로 청중이 지치기 전에 각각의 화제들을 품위 있게 끝내는 것은, 이런 방식의 언급에 그 온전한 효과를 주는 데 없어서는 안 될 것들이다. 권면의 성격을 가진 주제들은 대부분 적용을 잘 시킬 수 있다. 그리고 교리적인 주제들은 이런 방식의 설교에는 가장 적용시키기가 어렵다.

본문의 작은 점까지 모두 분석할 필요는 없으나, 본문의 강해를 제대로 해서, 해당 본문의 현저한 특징들을 형성하고 있는 가장 인상적이며 각성을 시킬 수 있는 화제들을 선택하는 것이 훨씬 바람직하다. 그러나 이 방법을 또한 하나의 시스템으로 채택해서는 안 된다. 이 방법을 한결 같이 지속할 수 있는 사람은 거의 없기 때문이다. 항상 변하는 경우들에 이 방법을 적절하게 적용시키기도 어렵고, 자기 청중의 인물들과 상황들에 적합하게 적용시킬 수 있는 사람도 매우 드물다. 이 방법은 고조되기 쉬운 흥분된 어조를 신중하게 잘 통제할 수 있는 능력을 요구하기 때문이다. 즉 설교 전반을 통하여 엄격하고 적절하고, 엄숙하고, 그러면서도 힘찬 어조가 되도록 잘 다스릴 수 있어야 하기 때문이다. 그러므로 많은 것이 설교자의 마음 상태에 달려 있다. 어떤 실천에 대해 똑같지 않은 생각의 틀에 들어간다는 것은, 어쩌면 자기 자신에게 개인적으로 불편하게 느껴질 수도 있고, 또 그래서 결국 효과를 전혀 보지 못하게 될지도 모르기 때문이다.

꼼꼼함, 충실함, 차별성, 그리고 사랑이 이 방법의 특징이 될 것이다. 이 방법의 재료는 우리 청중의 개별적인 경우들을 정확히 알고 있어서 그것으로부터 수집되기도 하고, 은혜와 영광의 무한한 부요로부터, 그리고 "이같이 큰 구원을 등한히"(히 2:3) 여기는 끔찍한 결과들에서 가져올 수도 있다.

5. 차별적 복음 설교

인간의 성격과 행동의 원칙들에 대한 정확한 지식을 포함하여, "영들을 분별하는 것"(고전 12:10)은 우리 직분을 지혜롭게 그리고 덕을 세우도록 수행하기 위해 교회에 계속되어온 신령한 은사이다. 영적인 자격요건으로서 아무리 빈틈없는 성격을 타고 났어도, 이 은사는 설교자에게는 갑절의 몫이 필요한 하늘의 지혜이며, 구하는 자에게 "후히 주시는"(약 1:5) 지혜이다.

확실한 신앙고백과 영적인 회심 사이에 큰 차이를 보지 못하는 것은, 신조를 인정한다든가 외부적인 규정을 인정한다든가 하는 것을 근거로 모든 사람들을 그리스도인으로 보는, 너무나 흔하면서도 매우 위험한 방식이기 때문이다. 그것은 마치 우리 중에 회심하지 않은 청중이 전혀 없는 것과 같이 여기고, 혹은 그들의 회심에 대해서는 전혀 개의치 않는다는 것과 같다. 우리 설교의 한 가지 큰 목적은 교회와 세상 사이에 경계선을 분명하게 긋는 것이다.[71] 우리 주님은 산상 설교를 하실 때 그 맺는말에서 분명히 이 구분선을 그으셨다(마 7:24-29). 담대하게 그것을 선포하면 우리 메시지에 높은 어조의 단언을 내리게 할 것이다(렘 15:19). 말씀의 사역자들로서, 우리는 사람들에게, 하나님께 속한 사람들과 악한 세상에 속한 사람들, 이 두 부류만을 인정한다(요일 5:19).

그들은 하나님 앞에서 그들의 상태에 따라 의인이나 악인으로(잠 14:32; 말 3:18), 복음을 알고 있거나 모르고 있는 상태에 따라 신령한 사람 또는 육적인 사람으로(고전 2:14-15), 그리스도와 특별한 관계를 가지고 있느냐에 따라 믿는 자와 믿지 않는 자로(막 16:16; 요 3:18, 36), 하나님

---

[71] Dr. Chalmers' Sermons at the Tron Church, pp. 361-362와 Watts' Humb. Attempt, p. 41에서 힘과 정확성을 공히 가지고 작성된 이 주제를 보라.

의 영에 대해 관심이 있느냐에 따라 "영 안에 있는 자와 그리스도의 영이 없는 자로"(롬 8:9), 삶의 습관에 따라 "성령의 일을 따라 행하는 자와 육의 일을 따라 행하는 자로"(롬 5:1, 5), 행위의 규칙에 따라 말씀의 사람과 이 세상의 풍속을 좇는 사람으로(시 119:105; 엡 2:2), 각각 누구에게 순종하느냐에 따라 하나님의 종과 사탄의 종으로(롬 6:16), 어떤 길로 가고 있느냐에 따라 좁은 길로 가는 사람과 넓은 길로 가는 사람으로(마 7:13-14), 택한 길이 결국 어느 목적지에 도달하느냐에 따라 생명의 사람과 사망의 사람으로, 또는 천국의 사람과 지옥의 사람으로 분리된다.

그러므로 각 부류에 속한 수많은 수식어들을 포함하여 이 두 등급 사이의 경계선은, 영원한 상태를 두 가지로 구분하는 분할선인, "큰 구렁텅이"(눅 16:26)와 같은 것이다. 그 둘 사이에는 더 이상의 화합 같은 것은 있을 수 없다. 마치 빛과 어둠이 합칠 수 없는 것과 같다. 그리스도와 벨리알이 합칠 수 없는 것과 같다. 또한 일반적인 한 무리로 그들 양쪽에게 복음을 무차별적으로 모두 적용시키는 일보다 더 회개하지 않은 자들의 양심을 기만하는 것도 없으며, 열심만 있지 지식이 없는 그리스도인들을 더 당황시키는 것도 없다.[72] 또한 이 굵은 선을 담대하게 긋는 것만으로는 우리 목적을 위해 충분하지 않다. 그 정확성 여부를 가지고 왈가왈부하지 않을 많은 사람들에게는 그것은 아무런 확신을 가져오지 못할 것이기 때문이다.

화가의 굵은 하나의 획은 정확한 모습을 보여주기에는 전적으로 충

---

[72] (Scott 목사는 말하기를), "구별을 하지 않는 이 설교 방식은 '돼지에게 거룩한 것을 던지는 것'과 같다. 설교자가 빠져들어 갈 수 있는 최악의 실수 중의 하나라고 나는 깊이 확신한다. 가장 직접적인 것은, 경건하지 못한 사람들의 양심을 무디게 하며, 마음을 굳어지게 하고, 그리고 그들의 손을 힘 있게 하는 경향이 있다는 점이다. 그리하여 그들은 자신들의 악의 길에서 돌아서지 않으려 한다. 그와 비례하여, 겸손한 자, 마음이 상한 자, 통회하는 신자의 마음을 낙심시키기도 한다." Letters and Papers, p, 441. 겔 22:26과 비교해 보라.

분치 못하다. 성도와 죄인을 한꺼번에 취급하는 용어는, 좀 더 상황적인 묘사 속에서 각각의 영적인 특징들을 제대로 관련짓지 않고서는, 의미 있는 차별을 전혀 할 수가 없다. 각 부류가 자기 앞에 놓여 있는 선의 자기 쪽에 서 있도록 만드는 것은, 오직 이 상세한 정확성이 있어야 가능하다. 오해, 불분명, 또는 미결정 등은 한편으로는 마음의 자기 기만을 크게 부추기며, 다른 한 편으로는, 마음의 불신에서 오는 꼼꼼함을 부추길 것이다. 이는 둘 다 우리 성도들의 영적 전쟁의 심각한 장애물들이다.

또한 신앙고백을 한 교인들과 참 교회 사이를 구별하는 것도 참으로 중요하다. 이 선 또한 우리 주님이 뚜렷하게 그어놓으신 것이다(마 7:21-23). 그리스도인의 특징의 모든 부분들은 그 모조품을 가지고 있다. 공상이나 감정의 기만이 얼마나 은혜의 감동으로 오인되기가 쉬운가! 하나님의 일의 진정성은 그 범위가 아니라 성경 지식의 영향에 의해 추정되어야 하며, 은사의 유창함이 아니라 거룩함과 사랑에 연결되어 그 실천으로 추측되어야 한다.

브레이너드 (이 사람보다 모조 신앙심을 더 분명히 알아본 사람은 없었다)는 다음과 같이 탁월하게 말했다.

> 참 신앙의 대부분은, 그리스도인으로 부름 받은 많은 이들이 생각 하는 것보다 더 깊은 겸손과 마음의 회한, 그리고 은혜와 거룩함이 부족 하다는 겸손한 인식에 있다.

그의 전기 작가가 우리에게 말하였다.

> 그 안에 성화의 성격을 가진 것이 전혀 없으며, 신앙에서 엄격함과 부드러움과 부지런함과 인간을 향한 온유함과 은혜 베풀기를 전혀 생각하지

않으며, 행동과 말의 신중함이 전혀 보이지 않는, 그 거짓 신앙 체험을 매우 혐오하며 그는 말했다.

그는 목회 후보생들에게 이 차별의 중요성을 시행하는 것을 강조하였다.

> 진짜 금과 반짝이는 쇠붙이 사이에 구별을 할 수 있게, 신앙에서 체험들과 감정들을 분명하게 구별하도록 애쓰라. 나는 말하노니, 그대가 그리스도의 유익한 일꾼이 되려 한다면, 이 점에 애쓰도록 하라.[73]

필자는 그리스도인의 인격에 있어서 지극히 중요하고 또 그 인격을 구별해주는 점들에 대해 말하고자 한다. 물론 그 인격이 불완전의 상태에 있기는 하다. 왜냐하면, 완벽한 상태에 있는 그리스도인의 인격을 기술한다는 것은, 그 달성의 기준을 달성의 측정과 혼동하게 할 것이기 때문이다. 그리고 성도를 천사로 그리는 것은 그 이름을 무효로 하는 것이며, 겸손한 신자의 확신을 혼란스럽게 하기 때문이다. 인간의 마음의 틀과 마음을 움직이는 원칙들에 대한 연구는 당황스런 많은 경우들에 대해 조명해줄 것이다. 그리고 진정한 경건을 흐리게 하거나 또는 그것을 위조함에 있어 육신적인 열정과 체질적인 기질, 또는 무질서한 상상 등이 끼치는 영향력을 구분할 수 있게 해줄 것이다.

그러나 우리는 또한 교회 안에서 신앙고백의 각기 다른 개체성에 대해서도 유념해야 한다. 여기서 자신의 이 세상 나라에 대한 우리 주님의 비유적인 묘사가 도움이 된다(막 4:26-29). 사도들의 사역 역시 그 같

---

[73] 그의 Life의 부록인 Diary and Letter, ix를 보라. 정서에 관한 에드워즈의 유명한 저서를 참조할 필요가 거의 없다. 정서는 그리스도인의 성실성을 가장 잘 알아볼 수 있는 시금석이며, 다양한 형태의 거짓 신앙고백과 망상적인 체험에 대한 가장 정확한 탐지기이다.

은 패턴을 따라 교회 안에서 이 구분을 하고 있다.⁷⁴ 어떤 사람을 다룸에 있어, 어떤 단계의 그리스도인의 삶을 살고 있는지 확인하는 것이 중요하다는 것은 말할 필요도 없다.

강점이나 약점의 정도, 영적 갈등에 실패할 것인지 아니면 극복할 수 있을 것인지, 복음적인 성결의 삶에서 진보하고 있는지 아니면 퇴보하고 있는지, 진리를 이해함에 있어 분명하게 이해하고 있는지 아니면 불분명한지, 세상과 단호하게 분리되어 있는지 아니면 세상을 계속 좇아가고 있는지, 그 영혼 속에 그리스도의 사랑이 점점 더 빛나고 있는지 아니면 쇠퇴하고 있는지 등, 그 정도를 확실히 알아야 한다.

홀 감독은 다음과 같이 말한다.

> 목사는 자기 양과 이리를 구분하여야 한다. 자기 양 중에는 건전한 것과 그렇지 못한 것을 구분해야 하고, 건전하지 못한 것 중에서는 약한 것과 감염된 것을 구분하여야 하며, 감염된 것들 중에서는, 그 병과 감염의 성격과 특성, 그리고 정도를 구분해야 한다. 그리고 이 모든 것들에 목사는 말씀을 때에 따라 전할 줄을 알아야 한다. 목사는 모든 유혹에 대한 해독제를 가지고 있으며, 모든 의심에는 말씀을, 모든 오류에는 쫓아낼 방도를 가지고 있는 사람이다. 또 모든 무기력에 대해서는 격려의 말을 가지고 있다. 설교자는 그의 양들이 어떤 영적인 형편에 처해있든지 그에 대처할 준비가 되어있어야 한다.⁷⁵

바로 앞에서 언급했던 저자가 훌륭하게 말했던 바와 같다.

---

74 사도 바울이 어린아이들과 어른들을 구별하여 다루고 있음과 비교해 보라. 그리고 사도 요한이 신자들을 "어린 아이들, 청소년들, 그리고 아버지들"의 여러 등급으로 구분하고 있음과도 비교해 보라. 고전 3:1; 히 5:12-14; 요일 2:12-13.
75 Bishop Hall's Epistles, Decad iv. Epist. v. Works, (Oxford Edition) vi. 221.

우리 본성의 전염성 질병은 아주 많은 형태를 취하고 있다. 그리고 매우 다양한 증상들을 가지고 나타나기 때문에 이 증상들은 그 수만큼의 각기 다른 질병으로 생각해도 좋을 것이다. 따라서 그 치료 방법도 그에 비례해서 다양할 것을 요구한다. 그렇지 않으면, 동일한 처방은 모든 병의 경우에 들어맞지 않을 것이다. 일련의 다른 진리들은, 각기 다른 설교 방식이 필요하다. 잘 듣지 않는 청중을 깨우고, 자기를 의롭다 여기는 사람의 그 교만을 깨부수고, 겸손한 자들과 마음에 통회하는 자들을 위로하는데 각기 다른 설교 방식은 필수적이다. 또한 거짓 평안의 고취 또는 우리가 치료해야 할 염증에 대해 말하는 것이 쉽지도 않거니와 쉽게 말하는 것을 우리는 매우 경계하여야 한다.[76]

이 차별의 부족은 우리의 성공을 크게 방해한다. 왜냐하면, 병을 고치는 것은 약의 일반적인 장점이 아니라, 효력을 나타내는 데에 고통이 수반되기는 하지만 그 약을 질병에 적절하게 썼느냐 하는 것이기 때문이다. 환자의 연령, 체질 또는 습관에 상관없이 모든 병마다 한 가지의 절대적인 치료책만을 가지고 있는 의사는, 백스터가 말한 바, "일종의 민간인 살인자"로 생각해도 좋을 것이다. 한시적이 아니라 영원토록, 치명적인 결과가 생길 것이므로, 이러한 마구잡이식의 이 처방 계획을 영적으로 적용하는 일이 없기를 간절히 빈다.[77]

---

[76] Hall's Sermons, ut supra, p. 22.
[77] Zepper는 이 항의 주제에 관해 아주 놀라운 말을 하고 있다. 그의 저서가 소수의 사람들에게만 읽혀지고 있으므로, 그대로 인용을 해보자. "하나님의 말씀을 설교할 때 회중들의 다양성은 치료를 어렵게 한다. 회중의 성별, 나이, 재능, 사상, 신분, 학력의 다양성, 신체의 건강, 정신적 건강의 차이 등의 치료를 어렵게 한다. 경건한 사람, 위선자, 불쌍한 죄인, 방탕한 사람, 절망한 사람, 양심의 마비자들이 있다. 이러한 회중의 다양한 상태를 이해하는 것은 어려운 일이다. 목사가 각각의 병든 사람들에게 맞는 치료약을 하나님의 말씀의 약창고에서 구입해 활용하는 것은 많은 수고와 땀, 재능과 영적 재능이 필요하다. 목사는 회중들에게 차별 없이 때를 따라 양식을 주는 지혜롭고 신실한 종으로서 사명을 가져야 한다." 마 24:45. Pref. pp. 5-6.

6. 단호한 복음 설교

미지근한 진술 방식 때문에 진리를 성경적으로 제시하는 힘이 심히 약화되는 경우가 흔히 있다. 복음의 교리들이 드러나 있고 설명이 된 것 같긴 한데, 너무 약하고 머뭇거리는 어조로 전한다는 것이다. 교리의 성격을 대충대충 설명하거나 그 교리의 진리를 의심하는 듯이 보이는 의견을 제시하는 것은 그 교리의 가치와 효력을 분명하게 이해하고 있지 못함을 나타내는 것이다. 그러한 표현은 관심을 거의 일깨우지 못한다. 그리고 효과도 내지 못한다. 활기 없게 전달할 때, 우리 교인들은 별로 중요한 것 같지 않게 보이는 것에 대해서는 그것을 받아들여야 할 의무를 거의 느끼지 않는다. 적어도 힘들게 고려해 볼 가치가 없는 것으로 여기거나, 공연히 값비싼 희생을 치를 가치가 없는 것으로 여기기 때문이다. 인간의 부패성과 칭의의 교리, 그리고 성령의 역사와 영향에 대한 많은 견해들 중에, 성경에 적극적으로 반대되는 것을 찾아내기란 어려울 것이다.

그렇지만 '완전한 확신'으로부터 멀어지고 있다는 것은 분명하다. '완전한 확신'을 가지고 우리의 종교개혁자들은 이 교리들을 복음의 우선적 교리들로 규정하였다. 그리스도인의 인격과 소망과 세움에 없어서는 안 되는 것으로 규정하였던 것이다. 그 진술에 울타리를 쳐서 보호하려는 것은 과도한 조심성이다. 사람들의 기분을 상하게 할 수도 있는 용어들의 영적인 의미는 대중적인 신학의 옷으로 덮여 있다. 그리고 뚜렷하게 인정해야 할 주요 요점들은 많이 흐려져 있다. 그래서 비록 실제로 집을 무너뜨려놓지는 않았지만, 그것을 세울 힘은 역력히 부족하다.

이렇게 어조가 단호하지 못한 것은, 부분적으로는 인간의 기준들을 부당하게 존중하고 있는 것에 그 원인이 있으며, 어느 정도는, 그것으로 하나님의 말씀에 대한 전적인 복종을 대체하고 있기 때문이다. 왜냐하면, "율법과 증거에" 근거하여 항상 강한 호소를 할 수 있는 것은, 우리가 성경 전체의 근거에 서있을 때뿐이기 때문이다.

율법과 증거는 복음에 대한 단호한 견해를 특징으로 가지고 있으며, 그것을 분명하고 단호하게 전달할 수 있게 만들어 준다. 우리가 하나님의 말씀을 전하는 것만으로는 충분하지 않다. 우리는 하나님께 받은 말씀으로 전해야 한다. 의심 한 점 없는 담대함으로 우리의 직분을 영화롭게 하여야 한다. 우리가 전하는 복음은 사람의 뜻을 따라 된 것이 아니기 때문이다. 우리 메시지는 "사람에게서 받은 것도 아니요 배운 것도 아니요 오직 예수 그리스도의 계시로 말미암은 것"(갈 1:11-12; 살전 2:13)이다. 복음의 보다 깊고 보다 신비스런 요지에 관해서는 (이것에 대해서는 생각의 차이가 항상 존재해왔으므로), 그리스도인의 신중함과 자제심이 필요할 것이다.

그러나 중요한 근본 교리에 대해서는, 권위적인 진술의 결정은 우리가 한다. 우리 자신의 존재를 의심할 수 없는 것처럼, 우리 메시지에 의심스러운 점이 있는 것으로 허용해서는 안 된다. 그렇게 사도들과 그들의 동역자들은 복음을 전했기 때문이다. 그들은 복음을 하나님의 입으로부터 받았다. 그들은 복음의 신적 권위를 확신하였다. 모든 저항에도 불구하고, 증거까지도 가진 증언으로서 그들은 복음을 전했다(갈 5:2-4). 그리고 진리를 나타냄으로, 그들은 하나님 보시는 앞에서 모든 사람의 양심에 자기 자신들을 천거했던 것이다(눅 1:3; 요일 1:1-3; 벧후 1:16; 고후 4:2). 사도 바울은 단호하지 못함의 혐의를, 심지어 보통의 일에서도, 매우 중대한 과실로 생각했고, 또 사역에서도 매우 해로운 것으로 생각했기 때문에, 하나님을 불러 증인으로 삼는 일이 매우 정당하다고 생각했다. 자신의 말이 그들 중에서 변덕스러웠던 적이 한 번도 없었다. 그의 증언은 일관성이 있었고, 난호했으며, 흔들림이 없었다(고후 1:17-20).

　자기 자신이 증언한 진리에 대한 그의 단호한 확신이 그러했으므로, 심지어 "하늘로부터 온 천사라도 우리가 너희에게 전한 복음 외에 다른 복음을 전하면 저주를 받을지어다"(갈 1:8-9)라고 그는 서슴지 않고 자기 자신 또는 천사까지라도 저주하려 했던 것이다. 복음을 훼손하고 있음이 발견된 사람들에게 복종함으로, 바울은 복음의 진리가 교회와 함께 계속될 자리를 한시라도 내주려 하지 않았을 것이다. 결코 내줄 수 없었을 것이다.

　한 사도의 인격 안에서 복음의 자유에 반대로 행하는 자를 만났을 때, 그는 심지어 전 교회 앞에서 '그를 대면하여 책망하였다.' 왜냐하면 책망 받을 일이 있었기 때문이었다(갈 2:5, 11-12). 이 사람은 덜 중요한 일에서도 "여러 사람에게 여러 모습이 된 것은 아무쪼록 몇 사람이라도 구원하고자"(고전 9:22) 늘 준비가 되어 있던 그 동일한 사도였다.

　약한 형제들 앞에 걸림돌을 놓기보다는, 자기 사는 마지막 날까지 고기를 먹지 않겠다고 했던 그 사도였다(고전 8:13). 그리고 자기 형제들의 마음에 좀 더 호의적으로 접근하기 위해, 그들의 연약함과 편견때문에 디모데를 할례 시키겠다고 하였던 그 사도였다(행 16:3). 이 사도는 자기 자신의 영으로, 젖먹이는 어머니가 자기 자녀들을 소중히 하듯이, 자기 사람들 중에서 온유하였던 그 사람이었다. 그러했음에도, 그들 중에 가르침을 왜곡시키거나 실천을 느슨하게 하는 사람이 있으면, 매우 심각한 책망과 매우 무서운 경고를 하지 않고서는 참을 수 없었던 사람이었다(살전 2:7-8; 갈 5:2; 고전 3:17).

　단호함의 성격이 우리 자신의 기분대로 해도 좋다는 것을 의미하지 않는다는 것은 매우 중요하다. "맡은 자에게 주장하는 자세"(벧전 5:3)를 하거나 그들의 "믿음을 주관하려는 것"(고후 1:24, 이 세상 주관자들의 힘의 영적 행사[마 20:25])이 되어서는 아니 된다. 오히려, 비록 모든 이의 종이지만, 또한 하나님의 메신저로서 권세 있는 자처럼 말씀하셨던 "그리스도의 온유와 겸손"(마 11:29)을 가져야 할 것이다. "우리는 아는 것을 말하고 본 것을 증언"(요 3:11)하여야 한다. "우리가 믿음의 같은 마음을 가졌으니 우리도 믿었으므로 또한 말하노라"(고후 4:13)라고 사도 바울은 말했다.

The Christian Ministry

5장

성경적인 설교 방법

    우리 중에 아주 능력 있는 목사들이 복음의 가르침을 설교하는 방법이 얼마나 다양한지 모른다. 그들의 스타일, 그들의 설교 구성, 그들의 가르침의 구조적인 체계 등은 각각 개인의 성격을 가지고 있다. 그래서 그들로부터 무엇인가를 배울 수 있을 것이다.

    마음과 습관, 준비 훈련, 연구 체계, 어떠한 설교 학파에 대한 숙지, 설교의 기준, 이 모든 것들이 결합되어 우리 목회의 성격을 형성한다. 어떤 사람은 이 방법을 채택할 것이고, 또 어떤 사람은 저 방법을 쓸 것이다. 모든 상황에서, 이 방법이 저 방법보다 훨씬 탁월하다고 절대 말할 수 없다. 하나님의 축복은 분명히 최고의 방법을 발견하여 실천하는 것에 달려 있는 것이 아니라, 우리가 온 마음으로 인도를 구하고, 우리에게 주어진 빛을 개선시키기 위해 양심에 부끄럼 없이 부지런히 행하는 것에 달려 있는 것이다. 그렇지만 우리가 고려해 보아야 할 전문적인 일도 있다. 이 점에 대해 생각해 보고자 한다.

1. 주제 설교와 강해 설교

우리 메시지를 전달하는 방법은 주제 설교이거나 강해 설교이다. 우리의 공적 설교의 기초 작업으로서, 주제 설교는 본문 즉 성경에서 떼어낸 작은 부분으로부터 설교하는 것이며, 강해 설교는 성경의 큰 부분 그리고 연결된 부분에서 설교하는 것이다.

우리 주님이 행하신 첫 설교는 주제 설교의 한 예이다. 그는 그의 본문을 읽으셨고, 그것을 해석하셨고, 그것에서 가르침을 규정하셨고, 책망을 위해 그것을 적용하고, 성경의 예로 그것을 예증하기 시작하셨다. 그 설교를 듣고 놀란 사람들의 성난 행동이 자신을 중단시키는 일이 없었더라면, 그렇게 해서 끝까지 진행을 하셨을 것이다(눅 4:16-30).

이 방법의 목표는 이중적이다.

첫째, 문맥과 연결시켜서, 본문 안에 있는 성령의 마음을 분별하여 그것을 단 하나의 뚜렷한 명제로 만드는 것이다.

둘째, 그 명제로부터 자연스럽게 생겨나는 진리에 대해 열어 보이는 것이다. 이 방법은 진리의 적용을 그 장소와 때에 따라 다양하게 할 수 있게 해준다. 그리고 똑같은 일반적 진술의 지루한 반복을 예방해 준다. 왜냐하면, 복음의 충만으로부터 풍부하고 적절한 설명을 받았다는 것을 인정할 수 없는 하나님의 말씀의 어떤 부분이나 진술은 없기 때문이다. 이 하늘 보고(寶庫)의 깊이를 알고 있는 사람은 성경의 모든 부분에서 "그리스도의 부요함"의 흔적을 찾게 될 것이다. 그러한 자료로부터 근본적인 교리들을 제시하지 못하면, 보물이 고갈 상태에 있기 때문이 아니라, 그 숨겨진 저장량을 영적인 눈으로 그리고 정확한 눈으로 보지 못하기 때문이다.

강해 설교는, 비록 덜 열정적으로 행해지고 있기는 하지만, 그럼에도 주제 설교와 신중하게 혼합을 하면 매우 중요한 설교 방법이 된다. 진리에 대한 포괄적이고도 서로 연결된 견해들은, 그리스도인의 지성과 특권과 확고부동함에 똑같이 도움을 주면서, 분명하게 설명이 된다. 이 방법은 문맥의 인정을 받지 못하는 내용을 본문 위에 세우는 습관을 피한다. 그리고 더 많은 이해력을 가지게 되기 때문에, 그리고 진리를 따로 따로 보는 것에서 오는 위험성이 줄어들기 때문에, 우리 교인들이 좀 더 많은 흥미를 가지고 성경을 읽을 수 있게 만들어 준다. 이리하여 고립된 본문의 부분적인 인용에서보다는, 거룩한 논쟁의 일반적인 일련의 흐름으로부터 성경의 가르침은 더 확실히 확인된다.

또한, 다른 식으로 설교했으면 십중팔구 생략이 되었을지도 모를 많은 주제들을 다룰 수 있다.[1] 특정한 죄나 과실에 적용시켜야 할 내용들은 단순히 한 특정개인의 경우를 지적하지 않고서도 이 주제들을 다루는 과정에서 자연스럽게 일어나게 된다. 우리가 다루는 주제들로부터 자연스럽게 일어나는 부차적인 징후들도 중대한 유죄 판결 선고를 가지고 등장한다. 이 점에 대해 우리의 청중은 전혀 준비가 되어 있지 않은 경우가 허다하다.

본 주제가 그들이 알고 있는 죄에게 직접 비난을 퍼붓고 있을 때, 그 경고에 놀라서 마음을 그 유죄 판결에 대비시킬 시간이 없었기 때문이다. 또한 성경의 전 범위가 설교 속에 자세히 펼쳐져 있다. 각 교리를 설명할 기회가 많이 있고, 실천해야 하는 의무를 강화해줄 기회도 많이 있다. 우리는 어쩔 수 없이 진리의 광범위한 설명과 적용을 하지 않을 수 없는 것이다. 진리의 정확한 진술과, 균형과 연결 속에서 하나님의 마음을 보다 더 정확하게 발견할 수 있다. 여기서, "하나님은 많이

---

[1] 아마 이혼과 관련된 가르침은, 정규적인 강해를 제외하고서는 (막 10:2-23) 마을 사역에서 일어나지 않았을 것이다. 이런 식으로 저자는 마지못해 이것을 소개하였다. 그러나 예상치 못한 효과가 있었다.

말씀하시고, 인간은 적게 말하게 된다."[2]

조직신학의 속박에 얽매이지 않고서, 진리의 몇 가지 분야에서 진리의 범위와 그 진리의 주장과 그 진리의 상대적인 위치들을 추적함으로써, 우리 생각들은 확장되고 다스림을 받는다. 가정 예배 과정은 마음을 이 방식으로 준비시키는데 크게 도움이 될 것이다. 이 흥미로운 예배에 할당된 시간의 한계 내에서 이끌어낸 성경의 많은 부분들은, 우리 설교 주제들의 상세한 점들을 분석하는 대신, 주요 요지들을 연결시키는 성공적인 습관을 우리에게 점차로 훈련시켜 줄 것이다.

이 방법은 초대 교회 설교의 두드러진 부분을 형성하였다.[3] 어거스틴, 바질(Basil), 그리고 크리소스톰은 주로 이 방법으로 설교하였다. 크리소스톰의 설교는 강해 설교의 최고 모델이었으며 고대 교회의 매우 귀중한 유산으로 생각할 수 있다. 그러나 강해의 과정은 너무 길어서는 아니 된다. 주제 설교에서 주제는 우리 자신이 가지고 있는 자료들과 우리 교인들의 상황을 특별히 고려해서 선정해야 한다. 죄의 자각과 가르침을 잘 혼합시키도록 이해력에 지식을 공급해주려 할 때, 마음과 양심이 목표가 되도록 주의를 기울여야 한다. 설교를 할 때, 청중의 흥미가 쇠퇴하고 있는지 잘 지켜보아야 하며, 두 방법을 서로 바꿔가면서 매우 다양하게 설교하고 있는지, 그리고 두 방법의 장점을 다 이용하고 있는지 점검해야 한다.

2. 즉흥 설교와 원고 설교

저자는 논의하고 있는 이 점을 자기 형제 목사들을 위해 해결하려

---

[2] Chrysostom.
[3] Cave's Primitive Christianity, ch. ix을 보라.

고 하는 것은 아니다. 그러나 엄밀히 말해서, 즉흥 설교를 강력히 주장할 사람은 즉흥 설교의 열광자 외에는 아무도 없을 것이다. 미리 계획되지 않은 설교는, 모든 인간적인 자료들이 없는 독특한 어려운 상황에 있는 사도들에게 약속된 것이었다.[4] 그러나, 비록 그들의 공적 사역이 아마 이런 종류의 것이었을 것이라 해도, 예외적인 경우에 자연적인 불리함을 극복하기 위해 부가된 이 기적적인 힘으로부터 어떤 선례도 이끌어내어서는 아니 된다.

그러므로 우리는 원고로 쓰지 않은 설교라는 의미로 이 용어를 사용한다. 준비 묵상으로 소화되어 배열된 설교, 따라서 그 아웃라인을 언어로 채우는 일만 설교 전달 시간에 되도록 남겨진 그런 설교를 의미한다.

일반적으로, 우리는 다른 사람들을 흥분시키기 위해서는 우리 자신이 먼저 느껴야 한다.[5] 그리고 글로 쓰인 매개체를 통해 의사소통을 하는 것 보다, 설교자의 마음에서 자연스럽게 흘러나오는, 마음에서 마음으로의 전달은 좀 더 직접적이며 그 교감은 더 가깝게 느껴진다.

즉석 설교를 하는 설교자의 설교 표정, 자세와 제스처 등은 좀 더 가깝고, 개인적이며 시선을 끈다. 시간이 지나면서 그의 습관은 좀 더 개선하기 쉬워지며, 대충 듣고 있는 자기 청중을 일깨우는 놀라운 말도 하기가 쉬워진다. 전달의 순간에 설교자의 눈앞에 펼쳐진 현실은 자신이 결코 줄 수 없는 따뜻함을 그 장면으로부터 이끌어 낸다.

하나님의 임재 가운데 있는 자기 교인들을 보는 것은, 그들이 주목을 하고 있는지 아니면 멍하니 있는지, 그들이 흥미로워하는지 아니면 좋

---

[4] 눅 21:14-15; 마10:19-20. 순교자들은 이 약속에 대한 관심을 의심 없이 그리고 완전하게 물려받았다. 그러나 그 약속은 먼저 생각해봄이 없는 정상적인 의미에서 하나님의 영감을 약속할 의도는 결코 아니었다. 또는 준비 공부는 소용없다든지 또는 필요한 도움을 받는 데 장벽이 된다는 것을 의미하려 한 것도 아니었다. 디모데에게 한 권면은 (딤전 4:13) 우리가 주제들을 공부해야 할 필요성이 있음을 분명히 의미하고 있다.

[5] "회중이 눈물을 흘리기 원하면 목사가 먼저 눈물을 흘려야 한다"(Si vis me flere, dolendum est Primum ipsi tibi). HORACE.

아하지 않는 것 같이 보이는지, 바로 그 얼굴 표정들을 보는 것은, 활기 있는 설교에 대해 많은 점들을 시사해준다. 이런 일은 서재에서는 일어나지 않았던 일이다. 즉흥 설교는 자기 마음속에 많은 가시적인 감동을 일어나게 하며, 표현의 살아있는 힘을 자극시켜 주는데, 이것은 설교자의 회중에게 그에 상응하는 교감과 관심을 일깨워준다. 이것은 결코 작은 일이 아니다. 사람들은 논쟁으로는 별로 영향을 받지 않는다. 그리고 죄의 자각은 지성의 문제가 아니라, 마음의 모든 교감들과 밀접하게 연관되어 있는 것이다.

　이러한 방법을 통해 형성되어 소중히 간직하게 된 감동은 흔히 지속적인 효과를 가진다. 또한 글로 설교 원고를 작성해서 설교할 때보다 실질적인 내용과 생각을 덜 나타내는 것도 아니다. 글쓰기에 반드시 드려져야 할 시간은, 생각하는데 더 잘 쓰일 수도 있었을 시간을 빼앗아 간다. 그리고 즉흥 설교는 비록 게으름이나 자부심 때문에 글쓰기 면제를 남용할 수도 있기는 하지만, 그럼에도 설교의 책임감을 느끼고 있는 성실한 사람은 그것을 좀 더 열매가 풍성한 지적 훈련에 기꺼이 사용할 것이다. 이 실천을 시작하기 위한 세실 목사의 충고는 다음과 같다.

> 즉시로 시작하라. 청소년의 여유와 적응력을 당신의 습관을 형성하는데 사용하라.

　로빈슨 목사는 반대로 매우 조심스러운 단계들을 권하였다. "7년 동안 자기 설교 전부를 인내를 가지고 모두 다 글로 쓰기 까지는, 아무도 원고 없이는 설교할 시도조차 하지 말라. 그 다음에, 조심스럽게 이따금 그리고 점차적으로 즉흥 설교를 시작하라."[6] 이것은 그 자신의 사

---

6 Vaughan's Life, pp. 322, 325.

역의 첫 7년간의 규칙이었다. 그는 말하기를, 긴박하게 꼭 필요할 때만 이 방법으로부터 벗어났다. 그러나 정신의 준비 훈련이 얼마나 되어 있느냐, 정신에 저장되어 있는 것이 얼마나 있느냐, 타고난 장애물들이나 영적인 방해물들을 얼마나 정신이 성공적으로 갈등하고 극복하느냐에 따라 많은 것이 달라질 것이다. (후에, 이 방법에 있어 그 누구에 견줄 수 없을 만큼 탁월함을 보여주었던 리치몬드 목사와는 달리,) 로빈슨 목사는 처음부터 성공을 거두었고, 그의 유예 기간이 그 기간의 절반으로 단축되었더라도 마찬가지였을 것이다. 설교자의 특성 안에서 형성된 정신이 그 준비가 정확하고 질서 있게 되어 있으며 넓고 확실한 자료들로 채워져 있고 많은 목회 실천 훈련이 되어 있다면, 훨씬 더 짧은 기간 안에 시작할 수도 있을 것이다.

버넷 감독은 광범위한 주제들에 대해 묵상하는 습관을 일정하게 가지고, 연구한 것을 정확하게 표현할 수 있게 되었던 때마다 자기 생각들을 소리 내어 말함으로써, 이 은사를 획득하였다.[7] 이러한 달성이 쉽다는 아주 잘못된 생각이 퍼져있다. 단어의 집합체를 흔히 제대로 윤곽이 잡힌 생각이라고 오인한다. 그리고 말의 유창함이 생각의 견고함을 나타내거나 생각의 부족에 대한 적당한 보충이라고 잘못 생각하기도 한다. 이런 즉흥적인 능력이 우리 교인들에게 어떤 실질적인 가르침을 가져다주는 것은 아니다. 우리가 다룰 주제가 이해되고, 소화되며, 느껴질 때까지, 주제를 연구해야 한다. 우리에게 필요한 것은 단순히 충동이나 유창함이 아니라, 좋은 습관이다. 단순한 스타일과 결합된 확실한 지식의 체계이며, 활기 있고 분명한 태도이며, 성경의 무한한 보물로 가득 채워진 정신인 것이다.[8] 아무것도 그것의 부족을 보상

---

[7] Burnet's Life를 보라.
[8] Jerome과 같은 사람은 자기 친구 Nepotian에 대해 다음과 같이 말했다. "성경을 매일 읽고 묵상함으로 그는 자기 영혼을 그리스도의 도서관으로 만들었다."

해주지 못하는 반면, 이 정신은 이차적인 자격요건들의 많은 것을 제공해줄 것이다.

교인들과 대화하는 습관으로부터도 많은 도움을 얻을 수 있을 것이다. 개인에게 유용한 것은 여러 사람에게도 다소간 적용할 수 있을 것이다. 의사소통을 자주 하다보면 점차적으로 그것을 전달하는데 자신감을 얻게 될 것이다.

가정에서의 모임이나 가족 예배 시에 잠깐동안 말씀을 즉흥적으로 전하는 것 또한 즉흥설교 준비에 아주 좋다. 아침과 저녁에 한 단락을 연구하고 주석가들의 책을 찾아보며 즉흥적으로 강해를 하는 한 젊은 목사는, 자기 정신을 부요하게 하고 성경의 단순한 스타일을 획득하며 준비된 말로 온 마음을 자유롭게 그리고 자연스럽게 쏟아내는데 실패할 수가 없다.

그러나 이 방법은 생각을 많이 하고 소화가 잘 되어있는 작문 습관과 결합되어야 한다. 도드리지 박사는 설교 원고를 쓰는 것을 권하지 않으면서도, 대부분의 공들인 설교 원고를 위한 자세한 규칙들을 주고 있다.[9] 설교의 유창함은 서재에서 열심히 연구한 결과이므로, 공적인 설교 전달에서 매우 조금만 변화시켜서 출판에 회부되는 일이 흔하다. 그러므로 이 방법은 결정적인 이점이 있다. 이것을 버넷 감독은 설교 원고의 덕으로 돌린다. 이 방법은 흔히 "전달의 열과 힘"을 "내용의 강도와 확실성"과 결합시킨다.[10] 그는 여러 권의 설교집을 출간하였는데, 본질적인 모든 점에서 가장 잘 쓴 원고로 평가될 것이다.

원고로 쓰는 설교의 장점들을 우리는 인정하지 않으면 안 된다. 지루한 반복과 결점 있는 표현 방식, 중요한 생각들의 흐름의 배열의 혼동 (즉흥 설교 방법에도 다소간에 우연히 생길 수 있는 병폐임)을 피할 수 있으며,

---

[9] Doddridge's Preaching Lecture를 보라.
[10] Burnet's History of the Reformation, Book i. 1542.

그리고 우리가 가진 자료를 좀 더 간결하고 확실하고 그리고 명료하고 정확한 스타일로 구체화시킬 수 있다는 장점이 있다. 그래서 (적어도 초기 단계에서) 한 로마의 웅변가는 "연설을 잘 하려면 많이 써보는 것이 최선의 준비"라고 추천하였던 것이다.[11] 목회 후보생은 자기 생각이 종이 위에 표현되었을 때까지는, 아마 자기 자신의 미숙한 학식에 대해 별 생각이 없었을 것이다. 매 단계에서 그는 확대 또는 축소의 필요성을 발견하게 된다. 자기 주제를 철저하게 숙성시킴으로 자기 나아갈 길을 준비하지 않았기 때문에, 자기가 도달하였다고 생각했던 그것의 기초를 다시 놓지 않으면 안 된다. 그러나 작문의 양은 정신이 타고난 습관이나 후천적인 습관에 따라 다르겠지만, 경우에 따라서는 어떤 부분을 생략하는 것이 유익이 될 수도 있다. 청소년들이 건전한 판단력을 생생한 상상력과 연합하는 일은 드물다. 그러므로 작문을 쓰는 어떤 수고도 없다면, 보통의 설교는 적절한 예증도 없고 잘 들어맞는 적용도 없이 활기 없는 내용의 덩어리에 지나지 않을 것이다. 이랬다저랬다 하는 산만한 설교자는, 정확하고 연관성 있는 계획의 범위 이내에 자신을 제한시키기 위해, 자기 펜을 사용할 필요가 있다.

　이렇게 하지 않고서는, 아마도 옆길로 벗어나서 연결도 되지 않는 내용이 자기 설교의 주요 골자가 될 것이다. 말이 유창하기는 하지만 내용을 갖추고 있지 못한 설교자는, 이 자원으로 자신의 어두운 설교준비과정을 채우지 않으면, 말이 많아지고 미사여구를 늘어놓게 되며, 알맹이가 없고 재미도 없어지게 될 것이다. 유창함의 은사는 내용이나 적용이 없이는 바람직한 자격요건이라기 보다는, 불행이 되기 쉽

---

11 "목사의 분명하고 중요한 일은 기록해야 할 것을 기록하지 않는 것이다. 목사가 회피하는 이 기록의 사역은 매우 힘들기 때문이다"(Caput autem est, quod [ut vere dicam] minime facimus [est enim magni laboris, quem plerique fugimus] quam plurimum scribere). Cic. de Orat. 동시에 그는 말하기를, 연설자가 연설 원고를 쓰는 습관을 오직 부분적으로만 이용한다면, 그의 연설의 나머지 부분은 정확한 작문 스타일을 만드는 일일 것이다.

다. 지적인 개선을 소홀히 하는 개인의 위험성 외에도, 당황했을 때에는 우리의 적절한 주제로부터 벗어나, 아무 관련도 없지만 더 사람들의 마음에 드는 주장으로 관심을 돌리게 만든다. 그래서 원고에 매여서 설교를 망쳐버리는 설교자들이 있는가 하면, 원고가 없음으로 해서 설교를 망쳐버리는 설교자들도 있게 된다.

고대의 기록에는 즉석 설교 형태뿐만 아니라, 원고 설교의 흔적도 찾아볼 수 있다. 그 당시에는, 설교를 완전히 다 쓸 수는 없었다. 일반적으로 흔히 마지막으로 읽은 (사람들의 기억 속에 가장 신선하게 남아 있기 때문에) 본문의 성경 강해로 이루어졌기 때문이다. 그리고 같은 예배 시간에 두, 세 편의 설교를 연속적으로 하는 경우도 흔했기 때문이다.[12] 오리겐은 완전히 즉흥적인 방법으로 설교했던 것으로 생각된다. 어거스틴과 크리소스톰의 저술 속에서도 이 방법이 발견된다. 그들의 설교 빈도수가 자연스럽게 이 자유를 주었을 것이다. 그리고 계속적인 목회 활동 때문에 항상 설교를 써서 한다는 것이 불가능하기도 했을 것이다. 동시에 교부들의 저술에서도, 설교자 자신의 사용을 위해서 뿐만 아니라, 보다 넓은 면의 이점을 위해서도 설교를 썼다는 것이 분명히 보인다.[13] 버넷은 종교 개혁 시대에 설교 낭독 관습이 있었다고 말하고 있다. 그러나 라티머의 솔직하면서도 '평이한 설교'와 자기 동시대 인물들 몇 사람에 대한 기억으로 볼 때, 그 반대의 방법을 이용했다는 증거도 있다.[14]

세커(Secker) 대감독은 원고 설교와 즉흥 설교의 문제를 이야기하고

---

12 복음서를 읽고 난 후에, 장로들은 한 사람씩 교인들을 권면했다. 그리고 마지막으로 감독이 권면했다.
13 Augustine과 Gregory의 저술에 나와 있는 힌트 몇 가지를 보면, 직접 설교하지 못할 때에는 그들의 설교를 글로 써서 사람들에게 읽어주었음을 가리키고 있다. 읽는 관습이 전적으로 진기한 것이 아니었음을 이것은 보여주고 있다.
14 Budd on Infant Baptism, pp. 474-475에 있는 참조문헌을 보라.

나서, "우리 전임자들이 사용했던 중도(中道)였던"[15] 간략하게 노트를 써서 즉흥적으로 전달하는 방법을 권하고 있다. 그리고 덧붙여 말하기를, "잘만 하면, 이 방법이 최선의 방법일 것이다."[16] 설교의 틀과 논지, 그리고 적용은 이미 준비되어 있기 때문에, 원고의 정확한 글자를 그대로 전해야 된다는 염려를 할 필요가 없어지기 때문이다. 마음에 자연스럽게 떠오를 때 이 방법을 쓴다. 그렇지 않을 때에는 현재의 순간이 공급해주는 옷으로 내용에 입히면 된다. 이 방법은 두 가지 방법의 이점들을 결합하고 있다. 즉 억제된 감정과 잘 소화된 배열의 경계 내에서 제한된다는 점이다. 고통스러운 불안 없이 기억을 쏟아낼 수 있고, 하나님의 도우심에 따라 마음은 그 순간의 감정의 열정을 자유롭게 표현할 수 있다. 우리가 미리 준비된 생각들의 문자에 매임이 없는 이 자유를 가져야 함은 의심의 여지가 없다. 그리스도의 대사로서 하나님의 임재하심 가운데 섰을 때 성도들이 함께 공적으로 기도한 후에는, 앞서 서재에서 보증되었던 것 그 이상을 넘어, 영의 부요한 기쁨이 설교의 순간에 더 많이 분출될 것을 기대하는 것은 당연하다.

그러나 수단에 관해서는, "연구를 많이 하지 않고 경험을 많이 쌓지 않고서는, 사람은 설교의 좋은 습관을 기대할 수 없다. 젊은 초보자들은 좀 더 정확하고 공을 들이는 일에 자기 자신을 익숙하게 만들어야 한다. 그렇게 함으로써 좋은 스타일과 표현을 먼저 획득하고 나면, 나중에 설교할 때에는 훨씬 쉬워질 것이다."[17] 주제를 잘 이해하여 배열

---

15 Bull 감독 같은 사람들. 그의 Life by Nelson, p. 59를 보라. Burnet은 이 실행의 달성을 위한 좋은 방침 몇 가지를 제시하고 있다. Pastoral Care, ch. ix. Fenelon's Dialogues와 비교해 보라. Erasmus는 이 실행의 근거를 교부들에게까지 거슬러 올라간다. "목사는 설교 내용을 기록하는 것이 안전하다. 어거스틴도 시편 설교문을 기록했다. 놀라운 기억력을 소유했던 그가 모든 설교문을 작성했다"(Tatum est capita sermonis in charta notata habere ad manum, quod in Psalmos aliquot fecisse videtur Augustinus; et haud scio, an in omnes, quanquam vir memoria ad prodigium usque felici).

16 Charges, p. 287-291.

17 Wilkin's Eccles. p. 203.

시켰으면, 일반적으로 내용이나 표현의 부족은 걱정할 필요가 없게 된다.[18] "마음의 풍부한 것에서 입은 저절로 말하게 될 것이다. 그리고 자신의 본문에 대해 묵상하기만 하면, 설교자는 하나님이 자신에게 주신 진리의 십분의 일도 반복하지 않게 될 것이다."[19] 실천의 도움을 받아 재미가 나기 시작하면 어려움들은 점차로 없어지기 시작할 것이다. 세실 목사가 "진정한 설득력"[20]이라고 정의했던 "열렬한 단순성"은, 심지어 목사의 연약함으로 인한 대단한 겸손과 대단히 유익한 경험 가운데서조차, 우리 설교의 특징이 될 것이다. 만일 의회 연설자나 법정 연설자가 자기 자신의 이해에 의지하면서도 거침없는 유창한 표현에 도달할 수 있었다면, 주님이 자기를 섬기는 일에 이 습관을 쓰실 작정이라면, 훨씬 더 훌륭한 설교를 할 수 있을 것이다. 지정된 수단을 사용하고 그분의 약속의 도움을 의지한다면, 자신이 상당한 정도의 영적 능력을 가지고 있음을 확신해도 좋을 것이다. "나를 떠나서는 너희가 아무것도 할 수 없음이라"(요 15:5)는 주님의 말씀을 깊이 가슴 속에 간직하는 것보다, 우리 사역에 더 잘 들어맞는 것은 없을 것이다.[21]

---

18 "설교는 능력있게 전달되고 뛰어난 표현과 구성은 탁월하며 주제는 명쾌하게 설명되어야 한다"(Cui lecta potenter erit res, Nec facundia deseret hunc, nec lucidus ordo; Veraque provisam rem non invita sequuntur. Hor. de Arte Poet).
"좋은 것들을 알고자 하는 열렬한 욕구로 충만하고 그 지식을 다른 사람들 속으로 주입해 주고 싶다는 간절한 사랑을 가지고 있는 사람의 마음-그러한 사람이 말할 때, 그의 말은, 민첩한 머슴처럼, 명령에 따라 그 사람 주위를 돌아다닌다. 그리고 그가 바라는 대로 잘 정리된 서류철에 각자 자기 자리를 찾아들어간다." Milton.
19 Act of Synod of Berne, ch. xl. Fletcher's Portrait of St. Paul에 인용되어 있음.
20 Cecil's Remains.
21 요 15:5. Campbell 교수는 스코틀랜드 장로교회의 이 관습을 좀처럼 인정하지 않는 것처럼 보인다. 설교 원고를 읽고 암기해서 전하는 것의 장단점 몇 가지를 설명하면서, 그는 후자의 용법의 부담감에 대해 불평을 하였는데, 그 불평은 정당한 것이었다. 중요한 목회 업무를 방해한다는 것이었다. (Campbell on Pulp. Eloquence, Lect. iv. On Past. Char. Lect. ix.) 우리는 다음의 말을 덧붙일 수도 있을 것이다. 전달의 행위에서, 불안한 암송 과정 때문에 감동을 죽일 수도 있고, 생각에 집중하지 못하고 말에 집중하게 되며, 설교의 어조를 서두르거나 단조롭거나 조화롭지 못하게 만들 수도 있다. 대체적으로, 그것은 중학생이나 하는 "가장 비합리적인 수고"에 지나지 않는다. Burnet 감독은 소수의 사람들은 이것을

결국, 저자가 보기에는, 이 방법에 덧붙여야 할 훨씬 더 중요한 것이 있다. 비록 많은 생각을 하고나서 이 방법을 실천에 옮기기로 결정하기는 하지만, 똑같이 탁월한 설교자들 가운데서도 은사가 다양하기 때문에, 가장 좋은 방법이 모든 경우에 항상 최선일 수는 없다는 것에 이의가 없을 것이다. 어떤 사람들은 펜으로 표현하기가 훨씬 쉬운 사람들도 있기 때문이다. 다른 사람들은, 자신의 막중한 책임이 생생하게 표출됨에 따라 자신의 감정이 자극을 받았을 때 설교를 거침없게 하는 자유를 경험하기도 한다.

성경을 현명하게 그리고 생동감 있게 체계적으로 읽어나가는 것이 (이런 경우도 가끔 있다), 머릿속에 든 것이 없이 잘못 행해지는 즉흥 설교보다 낫다는 것은 누구나 인정할 것이다.[22] 감정을 다시 불러일으켜주고, 기억이 잘 되어 있으며, 소화가 잘 되어 있는 체험의 자료들이 이

지탱할 수 있다고 생각한다. 암기를 하면, 설교 원고의 페이지 때문에 신경 쓰이는 것만큼 신경을 써야 할 필요는 적어질 것이다. Secker's Charges, p. 291과 비교해 보라. Fenelon's Dialogues (ii.), Burnet's Pastoral Care, ch. ix. Smith on the Pastoral Office, Lect. xx.

22 다음의 시구는 그 안에 좋은 생각을 많이 담고 있다.
나의 친구여, 그대가 중요한 질문을 해야 한다면
원고 설교를 해야 할까요? 원고 없이 설교해야 할까요?
내 대답을 듣고 판단하게나. 그대의 설교를 처음부터 끝까지 쓰게나.
그리고 모든 생각에 완전한 표현의 옷을 입히게나.
그 성격과 그 용도에 가장 잘 어울리는 것으로.
그리고 나서 그대의 기억이 보유할 수 있는 만큼 많이 소리 내어 읽어보게나.
산만하게 여기 저기 읽기보다는
모든 문장을 한 단어, 한 단어 읽어보게나.
혼돈스런 말, 모호한 말, 불규칙한 말, 그리고 거친 말들
같은 생각과 같은 언어가 자꾸 맴도는 곳,
돌고 돌아 총명한 머리를 피곤하게 만드는 말,
그 순간의 칭찬이 아무리 크다 해도
무지와 헛된 열심이 아무리 황홀해 한다 해도 그런 말들은 아니 된다네.
그러나 순간적으로 떠오르는 생각을 억누를 정도로
그대 원고에 노예가 되지는 말게나.
그 순간적인 생각이 번개처럼 영혼으로 쏜살같이 날아가
하나님의 능력으로 활활 타오르기 때문이라네.

방법에 보다 더 장점을 보태 준다는 것은 말할 것도 없다.[23] 헐의 밀너 목사, 트루로의 워커 목사, 그리고 로빈슨 목사 초기의 설교와 저자가 알고 있는 한 목회에 가장 성공한 몇몇 목사들의 설교는 설교 원고를 쓰는 방법으로 만들어졌다.

그렇다면 우리는 교회의 일관성에 근거하여 이 질문을 해서는 아니 될까? 왜 노트가 서재에서보다 강단에서 더 반대를 받아야만 하는가? 어째서 노트를 가지고 영적으로 설교하는 것이 가능하지 못할까? 즉흥 설교는 방법이지, 내용이 아니다. 외피(外皮)이며, 전달 수단이지, 본질적인 실체가 아니다. 원고 설교이든 글로 쓴 설교가 아니든 그것은 모두 기도의 열매이며 믿음의 행사이다. 그리고 설교가 수용되고 존귀함을 받는 것은, 그 전달 방법에 따른 것이 아니라, 설교의 정신과 원칙들에 따라 설교가 되었느냐에 있는 것이다. 그 어느 쪽의 경우이든, 똑같은 믿음의 필요가 있으며, 그 전달에 있어서도 똑같은 어려움이 있다. 그 어느 쪽의 경우이든, 형식적으로 하기 쉬운 위험성이 똑같이 있다. 원고에 의존하는 것이, 혹은 은사에 의존하는 것이, 더 자연스럽다거나 혹은 더 그릇되었다라고 말하는 것은 쉽지 않다.

그러나 다른 방법을 부당하게 깎아내리지 않고서, 한 방법의 장점들만을 고집하기란 어려운 일이다. 훌륭한 목사들 중에는 원고 설교를 하게 되는 원인을 불신과 자신에 대한 존중 부족, 사람에 대한 두려움이나,[24] 또는 "세상의 영"[25]으로까지 보는 사람들도 많다. 그러나 사도 바울의 시대로부터 시작해서, 루터보다 이 비복음적인 원칙들의 영향력 아래 덜 있었던 사람이 누가 있는가? 그렇지만 루터는 우리에게 말

---

23 글로 쓴 설교를 전달하기 전에 여러 차례 반복해서 읽으면 즉흥적인 설교가 수월해지고 전달력이 많이 생긴다고 우리는 말하곤 했다.
24 Newton's Letters to Mr. Barlass를 보라.
25 Budd on Infant Baptism, pp. 493-496.

하기를, "다른 방법으로는 설교를 할 수 없기라도 한 것처럼 꼭 원고 설교를 할 필요는 없었지만, 그러나 다른 사람들에게 본을 보이기 위해서, 노트를 가지고 설교하였다."[26]

밀너(Milner) 목사의 설교 원고는 그 진술이 충실하며, 스타일에 기쁨이 흐르고 적용은 아주 밀접하게 되어 있어 매우 탁월하다. 그의 원고 설교는 그 반대 방법을 가지고 행한 그 어떤 사역에 견줄 바가 아니다. 버드(Budd) 목사가 즉흥 설교의 단점들에 대해 기술한 것보다 원고 설교의 특징을 더 잘 말할 수는 없을 것이다.[27]

(일반 주제에 대한 귀중한 힌트 중 몇 가지를 내던져 버린) 『크리스천 옵저버』지의 한 필자는 이 방법을 게으름의 탓으로 돌리고 있다.[28] 그러나 백스터 목사가 "당신은 종이에서 당신의 설교를 읽습니다. 그러니까 당신은 성령을 가지고 있지 않습니다"는 퀘이커교의 반대에 대해 회답한 원칙을 보면 이 점과 관계가 있다.

> 목사에게 원고를 사용하게 만드는 것은 능력의 부족이 아니라, 사역에 대한 존중이며 청중의 유익을 위함입니다. 수고를 많이 할 때는, 저는 누구 못지않게 원고를 많이 사용합니다. 그러나 게으름을 피우거나 바쁘거나 준비할 시간이 없을 때는 누구 못지않게 원고를 적게 사용합니다. 원고가 있는 설교 한 편 하는 것보다, 원고 없는 설교 세편 하는 것이 쉽습니다.[29]

---

26 Edwards' Preacher, i. 220을 보라.
27 Budd on Infant Baptism, p. 497.
28 Christian Observer, Oct. 1928.
29 Church History, 4to: 1680, p. 471. 홀 감독은 자기 자신의 실천에 대해 우리에게 말해주고 있다. "일주일에 세 번 설교를 했을 때, 설교를 하러 감히 강단으로 올라갈 엄두를 내지 못했다. 비록 표현에 있어서 나는 자자구구에 매이고 싶지는 않았지만, 전에는 실제로 전달할 설교와 똑같은 순서로 모든 말을 써놓지 않았던 것이다." Account of himself, p. 34.

이 비난은 찰스 왕의 유명한 명령의 근거가 되었다.[30] 그러나 이 이상한 문서의 신학적인 권위는, 방탕한 궁정으로부터 흘러나온 것이기 때문에, 크게 존중을 받지 못했다. 그리고 목사들의 신앙이 아주 낮았던 그 당시에 이 원고 설교를 보편적으로 준수하게 하는 것은 국가에 끔찍한 재앙이 되었을 것이다. 왜냐하면, 경험도 적고 신령하지도 못한 사람들이 외부 자료들로부터 유익한 내용들을 사용할 수도 있는 원고 설교보다, 가르침을 위해 얼마나 즉흥 설교를 훨씬 덜 고려했겠는가! 게다가, 이 혐의를 때때로 즉흥 설교에 적용시키면 안 되는가? 게으름 때문에 마음에 중요한 내용들을 생각해내야 하는 수고를 부담하기 싫어하지 않는가?[31]

양쪽의 경우에 모두 남용이 될 수 있음을 인정한다. 그리고 두 가지 경우 다 분명히 오용이 될 수도 있다. 그 동일한 저자가 다소 담대하게 진술하기를, 즉흥적으로 설교할 능력이 없는 사람은 "사역에 적합한 사람이 아니다. 가르치기를 잘 하지 못하기 때문이다"라고 말하고 있다. 그러나 이 가정이 사실이라면, 모세를 하나님의 사명을 감당하기에 자격이 부족한 사람으로 치지 않겠는가? 모세의 사명이 설교와 동일한 것은 아니었을지라도 상당 부분 가르치는 사역을 포함하고 있어서 말도 유창하게 했더라면 훨씬 더 칭찬을 받았을 것이기 때문이다. 만일 하나님이 그 능력이 모세의 사역에 없어서는 안 될 것으로 생각하셨다면, 외부의 도움으로 그것을 보충해주는 대신 개인적인 부족함을 그대로 채워주지 않으셨겠는가?(출 4:10-16) 그러므로 마음이 올바로 되어 있고 하나님의 뜻의 지시가 분명할 때, 다른 방법을 써서 그 같은

---

30 Appendix to Dr. Buchanan's Sermons on Eras of Light, and Richmond's Life, p. 157.
31 Stillingfleet 감독은 자기 시대에 불평하기를, "강단에서 되는 대로 말하고, 즉흥적으로 설교하는 나쁜 습성이 있다. 이것은 설교자에게는 쉬운 일이고, 사리판단이 분명하지 못한 사람들에게는 그럴 듯하게 들린다." Duties and Rights of the Parochial Clergy, p. 30.

부족함이 마찬가지로 채워지지 않겠는가?

원고 설교를 하는 가장 흔한 이유는, 우리 교인들의 정서와 선입견 등에 양보하기 때문이다. 좋아하지 않는 방법으로 인해 우리 목회에서 어떤 사람들이 나가버리면 무서운 책임을 져야 할 것이기 때문이다. 개인적인 죄와는 상관없는 유일한 죄인, '십자가의 거치는 것'은 우리 목회의 방식 아니라 목회의 내용을 존중한다. "모든 사람에게 모든 모양이 되는 것"(고전 9:22)의 원칙은, 근본적인 내용의 작은 한 점에까지는 아니더라도, 설교 방식의 모든 세부사항에까지 뻗친다(갈 2:5).

사도 바울이 즉석에서 떠오르는 자기 마음의 생각으로부터 설교하는데 익숙해 있었다면, "헬라인이나 야만인이나 지혜 있는 자나 어리석은 자에게 다 내가 빚진 자라"(롬 1:14)고 생각하는 그가 다른 방법을 사용하지 않았을 것이라는 것은 믿기 어렵다. 그것이 어느 때라도 자신의 큰 목적을 이루는데 필요한 것이었다면 말이다.

헨리 마틴(Henry Martyn)이 즉흥 설교를 할 때, 백인과 인디안들이 섞여있는 자기 회중에게 양보하려는 그의 정신을 용납하지 못할 사람은 거의 없을 것이다. "그 이유로 회중이 하나님의 말씀을 받아들이려고 하기만 하면, 그는 그들에게 2절판 설교집을 내줄 것이다."[32] 또한 "목사를 청중으로 하는 설교"(conciones ad clerum)의 경우에, 널리 의심되고 있는 기존의 방법의 사용에 순응하는 것은, 그것이 대학교이건 교회이건 방문 설교 강단이건, 적절하지도 않다. 여기서 원고를 써서 얻는 부차적인 유익은, 자신의 평상시 목회에서 좀 더 자유로운 수단을 통해 설교자가 전달하는 충실하고 중요한 진술의 매체가 될 수도 있다는 것이다. 그러므로 저자는 세커 대감독의 생각에 완전히 동의한다.

---

[32] Life, pp. 227-228.

> 결국 (사도 바울이 매우 다른 경우에 대해 말했듯이), 모든 사람은 하나님이 주신 자기만의 은사를 가지고 있다. 이 은사와 다른 저 은사가 있듯이, 이 방법과 저 방법이 있는 것이다. 각자는 자기의 방법을 계발하여야 한다. 그리고 아무도 자기 형제를 비난하거나 멸시해서는 안 된다.[33]

이것이 이 일에 대한 로빈슨 목사의 판단이다. 그는 즉흥 설교를 결정적으로 선호하였다.

> 하나님의 명령을 완수함에 있어 상황에 따라 노트를 보고 하는 설교이든 보지 않고 하는 설교이든, 그 어느 방법이든 맛있게 말씀을 먹으라고 자기 교인들에게 가르쳤다. 방법은 부차적인 것이며 별로 중요한 것이 아니기 때문이었다.[34]

어쨌든 이것은 지면(紙面)상에서는 결코 결정될 수 없는 문제이다. 양심적인 목사는 자기 상황과 자기 교인들의 기질과 자기 개인의 달란트의 특성과 적합성 여부의 성격을 잘 고려할 것이다. 자신의 목회의 효과성을 높이는데 어느 방법이 가장 좋을지는 설교자가 결정해야 할 것이다. 두 방법 모두를 사용해보는 것이 아마도 좋을 것이다.

즉 즉흥 설교의 그 자유함과 박력을, 많은 묵상과 글쓰기를 통해 확보된 내용의 명확성과 규칙성과 충분성과 결합하는 것이 좋을 것이다. 비록 자기가 궁극적인 결정을 내릴 때 성도들 중에 분별력이 좋은 형제들의 판단을 이용하는 것이 현명하기는 하겠지만, 자기 성도들이 즉흥 설교를 결정적으로 선호하고 있다면, 그것에 양보하는 것이 설교자의 의무일지도 모른다.

---

[33] Charges, pp. 290-291.
[34] Vaughan's Life, p. 234.

6장

성경적인 설교 정신

　복음서와 사도행전을 잘 공부해보면, 이 주제에 대한 최고의 예증들을 얻을 것이다. 우리 주님의 사역은 완벽한 본보기가 되며, 사도들의 사역은 이와 아주 비슷한 모습을 보여 주었다. 사도들의 사역도 동일한 장애물의 반대를 받았고, 교회의 첫 사역자들에게 주셨던 그 동일한 약속들 또한 받았다. 그들의 정신을 곰곰이 생각해보면 매우 중요한 가르침과 지지로 충만해 있을 것이다. 주요 세부사항들 몇 가지가 구체적으로 제시되어 있어, 목회사역이라는 매우 제한된 영역에서도 이점으로 가득 채우게 될 것이다.

1. 담대하게 하라

　서기관들과 바리새인들에게 우리 주님께서 통렬하게 하셨던 말씀은 목회사역의 담대함을 잘 나타내고 있다(마 23장). 사도들에게 있는 그 동일한 정신은 인간의 계산으로는 설명할 수 없는 것이며(행 2:13), 그들을 판단하는 사람들에게는 이상한 것이다.[1] 벨릭스 앞에선 증인 바울은 재판을 받고 있는 죄인이었으며 아무도 자기 곁에 서주지 않는, 심지어 죽을 때까지 자기 동족들의 유력한 자들에게 미움을 받았던 사람이었다. 그렇지만 삶과 죽음의 권세를 자기 손안에 가지고 있는 자기 재판장의 얼굴을 바라보면서, 또 오직 자기 직분의 위엄만을 기억하면서, 사도 바울은 이 고위직에 있는 죄인과 그의 고관들에게 가장 기분을 상하게 하는 이 진리들을 직접 전하고 있다(행 24:24-25).

목사는 담대하여야 한다는 이 놀라운 예가 얼마나 그의 직분을 존귀하게 하였는가! 왜냐하면, 우리가 사람들의 얼굴을 두려워해야 한다는 것보다 우리 하나님의 사명을 더 수치스럽게 만들 수 있는 것이 무엇이 있겠는가? "복음을 변명하기 위하여 세우심을 받은 줄 알고"(빌 1:17) 논쟁하려는 사람은, 우리 주님의 임재와 권세와 우리의 높은 임무들에 대해 얼마나 무심한 사람인가! 인간의 칭찬과 인간의 비난을 똑같이 염두에 두지 않는 그 독립성은 기독교 목회의 고결함을 위해 없어서는 안 되는 것이다.

일반적으로 적용되는 많은 진리들에 대한 루터의 말은 참고 들어주었을 것이다. 그러나 칭의에 관한 그의 담대한 진술은 참을 수 없었을 것이다. 평신도로서 자기 교리를 권위 있게 전달하기는 했지만, 사람들의 기분을 상하게 할까봐 불필요할 정도로 조심스럽게 전달했던 에라스무스와는 얼마나 다른가! 그러나 문제는, 어떻게 해야 우리 교인들이 좋아하는지가 아니다. 어떻게 해야 그들이 경고를 받고, 가르침을 받고, 구원을 받느냐 하는 것이다. 우리라면, 위대한 메시지를 부끄

---

[1] 행 4:13. 이 정신을 의지했던 그 힘을 보라; 29-33; 14:3. 그것의 중요함을 깊이 인식한 사도 바울. 엡 6:19, 20; 골 4:3, 4. 같은 정신이 유대 선지자들의 특징을 이루고 있다. 왕상 21:20; 22:14-25; 대하 16:7; 24:20; 사 58:1; 65:2; 롬 10:20; 암 7:10-13; 미 3:8; 마 3:7.

럽게 만드는 저 겸손을 몹시 책망할 것이다. 또는 우리 사명을 절반 밖에 믿지 않는 사람임을 나타내는, 벌벌 떠는 저 겁먹은 태도를 책망할 것이다(렘 23:28). 기분을 상하게 하는 교리들을 보이지 않는 곳에 치우는 것, 그 교리들을 이따금 언급한 것에 대해 사과하는 것, 또는 환영하지 않는 진리로 양심을 불안하게 한 무례함에 대해 너무 지나치게 조심하는 것, 세상과 타협하는 것, 당대에 유행하는 죄들을 눈 감아 주는 것, 하나님의 주장이 공개적인 죄 고백을 요구하고 있는데 침묵하는 것, 이것은 우리 주님을 존귀하게 여기는 정신이 아니며, 주께서 존귀하게 여기기를 기뻐하시는 정신도 아니다.[2]

죄의 책망은 목사가 담대해야 할 중요한 한 부분이다. 심지어 생활 예절도 우리 주님이 이 일을 행하시지 못하게 하지 못했다. 바리새인들의 식사 때는 책망하기 좋은 때가 되었고, 결코 책망을 하지 못할 구실로 삼으신 적이 없었다(눅 7:36-46; 11:37-54). 경우가 꼭 그렇게 해야 할 것을 요구할 때에, 책망은 다른 사람들에게도 경고가 되게끔 여러 사람 앞에서 해야 하며(딤전 5:20), 잘못한 사람에게 죄의 자각의 수단이 되도록 날카롭게 하여야 하며(딛 1:13), 우리 주님의 이름으로 권위를 가지고 해야 하며(딛 2:15; 고전 5:4), 궁극적으로는 회복되기를 바라면서 사랑으로 해야 한다는 것을(딤전 5:1-2; 딤후 2:24-25), 목회 서신에서의 성경적인 규칙들과 권면들은 보여주고 있다. 그러나 항상 죄인이 아닌, 죄를 겨냥해서 책망하여야 한다. 사도는 벨릭스를 개인적으로 언급할 필요가 없었다. 그의 양심이 떨고 있는 그 죄인에게 "네가 그 사람이라"(행 24:25)고 말했던 것이다.

---

[2] The Gospel Message, by Rev. Dr. Dealtry, pp. 24-26에 있는 탐구적인 견해들을 보라. 한 거룩한 목사는 말하기를, "이기적이고 믿지 않는 마음의 증오할 소심 외에는 아무것도 더 두려워하지 말라." Correspondence of the late Rev. Henry Venn, p. 248. "주님, 인간의 얼굴을 두려워하는 마음을 그들의 영혼을 사랑하는 마음으로 바꿔 주시옵소서"는 Walker 목사의 경건한 기도였다. Life, p. 356.

모든 종류의 담대함이 우리 메시지의 영광과 우리 직분의 위엄을 드러내는 것은 아니다. 진리에 대해 적대감을 불러일으킨 것은 사랑의 신실함으로 하는 것이 아니다. 복음과 관련된 것이라기보다는 한 인간의 생각과 밀접하게 관련되어 있는 기질이 그렇게 하는 것이다. 무슨 말이 가장 적합할까 또는 가장 효과적일까를 미리 생각해보지 않고 성스러운 말씀을 입 밖에 내는 것은, 건방진 성급함 때문이 아니다. 그렇게 하게 하는 것은, 온유와 겸손과 사랑과 결합되어 우리 자신의 연약함과 부족함에 대한 깊은 인식과 결합되어 있는, 영적이고 거룩한 원칙이다(고전 2:3). 이 정신이 "말의 문"이며, 주께서 열어주실 때까지는 닫혀있는 문이다. 이것은 특별히 어려운 문제여서, 목사와 교인들에게 특별한 기도를 요하는 문제이다(엡 6:19, 20).

목사의 이러한 담대함은 양쪽에서의 경고와 격려로 둘러싸여 있다.[3] 그러나 아마 설교할 용기보다 더 많은 진리를 알고 있고 심지어 그렇게 느끼고 있는 사람이 많을 것이다. 그렇다면 더 많은 동기부여가 필요할까? 재판정에서 멸시를 받은 우리 구주를 생각하라. "본디오 빌라도를 향하여 선한 증언을 하신"(딤전 6:13) 그분을 생각하라. 그분은 겁쟁이를 담대하게 만들기에 충분한 신실함의 한 모델이시다!

이 정신이 결핍되어 있으면, 교인들이 우리를 도덕적 정직과 신앙적 정직이 똑같이 의심스러운 기회주의자쯤으로 평가하여 우리의 품위가 떨어진다. "부드러운 것들을" 예언하기를 좋아하는 많은 사람들은, 우리가 자기들의 나태함의 죄를 이렇게 닮아간다고 마음속으로 우리를 멸시할 것이다. 한편, 그리스도인의 담대함은 우리 메시지를 싫어하는 자들을 놀라게 하며, 하나님이 보시기에 그리스도의 참 양떼의 신뢰와 우리 양심의 인정을 확보하게 만든다.

---

[3] 렘 1:17-19; 겔 2:6-8; 딤후 4:16과 비교해 보라. 이 생각은 가라앉아가는 예레미야의 기운의 마지막 버팀목이었던 것 같다. 렘 20:9-11.

2. 지혜롭게 하라

사람들을 가르칠 때의 지혜의 가치를 알고 있었던, 예루살렘의 지혜로운 왕은 말하기를, "지혜는 인도하기에 유익하니라"(전 10:10; 12:10)고 하였다. 우리는 학식이 없어도 쓸모가 있을 수 있다. 그러나 지혜가 없으면 쓸모가 없다. 이것이 자신의 사역을 위한 우리 주님의 필요 도구였다(사 11:2-3; 50:4). 이것은 무리들과 심지어 그분의 원수들도 많이 증거하는 바이다(눅 4:22; 21:40; 요 7:46). 그분의 설교는 엄숙하고도 중대하며 혼합되지 않은 진리로 차 있으며, 신중하게 성경 구절에 호소하며, 사람들의 마음을 아주 잘 알고 있었으며, 우연발생적인 일들을 자기 사명의 위대한 목적에 잘 적용시키는 것으로 가득 차 있었다.[4] 그래서 어느 모로 보나 그것은 하나님의 지혜의 나타남이었다. 그 같은 정신으로 그분의 사도는 자신의 수고에 대해 "각 사람을 권하고 모든 지혜로 각 사람을 가르침은 각 사람을 그리스도 안에서 완전한 자로 세우려 함이라"(골 1:28)라고 증거하고 있다.

우리의 공적 목회의 지혜는 우리 설교 원고의 성격도 포함하고 있다. 설교 원고가 지혜로울 때, 가장 비천한 자라 할지라도 이해할 수 있고 지식 있는 자라 할지라도 불평할 아무런 이유를 가지고 있지 않다. 약한 자들도 기분이 상하지 아니하고, 흠잡기 좋아하는 자라 할지라도 만족해한다.

우리 청중의 마음이 산만해지지 않게 하기 위해서는, 주제의 통일성이 있어야 하고, 주제의 모든 부분 속으로 들어가기 위해서는 배열의 명쾌함이 있어야 하며, 말의 어떤 부분도 인간이 만든 언어에 의해 숨겨지지 않게 하기 위해서는 말의 단순함이 있어야 한다. 본문 그 자체

---

[4] 그리스도 사역의 이 부분은 Winchester 감독이 잘 예증하고 있다. Minister. Char. of Christ, ch. vi.

에 있는 성령의 마음을 정확히 보면 자연히 주제의 통일성이 생긴다. 주제의 분명한 성격을 분별해내면, 배열이 용이해진다. (강력한 배열이든 혹은 부드러운 종류의 배열이든) 배열에 활기를 주입하면, 저절로 적절한 "설교의 명료함"이 확보된다.[5]

그리하여 판단력은 주제에 대한 명확한 인지에 도달하게 된다. 의지는 동의할 준비된 근거를 가지게 될 것이며, 정서는 현명하면서 실제적인 자극을 가지게 될 것이다. 기억은 잘 보유하는 좋은 습관을 가지게 될 것이며, 양심은 일깨워져 실천하게 될 것이다. 비록 타고난 내재적인 능력이 우리의 목표를 성취하는데 최고의 요인이라고 말하지는 않겠지만, 그럼에도 우리는 이성적인 매개체를 통해 이성적인 인간을 다루어야 한다.

반면에, 여러 가지 다른 요점들의 혼합 때문에 통일성이 흐트러지고 여러 부분들의 연결이 깨어졌을 때, 다루고 있는 주요 대지들의 설명이 없이 배열이 일반적인 내용으로 가득 채워져 있을 때, 생각이 핵심 주제로 형성되어 들어가지 않을 때, 명확함과 교감, 그리고 적용의 힘의 부족이 그 결과로서 나타난다. 그러나 모든 주제들을 똑같이 정확한 방법으로 다루는 기계적인 통일성은 그 효과면에서 크게 실패한다. 건전한 지혜는 최고의 규칙들과 확립된 원고 쓰기의 원칙들을 이용할 것이다. 동시에 그것들의 영향력이 상상력의 힘을 부숴버리지 않고, 양심에 자유롭고 자연스럽게 말하는 그 힘을 약화시키지 않도록 주의해야 한다.

"지혜롭게 그리스도를 전한다는 것"은 진리에 대해 바르게 연결된 생각을 가지고 있다는 것을 내포한다. 지혜롭게 집을 짓는 자는 기초를 올바르게 놓을 뿐만 아니라, 그 위에 어떤 식으로 지을 것인지 주의

---

[5] 저자는 특별히 Simeon의 Claude's Essay, 12mo. pp. 30-34에 들어있는 그의 짧지만 훌륭한 작문 규칙들을 참조하기를 간곡히 부탁한다.

하는 사람이다. 그는 자기 재료들의 서로 다른 질들을 구별하고(고전 3:10-15), 교리를 기초에 놓으며, 그 위에 산돌들의 상부구조물인 의무들을 세워서, 거룩한 건물이 되게 한다.[6] 그리고 하나님이 분명하게 해놓으신 것을 혼잡스럽게 만들지 않고, 하나님이 서로 연결시켜 놓으신 것을 따로 떨어뜨려 놓지 않으려고 마찬가지로 경계한다. 빈틈없는 소심함 속에 진리의 가장자리에서 멈춰 서지도 아니하고, 그렇다고 주제넘게 성스러운 장벽을 뛰어넘으려하지도 않는다. 다른 점들보다 어떤 점들은 좀 더 상세하게 주장해야 할 이유를 찾을 때도 자주 있다. 그러나 성경에서 분명히 명시하고 있는 말씀과 그 연관성 속으로, 모든 부분을 조심스럽게 끌어 올 것이다. 성급하게 한 부분으로 다른 부분을 공격하지 아니하고, 전체를 "교훈과 책망과 바르게 함과 의로 교육하기에"(딤후 3:16) 더 좋게 만들 것이다.

복음을 이렇게 지혜롭게 나타내는 것은 매우 중요하다. 하나님의 주권, 하나님의 자기 백성에 대한 자유로운 선택, 그리스도로 말미암은 의, 믿음의 근거로서 공로의 전적 부적합성, 하나님께로 돌이키는 행위에 있어서의 인간의 무능력함, 마음을 기울이게 하는 하나님의 영향력의 필수불가결함 등의 복음의 교리 진술을 견딜 수 없는 사람도, 그 실천적인 수행에 대해서는 인내심을 가지고 들을 사람이 많을 것이다.

복음의 초대에 반감을 가지고, 삶의 규칙으로서 율법을 가르치는 것과 복음적인 회개와 복음적인 거룩을 율법적인 것으로 낙인을 찍기는 하지만, 다른 한 편으로는, 좀 더 신비스러운 복음 교리를 기쁘게 받아들이는 사람이 많다. 이 두 가지 극단은 모두 같은 원리로부터 즉 하나

---

[6] 갈라디아서에 나타나는 칭의의 진술에 주목하라. 사도 바울은 (어떤 사람들이 생각하는 것처럼) **칭의의 단순함**에 대한 견해가 (1-4장) **그 풍성한 열매**를 보여줌으로써 (5-6장) 흐려진다고 생각하지 않았다. 나무는 열매와는 확연히 다른 것이지만, 나무는 그 열매를 붙고 안다.

님의 말씀의 오직 일부분만을 받아들이기로 결정한 교만에서 나오는 것이다. 두 가지 모두 같은 교정책이 필요하다. 온전하고 균형이 잡혀 있으며 서로 연결된 진리의 나타냄이 필요한 것이다. 자기충분성의 개념들을 막아야 한다. 즉 본분들을 약화시키지 않으면서 이 의무들을 강화하는 것이 필요하고, 하나님의 주권이나 그 은혜의 값없음을 침범하지 않고서도 그리스도의 완벽한 공적으로 말미암아 자기 의를 베어 내고 그분이 보인 본보기의 영광으로 말미암아 도덕폐기론을 베어 버리는 작업이 필요한 것이다.

믿음의 유추(類推)와 연결된 교리 사슬을 설명할 때는 상당한 지혜가 요구된다. 이 진리의 정당한 설명의 결핍으로부터, 위험한 오류가 많이 일어난다. 은혜의 교리를 그 사용과 목적으로부터 분리시킴으로써, 사람들이 그 거룩한 영향력을 무시하고 그 개념들에만 안주하게 함으로써, 대충 살아가는 악행과 잘못 이해하고 있는 용서의 교리에서 생긴 죄의 결과물들을 은근히 심어줌으로써, 성결의 기초는 약화되었다. 지혜로운 복음 사역은 온전히 자비를 나타내고 그것을 죄에 대한 깊고 겸손한 자각과 연결시켜 주는 것이다. 값없이 주는 용서는 눈물로 물을 주어야 할 것이다. 우리는 용서받은 죄를 몹시 싫어하여 십자가에 못 박아야 한다. 그리고 복음을 마음과 삶의 유일한 성결의 원칙으로 분명히 보아야 할 것이다(롬 5:6).

교리와 신앙고백의 정확한 기준을 제시하는 것이 이 주제가 할 일이다. 교리에서는, 모든 진리가 똑같이 중요한 것은 아니라는 점과, 나머지 진리와 연결되지 않은 단 하나의 진리가 복음을 이루는 것은 아니라는 점을 기억해야 한다. 심지어 중요한 진리의 (예를 들어 선택의 교리, 의의 전가 교리, 그리스도인의 확신 등) 설득력도 배타적인 주입으로 말미암아 그 힘이 많이 약화된다. 서로 연결이 되지 않은 부분들을 억지로 연결시킴으로써 전체 진리 체계의 아름다움이 손상을 입게 되는 것이다.

만일 성경의 큰 통합적 부분들을 한 마음과 기도로 연구한다면 우리는 당장에 영감을 받은 저자들의 마음을 채웠던 그 주요 주제들을 발견하게 될 것이다. 그리고 또한 우리 앞에 펼쳐져 있는 하나님의 모든 말씀에 대비해서 우리가 가장 좋아하는 생각들이 갖는 정확한 비중이 어떤 것인지도 발견하게 될 것이다.[7]

그래서 우리는 성경의 교리들과 성경의 진술들 간의 차이를 보아야 한다. 그리고 그 요점들을 관찰해야 하는데, 그 요점들이 차지하고 있는 위치와 비중은, 그 균형이 맞지 않는 부자연스러운 적용으로 말미암아 비성경적인 것이 될 수도 있다. 우리는 또한 조심스럽게 그러나 매이지 아니하고 진리를 설교할 줄 알아야 한다. 성경이 경계하고 있는 것들을 존중할 줄 알아야 하지만, 인간적인 족쇄들을 경계할 줄도 알아야 한다.[8] 때로 인습이 결과에 대한 쓸데없는 염려로부터 복음을 자유롭지 못하게 제한하기 때문이다.

우리의 일은 복음을 만들어 내거나 복음을 개선하는 것이 아니다. 오히려 단순하게 그리고 온전하게 복음을 전하는 것이다. 복음을 개인에게 적용하는 일에 있어 진리의 뚜렷한 기준 또한 대단히 중요하다. 이 기준은 단지 (중생, 믿음, 회개와 같은) 어떤 자격요건들을 구원에 없어서는 안 되는 것으로 주입시키는 것이 아니라, "일천 해석자 가운데 하

---

[7] 예언을 열심히 조사한 자들에게 저자가 감히 질문을 던져 보겠다. 사도의 가르침의 체계의 범위와 명확성에 있어 그들의 요약은 어떤 정도를 (논지 자체만을 놓고 볼 때 그들이 정확하다고 인정하고) 차지하고 있는가? 거기에서 표명된 예언의 시각과 원칙들이, 하나님의 완전함에 대한 그 모든 사랑과 영광을 나타내는 만큼 십자가에 죽으신 그리스도를 나타내는 것에 분명히 종속되어 있지 않은가? 이 제안은 선지서 공부를 부끄럽게 만들려는 생각이 아니며 (정당한 한계 이내에서 행해진 것은 똑같이 실제적이고, 활기를 돋워주며, 의무를 가르쳐주고 있음), 오직 통제되지 않은 범위에서 조사가 때로는 진행되며 배타적으로 교리적인 견해가 교회 앞에 제시되는 일이 너무 흔히 있음을 부끄럽게 만들려는 생각임을 알라. 이러한 언급의 원칙은, 지금의 교회를 연합시키는 대신 불행하게도 분리하고 있는 다른 논점들에게도 조건부로 적용된다.
[8] 롬 6:1-3과 같은 구절은 5:20과 대조되어 있다.

나"(욥 33:23) 같이 그 자격요건들의 참 성격과 속성들을 설명하고, 그것에 도달하고 굳게 서도록 인도하는 것이다.

신앙고백의 기준에 관해 말하자면, 복음의 현실과 그 본질은 주로 그 영적인 성격에 있다. 복음의 영적인 성격은 죄의 그 은밀한 방식들을 열어 보인다. 즉 하나님을 잊어버리고, 그리스도를 무시하며, 성령을 소멸하고, 율법에 대해 적대감을 가지고 있음을 드러내 보이는 것이다. 그리고 마음속에 아주 세밀하게 성결을 주입시켜준다. 그러나 우리는 여기서 우리 기준을 너무 낮게 잡거나 또는 너무 높게 잡지 않도록 조심해야 한다. 단순히 그리스도인의 인격이 예의바르며 호감을 주며 또 자연스런 성향을 가졌다는 이유로, 그리스도인의 인격을 가졌다는 증거로 아무것도 요구하지 않아서는 안 된다.

다른 한편으로는, 그 사람의 성실성이 매우 낮다는 점을 하나님의 공로의 결정적인 증거로서 제시하여서도 아니 된다. 은혜의 존재와 은혜의 정도 사이를 구분해야 하는 것으로 제시해서도 안 되며, 또한 하나님의 권속 중에는 청소년과 아버지가 있는 것과 마찬가지로 어린아이들도 있다는 것을 기억해야 한다는 근거로 제시해서도 아니 된다.[9] 그 어느 쪽으로든, 성경의 기준에서 벗어나는 것은 잘못이다.

> 죽지 아니할 영혼을 죽이고 살지 못할 영혼을 살리는도다…내가 슬프
> 게 하지 아니한 의인의 마음을 너희가 거짓말로 근심하게 하며 너희가

---

[9] "때로는 경계선을 너무나 엄격하게 그어서, 마치 미리 정해진 기준에 못 미치는 달성은 신앙심이 존재한다는 표시로 간주되어서는 아니 되기라도 하는 것처럼 보이게 할 것이다. 한 가지가 부족한 사람들이 인내와 적절한 훈계로서 구원의 길에 대한 좀 더 분명한 지식을 알도록 만들어야 한다면, 전체적인 외관이 유리할 때, 그것은 우리 주님의 본보기에 좀 더 공명할 것이다. 만일 신자들에게 그들의 믿음에 덕을, 덕에 지식을 등등, 더할 것을 권면하는 것이 필요하다고 사도가 생각했다면, 후에 **모든 선한 일들에 철저하게 차비를 갖추게 될 수도** 있는 사람들이 전에는 그리스도인의 은혜에 얼마간은 부족했었다는 그 가능성을 사도 바울은 틀림없이 생각해 보았을 것이다." Bishop of Winchester's Min. Char. pp. 196-198.

또 악인의 손을 굳게 하여 그 악한 길에서 돌이켜 떠나 삶을 얻지 못하게 (겔 13:19, 22).

우리는 여기서 또한 우리 메시지의 정확한 적용의 중요성을 말하고자 한다. 충성되고 지혜로운 청지기처럼[10] 그 몫을 나누어주어야 한다는 점에서 충실해야 하며, 분배의 방법과 시간과 대상이 적절해야 한다는 점에서 지혜로워야 한다. 즉 특정 진리와 그 논증, 그 방법, 그 언어, 그리고 말의 분별력에 있어, 가르침과 덕을 세우기에 가장 적합한 것을 사용하여야 한다. 우리 주님이 개인들의 경우를 사사로이 다룰 때는 물론이요, 서기관들과 바리새인들에게 하신 말씀과 무리들에게 가르친 말씀, 그리고 제자들에게 가르친 말씀 간의 차이는 얼마나 달랐던가! 사도 바울은 자기 사람들의 기질에 맞게 목회상의 적용 방법을 얼마나 정확하게 조절하였던가! 경우에 따라 자기 목소리를 바꿀 준비가 되어 있었고, 그들의 상황이 요구할 때에는 그들에게 회초리를 가지고 가든지, 사랑으로 가든지, 온유한 마음으로 갈 준비가 되어 있었다(갈 4:20; 고전 4:21).

그래서 목사는 자기에게 맡겨진 사명을 진술하여야 할 뿐만 아니라, 또한 (캠벨 박사가 잘 말하였듯이), 비록 "청중이 혼합되어 있는 정도가 크면 클수록 그들에게 효과적으로 설교하기가 더 어려운 법이기는 하지만,"[11] 자기 사명을 자기 교인들의 각기 다른 기질에 맞게 조절할 줄도 알아야 한다. 그러나 복음의 향유 대신에 율법의 부식제(腐蝕劑)를 겸손해진 죄인에게 적용시킨다면, 그 사람은 아주 기술이 부족한 사람일

---

10 눅 12:42. 레위기의 제사들이 극도로 꼼꼼하게 분석되고 분류되었다. 이 극도의 꼼꼼함은 목사의 이 지혜를 잘 예증하고 있다. 딤후 2:15.

11 그의 Philosophy of Rhetoric을 보라. 그리고 Hall's Sermon, pp. 25-26의 놀라운 말들도 살펴보라.

것이다. 또는 낙심해있는 영혼에게 원기를 북돋아주는 복음의 강장제를 주고 격려의 말을 해주어 지탱하게 해주지 않고 대신에 그 사람이 겪고 있는 어려운 일들을 전부 펼쳐 보인다면, 그 사람은 설교자로서 부족한 사람일 것이다. 이것은, 자신의 주님과는 달리, "상한 갈대를 꺾고 꺼져가는 심지를 꺼버리는" 것이다.

반면에 잠자고 있는 죄인들을 주님에 대한 두려움을 가지고 일깨워주는 대신, 그리스도인의 특권들만을 독점적으로 보여줌으로써 그들을 더 깊은 잠 속으로 빠져들게 한다면, 이 사람은 아주 충성되지 못한 설교자일 것이다. 또 주제넘은 신앙 고백자에게 자기망상의 끔찍한 위험성을 경고해주는 대신에, 하나님의 약속의 불변성으로 위로를 해준다면, 그 또한 충성되지 못한 설교자일 것이다. 교회에서 현저한 이 두 신학 체계를 지혜롭게 서로 섞어 설교하는 것이 양쪽의 제자들에게 도움이 될 것이다.

칼빈의 원칙을 남용한 칼빈주의자는 그 안전이 위험할 수 있으므로, 반대되는 신학 입장을 설명해주어 거룩한 두려움을 가지도록 건전한 권면을 해줄 필요가 있다. 칼빈의 신학 체계가 아르미니안주의자에게는 하나님의 주권과 복음의 값없음과 단순성에 대한 중요한 견해를 공급해 주어, 자기의존과 자기충족의 원리들을 중화시켜 줄 수 있을 것이다. 그래서 어느 한 쪽만을 채택하는 것이 아니라, 양 쪽을 다 혼란스럽게 섞어놓지도 않으면서, 양쪽을 적절하면서도 알맞게 적용시켜 줄 때, 참으로 성경적인 진술을 발견할 수 있을 것이다. 또는 (사도 바울의 언어를 사용하자면,) "진리의 말씀을 옳게 분별"(딤후 2:15)할 수 있을 것이다.[12]

목사는 다양한 인물의 역할을 연기하는 기술이 있어야 한다. 보아너

---

[12] Preface to Mr. Simeon's Helps to Composition. 저자는 이 글을 기쁘게 인용한다. 이 글은 복음의 진리를 완전하게 명확하게 그리고 구애를 받지 않고 보여 주고 있다.

게 같은 사람, 바나바 같은 사람이 될 수 있어야 한다. 세상적인 사람들과 신령한 사람들에게 할 말을 가지고 있어야 하며, 자기 의를 믿는 자들과 회개하는 자들에게 각기 할 말을 가지고 있어야 한다. 지혜로운 자들과 지혜롭지 못한 자들을 위한 말이 있어야 하며, 연약한 자들과 강한 자들을 위한, 주제넘은 자들과 의심하는 자들을 위한, 애통하는 자들과 기뻐하는 자들을 위한 말을 가지고 있어야 한다. 각각의 "경우에 합당한 말은 아로새긴 은 쟁반에 금 사과니라"(잠 25:11). 미혹된 사람들에게 목사는 불쌍히 여기는 마음을 가져야 하며, 그 사람들과 계속 죄를 짓는 완고한 죄인들 사이에 차이를 두어야 한다. 또 어떤 사람들은 불에서 끌어내어 구원하여야 한다(유 22, 23). 똑같은 경우를 똑같이 처리하는 것은 언제나 지혜로운 것은 아니다. 의료적인 적용과 마찬가지로, 영적인 적용도 그 시스템을 강화하기 위해서 이따금 변화를 요구한다. 그래서 여러 경우의 늘 변하는 긴박한 상황에 맞게 적용도 달라져야 하는 것이다.[13]

여기에서, 세상을 위해서건 교회를 위해서건, 자기 자신의 은사만을 개발하는 것으로 충분하지 않다는 것을 발견할 것이다. 아무리 귀한 것이라 하더라도 자기 영역의 절반만을 붙잡는 것이기 때문이다. 그 반대편의 은사도 개발하도록 부지런히 기도와 연구를 해야 한다. 사도 요한은 이 노력에서 얼마나 성공을 하였던가! 그 서한이 "우뢰의 아들"(막 3:17; 눅 9:54)에 의해 씌여졌다고 생각할 사람이 누가 있겠는가? 우리는 때때로 엄숙한 책망과 경고의 소리가 울리는 것을 듣는다. 그러나 그것들의 주요 특징은 "위로의 아들"의 사랑스러운 사역이라는 것이다. 그러므로 우리는 영적 은사들의 올바른 균형과 결합을 유지하면

---

[13] "진리가 사람들의 마음속으로 쉽게 들어갈 수 있도록 하기 위해, 설교자는 자신이 설득하려고 하는 사람들의 예절과 관습, 그리고 성향 등을 주의 깊게 관찰하여야 한다." Quesnel on Acts xvii. 23.

서, 우리의 사역을 "하나님의 사람으로 온전하게 하며 모든 선한 일을 행하기에 온전케 하려 함이니라"(딤후 3:17)는 폭넓은 분야에 보편적으로 적용하려고 해야 한다.

가르침을 각기 다른 단계의 그리스도인의 진보에 맞추는 것은, 설교 사역의 성경적인 지혜를 잘 보여주는 예이다. 복음은, 더 이상의 가르침이 불필요할 만큼 한 두 번의 설교로 가르칠 수 있는 것이 아니다. 사도 바울은 초보적인 진리를 '젖'에 비교하며 어린아이들에게 적합하고 필요한 자양분이라고 한다. 보다 더 깊고 신비한 가르침들은 '단단한 식물'에 비유하고 있는데, 이는 경험이 좀 더 많고 좀 더 성숙한 영적으로 성인 상태에 있는 사람들에게 적합한 것이다.**14** "젖먹이는 암컷들을 온순히 인도하시리로다"(사 40:11)**15** 한 바와 같이, 우리의 선생님이신 예수님께서는 자기 제자들을 좀 더 간단한 진리로부터 더 높은 것으로 이끄셨다. 그러나 인간 교사는 어린 회심자들의 연약함을 담당하지 못할 때가 너무 자주 있다. 사도의 처방과는 반대로, 어린 회심자들이 동시에 모든 것을 배우고 받아들일 것을 기대하면서, 어린아이에게 단단한 식물을 주고 있는 것이다. 그래서 부적절한 식사로 인해 영적 체질을 심각하게 상하게 만든다. 어린아이에게는 젖을 주는 한편,

---

14 히 5:11-14. 고전 3:1-3. "어린이들에게 적당한 영양이 공급되면 계속 성장하면서 많은 것을 섭취한다. 그러나 성장하기 전에 과다한 공급은 오히려 약해지게 된다"(Si pro viribus suis alatur infans, fiet, ut crescendo plus capiat; si modum suae capacitatis excedat, deficit antequam crescat). Aug de. Civit Dei. Lib. xii. "모든 것이 의존하고 있고 흔히 그 일을 점진적으로 수행하는 은혜의 활동을 관찰할 수 있고 따를 수 있다는 것은 굉장한 정도의 지식이다." Quesnel on Matt. ix. 17.

15 사 40:11과 비교해 보라. 지혜와 사랑으로 자신을 낮추어 행하였던 자신의 공적 사역으로 예증한 바와 같다. 막 9:33. 그의 산상수훈의 초보적인 성격과, 고도 단계의 기독교 지식에 맞춘 것이 분명하며 자기 교회에게 복음의 좀 더 충분한 계시를 약속하고 있는 그의 나중 설교와의 대조는 얼마나 놀라운지 모른다! 요 16:12-13. 그럼에도 그것은 마지막에서와 같이 처음에도, 완벽하게 완전히 똑같은 복음, 즉 수정하거나 그 본래의 공격적인 점들을 벗겨내지도 않았을 뿐만 아니라 오히려 더욱 진전된 상태의 복음이었다는 것을 말하는 것이 중요하다.

어른들에게는 고기를 주는 것을 잊어서는 안 된다.

사도 바울은 (그의 스승의 초기 사역의 주제였던) 회개의 가르침으로부터 시작하였으면 완전함에까지 나아가는 것이 필요하다고 생각하였다. 회개의 가르침이 불필요해서가 아니라, 마치 건축자가 건물을 완성시키는 단계로 나아가야 할 때 기초를 떠나는 것처럼, 그것을 떠나야 하기 때문이다(마 4:17; 히 6:1-2). 오웬 박사가 잘 말하였다.

> 자신이 설교한 가르침이 진실이 되도록 하여야 하는 것뿐만 아니라, 또한 자기 청중의 상태와 조건에 적합하도록 해야 하는 것이 복음사역자들의 의무이다. 여기에 말씀의 분여에 요구되는 지혜에 작은 부분이란 것은 있을 수 없다.16

이렇게 다양하게 적용시키기 위해서는 진실로 많은 지혜가 요구된다. 개인적으로 하는 사역에서는 각각의 특별한 경우를 개별화시킬 수 있다. 그러나 각기 다른 능력과 상태에 있는 청중에게 하는 공적인 설교에서는, 눈에 보이지 아니하는 힘이 말씀을 그 경로에서 빗나가게 할 때에는 그 어려움을 고통스럽게 느낄 수 있다. 생각 없는 자들과 본래의 상태로 되돌아가는 자들에게 적합하게 적용한 말로 말미암아, 그 부드러운 갈대가 상할 때가 빈번하다. 자기를 정죄하는 참회자들은 약속들을 너무나도 성급하게 거부하고, 주제넘은 자들은 침체의 영을 자기 양심 위에 더욱 강하게 붙잡아 매기 위해 그 약속들을 열렬히 붙잡는다. 이 방법은 때때로 부당하게 충실하지 않다는 비난을 받는다.

---

16 Owen on Heb. vi. 1. "이 일은 신중하게, 질서 있게, 그리고 점차적으로 수행되어야 한다. '젖'은 '질긴 고기'를 먹기 전에 주어져야 한다. 먼저 토대를 놓아야 한다. 그리고 나서 그 위에 지어야 한다. 어린아이들은 성년이 된 어른들처럼 다루어서는 안 된다. 우리는 우리 교인들의 수용능력 그 이상으로 가서는 아니 되며, 원칙도 배우지 아니한 그들에게 완성을 가르쳐서도 아니 된다." Baxter's Reformed Pastor.

세실 목사가 말하고 있는 바와 같다.

> 지혜로운 길을 선택함에는, 언제나 기회주의적 태도를 취하는 성향이 잠복해 있다고 생각하는 사람들이 있는 것 같다.[17]

신중성이라는 표면 아래에서 수없이 많은 다양한 경우들에 복음을 천거하려는 좋은 의도의 노력을 하는 중에, 복음의 질을 떨어뜨릴 위험이 상당히 도사리고 있다는 것은 의심할 바 없다. 그러나 이성적인 계략과 기독교의 융통성 사이에는 대단한 차이점이 있다.

다시 세실 목사가 언급하였다.

> 기분을 상하게 하는 말을 피하려고 하는 것은 어리석은 일이다. 그러나 불필요하게 기분을 상하게 하는 말을 피하는 것은 우리가 반드시 해야 할 의무이다.

수용받기를 바라는 것은 결코 충실함과 모순되는 것이 아니다. 왕이었던 전도자의 본을 따라서, "받아들여질 수 있는 말을 찾아내려고 노력해서는"(전 12:10)[18] 안 되겠는가? "유익한 것은 무엇이든지 거리낌이 없이"(행 20:20) 그러나 "시기와 판단을 분변"(전 8:5)하는 지혜자의 마음을 가지고서, 기분을 불쾌하게 하는 식의 말을 삼가고 설득과 불쌍히 여기는 마음과 교감의 달콤함으로 맛없는 진리들을 나누어 주려고 애

---

17 Cecil's Remains.
18 잠언서의 첫 아홉 장은 (Wardlaw 박사가 말한 바와 같이,) "이 허용되는 말들의 매우 흥미로운 견본을 우리에게 제시하고 있다. 그 말 가운데는 훈계에 충실할 것과 사람을 끌어당기고 사람의 노를 가라앉히는 친절을 독특하게 결합시켜놓고 있다. 바울 같이, 잠언 기자는 아버지가 자기 자녀들에게 하듯, 훈계하고 위로하며 지시하고 있다. 저자의 영혼 전체가 은혜를 베풀려는 뜨거운 바람으로 내뿜어져 나오고 있는 것이다." Wardlaw on Eccles. xii, 10.

를 써서는 왜 안 되는가? "교훈의 부패치 아니함"(딛 2:7)을 보여주자. 방법에 있어, 수용할만하다는 것을 보여 주자. 하늘에 있는 우리의 모형처럼, 우리가 말할 수 있는 것을 다 말하지 말고, 우리 교인들이 알아들을 수 있는 말을 하자(막 4:33). 전도자의 "아름다운 말은 올바른 말이었고, 진리의 말씀이었다." 타협하여 질을 떨어뜨리지 않을 때, 목사의 절충은 그리스도의 지혜와 조화를 이루게 된다.

우리 교인들의 상태 또한 우리 사역의 분위기에 영향을 줄 것이다. 우리는 "이미 있는 진리를"(벧후 1:12) 다루어야 한다. (갈라디아 교회의 현재 상황 하에서의 칭의의 교리 같이), 현재의 긴급한 상황에 적용시킬 수 있는 진리를 다루어야 한다. 다시 말하거니와, 비록 진리 그 자체는 변경할 수 없는 것이지만, 그 전달 방식은 많은 변화를 줄 수 있다. 교리나 교훈, 경고, 격려, 특권 등의 형태로 전달할 수 있을 것이다. 그 방법은 진술이나 비유로 말할 수도 있을 것이고, 비유로 예증할 수도 있을 것이다. 한 기적으로부터 연역할 수도 있을 것이며, 한 성경 인물 속에 구체화시킬 수도 있을 것이다. 모형이나 예언의 형식으로 보여줄 수도 있고, 주님이나 사도들의 입으로부터 나오는 말씀으로 전달할 수도 있을 것이다. 그리고 이 모든 방법에서 똑같이 단순함과 충실함으로 전해야 한다.

우리는 사도들에게서 얼마나 다양한 은사들을 보고 있는가! 베드로는 자기 자신과 그의 "사랑하는 형제 바울"(벧후 3:15)의 경우에서 이것을 인정하고 있다. 동일한 칭의 교리에 관한 바울 서신과 야고보 서신의 대조는 심지어 더욱 놀랍기조차 하다. 자기의 서신들의 일반적인 국면에서, 야고보는 비록 자기 형제 바울보다 덜 교리적이기는 하지만, 그럼에도 같은 영감을 받아 썼고, 그래서 하나님이 보시기에 똑같은 담대함을 가지고 자신이 진리를 나타냈다고 자기 자신을 천거할 수 있었다.

다시금, 바울과 바울을 대조해보자. 안디옥에 있는 바울과 아덴에 있는 바울을, 벨릭스 앞의 바울과 아그립바 앞에 있는 바울을 비교해 보라(행 13, 17, 24, 26장). 바울이 이방인 교회에 보낸 편지들을 서로 비교해보라.[19] 그리고 자기 자신의 동족 사람들에게 보내는 편지와도 비교해보라. 서로 다른 진리 체계들을 말하고 있는 것이 아니라, 똑같은 체계를 다른 방식으로 말하고 있다. 그 어떤 진리의 요지를 하나도 버리지 않고, 각각의 교회의 상황에 맞게 그 반포 방식을 달리 하고 있다. 모든 경우에서 그에게 주어진 지혜를 따라, 그리고 그의 모든 사역에 하나님의 능력과 성공으로 하고 있는 것이다.

여기에서 우리는 또한 우리가 가진 그리스도인의 기질이 우리 목회의 성격에 끼치는 영향력에 대해 언급하고자 한다. 우리 마음의 독특한 편견을 우리 목회 속으로 가지고 들어가는 것은 자연스러운 일이고, 또 적절하게 조절하면 의미 있는 일이기까지 하다.

모든 사람은 어떤 유행하는 방식에 노예가 되기보다는, 자기 자신만의 방식으로 (다른 사람들과 비교함으로 개선되기는 하지만, 완전히 버릴 수는 없다) 생각하고 말하고 글을 쓰게 되어 있다. 그렇지만 자기 방식을 잘 알고, 조심하며, 균형을 갖추도록 하자. 자기 방식은 그 자체의 장점도 있지만 단점도 있다. 사색적인 사람은 성스러운 사역에서조차 사색하려는 경향이 있다. 즉 주제들을 일련의 논쟁으로 다루려는 경향이 있는 것이다. 그러나 논쟁은 주제에게서 그 하늘의 기쁨과 단순성을 앗아가 버린다. 교양 있는 사람은, 심지어 복음의 영역에서도, 영원히 존재하는 영혼을 위한 양식을 공급해주기 보다는 상상력을 위한 양식을 더

---

19 로마서에서 그는 기독교 교리의 전반적인 범위를 다루고 있다. 갈라디아서에서는 의롭다 함 단 한 가지 요점만을 주로 다루고 있다. 고린도 교인들에게는 주로 결의론, 징계의 문제와 일반적인 실천 임무 등을 설명하고 있는데, 모든 것은 기독론의 토대 위에 가르치고 있으며, 또 기독론과 섞여있기도 하다.

공급해 줄 위험에 처할 수가 있다.

교리적인 설교자는 주로 자기 설교 사역을 자기가 좋아하는 구절이나 자기가 좋아하는 주제들에 국한시킨다. 체험적인 설교자는, 율법의 무서움에 의해 각성하였기 때문에, 자신의 설교를 사랑의 성격보다는 경고의 성격으로 더 많이 물들인다. 만일 설교자가 사랑의 줄로 매여 있는 사람이라면, 그 사람은 거의 무의식적으로 주님을 두려워하는 마음이 가진 설득력을 빼놓기가 쉽다.[20] 실천적인 설교자는, 교리나 체험만을 중시하는 결과, 나타나는 느슨한 신앙고백의 모습을 본 적이 있으므로, 아마 자기 진술을 너무나도 있는 그대로, 교리나 체험과도 불완전하게 연결시킬 것이다.

적용이 중요하다고 생각하는 설교자는 분명하게 그리고 연결시켜서 교리를 진술하는 능력이 부족할 것이다. 분별력이 있는 설교자는 하나님의 확실한 말씀 체계로부터 나온 특성들보다 자신의 영적 체험에서 직접 건져 올려 정성스럽게 꾸민 특성들을 가지고 자신의 청중을 당황케 할 위험이 있다. 단호한 설교자는 겸손과 인내와 사랑의 깊은 점이 필요할 것이다. 그렇지 않으면, 그의 열심은 지식이 없는 열심이 되며, 그의 수고는 거의 무조건적으로 무례함이 되어 버릴 것이다.

그러므로 자신을 크게 불신하지 않으면서, 기도를 뜨겁게 많이 하는 가운데, 그리고 확실한 설득력을 가지고, 자신의 마음의 편견에 맞추어 설교의 틀을 짜지 않는 것은 목사의 지혜로운 사역에 매우 중요하다. 그러한 설교는 그 범위 안에서 회심자들과 비회심자들을 똑같이 끌어안으며, 교인들을 일깨우고 세워서 "교회에 구원받는 자들의 수가

---

[20] 고후 5:11을 보라. 우리 체험에서 우리 사역의 내용들을 가져오는 것이 좋다. 그러나 우리 설교의 기준을 높여야 하고 그 성격은 하나님의 말씀의 기반 위에 형성되도록 주의해야 한다. 그리 할 때에만, 설교가 하나님이 인정하시는 보증으로 인침을 받을 것이며 무식하고 회심하지 않은 자들뿐만 아니라 모든 계급의 그리스도인들에게도 공감을 사게 될 것이다.

늘어나며", 교회 안에서 그들이 더 강하게 될 것으로 생각한다. 그러한 자는 구원을 받을 것이다.

3. 명료하게 하라

설교의 진수는 그 가르치고자 하는 주제에 맞게 어떻게 각색을 하느냐에 있다. 그 진술은 성경적이요, 그 성격은 체험적이며, 그 실행은 영적일 수 있다. 설교에 변별력과 결단의 모든 면모들이 나타나 있을 수도 있다. 그러나 그 설교 방법이 현명하지 못하다면, 그 설교는 목표로 하는 대상들에게 적용이 되지 못한다. 필립 헨리는 평이한 설교의 필요성을 깊이 느끼고 있었다. 사역을 시작할 때 그는 다음과 같이 말했다. "우리는 말하는 법을 배운다. 여러분이 우리를 이해하게 하기 위해서다. 영혼과 그들의 구원에 대해 설교하고 있을 때, 나는 충분히 알아듣기 쉽게 말할 수 있다고 생각해본 적이 없다."[21]

우리 주님의 말씀은 인위적인 수사법의 과시가 없고, 풍부한 비유 표현으로 가득 차 있다. 주님의 강화는 단순성의 완벽한 모델이다. 이보다 더 알기 쉽고 인기 있는 설교자는 없었다. 매우 엄숙한 진리들이 주변의 물체들과 아주 친숙하게 비교되어 예증되고 있다. 산상 설교에서 설교 이곳저곳에 흩뿌려져 있는 아름다운 모습들은 아마 "산 위에 세운 동네, 소금으로 밭에 거름을 주는 사람들, 차별 없이 모든 들판에 빛나고 있는 태양, 공중에 날아다니고 있는 새들, 그리고 자신의 주변

---

[21] Doddridge's Life, p. 26. 또한 Doddridge 박사는 자신의 경건의 실천에서 다음과 같이 쓰고 있다. "나의 오늘 설교가 나의 청중에게 너무 난해했을까봐 두렵다. 나는 매우 평범하면서 진지하게 설교하기로 결심한다. 그리고 나의 설교를 가장 연약한 자들도 이해할 수 있도록 낮추어야겠다고 결심했다." Life, ch. ii.

에 자라고 있는 백합들"22과 같은, 자신이 서있는 높은 위치에서 바라볼 수 있는 물체들로부터 그려졌을 것이다.

예수님의 비유들 대부분 또한 그 동일한 자연 자원들로부터 그려졌다. 심지어 아이들의 유희조차도 자기 청중에게 양심의 가책을 가져오게 만드셨다(마 11:16-19). 바라보고 있는 자기 눈 아래로 펼쳐져 있는 그 들판들도 영적인 가르침을 위해 열매를 맺게 만드셨다(마 13장). 그리고 어디로 가든지, 그분은 사람들의 직업과 능력에 따라서 그 사람들의 교사가 되셨다. 그분의 사도들은 주님의 발자취를 가깝게 따랐다. 그들은 자신이 "지혜로운 자들"에게 뿐만 아니라, "어리석은 자"에게까지 빚진 자로 느껴졌다(롬 1:14).

제자들은 자신의 주제가 가진 위엄 그 이하로 가라앉지도, 청중의 수용능력 이상으로 치솟으려고 하지도 않았다. 그들은 아주 쉬운 말을 사용하였던 것이다.23 그들의 가르치는 방법은, 비록 스타일에 있어 상당한 차이가 있었지만, 가장 지능이 낮은 자에게도 미칠 수 있게 하였다. 바울은 항상 자기 사람들이 잘 알고 있는 주제를 다뤘고, 그들과 가까운 예화를 많이 다뤘다. 헬라 사람들의 운동 경기를 사용하여, 이 경기를 즐기는 그 근처에 있는 교회들이나 그 경기에 관심이 있는 사람들에게 유익하고 요령 있는 가르침을 주었다(고전 9장; 빌 3장).

야고보는, 그 같은 서술 스타일을 사용하여, 단 한 개의 요지를 보이는데 아주 친근한 예화들을 함께 묶어서 사용했다.24 베드로와 요한은

---

22 Gerard's Pastoral Care, p. 127. Wilson 감독은 묻기를, "예수 그리스도보다 더 위대한 설득력의 대가를 사람이 모방할 수 있겠는가? 그분의 탁월함은 위대한 진리들을 가장 부족한 수용능력을 가지고 있는 자들도 이해하게 만드는데 있었다." Sacra Privata.

23 고후 3:12; 고전 14:19. "성경에 수사학이 존재하지만 그것을 드러내지 않는다"(Habent sacrae Scripturae, sed non ostendunt, eloquentiam). August. de Doctr. Christ. Lib. iv. Milner 는 이것을 목사들이 공부하여야 한다고 특별히 그리고 아주 정당하게 추천하였다. Hist. ii. pp. 441-442.

24 특별히 약 3:1-12과 Bishop Jebb's Sacred Literature, pp. 273-308에 있는 그 말씀의 독창적이고 아름다운 강해를 보라.

평이하고 교훈적이었다. 짧은 한 개의 서한으로부터 판단할 수 있는 한, 유다는 힘이 넘치며 표현이 풍부하다. 그러나 이들 모두는, 자기 언어와 감정의 전환에 있어 놀라운 명료함에 의해 특징지어진다. 이 명료함은 결코 보통의 수준을 넘어서지 않고 있지만, 흔히 볼 수 없는 평이함을 보여주고 있다.

기독교 교부들의 설교도 일반적으로 같은 성격을 띠고 있었다. 어거스틴의 설교는 모든 그의 저술들 중에서 가장 알기 쉬운 것이었다고 한다.[25] 그는 설교를 멈추고 자기 청중의 능력 그 이상으로 보이는 것은 부연 설명을 하기도 하였다. 다른 한편으로, 그의 청중은 때때로 어거스틴의 의미를 알아들었다는 만족감을 표현하곤 했다. 크리소스톰의 설교와 그 당시 다른 사람들의 설교는 친숙한 방식으로 그리고 대화체의 방식으로 전달되었다고 한다. (설교집의 예와 또 다른 예들로 판단하건대 그리고 그 당시의 어법을 고려하건대), 우리 종교 개혁자들의 설교도 똑같이 단순하지만 설득력 있고 재미있기까지 한 스타일의 좋은 예가 된다. 루터는 우리에게 말하기를, 선거후 앞에서 행한 최고의 설교 방법이 무엇이냐는 질문을 알버트(Albert) 박사에게서 받았을 때, 다음과 같이 말했다.

> 당신의 모든 설교를 가장 알기 쉽게 하라. 군주를 쳐다보지 말고, 평범 하고 단순하며 학식이 없는 사람들을 바라보라. 이 사람들의 옷으로 군주에게 입히라. 내가 설교할 때, 필립 멜랑히톤(Philip Melancthon)이나 다른 학식 있는 박사들을 존중해주어야 한다면, 나는 별로 일을 잘 한 것이 아니다. 나는 성경에 대해서 서투른 사람들에게 매우 단순한 종류의 설교를 한다. 그 같이 단순한 설교가 모든 사람에게 만족을 주기 때문이다.[26]

---

25 어거스틴의 Sermons, p. 312에서 따온 인용문을 보라.
26 Table Talk. 이것은 그의 말 중의 하나였다. "Optimi ad vulgus hi concionatores, qui

고대 선지자 중 한 사람이 다음과 같은 명령을 받았다. "너는 이 묵시를 기록하여 판에 명백히 새기되 달려가면서도 읽을 수 있게 하라" (합 2:2). 이 명령이 그 정당한 효과를 갖기 위해서는, 문체, 주제, 그리고 전달 방법에 주목하여야 한다.

평범한 문체가 명료한 생각들을 표현하기에는 가장 적합하다. 여기서 아마 우리가 배워야 할 점이 많이 있을 것이다. 교육으로 인해 우리 마음에는 아주 다른 틀이 형성되어버렸다. 그리고 교육은 친숙하게 쓰이는 말과는 거리가 아주 먼 언어를 우리에게 주었다. 따라서 우리 생각의 흐름과 원고 작성의 흐름에는 적합하지 않은 큰 변화가 있어야 한다. 그리하여 이목을 집중시키는 데 필요한 박력과 생생함을 잃지 말아야 한다.

사실, 우리가 교사로서 성공하기를 바라기 전에, 먼저 우리는 우리 교인들 중에 배우는 자가 되어야 한다. 우리는 낮은 신분의 사람들에게 자신을 낮추어야 한다.[27] 그들의 마음과 습관과 어법을 공부하고,

---

pueriliter, populariter, et simplissime docent." 이 주제에 관해 Bucer에게 조언하고 있는 이 위대한 개혁자의 아름다운 일화의 특징을 보라. Scott's Continuation of Milner, vol. i. 216-217. 자신이 쓴 Luther의 전기에서, Adams는 수수한 운율들을 삽입하였다. 그는 이것을 보통의 사람들을 위해 지었다. 그리고 (한 명민한 작가는 말하기를), "이 비천한 민요들을 썼기 때문에 루터는 마지막 날에 책장을 가득 채울 학문적인 저서들로 인해 받을 상보다 더 큰 상을 받게 될 지도 모르겠다. 허영심은 사람을 박식하게 말하고 글을 쓰게 만들 것이다. 그러나 경건만이 훌륭한 학자가 서민들을 위해 자기의 설교를 단순화시키게 해줄 수 있다. 비록 분간 못하는 사람들이 그의 가치를 무시할지라도, 그러한 설교자는 어느 날 모든 이름 위에 뛰어난 이름을 가지게 될 것이다. 그것이 철학가이든, 시인이든, 연설가이든 인류 중에서 매우 존경을 받는 그 밖의 어떤 인물이든지, 그렇게 될 것이다." Rev. R. Robinson's Notes on Claude's Essay. 이것은 정보나 흥미가 없는 것은 아니지만 비기독교적인 독설을 뿜는 분위기로 유명한 작품이다.

27 설교자는 자기 교구 전체에서 가장 무식한 사람의 방에 앉아 있는 상상을 해야 한다. 그러므로 말씀이 그들 중에 가장 비천한 사람들이 이해할 수 있는 그 이상으로 넘어가지 아니하도록, 그가 모두 이해하도록 만들려는 자기 설교의 그러한 부분들을 아주 평범한 형태로 표현해야 한다. 만일 자기가 원하는 것이, 그들이 자기를 학식 있는 사람, 칭송을 받는 사람으로 우러러보게 만드는 것이 아니라 그들을 교화시키는 것이라면, 이렇게 하는 일에 설교자는 확실히 마음을 써야 할 것이다. Burnet's Pastoral Care. ch. ix.

쉬운 말이 있는데 어려운 말을 사용하는 일은 절대로 없어야 한다. 적절한 곳에 적절한 말을 쓰고, 짧은 문장과 특별히 단순한 아이디어를 사용하여야 한다. 복잡한 아이디어 때문에 당황해 할 사람이라도, 단순한 아이디어를 사용하면 어려운 말의 의미를 이해하거나 성공적으로 추측할 사람들이 많기 때문이다.

> 삽입구와 둘러말하기 등은 말의 위력에서 표현의 힘을 빼앗는다. 빈번한 수사 어구와 비유로 희석된 아이디어는, 날아가고 있는 중에 힘이 다 빠져버린 화살같이 되어 청중의 마음에 겨우 도달하게 된다.[28]

그리하여 청중에게 감동을 주기보다는 청중을 놀라게 만든다. 세커 대감독은 우리 교인들의 주목을 사로잡는 수단으로서 신중하게 추천한다.

> 설교를 매우 분명하게 하라. 당신이 쓰고 있는 용어와 어법들은 당신에게는 익숙한 것일지도 모른다. 그러나 그들에게는 전혀 못 알아듣는 말일 수도 있다. 이런 일이 우리가 생각하는 것보다 훨씬 더 자주 일어 날까 두렵다. 그러므로 그런 일이 생기지 않도록 경계하라. 당신의 표현 들은 천해지지 않고서도 아주 흔히 쓰이는 표현이 될 수가 있다. 이해 못할 말을 하기보다는, 차라리 (그들을 조롱하는 것이 아니라면), 아주 낮은 수준의 말을 쓰라.[29]

---

[28] Budd on Infant Baptism, pp. 493-494.
[29] Charges, pp. 273-274. Augustine은 계속 이 주제로 되돌아가고 있다. 그는 다음과 같이 말하기를 주저하지 않았다. "청중들이 이해하지 못하는 내용을 전달하는 것보다는 문법학자들의 비판을 받는 것이 더 낫다"(Melius est, ut nos reprehendant grammatici, quam ut non intelligant populi). In Ps. cxxxix. 15. 그래서 똑같은 취지를 가지고 있는 그의 설교에서-"회중은 단순하다. 회중은 꾸밈없는 설교와 영혼의 양식을 받아 들인다. 목사는 단순한 회중의 수준에 맞는 설교를 해야 한다"(Rogo humiliter, ut contentae sint eruditae aures

너무나 많은 것을 당연하게 여기는 것은 자주 하는 실수이다. 피넬론 (Fenelon)의 말은 많은 개신교 회중에게 적용할 수 있다. "항상 3/4의 보통 회중은 종교의 가장 기본적인 원리들을 모르고 있다. 설교자는 이 원리들을 모든 사람이 완전히 알고 있다고 생각한다."**30** 우리의 사명은 하나님의 것들을 설명해야 할 뿐만 아니라, 하나님의 말씀들을 설명하는 데까지 뻗쳐져야 한다는 점을 우리는 기억해야 한다.

의미는 그 말 속에 숨어 있어서, 말의 설명 없이는 의미를 발견할 수 없기 때문이다. 중요한 성경 용어들이 많이 있다. 설령 당신이 이 용어의 의미를 이해하고 있다 하더라도, 대중들은 그 의미를 잘 이해하고 있지 못하다. 그래서 간략하게나마 그 말을 설명해주지 않으면 교육에 큰 걸림돌이 되는 경우가 흔히 있다. 우리는 우리 자신의 지식의 범위로 사람들의 지식의 범위를 판단해서는 안 된다.

"이 모든 것을 깨달았느냐?"(마 13:51)는 질문을 적절히 해야 할 때가 많을 것이다. 내 말을 이해해주었으면 좋겠다는 바램을 표현하는 것은 매력적이고 사람들의 관심을 끈다. 결국, 가장 단순한 초보적인 원리들에 대한 보편적인 견해를 소개하는 것이, 진리를 좀 더 넓게 그리고 정확하게 제시하는데 가장 좋은 방법이다.

이 단순한 스타일은 매우 지적인 사람에게도 품위가 떨어지지 않게

---

vestrae verba rustica aequanimiter sustinere, dummodo totus grex Domini simplici, et, ut ita dicam, pedestri sermone, pabulum spirituale possit accipere; et quia imperiti et simplices ad scholasticorum altitudinem non possunt ascendere, eruditi se dignentur ad illorum ignorantiam se inclinare). Quesnel은 다음과 같이 말하고 있다. "자기 자신을 낮춰진 지혜의 분여자로 생각할 때, 사람은 너무 낮게 몸을 구부리는 것을 두려워할 필요가 없다. 복음은 세련된 위트를 가진 사람들을 위하는 것보다 더 많이 가난하고 소박한 사람들을 위한 것이다. 학식 있는 사람들이 자기를 존경해주지 않을까봐 목사는 때때로 소박한 사람들이 자기 말을 이해한다는 것을 싫어한다." On Mark iv. 33. "멋진 말들을 즐겨 사용하지 말고, 성령이 가르쳐주는 말을 사용하라. 인간의 지혜로 유혹하는 말을 하면 당신의 설교의 품위를 떨어뜨린다. 금은 페인트를 할 필요가 없다. 성경의 표현들이 사람들에게 익숙한 말이고 또 사람들이 기억하기 쉬운 말이다." Williams' Life of M. Henry, p. 162.

30 Dialogues on Eloquence, iii.

들린다. "천사의 말"(고전 13:1)로는 서로에게 우리 생각들을 알아듣게 소통할 수가 없다. 이 소통의 연습에는 상당한 수고와 부지런함이 필요하다는 것을 탁월한 문학적 재능을 가지고 있는 많은 설교자들이 알아내었다.[31] 평범한 말을 하기 위해 우리가 수고한다고 해서, 우리가 복음으로부터 위엄을 갖춘 간결함과 아름다운 비유와 하늘의 고상함을 빼앗는 것은 아니다. 또한 우리의 설교에 아무것도 가미하지 않은 단순함만을 추천하는 것도 아니다. 아주 단순한 설교자인 우리 주님의 예는 우리 설교에 예화 스타일을 주입할 것을 추천하는 듯 보인다.

그리고 정말로 자연에서 얻은 이미지들은 실감나게 감각에 호소하

---

[31] Quintilian은 말하기를, 우리의 의미는 "햇빛과 같이, 무식한 사람들의 눈에 그 자신을 강요한다. 눈은 햇볕을 찾아내려는 수고도 하지 않을 뿐만 아니라, 말하자면, 원하든 원하지 않던 햇볕은 눈으로 들어오는 법이다." Institut. Lib. viii. cap. 2. Rollin도 같은 예증을 하고 있다. Belles Lettres, vii. Luther는 다음과 같이 말하곤 했다. "평범하게 그리고 단순하게 설교한다는 것은 굉장한 기술이다." Table Talk. Usher 대감독은 다음과 같이 말했다. "어떤 것을 평범하게 만들기 위해서는 우리의 배움 전부를 요한다. 쉬운 것을 어렵게 보이게 만드는 것은 어렵지 않다. 그러나 어려운 것을 쉽게 만드는 것은 훌륭한 연사와 훌륭한 설교자의 가장 어려운 부분이다." South 박사는 다음과 같이 말하고 있다. "사람들이 자기 말을 최고로 잘 이해하게 설교하는 그가 가장 힘 있는 설교자요, 가장 훌륭한 연설가이다." 윌킨스 감독은 다음과 말하고 있다. "가장 위대한 학식은 가장 평범하게 보여야 한다. 우리가 어떤 것을 분명하게 이해하면 이해할수록, 그것을 다른 사람들에게 더 쉽게 설명해 줄 수 있다." Eccles. p. 168. (Photius가 아타나시우스의 설교의 성격에 대해 한 말은 이 점을 확인해 줄 것이다. "그의 설교 언어는 특히 명확하고 짧았으며 단순하고 매우 깊이가 있었다.") Hurd 감독은 자기 목사들에게 그 같은 취지를 지시했다. "여러분의 설교는 아무리 평범해도 지나치지 않을 것이오. 그리고 이런 식으로 설교의 틀을 짜는 것은, 설교에 가장 유익한 방법이므로, 우리 중에 가장 유능한 사람이 소유하고 있을 수도 있는 모든 달란트를 쓸 수 있는 완전한 범위와 훈련을 제공해준다는 것을, 나는 내 말을 들은 여러분에게 말할 필요가 없습니다." Charges. Tillotson 대감독은 "자기와 함께 살고 있었던 한 문맹 노부인에게 자기 설교를 읽어주는 습관이 있었는데, 그녀의 수준에 맞게 그 스타일이 낮추어질 때까지 자기 말과 표현을 바꾸어서 읽어주었다고 한다." 만일 이 이야기가 사실이라면, (Campbell 교수가 말한 바대로), 이것은 고위 목사에게 굉장한 영광이 된다. 구성이나 교리, 또는 논지 등에 대한 판단이 아무리 소용없는 것이라 해도, 평범한 설교는 확실히 서민들의 이해 범위 이내에 있는 용어들과 구절들을 가장 적당하게 판단한 것이다. On Pulpit Eloquence, Lect. iii. Fenelon on Eloquence, ut supra와 비교해 보라. 그러나 시인의 규칙은, "밝은 빛이 안개를 만드는 것이 아니라 안개로부터 빛을 만들라"(Non fumum ex fulgore, sed ex fumo dare lucem), 최소한의 단어로 전부를 표현하는 것이다.

므로 영적인 것들에 대해 아주 유용한 명료함을 준다. 성경의 비유들을 연구해보면, 가리키고 있는 주제들에 맞게 그 비유들이 탁월한 각색을 하고 있어서, 정확한 예화의 방식을 얻을 수 있을 것이다. (아무런 확실한 빛도 얻을 수 없는) 차이가 근소한 이미지들은 피해야 한다.

> 조롱 조의 비유, 경박한 비유, 또는 사소한 비유 등에 가까운 모든 것은 절대로 쓰지 말아야 한다. 이러한 것은 성경의 위엄과 거룩함과도 완전히 모순되는 것이기 때문이며, 하나님의 말씀을 능력 있게 전해야 하는 설교자와도 어울리지 않기 때문이다.[32]

오직 진지한 것만이 지속적으로 교육시키는 성향을 가지고 있다. 학문적인 설교가 헛됨은 그 비생산성으로 증명된다. 그리스도인의 정신을 가지고 있는 아주 평범한 설교자들이 흔히 성공을 거둔다.[33] 우리는 수사학적인 표현으로 복음의 단순성을 꾸밀 희망을 가지고, 빛에 명료함을 더할 것을 생각해 볼 수도 있다.[34] 하지만, 그러한 꾸밈은 허락이 된다 하더라도, 아껴서 사용해야 한다.[35] 제임스 왕은 공적 설교에서 그런 장식물들을 "들에서 자라고 있는 옥수수를 망쳐놓는 붉고 푸른 꽃들에 비교하였다. 눈으로 보기에 아름답기보다는, 자라고 있는

---

[32] Ward's Coal from the Altar. Bowles' Past. Evang. Lib. ii. c. 10과 비교해 보라.

[33] 뜻이 분명하면서도 꾸밈없는 설교를 대단히 만족스럽게 듣고 나서, Leighton 대감독은 말했다. "이 좋은 사람은 영혼을 붙잡으려는 열심이 아주 대단한 것 같다." (그는 말하기를), "설교의 평가 기준은 청중의 성격에 따라 달라야 한다. 이 청중은 대부분 무식한 사람들로 구성되어 있다." Pearson's Life, p. 59.

[34] 주석가들에 대한 말이 이 성격을 가진 설교자들에게도 적용될 수 있을 것이다. 설명을 할 때까지는 그들의 주제는 평범하다.

[35] Augustine의 비평적인 일언은 다음과 같았다. "가르침이 중요하고 화려한 미사어구를 추구하지 말라"(Numquid hic ornamenta, et non documenta, quoeruntur?) De Doctr. Christian, Lib. iv. 19. up supra. Augustine이 꾸밈을 완전히 싫어했기 때문이 아니었다. 설교 스타일에 대한 그의 생각은 아주 정당했다. "지나치게 꾸미지 말며, 어울리지 않게 꾸미지 말라"(Nec inorata relinquitur, nec indecenter ornatur). Ib. iv. 26.

곡식에 성가신 존재라는 편이 더 낫기 때문이다."³⁶ 사도 바울은 이해하기 쉬운 말에 더 많은 강조점을 두었다. 그렇다면, 바울은 평범한 진리를 비범한 방식으로 전달하는 체하고 성경의 언어를 현대화시키거나 또는 성경 언어를 고전적인 구절과 맞바꾸는 것을 경멸받아 마땅한 것으로 여겨 얼마나 책망했겠는가? 그것을 알지 못하는 방언으로 말하는 것이나 사람이 들어오지 못하도록 천국 문을 닫아 버리는 것과 같은 것으로 여겼던 것이다(고전 14:11-19; 마 23:13).

(캠벨 교수가 말한 바와 같이), 그러한 용어는 종교에 학식의 옷을 입혀주기는 하지만, 가장 낮은 계급에까지 사람들의 위로와 인도를 주려는 의도를 가지고 있는 설교에는 어울리지 않는 것이다.³⁷ (제롬이 오래 전에 말하였던 것과 같이), "무식한 청중에게 부과해도 좋을 만큼 그렇게 쉬운 것은 없다. 그들의 습성은 자기가 이해하지 못하는 것을 존경하기 때문이다."³⁸ 그러나 이 목적을 위해 사용된 옷은 "흔히 다름 아닌 무지를 위한 외투에 지나지 않는다. 모든 종류의 무지 중에서 배운 자의 무지가 틀림없이 가장 경멸을 받아 마땅한 것이다."³⁹ 과연 이 비복음적

---

36 Preface to his Remonstrance-Taylor 감독은 말하기를, "설교자는 사람들을 먹여야 한다. 아름다운 튤립과 쓸모없는 수선화로 먹일 것이 아니라, 생명의 떡과 구원의 샘가에서 자라나는 약초로 먹여야 한다." (한 설교에 대한 그의 생각을 질문 받았을 때, Robert Hall도 말하기를), "대단히 좋습니다. 그러나 사람들은 꽃은 먹을 수 없습니다." (한 나이 지긋한 경건한 저자가 말하기를), "주님, 저로 하여금 창문에 페인트를 칠하는 죄를 절대로 짓지 않게 하옵소서. 그렇게 하면 당신의 영광스런 복음의 빛이 사람들의 마음속으로 힘 있게 들어가 비추이지 못하게 막아버리기 때문입니다!"
37 On Systematic Theology, Lect. iii. 이 주제에 대해 그의 대학 강사로부터 받은 Richmond의 민감한 조언을 보라. Life, p. 152.
38 Hieron. ad Nepot.
39 Campbell, ut supra. (Baxter는 말하기를), "모호한 문장 스타일 때문에 바보가 설교자의 학식을 존경하게 된다. 그러나 그것은 지혜로운 사람이 그의 위선 또는 어리석음을 궁금하게 만들기도 한다." Kirke White는 최근에 들은 어떤 설교자에게 대해 잘 말했다. "그 사람은 한 가지 큰 결점이 있다고 특별히 나는 생각한다. 그것은 **우아함**이다. 그 설교자는 충분히 분명하지 않다. 근사한 말을 하러 또는 감동적인 말을 하러 강단에 올라가는 것이 아니라는 점을 기억하라. 우리는 그곳에서 타락한 인간에게 기쁜 소식을 선포하여야 하고, 영생을 얻는 길을 지적해주어야 하며, 고생하는 죄인에게 권면하고, 격려하며, 지지해 주기

인 방법의 영향력은 강단의 참 영광과 위엄을 자기과시의 무대 전시로 침몰시킬 것이다. (한 연로한 목사의 간결한 예화를 사용하자면), "심장을 찔러 상처를 입힐 수 없도록, '성령의 검'을 벨벳 칼집에 꽂아 두고 있는 격이다."⁴⁰

주제의 선택에 있어 평범함 또한 성경적 설교 정신의 특징이다. 여기서 우리는 고대 윌슨 감독의 훌륭한 충고에 귀를 기울여도 좋다.

> 마음에 가르쳐주는 것도 없이, 마음을 즐겁게만 해주는 그런 설교와 주제들을 피하라. 주제를 선택할 때, 결코 자기 자신의 환상과 의논하지 말고, 양떼가 필요로 하는 것들과 상의하라. 나는 어떤 악을 금지하는 근사한 설교로 학식 있는 청중을 즐겁게 하기 보다는, 차라리 청중이 자기 가슴을 치면서 돌아가게 만들 것이다. 당신이 그들의 능력 이상의 내용을 말하거나 그들이 이해하지 못하는 언어나 용어로 말할 때, '양은 네 목소리를 듣는다'는 말씀을 어떤 진리로 설명할 수 있겠는가? 설교자들이, 자기들이 가르쳐야 할 사람들을 어리둥절하게 만드는 일은 너무도 흔히 있는 일이다. 설교자를 존경하는 사람들과, 설교자의 설교에서 배우고 있는 사람들 사이에는 엄청난 차이가 있다.⁴¹

형이상학적인 설교는 이런 혹평을 받아야 할 것이다. (천성적으로 이성격의 선입견을 강하게 가지고 있는) 드와이트 박사는 다음과 같이 말하고

위해 그곳에 서는 것이다. 이것들이 우리가 자세하게 이야기해주어야 할 영광스런 주제들이다. 그렇다면 이런 주제들이 능변의 기술이나 능변의 아름다움을 허락하겠는가? 이와 같은 진리와 말씀들을 가난하고 무지한 자들이 이해할 수 없는 말로 표현해야 할 것인가?" 그의 Remains를 보라.

40 Ward's Coal from the Altar.
41 Sacra Privata. (저 유명한 Matthew Henry가 말하기를), "그대의 설교를 평범하고 성경적이되게 하라. 그대의 강단을 위해 아주 평범하면서도 꼭 필요한 진리들을 선택하라. 그리고 그것을 더욱 평범하게 만들도록 노력하라." William's Life, ut supra.

있다. "이런 종류의 모든 설교는 주로 소용이 없으며, 흔히 어딘가 장난기가 있어 보인다. 보통의 회중은 형이상학적인 주제들을 전혀 이해하지를 못한다. 형이상학적인 투의 설교로 유익한 교훈을 받는 회중은 없다고 생각한다."[42] 보다 상세히 설명해야 할 주제들을 피상적으로 다루는 것은 권하지 않을 것이다. 그러나 모든 논리의 근거를 귀납적인 철학이나 두서없는 철학 위에 두지 말고, 성경의 단순한 원리들 위에 근거를 두라. 우리가 보지 못한 것 속으로 주제넘게 들어가는 것과(골 2:18), (사도 바울이 "망령되고 헛된 말," "어리석은 변론"이라고 이름을 붙였던 [딤전 4:7; 6:20; 딛 3:9]), 교육에 직접적으로 관련되지 않은 질문들은 모두 피해야 한다.

"네 선지자들이 네게 대하여 헛되고 어리석은 묵시를 보았으므로"(애 2:14)라고 울면서 불만을 털어놓는 자에게, 그리고 "신학에서 지푸라기를 따고 있는" 목사들을 볼 때(Bishop Hall), 진지한 그리스도인이라면 모두 반응을 보여야 한다. 목사들이 생명의 떡을 빵 껍데기로 대체하며, 진리를 단순하게 보여주기보다는 학문적인 특징이나 형이상학적인 특징들을 거론하며, 고대 문헌을 호기심으로 조사해 보이며, 사물의 적합성에 대해 교묘한 주장들을 하며, 기독교의 증거들에 대해 추상적으로 증명하려 하며, 단지 성경의 본문을 비평하려는 목적으로 설명하는 것을 볼 때는, 그것에 대해 거부 반응을 보여주어야 한다. '굶주린 양이 위를 올려다보나, 먹이를 얻지 못하고 있다.' 이것은 돌을 떡

---

[42] Dwight's Theology, v. 209-210. (그가 다른 곳에서 언급한 바와 같이,) "형이상학적 설교가 가르치는 것은 사실일 수 있으며, 그것을 지지하기 위해 사용된 논지들은 적절한 것일 수도 있다. 그러나 그 차이점들은 대단히 분간하기 어렵고 그 추론 역시 심원하고 난해해서 청중은 설교자의 재간에 주목한 나머지 그 진리에 집중하기 어렵다. 그 논지의 어려운 점들에 자기 생각을 열중하고 있기 때문에 그의 마음은 응당 느껴야 할 감정을 느끼지 못하고 있으며, 그런 설교가 냉철한 방법으로 행해지고 있기 때문에 그의 마음은 차갑게 식어있다. 형이상학자가 그것을 인식하고 있든 아니든 간에, 자기 자신의 창의력을 보여주는데 열중하고 있지, 하나님의 진리를 열어 보이고 확증하는 것에는 별로 관심이 없다." Sermons. vol. ii. 461. Burnet's Pastoral Care. c. ix와 비교해 보라.

으로 만드는 것이 아니다. 그러나 오히려 떡을 돌로 만드는 것이다. 이러한 공허한 토론이나, 설교라고 혹은 복음을 전하는 것이라고 잘못 이름을 붙인 설명보다는, 십자가에 죽으신 그리스도에 대한 평범한 한 가지 설교 속에 더 많은 자양분이 있다.

이 설교에서 일어나고 있는 개신교의 그럴 듯한 근거가, 영국 국교회의 목사들에게는 개신교보다 훨씬 더 높은 책임이 있으므로, 사소한 것으로 보일지 모른다.[43] (우리 교인들은 자기들이 이해하지 못하는 것들을 듣기에 곧 싫증날 것이기 때문이다.) 문법학자, 비평가, 신학자는 우리 설교를 좋게 인정할지도 모른다. 그러나 멸망해가는 죄인들로 이루어진 무지한 회중에게, 의사소통의 중대한 매개체로서 "이해하기 쉬운 말"을 사용해서는 안 되는가? 만일 그들이 설교자의 말을 이해하지 못하면, 그들은 "지식이 없어" 망한다(호 4:6). 왜냐하면 알 수 없는 방언으로 복음을 전하면, 그 사람들이 어떻게 구원을 받을 수 있겠는가? 그리고 이 막중한 책임의 무게 아래에서, 정확한 논리학자나 심오한 신학자 또는 정통교리를 신봉하는 목사의 명성 따위는 얼마나 대단할 것이 없는가![44]

평범한 설교 방식은 또한 설교의 본질 속에 포함되어 있다. 우리 교

---

43 Johnson 박사는 (Boswell's Life를 보라) 감리교가 영국국교회의 교인들을 끌어가는데 성공한 것은 그들의 단순한 설교 방식 때문이라고 보는데, 이것은 거의 사실이다. "설교와 설교자들을 위한 왕의 지침의 이유'라는 제목의 호기심을 끄는 한 문서에서 제임스 왕은 많은 변절들의 원인을 천주교와 재침례교에서 찾고 있으며, 또 분리하려는 다른 요지들의 원인을 경박함, 짐짓 꾸밈, 무익함 등에서 찾고 있다. 자기 시대의 설교자들이 많은 독서에 집중하거나 또는 자기들의 지식을 진열해 보이는 것은, 교인들의 마음을 떠나서 응접실의 탁자 장식용 책보다 더 나을 것이 없는 이 모든 공허한 자양분을 얻기 위해 천주교 신부들의 교리나 재침례교도들의 선전 책자들로 가득 채울 준비가 되어 있기 때문이다."
44 (John Edwards 박사는 말하기를), "만 명의 사람에게 찬사를 받기 보다는, 나는 차라리 열 명의 사람들이 나의 말을 충분히 이해하는 것이 더 낫다. 만일 우리가 한 말을 사람들이 이해하지 못한다면, 그 말을 무슨 언어로 하든 아무런 결과가 없기는 마찬가지이다. 그래서 우리는 성령께서 사람들이 알아들을 수 없는 언어에 복을 주시리라고 기대해서는 안 된다. 내 말은, 비록 탁월한 학식과 교양을 가지고 있는 소수의 사람은 그 말에 찬사를 보낸다 할지라도, 많은 사람이 알아듣지 못하는 언어로 전할 때 그렇다는 뜻이다."

인들을 평범하게 다루지 아니하면, 불가피하게 그들의 영혼을 배반하게 되고 그리고 우리 영혼까지도 배반하게 될 것이다. 우리는 영원과 연결된 주제들에 관해 그들과 관계를 맺고 있다. 영원에 대해서 하는 실수는 다양하고 또 그 실수는 치명적이다. 우리가 말을 잘 하기보다는 유용한 존재가 되어야 한다는 것은 대단히 중대한 문제이다. 파수꾼이 음악적으로 아름답게 불기보다는, 알아들을 수 있게 불어야 한다는 것은 대단히 중요한 일이다. 임박하였지만 눈에는 보이지 않고 또 그럴 리가 없다고 생각되는 그들의 위험성에 우리가 그 사람들을 직접 접촉하게 만들기까지는, 우리는 아무 일도 한 것이 아니다.

평이함으로 모든 다양한 예화와 논지와 호소와 간청을 품어 안으라. 평이함으로, 두려움과 사랑, 경고와 격려의 모든 동기의 수행을 설교하라. 그러나 저속한 꾸밈으로부터는 조심스럽게 분리시키라.[45] 미숙함의 성실하지 못한 꼼꼼함으로부터 자유하라. 그리고 사역의 위대한 목적을 위해 남김없이 헌신하라. 항상 분명하고 타협하지 않는 용어로 복음의 메시지를 적용시켜라. 그들이 자기의 모든 성채를 빼앗기고 모든 생각이 포로가 되어 그리스도께 순종하게 되기까지, 지칠 줄 모르는 전투에서 죄와 사탄을 쫓아내라.

4. 뜨겁게 하라

머리를 깨우치고 마음에 변화를 일으키게 하는 것은 목회사역의 주요한 두 가지 목적이다. 성경적인 설교의 정신으로서, 전자는 지혜와 명료함을 요구하고, 후자는 뜨거운 열정을 요구한다. 이 두 가지의 결

---

[45] Stillingfleet 감독은 이 취급 방식을 "기름에 푹 젖은 날개를 가진 사람들의 양심을 어루만져주는 것"에 비교하고 있다. Duties and Rights of Parochial Clergy, p. 30.

합은, 목사가 '불타고 있으면서 동시에 환한 빛'이 되어야 할 것을 의미한다. (또 알레 감독 파비용[Pavillon]이 목사를 묘사한 것과 같이), '자기 분야의 태양'이 되어야 하며, '하나님의 열심의 신령한 열을 낼뿐만 아니라, 하나님의 진리의 신령한 빛'을 비춰야 함을 나타내는 말이다.

뜨거움에 관해서 말해보자. 만일 심오하고 인정받는 관심 주제에 대해 뜨겁게 우리자신을 표현하는 것이 자연스럽다면, 우리의 대 사명을 전달할 때에는 더욱더 뜨거워야 할 것이다. (백스터가 말한 바와 같이), "죽은 설교자가 죽은 죄인들에게 살아계신 하나님의 살아있는 말씀을 전하는 것보다 더 훌륭한 일은 없다." 메시지를 개인적인 감동의 증거를 가지고 전달하지 않는 것 보다 "미쳤다"[46]는 오해를 받는 것이 분명히 더 나을 것이다. 생사가 달린, 영원한 생명과 영원한 죽음의 문제로서 뜨거운 설교는, 대단한 영향력을 가지고 있는 마음의 원리들에 따라 움직이는 매우 강력한 동기 및 행위와 연결되어 있다.

찰스 5세는 독일 종교 개혁자 중의 한 사람에 대해서 다음과 같이 말했다. "그는 대단한 활기와 헌신으로 설교를 하였기 때문에 거의 돌들이라도 울게 만들었다." 그것이 우리 주님의 정신이었고(요 2:17), 그분이 택하신 사도들의 정신이기도 했다(행 17:16).

그 동일한 정신은 휫필드 사역의 주된 능력이 되었다. 같은 기쁨과 믿음을 가지고 똑같이 기도를 하였던 사람들이 있었다. 그들의 복음관은 똑같이 포괄적이었고, 그들의 영혼에 대한 사랑도 똑같이 뜨거웠다. 그것은 휫필드의 얼굴에 나타난 그의 영혼에 대한 전체적인 그림

---

[46] 고후 5:13. 행 2:12, 13과 비교해 보라. "우리 열심이 인간의 약점들과 인간의 수난들로부터 그 색깔을 취하지 않고 하나님의 말씀의 통제를 받는 한, 우리 열심에 대해 변명하지 아니하면서 모든 일들을 품위 있게 그리고 질서 있게 했던 저 사람들의 발자취를 따라 걸어가는 한, 그러할지라도 우리가 열정을 가지고 있지 않다면, 우리는 우리의 주장에 합당하지 못하게 행동하고 있다고 우리는 생각하여야 한다." The Gospel Message, by Rev. Dr. Dealtry, p. 21.

이었다.[47] 그의 표현은 각성시키는 형태, 그리고 침투하는 형태로 만들어졌다. 그의 말의 엄숙함과 안으로부터 나오는 내면의 깊은 감정이 한 마디, 한 마디 그의 말에서 터져나왔고, 그의 두 눈에서 흘러내리며, 흘러넘치는 마음을 분출하는 동안 사랑의 에너지가 그에게서 발산되었다. 휫필드가 청중을 가볍게 보지 않았다는 것이 듣고 있는 무리들을 설득시켰던 것이다. 청중은 그가 타고난 설득력과 더불어 그가 가진 연민을 보았던 것이다. 그리고 수천 명의 경우에서, '그 부싯돌의 번쩍이는 불은 강물의 근원으로 변하였다.' 그의 사역은 자기 형제들인 죄인들에게는 죽은 자로부터 살아난 생명이 되었다. 세커 대감독은 다음과 같이 말하였다.

> 이렇게 청중의 마음을 움직이는 이 능력은 매우 귀한 축복이다. 이 능력을 조금 밖에 가지고 있지 못한 사람은, 자신이 자기가 설교할 말씀으로 더 깊은 영향을 받도록 수고를 하면, 설교를 상당히 개선할 수 있다. 그리고 그 말씀을 어떤 방법으로 하면 훨씬 더 설득력이 많을지를 생각해 보는 노력도 해야 할 것이다. 그러나 (그가 어디 다른 곳에서 말한 바와 같이), 우리 교인들에게 졸면서 설교를 듣는 그들의 상태를 깨워줄 만한 것이 거의 없고, 그들이 구원받기 위해 어떻게 해야 하는지를 명료하고 적중

---

[47] 한 나이 많은 외국인 설교자를 묘사하는 말은 강단에 서 있는 Whitefield의 모습을 정확하게 묘사하는 것일 것이다. "그는 모든 것이 살아 있었다. 눈동자, 목소리, 손과 발의 동작들이 생생하게 살아 있었다"(Vivida in eo omnia fuerunt; vivida vox, vividi oculi, vividi manus, gestus omnes vividi). 그가 삶을 마감하려 할 때에 한 솔직한 고백은 그리스도인의 겸손을 현저하게 드러내고 있었다. 그의 고백에는 열정의 기미가 여전히 있었고 이따금 자기 자신의 영혼을 자기 사역과 혼합하고 있었다. Fuller도 자신의 독특한 스타일로 저 유명한 위클리프에 대해 회고하였다. "나는 그의 결점들을 부인할 생각도, 해체할 생각도, 옹호할 생각도, 핑계를 댈 생각도 없다. '우리는 이 보물을 질그릇에 가지고 있다'고 사도는 말했다. 토기 주전자를 황금 냄비라고 증명하려고 하는 자는 작은 목적을 위해 큰 수고를 하는 것이다. 그렇다. 내가 위클리프의 결점들을 변론하는 너무 주제넘은 짓에 대해, 그 영광스런 성도는 나에게 감사하기보다는 곧 나를 꾸짖을 것이다." Church History, Book iv.

하게 그들에게 강권하는 것이 거의 없는 부드러운 설교는, 청중을 그 어느 때와 다름없이 달라진 것 없이 무지한 채로 버려두어, 자장가를 불러 그들의 영원한 안전이 치명적인 상태로 들어가게 만든다.[48]

심지어 워버튼(Warburton) 감독까지도 말하였다.

참회하는 청중의 격정과 감동을 목표로 감동적으로 설교하는 것이, 모든 다양한 가르침의 설교 중에서 아마도 가장 효과가 클 것이다.[49]

죠지 허버트의 교구목사는 말하였다.

설교할 때, 가능한 한 모든 기술을 다 동원하여 즉 뜨거운 설교로, 청중의 집중을 확보한다. 뜨거운 열정이 많이 있는 곳에는 뭔가 들을 만한 가치가 있는 것이 있는 법이라고 사람들이 생각하는 것은 자연스러운 일이다.[50]

    설교자에게서 시각적인 감동을 보면, 우리가 다루고 있는 주제에 말로 표현할 수 없는 중요함이 있다고 느끼게 된다. 자기 마음을 명료하게 자신의 설교 속으로 집어넣지 않는 목사는, 자기 설교를 교인들의 마음속에 결코 집어넣지 못하게 될 것이다.
    뽐내는 열변이나 극장식의 전시효과를 시도하거나 감정에 사로잡힌 설교는, 우리 직분의 깔끔한 품위를 떨어뜨린다. 불을 그림으로 그리면 그 불이 빛나게 보일 수는 있을 것이다. 그러나 그 불은 열을 주지

---

48 Charges, pp. 252, 284.
49 Directions to Students of Theology.
50 제4부 7장을 보라.

는 못한다. 그에 상응하는 부드러운 느낌이 없이, 격렬하게 격동시키는 것은 마음을 사로잡기는커녕 혐오감만을 불러일으킬 것이다. (어떤 사람들이 생각하는 바와 같이), 설교는 폐활량에 의해 좌우되는 사역이 아니다. 제스처의 모방도 아니며, 주체할 수 없는 감정의 자극도 아니다.

설교는 그리스도의 사랑으로 강권함을 받는 마음의 신령한 능력이며, 그리스도께서 위하여 죽으신 저 영원히 존재하는 영혼들을 돌보는 일에 전념하는 마음의 에너지인 것이다. 우리 주님의 임재와 우리에게 부여된 막중한 책임을 늘 자각하고 있으면, 길들여진 진지한 어조와 강단 예절의 일반적인 정확성 그 이상의 무엇인가를 표현할 말을 발견하게 될 것이다.[51]

『시골 목사』는 교인들이 "두텁고 무거우며, 열심과 뜨거움의 지점까지 들어올리기가 어렵다는 것을 발견한다. 그래서 그들에게 불을 붙이기 위해서는 산불 같이 거대한 불이 필요하다는 것을 알게 된다." 그러므로 그 목사는 아주 아름다운 말로 다음과 같이 해보기를 추천한다.

> 우리의 단어와 문장이 우리 입 속으로 들어오기 이전에, 그것들을 모두 우리 마음의 소스에 찍어 맛을 내라. 우리가 말하고 싶은 모든 것에 진심으로 영향을 끼쳐 성심으로 표현하라. 그래서 말마다 모두 가슴 깊이에서 우러나오는 것임을 우리 청중이 분명히 느끼게 하라.[52]

---

[51] "나는 성경에 대해 존경심을 가지고 있고 인간의 본성에 대한 지식도 좀 있기는 하지만, 마치 수학 강의안을 읽기라도 하고 있는 것처럼, 또는 자연 철학에서 한 실험에 대한 이야기를 하고 있기라도 하는 것처럼 설교를 한다면, 나는 절대로 그리스도의 영광을 설교하는 체 하지도 않을 것이며, 영원에 대한 인간의 관심을 말하는 체 하지도 않을 것이다." Dr. Doddridge, Orton's Life, ch. v. 제임스왕은 그의 궁정 목사들 중의 한 사람에 대해 다음과 같이 말했다. "마치 사망이 자기 팔꿈치에 붙박이로 자리 잡고 있기라도 하는 것처럼, 이 사람은 내 앞에서 설교를 한다."

[52] 제4부 7장을 보라.

관심을 가지게 만드는 생생한 감동은 복음을 진심으로 믿는 믿음에서 우러난 자연스런 결과인 것 같다.

그러므로 이 관심의 표현을 부족하게 하면 우리 메시지의 신뢰성을 의심하게 된다. 왜냐하면, 차분한 어조나 부드러운 목소리, 또는 우아한 표현으로, 진짜 화재 신고를 하거나 어떤 특별 뉴스를 알릴 수 있는 사람이 누가 있겠는가? 우리 설교를 냉정한 정확성으로만 전달한다면, 그 설교에서 전하고자 하는 진리에 대한 믿음을, 적어도 그것의 중요함을 우리 교인들 속에서 틀림없이 약화시켜놓는다는 것을 우리가 이상하게 여길 수 있겠는가?

교인들이 그것을 자기들에 대한 우리들의 개인적인 관심사라고 생각하기보다, 우리가 사례비를 받는 대신 그 일을 감당하는 것이라고 생각한다는 것을, 우리가 이상하게 생각해야 하는가? 그런 인상을 가지고서, 설교는 그 당연한 효과, 즉 듣고 싶은 욕망을 일으키기에 필요한 성격을 가질 것을 교인들이 원하고 있음을, 우리가 이상하게 생각해야 하는가? 그러므로 교인들이 활기 없게 전달된 중요한 진리에 중요성을 부과하기보다는, 오히려 격렬하게 표현된 사소한 문제에 중요성을 더하는 경향이 있기 때문에, 중대한 주제들을 말한다는 것이 부자연스럽기조차 한 것이다.[53]

> 영혼을 그리스도께로 인도하는 일에 정말로 유익한 사람이란, 덜 열정적인 설교 방식이라면 설득에 실패하였을 그 때에, 복음의 교리들의 가치

---

[53] Sir R. Blackmore's Accomplished Preacher, Sect. viii를 보라. 한 설교자에게 해준 Garrick의 대답에서 죄의 자각의 교훈을 배우지 않게 되기를 바란다. 그 설교자는 이렇게 물었다. "무시무시하면서도 흥미 있는 진리들을 전달하는 우리는 도대체 효과를 조금밖에 낼 수 없는데, 허구 외에는 아무것도 다루지 않는 당신이 어떻게 눈물을 흘릴 정도로 당신의 청중을 감동시킬 수 있습니까?" "**여기 그 비밀이 있습니다. 당신은 마치 그것이 허구인 것처럼 당신의 진리를 전합니다. 그렇지만 우리는 마치 그것이 진리라도 되는 것처럼 우리의 허구를 전합니다.**"

를 가지고 침투해서 자기의 태도의 열정과 진지함으로 말미암아 설득해 내는 그 사람이다.[54]

쉽게 흥분하지 않는 기질을 가진 어떤 목사들은, 자신보다 믿음도 훨씬 적고 그리스도인으로서의 지혜도 훨씬 적은 다른 목사들보다 열정과 활기를 덜 나타낼 수도 있다. 우리가 느낄 때, 우리 모두는 열변을 토한다. 그 어떤 달변도 마음에서부터 우러나오는 언어의 에너지와 감정을 전달시키지 못한다. 메시지를 전달할 때 고조된 그 엄숙함과 에너지가 느낄 수 있는 활기의 부족을 채워주어야 한다. 그리고 체질적인 무기력을 극복하기 위해서, 하늘의 정서들을 일깨우게 하기 위해서, 그리고 우리 교인들을 활기 있게 만들기 위해 즉석에서 훈련 받을 준비를 시키기 위해서는, 뜨거운 기도가 있어야 한다.

우리 목회에 뜨거움이 부족한 것은, 그 효율성에 심각한 장애물이다. 왜냐하면 비록 같은 말이라 할지라도 어떻게 전달하느냐가 중요하기 때문이다. 뜨겁게 전달하면, 벌거벗은 진리에다 하나님의 사랑에 대해 느낄 수 있는 표현이 더해지며, 이것은 확신을 가장 생명력있게 하는 원천중의 하나이다.[55]

다른 한편으로는 한 현명한 저자가 말하였다.

졸음이 오게 원고가 작성되고 졸음이 오게 전달된 공적 설교의 일반적인 경향이 늘 그렇듯이, 도덕적인 감동을 자극하기 위해서 단조로운 한 가지 벨 소리가 지루하게 곧 울리리라는 것을 금방 예상할 수 있다.[56]

---

54 Bishop of Winchester's Ministerial Character of Christ, p. 285.
55 Cicero는 (De Orat.) 이 생생한 표현을 **증거**라고 부른다. 마치 그것이 눈앞에 있기라도 하는 것처럼 연사는 그것 자체를 보여주지, 말을 많이 하지 않는다. 이에 대해 Quintilian은 **상상력**이라는 말을 쓰고 있다. Instit. Lib. viii.
56 Jerningham's Essay on the Eloquence of the English Pulpit, prefixed to a Translation of Select

우리 성도들은 자기들의 이해를 언급해주기를 바라기도 하지만, 자기들의 마음도 언급해주기를 원한다. 그들은 마음에서 흘러나오는 말을 원한다. 관통하는 뜨거움과 침투하는 능력과 사랑에 찬 간절한 부탁으로 논지에 힘이 실린 말을 원한다. 그러나 이 뜨거움은 열광주의나 헛된 영광의 가짜 불로 잘못 보일 수도 있다. 확신에 깊이 감동된 마음의 표현만이, 신앙이 일차적이고 즉각적이며 보편적인 관심사라는 것을 보여준다.[57]

그러나 외관상으로는 열렬하지만 실상은 늘 차갑고 생기 없는 감정을 가지고 있는 그 모순을 강단에서 나타내지 않는 사람이 우리 중에 누가 있겠는가? 생기와 열정과 사랑으로 충만한 마음을 가지고 강단으로 올라가는 것은 의례적인 과정이 아니다. 마음의 가득한 것으로부터 입이 말할 때, 그 말에는 말할 수 없는 기쁨이 가득 차있는 법이다! 성도들에게 사랑의 힘이 미치게 되는 것이다!

백스터의 열정적인 변론은, 우리 메시지에 완전한 효과를 주기 위해서는 우리 설교가 어떠해야 하는가를 보여준다.

> 이 사역에 진지한 목사들이 얼마나 희박한가! 아니다, 최고의 목사들이라도 이 일에 실패하는 일이 얼마나 많은가! 사람들이 복음에 불순종 하

Sermons from Bossuet.

[57] 한 저명한 저자가 이것을 아주 잘 예증하였다. 이 저자가 열심을 격려한 사람이라는 것을 의심한 사람은 아무도 없었다. "강단에 적합한 설득력의 주요 특징은 다른 종류의 공적인 연설과는 다르다. 나는 그 특징을 이 두 가지라고 본다: 진지함과 열정. 강단에서 다루는 주제들이 가진 심각한 성격은 진지함을 요한다. 또한 인간에게 중요한 **주제들이기 때문에 열정을 요하는 것이다.**" Dr. Blair's Lectures, Lect. xxix. On the Eloquence of the Pulpit. 다시 그는 말하기를, "진지함과 열정이 하나가 되어 소위 프랑스 사람들이 종교적 열정, 감동이라고 부르는 설교의 특징을 형성하는데, 감동적이며, 통찰력이 있으며, 그러면서도 재미가 있게 된다. 이것이 설교자 마음속의 강한 감수성으로부터 시작하여 그가 전달하는 저 진리의 중요성과 또한 자기 청중의 마음에 충분한 인상을 남겨놓겠다는 뜨거운 욕구를 향하여 흘러간다."

고 있다고 우리는 '성령의 나타나심으로' 외치고 있는가? 그리고 우리 도시를 파괴시키는 불로 죄를 다루고 있는가? 그리고 억지로라도 그 불에서 사람들을 끌어당겨내고 있는가? 우리는 회중에게 주님을 두려워해야 한다고 설득하고 있는가? 이것들 없이는 인간은 결코 생명을 가질 수 없다고 믿으면서, 그리스도와 중생과 믿음과 성결을 강조하고 있는가? 무지하고 무관심하고 완고한 무리들에 대해 불쌍히 여기는 마음을 가지고 있는가? 우리가 그들의 얼굴을 바라볼 때, 평안히 쉬고 있는 그들의 얼굴을 결코 보지 못할까봐, 우리 마음이 그들로 인하여 녹아내리고 있는가? 사도 바울처럼, 그들의 육적이고 세속적인 성향에 대해 울면서 그들에게 말해주고 있는가? 그리고 계절을 가리지 않고 집집마다 다니면서 그들에게 많은 눈물로써 가르치고 있는가? 그리고 그들의 영혼의 구원에 관해 그들에게 간청하고 있는가? 오히려, 우리는 비판적인 청중의 인정을 얻으려고 공부하고 있지는 않은가? 마치 한 목사의 일이 중요한 것이 아니라, 한 시간 동안 부드러운 이야기를 하고 다음 설교 때까지는 사람들과 상관하지 않는 것이 중요하지 않은가? 세상적인 신중함이 우리의 열정을 통제하고 있어서, 청중의 폐부를 꿰뚫어야 할 설교를 생명력이 없게 만들고 있는 것은 아닌가? 교인들의 영혼을 가차없이 공격하는 그 죄들을, 우리는 얼마나 부드럽게 다루고 있는가! 한 마디로 말해서, 하늘의 것들에 대한 진지함의 부족 때문에 사람들의 영혼이 형식주의로 흐르고, 습관적으로 말씀을 부주의하게 듣게 되어 그들은 파멸하는 것이다.

백스터는 또 다른 곳에서 마지막 설교를 하였다.

다른 사람들은 어떻게 생각하는지 나는 모른다. 그렇지만 나에 대해 말하자면, 나는 나의 어리석음을 부끄럽게 여기며, 나의 영혼과 다른 사람의 영혼을 주님의 그 큰 날을 바라보고 있는 사람처럼 다루지 아니하고 있는 나 자신에 대해 이상하게 생각한다. 그러면서도 다른 생각들이나 말을 할 여지를 가지고 있다는 것이 이상하다. 그렇게 놀라운 일들이 내 마음을 전적으로 열중시키지 못한다는 것이 참으로 이상하다. 나는 놀란다. 어떻게 내가 그런 것들을 조금만 설교할 수 있는지, 그리고 냉담하게 설교할 수 있는지 놀랍다.

그들에게로 가서 제발 회개하라고 간청하지 않는 것이 놀랍다. 그들이 그것을 어떻게 받아들이든 또는 그 어떤 수고나 고생을 내가 치러야 하든, 그렇게 하지 않는 내 자신이 놀랍다. 강단에서 내려올 때마다, 이런 경우에 내가 좀 더 진지하고 뜨겁지 않았다는 것 때문에 내 양심이 나를 후려친다. 양심이 나를 고발하는데, 인간적인 장식물이나 우아함이 부족해서가 아니다. 양심이 나에게 묻는다. '그대는 어떻게 그런 마음을 가지고 생과 사에 대해 말할 수 있었단 말인가?'

자비의 하나님 나를 용서하소서. 그리고 그렇게 자기 일을 태만히 하는 죄를 지어온 하나님의 다른 종들과 함께 나도 깨워주소서. 오 주님, 불신앙과 무자비의 이 역병으로부터 우리를 구하소서. 그렇지 않으면, 어떻게 우리가 그 역병으로부터 다른 사람들을 구원할 적합한 도구가 될 수 있겠나이까?[58]

5. 부지런히 하라

온 마음과 온 시간을 자기 아버지의 사역에 바쳤던 우리 주님을 끊임없이 바라보면 얼마나 배울 점이 많은가! 그분의 대단한 근면함은 자

---

[58] Reformed Pastor. 거룩한 이 사람의 열심이 얼마나 그 자신의 시구의 예가 되었는가? 나는 설교하리라. 다시는 설교하지 못하게 될 것처럼 설교하리라. 그리고 죽어가고 있는 사람이 죽어가고 있는 사람들에게 하는 것처럼 그렇게 설교하리라.

신의 공적 사역에 집중되었다. 예루살렘에 계실 때, 그분은 매일 성전에서 가르치셨다(눅 19:47; 21:37; 22:53). 그리고 사람들이 모이는 어느 곳이든, 그분은 권면이나 교훈, 또는 예화로 가르치기 위해 입을 열 준비가 되어 있었다(요 7:37; 마 5:13). 복음의 첫 일꾼들과 초대 교회의 교부들은 주님의 본을 바짝 따랐다.[59]

사도 바울은 말씀을 과도하게 전파하는 데에서 생기는 위험성보다는, 나태함에서 훨씬 더 큰 위험성을 보았다. 그러므로 그는 주님앞에서 회계할 그 날을 엄숙한 마음으로 바라보고 "때를 얻든지 못 얻든지"(딤후 4:1-2) 즉시 말씀을 전하라고 그의 사랑하는 디모데에게 엄하게 명령하고 있다. 정기적으로 일상적인 설교를 할 뿐 아니라, 양심의 깨우침의 인도를 따라, 예상하지 못했던, 또는 적절하지 않게 보이는 모든 상황까지 포함해서 설교하라는 뜻이다. 이 근면함이 덜 필요하며 더 적게 의무지우며, 또는 덜 효과적이게 만드는 것이, 현재에는 어떤 것이 있는가? 우리와 함께 있는 이 회개하지 않은 많은 청중은 초대 교회 때만큼 많지 아니한가? 그들 중에 있는 그리스도의 어린 양이 설교자 없이 어떻게 주님의 목소리를 들을 수 있겠는가?(요 10:16, 27; 롬 10:14) 그 어떤 다른 수단도 하나님의 의사소통의 이 지정된 통로를 대신할 수는 없을 것이다.[60]

주일 설교의 횟수는 체력과 또 통제할 수 없는 다른 상황들에 따라 달라져야 한다. 헌신된 사람의 설교하고 싶어 하는 마음은 보통 오직 육체의 연약함 때문에만 제한을 받는다. 우리 교구 교인들의 일치된 목소리에 따라, 우리는 갑절의 설교 의무를 감당하도록 요청받기 시작

---

[59] 행 4:42; 19:9; 20:18-21; 28:23. 그리고 교부들의 설교문들. 렘 26:5; 학 2:10, 20과 비교해 보라.
[60] 비록 자기 펜으로 데살로니가 교인들과 계속적인 교제를 가졌기는 하였지만, 기독교의 가르침이라는 그들의 유익을 위해 사도 바울은 여전히 그들의 얼굴을 보고 싶어 하였다. 살전 3:10.

한다. 세 번째 예배를 드리는 것이 바람직하거나 또는 실행가능하다면, 이 설교들 중의 하나를 세 번째 예배에 익숙하게 반복할 수 있을 것이다. 연속적으로 세 가지 주제를 다루어야 하는 수고와 기쁨을 오래도록 지탱할 사람은 별로 없을 것이다. 그리고 우리 교인들의 소화력도 그렇게나 많은 양의 양식을 받을 수도 없을 것이다. 그래서 소화해야 할 것을 더 보태는 것보다는, 반복의 방법이 도움이 된다.

이 근면함 속에는, 일상적으로 하는 공식적인 주일 설교보다 훨씬 많은 것들이 포함되어 있다. 그런 기계적인 설교는 목사와 그의 양 무리 사이에 존재하는 아비로서의 의무들을 잘못 표현하고 있다. 아버지라면, 자기 사랑하는 아들이 계속적으로 임박한 위험에 처해 있는데, 이렇게 정기적으로 약한 훈계만 하는 것에 만족하겠는가?

우리 교회의 연대기는 설교의 근면함을 보여주는 좋은 본보기들을 제공하고 있다. 후퍼는 "설교하지 않는 고위 목사들" 중의 한 사람이 아니었다. 이런 목사들은 솔직한 라티머(Latimer)의 분노와 충고를 자극시켰다. 그는 다음과 같이 말하곤 했다. "감독은 하루에 한 번의 설교가 많다고 불평해서는 안 된다."[61]

아마도 라티머 자신의 관례는 이 횟수를 초과하였을 것이 틀림없다. 폭스(Foxe)는 다음과 같이 우리에게 알려 주고 있다.

> 두 교구 (글루스터[Glucester]와 워체스터[Worchester])의 감독으로서, 라티머는 그 두 교구 중의 한 교구와 그 두 교구 둘 다를 동시에 관할하고 지도

---

61 "하루에 열다섯 번의 제사도 바알의 제사장들에게는 충분하지 못했다. 그런데 하루에 한 번의 설교는 좋은 감독이나 목사가 감당할 수 있는 것 보다 더 많아 보인다." 왕과 의회에게 전달한 Hopper's Confession, 1550. 매일 설교는 감독이 해야 할 크리소스톰의 규칙이었다. (자기 아래 목사들에게도 적용하였을 것임은 의심의 여지가 없다.) De Sacer. Lib. vi. 4. 만일 그 규칙을 문자 그대로 실천할 수 없다면, 적어도 그것을 기준으로 삼고 그런 정신에 가까이 가려고 노력은 하자. Burnet's Pastoral Care, ch. vi를 보라.

하였는데, 마치 한 가정만 담당하고 있기라도 하는 것처럼 그렇게 부지런히 일하였다. 자기 가정의 어떤 아버지도, 자기 정원에 그 어떤 정원사도, 자기 포도원에 그 어떤 농사꾼도, 자기 교구 안에서, 자기 양 무리 가운데서, 거기 있는 사람들에게 가르치고 설교하면서 자기 관할 도시와 마을을 돌아다니는 라티머보다 더 많이 바쁘고 더 일을 잘 하는 사람은 없었다.

"감독은 설교하면서 죽어야 한다"는 주얼 감독의 말은 그의 죽음에서 놀랍게도 그대로 확인되었다. 그의 열심이 그의 죽음의 원인이 되었다고는 할 수 없더라도, 그의 죽음을 재촉했던 것 같았다.[62]

매튜 감독에 관해서는 다음과 같은 말이 전해진다. "그가 설교하였던 교회들을 따라가 보면, 그의 목회 일정을 알아내기가 쉽다." 고위 목사들을 완강하게 혐오하는 자들이 이 사도같은 감독의 본보기를 보고서는 잠잠해졌다.[63] 그는 설교를 '자기의 사랑하는 일'이라고 부르곤 했었는데, 요크 지방 정부는 그를 그 일에서 해임하지 않았다. 그래서 도전장이 교황에게 던져졌다.

저 요크(York)의 대감독, 토비아스 매튜(Tobias Matthew)는 비록 거의 80세가 다 되었지만 일 년에, 그레고리 대제 시대 이후로 당신들, 교황들 전부

---

[62] 솔즈버리(Salisbury) 궁에 보존되고 있는 Jewell의 이상한 초상화 밑 부분에 쓰여 있는 모토는 다음과 같다. "복음을 전하지 않으면 내게 화가 있으리라"(Vae mini, si non evangelizavero). 이것은 또한 Usher 자신이 자신의 대감독의 봉인(封印)으로 선택한 모토이기도 하였다. 이 말은 그가 설교에 점점 더 견실했음을 예증해주고 있으며, 그래서 결국 그의 높은 자리에까지 올라갈 수 있었다. 감독 직분에 대한 Augustine의 견해는 성경적이었다. "주교직은 명예가 아니라 의무의 호칭이다. 도움을 주지 않고 감독만 하는 것은 주교직에 합당하지 않다"(Episcopatus nomen est operis, non honoris-intelligat se, non esse Episcopum, qui praeesse dilexerit, non prodesse). Aug. de Civit. Dei. Lib. xix. c. 19.

[63] 고위 목사들에 대한 비난을 담은 것으로 유명한 Prynne의 저서에는 매튜 감독에 대한 언급이 없다.

가 설교했다고 당신들이 (교황 일당들) 증명할 수 있는 그 수보다 더 많은 설교를 합니다.[64]

그림셔(Grimshaw)와 웨슬리의 본보기는 우리 시대에 가까워서 우리의 공적 사역에 더 크게 헌신하게 하는데 자극제가 될 것이다. 그림셔 목사의 한가한 주간에는 열두 번 또는 열네 번의 설교 약속이 잡혀 있었다.[65] 웨슬리는 거의 50년의 순회 설교 기간 동안에 (많은 수의 권면은 제외하고라도), 40,000편 이상의 설교를 했던 것으로 추산된다. 그리고 1년에 평균 4,500마일을 여행하였던 것으로 생각된다. 이 전대미문의 수고에 어떤 불규칙이나 어떤 열심이 있었든, 이들은 대단한 성공을 거두어 존경을 받았으며, 이 수고는 그들의 노력의 주된 근원지가 "우리를 강권하시는 그리스도의 사랑"(고후 5:14)임을 보여 주었다. 그들의 방법이 미숙하였다고 우리가 비방함으로, 그들의 열심과 자기부인과 자기헌신의 자극이 우리의 부족한 목회에 전이되는 것을 방해하지 못하도록 하자.

그러나 설교의 부지런함에는 설교의 횟수뿐만 아니라 진리를 끊임없이 반복하는 것도 포함된다. 일꾼은 겉표면에 헐겁게 많은 못을 고정시키기보다는, 한 개의 못이라도 반복해서 여러 번 내려침으로 단단히 박으려고 애쓰는 법이다. 목사에게는 "같은 말을 쓰는 것이 수고로움이 없고 그 설교자의 교인들에게는 안전할 때가 많다"(빌 3:1). 땅이 열매를 많이 맺는 것은 '땅이 그 위에 자주 내리는 비를 흡수'하기 때문이다. 하늘의 소낙비가 끊임없이 반복해서 오면, 아무리 단단한 물체라도 영향을 받기 마련이다. 우리의 가르침은 비처럼 내려야 한다(신 32:2; 히 6:7). 그 가르침은 사랑의 온유함으로 뿐만 아니라 반복되는 성

---

64 Granger's Blog. Hist. vol. i, p. 343.
65 Newton's Life of Grimshaw, p. 51.

실함으로 자주 내려야 한다(사 28:10). 근본적인 진리들을 끊임없이 강조하는 것은 그들에게 깊고 실제적인 영향력을 끼치는데 필수적이다. 반론하는 사람들이나 또는 미혹하는 사람들이 지워버렸던 진리들이, 우리 사역의 중요한 화제 거리들이 되어야 한다. 그리고 또한 매일 이용하고 실천하는 진리는, 우리 목회가 끝나는 날까지 설교하여야 할 건전한 교리다. 게을러서 우리가 전에 설교하였던 것을 반복하는 것이 아니라, 주님의 발밑에 앉아 신선한 가르침을 기다리는 마음으로 반복해야 하는 것이다. 우리는 항상 배우고, 또 우리가 배운 것을 항상 가르쳐야 한다.[66]

6. 전심으로 하라

목사의 일은 순전히 하나님을 위하여 그리고 사람들의 구원을 위하여 하여야 하며, 우리 자신의 어떤 사적인 목적을 위하여 하여서는 안 된다. 그 자체로는 아무리 좋은 것이라도, 잘못된 목적은 모든 사역을 망쳐놓는다. 자기부인은 모든 그리스도인에게 절대적으로 필요하다. 그러나 목사에게는, 하나님께 갑절로 바쳐지고 헌신되었기 때문에, 그 갑절이 필요하다. 그리고 목사는 자기부인 없이 하나님을 단 한시간도 충성스럽게 섬길 수 없다. 열심히 연구하고 많은 지식을 쌓으며 감동적인 설교를 한

---

66 좋지 않은 일이 일어날 것을 시사하면서, 사도는 설교 준비를 열심히 할 것을 권면하고 있다. 딤후 4:2, 3. Owen은 설교를 부지런히 하지 않으면 안 될 동기들을 다음과 같이 열거하고 있다. "하나님의 명령, 자기 교회를 향한 그리스도의 사랑과 관심, 하나님의 인내와 오래 참음의 결말, 믿는 자들의 구원과 불순종하는 자의 정죄 속에 자기 영광을 미래에 나타내심, 인간의 영혼의 필요, 영적인 것들을 받는 타고난 능력의 연약함과 그것들을 보유하는데 기억의 연약함, 계속적으로 기운을 북돋워 줄 것을 요구하는 은혜의 연약함, 유혹의 빈번성과 다양성, 우리를 점진적으로 완전케 하시려는 그리스도의 계획." 그는 덧붙여서 말하기를, "그러나 이 임무의 법은 모든 충실한 목사들의 마음에 어느 정도 새겨져 있다. 그래서 그렇지 못한 사람들은 자기 자신의 짐을 짊어져야 한다." On Heb. vi. 7-8

다 해도, 목적이 옳지 않다면, 그것들은 모두 영광스러워 보이는 위선적인 죄에 불과하다.[67]

사역의 주된 목적은 하나님의 영광이다. "모든 것들을 즐겁고 거룩하게 만드는 것은, 한결같이 이 목적에 주목하는 것이다."[68] 이 목적이 우리의 본보기이신 주님으로 마음을 충만케 하고 진행과정을 인도한다(요 8:50; 5:41).

이것은 또한 사도의 정신이기도 하다(살전 2:6). 목사의 진정한 정신은 진지한 자기성찰의 결과요, 흔히는 심각한 영적 갈등의 결과로 빚어진다. (설교는 관찰의 일이라기보다는 경험의 일이 되어야 함이 명백하므로), 전심으로 설교를 하는 것이 매우 어렵다는 것을 우리는 경험을 통해 확실히 알고 있다. 설교 원고 작성만 해도 그렇다. 성경 연구의 얼마나 많은 부분이 이기적인 생각에서 흘러나와, 동일하게 부패한 통로로 흘러가고 있는가! 심지어 그리스도가 본문의 주제일 때에조차, 마치 우리 자신의 영광을 그 위에 매달기 위해 우리가 그리스도의 십자가를 높이 떠받치고 있기라도 한 것처럼, 자아는 우리 설교의 본질이자 실체가 될 수 있다.

우리 주님이 직접 임재하시는 강단에서, 우리의 설교 전달에, 우리의 목소리 어조에, 말의 강조에, 활력을 주는 것은 무엇인가? 주 그리스도 예수를 전하는 그 형태와 행위 속에, 우리 자신을 전하고 있지는 않은가? 만일 그 순간의 충동 속에, 어떤 유효한 내용이 우리로부터 떨어진다면, 자기만족이나 현재의 효과에 대한 기대감, 또는 그 실패에 대한 실망감이 수반되지 않는 경우란 얼마나 드물겠는가! 회중 속의 신앙좋은 사람들이나 또는 지식 계층의 사람들의 인정을 상관하지 않고 설교

---

[67] Baxter's Reformed Pastor.
[68] Leighton.

하기란, 얼마나 어려운가! 평범하고 진부하다는 말을 듣게 될지도 모른다는 두려움을 눌러야 하고, 또 독창적이고 능력 있다는 말을 듣고 싶은 욕망을 억눌러야 하는 것은 얼마나 큰 고투인가! 우리 재능들을 겸손이라는 은혜 속에 가라앉히기가 얼마나 어려우며, 그 동일한 생각을 덜 강요하지만 더 쓸모 있는 옷으로 입히기 위해서, 우리가 고상한 취향을 가진 재능있는 사람이라는 칭찬을 듣게 할 수도 있는 그것을 억누르기가 얼마나 어려운가! 설교가 유익하게 적용이 되었는지를 알고 싶은 욕구보다는, 설교가 칭찬을 들었는지 아닌지를 알고 싶은 욕구가 더 자연스럽게 일어나지는 않는가?

그리고 우리가 무관심한 사람들 밖에 만들었다고 느껴질 때, 마치 우리가 그 날의 상을 놓친 것 같은 기분이 된다. 이런 식으로, 유익해지고 싶은 욕구를 우리 자신의 이름의 영광과 이기적인 생각과 연결 짓는다. 하나님이 우리 양떼들 가운데서 우리를 낮추고 계심이 틀림없다는 생각에 견딜 수 없어 한다. 그리고 양들이 우리를 '금 그릇이나 은 그릇이' 아닌, '나무 그릇이나 질그릇' 같이 열등한 가치를 가진 그릇들로 생각하고 있다는 것을 참을 수 없어 한다(딤후 2:20).[69]

---

[69] 솔로몬의 지혜로운 경구, 잠언 25:27을 보라. 고대의 한 교부는 자기 설교를 듣고 칭송하는 말을 듣고 자주 울곤 했다고 한다. "차라리 그 사람들이 조용히 생각에 잠겨 하나님께로 나아갔으면 좋을 것이다!" "회중이 조용히 묵상하고 하나님께 나아가면 얼마나 좋겠는가? 목사의 설교가 회중의 칭송이 아니라 회중들의 심령을 울리고 눈물을 흘게 한다면 그것이 곧 목사에 대한 칭송이다"(Docente te in Ecclesia, non clamor populi, sed gemitus suscitatur. Lachrymae auditorum laudes tuae sunt). Hieron. ad Nepot. "Libenter vocem audio, non qui sibi plausum, sed qui mini planctum movet." Bern. Serm. 59. Cantic. "나는 심각한 설교자들이 좋다. 그 사람들은 자기 자신이 아니라 나를 위해 말하기 때문이다. 그 사람들은 나의 구원을 바라지 자기 자신의 헛된 영광을 바라지 않는다." Fenelon's Letter to the French Academy, Sect. 4. p. 230. (Chalmers 박사는 말하기를), "한 연약한 인간이 자기 형제 죄인들에게 둘러싸여서 급히 무덤으로 내려가고, 심판이 그들과 함께 따라가고 있는 때에, 천사들을 울게 만든다는 것은 확실히 비참한 일일 것이다. 단지 자기 주인의 일을 성실하게 하고 명백 단순한 복음의 진리들을 가지고 회개와 믿음의 일을 촉구하기보다는, 자기 청중에게 자기 자신을 과시함으로 자기 청중을 기쁘게 하는 것을 자기 마음에 더 귀한 것으로 여기는 것은 놀라운 일이다!" Sermons, ut supra, p. 25.

백스터의 심각한 말은 자기 시대만큼이나 우리 시대에도 똑같이 적용할 수 있다.

> 형제들이여, 나는 여러분에게 간청하노니, 목회사역에서 어떤 미끼들이 이기적으로 생각하라고 미혹하고 있는지 잘 생각해 보십시오. 즉 경건의 가장 높은 사역에 있어서조차, 육적이고 세상적이 되라고 미혹하는지 깊이 생각해 보십시오. 경건한 사람의 명성은 학식 있는 사람의 명성만큼이나 큰 덫이 됩니다. 그리고 경건을 가지는 대신에, 경건의 명성을 가지고 사역을 하는 그 사람에게는 화가 있습니다!
> '진실로 내가 너희들에게 말하노니, 그들은 그들의 상을 이미 받았느니라.'(마 6:16) 시대가 학식과 헛된 형식을 숭상할 때에는, 자만의 유혹이 그 길에 누워 있었습니다. 그러나 지금, 하나님의 말할 수 없는 그 자비로 말미암아, 매우 활기찬 실제적인 설교가 인정을 받고 있으며, 경건함 그 자체가 인정을 받고 있습니다. 그래서 지금 교만한 사람들을 유혹하는 것이 여기 있으니, 열심 있는 설교자인 척, 경건한 사람인 척 하는 것입니다. 사람들이 우리 설교를 듣기 위해 몰려들어 우리 설교의 영향을 받게 만들고, 또 우리가 그들의 판단력과 감정에 명령하는 것은 얼마나 멋진 일처럼 보입니까!
> 사람들이 당신을 '이스라엘의 병거와 마병'이라고 부르게 만드는 것은, 그 사람들을 당신에게 의존하게 만들어서 당신의 통치를 받게 만드는 것은, 얼마나 멋진 일이겠습니까! 비록 이것이 그들의 임무 그 이상은 아니더라도 은혜만 조금 있으면, 당신을 그들을 위해 열심을 내는 사람으로 보이게 만드는 데 도움이 될 수도 있을 것이다.[70]

---

70 Reformed Pastor. "목사들에게 수차례 불안감을 일으키는 것은 자기사랑의 원칙이다. 이 자기애는 우리가 사람들의 마음을 변화시켜 놓았다는 것에 남모르는 기쁨을 추구하게 만든다. 인간의 영혼은 자기 자신이 수고한 것이 성공했을 때 스스로를 기쁘게 하다. 그리고 하나님의 영광 외에 그 어떤 다른 목표도 제시하지 않은 것으로 보였을 때 자기애의 속임수가

현대의 성격이 유독 이 전심의 정신을 어렵게 하고 있을지도 모른다. 새로운 것을 좋아하는 것과 지성을 우상화하는 것은 늘 괴롭히는 덫이 된다. 이 덫을 가지고, 간교한 원수는 교회를 "그리스도를 향하는 진실함과 깨끗함에서 떠나 부패"(고후 11:3)하게 만들고 있다. 목사가 이 유혹들의 영향을 완전히 받지 않는 가르침의 분위기를 유지하기란 쉽지 않다. 마음을 위한 양식을 공급해주는 것보다, 지식를 위한 양식을 더 많이 공급해주는 데 커다란 위험이 있다. 그리고 양심에 밀접하게 적용시켜줄 수 있는 중요한 기회들이, 욕망적인 공상과 교묘한 이론들, 꾸며진 말들 속에서, 조금씩 허비되어 없어지는 위험이 있다.

우리 사역에 대한 영적인 열정을 더하기 위해 부지런히 일하면서 하나님을 기다리기보다는, 사람들 눈에 띄지 않는 한적한 시간에 인간을 기쁘게 하려는 계획들이나 세우고 있는 것보다, 우리 목회의 영성에 더 해로운 것은 없다. 우리의 직분을 자기의 이기적인 욕심을 채우는 발판으로 삼는 것의 위험성은, 매우 뛰어난 목사들이 인정하고 있는 바이다. 작고한 한 훌륭한 목사의 일기에서 발췌한 다음의 실천들은 우리 많은 사람들의 공감을 일으킨다.

> 나는 내 마음 속에서 유용한 설교를 하겠다는 거룩한 바램보다는, 설교를 잘 하고 싶다는 불안의 죄를 짓는다. 하나님의 영광을 구하기보다는, 오히려 내 자신의 영광을 구하는 내 자신이 두렵다. 나는 이 죄를 고백한다. 나는 내 마음으로부터 그 죄를 회개한다. 나는 그 죄를 용서해주시기를 바란다. 그리고 그 죄를 내 마음으로부터 제거해 주시기를 바란다.

발견되기란 어렵다." Bishop Godeau's Past. Instructions, pp. 44-45. "여기서, 자기 자신의 유익을 위해서가 아니라 영혼의 유익을 위해서, 그리고 하나님의 나라의 세움을 위해서 설교하는 한 복음 전도자의 완벽한 패턴을 보라." Quesnel on Matt. iv. 23-25.

또한 그가 쓰기를, "못된 교만과 자기만족의 죄로 망친 저녁이다. 나의 거울 내내 아직도 죽이지 못하고 있는 못된 잡초가 깊이 뿌리를 내리고 있다. 오 그것이 마침내 뿌리째 뽑히기를!"[71] 그러므로 테일러 감독이 자기의 목사들에게 했던 다음의 충고는 참으로 적절한 것이었다.

> 아무도 사람들의 칭송을 들으려고 설교하지 마십시오. 그러나, 그런 노력에도 불구하고 칭찬을 듣게 되었다면, 즉시로 경계하여 자신을 방어하고, 자신의 허영심을 막아주시도록 기도하십시오. 그리고 인정과 감사의 즉각적인 행위를 취하여, 하나님께 영광을 돌리십시오. 기억하십시오. 헤롯은 이것을 게을리하다가 천사를 통해 징벌을 받았습니다. 그리고 하나님의 심판이 사람들에 대한 선고가 아닌 다른 것이 될까 두려워 떠십시오.[72]

모든 악 중에 가장 파괴적이고 가치를 떨어뜨리는 악은, 우리의 거룩한 직분을 우리 자신의 훌륭함을 보이기 위한 수단으로 전락시키는 것이다. 십자가의 영광을 우리 자신의 교만과 맞바꾸는 매춘 행위요, 우리의 칭송을 받으실 주님의 영광을 베일로 덮는 행위요, 심지어 그분을 높이는 일을 하면서도 그분에게서 강도질을 하는 행위이다. 이런 일은 우리 사역의 큰 목적을 보지 못하기 때문에 생기는 것이다. 우리 사람들에게 우리 주님을 천거하는 대신에 자기 자신을 추천하는 것이

---

[71] Biographical Portraiture of Rev. J. Hinton, p. 116. "내가 할 수 있는 최선으로 공적 사역에 내 자신을 맞추어야 한다는 것을 나고 알고 있다. 그런데 이것이 나의 비극이다. 내 자신의 자존심과 자신감을 위해 나는 공부하고 준비한다." Brainerd.

[72] Clergyman's Instructor, p. 108. "사람들이 영생의 떡으로 자기 영혼을 먹여야 할 그 때에 울리는 말로 사람의 귀를 가득 채우지는 않을까, 말 잘하는 모든 설교자들은 경계해야 한다. 하나님을 존귀하게 하기보다는 자기 자신을 존귀하게 할까 두려워하라. **만일 사람이 근사한 말을 할 작정으로 강단에 올라간다면, 그 사람은 치명적인 죄를 범하고 있는 것이다.**" H. K. White.

다. 우리 메시지를 교인들의 양심에 맞추기보다는, 우리 자신을 교인들의 호의에 맞추려는 것이다. 이것은 진리로부터 점차적으로 떠나는 그 기초를 놓아서, 그에 비례해서 우리 사역의 권능을 약화시키는 것이다.

> 우리 일은 사람들로 하여금 우리의 달변을 생각하게 만드는 것이 아니라, 그들 자신의 영혼을 생각하게 만드는 것이다. 우리의 훌륭한 언어에 주목하게 하는 것이 아니라, 그들 자신의 영원한 유익에 주목하게 만드는 것이다.[73]

우리 임무는 '기쁘게 하는 것이 아니라, 느끼게 하는 것'이다. (한 옛 저자가 표현하였듯이), '귀를 어루만져주는 것이 아니라, 마음을 쓰다듬어주는 것이다.'[74] 리치몬드 목사는 다음과 같이 잘 말하였다. "나는 그

---

[73] Smith on the Sacred Office, Lect. xviii. 자신의 초기 사역이 이 성격을 가지고 있었다는 것은 Augustine에게는 몹시 통탄해야 할 일이었다. "가르치기 위해서가 아니라 회중의 마음에 들기 위한 아부이다"(ut placeret, non ut doceret). Jerome은 자기 시대에 대해 많은 것을 불평했다. "성경의 진리를 깨닫게 하는 것이 아니라 미사여구로 회중의 마음을 사로잡는 것이다"(Id habent curae, non quomodo scripturarum medullas ebibant, sed quomodo aures populi declamatorum flosculis mulceant). "그런 본문에 대해 나는 얼마나 많이 말할 수 있는가 또는 얼마나 우아하게 말할 수 있는가 라고 속으로 말하지 말라. 오히려, 내 말을 듣고 있는 저 사람들에게 말할 수 있는 좀 더 유익한 말은 무엇일까? 저들의 정신에 가르침을 주기 위해, 저들의 양심의 가책을 느끼게 하기 위해, 그리고 저들의 마음을 설득하기 위해 나는 무슨 말을 해야 할까를 생각하라. 종이 위에 설교할 말들을 적는 것, 또는 한 시간 동안 주장해야 할 것을 당신의 목표로 삼지 말라. 한 영혼을 구하는 것을 주요 목표로 삼으라." Watts's Humble Attempt, pp. 19-20.
[74] "Pungere, non palpare"는 Jerome이 설교자의 말이 어떠해야 할 것을 지시한 것이다. 이 이기적인 정신의 폐해 중에 하나는 비판 정신을 가지고 우리 청중에게 격려하는 것이다. 이것이 사역의 주요 해악이다. 더군다나, 근사한 설교자로 보이고 싶은 욕구는, 심지어 그 정도의 탁월함에 도달했다 해도, 당신에게는 어울리지 않는 것이다. 당신의 스타일은 주제에 적합한 생각과 감정을 제대로 표현하는 대신에, 인위적인 아름다움을 표현하기 때문이다. 도입도 적절하지 않고, 묘사에 수고를 쏟으며 감정적으로 표현한다. 생각과 언어에 고상한 질서의 아름다움은 무시해버리거나, 지나친 채색 속에 그 아름다움이 사라져 버린다. (젊은 목사는 이 점을 잘 생각해보기 바란다.) 그래서 우리 힘을 말의 미사여구에 모두 써

어떤 의미로도 인기 있는 설교자가 되고 싶은 바람은 없다. 그러나 사람들의 마음에 설교하는 설교자가 되고 싶은 바람이 있다."[75] 복음은 결코 과시하려는 의도가 없다. 오히려 세상의 유익을 위하여 보물처럼 나누어주어야 한다. 그래서 우리가 우리 직분의 정신으로 가득 차 있는 한, 한 영혼을 그리스도의 무궁한 부요로서 부요하게 하는 일을, 이 세상의 면류관의 위엄과 존귀를 수여받는 것보다 더 오래 지속되는 보상으로서 우리는 높이 평가할 것이다.

이 전심의 정신이 없이는, 성공을 기대하기란 어렵다. 사실 이 성공의 문제는 하나님께로부터 오는 것이다. 그러나 그 예법과 복장, 그 신념과 과시는 '허영의 제단 위에 던져진 향'에 지나지 않는다.[76] 우리는 진술에 있어 분명하게, 내용에 있어 설득력 있게 설교할 수도 있다. 그러나 하나님의 영광을 위하여 전심으로 모든 것을 하는데 일상적인 결점은 우상 목자가 (자기 자신의 우상과 자기 교인들의 우상이 되고 싶다는 그 욕망의 우상) 받을 끔찍한 화를 우리에게 가져온다. 이런 목자의 사역은 시들어 버리고, 그의 판단은 흐려졌기 때문이다(슥 11:17).

우리가 아무리 부지런히 그분을 섬기는 일을 한다 할지라도, 사실은 아무것도 한 일이 없다. 하나님을 위해서 한 것이 아니라, 자기 자신을 위해서 한 일이라면 어떤 목적도 이룬 것이 아니며, 받아들여지지조차 않기 때문이다. 그래서 수고를 많이 했던 한 목사는 이기적인 목적을 위해 하나님의 일을 했었다.

그는 마침내 다음과 같은 그로티우스의 뼈저린 한탄과 함께 무덤 속

버림으로써, 우리는 생각의 설득력을 잃게 된다. 그렇게 되고 싶다는 욕망을 버리게 되기까지는, 우리가 진정으로 설득력 있는 설교자가 되지는 못할 것이다. 우리가 설교하는 주제와 함께 우리의 설교도 높이 올라가게 될 것이며, 그러한 설교에 우리는 전념하게 될 것이다

75 Richmond's Life, p. 50.
76 Hall's Sermon, p. 45.

으로 들어가게 될지도 모른다. "아하! 나는 아무것도 아닌 일을 수고로이 일하느라 내 생명을 잃었도다." 만일 그가 하나님의 일에 도구로 사용되었다면, 그것은 오직 종으로서 쓰임 받은 것이다. 그 종은 자기가 자기 주인의 손님들에게 나누어준 음식의 맛을 결코 보지 못했다. 혹은 의사로서 쓰임 받았었을 것이다. 그 의사는 다른 사람은 고쳤지만, 자기 자신은 고치지 못했다.[77]

경건한 전심은 그것이 만지는 모든 것마다 금으로 바꾸어놓는 연금술이다. 그리스도가 모든 것에서 최고의 위치를 갖게 되기를 바라고, 그 마음의 상응하는 표현이 "그는 흥하여야 하겠고 나는 쇠하여야 하리라"(요 3:30)가 되는 그 최고의 욕구는, 달란트와 판단력의 결핍을 보상하게 될 것이다. 이것이 "신랑의 친구들"(요 3:29)이 가지고 있는 참 성격이다. 신랑의 친구들은 자기 자신을 위해서가 아니라 그분을 위해 구애하며, 우리의 영광이 아니라 그분의 영광을 구하고, 우리가 존경을 얻기 위해서가 아니라 죄인들을 그분에게 데리고 오려고 열렬한 어조의 설교를 하기 때문이다. 우리의 특권은 복음의 시중을 드는 것이다. 그리고 그리스도인의 전심의 투명한 매체를 통해 우리 주님의 영광을 반사하는 것이다. 이 유익함은 인기와는 상당히 구별된다. 그러나 영혼들을 그리스도께 인도하는 일의 성공과 비교해볼 때, 사람의 존경은 얼마나 보잘 것 없는 것인가![78]

---

[77] Massillon의 엄중한 말이다. "자기가 선택한 자를 구원할 때 하나님은 때때로 도구들을 사용하신다. 그리고 후에는 그 도구들을 버리시기도 한다." 고린도전서 9:27을 생각하게 하는 말이다. 심각하게 자기에게 적용시켜 보아야 할 말은 아닐지!

[78] Cotton 목사는 캠브리지에 있는 한 대학에서 설교를 하였는데, 지혜의 말씀보다 말씀의 지혜를 더 좋아하는 사람들로부터 많은 칭송을 들었다. 그러나 사역의 참된 원칙들을 분명하게 이해하게 되자 그는 그 불길에 전념하였다. 결과적으로 동일한 강단에서 더 성경적인 품격으로 설교하게 되어, 그의 설교는 하나님의 축복을 받아 그 당시 가장 고명한 목사의 하나가 되었다. Dr. Preston. Mather's New England, Book iii. pp. 15-16.

참으로 복음을 설교하려고하는 자는 그리고 자기를 설교하려 하지 않는 자는, 자신의 이름을 내고 자기를 신봉하는 사람을 획득하려 하기보다 다른 사람을 유익하게 하는 데 더 관심이 있다. 그리고 이것으로 자기의 묵상과 설교 모두를 측정하게 만드는 데 관심이 있기보다는, 자기 일들을 가장 밝은 곳에 두어서 자기 교인들에게 가장 유익이 돌아가도록 그것들을 천거하는 데 관심이 있는 사람이다. 이렇게 만들어지고 이렇게 틀이 잡힌 사람은 자기 일을 실패할 수 없다. 어느 정도는 확실히 성공을 거둘 것이다. 그의 입에서 나간 말은 다시 되돌아오지 않을 것이다. 그는 자기 면류관을 가지게 될 것이고, 그가 수고한 것에서 상을 받게 될 것이다. 말할 수 있는 모든 것을 말하기 위해 사도 바울의 한 마디를 빌리자면, 그는 자기 자신도 구원하고 자기 설교를 듣는 그들도 구원할 것이다.[79]

7. 사랑으로 하라

사랑은 우리 직분을 아주 크게 구별해주는 특징이다. 그것은 하나님의 자비의 가슴으로부터 흘러나오는 구원을 나타내준다. 하나님의 자비는 사랑이 매우 많은 성부와 피 흘리는 구주와 충실한 보혜사를 보여준다. 그래서 모든 설교의 정신은 "하나님은 사랑이라"가 되어야 한다. 그러므로 우리 사역 도처에 우리 사명의 생명과 성격을 불어넣도록 하기 위해, 우리 사명의 틀 속으로 우리 자신을 던져 넣어야 한다.[80]

---

79 Burnet's Pastoral Care, ch. ix.
80 "만일 사람이 나에게 전해줄 굉장히 좋은 뉴스가 있다면, 그는 화를 내면서, 열을 내면서, 그리고 혼란스런 태도로 그 일을 하지 않을 것이다. 그러므로 어떤 이유로 꾸짖는 목사는 자기 사명을 이해하고 있지 못하다는 것을 증명할 따름인 어떤 행위를 어떻게 정당화시킬 수 있을지 생각해보기가 쉽지 않다." Cowper's Letters. Paley는 로마서가 그리스도인의 사랑을 아주 아름답게 말한 특징을 가지고 있다고 하였다. 그는 그것을 잘 예증하였는데, 그 예증을 별로 재미없는 진리의 진술과 잘 혼합하여서 청중의 주목을 사로잡았다. 이

"사랑으로 진리를 말하는 것"(엡 4:15)은 아마 우리 직분을 몇 마디의 적은 말로 가장 완전하게 묘사한 것일 것이다. 거짓 사랑때문에 사람의 기분을 상하게 하는 진리를 전하지 않으려고 하는 사람들이 있다. 또 어떤 사람은 진리를 두려움으로 말하기도 한다. 자신들에게 불리한 결과들이 올까 염려하는 까닭이다. 또 어떤 사람들은, 마치 자기의 책임이 영혼들을 그리스도께로 인도하는 것이 아니라 단순히 자기 자신의 영혼을 전달하는 것이기라도 한 것처럼, 오직 충실하게 진리를 전달하기만 하는 사람들도 있다.

사랑은 우리 사역의 전체 분위기에 퍼져있어야 한다. 사랑의 정신을 정확하게 나타내지 못하면 진리의 대의명분이 약화된다. 성경은 우리 사역의 내용뿐만 아니라 그 성질까지도 결정한다. 자기 자신의 경우를 예로 들어, 한 사도가 우리에게 확신시켜주기를, 만일 그가 "사람의 방언과 천사의 말을 할지라도" 사랑이 없으면 자기는 "소리 나는 구리와 울리는 꽹과리"보다 더 나을 바가 없을 것이라고 한다(고전 13:1). 사랑에 찬 어조로 그리고 활기에 찬 어조로 설교를 하면서, 강단에서 회중석에 앉은 그리스도인들을 "어머니와 자매와 형제"로 내려다보는 것은 얼마나 기쁜 일인가! 심지어 회심하지 않은 자들도 그렇다. 회심의 가장 많은 열매를 맺는 때는 잃어버린 죄인들을 우리가 몹시 사모하고 있을 때이기 때문이다. 이것이 우리 주님의 정신이다.[81]

그러므로 주님은 그것을 존귀하게 여기기를 가장 기뻐하시는 것이다. 게다가, 그러한 사역의 그 강한 힘을 느끼지 않는 사람이 누가 있

것은 양심의 가책을 불러일으키는 가장 효과적인 방법이었다. 그의 Horae Paulinae를 보라. 옛 저자가 말한 바와 같이 이것은 "단지 정서적인 반응만을 불러일으키는 것이 아니라, 또한 (그렇게 말해도 된다면), 설교를 좀 더 뚜렷하고 재치 있게 만들어주기도 한다. 끝까지 청중의 마음을 완전히 꿰뚫어, 결국 마음 전체를 사로잡게 되는 것이다." Hemminge ut supra.

81 마 9:36; 눅 19:41-42; 신 5:29; 시 81:13; 겔 18:31; 호 11:7-9. Bowles, Lib. i. c. 21과 비교해 보라.

겠는가? "내가 이제도 눈물을 흘리며 말하노니"라고 말할 때, 그 감동적인 선언이 얼마나 큰 힘을 지니겠는가?[82] 이 점에 관련하여 해딩턴(Haddington)의 브라운 목사를 존경한 증거는, 설득력의 증거나 독창성의 증거보다 훨씬 더 중요하다. 비록 눈물 없이 신체적인 고난이나 가정의 환란을 견딜 수는 있었지만, 죄인들에게 그들이 처한 위험을 경고해주고, "하나님과 화목하라"고 그들에게 간청했을 때, 그는 자기 감정을 주체할 수 없었던 때가 자주 있었다고 한다.[83]

만일 이 사랑의 정신을 그에 상당하는 부드러운 호칭으로 표현할 수 있다면, 효과가 배가 될 것이다. 사도들은 뜨겁게 사랑하고 있음을 표현하는 언어로 자기 사람들을 부르곤 했다.[84] 초기 교부들의 존재하는 편지들과 키프리안과 어거스틴의 가장 뜨거운 설교와 크리소스톰의 설교에는 이 성격이 강하게 스며있다.

---

82 빌 3:18. "오! 설교자의 자연스러운 눈물로 뿌려진 저것은 얼마나 깊이 마음속으로 스며들어가는가!" Robinson on Claude. Calvin은 이 점에 관해 훌륭한 말을 하고 있다. "죄를 꾸짖는 설교를 하는데 이상하게 뜨거운 회개를 하는 회중들이 많이 있다. 목사가 회중을 울게 하기 전에 먼저 울고, 분노의 고성보다 깊은 생각 속에서 괴로워 하고, 회중이 고통을 느끼기 전에 먼저 고통을 느끼는 것이 목사의 표지이다"(Sunt multi clamosi reprehensores, qui in vitia declamitando, vel potius fulminando, mirum zeli ardorem prae se ferunt; interea securo sunt animo, ut videantur per lusum guttur et latera exercere velle. At pii pastoris est, flere secum, priusquam alios ad fletum provocet; tacita cogitatione discruciari, priusquam indignationis signa edat; et plus retinere apud se doloris, quam allis faciat). In 2 Cor. ii. 4.
83 Brown's Life, p. 22. Winter목사는 자기 친구 Whitefield 목사에 대해 다음과 같은 말을 하고 있다. "그 사람이 눈물을 흘리지 않고 설교하는 것을 나는 거의 본 적이 없었다. 그의 눈물은 진정한 눈물이었다고 나는 진심으로 믿는다. 나는 그가 강단에서 이렇게 말하는 것을 들은 적이 있다. '내가 운다고 여러분들은 나를 흉봅니다. 그렇지만 저도 어쩔 도리가 없습니다. 여러분의 불멸의 영혼이 멸망의 위기에 직면해 있는데, 여러분은 자기 자신을 위해 울지 않습니다. 정확히는 모르겠지만, 여러분은 여러분의 최후 설교를 듣고 있어서, 여러분에게 주어진 그리스도를 가질 기회가 더 이상은 없을 수도 있습니다.'" Jay's Life of Winter, pp. 27-28. 체질적인 이유 때문에 사랑을 밖으로 드러내 표현하는 것이 매우 다를 수 있을 것이다. 또한 사랑의 마음의 증거로서 꼭 필요하니까 우리가 눈물을 흘려야 한다고 주장하고 있는 것도 아니다. 그렇지만 여기에서 이 정신은 영혼을 진짜로 그리고 뜨겁게 사랑한다는 것을 충분히 보장하고 있어서 우리가 모방해도 좋을 것이다.
84 빌 4:1과 비교해 보라. 그리고 다른 편지에서의 동일한 사도의 인사말과도 비교해 보라.

호감을 주는 피넬론 목사는 말하였다.

> 나는 모든 복음사역자에게, 아버지의 관대한 에너지와 어머니의 철철 넘치는 애정을 가지고 있는 한 친구의 열정을 가지고 자기 청중의 이름을 부르라고 할 것이다.

이 사랑의 언어가 정숙한 통제를 요한다는 것은 자명하다. 그러나 마음에서 우러나오는 사랑의 건전한 표현은 많은 사람들에게, 우리 교인들과 사랑으로 접촉하게 하는 그런 교감과 관심과 친밀감을 불러 일으킬 것이다. 우리의 기도와 감사 속에(롬 1:9; 고전 1:4; 엡 1:6; 빌 1:3-4), 그들의 안녕을 바라는 우리의 사랑의 관심 속에(살전 2:7-8), 그들을 섬기는 우리의 헌신 속에(고후 12:15), 그리스도인으로서 그들의 진보를 바라는 우리의 뜨거운 마음속에(고후 12:15), 그리고 우리 자신의 행복과 그들의 행복을 강하게 연결하는 마음속에(살전 3:8; 요이 4; 요삼 4), 그들을 기억하고 있음을 그들 앞에 이따금 알려주어도 좋을 것이다. 이러한 정신은 우리 사이에 유대를 결속시키는 데 가장 유익하게 이바지할 것이다.

이 사랑의 정신은 책망의 언어에도 깊이 스며들어 있어야 한다. 우리는 훈계해야 한다. 그러나 "오래 참음으로"(딤후 4:2) 훈계해야 한다. 흔히 가장 애정 어린 간청이라도 저항할 그 완고함까지도 우리는 참아내야 한다. 온유와 부드러움과 그리고 인내는 복음을 반대하는 자들을 가르치는 우리의 가슴에 낙인처럼 찍혀 있어야 하는 것이다(딤후 2:24-25). 죄인된 그들의 양심을 우리는 상하게 해야 한다. 그러나 인간으로서 그들의 감정을 상하게 해서는 아니 된다. 불필요한 적대감 자극은 조심스럽게 피해야 하며, 그들의 죄를 열어 보여 그 죄가 "한 친구의 상처"가 됨을 충실하게 보여주어야 하며(잠 27:6), 책망은 아버지의 책망처럼 하여야 한다(고후 2:4; 12:14-21). (우리가 현재 그들의 상태에 연민을 가지고 형제 죄인으로 생각하고 있는 것은 말할 것도 없이), 우리 자신의 이전 상태를 회고해본다면, 우리가 하는 책망의 말에 상당한 부드러움을 가져다 줄 것이다.[85]

이렇게 하면, 그 적용을 약화시키지 않으면서도 그 마음을 대단히 부드럽게 만들어 책망을 받아들이게 될 것이다. 그래서 그 책망은 "청종하는 귀에 금 고리와 정금 장식"같은 지혜로운 자의 책망이 될 것이다(잠 25:12). 우리 교인들의 양심에 매우 가깝게 그리고 매우 능력 있게 말하게 되는 것은, 우리가 우리 자신의 죄성을 가장 통렬하게 느낄 때이다.

그러나 특별히 이 사랑의 정신은 주님의 고난을 엄중하게 전달하는 가운데 배양되어야 한다. 우리가 이상한 불을 거룩한 제단의 불과 섞지 않게 하기 위함이다. 어떤 목사들은 인간적인 열정을 그들의 열심과 결부시키는 것처럼 보인다. 마치, 하나님의 진노에 대해 설교할 때, 그들은 자기 자신의 분노를 폭발시키고 있는 것 같다. 이것은 사도들의 사역의 설득력과 얼마나 다른가!(고후 5:11; 신 32:2) 그리고 우리 주님의 부드러움과는 또 얼마나 다른 것인가! 주님은 마치 더 이상 자기의 불쌍히 여기는 마음의 열망을 누를 수 없기라도 한 것처럼, 자신의 위협적 경고가 가진 팽팽한 긴장감으로부터 "예루살렘아 예루살렘아"라는 말이 터져 나왔던 것이다(마 23:23-37).

자기 자신의 사랑하는 아들에게 유죄 선고를 내리지 않을 수 없었던 한 재판관을 생각해보면, 엄중함과 사랑이 결합된 것이 어떤 것인가를 예증해줄 것이다. 이 사랑의 마음을 가지고 그리스도의 사역자는 항상

---

[85] 딛 3:2-3을 보라. "죄인에게 말하기에 나는 결코 적합한 사람이 아닌 것 같았다. 나 자신이 상한 심령을 가졌을 때와, 낮아져서 회개 속으로 녹아들어갔을 때와, 마치 내가 내 자신의 영혼에 방금 용서를 받기라도 한 것처럼 느꼈을 때와, 내 마음이 사랑과 불쌍히 여기는 마음을 충만해 있을 때는 예외였다." Payson's Life.

'구더기도 죽지 않고, 불도 꺼지지 않는 그곳'에 대해 말해야 한다. 빈틈없이 예민한 감정을 가지고 그 말을 하지 않는 것은 하나님께 불충한 행위이며, 우리 양심에게 불충하는 것이요, 우리 교인들에게도 불충하는 행위이다.[86] 이런 불충을 우리 사역의 현저한 특징으로 만든다는 것은, 사랑의 복음을 하나님의 성령에 속하지 아니한 덮개로 위장하는 것과 마찬가지이다.

경솔하고 부주의한 정신으로 말세의 심판에 대해 말하는 것은, 주님의 책망을 받을 일이다. "너희는 무슨 정신으로 말하는지 모르는구나"(눅 9:55). 격렬한 태도를 보이거나 목소리를 부자연스럽게 높여서 효과를 거두려고 하는 시도는, '세미한 소리'에서 주님을 찾는 것이 아니라, 바람과 지진 속에서 주님을 찾는 것이다(왕상 19:11-12).

부드럽지만 진지한 태도가 사랑의 하나님의 대사인 우리 직분의 특징이다. 마음을 녹여주는 그리스도의 불쌍히 여기는 마음을 알고 있다는 표시인 떨리는 입술은 우리와 가장 잘 어울린다. 우리는 죄를 지은 죄인으로서, 우리보다 죄를 덜 지은 우리의 동료인간들에게 말하고 있는 것이다(렘 17:16). 우리 본성의 가장 선한 감정들을 무시하면서 담대한 믿음을 가지는 것은, 우리 주님의 정신에는 어울리지 않는 것이다. 그것은 우리 메시지에 가장 불쾌한 옷을 입히는 것이며, 성질이 고약하거나 분개하고 있다고 우리를 의심하게 만든다. 그러나 온유하고 사랑어린 말은 그 언어보다는 그 생각에 두려움이 있어서, 정신을 차리게 만들고, 또 그 각성된 불안한 마음에게 심각하게 깊이 생각해보도록 명령하게 된다.

필자는 지금 환자가 겁을 낸다고 해서 상처를 주지 않으려 삼가는 세심한 마음씨를 가져야 한다고 주장하고 있는 것이 아니다. 그러나 혈

---

86 막 16:16의 후반절도 전반절과 같이 목사의 사명의 한 부분을 구성하고 있는 것이 아닌가?

기왕성한 충실의 어조가 어째서, 절박한 경우에 의심할 바 없이 적합한 사려 깊은 배려와 혼합이 되어서는 아니 되는지 알 수가 없다. 짐승들은 쫓아내야 한다. 그러나 이성적인 피조물은 이끌어내야 한다.

사랑의 강권은 강력히 작용하는 지렛대이다.[87] 심지어 이교도 궤변철학가들도 친절을 연설가의 성공에 필수불가결한 것으로 주장했다.[88] 설교자가 청중들의 최선의 유익을 위한다는 확신을 그 설교자의 가르침의 어조가 청중들에게 주지 못한다면, 기독교 설교자에게 자기 마음을 열 사람은 아무도 없을 것이다.[89]

사랑은 강단 설득력의 생명이요 능력이며 진수이고 영혼이다. 그것은 우리 직분의 성격을 비난하지 아니하고 오히려 간청하게 한다(고후 5:20). 그리고 사랑은 우리 주님의 메시지를 그분의 부드러움의 언어와 표정을 가지고 전달하는 것이다. 그것이 자발적인 사람들의 마음을 끌어당겨 그들의 마음을 사게 하기 때문이다. 에베소에서 그가 "삼년이나 밤낮 쉬지 않고 눈물로 각 사람을 훈계하던 것"을 읽을 때, 우리는 사도 바울의 성공에 놀라지 않는다.[90] 존경을 많이 받는 목사들은 그

---

[87] (작고한 한 훌륭한 젊은 목사가 말하기를), "잘못해서 내 교인들을 구주로부터 쫓아 버릴까봐 나는 언제나 두려워했었다. 그보다는 차라리 그들을 주께로 이끄는 일에 잘못하는 쪽이 나았을 것이다." Memoirs of the Rev. John Escreet, by Rev. T. Webster, p. 50. 이것은 가장 고귀한 정신이다. 호 11:4.

[88] 테베의 성벽을 치기 위해 자신의 음악으로 돌들이 자기를 따라오게 했다는 동화 같은 암피온(Amphion) 이야기와 자기 하프로 들짐승들을 길들였다는 오르페우스(Orpheus)의 이야기는 지각없고 굴복하지 않는 마음에 대해 가진 그들의 특별한 능력을 비유한 것이었을 것이다. Ευνοια. Arist. Rhet. Lib. ii. Homer는 백발이 된 네스토(Nestor)가 서서히 이 주입 정신을 가지고 변론하고 있음을 소개하고 있다.-ευφρονεων. Iliad. Lib. ii. 78.

[89] "설교를 통하여 진리를 전하려는 설교자는 가르치고, 즐겁게 하고, 변화시키는 세 가지 중 하나도 무시해서는 안 된다"(Qui dicendo nititur persuadere quod bohum est, hinil horum trium spernat, ut scilicet doceat, delectet, flectat; ita enim audietur intelligenter, libenter, obedienter). Augustine De Doctr. Christian, iv. 12, 17, 26. "이 과정에서 이 세 단계는 친밀하게 서로 연결되어있다. 우리는 말할 때, 첫째, 가르쳐서 이해하도록 하고, 둘째, 즐겁게 하도록, 적어도 주의를 집중해서 고정시키도록, 말해야 하며, 셋째, 설득하고 공략해야 한다." Campbell on Past. Char. p. 87.

[90] 행 20:31. 사도 바울의 사역을 사랑한 George Herbert의 묘사는 매우 아름답다. "그가 로

훌륭한 달란트 때문에 출중했던 것이 아니라, 겸손하고 사랑이 많은 것으로 출중한 사람들이었다.

어떤 유명한 하나님의 종은 이 정신이 부족해서 사람들을 설득하지 못하고 오히려 사람들을 놀라게 만들고 있다. 자기에 대한 편견을 제거하기보다는 오히려 그 편견을 확인시켜준 셈이다. 그리고 결과적으로 그의 수고의 효과는 훨씬 열등한 재능을 가진 많은 자기 형제들보다도 떨어진다.

> 세상 모든 사람들 중에, 기독교 사역자는 특별히 사랑의 마음을 가져야 한다. 설교할 때, 그 마음은 길을 잃은 양을 찾고 있는 목자의 심정을 가져야 한다. 잃어버린 자기 아들을 찾아다니고 있는 아버지의 마음을 가져야 한다. 조각상이 이 필요한 임무를 수행할 수 있겠는가? 대리석으로 만든 부모가 진짜 부모의 자리를 대신하는 것이 차라리 나을 것이다.[91]

그러나 자기 교인들의 애정을 얻는데 모든 목사가 다 똑같이 성공하는 것은 아니지만, 그럼에도 "우리를 강권하시는 그리스도의 사랑"이 자기 양떼들을 향한 우리 사랑의 증거를 나타낼 것이다. 메넬라우스(Menelaus)는 '잔인한 폭군의 불화 같은 분노와 야생 동물의 격분을 가졌

마 사람들을 위해 어떻게 기도하였던가(1:4)! 그는 에베소 교인들을 위해 감사드리기를 그치지 않았으며(1:16), 고린도 교인들을 위해서도(고전 1:4), 빌립보 교인들을 위해서도(1:4) 그는 감사를 드렸다. 살든지 죽든지, 즉 그들과 함께 있든지 또는 그리스도와 함께 있든지, 바울은 그들을 위해 싸우고 있는 것이다. 자기 양떼들을 돌보는 일을 제쳐두고 그렇게 하다니 미친 것이 아닌가 의심해 보아야 할 정도였다. 고린도후서는 얼마나 굉장한 편지인가! 얼마나 애정으로 가득 차 있는가! 그는 기뻐하고 슬퍼한다. 그는 애통해 하고 기뻐한다. 양무리를 돌보시는 대 목자장을 빼고는, 양떼를 돌보는 일을 그렇게 표현한 적이 없었다. 목자장은 예루살렘을 보고 눈물을 흘리셨고, 후에는 피까지도 흘리셨다. 그러므로 이 돌봄을 자연스럽게 배우게 되면, 우리 설교 속으로 스며 들어가게 된다. 그러면 이 설교들은 훨씬 훌륭하고 거룩하게 될 것이다." ch. vii.

91 Simeon's Preface to Claude.

기 때문에, 목사의 직분을 가질 가치가 전혀 없는 사람으로' 선포되었다.[92] 그렇게 해서, 그는 목사 정신인 온유와 사랑과 대조되는 힘의 예화거리가 되었으며, 또 우리 목회의 효과를 마비시키는 나쁜 영향력의 좋은 예화거리가 되었다. 플렛처(Fletcher)는 자기 자신에 대해서는 실망스럽지만, 그러나 직분에 대해서는 아주 진실한 말을 다음과 같이 하였다.

> 사랑은 지속적이고 보편적이나, 뜨거운 사랑은 목사의 모든 수고의 정수(精髓)이다.[93]

목사의 뜨거운 사랑은 싫어하는 사람들의 생각도 얻을 수 있고, "우리 교인들을 하나님께로 이끌고, 하나님께 계속 가까이 있게 만든다"는 것은 맞는 생각이다. 도드리지 박사는 이것을 우리 사역의 큰 목적이라고 판단하였다. 그러나 그가 한탄하는 바와 같이, '그것은 적어도 자기에게는 매우 어려운 일임'[94]을 발견하였다. 우리가 다루고 있는 주제 가운데 이 부분의 결론을 내리면서, 우리는 섬너(Sumner) 감독의 놀라운 말에 귀를 기울이고자 한다.

성경에는 두 종류의 지시사항들이 있다. 이것들은 특별히 목사의 직분을 맡고 있는 사람들에게 말하고 있는 것으로 생각된다. 그 첫 번째 종류는 목사의 직분의 근본적인 임무를 행하는 것과 관련 있는 것들 즉 그들이 전해야 할 메시지와 말씀을 충실하고 옳게 분별하는 것을 포함하고 있다. 가르침과 책망을 전달하는 방법, 판단을 교정하는 데 필요한 신중한

---

92 2 Maccab. iv. 25. 히 5:2의 대조를 보라.
93 Cox's Life of Fletcher, p 21.
94 Orton's Life of Doddridge, ch. v.

훈계, 민감한 사명을 제대로 관리하는데 필요한 판단력 등, 부차적인 중요성을 가지는 것은 두 번째 종류에 해당한다. 성경의 이 구절들을 매일 참고서로 삼고, 우리 주님의 본을 그것들에 대한 주해서로 삼고, 이것들을 공부하고 적용하는 일에 주님의 축복이 있으면, 목사들이 자기 사역에서 더 성숙해지고 더 튼튼해 질 것이라는 점은 기대해도 좋을 것이다. 때때로 자신의 삶을 성화시키려는 노력을 기울이면서 그리스도의 규칙과 가르침을 따라 그 삶을 영위해가야 할 것이다. 그렇게 하면, 그들은 교인들이 따라갈 건전하고 경건한 본과 패턴이 될 수 있을 것이다.[95]

그러므로 우리 사역 중에 사랑의 능력이 가지고 있는 책임을 깊이 생각해볼 때,[96] 이 부분을 제대로 준비하는 일의 중요성과,[97] 이 부분의 내용이 가지고 있는 거대한 추진력과,[98] 사랑을 전하기 위한 최선의 방법을 선별하는데 필요한 지혜와,[99] 그 성경적인 정신의 효과와,[100] 하나님의 사역자로서 우리 직분에 연결되어 있는 이 모든 것과(고후 5:18-19), "그리스도를 대신한 사신으로"(고후 5:20), "성령으로 따로 세우심을 받아"(행 20:28), 생명의 말씀이 담겨 있는 구원의 잔을 우리 두 손에 들려주셨음을 생각하자.

오! "누가 이 일을 하기에 적합하리요"(고후 11:16) 라고 물을 수밖에 없는 우리의 연약함을 견뎌낼 수 있겠는가? 만일 목사가 기도의 사람이 아니라면, 효과적인 설교자를 달리 생각해볼 수 있는가? 사도의 성공은 다음의 결단 속에 숨어있지 않았었는가? "우리는 오로지 기도하

---

[95] Min. ch. pp. 48-49. Ordination Service.
[96] ch. i.
[97] ch. ii.
[98] ch. iii. iv.
[99] ch. v.
[100] ch. vi.

는 것과 말씀사역에 힘쓰리라"(행 6:4-7). 기도의 사람은 "은혜를 입술에 머금으니"(시 45:2) 주님의 모습을 완전히 반사함으로 강단에서 빛을 발할 것이다.

목회자는 지혜와 명철의 마음을 가지고, 그가 성경에서 발견한 모든 것을 정확한 균형과 비례로 자기의 설교에 반영해서 명확하고 명료한 진리들을 제시할 것이다. 그 자신의 정신은 자기 메시지의 정신 (담대함, 지혜, 명료, 열렬, 근면, 전심, 사랑) 속으로 적절하게 형성되어 배어 들어갈 것이다. 모든 복음의 사역자는 다음과 같은 사도의 엄중한 부탁을 깊은 존경심과 겸손한 마음으로 듣기를 바란다. 그 말은 주님의 입으로부터 나오는 말이기 때문이다.

> 하나님 앞과 살아 있는 자와 죽은 자를 심판하실 그리스도 예수 앞에서 그가 나타나실 것과 그의 나라를 두고 엄히 명하노니 너는 말씀을 전파하라 때를 얻든지 못 얻든지 항상 힘쓰라 범사에 오래 참음과 가르침으로 경책하며 경계하며 권하라(딤후 4:1-2).

The Christian Ministry

제5부
목회사역의 목양 임무

목회의 모든 임무가 서재와 강단에서 다 이루어진다고 생각하지 말라. 설교는 사역의 커다란 지렛대이다. 설교는 그 힘의 많은 부분을 목양과의 연계에서 얻는다. 그리고 설교와 목양의 연결이 너무 자주 끊어지면 우리 사역이 효과를 거두지 못하는 주요 원인이 된다.[1]

목양의 임무와 설교의 임무는 서로 결합되어 이 거룩한 직분의 완성을 이룬다. 이 점은 우리 안수식에서 잘 설명이 되었고, 또 성경의 예증에서도 잘 나타나 있다. 세상에서 명백히 규정된 모습은 목자, 파수꾼, 감독, 청지기 등과 같은 용어들의 매우 낮은 의미에 대답할 말이 얼마나 적은가! 이 용어들은 양 떼나 맡은 일 또는 식솔 등을 일반적으로 감독하는 것과 관계가 있기 때문이다. 그러나 이들은 자기가 맡은 무리들의 각자가 원하는 것을 알고 있으며 때에 따라 적절하게 그것을 나누어 주는 사람들이다. 성령이 우리를 감독자로 만드신 그 양떼들을 잘 보살피지 않으면, 우리는 양떼를 감독하는 사람이라는 말을 절대로 들을 수 없다. 이 흥미로운 관계는 새로운 조류의 영적인 감성으로 우리 노고를 격려해주며, 그리스도인으로서 우리 지혜와 믿음을 행사하게 만든다. 그리하여 우리는 열린 문이신 주님을 찾게 되고, 가르침의 기회들을 신중하게 개선하게 되며, 각기 다른 종류의 교인들에게 맞게 방법을 수정할 수 있게 되는 것이다. 매우 중요한 이 주제를 상세하게 알아보도록 하자.

---

1 그래서 Doddridge 박사는 다음과 같이 말했다. "나의 교인들에게 유익할 수도 있는 어떤 일을 하지 않은 것에 대해 내 마음에 가책을 하지 않는다. 그러나 **가정에서 권면하고 개인적으로도 권면할 만큼 그들을 충분히 쫓아가서 하지 않았다는 것이 나는 두렵다.**" Orton's Life, ch. ii. Wilson 감독은 자기 목사들에게 적극 권하기를, "적어도 일 년에 한 번은 자기 교구 안에 있는 모든 가정과 모든 사람을 심방하라. 그래야 위대하신 우리 주님께 우리 수고 이야기를 편안하게 할 수 있을 것이다." Stowell's Life, p. 114. Baxter의 『개혁된 목사』는 이 사역을 그 임무의 높은 지반 위에 놓고 있다고 말할 수 있을 것이다. 매우 강력한 동기들을 촉구하고 있으며, 주요 이의들에 답변하고 있으며, 가장 바람직한 사역의 방향을 제시하고 있다.

The Christian Ministry

1장

목양 임무의 성격과 그 중요성

　목양 임무란 강단 사역을 우리 교인들의 고유한 개체성에 개인적으로 적합하게 적용시키는 것을 말한다. 교인들을 개별적으로 보며, 우리의 관심과 돌봄, 염려에 대해 다른 사람과는 구별되는 요구를 가진 사람으로 보는 것이다. 그들 각자에게 촉구하여 가능한 한 영원에 관심을 가지도록 하며, 그들의 마음에 구원을 적절하게 나타내주고 또한 구원을 제시하여야 한다. 이 목적을 위해 우리는 그들의 상황과 습관, 성격, 마음 상태, 독특한 필요, 그리고 어려운 점들을 잘 알고 있어야 한다. 그래야 그들 각자에게 적당한 때에 필요한 양식을 나눠줄 수 있다.

　목사는 자기 속에 파수꾼의 직임과 복음전도자의 직임을 같이 가지고 있다. 쓴 뿌리가 솟아나 교회에 어려움과 수치를 끼치지 않게 하도록, 목사는 영혼들을 살핀다. 그리스도인답지 않은 기질과 행동이 그리스도를 주로 고백한 그 신앙에 상처를 내지 않도록 하며, 미지근한 태도가 노력을 마비시켜놓거나, 경쟁심이 그리스도인의 신앙고백을 흠집 내지 못하도록 하기 위해, 목사는 영혼들을 늘 살피는 것이다. 모든 것이 목사의 감독을 필요로 한다. 게으른 자들은 잠을 자고 있고, 자기를 믿는 자들은 뒷걸음 치고 있다. 열심 있는 자들은 영적 교만에 빠져 있고, 충실한 자들은 자기를 의롭다고 믿고 있다. 규칙적인 자들은 형식주의에 빠지고 있으며, 묻는 자들은 방향 제시를 요구하고 있고, 시험받아 당황해 하는 자들은 받쳐줄 사람을 찾고 있다. 환란을 당한 자들은 복음의 격려와 위로를 사모하고 있으며, 죄를 깨달은 죄인은 자기 상처를 약간 고침 받았으므로 기만적인 평안에 안주하려 하고 있다(렘 6:14).

입으로만 신앙을 고백한 사람은 "살았다 하는 이름은 가졌으나 실상은 죽은 자"이다. 이러한 경우들은 그 상세한 내용과 다양한 모양새가 모두 다르기 때문에, 강단에서 온전히 다루기는 힘들다. 그러므로 자신의 목사로서의 인격 속에서, "영혼을 위하여 경성하기를 자신들이 청산할 자인 것 같이"(히 13:17) 한다. 그러나 목사는 또한 모든 경우와 상황 속에서 이들을 지켜본다. 이 일들이 특정한 가르침을 주기에 특별히 적합한 때가 있고, 특정 임무들을 강화하기에도 좋은 때가 있다. (하나님의 섭리에 따라 심방하게 된 경우와 같은), 특별한 기회는 죄를 깨우치거나 위로하기에 좋은 때이다. 이런 때에는 그들을 즉석에서 그리고 제대로 개선시키기 위해, 목사는 "전도자의 일을"(딤후 4:5) 하여야 한다. 우리 교인들을 끊임없이 감독하지 않으면, 그들은 소홀히 여김을 받아 결국은 잃어버리게 된다.

목양 임무의 완전한 방법을 제시하겠다는 생각은 없다. 세부사항을 약간 기술함으로써 그 일반 원칙들을 예증할 것이다. 계획들이 유용할 수 있기 위해서는, 의도한 영역에 적합하여야 한다. 실제로 좋은 것이어야 할 뿐만 아니라, 상대적으로도 좋아야 한다. 계획은 교인들의 성격과 상황과 습성에 따라 세워져야 한다. 교인들이 흩어져 있는지 또는 모여 있는지에 따라, 교육을 받았는지 또는 무식한지에 따라, 혹은 그 두 가지가 섞여 있는 사람들인지에 따라 계획이 달라져야 한다. 교인들이 무지한 상태에 있는지 혹은 지식의 상태에 있는지에 따라, 이 권면이 전에 장려되었던 것인지 혹은 방치되었었는지, 이 의견이 국교도들이 가지고 있었던 것인지 아니면 완전히 쓸모없는 것으로 버려졌던 것인지, 교인들의 성향이 복음을 받아들일 준비가 되어 있는지 아니면 복음에 반대하는지 등에 따라 계획을 세워야 한다. 비록 이런 것들과 또 그 외에 다른 많은 고려사항들이 우리 목양 사역 체계를 바꾸어놓지는 않겠지만, 그럼에도 적용을 더 밀접하게 그리고 더 구체적으로 할 수 있도록 하는 데는 도움이 될 것이다.

목양 사역 방법의 중요성은 그 사역의 본질에서 분명하게 드러난다. 농부는 밭에 씨를 뿌려놓았을 때, 쉬지 않는다. 농부는 늘 불안해하며 그 성장을 지켜본다. 그리고 열매를 안전하게 거두어들일 때까지, 임박한 위험으로부터 그 씨를 보존하기 위해 끊임없는 수고를 한다. 우리 교인들이 하나님의 밭이 아닌가? 우리는 썩지 않는 씨앗을 뿌려 추수를 거둬들이는 농부가 아닌가? 우리의 밭은 해를 끼치는 요인들로부터 좀 더 안전한가 아니면 끊임없이 걱정스런 감독을 해야 할 필요가 있지는 않은가?[1] 우리 일에 대한 다른 생각도 동일한 요지를 예증하고 있다. 의사로서, 개인의 질병에 대한 지식이 없다면, 우리는 적절한 약을 어떻게 준비할 수 있겠는가? 청지기로서, 우리가 주목해야 할 대상을 각각 알고 있지 못하다면, 어떻게 우리가 구별을 할 수 있겠는가? 젖먹이는 어머니로서, 만일 우리 교인들의 강점과 약점을 알고 그에 따라 조치하지 않는다면, 우리의 돌봄이 얼마나 비효과적이겠는가?

이 목양 사역을 체계적으로 고수해야 할 필요성에 대해 말해 보자.

---

[1] Zepperi Ars Concion. Lib. iv. Bowlers, Lib. i. c. 20.

목양 사역은 그 순간의 유머나 편리에 맡겨두어서는 안 된다. 또는 세상의 방해를 받게 내버려 두어서도 아니 된다. (모든 다른 목양 임무들을 잘 고려하여,) 하루에 일정 시간들을 사역에 바쳐야 하는데, 이는 설교 준비와 똑같은 양심적인 결정을 요한다. 우리의 가르침은 견실하고 탐색적이며 활기가 있어야 한다. 목양은 담대하게 우리 교인들의 마음을 이끌어 내어야 하며, 잘못된 원칙들의 나쁜 영향을 지적해 주어야 하며, 거룩하고 능동적인 복음의 근본적인 진리들을 주입시켜 주어야 한다. 어린이들에게 애정 어린 관심을 보이는 것은, 우리 사역의 현재 격려와 미래의 전망과 밀접하게 연결되어 있어서, 부모들의 마음에 성공적으로 접근할 수 있는 길을 열어 줄 것이다. 정확한 정보 매개체를 통해 우리 교인들의 형편에 대해 들어보는 것이 때때로 필요하다.[2] 비록 많은 자유재량이 필요하기는 하지만, 시기와 의심의 병폐를 피하고, 우리 손에 있는 자료들을 매우 잘 사용하도록 하여야 한다.

최고의 목회 권위자들이 이 방법을 매우 강경하게 가르쳐주고 있다. "양을 찾을 때까지 찾아 결국 발견해내는 일"은 목자장의 특징으로서, 목자장과 삯꾼들과의 차이를 보여준다. 이 목양을 태만히 한 것에 대해 주로 삯꾼들이 기소된다(겔 24:6, 8, 4, 11). 주님의 사역은 이런 성격을 가졌다. 자기 제자들에 대한 목양은, 자기 양을 이름으로 부르며 그들을 인도해 내는 선한 목자의 사역이었다(요 10:3). 세상에 대한 목양에 있어서는, 공적이고 일반적인 가르침의 기회뿐만 아니라 사적인 기회를 포함하여 모든 기회를 선용하려고 노력하였다(눅 14장). 사도 바울의 사역은 그 동일한 패턴을 따라 형성되었다. 교회의 거주 목사였던 3년 동안, 그는 목회를 공적 가르침과 결합시켰다.[3] "그는 모든 사람에

---

[2] 고전 1:11; 빌 2:19; 살전 3:1-5; 요삼 3. Bowles, Lib. i. c. 20.
[3] 공적으로 그리고 집집마다, 행 20:20. "개인적인 권면과 상담을 곁들이지 않으면, 마치 자기의 공적 가르침이 공중으로 사라질 것이라고 생각이라도 하는 것처럼." Bowles, Lib. ii.

게 밤낮으로 눈물로 경고하기를 그치지 않았다." 그리고 이 점에 관해 그의 양심이 증거 하는 바는, 엄청난 목양 임무의 압박 아래서도 기뻐한 것이었다(행 20:31, 26, 27). 여러 교회의 수많은 개인들의 영적 상태에 대해 아주 잘 알고 있는 것은, 권면과 책망과 격려의 정확한 말로 주어진 그의 가르침의 적절함으로 보나, 바울의 수많은 인사말로 볼 때, 분명하다. 교인들의 경험의 개인적인 특징이 자기 말에 어떤 식의 반응을 보일지 그는 알고 있었다. 자기 교인들에게 "자기 목소리를 바꿀"(갈 4:20) 준비가 되어 있는 것은 교인들의 상태를 오직 정확하게 그리고 부지런히 살핀 결과였을 것이다.

초기 시대의 기록들은 목양이 초대 사역의 주요한 한 부분이었음을 많이 증거하고 있다. 이그나시우스(Ignatius)는 자기 양떼 속에 있는 거의 모든 성도의 개개인을 알고 있었다고 한다.⁴ 키프리안(Cyprian)은 이 주제에 관한 그의 판단과 실천을 우리에게 빈번하게 보여주고 있다.⁵ 그레고리(Gregory)는 목양 사역 분야에 대한 진지한 논문을 썼다. 우리

---

c. 6. Calvin, Grotius, Hammond, in loco, Beza on Acts v. 43, Secker's Charges, p. 246를 보라. 또한 the Apostle's Ministry at Colosse and Thessalonica와 비교해 보라. 골 1:28-29. 살전 2:11-12. "만일 남의 집에 가만히 들어가 유인하는 자들이 있다면(딤후 3:6), 정통주의 목사들이 적어도 똑같은 부지런함을 보여서는 안 되겠는가?" Bowles, ib.

4 그는, 우리 목회에서 종들을 잊지 말라는, 교구를 위한 유익한 힌트를 주고 있다. Epist. ad Polycarp. 일반적으로 우리 교인들이 개인적인 가르침에서 제외되는 경우는 별로 없다. 그러나 때때로, 종들은 자기 고용주의 동의를 얻어 주일에 모여서 성경의 강해를 듣거나 교리 공부를 하여왔다. 이와 같은 사람들에게 사용할 수 있는 몇 가지 소책자들을 추천한다. "Ruth Clark." "Eliezer, the Faithful Servant." "My Station and its Duties." The Eye-servant and the Servant of Christ Contrasted."

5 "목회자의 임무 중에서 정성과 명약으로 양들을 보호하고 돌보기 위해 최선을 기울이는 것보다 더 중요하고 훌륭한 것이 있겠는가? 주님이 말씀하셨다(겔 34:4). 목자들 때문에 양들이 멸망한다면 주님의 경고를 받아야 한다. 형제여! 그리스도의 양들을 모으고 불러들이며 최선을 다하여 수고해야 하지 않겠는가?"(Quid est enim major aut melior cura praepositorum, quam diligenti solicitudine et medela salubri fovendis et conservandis ovibus providere; cum Dominus loquatur et dicat. Ezek. xxxiv. 4. Cum ergo pastoribus talibus, per quos Dominicae oves negligentur et pereunt-si Dominus comminatur-quid nos aliud facere oportet, frater carissime, quam colligendi et revocandi Christi ovibus exhibere diligentiam plenam?ㄴㅇ) Cyp. Epist. lxviii.

의 안수식에서 행하는 질문과 권면은 이 모델에 근거해서 만들어진 것임이 분명하다.[6] (좀 더 근래의 인물들의 이름은 거명하지 않는다 하더라도,) 테일러(Taylor), 호트(Hort), 버넷, 레이턴, 세커와 윌슨의 교회에 관한 가르침들은 엄숙히 그 일을 우리 양심에 맡기고 있다.[7] 성령께서 우리를 감독자로 만드신(행 20:28) 그 모든 양떼들을 돌보겠다는 우리 안수 서약의 의무는 (백스터가 말한 바와 같이), "우리가 담당하고 있는 각 개인 지체는 돌봄을 받아야 하며, 우리 사역에서 우리가 지켜보아야 한다"는 점을 분명하게 지적하고 있다. 이 목적을 위하여, (양떼는 너무 많은데 목사가 부족해서 절대적으로 그렇게 할 수 없는 경우가 아니면), 우리는 우리에게 맡겨진 모든 사람을 알고 있어야 하는 일이 필요하다고 생각한다.

버넷 감독은 다음과 같이 말하였다.

> 이런 식으로 교구를 심방하는 것은 수고를 증가시키지만, 자신의 안수 서약을 옳게 인식하고 있고, 영혼의 가치를 옳게 인식하고 있고, 자기 직분의 위엄을 옳게 인식하고 있는 사람에게는 어려운 일이 아니다. 만일

---

[6] Comber on the Ordination of Priests와 Secker's Charges. pp. 192-193을 보라. Burnet은 아픈 사람들과 전체 사람들 모두에게 공적 권면뿐만 아니라 사적인 훈계를 사용하는 것에 관한 문제에 대해 다음과 같이 말하고 있다. "말로는 무엇이나 만들 수 있는 것만큼이나, 이것은 직접 그리고 부단하게 행해져야 함이 분명하다. 이 일을 너무나 소홀히 하고 있다. 그렇지만 이 일은 꼭 필요한 임무이다. 교회를 담당한 목사는 자기 양떼에게 이 빚을 지고 있기 때문이다. 그들을 사적으로, 방문하고, 가르치고, 권면하는 일은 그들의 임무 중에 중요하고 유익한 부분이다." Past. Care, ch. vi. 또 Stowell's Life of Bishop Wilson, p. 133도 보라.

[7] Clergyman's Instructor, pp. 109-110, 365. Burnet's Past. Care, ch. viii. Secker's Charges, p. 25, 229, 245. Leighton's Works, ii. 445, 447. Leighton은 자주 런던의 목사들을 불쌍히 여기곤 하였다 (우리 자신의 시대에 대도시의 관할구역 그 이상으로 그의 연민을 어떻게 확대할 수 있겠는가). 그들의 치유의 범위가 너무 넓어서 미처 자기 양떼에 개별적인 주의를 기울이지 못하였던 것이다. (마지막 은거 때에 그는 다음과 같이 말했다.) "내가 다시 교구 목사가 된다면, 나는 반드시 죄인들을 그들의 집에까지 쫓아가겠다. 심지어 그들의 선술집까지 쫓아갈 것이다." Life, lv, lvi. 한 기독교 목사가 부지런히 교구를 돌아보지 않고서도 자기 양심에 만족을 느낄 수 있다는 것에, Ostervald는 놀람을 나타내고 있다. Lectures on the Sacred Office, pp. 242-245.

사람이 그들을 이름을 불러 안으로 들이는 정신을 갖고 있었다면, 그 일을 수행함에 있어 정당한 정도의 불꽃과 열을 가지고 있었다면, 그 안에 있는 수고는 고통이라기보다는 오히려 기쁨이 될 것이다.[8]

칼빈은 이 일에 성경적인 임무를 규정지을 때가 흔히 있었으며, 목사와 장로들이 집집마다 돌아다니며 친밀하게 그리고 개인별로 사람들의 양심을 다루었을 때, 제네바에서 풍성한 추수를 거둬들였다고 한다. 키더민스터(Kidderminster)는 "백스터가 거기로 오기 전에는 메마른 불모지대와 같았었다. 그러나 그의 수고에 내린 하늘의 축복으로 말미암아, 모든 의의 열매를 맺는 낙원의 모습이 그곳에 나타났다."[9]

그가 처음 그 곳에 왔을 때는 그 장소에 예배하는 가정이 매우 드물었었다. 그가 그곳을 떠났을 때, 이런 식으로 매일 하나님을 인정하지 않고 살아가는 가정은 별로 없게 되었다. 또한 그의 개인 교리 공부나 개인 상담에 순복하지 않으려는 가정도 별로 없었다. 육백 명의 성도들이 성찬식에 참여했다. 백스터가 이러한 실행에서 거둔 그 큰 성공에 대해 하나님께 송축을 드리곤 했었으며, 그 이상은 아니더라도 그의 공적 설교로 말미암은 것만큼, 하나님이 이런 식으로 자신을 영혼들에게 유익을 주는 도구로 삼으셨다고 알레인은 말했다.[10]

---

[8] Pastoral Care, ch. viii.
[9] Dr. Bates' Funeral Sermon.
[10] 메이더의 Life를 보라. (Allein이 교구를 얼마나 부지런히 돌아보았는지를 얘기하면서, Baxter는 다음과 같이 말했다.) **"세심하게 그리고 부지런히** 그 길을 갔던 목사들 중에서 사역에서 성공하지 않은 목사를 나는 한 사람도 보지 못했다. 그러나 그렇게 해서 지혜롭게 그리고 충실하게 그것을 사용했던 목사들을 나는 많이 알고 있다. 믿을 수 없는 일로 보이기도 전에 그들은 모두 성공했다."

커튼 메이더도 강조하였다.

> 이 목양 임무를 그의 모든 사역의 그 어떤 일 만큼이나 수고로운 것으로 생각하였지만, 그럼에도 자신의 목양 심방에 큰 가치를 두었다. 그는 모든 종류의 사람들과 대화하는 일에서 유익한 일을 했었을 뿐 아니라, 유익을 거두기도 했다. 그리고 양떼의 최선의 유익을 섬기고 또 그들의 유익을 찾기 위해 자기 양떼에게로 걸어가고 있을 때보다, 자신이 더 성령 안에서 행한 적은 없다고 생각하였다.[11]

이 목양 제도를 우리 자신을 위해 사용하는 것도 대단히 중요하다. 이 목양 교제를 신중하게 개선함으로써, 우리 양떼의 가장 천한 자로부터도 우리는 가르침을 받을 수 있을 것이다.

교사는 마땅히 끊임없이 배우는 자가 되어야 한다. 그리고 여기서 의식적으로 또는 무의식적으로 많은 것을 배울 수 있다. 그것은 동시에, 앞서 행한 증거에 대한 보증이자, 그 다음 주일에 쓸 수 있는 가장

---

[11] 그의 Life, p. 37을 보라. 그가 쓴 에세이들도 유익하다. 또한 Life of Pliny Fisk, pp. 31-32를 보라. 한 안수식에서 돌아왔을 때, 이 주제에 관해 Doddridge 박사가 실천한 것은 매우 흥미롭다. "나는 걱정과 근심이 많다. 제가 목사의 많은 임무들을 너무 자주 잊어버리는 것을 하나님께서 용서하소서! 나는 이제 결심한다. (1) 내가 맡고 있는 영혼들에게 좀 더 구체적으로 주의를 기울이기. (2) 가능하면 곧, 전 교인을 심방하기, 그들의 형편과 그들의 자녀와 그들의 종들에 대해 좀 더 구체적으로 알아볼 것, (3) 회심하지 않았다고, 각성하고 있다고, 회심했다고, 성찬식에 참여해도 좋다고, 혹은 이미 성찬식에 참여하고 있다고 내가 믿을만한 이유가 있는 저 사람들의 명단을 내가 할 수 있는 한 정확하게 작성하겠다. (4) 내 사람들의 신앙 상태에 관련된 특별한 어떤 것을 들었을 때는, 나는 그들을 방문하여 그들과 이야기를 하겠다. (5) 나는 특별히 아픈 사람들을 방문하는 일에 주의를 기울이겠다. 다른 가족들에게 같은 식으로 돌보도록 촉구할 자유를 더 많이 가질 수 있도록, 내 지붕 밑에 있는 사람들을 조사하는 일을 나는 즉시로 시작하겠다. 오 내 영혼아! 그대의 책임이 크도다. 지금은 훨씬 더 잘 해야 할 때다. 주님, 내가 내 자신을 주님과 다른 영혼들의 충실한 종이라고 스스로 인정할 수 있기를 바란다는 것을 주님이 알고 계셨으면 하고 바랍니다. 제가 다른 사람들을 지켜줄 수 있도록 나를 지켜 주소서. 그러면 모든 것이 잘 될 것입니다." Orton's Life, ch. v.

귀중한 자료들을 제공해주는 보고이기도 하다.[12] 아마 여러 경우들과 직접 접촉해서 가르칠 주제들을 이끌어내는 것보다, 강단을 위해 흥미 있는 주제들을 채우기에 더 좋은 길은 없을 것이다. 그 경우들에 맞도록 주제를 적용시킬 수 있을 것이기 때문이다. 그래서 우리 교구에서 직접 만들어진 설교는 서재에서 생각해낸 것들이나 수집된 것들과는 다르다. 설교가 덜 추상적일 때, 좀 더 요지가 분명해지고 또한 체험적인 설교가 된다. 훈계를 요하는 결점, 충고를 필요로 하는 상황, 위로와 격려가 필요한 괴로움이나 황당함은 조심스럽게 다뤄져야 할 것이다. 그래서 목양 설교는 우리의 강단 사역에 교회 안에 한정된 교훈적인 적용을 할 수 있게 된다.

의료 기술은 표준 작업을 추상적으로 공부해서 얻어지기보다는, 실제 경험을 해봄으로써 훨씬 더 효과적으로 습득된다. 그러므로 정확하고 방향이 잘 잡힌 독서 습관이 아무리 귀중한 것이라 해도 (저자는 그 가치를 격하시키려는 의도는 전혀 없다.[13]), 인간의 마음에 대한 공부가, 특별히 우리 자신의 마음에 대한 공부가, 훨씬 더 중요하다는 말에 설교자라면 누구나 공감할 것이다.[14] 오직 목양 실천에서만 얻을 수 있는 그 경

---

12 (Matthew Henry의 훌륭한 충고는 다음과 같다.) "당신 교인들의 영혼 상태를 알고 있으라. 그들을 유혹하는 것과 그들의 약점들을 알고 있으라. **그러면 그들에게 어떤 식으로 설교해야 하는지를 더 잘 알게 될 것이다.**" Life, p. 124. "그들과 함께 많이 있지 않고서도 강단의 의무를 능력 있게, 적절하게, 시기에 맞게, 그리고 자기 양떼의 최대 유익이 되게 수행하고자 하는 자는 그것을 의지하라. 그러면 완벽하게 온당하지 않은 소망을 이루게 될 것이고, 확실히 실망하게 될 것이다." Professor Miller's Letters. 우리 나라를 여러 명의 목사들 아래 여러 교구들로 분배하는 것은 이러한 목회 시스템을 조장하는 경향이 분명히 있다. Philip Henry의 이 말은 충분히 사려 깊은 말이다. "그는 문이 열리기를 원해서 기도한 적이 자주 있었다. 이렇게 해서 그 질서로 다시 돌아갈 수 있었다." Life, pp. 47-48. 이 점에 대해서, Rev. H. W. Wilberforce가 쓴 "Essay on the Parochial System"의 매우 귀중한 언급과 설명을 보라.

13 제1부, 7장 1.을 보라.

14 한 노 목사가 다음과 같이 말하곤 했다. 설교자는 세 권의 책을 공부해야 한다. 성경과 자기 자신과 그리고 사람들이다 Gillies' Hist. Coll. Burnet 감독은, "자기 자신을 공부하기보다 책을 더 많이 공부하는 것은 거룩한 사역을 준비하는데 있어 중대한 오류"라고 말했

험이 없이는, 마치 의학 지식을 난잡하게 적용하는 것처럼 매우 성경적인 진술이라도 제대로 적용할 수 없을 것이고, 그에 비례하여 설교도 비효과적일 것이다.

또한 이 방법은 우리 교인들에게도 중요하다. 사적으로 적용해야 하거나 개인적으로 적용해야 하는 어떤 요점들은 강단에서 다루기에는 별로 적절하거나 마땅하지 않다. 가르침을 받아야 할 많은 사람들 또한 신체적인 연약함으로 공적 예배에 참석하기가 어렵다. 또 어떤 사람들은 도대체 말씀에 무관심하기 때문에, 그들의 문간까지 말씀을 가지고 가야 할 사람들도 많다.

말씀을 듣는 많은 사람에 관해서 말하자면, 모든 교구 목사가 다음의 사실에 정통하게 잘 알고 있다. 우리 강단 설교가 얼마나 조금밖에 이해되고 있지 못한지, 얼마나 적게 기억되고 있는지, 또는 얼마나 적게 적용되고 있는지를 알고 있다. 무리 중에는 일종의 정신적인 귀머거리가 있다. 그래서 말씀을 소량으로 나누어서, 그리고 아주 직접적인 적용 요점을 가지고 그들에게 가져가지 않으면, 말씀을 이해하여 그 의미가 마음에 굳게 자리 잡히지 못한 채, 오직 소리만 들을 뿐이다.

다. History of his Own Times. "목사가 설교를 쓰고 또 설교하고 있는 동안, 그는 다른 사람들에게 내어주고 있는 것이다. 사적인 심방에서 인간의 마음을 반시간만 실제적으로 공부해도, 인간 저자들로부터 열 시간의 사색적인 명상을 해야 할 거리들을 얻는 것과 같다." Bishop of Calcutta's Essay to Baxter's Reforemd Pastor, p. xliii. (Halyburton이 자신의 임종 때 말하기를), "나는 책을 많이 좋아하였다. 그러나 주께서 나의 악한 마음을 보게 하신 것과, 그 악한 마음을 갖지 않기 위해 필요한 것을 보게 하셨던 것은 내가 읽은 모든 책보다 나의 사역에서 나에게 더욱 유용하였다. 이것이 내가 지금껏 들어섰던 강단 중에서 최고였다. 내가 지금 있는 경우에서 (그의 임종 침대에서) 이 충고를 주는 것이 좋을 것이라고 생각한다. 설교를 작성하는데 부지런하여야 할 뿐만 아니라, 무엇보다 당신 자신의 마음을 시험해 보라. 그리고 거기서 발견한 것들을 잘 사용해라. 그러면 당신은 사람들의 양심 속으로 다이빙을 해서 들어갈 수 있을 것이고, 위선자들을 각성시킬 수 있을 것이고, 악한 것에서 소중한 것들을 가려낼 수 있으며, 하나님이 즐겁도록 만드신 사람들의 마음을 슬프게 만들지 않도록 그 일을 정확하고 조심스럽게 할 수 있을 것이다. 목자장이 나타나실 때 그분의 증거를 얻으려면, 이것은 신앙에서 중요한 요점이고, 당신의 사역의 관리 면에서도 대단히 중요하다."

우리 교인들을 분열로부터 보존하고 그들 가운데 그리스도인의 연합을 유지하는 것은 이 방법을 사용한 결과로부터 생긴 많은 축복 중의 하나이다. 설교를 듣고 회심한 자들을 이런 양육의 감독이 결핍된 채로 버려두면, "마치 바람에 밀려 요동하는 바다 물결 같이"(약 1:6) 되어버린다.

만일 양 우리를 주일에만 돌본다면, 분파주의가 진보를 한다 해도, 못된 늑대가 그들 중에 들어와 그 양 떼들을 아끼지 않는다 해도, 양 떼 중에서 심지어 '제자들을 끌어 자기를 따르게 하려고 어그러진 말을 하는 사람들이 일어난다' 하더라도,[15] 우리는 이상하게 생각해서는 안 된다. (현대 윤리학이나 차가운 정통주의와는 구별되는) 복음적인 설교는 자연스럽게 질문과 관심을 보이는 정신을 불러일으킨다. 비록 그것이 중요하기는 하지만, 조심스럽게 인도하고 통제하지 않으면, 우리 양떼를 전보다 더 많이 열어놓게 만든다. "사람의 속임수와 간사한 유혹에 빠지게"(엡 4:14) 만들어 놓는다. 소위 후커가 "현저한 무지의 최대 오점 또는 흠"이라고 부르는 사람들이 담당하고 있는 치유책의 부당한 결여의[16] 책임은 막중하다. 우리 교인들에게서 본보기의 영향력과 적절한

---

15 이 위험은 목회에 인센티브를 갖는 것이 분명하다. 행 20: 28-30. Bowles, Lib. i. xiv. xvi. 와 Burn. Past. Care, ch. iii와 비교해 보라.
 "보초를 서는 동안에는 도적이나 늑대들의 침입이 없을 것이며 또 등 뒤편에서 싸우기를 좋아하는 깡패들이 있을까봐 두려워 할 필요가 없을 것이다"(Nunquam, custodibus illis, Nocturnam stabulis furem, incursusque luporum, Aut impacatos a tergo horrebis Iberos.-Virg. George. iii. 406).

16 Book v. 81. 목사의 성격 묘사에서 Quesnel은 다음과 같이 말하고 있다. "거처를 사랑하라. 출타하지 말고, 꼭 필요할 경우에만 출타하라. 그러나 마음으로는 절대로 떠나지 말라. 가능하면 빨리 자기 양떼에게로 돌아오라. 양떼에서 떨어져있게 하는 모든 장애물들을 극복하기 위해 모든 수단을 강구하라. 그리고 임지에 거주하지 않는 것이 사탄에게는 더 할 수 없이 제일 감사한 일이라고 간주하라. 그리고 임지에 거주하지 않는 것은 영혼의 파멸의 근원지로서, 사탄이 자기의 모든 힘을 다해 노력하는 일로 간주하라." On 1 Thess. ii. 17, 18. προσεδρευοντες라는 말은 우리가 담당한 곳에 항상 거주하고 앉아 있는 것을 의미한다. 고전 9:13. 이러한 정신에서 볼 때, 목회 지역 변경은 별로 바람직하지 않다. 건강상의 사정이나, 현재의 문이 닫혔을 때, 구하지 않았는데도 섭리가 개입되었을 때, 또는 더

조언과 격려, 그리고 책망을 앗아가기 때문이다.

  그리스도의 종의 단순한 거주와 심지어 그리스도의 종의 충실한 설교도, 지켜보는 아버지의 돌봄이 없이는 비교적 소용이 거의 없을 것이다. 오류가 있는 교리나 실천은 그 존재를 목사가 미처 알아차리기도 전에 뿌리는 내릴 것이다. 갈라디아 교회의 목사로 자신을 고정시켜놓지 않았다고, 사도 바울을 비난할 수 없다. 그렇기는 하지만, 유대교에 입교한 교사들이 주도권을 잡고 있었던 것은 사도 바울이 갈라디아에 주거하지 않았던 병폐였다. 그래서 그는 그들과 함께 있기를 간절히 바란다는 표현을 했던 것이다. 자기가 직접 조사해보는 것이 자기 편지들이 할 수 있는 것보다 더 유용할 것이라고 느꼈기 때문이다.[17] 그래서 병폐를 예방하거나 치유할 수 있는 방법이 하나님의 축복으로 발견되었는데, 꾸준히 자기 교인들에게 헌신하고 자기와 그들의 상호 믿음으로 연합의 결속과 자신감을 굳게 하였던 한 목사의 노력 속에서 발견된 것이다(롬 1:12). 그 교인들은 그 목사를 사랑 많은 자기들의 목사로 보았고, 그 목사는 사랑하는 그들을 위해 살았다.

  이 방법에는 또 하나의 이점이 있는데, 자신감을 얻고 또 우리 교인들의 사랑도 얻는다는 것이다. 설교자의 목양 궤도가 아무리 규칙적이라 하더라도, 가난한 사람들의 주거지에는 빛이 조금 밖에 흘러들어가지 못하게 된다. 강단 사역은 집중과 존경을 받을 수 있다. 그러나 강단에서 내려와 오두막집으로 가며, '모든 사람에게 모든 것이 되는' 그리스도인의 성실함 속에 설교자가 한 사람의 목사로 회심하지 아니하

  많이 유용하게 쓰임을 받을 것이거나 좀 더 적합한 적응이 분명히 보일 때는 발걸음을 보장하는 것이고 심지어 발걸음을 인도한다고 볼 수도 있다. 그러나 의지의 성향은 매우 조심스럽게 지켜볼 필요가 있다. 그리고 세상적인 동기나 자기를 기쁘게 하는 동기나 고통스런 십자가로부터 꽁무니를 빼고 싶은 마음이나 흔들리는 마음의 영향을 받지 않도록 경계를 해야 한다.

[17] 갈 4:19, 20을 보라. 40일간 양떼 중에 목자가 없었더니, 이리가 우리 안으로 들어올 길을 열어주게 되었다. 출 32:1.

면, 서로의 감정들을 매어주는 것이 아무것도 없을 것이다. 즉 '사랑의 매는 줄'이 없을 것이다. 사람들은 알지도 못하고 사귀어보지도 못한 친구를 사랑할 수 없다. 그리고 사랑이 없이는 담대하기가 쉽지 않다. 판단력에 영향을 받기보다는 충동의 영향을 더 받는 무지한 사람들은 아마 자기 자신의 수준에서 자기들을 교사와 연합시킬 것이다. 교사들과 함께 그들은 아버지, 형제, 그리고 친구로서 매일의 교제에서 모든 상호성을 가지고 살아간다. 그러므로 우리는 그들과 끊임없이 더 가까이 접촉하려 해야 하며, 더 가까운 관심을 가져야 한다. 그들의 영혼을 구원할 방편으로서 그들의 마음을 얻어야 한다. 자기들의 직임을 상호 교환하면서 그들 중에 살아야 한다.

깁슨 감독이 잘 말하였다.

> 이것은 목사들이 자기 교인들을 사랑하는 방법이며 모든 종류의 영적인 가르침을 위해 그들의 마음속으로 들어가는 길을 여는 방법이다.[18]

그것은 선교사의 직분과 목사의 직분을 결합하는 것이다.

> 엘리엇은 과연 자기 사람들의 아버지였다. 그들과 빈번한 교제를 가짐으로, 그는 그들에게 큰 사랑을 받았으며 하나님의 것들에 대한 그들의 지식의 범위에 대해 알게 되었고, 그들의 시련과 어려움에 대해서도 알게 되었고, 그들의 기쁨과 슬픔에 대해서도 알게 되었다. 그는 이런 방법으로 그들의 교사요 조언자요 위로자 역할을 할 수 있었다.[19]

---

18 Clerg. Instructor, p. 325.
19 그의 Life를 보라. "(데드햄[Deadham]의 고명한 John Rogers는 말하기를), 나는 이웃들의 집을 개인적으로 방문하는 일을 너무 주저하고 있다. 이 일을 소홀히 하는 것은 매우 위험스럽다. 이 이유로 인해 나를 향한 그들의 사랑은 생각만큼 그렇게 크지가 못하다. 나도 그들의 구체적인 상태에 대해서 그렇게 잘 알고 있지 못하다. 그래서 그들에게 적합한 말을

이런 식으로 자기 목사를 사적으로 만나는데 익숙한 회중은 아버지의 가르침을 듣고 있는 한 가족과 같다. 우리의 대제사장의 본을 따라, 우리가 그들의 연약한 감정과 접촉하며 그들의 여러 차례에 걸친 시련의 세부적인 내용 속으로 애정을 가지고 들어갈 때, 상호 교감이 촉발되는 것이다. 사람들의 담대함은 격려를 받게 되고, 그들은 좀 더 개인적으로 받은 조언과 위로를 쉽게 적용하게 된다. 그리고 그들은 자기들의 사정과 의심, 그리고 당황스런 일들을 우리에게로 가져오게 된다. 그러면 우리는 그것들을 우리 자신의 것으로 만든다. 형제간의 연민을 귀히 여기는 형태로 우리 목사의 조언을 빚으면, 우리는 "누가 약하면 내가 약하지 아니하냐"(고후 11:29)고 말할 수 있다. 그들에게 "우편과 좌편에 의의 전신갑주를" 제공하기 위해서, 그 외에 어떻게 우리가 우리 중에서 진짜 신앙 상태를 확인할 수 있겠는가? 즉 신앙의 진보나 쇠퇴를, 그 신앙의 단점들을 또는 그 발전의 수단이나 우리 교인들을 포위하고 있는 유혹들을, 확인할 수 있겠는가?

그러므로 이러한 목회 교제의 성격은, 화목하게 하며, 친밀하고, 사랑이 많은, 우리 교인들과의 영적인 접촉이라고 할 수 있다. 이것은 우리 직분의 위엄을 겸손과 자기를 낮추는 자세와 결합시킨 것이다. 우

별로 할 수가 없다."

Secker 대감독은 말하기를, "우리가 우리 교인들을 별로 잘 붙잡지 못하는 주요 이유는, 파수꾼이 그들의 영혼을 지켜보는 것만큼 우리가 별로 그들과 대화하지 않기 때문이다." 외국의 개신교 목사들과 로마의 신부들 그리고 비국교도들이 자기 교인들을 이 방법으로 얻고 있는 그 영향력에 대해 언급한 후에, 그는 덧붙여 말한다. "어째서 우리가 그들에게서 배워서는 안되는가?" Charges, pp. 246-247.

홀 목사는 다음과 같이 말한다. "목사가 자기 교인들과 이야기를 나누는 경우가 빈번하면 빈번할수록, 또 그의 대화가 적절히 행하여졌다면, 그는 인간적인 사랑을 더 받게 될 것이며 그의 사역은 인정을 받게 될 것이다." Sermons, p. 29.

이 목적을 위해, Bishop Wilson (Stowell's Life, p. 114 143), Dr. Doddridge (Life, ch. v.), Sir James Stonehouse (한 젊은 목사에게 보내는 그의 편지들을 보라), Ostervald, Dr. Stearne (Clerg. Instruct. 384), Dr. Watts (Humble Address, p. 91)는 교인 등록부에 우리 교인들의 개별적인 성격과 형편을 적어놓으라고 권한다.

리 직분은, 만군의 주의 사자이며 또한 동시에 예수를 위해 그들의 종이 된 것이다(말 2:7; 고후 4:5). 이렇게 해서 우리는 담대함은 불러들이고 동시에 스스럼없는 행동은 눌러진다. 우리의 위엄을 추락시키지 않으면서도, 우리는 그 위엄을 친구라는 옷으로 입힌다. 사람들 가정의 어려운 상황, 그들의 일시적으로 필요한 것, 생활 습관 그리고 그들의 주인들과 또 그들의 이웃들과의 관계 속으로 (호기심이 아니라 친절한 관심을 가지고) 들어가는 것이다. 여기서 그들의 비용 관리, 그들의 자녀들의 교육과 훈육, 가정 예배와 가르침, 그 밖에 그들의 작은 세계를 구성하는 것은 무엇이나, 사려 깊은 충고를 그 가정의 가장에게 해주어도 좋을 것이다. 기독교의 가르침을 이 구체적인 상황에 접목해도 좋을 것이다. 즉 실제적으로 쓸모가 있게 충분한 개별성을 가지고 우리 강단 목회 속으로 들어갈 수 없는 그런 것들과 접목해도 좋은 것이다.

일반적인 영적 분위기를 퍼뜨릴 목적으로 우리 교인들을 친목 목적으로 심방하는 것 또한, 목양 사역의 매우 중요한 한 부분이다. 소위 왓츠 박사가 "거실 설교"[20]라고 부르는 것, 즉 신앙의 주제를 때에 맞게 그리고 받아들이기 좋게 사람들과의 교제 속으로 이끌어 들일 수 있는 능력은, 교회를 위해서는 매우 귀중한 달란트이다. 만일 그것이 부분적으로 타고난 재능이라면, 그것을 아주 조금만 연습해도 무제한의 개선을 가져올 것이다. 이런 식으로 최고의 탁월성에 도달한 사람들은, 천부적으로 대단한 은사를 타고난 사람은 아니지만 자기 속에 있는 하나님의 이 은사를 부지런히 분발시킨 사람이다. 엄숙한 분위기를 풍기면서 격언식의 딱딱하고 권위적인 어조로 말하라고 추천하는 것은 아니다.

큰 주제를 오히려 그리스도인의 명랑한 습성과 혼합시키라. 자연스

---

[20] Humble Attempt, pp. 90-91.

럽고 우아하게 본 줄거리로 되돌아오기 힘들 정도로 이야기가 벗어나지 않게 조심하라. 오직 본 주제로부터 다른 화제로 빠지지 않도록 주의하라. 감동적인 어조가 교화에 필수이듯이, 진지함은 감동적인 어조에 필수적임을 기억하라. 그리고 주제를 늘 공식적으로 시작하거나, 갑자기 시작하는 방식으로 전개하지 말라. 직접적인 방법으로 주제를 소개하는 것이 적합하지 않으면, 대화중의 어떤 사건이나 화제를 이용하여 말할 준비를 하고 뜨거운 마음을 표현하는 것이 현명할 것이다. 말하지 않으면 안 된다는 그 의무감이 깊이 느껴졌을 때는, 보통 기회가 있는 법이다. 그렇지 않으면, 지켜보고 있는 사랑의 마음 때문에 그 기회를 만들어내게 될 것이다. 설교자라는 인물이 의욕을 잃었다면, 이번에는 하나님의 사람이 중대한 영원의 문제들에 대해서 친밀하고 애정 어린 대화에 활발하게 참여하게 만들 것이다.

이 달란트의 사용에 효과를 주기 위해서는 화제의 조절이 필요하다. 일반인들이 가지고 있는 관심사는 항상 가르칠 주제들을 공급해준다. 혼합된 모임에서는, 흥미 있는 그 어떤 화제에 대해 자기 생각들을 교환하는 두세 명의 진짜 그리스도인들이, 그 나머지 사람들과 유익한 의견 교환을 할 수 있는 매개체가 된다. 상류 계급의 사람들과의 교제는 흔히 상당한 어려움이 있다. 그러나 여기서도 지혜의 온유함으로 진리를 소개하면 많은 것을 성취할 것이다. 그리고 하늘의 성격을 가진 온유한 결심이 사람보다는 하나님께 순종하며 또 자기 사명의 권위를 현저한 존경심을 가지고 존귀하게 여기겠다는 결심을 나타낼 때보다, 목사가 더 큰 위엄을 가진 것으로 보이거나 또는 부유한 사람들에게 보다 더 효과적으로 말하게 되는 때는 결코 없을 것이다. 부유한 자들의 영혼에게 이 중대한 부담감을 요구해야 하는 이 엄중한 책임을 잊어서는 안 된다. 그리고 이 책임을 염두에 두고, 우리는 지혜롭고 부지런히 그들에게 가장 오래가는 보물을 전달할 그 길을 찾아내야 한다.

이 대화 교제의 개선을 위해서, 실천적 주제를 다루고 있는 훌륭한 저자들의 지식이나 기독교 인물 전기에서 끌어온 자료들을 저장해놓으면, 반드시 큰 도움이 될 것이다. 적당하게 다양한 공부를 위하여 그리고 무엇보다 전능하신 하나님의 도우심을 의지하는 연습을 위하여, 여러 화제들의 가장 적합한 성향을 기억에 떠올리는 습관과 더불어, 모임에서 이 사람, 저 사람에게로 부지런히 돌아다니며 그 자료들을 전하는 매개체가 될 준비가 되어 있는 것, 또한 가장 중요할 것이다. 이 고려와 근면과 믿음의 정신 속에서, 아무리 약한 노력들이라도 상당한 가치가 있을 것이다. 질서 있게 대화가 잘 진행된다 하더라도, 우리 자신의 힘만으로는 소기의 목적을 이루기에는 효과적이지 못할 때가 있을 것이기 때문이다.

가난한 사람들이나 또는 다른 구체적인 대상들을 위해 일할 목적으로, 목사관에서 상류, 중류층의 여성들이 월간 모임을 갖기를 또한 제안한다. 이것은 교구 목회의 영역 내에서 접근하기 어려운 젊은 사람들도 함께 묶어주는 좋은 수단이다. 적절한 책을 소개하면, 무익한 대화를 쉽게 차단할 수 있으며, 보다 직접적인 적용과 관심사를 군데군데 뿌릴 수 있는 기회를 제공해 주기도 한다.

성경 공부 방법은 우리가 담당하고 있는 모든 분야들을 포괄하고 있어 상당한 효과를 거두고 있다. 오하이오 감독은 말하기를, 뉴욕에서 (1830) 목회를 하고 있었을 때, 미국에 그리스도의 사역자로서 성경공부반을 가지고 있지 않은 사람은 한 사람도 없었으며, 청소년들뿐만 아니라 부부들과 모든 계급의 사람들이 그 목사의 발밑에서 가르침을 기쁘게 받았다고 한다. 성경을 공부하는 것보다, 더 오류를 막아주는 가르침도 없고 그리스도인의 꾸준함과 일관성의 확실한 수단도 없다. 그리고 이 성경 공부에서 우리 교인들의 마음을 인도하고 격려해주는 것은, 목사의 임무 중에 가장 흥미롭고 중요한 실행 **중**의 하나이다.

또 다른 영역에 관해서는, 우리 주님의 본으로 화제를 돌려도 좋을 것이다. 주님은 육체에 대한 친절을 영혼에 대한 사랑과 결합시키셨다 (마 9:1-6). 목회 일을 하면서 우리가 흔히 듣는 말은 "사람의 선물은 그에게 기회를 만들어준다"(잠 18:16)는 것이다. 그리스도인다운 연민은 우리 가르침에 커다란 무게를 실어준다. 그리하여 우리 수단은 매우 중요한 주제들을 위한 우리의 수고들과 결합하게 된다. 그러나 이 방법이 허위 신앙고백을 부추기지 않도록, 우리는 그 성격을 잘 확인해야 한다.

모든 경우에서, 대상과 때와 확신의 측정에 대한 지혜로운 분별력이 부족하면, 선의의 사랑도 가장 큰 악이 되어버린다. 우리의 사랑의 기금은 개인의 수단에 의해 조절되어야 한다. 신중함과 자기부인의 정신으로 계산되어야 하며, (질병의 경우 외에는) 원하는 것을 다 받아주기 위해서가 아니라 부족을 채우기 위해 적용되어야 한다. 이 조절의 성경적인 범위는 보편적이기는 하지만, "믿음의 가정들을"(갈 6:10) 특별히 더 보살펴야 한다.

어려움을 겪고 있는 사람들은 성격과 필요의 등급에 따라 그 다음으로 보살펴 준다. 대개, 그들의 어려운 상황으로부터 완전히 구해주기보다는 부분적인 도움을 주면 그들 자신의 노력이 자극을 받기 때문에, 경제적일뿐만 아니라 보다 더 효과적이다.[21] 영적인 사랑을 잠시의

---

21 Thomas Gouge 목사는 자기가 돈을 내고 가난한 사람들을 고용하곤 했다. 그들에게 재료를 주고 그들이 한 일에서 얻은 모든 이익금을 그들에게 준 것이다. 그래서 그는 정직하게 근면할 것을 최고로 격려하면서 자기의 사랑의 흐름을 마음껏 흘러가게 했던 것이다. Clark's Lives, vol. iii. p. 203. 의류 협회, 집세 협회 또는 신발 협회 등이 (가난한 사람들에게 매주 기부하는 것에 어느 정도 보태었음) 그들을 편안하게 하는데 막대하게 공헌하였다. 그들이 필요할 것이라고 예상했던 것들을 채우고, 절약과 검소의 습관을 정착시켜 주었고, 자기부인의 아주 작은 노력들이라도 열매를 풍성히 맺을 수 있음을 보여 주었고, 그들의 빠듯한 자원들을 현명하게 사용할 수 있게 했던 것이다. 이러한 점들은 소위 George Herbert가 "목사의 완전"이라고 부르는 것에 속하는 것이며, 우리 교인들의 행복한 삶과도 똑같이 연관이 있고 우리 목회의 효과성과도 관련이 있다. Country Parson, ch. xxiii.

사랑과 결합하는 기회를 절대로 망각해서는 아니 될 것이다. 개인적인 대화를 할 수 없거나 또는 개인적인 대화가 적절하지 않을 때는, 전도지가 유익한 가르침 역할을 대신할 수 있을 것이다.

교인들과의 모든 접촉점마다, 우리는 자신이 목사라는 생각을 가져야 하고 그들은 우리를 목사로서 생각하고 받아들여야 한다. 그러므로 하나님께로부터 오는 다소간의 직접적인 메시지를 전하지 않고서는, 교구 심방을 끝낼 수 없다. 심지어 흔한 일들을 언급하는 것도 영적인 목적과 연결이 되어야 하며(엡 6:22), 동시에 적절하게 적용할 여지도 두어야 한다. 그래서 커튼 메이더는 자기 교인들에게 다음과 같은 두려운 질문들을 남기곤 했다.

> 내가 이 세상에 들어온 이래로, 하나님께서 나를 이 세상에 보내신 위대한 심부름에 관해서 나는 무엇을 하고 있는가? 만일 하나님이 지금 나를 이 세상 밖으로 불러내간다면, 영원한 시간 동안 나는 어떻게 될까? 의와 구원을 위해 나는 죽어가고 있는 영혼을 믿음으로 주 예수께로 인도한 적이 있는가?[22]

다시 또, "당신은 그리스도를 전적으로 믿습니까? 당신은 그를 사랑합니까?" 자기 자신에게 이 질문에 대한 대답을 해보라. 자기 양심에, 자기 하나님께, 이 질문에 대한 대답을 해보라.

만일 질문들이 해결되지 않았다면, 영혼의 가치, 죄의 악, 구주의 사랑, 말씀 공부, 성령의 영향력, 은밀한 기도의 특권, 가정 기도의 특권, 공적 기도의 특권, 개인의 신앙과 가정의 신앙의 중요성, 그리고 일상생활과 기도의 연결, 복음의 위로, 영원을 위한 준비 작업과 같은 것들

Bishop of Winchester's Charge, 1829, p. 49.
[22] 그의 Life, and Essays to Do Good를 보라.

은 공통의 관심사이고 무궁무진한 내용들을 가지고 있으므로, 사람들과의 대화에서 주제로 삼을 수 있을 것이다.

그러나 우리 권면이 아무리 활력을 주고 감동적이라 할지라도, 복음 교리에 대한 생각들을 나누어주는 주요 목적을 잊어서는 아니 된다. 그러므로 우리의 공적 사역 못지않게 우리의 친밀한 교제도 진리가 하나님의 힘의 유일한 매개체라는 원칙에서 진행되어야 한다. 연속적인 심방들 사이의 간격은 생각해보도록 남겨두었던 본문으로 유익하게 연결이 지속될 수 있을 것이다. 만일 그 본문을 읽을 수 없는 사람이 있다면, 암기할 수 있을 때까지 반복해야 할 것이다. 그리고 하나님의 말씀을 실제 적용을 위해 남겨놓아야 하며, 그렇게 해서 다음 심방 때, 지난 번 대화의 현저한 분위기가 되살아날 것이다. 또한 그렇게 해서 우리는 같은 식으로 일을 계속할 수 있을 것이다. 또는 상황이 달라지면, 새 방법을 찾아낼 수도 있을 것이다.

목회 교제 형태에는 상당한 변이가 있다. 흔히 사람을 불쌍히 여기는 마음을 가르침과 결합하는 것이 지혜롭기는 하지만, 그렇지 않은 다른 때에는 교인들과의 접촉은 순전히 영적 원칙들에 근거하여 이루어져야 한다.

하나님의 임재하심 가운데 그 사람과 둘이만 있으라. 처음에 받는 인상은 예민하고 또 취약하기 때문에 이러한 친밀한 교제가 필요하다. 각성된 질문자는 안내자와 믿을 수 있는 상담자와 경험이 많은 친절한 친구를 원한다. 이 사람은 따로 떼어서 자기만 배려를 받고 있다고 느껴지도록 해주어야 한다. 의심으로 머뭇거리고 있는 다른 사람들에게는 그들의 신념을 소중히 여겨주고, 수정해주고, 깊게 만들어 준다는 확신이 필요하며, 유혹을 쫓아내주고 이 세상의 사슬을 부수어버리는 힘을 가지신 구주에게 좀 더 가깝게 인도한다는 확신도 필요하다. 이 동일한 매개체를 통하여, 심각한 자들과 낮아진 자들과 당황한 자들은

'자기들의 걱정거리를 터놓게 되어 영적인 조언과 충고를 듣는 혜택을 받게 된다.'[23] 비밀이 보장된 이런 의사소통에서, 그 사람들을 개인적으로 당황스럽게 만드는 교리적인 질문을 꺼내게 된다. 이러한 질문들을 통해서 우리가 가르쳐야 할 것을 가장 적절하게 적용시킬 수 있는 귀중한 자료들을 얻을 수 있다.

그렇지만 목사는 자기 양떼와의 교제를 조심스럽게 평등화시켜야 한다. 지혜로운 자들과 지혜롭지 못한 자들에게 공히 빚진 자로서, "편견이 없이…아무 일도 불공평하게 하지 말고"(롬 1:14; 딤전 5:21), 모든 사람의 친구요, 아버지요, 목사로 자기 자신을 보여주어야 하는 것이다. 목사가 자기 양떼에게 갖는 관계는, 영혼과 육체의 관계요, 머리와 지체와의 관계이다. 몸의 가장 높은 부분뿐만 아니라 가장 낮은 데까지 몸의 각 부분의 기운을 돋우어주어야 한다. 모든 지체의 유익에 똑같이 이바지하여야 한다. 편애의 기미가 있기만 해도 반드시 그 편애를 받고 있는 대상들에게는 교만이 싹트고, 나머지 사람들은 그를 시기한다. 편애는 양떼의 연합과 번영에 매우 파괴적이다. 이 속사정을 터놓는 일에는, 혼인관계 정신이 유지되는 남편과 아내 사이에 권위와 순종의 경계선이 정확하게 있는 것처럼 그런 상대적인 권리와 의무를 강행해야 할 경우가 거의 없다.

그러나 이런 식의 교제가 우리 교구 안에 있는 비국교도들에게 얼마큼이나 연장되어야 하는지는 다소 어려운 문제일 수 있다. 외고집으로 우리 사역을 거부하는 사람들은 우리 공적인 임무에 대해 자기 주장할 권리가 없다. 그러나 시간과 힘이 허락하는 한, 그들이 기독교 정신을 나타낼 때, 우리는 솔직하고, 개방적이며, 호의적인 교제를 거부해서는 안 될 것이다. 혹시 자기들의 잘못이었다는 확신을 그들이 갖게 될

---

23 Communion Service에 있는 권면을 보라.

지도 모르며, 성경적인 규칙에 좀 더 가깝게 따라오게 될지도 모르며, 우리 주님의 뜻에 따르게 될지도 모르기 때문이다. 비록 지역에 따라 정확히 어떤 식으로 해야 할지가 결정되어야 하겠지만, 우리가 할 수 있는 한 이 원칙을 따르는 것이 좋을 것이다.

우리 입만 바라보고 있는 회중에게 설교하는 일은 큰 즐거움이 있는 반면, 이 분야의 목양은 그 즐거움이 적은 편이다. 목양은 인내심과 자기부인과 강도 높은 믿음의 행사를 요구하고 있기 때문이다. 이러한 것의 희생은 언제나 제대로 계산할 수 있는 것은 아니다. 헨리 마틴은 고백하기를, 때때로 그는 '자기 교구의 일을 싫어하는 죄를 짓는 시험을 겪었다.' 그리고 '돌덩이에게 말하고 있는 돌덩이 같은 기분이 들 때가 자주 있었다.'[24] 저자는 한 지역 설교자의 말에 놀란 적이 있었다. 그는 나중에 자기 사역을 그만두고 세속적인 직업을 가졌다. 그 후에 자기 경험으로 볼 때, 그는 목사의 삶이 세상에서 가장 행복한 것이라고 꼽았다. 그리고 전에는 복음을 전하는 그런 즐거움을 전혀 몰랐었다고 했다.

이 판단은 비록 정확하기는 하지만, 우리 사역의 오직 절반만 알고 판단을 내렸기 때문에 그의 판단은 불완전하게 형성되었던 것이었다. 자기 형제 죄인들에게 복음의 기쁜 소식을 선포하는 것에서 오는 설교자의 기쁨은 파수꾼의 사명의 막중한 책임과 함께 묶여져 있다.

"내가 부득불 할 일임이라"(고전 9:16). "영혼을 위하여 경성하기를 자신들이 청산할 자인 것 같이 하느니라."[25] 흑암, 칠흑같이 어두운 밤 같은 어두움, 그리고 아하! 영원한 밤이 있을 것 같은 예감이다. 목사는 임

---

[24] Life, p. 60. Witherspoon 박사가 이 사역에 대한 양심을 증언할 때 말하기를, "설교로 우리 허영심을 만족시킬 수 있을 것이다. 그러나 사생활에서의 근면한 자세는 의무감 외의 다른 것에서는 좀처럼 생기지 않는다."

[25] 히 13:17. "이 말에 떨지 아니하는 목사는 적어도 자기 자신이 보는 눈이 없음과 현명치 못함에 떨지어다." Quesnel in loco.

종의 자리에 매우 자주 임한다. 이러한 장면이 위태롭게 요구하는 것은 지혜와 자애로운 충실함이다. 그들 속에 "그리스도의 형상을 이루기까지 다시"(갈 4:19) 영혼을 위해 해산의 고통을 겪어야 한다. 신앙고백을 했던 그리스도인들로 인한 실망과 참 그리스도인들의 넘어짐으로 인해 울어야 한다. 매일 죄와 완고함과 회개하지 않음과 접촉을 하며, 그리고 마지막으로 어둠의 세력들과 싸워야 한다. 이 모든 것들이 우리의 신성한 사역과 결합된다. 이와는 매우 반대의 성격을 가진 정서들을 일깨워, 슬퍼하지만 언제나 기쁜 믿음의 승리를 마침내 거두게 된다.

목사의 일에 대한 일반적인 이 고찰은, 즉시로 목양의 수고로움과 그 중요함을 보여줄 것이다. 우리 교인들이 다양하게 원하는 것들을 알아야 하며, 그들의 애정을 얻어야 하며, 적절한 경고와 격려, 가르침 또는 위로를 주어야 한다. 사랑의 연민으로 그리고 목사의 임무를 수행하면서 그들의 영적인 관심사가 무엇인지 알아내야 하며, 이 일에 일관성과 진지함과 그 일이 요구하는 뜨거운 에너지를 가지고 임해야 한다. 이 모든 일은 과연 근면과 인내와 자기부인이 있어야 할 수 있는 일이다. 그러나 "모든 일에 신중하여 고난을 받으며 전도자의 일을 하며 네 직무를 다하여라"(딤후 4:5)는 명령에 즉각 순종하지 않고서야, 우리가 어떻게 우리 사역의 증거를 만들어낼 수 있겠는가?

기독교 목사의 진정한 초상화는 자기 자녀들을 거느린 한 부모의 초상화 바로 그것이다. 그 부모는 권위와 존경을 유지하고 있지만, 그것과 더불어 이 사랑의 관계에 있어야 하는 애정과 담대함도 조심스럽게 확보하고 있다. 그는 언제나 자기 집 안에서 볼 수 있고, 자기 양떼의 우리 가운데에서도 찾아볼 수 있다. 그는 그곳에서 격려하고, 경계하고, 지시하고, 가르친다. 상담자가 되어 조언을 줄 준비가 되어 있다. 도움을 줄 친구가 되어 그는 불쌍히 여기고 위로한다.

어머니의 사랑을 가지고 그는 약한 자들을 일으키며, 아버지의 오래 참음으로 그는 책망하고, 견책하며, 권면한다. 맨(Man) 섬의 윌슨 감독처럼, 밴 드 라 로슈 (the Ban de la Roche)의 오벌린(Oberlin)처럼, 또는 알프스 고지대(the High Alps)의 사도 그 목사처럼,[26] 이러한 목사는 점차적으로 모든 반대세력을 꺾어 누르고, 정말로 자기 교인들의 마음속에서 살아가며, 교인들의 세상과의 전투와 영적인 전투를 위해, 찬란한 달란트와 굉장한 언변을 가진 사람들보다 더 많은 일을 하게 될 것이다.

---

[26] Gilly's Life of Felix Neff. 매우 흥미로운 전기이다. 또한 최근에 씰리(Seeley)가 출판한 아주 흥미 있는 많은 서신들과 함께 Bost가 쓴 이 헌신적인 목사의 새로운 Life를 보라.

2장

목양 사역에서 사례 다루기

믿음과 불신의 두 개의 큰 계층이 세상을 나누어 놓는다. 이 계층의 많은 그 하위 분야에는 또 수많은 사례들이 있는데,[1] 이 경우들을 적절하게 다루는 일은 상당히 중요한 문제이다. 그 사례들 중에 몇 가지에 대해 약간의 조언을 주고자 한다. 이 사례들은 주로 신약의 사역을 관찰한 것에서 온 것으로서, 우리 사역의 몇몇 전문적인 분야에 대한 설명이 될 것이다.

---

1 Gregory는 서른여섯 경우나 다루고 있다 (주로 관련 상황 또는 도덕 성향). 그러나 영적인 분별력의 행사는 매우 적다. De Cura Past. Part iii. c. 1. Bucer는 좀 더 정확하고 도움이 되는 차별성을 가지고 자세하게 다루고 있다. Scripta Anglicana. De Animarum Cura. pp. 293-350.

1. 불신자들

우리 중에는 이 가장 악의적이고 일반적인 형태의 불신과 접촉하고 있는 목사들이 많이 있다. 불신자들은 모든 도덕적인 제한을 견뎌내지 못한다. 이들은 모든 사회적 결속들을 그 뻔뻔스러운 손으로 부숴버리고 하나님의 통치권에 저항한다. 불신자 가운데는 세 종류가 있다.

정욕적인 불신자가 있다. 그의 배 혹은 그의 돈은 그 사람의 신이다. 그는 하나님이 없다는 말에 설득되고 싶어 한다. 왜냐하면 그는 하나님이 없었으면 좋겠기 때문이다. 그리고 하나님이 계실까봐 겁이 나기 때문이기도 하다.

이 부류의 사람들은 생각하는 사람들이 아니다. 이들은 어떤 사람들이 지껄인 신성모독적인 말을 들은 적이 있는 사람들이다. 이들은 자기 양심의 가책을 가라앉혀 주고, 죄를 지어도 괜찮다고 보장해주고, 죄를 짓도록 격려해주고, 죄가 피난처가 되어 줄 것이라고 생각하는 어떤 교리를 믿고 싶어 한다. 이들은 우리에게 자기들의 땅에서 떠나가기를 간청한다. 내일은 죽을 터이니 먹고 마시자 라고 말하기도 한다(마 8:34; 고전 15:32).

우리 주님은 이 불신의 그 근원을 증거 부족이 아니라, 죄에 대한 사랑에서 찾으신다. 그리고 우리에게 이 문제를 처리하라고 가르치신다. 양심을 겨냥해서, 정죄의 선고를 선포하고 죄를 깨닫게 하라고 하신다. 불신자의 마음이 선포된 하나님의 말씀과 어긋남을 보여주고, 하나님의 사역의 거룩한 성격을 그 마음과 대조시켜 뚜렷이 드러내 보이라고 하신다(요 3:19-21).

모방적인 불신자가 있다. 이러한 사람들은 흔히 불신자들과 어울리는 때가 자주 있다. 이들은 어떤 신앙의 주장을 믿는다고 감히 고백하지 못한다. 건전한 정신을 가지고 있는 사람들에게 늘 웃음거리가 되기 때문이다. 이들은 자신이 조롱거리가 되는 것을 참을 수가 없다. 이들은 자신의 대담한 확신을 억누를 수가 없다. 이들은 종교를 반대하는 재치 있는 말에 귀를 기울이거나, 그럴 듯한 고급 주장을 듣는다. 그리고는 그 말을 자신의 생각으로 받아들인다. 자기 자신의 실제 등급보다 조금 더 높은 사람으로 봐주기를 바라는 욕망 때문에 그들은 들은 얘기를 그대로 옮긴다. 이것은 자만심의 모든 교만과 욕망으로 좀이 쑤시는 청소년들 사이에 흔히 있는 일이다. 우리는 단지 그들의 어리석은 교만을 폭로해주고, 배우려는 정신을 심어주며, 하나님의 말씀의 그 단순한 권위를 그들 앞에 놓아둘 뿐이다. 정직한 사람들에게는, 하나님의 말씀이 지혜로운 바보들의 모든 재치 있는 말보다 더 강력한 확신을 가지고 다가설 것이다.

영리한 불신자가 있다. 흄(Hume), 기본(Gibbon), 페인(Paine)과 같은 사람들이다. 여기서 우리는 죄에 대한 사랑이 교만한 추론에서 그 힘을 모으고 있는 것을 발견한다. 자기가 이해하지 못하는 것을 믿기를 거부한다. (이것이 모순과 무지의 확실한 증거이다; 이 원칙에 근거하여 그들은 하나님의 말씀은 물론이요, 하나님의 공로까지도 거부하여야 하기 때문이다.)

인간의 보잘 것 없는 지성 안에 있는 어떤 시스템이 하나님을 대신할 수 있거나 하나님으로부터 나온다고 가정함으로써, 그들은 계시를 격하시킨다. 인간의 모든 힘과 학식과 문명과 새로운 창조력에 반대하는 그렇게 약한 도구들을 사용하여, 그들의 원칙들이 어떻게 세상에 있는 예언과 기적과 복음의 확립을 설명할 수 있겠는가?

그들은 자기들 자신의 어려운 문제들로부터 복음이 주는 문제보다 훨씬 더 압박을 받게 될 것이다. 그들은 남을 쉽게 믿는다. 계시를 믿지 않기 위해서는, 가장 있을 법하지 않은 것을 부득이 믿지 않을 수 없는 것이다. 그들에게 그들의 생각의 잔인함을 보여주라. 영리한 불신자들은 사람들의 유일의 희망을 "탈취하는"(골 2:8) 사람들이다. 장래에 대한 전망에서 모든 불빛을 제외시키는 사람들이다. 현재의 고봉에 대해 아무것도 주지 못하는 사람들이다. 의심과 불안 그리고 절망에 대해 아무것도 약속해주지 못하는 사람들이다. 그렇게나 어둡고 희미한 한 시스템이 사랑의 하나님으로부터 나왔었을 수가 있겠는가? 복음을 거부하기보다는, 복음을 품어 안을만한 훨씬 더 강력한 동기가 있지 아니 한가? 만일 복음이 거짓이라 하더라도, 믿는 자들은 불신자들만큼 안전하다. 만일 복음이 진실이라면 (그리고 불신자는 여기서 불안하지 않은가?), 영원을 위한 그 사람의 몫은 어디에 있는가?

아덴에서 사도 바울의 사역이 우리에게 가르쳐주기를, 모든 계층과 모든 성격의 불신자들에게 그리스도를 전하라고 한다(행 17:22-34). 그리고 사실, 그리스도를 전하는 것이 모든 걱정거리에 가장 적합한 치료책이며, 또한 복음을 위한 가장 강력한 증언이기도 하다. 이 불신의 독이 퍼져 있기 때문에 우리는 모든 사람들에게, 특히 청소년에게, 기독교의 증거들에 대한 연구 결과를 가르쳐 주어야 한다. 그들이 "그들 속에 있는 소망에 관한 이유를 묻는 자에게 대답할 것을 항상 준비하게"(벧전 3:15) 하기 위함이다.

2. 무지하고 무관심한 사람들[2]

우리 주님의 시대에는 많은 사람들이 이렇게 무지하고 무관심했었다. 마음속을 탐색해 보기까지 전개된 하나님의 율법의 영적인 성격과 그 요구사항들은 매우 강력한 격려를 힘입어(마 5-7장), 주님에 대한 믿

---

[2] Baxter의 실천적인 논문들 속에는, 아마 인간의 펜이나 마음으로부터 지금까지 나온 모든 설교 중에서 회심하지 않은 자들의 마음을 가장 끄는 설교가 들어있다. 그러나 복음의 교리와 동기를 좀 더 분명하게 나타냈더라면, 그 글이 더욱 힘이 있었을 것이다. 그리스도인의 확립에 관한 그의 방법 또한 복음의 값없이 줌과 완전성과 단순성을 나타내는데 크게 실패했다.

음의 성격과 당면한 의무(요 6:29-65), 그의 구원을 거절한 무서운 결과(마 11:20-24), 복음의 조건들의 타협 없는 제시(마 13:44-46; 눅 14: 25-33), 복음을 즐거이 받아들이는 모든 사람들에 대한 제한 없는 권유(마 11:28-30; 요 7:37), 등이 대중들을 향한 주님의 가르침에서 현저한 주제들이 되었다. 개별적인 경우에, 주님께서는 개인들을 접촉해서 구체적으로 죄를 자각케 만드심으로써 양심을 보다 더 가까이에서 다루었다(눅 7:40-50; 12:13-21; 요 4:5-26). 사도들의 권면은 물론 좀 더 분명하였다. 죄를 자각시키는 그들의 화살에는 그리스도의 피가 찍혀있었고, 십자가를 보여줌으로 사랑의 변론의 근거로 삼는데 성공하였다(행 2, 3, 4, 13장; 슥 12:10).

다른 모든 부류의 사람들과 마찬가지로, 무지하고 무관심한 사람들은 그 성격에 따라 다르게 다루어야 한다. 복음의 근본 진리를 거스르고 은혜로운 복음의 제안을 멸시하는, 모든 교만한 논거의 근원인, 불신 주의가 어떤 것인지를 그들 앞에 펼쳐 보여야 할 필요가 있다. 그래서 마침내 완고한 마음과 어리석음을 은혜의 수단 아래 복종시켜야 한다. 말로 다 표현할 수 없는 죄와 그들의 상태에 위험성이 있음을 이 부류의 사람들에게 엄중하게 말해주라. 특히 구주를 거부한 악한 죄가 있음을 그들에게 알려주라. 바로 그들 옆에서 화재가 났는데 잠이 들어 있는 사람들을 그들 앞에 그려 보여야 한다. "또 어떤 자를 불에서 끌어내어 구원하라"(유 23).

엄중한 말은 흔히 각성의 축복과 더불어 하는 것이 좋다. 그 사람을 또한 가능하다면 어느 지점까지 데리고 와야 한다. 그리고 어떤 호소는 그 사람 자신이 한 고백에 근거하여야 한다. 이 사람은 영원에 대해서 별로 생각하지 않는다. 그러나 천국에 가기를 소원하기 때문에 천국에 갈 것으로 생각한다. 여기에서 이러한 근거는 고쳐져야 한다. 자기의 나태한 소원을 자기 소망의 근서로 삼는 것은 어리석기 짝이 없는 것이기 때문이다. 이 사람은 임종 시에 자기 사후 안전이 확보된다면, 무엇이나 다 내놓을 것이다. 그렇다면 이 사람은 지금 진지하게 복음을 받아들이지 않는 걸까? 이 사람은 그리스도가 구주이심을 알고 있다.

그러나 그분에 대해 개인적으로는 아무 관심이 없다. 자신이 부족하다는 의식도 없고, 믿음을 영적으로 행사하여야겠다는 인식도 없다. 이 사람은 어린아이나 또는 이교도 같아서, 복음의 초보 진리들에 관한 가르침이 필요하다. 이런 부류의 사람들 중에 가장 완고한 사람은 매우 온유하게 다루어야 한다(딤후 2:24-25). 그들의 상태에 대해 아주 동정어린 관심을 가지고 말해야 하며(렘 4:19; 미 1:7, 8), "너희는 하나님과 화목하라"(고후 5:20)라고 간청하는 태도로 말해야 한다. 하나님의 심판을 공공연히 비난했으므로 우리가 그들의 정죄를 확정하는 것이라고, 그 사람들이 생각하게 만들지 말라.

오히려 우리가 그 심판으로부터 도망치도록 그들을 깨우려는 노력을 하고 있다고 생각하게 만들라. 오직 무지하고 무관심한 사람들을 그리스도께로 인도하기 위한 한 수단으로서, 그들을 진노 아래 가두어 놓는 것이라고 생각하게 하라(갈 3:23, 24). 악의적인 미혹에 노출되어 있는 모든 것들을 복음의 초대와 연결시키도록 하라(삼상 12:20-22; 스 10:2; 사 55; 행 2:23, 37-39). 국교회에 항의해서 쫓겨난 사람들과 생각을 뒤집는 증거들 때문에 쫓겨난 많은 사람들은 사랑의 감동을 체험해 본 적이 있는 사람들이다.

갈보리의 십자가는 매우 무식한 사람들의 이목을 사로잡았고(마 27:54), 매우 완고한 사람들에게까지 저항할 수 없게 만들었으며(행 9:4-6), 아주 확고부동한 신자들의 신념에 세상의 헛됨과 비참함을 보여주었다(갈 6:14). 구주에게는 모든 것이 충분하며 적합하고 충실하며 사랑이 많다는 것을 그들에게 보여준다면, 매우 절망적인 경우에서조차 활기찬 소망을 충분히 보장해줄 것이다.

3. 스스로 의롭다 하는 사람들

젊은 관원의 이야기는 우리 주님이 스스로 의롭다 하는 사람들을 어떻게 다루셨는지를 잘 보여주고 있다(마 19:16-21). 그에게는 확신이 필요했고, 율법이 도구로 사용되었다. 율법에 대한 무지는 자기기만의 뿌리이다. 율법의 영적인 의미를 알고 있는 것은 죄의식과 더럽힘의 그 숨은 세계의 베일을 벗기고, 자기만족을 무너뜨리며, 죄인을 십자가 앞에 부복하게 만든다(롬 7:9).

또 다른 경우에서, 예수님은 확신의 도구인 마음의 전적인 변화가 필요하게 만들었다(요 3장). 그분은 이 마음속의 적개심이나 위선은 고집스럽게 자신의 복음을 거부하는 것이라고 비난하셨으며, 그리고 자기 백성들의 신뢰와 영광과 구원을 위해 놓은 그 토대를 넘어지게 하는 돌이요 거치는 바위로 만들었다고 비난하셨다(마 21:42-44). 로마서와 갈라디아서는 이 스스로 의롭다 하는 생각을 잘 보여주고 있다. 이 원리는 외적인 신앙의 시스템에 지반을 굳히고 있어서, 믿음, 사랑, 회개, 세상으로부터의 분리, 또는 신령한 소원이 없다. 또는 하나님께서 제정해놓은 의사소통의 수단을 거부하면서 하나님의 자비에 의존하지도 않는다. 이 의사소통 수단에 대해서, 스스로 의롭다 하는 사람은 미래의 수정 조건에 관해서는 어떤 다른 생각도 없다. 부족한 점들을 채워줄 도움만 받으면 된다는 생각 이외에 다른 생각을 하지 않는 것이다.

스스로 의롭다고 생각하는 경우를 그렇게도 애처롭게 만드는 것은, 그런 사람에게 전달할 복음의 메시지가 우리에게는 없다는 것이다. 우리 주님은 "의인을 부르러 온 것이 아니요 죄인을 부르러 오셨다"(마 9:12, 13). 의로운 사람들은 그분을 필요로 하지 않는다. 그래서 그분을 찾지도 아니하며 그분에게 아무런 관심도 없다. 우리 사명은 죄인들에게로 향한다. 자기 자신에 대한 이 사람 자신의 이야기로 판단하건대,

그 사람의 마음은 선하고 행위는 올바르며, 칭찬할 만한 자기 행동은 무수히 많고 또 훌륭하다. 그러므로 우리는 그 사람을, 인자가 분명하게 그리고 제한적으로 구원하기 위해 온 저 타락한 족속에 속한 사람이 아니라고 생각해야 한다(눅 19:10; 18:9-13).

과연 그의 영적 무지는 처음부터 예수님을 대하기에 어려움을 제시하고 있다. 우리는 아주 단순하게 그리고 명백하게 그의 기대에 오류가 있었음을 그에게 증명하였다. 우리는 그 사람 자신의 입으로부터 그 사람을 판단하였다. 그러나 그 다음 대화에서 그 사람이 전혀 복음을 이해하지 못하고 있음을 발견하게 된다. 마치 자기 잘못을 깨닫게 하려는 그 어떤 시도도 받아본 적이 없고, 자신의 토대가 취약하다는 고백을 하여야 한다고 한 번도 강권을 받은 적이 없었던 것처럼, 자기 자신의 공적을 의지하고 있음을 보여준다.

자기 의를 믿는 사람들을 그 모든 '거짓의 은둔처' 속까지 쫓아 들어가서 그의 면전에서 그것들을 쓸어버리는 일은 아주 수고로운 작업이다. 자기 의의 첫 피난처에서 그 평안이 어지럽힘을 받았을 때, 이 사람은 회개의 대피소로 날아간다. 자기 사후 안전을 반쯤은 의심스러워하면서, 완전에 도달하려고 성실히 노력했었던 것으로 자기 구주의 공로를 기만적으로 대체하거나, 또는 자기의 최선의 노력들에 대한 회상 등을 하나님께서 자비를 베풀 것이라는 희망에 대한 하나의 보장책을 삼음으로서, 자기의 안전을 강화시킨다.

그렇지만 그 사람을 임종 침대에 눕히라. 그는 자기 공로의 무게가 부족하지 않다고 확신하고 있으며, 불변의 거룩한 재판장의 온전하고 정당한 요구에 상응하는 수치에 도달했다고 확신하고 있는가? 손으로 쓰는 글씨가 벽 위에 나타나 그에게 불리하게 그리고 그의 주장과는 다르게 쓰여 있는 것이 보인다면 어떻게 할 것인가? 그 사람 앞에 죄와 율법과 그리고 구주를 완전하게, 끊임없이, 그리고 연속해서 보여주

라. 그 교만과 죄와 감사하지 아니함과 불신의 파멸한 모습을 그 사람의 양심에 충실하게 그리고 사랑으로 적용시켜라. 그리스도께 단순히 의지하는 대신에 어떤 형태의 교리나 임무 등의 대체품은 생명 그 자체를 사망으로 바꾸며 율법을 방해하는 것일 뿐만 아니라 심지어 복음도 방해하는 것임을, 그래서 그 사람이 구원받지 못하게 하는 것임을, 그 사람에게 알려주라(마 21:33-46; 행 13:38-41).

이렇게 해서 그 사람이 자신을 낮추게 되고, 깨우침을 받게 되고 자기 자신의 희망들을 부인하고 그리스도의 복음을 받아들이게 될지 누가 알겠는가?

이것과는 다르게 다루어야 할 영적 자기 의(義)의 또다른 형태가 있다. 자기가 합당하지 못하다는 의식 때문에 죄인이 복음으로부터 물러선다면, 자기가 합당한 사람이라는 것이 복음을 받아들이는 암묵적인 근거가 되어버린다. 그리스도의 공로가 아닌, 자기의 공로로 복음을 받아들이는 것이다. 그 그리스도인이 죄와 그리스도에 대한 사랑에 대한 보다 깊은 생각은 사모하면서, 도달했을 때에도 전과 똑같이 동일한 그리스도의 보혈과 의가 필요할 것이란 사실을 잊어버릴 때, 이것은 또 다시 그리스도의 자리에 영적인 자아를 놓은 것이다. 그런 사람에게 사도 바울은 말한다.

> 율법 안에서 의롭다 함을 얻으려 하는 너희는 그리스도에게서 끊어지고 은혜에서 떨어진 자로다(갈 5:4).
> 너희가 이같이 어리석으냐 성령으로 시작하였다가 이제는 육체로 마치겠느냐(갈 3:3).

만일 우리의 근거가 그리스도 안에서 확실한 것이면, 그리스도를 우리 최고의 틀 안에서 유일한 자신감으로 삼으라. 그러면 비천한 자리에서도 만족스럽게 머물게 될 것이다. 모든 변이들 중에서, 단순히 믿음으로 하나님께 영광을 드리자.

4. 거짓 신앙고백자들

거짓 신앙 고백자들은 복음을 듣고 '설득을 당했지만', 그 복음을 받아들이지 않는 사람이다. 허위로 신앙을 고백한 사람들은 우리에게 약속을 한다. '경건의 모양'을 나타낸다. 이들의 정욕은 신념 때문에 절제되거나, 또는 유혹이 없기 때문에 휴식 중에 있거나, 어떤 우세한 성향 때문에 극복되었거나, 아니면 임박한 위험 때문에 두려워서 위선을 떨고 있거나, 외부로 드러나는 악행들을 단념했을 수도 있다.

그러나 그 일을 얼마나 성취하였는가? '도끼가 나무의 뿌리에 놓이는' 대신에 가지들을 잘라냈을 뿐이어서, 또 다시 새로운 싹이 무성하게 나게 될 것이다. 새들을 아주 쫓아버리는 대신에, 이 가지에서 저 가지로 쫓아버렸을 뿐이다. 샘을 아주 말려 버리지 아니 하고, 그 물길만 바꾸어 놓았을 뿐이다. 죄의 행동방침들은 건드리지도 않았다. 마음이 새로워지지도 않았다. 악의 씨앗들이 속에서 적극적인 가동을 하고 있을 때는, 밖으로 드러나 보이는 사악함을 쓸어 버려도 아무 소용이 없다.

이 성격을 성경에서 어떻게 다루고 있는지 살펴보기로 하자. 우리 주님은 자신의 가르침의 영적인 성격을 강조하고(요 6:60-66), 자신의 요구조건의 범위를 정해 주시며(눅 14:25-33), 마음과 행위를 연결시키고(마 7:15-23; 12:33-35), 하나님의 기준과 세상의 기준이 다르다는 것을 기억해야 한다는 것을(눅 16:15) 양심에 적용시키심으로써, 이런 사람을 체로 걸러내셨다. 사도 바울은 스스로 의롭다 하는 이런 사람에 대하여 증거하기를 옳지 않다고 말하고 있다. 즉 밖으로 보이는 노력을 하여 얻은 달성이나 특권이 아닌, 그리스도와 연합하고 그 결과 마음이 새로워진 것이 진짜 그리스도인임을 보여준다고 한다(롬 2:17-29; 9:6-7; 고후 5:17; 골 3:11). 사도 요한의 편지는 이런 사람에게 주로 사랑의 시험을 치르게 하고 있다. 사랑이 마음과 행위를 관장하는 원칙이기 때문이다.

거짓 신앙고백자는 바로 프로테우스(proteus)와 같이 변하기 잘하는 사람이다.

만일 이 사람이 자기의 위안거리들에 대해 말을 한다면, 그것은 그리스도인들을 각성시켜주는 진지한 위로와는 거리가 먼 것이다! 진짜 은혜를 받지도 않았고 신앙생활을 부지런히 해야 할 동기도 없기 때문에, 자기기만을 두려워함도 없고, 자기 자신이 죄인임을 알지도 못하며, 사탄으로부터 공격도 전혀 받지 않는다.

만일 이 사람이 하나님 앞에서의 자기 상태에 대해 말을 한다면, 이 사람은 하나님의 성결의 시험을 지탱해 낼 수 있겠는가? 자기의 완전한 부패와 더러움을 다 드러내고 하나님의 율법의 그 대단한 넓이의 성결을 지탱할 수 있을까? 이 사람은 급진적인 변화의 상세한 증거들과 그리스도에 대한 자세한 관심의 중요성을 감당할 수 있겠는가? 또 "그리스도의 영을 가지거나," 또는 "그리스도의 사람이 아니거나" 둘 중의 하나를 택해야 한다면, 엄숙하게 선택할 수 있겠는가?(롬 8:9) "그리스도가 자기 안에 있지 아니하면" "비록 그가 사람의 방언과 천사의 말을 할지라도" 그는 하나님에게 버림받은 자라는 이 두려운 생각 때문에, 자신이 믿음 안에 있는가를 검증해보고 자기 자신이 그러함을 입증하는가?(고후 8:5)

만일 그가 자기의 사랑에 대해 말한다면, 그가 자기 의무를 인정하고 있는 것이다. 하지만, 구주의 신성(神性)에 대한 그의 생각은 어떤 것인가? 자기 십자가를 기꺼이 지겠다든가, 하나님의 말씀을 기뻐한다는 증거는, 또 하나님의 사람들과 연합해 있다는 증거는 어디 있는가?[3]

맹세를 했든 안했든, 모든 영적인 감동과 그리스도인다운 품행에 무관심해도 좋다는 무모한 자신감을 위한 지지대로, 구주의 공로를 이용하는 일이 얼마나 자주 있는가! 그러므로 이러한 질문 전체를 한 마디로 요약한다.

> 사랑은 하나님께 속한 것이니 사랑하는 자마다 하나님으로부터 나서 하나님을 알고 사랑하지 아니하는 자는 하나님을 알지 못하나니 이는 하나님은 사랑이심이라(요일 4:7-8).

자기를 의롭다 여기는 이 사람들의 경우는 때때로 보통의 분별력이 미치는 범위 그 이상일 때가 있다. 우리가 아주 조심했는데도 불구하고, 어떤 위조 동전은 마치 황금인 것처럼 시험을 통과하기 마련이다. 사도들 중에 유다와 초대교회에 아나니아와 다른 사람들은, 마음을 살피는 것이 우리의 특권이 아니라는 점을 늘 경고해 주는 사람들이다.

경건의 모양은 모든 면에서 정확하고 완전하게 유지될 수도 있다. 그러나 일반적으로 말해서, 이러한 경건의 모양은 자신을 속이는 자를 배반하는 모순이 있어서, 그를 다룰 때 확신의 기회를 내어준다. 영적인 신앙을 싫어하고 그와 관련된 대화를 싫어하는 것,[4] 세상을 사랑함이 만연한 것과(딤후 4:10) 상습적인 성질을 다스리지 못하는 것(갈 5:24) 등은 이 사람이 진리를 진지하게 받아들이지 아니 하였다는 것을 나타낸다.

---

[3] Maclaurin은 말하기를, "생생하고 힘 있는 사랑의 행사는, 체질과 다른 원인들이 무엇이냐에 따라, 내적인 감정의 외부로 드러난 표식보다는 더 나은 기준으로 판단하여야 한다. 주요한 것에는 참된 힘이 있는데, 실제로 보편적인 성결에 대해 그 영향력을 가지고 있다. 이것은 자기기만자들의 망상을 발견해내기 위해서는 매우 중요한 문제이다." Essay on Divine Grace, sect. v.

[4] Cant. v. 7.

성결의 사랑과 자기 구주에게 순종하고자 하는 욕구는 결코 이 사람의 목표 안에 들어있지 않다. 진리는 진리를 사랑해서가 아니라, 사색적인 교리로 받아들여졌다. 진리를 느슨하게 붙잡고 있으므로, 진리의 적용은 별 효과를 보지 못하고 (적용하기 불편한 일이 생겼을 때) 쉽게 상황에 굴복하고 만다. 이러한 사람들은 세상에게도 그렇지만, 아직 굳게 서지 못한 그리스도인들에게도 걸림돌이 된다.

이러한 사람들을 발견했을 때 우리는 매우 조심해야 하며, 그 인물에 대한 판단을 신중하게 내려야 한다. 동시에 진지한 사람들까지도 냉담과 의심으로 다루어서도 안 된다.

5. 육적 양심의 가책과 영적 죄의 각성이 혼합되어 있는 사람들[5]

양심의 가책이 갖는 힘은 신약의 목양 사역에서 매우 강하게 그리고 다양하게 나타나고 있다. 우뢰 소리 같은 세례 요한의 말은 사람의 양심을 찔렀다. 많은 사람들이 관심을 가지게 되었고, 그 중 얼마는 개심하였다(마 3:1-6; 눅 3:10-14; 요 5:35; 막 6:20).

우리 주님의 첫 번째 설교를 듣고 있던 사람들과 "근심하던 그 청년"의 경우와 "관원"의 경우에서(눅 4:22-28; 마 19:22; 요 12:42,43), 강한 양심의 가책이 있었던 것 같으나 하나님의 능력은 없었다. 반면에, 세베대의 아들들과 마태와 삭개오 속에(마 4:18-22; 9:9; 눅 19:1-10) 나타난 실제적인 효과는 영적이면서 항구적인 죄의 자각을 보여주었다. 사도들의 사역에서, 베드로의 청중과 고넬료, 서기오 바울로, 루디아, 간수, 안디

---

[5] Halyburton's Memoirs를 참고해도 좋을 것이다. 이 글은 양심의 가책이 다양하게 그리고 상반되게 일어나고 있음을 생생하게 묘사하고 있다.

옥과 그 외의 다른 장소에서 이방인 청중은[6] 믿음과 사랑과 일반 성결로서 죄의 각성의 영적 열매들을 보여주었다. 스데반과 바울의 설교를 들은 유대인들과 떨고 있던 벨릭스의 경우는(행 7:54, 13:45; 24:25) 육적인 적의와 죄에 대한 사랑으로 정복된 양심의 힘의 어떠함을 잘 드러내주고 있다. 몇 가지 경우는 영을 분별하는 은사를 좀 더 특별히 필요로 하고 있다. 각성과 겸손의 차이를 구별할 줄 알아야 하고, 죄를 인정하는 것과 죄성을 혐오하는 것 사이의 차이를 분별할 수 있어야 한다.

그래서 양심의 가책을 안전하고 성공적으로 다루기 위해서는 그 성격이 어떤 것인지를 결정하여야 한다. 그 양심의 가책이 믿을 수 없는 것인지 또는 진실한 것인지, 그것이 일반적 인정에 근거한 것인지 또는 통회의 구체적인 실천을 나타내는 것인지, 죄의 비참함에 관계된 것인지 또는 죄의 더러움에 관계된 것인지(창 4:13, 23, 스 9:6), 단지 결과인지 또는 그 성격인지(출 9:27-28; 눅 15:18), 진노에 대한 두려움에서 생긴 것인지 또는 하나님의 영광에 대한 존경에서 나온 것인지(왕상 21:27-29; 시 51), 몇 가지 죄에 대한 것인지 아니면 모든 죄에 대한 것인지(마 27:4; 고전 14:24), 죄를 사랑하는 마음과 일관하는지 아니면 죄를 미워하고 죄로부터 분리하게 하는지(삼상 15:30; 고후 7:11), 그 영향력이 일시적인지 아니면 계속되는 것인지(요 5:35; 행 2:37-47), 낙심이 되어 우리를 그리스도에게서 쫓아내는지 아니면 믿음을 행사하여 그분에게로 우리를 이끌어가는 것인지(마 27:5; 행 16:30-34) 등을 결정하여야 할 것이다.

진실성의 초기 단계에서는, 흔히 율법적인 요소와 복음적인 요소가 혼합되어 있다. 그리스도를 이해해서 양심의 가책을 받기보다는 죄의식으로부터 생기는 경우가 더 많다. 그리고 회개를 하기보다는 오히려 놀라서 그런 경우가 많다. 사랑 때문에 가책을 느끼기보다는 공포 때

---

[6] 행 2:37-46; 10장; 13:12; 16:14, 15, 30-34; 13:44-48; 14:1 등.

문에 그럴 경우가 더 많은 것이다.[7]

  죄의 자각 상태에 있을 때보다 더 많이 자기 망상이 적나라하게 드러나는 때도 없다. 어떤 사람들은 자기 죄 가운데서 결코 편안하지 못하며, 진심으로 구원을 구하지도 못한다. 아마 그들은 부분적으로 복음에 굴복할 것이다. 그러나 그들의 안식이 완전히 회복되지는 않는다. 그러한 경우, 상처를 찾아내서 밑바닥까지 면밀히 조사를 하기 전까지는 그 상처를 치료하는 시도를 하지 않도록 매우 조심하여야 한다.[8]

  약간의 치유는 가장 치명적인 망상의 전주곡이다. 하나님의 진짜 역사를 분간하기 위해서는 많은 지혜가 필요하다. 만일 그 치유의 흥분이 단지 율법으로 말미암은 육적인 양심이 약간 자극을 받은 상태라면(롬 7:8, 11; 고전 15:56), 그것은 불쾌한 불만에 근거한 것이거나 능력이 없는 "경건의 모양"에 근거한 것이다. 그러므로 불신에 항복하는 것의 위험성을 경고해주는 충실한 말들을 들어서 그 자극이 살아있어야 하며, 깊어져야 하며, 가르침을 받아야 한다. 구주를 즉각 영접해야 할 긴급성을 배워야 하고, 현재의 양심의 가책 밑에 아직도 머무르고 있는 자

---

[7] 행 2:37을 슥 12:10과 비교해 보라. 율법적인 죄의 자각과 복음적인 죄의 자각 사이의 차이를 잘 나타내 주고 있다. 전자가 먼저이고, 후자는 믿음을 따르고 있다.

[8] 이 점에 관한 Calvin의 말보다 더 판단이 적절한 것은 없다. "사람들은 얼마나 잘못했는지를 느껴야 하는 바로 그 지점에, 자신에 대한 관대함을 베풀고 공허한 아첨으로 자기를 기만하기에, 사기꾼처럼 양심을 속이는 한 고통은 제대로 다루어지지 않을 것이다. 의사들은 즉각적으로 고통을 멈추어 주지 않고 심지어 그것의 필요성까지도 고려한다. 보다 더 깨끗한 치료를 위해서라면 그는 고통을 증가시킬지도 모른다. 하나님의 선지자들도 그렇다. 그들은 전율하는 양심을 보며 즉각적으로 위로하지 않는다. 그들은 결코 하나님을 우습게 보이도록 하지 않는다. 그들은 그들에게 보다 더 겸손하도록 하나님의 심판의 두려움을 보여준다"(Ubi homines senserint, quam graviter deliquerint, illic non statim curandus est dolor, quemadmodum impostores deliniunt conscientias, ita ut sibi indulgeant, et se fallant inanibus blanditiis. Medicus enim non statim leniet dolorem, sed videbit, quid magis expediat; forte magis angebit, quia necessaria erit acrior purgatio. Sic etiam faciunt prophetae; cum vident trepidas conscientias, non statim adhibent blandas consolationes; sed potius ostendunt, non esse ludendum cum Deo, et solicitant, sponte currentes, ut sibi proponant terribile Dei judicium, quo magis ac magis humilientur). In Joel ii

기기만과 어떤 파멸의 위험성을 알아야 한다. 그리고 동시에 믿음의 가장 연약한 행위라도 받아주신다는 확신이 필요하다. 한 저자가 말하기를, "통회란 그리스도를 믿는 믿음이 없으면 아무 힘이 없다."[9]

구주를 영접하는 것은 양심의 가책 속에 영적 생명이 있다는 증거이며, 그 계속되는 실행의 샘이 있다는 증거이다. 그래서 베드로의 청중도 스데반의 청중도 다 찔림을 받았던 것이다. 전자는 단지 영적으로만 변화를 받았다. 그러므로 어떤 느낌이 우리를 그리스도에게로 인도하였든지, 진심으로 죄를 싫어하고, 위험을 분별하며, 자비를 갈구하며, 복음의 규칙들에 따라 행하기를 열망하는 것은, 양심의 힘이 아니라 하나님의 영의 확신케 하는 힘이다.

그러나 '상한 갈대를 꺾지 않기 위해서는' 어떠한 사랑이 요구되는가! 죄가 내주하는 것과 죄를 짓는 것 사이에, 이따금 죄를 짓는 것과 습관적으로 죄가 다스리는 것 사이에 얼마나 큰 차이가 있는지 정확하게 알아야 한다. 심지어 괴로운 통회자의 통회를 더욱 깊게 만들고 그의 경계심을 풀지 않게 하며 그의 믿음을 행사하게 하고 강화시킬 때에 죄의 유입까지도 파기시켜야 한다. 반복해서 그리스도께 나아가라는 강한 격려를 그 사람은 목사에게서 보아야 한다.

만일 그가 진정으로 자기 죄에 대해 한탄하고, 구주의 용서와 사랑을 간절히 바라고 있다면, 그는 자기 영혼의 안식을 위한 그리스도의 약속을 가지고 있는 것이다(마 11:28). 그의 부족함과 바라는 바 소원을 복음 앞으로 가지고 나올 때, 그는 "심판하여 이길 때까지"[10] 벌어질 영적 싸움을 지탱해주기 위해 빛과 위로와 힘이 증가되는 것을 알게 될 것이다.

---

9 Hemminge's Method of Preaching, p. 31.
10 마 12:20. 이 경우들에 관계된, 차이가 있는 견해들과 격려적인 방침들을 보려면, Bowles' Past. Evan. Lib. ii. c. 19-20을 참조하라.

6. 젊은 그리스도인

　가장 중요한 이 사례를 다룰 때는 판단력, 체험, 타고난 성격, 상황, 그리고 개인의 습관 등을 고려하여야 한다. 젊은 그리스도인은 각성이 되어 자극을 받았기는 하지만, 깨우침을 받지는 못했다. 젊을 때는 자기 기만도 많고 자기 의도 많은 때이다. 청소년의 회개가 진심이기는 하지만 부분적이다. 죄의 죄 됨 때문에 회개를 했다기보다는, 죄로 인한 그 괴로움 때문에 회개를 하는 경우가 더 많다. 믿음과의 관련성도 적으며, 하나님으로부터 늘 마음이 멀어지는 것을 거의 의식하지 못한다. 청소년의 믿음은 비록 진심이라 하더라도 혼란스럽다. 그의 믿음은 영향력 있는 원칙이기보다는 단순한 감정 혹은 감정의 훈련이라고 할 수 있다.

　믿음의 원칙을 믿음의 실천과 혼동하고 있거나, 이 실천을 저 실천으로 잘못 알고 있다. 그들의 사랑에는 "지식과 총명"(빌 1:9)이 적다. 그래서 비록 보기에는 좋은 것 같으나, 성숙한 그리스도인을 특징짓는 자기부인과 헌신의 그 통일적이고 강력한 에너지가 없다. 청소년은 인내를 행사하기에 연약한 점들을 많이 가지고 있고, 불쌍히 여기는 마음을 분발시키기에도 많은 어려움이 있다. 만일 청소년이 획 날아서 단 한 번에 완성의 정점에 도달할 수 있다면 우리는 기뻐하는 것이 마땅하다. 그러나 그렇게 되기까지, 우리 주님의 가르침을 어기면서까지 [11] 젊은 그리스도인이 성숙할 것을 강요하지 말도록 하자.

　일반적으로 말해서, 어린이는 고기가 아니라 젖을 먹어야 한다(고전 3:2). 그러나 이 젖에는 구주의 위엄과 그분의 중보자의 성격과 그분의 자기 사람들과의 관계에서 구주를 완전하고 명백하게 나타내는 것이

---

[11] 마 9:14-17과 Calv. in loco.

포함되어야 한다. 그래서 단순한 복음을 듣고 "생명을 얻되 더 풍성히 얻도록"(요 10:10) 청소년은 계속해서 그리스도께 나와야 할 것이다. 우리 주님은 자기 자신을 점진적으로 계시하심으로 자기 제자들의 진보를 발전시키셨다.[12] 자기를 아는 지식에서 자라가는 것이 은혜 속에 자라가는 가장 효과적인 수단이라는 것은 의심의 여지가 없기 때문이다(벧후 3:18).

이 젊은 그리스도인의 경우에 믿음의 갈등은 가르치기 적합한 주제이다. 우리 주님의 제자들을 당황시켰던 것들은 그들이 믿음의 성격과 권능을 불분명하게 인지한 데서 생겨났다. 제자들은 보이지 않는 도움을 현실화시키는 믿음의 능력에 대해서 아무것도 모르고 있었다. 그 믿음의 능력을 자기 주님이 함께 계시다는 마음 편안함과 연결시켰으므로, 그들은 주님이 그들에게서 일시적으로 떠나 계셨을 때 생긴 어떤 긴급한 사태에 대해서는 전혀 준비가 되어 있지 않았던 것이다(마 14:24-26; 막 9:14; 마 17:19-20). 그렇기 때문에 젊은 그리스도인은 믿음의 성격을 정확하게 알고 싶어 한다.

주님의 능력과 사랑에 대한 성경의 보장을 가르쳐주고, 또한 자신의 필요에 대해 그리스도를 늘 의지하도록 가르쳐야 할 것이다. 겸손과 회한과 자기낮춤이 마음에 깊게 뿌리를 내릴 때인 갈등상태에서는 아마도 이 원칙이 가장 힘을 줄 것이다(요 13:15). (직접 죄를 저질렀기 때문에 일어나지 아니한) 영적 침체 상태는 그 현실을 시험해보는 기간이 될 수 있을 것이고, 믿음의 행사를 하기 위한 특별한 기회가 될 수 있을 것이다.

젊은 그리스도인에게 체험의 참 성격 또한 가르쳐주어야 한다. 체험의 근거는 마음에 받은 감동이 아니라 말씀의 증거이어야 함을 가르

---

[12] 마 16:21; 17:22, 23; 그리고 요 14-16장과 the Bishop of Winchester's work. ch. v.를 보라.

처야 하고, 그 원칙에 대해서는, 감정이 아니라 믿음을 가르쳐야 하고, 그 증거에 대해서는, 신앙 고백이 아니라 성결이 있어야 함을 가르쳐야 한다. 자기 속에서 생겨나는 감정의 흥분은 항구적이지 못하다. 그래서 그리스도에 대한 의지를 능동적으로 실행에 옮겨야 한다. 믿음은 의지하는 습관이다. 체험은 그 결과로 생기는 즐거움의 습관이다. 믿음은 체험 생활의 도구이다. 그러므로 체험의 근거가 감정과는 완전히 독립하여 있고 그리스도의 완전한 공로와 직분에 있는 것과 같이(히 10:19-22), 밝은 감정이든 우울한 감정이든, 감정은 그 크신 주님으로부터 눈을 떼어놓는 고통을 겪게 한다.

즉 확실한 토대이신 주님으로부터 감정의 영혼을 떼어놓는 고통을 경험해야 한다는 것이다. 그러나 젊은 그리스도인의 은혜를 시험하기 위해 그리고 그 청년이 그리스도 안에 확고히 자리 잡기 위해서는, 하나님의 섭리의 변화는 필요하다. 그러므로 청소년이 자신의 행복한 체험에 감사하면서 동시에 경계를 하도록 가르치라. 이 체험 때문에 그 사람이 하나님을 찬양하게 되기보다는, 이 체험 때문에 교만해 지지 않게 하기 위해서이다. 더욱 의지하도록 하게 하기보다는 자기가 안전하다는 의식을 갖지 않게 하기 위해서이며, 그로 인해 즐거워하기보다는 믿음의 휴식을 취하지 않도록 하기 위해서이다. 우울한 체험을 했을 때에는, "원인이 있지 않을까?"라고 자기 마음에 묻게 하라. 겸손하게 하라. 그러나 낙심하지 않게 하라. 믿지 않음으로 방해를 받지 않게 하고 즉시 기도하게 하라.

하나님의 약속들을 의심할 것이 아니라, 자기 마음을 의심하게 하라. 자기 구주의 능력과 사랑을 잊지 않으면서 자기 자신의 연약함과 합당치 않음을 보게 하라. 오직 겸손과 자기부인과 사랑, 세상으로부터 분리, 그리고 늘 일관성 있는 자세 속에서 자신감을 깨닫도록 하라. 이러한 것의 결핍 내지 부족은, 그의 즐거움이 최고조에 달했을 때, 그의 믿음의 진정성에 그림자를 드리우게 될 것이다.

   십자가의 성격과 확실성 그리고 그 필요조건은 우리 주님의 초기 가르침의 주제였다(마 10:34-39). 그의 제자들은 임박한 시련들에서 치러야 할 그 희생을 지혜롭게 계산하여야 했는데, 이것은 우리들도 따라야 할 패턴이다. 아름다운 꽃밭 길을 꿈꾸면서 복음을 믿는다고 고백하는 경우가 아주 흔히 있기 때문이다! 마치 면류관을 쉽게 얻을 수 있기라도 하는 것처럼 생각하고, 또는 매일의 십자가를 지지 않고서도 얻을 수 있기라도 하는 것처럼 생각하며, 또 마치 젊은 그리스도인에게는 자기 자신의 의지나 지혜 또는 정욕의 부인이 명령으로 요구되지 않는 그런 순간이 있을 수 있기라도 하는 것처럼 생각하면서, 믿는다고 고백하기가 쉽다.

   그 어떤 교회의 외적인 상황이라도 이 요구조건들을 변경할 수는 없다. 그리스도인은 그리스도를 섬기라고 강요받지 않는다. 그러나 그리스도를 따르는 자가 될 것이면, 거기에는 조건이 있다(마 16:24). 그 조건이 엄격하다고 불평할 그 어떤 이유도 댈 수 없다. 자기 마음을 가장 지혜로운 규정에 복종시키는 것, 자기 마음을 세상으로부터 떠나게 하는 것, 자신의 은혜로운 주님을 지지하는 것, 그리고 그분의 영과 그분의 본을 가까이서 따르는 것, 이것이 즐겁고도 항구적인 열매가 될 것이다.

   '건전한 마음의 영' 또한 단단히 가르쳐 주어야 할 것이다. 판단력의 부족은 흔히 초기 신앙 상태에서 자주 나타난다. 처음 강력한 감정의 자극의 영향을 받고 마음이 그 균형을 잃는 것이다. 감정은 이성적이라기보다는 요동치는 것이다. 냄비 밑에서 가시나무들이 탁탁 소리를 내면서 타듯이, 감정은 격렬하게 타오른다. 그러나 열은 없으며 곧 꺼져 버린다. 진리를 추구하기보다는 편안한 마음을 추구한다. 감정을 믿음으로 오인하기도 한다. 동물적인 감각을 신앙심으로 오해하기도 한다. 성경 진리의 거룩한 성격과 연결 짓기보다는 그 감정의 깊이와 다양성으로 판단할 때가 너무나 흔히 있다. 열심과 미망, 정당하지 못하고 어리석은 실천은 흔히 여러 가지 방식으로 개인을 심하게 다치게 하고, 복음에도 방해와 불명예를 안겨다 준다.

우리가 때로는 시간을 허비하게도 하는데, 심지어 성경을 읽을 때에도 그러하다. 피상적이고 불규칙하게 성경을 읽으면, 헛된 쾌락뿐만 아니라 충실한 추구까지도, 심지어 그 관련 있는 신앙의무들까지도, 하나님이 우리 마음에 배타적으로 요구하는 것들과 일치하지 않는다는 잘못된 생각을 가지게 될 수 있다. 그래서 다른 성격을 가지고 있지만 똑같이 중요한 다른 사람들을 배제한 채 은혜를 적용시키게 된다. 성결의 아름다움 안에 있는 균형 잡힌 은혜 대신에 일그러진 모습을 보이게 되는 것이다.

시계의 동작이 일관성 있고 균형이 잡히게 하며 시간의 연속을 정확하게 나타내주기 위해서는, 큰 태엽도 있어야 하지만, 조절 장치도 있어야 한다. 그 첫 번째 동작에서 성결은 열과 기쁨으로 충만해 있을지도 모른다. 그러나 우리는 그것이 기질과 습관으로 자리 잡을 시간을 주어야 한다. 복음을 받아들인 그 인간 전체에 작용할 시간이 필요하다는 뜻이다. 복음의 권위로서 모든 성향을 조절하고 복음의 비례와 조합으로 또 모든 성향을 훈련시킬 시간을 주어야 한다. 그래서 모든 것에서 우리 구주 하나님의 가르침의 광채를 더하는 최고의 특권을 누리기까지 자기 성향을 복종시킬 수 있도록 하여야 한다.

우리는 또한 하나님의 최고 권위와 일관성 있게, 연령 또는 관련 있는 모든 것에서 윗사람들에게 복종하고 순응할 것을 가르쳐야 한다. 젊은 그리스도인은 (특별히 나이가 어린 자들은) 흔히 여기서 기분이 상한다. 조절되지 않은 열심 때문에 신앙에 대해 불필요하게 불쾌한 생각을 가지게 되며, (후에 알게 되는 것처럼), 자기 자신이 가는 길에 어려움들을 초래한다. 순복하는 신앙인격을 가지고, 세상적인 추종에 단호하게 저항하도록 독려해주어야 한다.

고집이 강한 기질을 타고 났을 때에는 순종은, 특히 부모에 대한 순종이 특별히 강조되어야 한다. 그렇지 않으면 하나님을 위한 뜨거운 열심 속에서 자기 의지대로 하게 되고, 자제하는 것을 못견뎌하게 될 것이다. 하나님이 명령하신 적극적인 의무 외에는 아무것도 부모의 정당한 권위에 도전하지 못하게 하라. 성숙을 향한 진보를 도와줄 뿐만 아니라, 이 실천에서 마땅한 균형을 보존하기 위해서도, 검증된 연민과 체험과 일관성을 가진 친구의 조언은 큰 도움이 될 것이다.

그러나 결국 우리의 조언과 훈계와 격려의 슬로건은 "앞으로 달려가라"는 것이다. 초신자가 성실한 그리스도인이 된다는 것에 만족하지 않게 하라. 앞으로 나아가는 그리스도인이 되도록 노력하게 하라. 그의 현재의 성취는 자신의 노력의 시작에 불과하고 마침이 아니라는 점을 기억하게 하라. 자기 믿음을 항상 검증하고 행사하게 하라. 자기 나태함 혹은 안전감 속에 빠지지 않도록, 자신의 마음을 항상 지키게 하라. 세상과 불필요한 교제를 하지 않도록 경계시키라. 합법적인 쾌락이라도 무절제하게 즐기지 않도록 하라.

하나님의 말씀 읽기를 소홀히 하지 않게 하라. 형식적으로 의무를 감당하는 것을 피하게 하고, 죄와 유혹에는 에워싸는 힘이 있음을 알게 하라. 갈등의 열매가 자기의 수고를 풍성하게 갚아 주리라는 확신을 가지고, 거룩한 침노의 길에 들어서게 하라(마 11:12). 막연하기는 하지만 한참 후에 있을 것으로 예상하였던 그 특권들이 자기 믿음의 아주 이른 새벽부터 자기 몫이라는 것을 알게 하라. 그 몫은 그 믿음의 등급에 달려 있는 것이 아니라, 그 진실성에 달려 있다는 것을 알게 하라. 그리고 믿음을 더욱 온전히 알게 되고 즐거워하는 것은, 방종을 허락하는 것이 아니라, 오히려 노력을 회복하게 하고 노력을 더욱 많이 하게 할 신선한 자극제가 될 것임을 알게 하라.

그는 현재 죄 용서를 받고 있다(요일 2:12). 그리스도와의 연합은 그의 영적 생명의 직접적인 원천이다(요 15:1-5). 자기 마음에 계신 성령의 능력으로 말미암아 솟아나 영생을 얻게 하는 것이다(요 4:14). 그래서 약속을 받아, 그는 자기 믿음의 결과로서 마침내 구원을 받는 것이다.

7. 믿다가 타락한 자들

믿다가 타락한 경우는 가장 애처롭다. 믿다가 타락한 자들에게 관심이 없는 목사가 누가 있겠는가? 이 경우는 건전하지 못한 교리와 세상을 사랑함과 마음대로 죄를 짓거나 기도를 소홀히 한 것과 관련되어 있다. 아마 또한 불신의 힘과 그리스도인으로서 정착하지 못한 것이 원인일 것이다. 이런 원인들은 덜 분명한 것이기는 해도, 덜 빈번하거나 덜 해로운 그런 것은 아니다. 정착을 하지 못한 신앙고백자는 양육의 약속들을 받았다는 확실한 자격을 내세울 수 없다. 그래서 그들은 기도가 마비되고, 도움도 받지 못한 채 자기 자신의 연약함 속에 그대로 방치되어 있다. (만일 이런 말을 할 수 있다면,) 그런 사람의 위안은 복음에 대한 개인적인 관심 위에 지어진 것이 아니라, 감정, 환상, 미망 위에 지어진 것이다. 믿음 위에 근거한 것이 아니다. 든든한 지지 기반 위에 지어진 것이 아니다.

때때로 우리는 무감각한 상태에 있는 타락자를 발견하게 된다. 친밀한 관계로부터 꽁무니를 빼서, 배교(背敎)의 고속도로로 재빠르게 들어선 사람이다. ("너희의 복이 지금 어디 있느냐"[갈 4:15; 3:1-4], "영원에 대한 생각은 평화로운가?"와 같은), 엄숙한 회고나 성경의 무서운 선언들이나(잠 14:14), 또는 (다윗의 경우에서와 같이), 예상치 못하게 갑작스런 자기고발 등은 죄의 자각을 불러일으킬 것이다(삼하 12:1-13). 그러나 그 사람이 안절부절 못하고 비참한 기분이 들기 시작할 때까지는, 가망이 없다.

자기 배교에 대해 확신을 가지고 타락한 자는 우리가 정말로 그 사람에 대해 가슴 아파하고 있는 것처럼 취급해야 한다. 인정을 봐주지 말고 그러나 동정하면서 그의 양심을 탐지해보아야 하되, 사랑하는 마음을 가지고 해야 한다. 그가 떠난 것의 깊은 의미를 지적해 주어야 하지만, "온유한 심령으로" 그를 바로 잡아 주어야 한다(갈 6:1). 죄를 깨닫게 하기 위해, 사도 바울은 근친상간을 한 고린도 교인을 이런 식으로 심하게 다루었다. 사랑으로 죄를 깨닫게 하고, 그러한 자가 과도한 괴로움에 삼킴을 당하지 않도록 그리고 사탄이 교회를 이용하지 않도록 해야 한다(고전 5:1-7; 고후 2:1-11).

그를 권면하여 은혜의 수단을 부지런히 사용하고, 자기를 멀어지게 했던 방식을 단호하게 포기하게 하라. 마치 십자가 밑으로 가는 방법을 전혀 몰랐던 것처럼 새롭게 인도함을 받게 하라. 거기서 "자기가 찌른 그리스도를 바라보고 애통하게"(슥 12:10) 하라. 죄를 용서하는 그 동일한 사랑이 타락한 자들을 치유한다는 확신을 가지고 애통하게 하라.[13] 베드로의 경우는, 즉시로 죄의 자각을 깊게 만들고 회복을 완성하는 사랑을 잘 보여주고 있다(눅 22:61-62; 막 16:7; 요 21:15-17). 이 사랑의 힘이 후에는 죄를 더욱 깊이 증오하는 인격을 만들어줄 것이다. 은혜의 수단에 항상 주목하고 구주를 더욱 높이 생각하면, 자기 죄를 회고할 때 더욱 통회하는 겸손이 생길 것이고, 자기 행위를 더욱 조심스럽게 살피게 될 것이다(사 38:15; 겔 16:63).

---

[13] 미 7:18; 호 14:4. 이 경우를 다룰 때, 렘 2-4:1과 함께, 호세아서 전체를 매우 꼼꼼하게 공부해야 한다.

8. 믿음이 확립되지 않은 그리스도인들

우리 주님의 제자들의 성실성은 분명했다. 그러나 그들에게 믿음과 지식의 확립이 부족했다는 것은 더욱 분명했다. 우리 교인들 중에서도 비슷한 결점을 본다. 은혜는 씨앗이 자라나는 과정보다는 그 씨앗 속에 더 많이 들어 있다. 그것을 끄집어내어, 실제적인 힘으로 만들기 위해서는 훈련이 필요하다. 사랑이 더욱더 뜨거워지도록, 믿음은 더욱 능동적이 되도록, 기도를 더 빈번하게 하지는 못하더라도 더욱 영적인 기도가 되도록 해야 한다. 사도 바울은 이 확립되지 않은 그리스도인들의 경우를 달래는 어조의 연민으로 다루지 않았다. 오히려 죄를 깨닫게 하고 책망하는 강한 자극제들로 이 경우를 다루었다(히 5:11-14). 그리고 그러한 신앙고백자들은, 실제로는 그렇지 않다 하더라도, 적어도 부족하게 보인다(히 4:1).

만일 그들이 살아 있다 하더라도, 그것은 기진맥진하면서 간신히 존재하는 것이다. 노력할 힘이 거의 없거나 즐거워할 능력이 거의 없다. 만일 그들이 자기들의 진보가 부족함을 과소평가하지 않았더라면, 그들은 더 높은 달성을 이루어냈을 것이고, 바라는 소망들을 달성했을 것이다. 진정한 은혜는 욕구에 날을 세우지, 욕구를 만족시키지 않는다. 그러나 불신앙을 거부하기를 주저하는 곳에, 나태함이 노력을 대체하고, 자기 하여야 할 바를 고통스러울 정도로 부지런히 행하지 아니하고 엎드려 누워있기만 한다(수 7:18; 벧후 1:5-10). 강화되지 못하고 남아있는 것들은 죽기 쉽다(계 3:2). 그래서 그들이 사랑이 좁고, 자기 주변에 영적으로 피폐되어 있는 사람들에 대해 무관심하고, 죽어가는 영혼들과 그리스도의 대의를 위한 관심과 노력이 결여되어 있는 것을 우리는 본다.

첫 감동은 진리의 직접적인 힘 때문에 생겼다기보다는 오히려 그 신기함 때문에 생겼을 수도 있다. 그리하여 하나님의 참 계시를 끌어안으려하기보다는 우리 자신의 공상을 따라 신앙을 형성해보려는 충동이 생긴다. 확립된 옛 진리보다는 차라리 신기함이 주는 계속적인 흥분을 먹고 살려 하는 것이다. 이것은 자연적으로, 세상에 대해 불안정하게 저항하고 있는 것뿐만 아니라(갈 6:14) 그리스도인 기질의 결점들까지도(갈 5:1-8, 15, 26; 6:14; 요일 5:4-5) 완전히 책임지고 있는 복음을 불완전하게 이해하게 만든다. (이 악의 예방을 위해 분명히 제정된 제도인[엡 4:8-14]) 사역의 소홀 또한 약하고 변덕스러운 신앙고백을 만들어낸다. 아마 이 경우를 위한 가장 효과적인 훈련은 성경 전체에 대한 정확한 이해를 그리스도인의 완성에 도달하는 주요 수단으로 가르치는 일일 것이다(딤후 3:16-17).

성경을 편식하기 때문에 이단도 나오고 불안정한 신앙고백자도 나오는 것이다. 하나님의 말씀이 그 위치에서 벗어났을 때, 말씀이 그 실천과의 연결에서 분리되었을 때, 아무리 중요한 부분이라 하더라도 한 부분을 전체로 받아들일 때, 하나님의 말씀은 그 힘을 잃는다. 기존의 그리스도인들을 위로하기 위해서뿐만 아니라 나태한 자들을 분발시키고 죄를 깨닫도록 하기 위해서도, 복음주의의 특권들의 완전한 영광을 설명하는 것 또한 좋을 것이다. 왜냐하면 "믿는 것에 모든 기쁨과 평안으로 충만해 있다"는 것에 대해 그들이 무엇을 알고 있겠는가? "모든 성도와 함께", "그 너비와 길이와 높이와 깊이가 어떠함"이 "하나님의 모든 충만하신 것"의 매개체가 됨을 얼마나 적게 이해하고 있겠는가!(엡 3:17-19; 롬 15:13).

진리의 체험적인 힘과 그 실제적인 힘을 깨닫지 않고서는, 진리의 인지 속에 거하는 것을 조심하라고 우리가 경고해서는 아니 되겠는가? 그리고 더 광대하고 고무적인 하늘을 바라보도록 하기 위해, 면밀한 자기조사를 하도록 하고 성실한 기도 습관을 가지도록 하며 자기 자신을 깊이 알고 자신을 낮추게 하며 순종을 행동으로 나타내는 것을 늘리며, 높은 믿음의 기도처로 올라가게끔 더 강한 분발을 자극하는 노력을 해서는 안 되는가?

특별히, 좀 더 완전히 그분의 이미지에 순응하려는 하나의 수단으로서 늘 그리스도를 묵상하며(고후 3:18), 그분의 이름을 좀 더 안정되게 그리고 제대로 알고서 고백하도록 우리가 그들을 격려해주어서는 아니 되는가?(히 3:1) 오! 그리스도인으로서 우리 특권을 누릴 수 있거나 또는 그리스도인으로서 우리 자신감이 확보되는 것은 믿음과 근면을 끈기 있게 행사함으로써만 가능하다는 것을, 그들에게 또한 기억하게 하라(히 3:6, 14).

9. 검증된 착실한 그리스도인들

여기서 우리는 성경의 가르침과 거룩한 특권 그리고 배운 것의 실천, 이 세 가지가 결합되어 있는 것을 발견하게 된다. 사도들이 자기들의 개종자들을 위해 했던 기도와 권면을 요약하자면, 그것은 가르침에 대한 생각을 확대해야 할지도 모른다는 것이었다(엡 1:17-18; 히 5:12). 그 개종자들의 의무감을 좀 더 깊이 있게 그리고 활동적으로 확대해야 하고(빌 1:9; 고전 6:19, 20; 벧전 1:14-19), 그들의 신앙 고백의 수준을 좀 더 높여야 하며(골 1:9-12; 빌 3:12-17), 그들의 특권을 즐거워함이 좀 더 활기차야 하며(엡 3:14-19; 히 6:11), 그들의 열매 맺는 생활은 좀 더 풍성하여야 하며(빌 1:11; 살전 4:1), 그들의 순종은 좀 더 완전해야 한다는 것이었다(히 13:20, 21; 고후 13:9-11).

사도들의 본보기는, 복음의 초보적인 원칙들 대신에 가장 심오하고 가장 견실한 진리들에 대한 가르침으로 내제하여야 할 것을 보여주고 있다(히 5:14; 6:1-3). 자기 백성들에 관한 하나님의 말씀 속으로, 즉 그들을 위한 하나님의 언약의 보장 속으로 들어가야 한다는 것이다. 그들을 구속하기 위한 사역 속에, 그리스도의 직분과 사역 속에, 그리고 하나님으로부터 연유된 그분의 신적 삶 속에 나타나신 하나님의 완전함과 완성을 좀 더 충분히 보여주어야 한다는 것이다(히 6-10). '질긴 고기'같은 이 가르침에 의해, 성숙한 그리스도인은 믿음의 말씀과 건전한 가르침의 말씀으로 양분을 공급받는다. 그러면 자기의 감각을 영적인 분별력에 좀 더 행사할 수 있게 될 것이다. 그 같은 행위는 젊은 그리스도인도 그리고 나이든 그리스도인도 할 수 있다. 그러나 후자에게 이 행위는 좀 더 근거가 있고 건실하다.

하나님의 명령은 젊은 사람들이 좀 더 뜨거운 열심을 가지고 받든다. 그러나 나이 드신 분들은 좀 더 깊이 있는 신념을 가지고 하게 된다. 청소년들 속에 있는 감정들은 더 왕성하고 생기가 있다. 그러나 그들의 지각 있는 행동이 자연스럽게 쇠퇴함에 따라 이 생기는 점차적으로 상실된다. 그들의 이해와 결심 그리고 판단력이 개선됨에 따라, 이러한 상실은 풍성하게 다시 회복된다. 영적인 주제들이 영혼 속에서 그 자리가 바뀐 것이다. 만일 (비록 여기서 때때로 자극에 불을 붙이는 것이 좋을 수도 있겠지만) 그 주제들을 덜 감정적으로 실행에 옮긴다면, 그것들은 마음속에 좀 더 영구적으로 고정된다. 이 선택이 좀 더 변치 않고 지혜로우며 한결같다. 영적인 흥분이 덜하다 할지라도, 영적인 부패를 좀 더 깊이 들여다볼 수 있어서, 복음 속에 좀 더 깊이 고정된 습관을 가질 수 있는 것이다.

고난은 (이것은 그리스도인에게는 은혜의 가장 중요한 수단이다(요 15:2; 벧전 5:10)) 별개로 하더라도, 영적인 생명과 기쁨을 적극적으로 활용하면, 하늘나라로 향하는 그리스도인의 매일의 진보를 강화시키고 또한 확립시켜 준다. 죄의 다스림으로부터 자유를 누리고, 자신의 고난과 사망과 부활 속에서 그리스도와 교제가 있으며(롬 6:1-11), 십자가를 늘 바라보고 삶에 적용하는 것 등은, 대단히 기쁘고 저항할 수 없는 영향력을 가지고 그리스도인을 강권한다.

"거울 속에서 보는 것 같이 주의 영광을 보면"(고후 3:18), 감탄과 찬송과 변화시키는 묵상 속에서 착실한 그리스도인의 영혼은 저절로 고개가 숙여지게 된다. 겸손해져서, 지식과 거룩함과 사랑이 점점 더 높이 일어난다. 자기 주님에 대한 존경심이 더욱 깊이 자기 마음에 새겨진다. 그는 더욱더 뜨겁게 변함없이 더욱더 신념에 찬 기쁨으로, 더욱더 깨어 있어 생기 있는 감사로 빛난다. 그래서 모든 사랑의 실천은 하나님의 형상을 따라 그가 점점 성장하고 있음을 보여준다. 하늘의 이 영광을 완전하게 보여줄 수 있기 위해 인간의 저술들을 참조하기는 곤란하다. 로메인(Romaine) 목사가 단순하면서 아름답게 이 영광을 묘사했다. 성경을 묘사함에 있어서 현실감이 부족했다

백스터는 불과 힘, 그리고 매혹적인 권능을 많이 가지고 있는 성경의 면모들을 그렸다. 그러나 그는 자주 자기 자신의 억제된 감정들과 형이상학적인 족쇄를 가지고 자신의 인물을 위장하였기 때문에, 차꼬에 매인 천사처럼 보인다. 자기 저술과 자기 인격에서 모두 레이턴이 온전한 초상화를 그렸다고 말할 수 있을 것이다. 교회의 찬란한 시대가 올 때까지, 인간의 연약함은 거의 찾아볼 수 없게 그렸던 것이다.

교화의 큰 내용이요 수단인 복음적인 경고의 긍정적인 실행이 이 사랑에 결합되어야 한다. 다윗은 성경적인 훈계의 가치를 분명히 인정하였다(시 19:11). 사도들은 심지어 자기들의 위대한 주님의 영광스런 모습을 충분히 보았으면서도 율법적인 것을 두려워해서 복음의 일부분인 훈계와 연결시키는 것을 단념하지도 않았다(히 2:2-4; 골 1:28).

성경의 경고는 과연 각각 그 자체의 의미가 있다. 그러나 우리 교인들에게도 적용시킬 수 있는 것이다. 원수를 두려워하고 재판관을 두

려워해서 진노를 사는 불경건한 자들에게는 저 위협적인 말들이 주어진다. 의로운 자들은 "질투하시는 하나님"을 온전히 두려워한다. 그들은 하나님의 성결을 사랑하며(시 119:119-120), 경건한 마음으로 죄를 무서워하며, 은혜를 보존하도록 지정해주신 보존 수단의 자극을 활기 있게 이용한다(히 4:1; 3:18-19). 하나님을 경외함이 올바로 드러날 때 우리를 주님께 연합시키는 언약의 참 의미를 깨닫게 될 것이다.

그러나 복음의 약속들만 배타적으로 시행하는 것은, 하나님의 말씀을 불구로 만들고 죄의식을 불러일으킬 뿐만 아니라, 자기 길을 고집하는 악한 자들에게 경고도 하지 못하게 될 것이고, 믿는 자에게서 하나님이 제정하신 하나님의 보존과 확립의 수단을 빼앗게 될 것이다.[14]

히브리인들을 향한 사도의 권면은 놀라운 형태의 복합적인 호칭을 보여준다. 보여준다. 비록 그가 그 호칭을 "함께 하늘의 부르심을 받은 거룩한 형제들아"라고 짓기는 했지만, 그는 듣기에 둔한 자들이라고 그들을 날카롭게 책망하기를 주저하지 않았다. 심지어 그들 앞에 그들의 반역적인 조상들과 그들 중에 있는 비참한 배교자들의 심판을 펼쳐 보이기까지 했다. 거룩한 두려움을 가지라는 의도였다. 이것은 성도 보존의 은혜에 언제나 필요한 일부분이기 때문이다.

---

14 "사람들아 자기 자신을 복음의 창시자보다 더 복음주의적이라고 생각하지 말라. 사람들의 영혼들을 회심시키고 교화시키는 비밀에 사도들보다 더 숙달되어 있다고 생각하지 말라. 한 마디로 말해서, 하나님보다 더 지혜롭다고 생각하지 말라. 만일 사람들이 하나님의 명령 중에 이 부분을 소홀히 한다면, 그 사람들은 그렇다고 생각하는 것이 틀림없다. 믿는 자들의 마음은 정원과 같다. 그 곳에는 꽃들도 있고 잡초도 있다. 전자는 물을 주어야 하고 귀하게 여겨야 하지만, 후자는 억제되어야 하고 잘라내어야 한다. 약속의 이슬과 소나기 외에 아무것도 그 마음에 떨어져서는 안 되는 것이라면, 비록 그들이 은혜를 소중히 여기는 것같이 보이기는 해도, 부패의 잡초는 그 은혜의 꽃들과 함께 자라나는 법이다. 그리고 격렬한 징벌로 잡초들을 잘라내어 말려버리지 아니 하면 결국 그것들을 질식시켜 버린다. 비록 잡초와 같은 인간들이 수단을 사용하여 하나님의 징벌의 최후 집행 아래 떨어지는 것을 막는다 하더라도, 여전히 죄와 멸망 사이에는 반드시 중대한 연관이 있다는 것과 멸망을 면하려면, 죄를 피해야 한다는 것을 그들은 알고 있다"(고전 6:9-11). Own on Heb. ii. 2-4.

한편, 이 사도는 그들에 관해 자기의 선한 의견을 표현함으로써 그리고 그들의 소망의 토대의 변개할 수 없는 확실성에서 도출된 강한 위로의 말을 함으로써 결론을 맺고 있다(히 3-6장). 그리하여 이 부정적인 영역은 전체 윤곽의 아주 큰 부분을 차지하고 있다. 음침한 분위기에 빛을 발산하고 있는 그 사랑의 매력적인 영광을 보다 더 생생하게 보여주려는 생각이 분명하다. 그리스도인의 평정 또한 이렇게 유지된다. 믿음과 두려움의 균형은 그 작용 영역에서 각각의 원칙을 보존하는데, 믿음이 자만하지 못하도록 제지하며, 두려움이 속박과 불신을 초래하지 못하도록 제지한다.

목양 사역의 임무는 매우 우대를 받고 있다. 이에 저자는 개인적으로 깊은 감동을 받는다. 여러 계층의 사람들에게 우리가 하는 모든 말이 그들의 영원의 상태와 관련을 가지고 있다는 것을 생각해보면, 그 말이 얼마나 중요한지 이루 다 말할 수 없다. 또한 그 말이 그 사람들과 또 우리 자신의 양심과 하나님의 교회와 관계가 있기 때문이기도 하다. 우리 직분은 궁극적으로 양심을 향하여 일을 한다(고후 4:2). 사람들이 겪는 다양한 난국은 아주 수완 있게 다루어야 한다. 하나님의 마음을 바르게 해석하기 위해서, 우리는 하나님의 일에 대해 배워야 할 뿐만 아니라, 우리 자신도 하나님의 가르침을 받아야 한다. 그분 자신의 성령의 가르침과 기름 부으심이 없다면, 우리가 어떻게 하나님의 마음을 알 수 있겠는가?[15]

그러므로 이 염려스런 사역을 수행할 자격을 갖추기 위해서, 우리는 인간의 마음을 잘 알아야 할 필요가 있고, 특히 우리 자신의 마음을 잘 알아야 한다. 깊이 탐구하는 성경 지식이 있어야 하고, 정밀한 신학과 체험적인 신학에 관한 최고의 저서들을 주의 깊게 공부해야 하며,[16] 무

---

15 Caryl on Job xxxiii. 23. 고전 2:10과 비교해 보라.
16 이 점에서, Morning Exercises, Owen's and Flavel's Tratises, Baxter's Christian Directory,

엇보다도, "위로부터 오는 지혜"를 늘 많이 공급해주시도록 겸손하고 끈질기게 기도하는 정신을 소유하여야 한다.

이것에 덧붙여서, 각각의 교인의 타고난 기질에 대한 지식을 가지고 있어야 하는 것이 매우 중요함은 자명하다. 낙관적인 사람은 종교적인 감동에 열심과 강렬함의 망상적인 성격을 부여할 것이다. 체질적으로 우울한 사람은 진짜 믿음의 역사의 징후들도 어둡게 볼 것이다. 지나치게 자신감이 강한 사람이나 또는 소심한 사람은 내용에 따라 다른 어조의 말이 필요할 것인데, 자제하라, 조심하라, 분발하라 등이 그것이다.

저자는 이 책에서 완전한 목회 지침서를 주었다고는 생각하지 않는다. 죄와 은혜 양쪽이 모두 다양한 면모를 가지고 있기 때문에, 그 어떤 인간의 자료들이라도 목사에게 모든 경우에 필요한 방침을 다 주었다고 말할 수는 없다. 저자는 단지 대화의 굵은 선들 몇 개를 대략 묘사하는 것을 목표로 삼았다. 현저하게 눈에 띄는 문제들을 어느 정도까지는 대응할 수 있도록, 그리고 긴급한 순간에는 하나님의 가르침을 받아 쉽게 충당될 수 있도록 하자는 것이 목표였다.

강단에서 내려왔을 때 설교의 효과적인 이행을 위해서는 가장 어려운 일이 남아 있다는 것을 경험으로 우리는 알고 있다. 우리 주님의 사역을 주의 깊게 유의하면서 기도와 공부에 특별한 인도를 받아야 할 필요가 있는 것이다. 그러나 특별히, 우리는 잘못해서는 안 된다. 각 계급과 각 단계에 있는 모든 이에게, 십자가의 매력적인 점을 열어보

Perkins, Hildersham, Bolton, Greenham, Gurnal 등과 같은 청교도 목사들과 비국교도 목사들을 연구해 보는 것은 대단히 귀중하다. Pike and Hayward's Cases of Conscience는 Philip Henry와 같은 생각을 가지고 있는 목사들에게는 흥미로울 것이다. 그는 말하기를, "복음 전도자의 진정한 학식은 라틴어를 유창하게 말할 수 있다거나 철학 논쟁을 잘 할 수 있다는 것에 있는 것이 아니라, 지친 영혼들에게 적합한 말을 할 수 있다는 것에 있다." Life, p. 207. 다음의 짧은 저서와 비교해 보라. Philip on Christian Experience, 또 Walker's Life, pp. 22-46.

여야 한다.

그리고 죄의 자각과 회심을 위해, 가르침과 성화를 위해, 십자가의 매력을 기꺼이 받아들이는 모든 사람의 신앙 정착과 위안과 영원한 구원을 위해, 하늘의 영광도 알려 주어야 한다. 하늘의 영광은 모든 다양한 경우와 질병의 합병증에 적용할 수 있는 웅대한 특성을 가지고 있어서, 완고한 마음을 부술 수도 있고 상한 마음을 치유할 수도 있다. 하늘의 영광을 소심한 태도로 보여주거나 잘못 보여준다면 그것은 죄를 깨닫게 하기에는 너무 연약한 방편이 된다. 한편 고의적으로 그것을 기만하거나 오해했다면 그 결과로서 비효과라는 폐해를 입게 될 것이다.

The Christian Ministry

3장

환자를 위한 심방

우리는 주님께서 주신 이 환자 심방 사역의 중요성에 대하여 부언할 필요가 없다(약 4:14). 환자 심방은 어떤 경우에나 중요한 임무로, 주님의 백성을 위해서 목사가 할 수 있는 일이다. 그러므로 이 사역을 소홀히 하거나 잘못한다면 대부분 목회사역이 적절하지 못한 것이다. 이 사역은 영혼의 구원과 밀접하게 연관되어 있는 것으로, 그 기회를 놓치거나 악화시키는 것은 의학적인 부주의나 의술을 잘못 사용하는 것보다 더욱 책임 있는 결과를 가져온다. 오래전 한 작가는 다음과 같이 기록했다.

목회사역이 어려운 이유의 하나는 사람들이 영적도움이 필요할 때 뿐만 아니라, 목사가 죽음의 시간에, 고통의 시간에, 큰 상처를 받을 때에도 결코 자신의 부끄러운 모습을 보여주지 않아야 한다는 것이다. 이것은 참

으로 부끄러운 것이다.¹

목사가 잠자고 있는 영혼들이 일어나도록 깨우는 것 대신에, "마취제 목회"²가 너무 자주 행해져 영혼들을 오히려 잠들게 하고 있다. 어쩌면 더욱 고통스럽게 사역을 행하는 양심적인 목사들의 신앙과 진지함은 어느 곳에서도 볼 수 없을지 모른다. 그리고 "진리의 말씀을 옳게 나눔"의 중요성을 가슴으로 깨달은 목사는 어느 곳에서도 찾아볼 수 없을지 모른다. 때때로 질병보다 치료를 더욱 싫어하는 환자의 너무나 안타까운 모습, 그리고 치료함에 있어서 작은 실수가 될 수 있는³ 두려운 잘못의 기억은 어려움을 더욱 크게 만든다. 그래서 친밀함으로 행해지는 환자 심방은 "일천 천사 가운데 하나"(욥 33:23)로 이런 목회사역에서 특별히 뛰어난 것이다.

일반적 형태를 무차별하게 사용하는 것을 추천할 필요는 없다(사 28:27). 규범 67번째는 적절한 사용에 대해 "설교자가 가장 필요하고 편리하게 생각하는 것처럼"이라고 규정하는데 이것은 현명하고 필요한 것이다. 왜냐하면 그것의 뛰어남이 무엇이든 간에 '각자 몇 가지 경우를 위해 특별히 충분하지 않은' 불리함을 취하기 때문이다.⁴

---

1 시편 32:5에 대한 Marbury의 주석. 어거스틴은 그런 목회사역을 **위로하는 자들**이란 말 대신 **황폐케 하는 자들**이라고 부른다. 아픈 자를 심방하는 것을 습관적으로 게을리 하는 것은 Scotch Kirk의 엄격한 법에 의해 면직이란 형벌에 해당된다. Smith's Lectures, xxiv. 우리는 이런 의무가 다음과 같은 점을 포함하고 있다는 사실을 좀처럼 보지 못하고 있다. "보내심을 받은 때, 심방을 게을리 하고 있다. 자신의 양떼들 중 누군가 아프다는 소식을 듣자마자 곧 보내심을 받은 그는 가야만 한다." Burnet's Pastoral Care, ch. viii.
2 Winchester's Ser. p. 181.
3 In medicina nihil exiguum est.-Galen.
4 Bishop Wilkins' Gift of Prayer, p. 12. 아픈 사람을 환자로 가정하면서 사실 이 사역은 분명하게 반대 묘사를 하고 있는 경우의 우울한 대다수의 사람에게 부적절하다. 그러므로 Barrington 감독이 바르게 보았다. "많은 경우에 장례식 사역은 병자를 위한 직무처럼 그만큼 적절하게 행해져야 한다." Charge, 1797. p. 31. Horsley 감독은 이 사역의 유일한 사용에 대해 동일하게 생각한다. Charges, p. 153.

환자 심방 주제에 몇 가지 도움말을 주면서 우리는 다음과 같이 써 놓을 수 있다. 먼저 묵상하며 기도하며 우리의 말씀을 숙고하는 의무이다. 이런 제안은 너무 자주 규칙적이며 반복적으로 볼 수 있는 것으로, 이점을 중요하게 생각한 사람들은 조언하기를 좋아한다.

오스터왈드(Osterwald)는 다음과 같이 언급한다.

> 목사가 환자에게 무엇을 말해야 할 것인지, 혹은 그들을 방문할 때 어떻게 행동할 것인지를 준비하는 것보다 설교를 어떻게 준비할 것인지에 대해 더욱 고심한다는 것은 이상한 것이다. 설교가 비록 목회에서 가장 어렵고 중요한 사역 가운데 하나이지만 말이다.

많은 묵상과 기도가 없이 습관적으로 성경을 읽는다는 것은 우리 주님의 복을 기대할 수 있는 보증이 될 수 없다.

환자를 향한 접근은 다정한 친구의 모습이어야 한다.

목사의 목표는 의료진들의 목표와는 다르게, 어떤 규정된 유익을 예상함으로 환자의 생각과 자주 단절된다. 그러므로 목사가 고통 받고 있는 자의 입장으로 완전히 몰입해야 한다는 점이 더욱 요구된다. 목사의 정신과 태도 그리고 목사의 목소리조차 동정심을 보여주어야 한다. 나인성의 문에서 영구차를 세우실 때 그리고 나사로의 무덤에서 우셨을 때의 주님처럼 동정심을 보여주어야 한다(눅 7:12-13; 요 11:35). 사역의 옷을 "형제의 위급한 때를 위해서 입고 있는 것"(잠 17:17)임을 보여줄 때보다 분명한 확신을 보여주는 것은 없다.

목사는 환자에 대한 적절한 지식을 획득하기 위해 노력해야 한다.

개인적 사례가 너무 다양하기 때문에 많은 어려움이 발생하고(각 경우 약간 구별된 특성들을 가지고 있음) 있음을 알아야 한다. 그러한 사례를 지배하고 설성하는 특싱이 무잇이든지 각자의 사례에서 커다란 종합이 확실하게 나타난다. 이러한 종합은 명백한 특성과 다른 환경의 다양함으로부터 온다. 따라서 종합과 관련된 지식을 얻어야만 한다. 의사가 맥박을 알지 못하거나 음식섭취와 생활습관에 대한 지식 없이 처방전을 쓸 수 없다. 의사는 환자와 대화하는 수고를 하며 모든 경우, 그에 대한 정보를 얻는다. 이처럼 우리도 가능하면 최고의 정보를 얻어야 한다. 기독교인 부모, 교사, 혹은 이웃들과 같은 여러 사람이 가지고 있는 자료로부터 지식의 자원을 얻어야 한다. 그리고 그러한 정보는 반드시 가장 신중하게 선택되고 향상되어야 한다.

여러 환자 심방의 경우를 직면함에 있어서 예견치 못한 많은 징후가 우리 앞에 나타날 수 있다. 우리가 다양하게 적용하는 것 중에 일반적인 과정은 환자를 위해 성경을 사용하도록 하는 것이다. 환자와 공감대를 이루기 위한 가장 간단한 언어는 시편이다. 특별히 환자를 위해서 그와 함께 문제를 나누고 기도할 수 있다. 니고데모와 대화하신 주님의 말씀은, 알지 못하고 관심도 주지 않는 사람들을 위해서 어떻게 교훈을 할 것인지에 대해 가장 중요한 참고가 될 것이다. 마음 전환의 필요성과 그리스도에 대한 믿음, 즉 성령의 역사와 구세주의 사역이라는 주된 두 가지 요점을 품고 있어야 한다(요 3:1-21). 주님께서 그 이후 무리에게 말씀하셨던 내용들은 보편적으로 적용할 수 있다. 복음의 자유로움, 죄인을 향한 권면, 자기 의(self-righteous)에 대한 확신을 위한 복음의 영성 등을 주목해야 한다(요 6:25-65). 제자들에게 주셨던 주님의 마지막 가르치심은 인내하고 있는 이미 성숙한 그리스도인을 위로하고 돕는 말씀으로 가득 차 있다(요 16-17장). 서신서와 같은 다른 성경 또한 적절한 교훈을 동일하고 다양하게 제공해 줄 것이다. 때때로 복음진리의 광범위한 지식을 전달하기 위해서는 성경 한 권 전체를 혹은 몇 장을 선택해야 할 것이다. 만약 이것이 너무 일반적이고 초점이 없다면, 우리는 더욱 밀접하고 특별하게 적용할 수 있는 특정한 부분을 선택할 수 있을 것이다. 이러한 두 가지 방법은 조화를 이룬다. 모든 본문은 많거나 적거나 직접적으로 그리스도에 대하여 보여주고 있는 것들이어야 할 것이다. "유일한 길, 유일한 진리, 그리고 유일한 생명"이신 그분이 모든 것의 중심에 있어야 할 것이다. 그분을 통해서 우리는 몇 부분을 하나로 통합할 수 있고, 각자 분리하여 확장시킬 수도 있다. 그 사례의 특징들을 알 수 있는 실제적 능력, 혹은 충분한 개인적 할당을 가지고 적합한 본문들로 돌아갈 수 있는 실제적 능력을 더 많이 원해야 한다. 개인의 입으로부터 나온 어떤 것들이 우리 이야기의 가장 중요한 초점의 배경을 이루어야 한다. 그런가 하면 소수의 친절하고 은밀한 요청들이 종종 환자에게 확신을 불러일으킬 것이며 그의 영혼의 상태와 전망에 관해서 약간 밀접하고 신중한 회고를 이끌어 낼 것이다. 의심스러운 사례들에서, 우리는 이런 개인적인 요청에 적절한 유익이 될 수 있도록 주의를 끌 수 있을 것이다. 그의 상태에 우리의 명백하고 신중한 관점을 첨가하고, 또한 증가하고 있는 자기지식을 위해 그로 하여금 진지하게 기도할 수 있도록 인도할 것이다.

 사례 연구에 있어서 '오랜 인내'는 자주 거론될 것이다. 차갑고 의미 없는 찬성이 날마다, 아마도 매달, 우리를 만날지도 모른다. 이런 지루한 사례는 변화를 요구한다. 물론 진리의 변화가 아니라 진술에서의 변화다. 우연히 떨어뜨린 한 단어가 때때로 직무상의 특성보다 더 친밀하게 환자들에게 다가가도록 만든다. 그리고 그 단어가 그들의 양심에 접근하는 수단이 될 것이다. 그럼에도 불구하고 '새로운 것들을 산출하려는' 큰 노력은 인간의 지혜를 너무 많이 사용할 것이다. 진리에 대한 "옛" 진술의 변함없는 반복은 일반적으로 "돌을 닳게 하는 물"(욥 14:19)로 입증되었다. 다른 사례들에서, 우리는 환자들 사이에서 보통 사용하고 있는 합법적인 표현들로부터 필요 없는 낙담을 경계해야만 할 것이다. 그 낙담은 아주 정확한 법칙보다는 그들 자신의 대화 중 미숙한 방법에 의해서 자주 오게 된다.

환자 심방에 대하여 정확한 표준이 되는 것을 기술한 규범이란 없다. 만약 우리가 환자를 자주 방문하게 된다면 통상적으로 그 시간이 길어서는 안 된다. 그리고 예견치 못한 문제, 혹은 중요한 응급상황과 같은 특별한 반향이 발생한 경우는 중지하는 것이 좋을 것이다. 어느 때는 방문의 시간 또한 변경하는 것이 좋다. 때로는 규칙적인 심방이 바람직하지만 적당하지 않을 수도 있으며, 습관적인 방문은 보통 감동을 상실할 수 있다. 시스템이 없는 시스템이 보편적으로 더 나을 수 있고, 엄밀함보다는 지속성과 관찰이 더 좋을 수 있다. 모든 상황에서 환자의 편의가 가장 중요한 문제가 되어야 한다. 우리가 생각하는 것처럼 우리 중 어느 누구도 우리의 심방에 의해 유익을 볼 사람이라고 생각하는 그런 사람에게만 심방을 한정시킬 수 없다. 어떻게 하느냐에 따라 영적 방종 그리고 원기회복의 사례가 될 수 있다. 그리고 더욱 바람직하지 못한 사례에 빠져 있는 환자들이 있다면, 그들은 우리의 심방을 확실하게 요청해야 한다. 방문이 덜 유익하다고 생각하는 환자들은 그러한 요청을 하지 않을 것이다. 동정심을 보이는 곳에서, 자기를 부인하는 곳에서, 신적 도움에 의존하는 곳에서, 그리고 '죽음에 임박'한 곳에서 심방을 원하는 사람들에게 구원과 자유를 제공하는 것과 연결된 권면에서 이런 원리가 적용된다.

목회적 충성심의 중요성은 아무리 강조해도 지나치지 않다. 그 환자 심방은 사소한 것의 일상적인 주제들을 위한 시간이나 '듣기 좋은 말들을 예언하기' 위한 시간도 아니다. 그것은 쇠약해진 병자와의 만남, 죽음의 증상들, 그리고 환자 주위에서 신음하고 있는 친척들은 진실로 부드러움을 크게 요청하고 있다. 그러나 불멸의 영혼에 대한 사랑, 그리고 영원한 운명에 대한 강력한 관심은 돌보는 일에 있어서 여전히 충성스러운 태도를 강력히 요청한다. 그러므로 진리를 제시할 때, 명확하고, 열심히, 충성스럽게 하는 것이 우리의 첫 번째 관심이 되어야 한다. 여기에서 가장 큰 위험은, 환자가 속임 당하고 싶고 위로를 받고 싶은 탐욕스러운 갈망이 그의 의지로부터 발생한다는 것이다. 이런 위험은 환자를 미혹하는 친구들의 거짓 부드러움으로부터 그리고 우리 영혼의 자기만족의 나태함으로부터 발생한다.[5] 환자의 참된 상태를 아는 것이 그의 유익을 위한 것이다. 그러면 그는 진짜 참된 위로를 즐길 것이며 자신을 기만하는 파괴로부터 구원을 받을 것이다.

맨손(Manson)은 우리에게 다음과 같이 도전한다.

> 그러므로 당신이 친절할 때에도 충성스러워야 한다. 그리고 당신의 양심이 허락한 것을 나중에도 존중해야 한다. 기억하라. 당신이 복음의 사역자임을. 그리고 잘못된 수치 혹은 친절함을 위해서 진리와 경건의 원천을 희생하지 말아야 한다.[6]

목사는 두 극단을 피해야 한다. 어느 한 극단으로 치우치는 것을 배제시켜야만 한다. 숙달된 외과 의사처럼 부식제를 연화제에 첨가해야 한다.[7] 당장 고통을 멈추기 위한 갑작스런 치료가 아니라, 견고한 치료를 위해 힘써야 한다. 이런 점에서, 엄격한 인상은 메시지 전달에서가

---

[5] "현 시대에 있어서 우리의 주된 위험은, 사람들을 다룰 때, 충분히 명백하게 충성스러움으로 다루지 않는다는 것에 있는 것이 아니라 솔직함과 친절함의 측면에서 잘못에 빠져 있는 것 같다. 성도 중 많은 분이 죽어갔는데, 후에 그분들 때문에 나의 양심은 내가 마땅히 명백하게 다루어야 할 것을 그렇게 하지 않았다는 점에 대해 책망했다." Orton's Letters to Dissenting Ministers, I. pp. 59-60.

[6] Student and Pastor. 자아 지식(Self knowledge)이란 유명한 논문의 저자에 의해 p. 114에서 목회에 많은 중요한 힌트가 주어진다. 기독교 교리에 대한 이 논문의 빈약하고 불완전한 관점들은 나중에 툴민(Toulmin) 박사의 사설에서 그분의 수고로운 작업에 의해 보완된다.

[7] 이런 충성스런 치료의 표본을 위해서는 삼상 12:20-22과 스 10:2를 보라. Cecil's Remains 의 "임종 직전의 심방"에서 중요한 힌트를 보라.

아니라 메시지 자체에 반영하게 될 것이다.[8] 복음의 위로와 초청을 완전히 제시할 때에 죄인을 파멸로부터 구원하기 위해서 그리고 확실하고 영속적인 피난처를 제공하기 위해서 우리는 그 파멸의 위험을 지적해야만 되고 복음을 명백하게 해야 한다.

목사는 고통당하고 있는 환자를 사랑하고 있다는 점을 강조하는 것을 결코 잊지 말아야 한다. 여기서 우리는 하나님의 부성에 대한 분명한 관점을 보게 된다.[9] 이 부성은 바로 고통 가운데, 말로 표현할 수 없는 비참한 순간을 지냈던 구속자의 영혼에도 지속되었다(마 26:39, 42; 요 18:11). 부성이란 거역하는 자녀를 겸손하도록 만들기 위해 때리는 것이다. 그것은 또한 지팡이에 입맞추는 자녀에게 지속적인 평화의 기쁨을 제공하며 자신의 겸손한 자녀를 지지하는 것이다. 나아가 그것은 고통 가운데서도 그 고통이 제거될 날을 기다리며 인내하는 자가 느끼는 것이다. 이런 부성과 연결해서 또한 우리는 고통의 이유, 결말, 본분 그리고 특권이 무엇인지에 대해 지적해 주어야 한다.[10]

고통은 하나님의 섭리 없이 '먼지로부터 오는 것'이 아니다. 그것은 필요 없이 허락된 적이 없다. 그것의 본분은 자기를 살핌, 경성함, 드림, 신앙 그리고 감사다. 그리고 그것의 특권은 죄의 제거에서 실현될 것이며, 기도를 통하여 성령의 더욱 풍성한 영향을 받는 것이다. 나아가 고통의 특권은 세상으로부터 자신의 마음을 떠나게 하며 하늘의 기업에 더욱 강한 애착을 갖도록 한다. 이처럼 그의 '영혼이 젖을 뗀 아이처럼' 되었을 때, 그리고 하나님의 뜻을 고통 중에서도 즐거워할 준비가 되어 있을 때, 그는 사랑의 방문에 의해서 의도된 완전한 유익을 받

---

8 막 9:44, 16:16을 보라. 애 3:22-33을 비교해 보라.
9 시 103:13. 연결된 히 12:5-11.
10 Stearne's Tractxt. de Visit, Infirm안에 있는 대감독 Laud's의 기도지침서(Manual of Prayers)를 보라. Clergyman의 Instructor, p. 392. Cradock의 Knowledge and Practice(29장)은 이 주제에 대하여 완전히 유익한 관점을 보여준다.

게 될 것이다.

　환자를 심방하는 일은 목사들이 가르친 내용의 핵심이 그리스도가 되도록 만드는 대단히 중요한 작업이다. 이것은 진실로 우리 사명의 독특한 과제다. 이런 고통의 시간을 '해석하는 자'는 벌하시며 죄를 용서하시는 '하나님의 의로우심'을 보여주기 위해서 '이유를 찾아왔다.' 그리고 이스라엘 진영에서처럼 환자의 방에도 목회자는 보증되고 명시된 구리로 만든 뱀을 높이 쳐들고 "보면 살리라"(욥 33:23-24)고 외쳐야 한다. 만약 우리가 율법을 사용하되 오직 그리스도께 인도할 목적으로만(갈 3:24) 사용한다면 우리는 율법의 사역자는 아니다. 또한 우리는 그리스도께 나아가는 것 외의 다른 경고가 필요하다고 생각하지도 않는다. 환자의 눈앞에 의사가 놓아둔 것이 환자의 갈망을 증가시키며 모든 이어진 교훈을 받아들이기 위해 환자의 마음을 부드럽게 할 것이다. 이처럼 우리는 가장 낙담된 환경 아래서(행 8:22; 호 13:9) 열린 문을 선포한다. 그리고 모든 사람을 초청하되, 어느 누구도 낙담하지 않도록 하나님의 백성에게 안전을 선포한다. 모든 교훈은 본질적으로 부족한 것으로 여겨야 하며, 그것은 복음의 자유롭고 완전한 제시는 아니다(요 6:35-37).

　목사는 주님의 가르침만으로 환자에게 위로가 된다는 언급을 하지 않을 수 없다. 이것이 바로 우리 사명의 보증이다. "메신저들"은 이런 표현을 목적으로 하나님에 의해 보내심을 받는다. 무엇이 우리 영혼의 자유와 즐거움을 자주 방해하는 지나친 염려로부터 해방시킬 것인가! 그리고 하나님 자신의 명령을 따라 그분의 능력을 위해 믿음으로 기도한다는 보증은 무엇인가! 모든 신적 제정들처럼 기도는 약속을 가지고 있다. 그런데 그것의 변론과 그 결론으로 오는 유익은 오직 우리 자신의 불신에 의해 방해받고 있는 것은 아닌가!

　일반적인 법칙처럼, 추천하고 싶은 것은 간단하다. 진지한 기도로 교훈을 마감하는 것이다. 물론 가능하면 기도에 환자의 환경과 영적 상태에 대한 직접적이며 상세한 언급이 있고 환자 앞에서 그의 상태에 적합한 분명한 간구와 축복이 함께 있어야 한다. 환자의 상태나 그 주위 환경들이 기도하는 것을 허락하지 않을 수도 있다. 그러나 절규하는 간구가 대화의 과정에서 자주 혼합될 수 있다. 그래서 형식으로는 아니지만 성경적 법칙에 일치하여 일시적인 것이 아닌 영적 유익의 약속을 가진 기도가 실제로 드려질 수 있다(약 5:14-16).

환자에게 성례전을 행하는 데 있어서 특별한 주의를 기울여야만 한다는 생각은 거의 필요하지 않다. 기독교 순례에 있어서 성례전은 환자 여행의 마지막 단계를 위한 참된 양식이 될 것이다. 형식주의자들 그리고 심지어 형식을 무시한 자들조차도 '성례전은 하늘로 가는 여권처럼 환자들이 기대하는 것으로, 자신들의 목적에 적합한 것이 될 것이다.'[11] 요한복음 6장에 대한 한 친숙한 해석이 성례전의 수용을 위한 최고의 준비가 될 것이다. 성만찬을 기념하라는 명령의 의무를 강화하는 것으로서가 아니라(요한복음 6장에는 기념하라는 직접적인 언급이 없음), '주님의 몸을 분별'하도록 성례집행자에게 유일하게 자격을 부여할 수 있는 믿음의 본질과 작용을 설명함으로써 그 해석은 도움을 준다.

환자를 심방한 자들의 교훈은 분명히 이 주제에 속한다.[12] 진실로 그것은 간접적 이야기의 가장 흔하고 중요한 전달 도구다. 그들의 눈앞에 있는 광경은 죄의 결과의 생생한 그림, 세상의 무상함, 영원의 가

---

[11] Stonehouse의 환자의 친구(Sick Man's Friend)는 불완전한 기독교 교리의 한 작품이지만 이 작품은 Doddridge, Manson 그리고 다른 사람들로부터 주로 모은 것인데, 매우 중요하며 실제적으로 상세한 것이 많이 있다.

[12] "목사가 환자에게 말하는 모든 것에서, 목사는 세 가지 관점을 끊임없이 유지해야 한다. 첫째는 환자가 죽으면 그 사람에게 미칠 영향력, 둘째는 환자가 회복하면 그에게 미칠 영향력, 셋째는 그와 관련된 건강한 사람들에게 있을 영향력." Gerard의 Pastoral Care, p. 168. 이것은 민감하고 중요한 작품이지만 고상한 기준 그리고 복음적 동기들과는 대부분 연결되지 않는다.

까움과 말로 표현할 수 없는 중요성, 그리고 영원을 위한 즉각적인 준비 등에서 환자에게 개별적으로 많은 감동을 준다. 방문한 자들은 환자의 영혼을 돌볼 뿐만 아니라 그의 몸까지 돌보아야 한다는 것을 깊이 깨닫게 해야 한다. 뿐만 아니라, 무관한 주제들로 너무 자주 전환하지 않도록 유지시키는 것과 적절한 교훈들을 읽고 제안하여 시기적절한 기회들을 잘 활용할 수 있도록 가르쳐야 한다. 더 나아가 환자를 위해 그리고 함께 하는 자들을 위해 영원한 복을 구하는 특별한 기도를 가르쳐야 한다. 회복하고 있는 환자들을 목사의 관심으로부터 제외시켜서는 결코 안 된다. 버넷(Burnet) 감독은 우리에게 환자들로부터 그들이 회복하게 되면 삶을 혁신할 것을 엄숙히 약속받아야 한다고 권면한다.[13] 그런데 만약 이런 약속이 요청된다면, 가장 깊은 의미에서 그리고 신적 능력에 전적으로 의지해서 설득되어야만 한다. 우리는 그런 것들 중 하나로 다음의 말씀을 전해줄 수 있을 것이다.

> 보라 네가 나았으니 더 심한 것이 생기지 않게 다시는 죄를 범치 말라 (요 5:14).

생각을 깨우고 부드럽게 하기 위해 우리는 그들이 배웠던 다음과 같은 교훈들을 날마다 묵상하라고 권면할 수 있을 것이다(시 119:67, 71, 75). 병중에서 고통받는 동안 받았던 성령의 가르침대로 살기 위해서 날마다 기도하는 것, 자신의 특별한 환란을 날마다 회상하는 것(애 3:19-21), 환자들의 침상에서 맹세한 것들을 날마다 새롭게 하는 것(시 103, 116편), 그리고 육체로 있을 때에 자신들이 그러했던 것처럼 역경 가운데 있는 자들을 기억하며 날마다 기도하는 것(히 13:3) 등이다.

---

[13] Pas, Care, ch. viii. Stearne의 Tractatus, ut supra를 비교하라. 이것은 놀라울 만한 조직적인 규율들을 다루는 논문이지만 복음의 살아있는 관점에 관해서는 서의 완선히 빈곤하다.

The Christian Ministry

4장

청소년 목회

청소년 목회에 대하여 깊이 생각하는 것은 우리 사역의 가장 중요한 일 중 하나이다. 목회사역의 모든 영역에 대해 말하는 것에 있어서 탁월하게 입증된 사람의 평가에 대해 들어보자.

백스터(Baxter) 목사는 다음과 같이 말한다.

> 나의 첫 번째 가장 큰 성공은 청소년 사역이었다. 그 성공은 하나님께서 청소년들의 마음에 선을 사랑하는 것과 진리에 대하여 즐겁게 순종하도록 하셨을 때 일어났다. 다양한 경우, 그들의 친구들과 그들의 부모, 그리고 그들의 조부모는 무지한 세상적인 입장에서 양육되었지만 그들 중 다수가 경건을 좋아하고 사랑하게 되었다. 이러한 일은 그들의 아이에 대한 청소년들의 사랑에 의해 권유를 받았기 때문이다. 현재 그들은 더욱 현명하고, 더욱 나아 보이며, 스스로 책임감 있게 행동하고 있다.[1]

---

[1] Baxter의 Introduction to Compassionate Counsel to Young Men.

청소년 목회의 중요성과 어려움에 대하여 도드릿지(Doddridge) 박사는 매우 민감하게 말한다. 그는 목회에 대한 서론에서 다음과 같이 언급하였다.

> 나는 종종 겸손한 기도 가운데 청소년 목회를 이루어왔다. 하나님께서는 어린 마음에 종교적 감동을 심어줄 수 있도록 겸손한 방법으로 말하라고 가르치셨다.[2]

해딩톤의 브라운(Brown of Haddington)은 다음과 같이 자신을 고찰한다.

> 나는 교회에서 아이들에게 신앙교육하고 권면하는 데 더욱 열심을 내지 못했다는 것을 후회하고 있다. 나는 이런 것들을 실행하는 것이 가장 좋은 방법에 속한다고 확신한다. 목사들은 영혼의 복을 향상시키기 위해 이 방법을 사용할 수 있다.[3]

이른 아침, 씨를 뿌리는 시간은 특별한 권면과 연결되어 있다. 이 점에 대해 다음과 같이 아름답게 고찰해 왔다.

> 이것은 목회의 모든 수고로운 일 중 가장 기쁜 일일 것이다. 목사는 진실로 만족할 줄 모르지만, 이러한 무지는 보통 흔히 더 나이가 많은 사람들 중에 속하는 '불경건한 사람들의 협의'에서 볼 수 있는, 더욱 악한 지식보

---

[2] Orton's Life of Doddridge, ch. v. 한 어린이에게 보내는 편지에서 다음과 같이 썼다. "오! 아이들의 **신앙을 교육하는데**, 가족들의 머리를 훈계하는데, 그리고 **청소년과 대화하는 데** 더 많은 시간을 쓸 수 있었다면!" Ch. viii.
[3] Brown's Life and Remains, p. 28. Owen 박사도 동일한 효과를 다음과 같이 언급하고 있다. "많은 시간의 설교보다는 한 시간의 신앙교육을 통해서 특히 청소년과 모르는 자들 사이에 더 많은 지식을 통상적으로 퍼뜨릴 수 있다."

다 쉽게 극복할 수 있다. 목사는 악에 직면할 수 있지만, 그것은 습관에 의해 형성된 완고한 악이 아니라 성품의 악이며, 방탕에 의해 강화된 악이 아니라 사악한 경향들이다. 그래서 근절하려고 시도하는 것은 '오른 눈을 뽑아버리는 것 혹은 오른 손을 잘라내 버리는 것'과 같다. 모든 이유와 모든 경험 그리고 모든 성경은 이것과 일치한다. '아침에 씨를 뿌리다.' 가라지가 밖을 향한 눈을 가로막고 있는 것처럼 보이지만, 씨는 자라나 있고 은혜의 열매는 커지고 있다.[4]

우리는 이런 목회에 대한 높은 반응이 우리 국가 그리고 사도적 교회의 힘에 점진적인 혁신을 제공한다는 사실을 잘 알고 있다.[5] 이런 책임감을 적실히 느끼는 가운데 청소년 목회의 가장 흥미로운 부분 중 일부를 상세하게 연구해 보자.

1. 주일학교: 중요성, 제도, 감독

주일학교의 중요성에 관한 이견이란 있을 수 없다.[6] 주일학교는 목회 구조의 거의 모든 부분과 연결되어 있다. 그것은 간접적으로 하나의 어른 학교다. 부모가 자녀에게 성경을 읽으라고 가르치는 경우는

---

4 감독 Chester의 기독교 목회에 대한 설교(Sermons on the Christian Ministry), pp. 23-26.
5 Bishop of Winchester's Charge, pp. 30-31.
6 주일학교의 유익에 관해서는 우리 성공회 지침서의 많은 부분에서 강조되어 왔다. 감독 Law는 다음과 같이 언급했다. "우리 교회의 목사가 질서와 종교의 동기를 더욱 효과적으로 향상시킬 수 있는 방법은 많지 않다. 주일학교가 쉽고 대가 지불이 적고 혼합되지 않는 좋은 것이다."(Primary Charge, 1825) 감독 Blomfield는 주일학교의 필요성을 다음과 같이 강조했다. "다른 자원들의 실패 속에 있다고 해도, 모든 장소에서 가르쳐져야 한다. 목사 혼자라도 그리고 목사의 가족의 구성원들에 의해서."(Primary Charge at Chester, 1825) 권면을 위하여 강한 언어를 사용하는 것은 좀처럼 필요하지 않는데, 그런 강한 어조로 이 흥미로운 주제에 대해 감독 Porteussms 자신의 목사들에게 말하였다.

거의 없다. 또한 종종 주일학교의 성경공부로부터 적절한 교훈이 아이들에게 주어진다. 가정에서 다정하고 흥미로운 순수함으로 아이들처럼 대화의 장을 형성할 수 있다. 그리고 다른 구조로는 전달할 수 없는데, 이처럼 매력적인 채널을 통해서 강한 흥미를 갖고 우리는 광범위하게 말한다. 자신들의 무지 때문에 부끄러워하는 부모가 많은 경우에 주일학교 교훈의 명백한 행복의 열매를 가져왔으며, 그 유익에 참여하고 싶은 진지하고 활동적인 열망을 불러 일으켰다. 더 나아가 이처럼 주일학교는 거의 모든 가족에게 교훈의 매체가 된다. 주일학교는 진실로 사역의 능력이 전 교구에 미치도록 하는 수단이다. 그러므로 다음과 같이 주장한다.

> 목사가 자기 사람들의 영적 목자와 친구로서 그들의 영혼에 유익을 주기 위해 그들의 마음에 다가갈 수 있는 최고의 방법은 직접적으로 혹은 간접적으로 주일학교라는 기관을 통한 것이다. 이것을 지키지 않고, 어느 누구에게도 교구를 돌보라는 소임은 맡겨지지 않았다.[7]

그러므로 많은 경우에 청소년에게 주는 교훈은 가장 중요한 순간에 주어지는 것이다. 그리고 목회의 다른 모든 부분에서처럼 주일학교 사역이 게으름 때문에 성장하지 못한 것과 같은 수많은 사례 때문에 더욱 비난을 받을 수도 있을 것이다. 그러나 많은 사람이 지금도 땅에 있고 더 많은 사람은 하늘에 있는데, 하늘에 있는 사람들은 자신의 영원한 찬송시간에 주일학교의 중요한 유익을 기억할 것이다.[8]

---

[7] Bishop of Winchester's Charge, p. 31.
[8] Cotton Mather는 목회의 비효율성에 대한 질문이 노회에서 토론될 때 Eliot의 기도를 언급했다. "주님, 우리 중에 어느 곳에나 있는 학교를 위해 기도합니다! 우리의 학교가 번성하게 하옵소서! 이 모임의 모든 회원이 집으로 돌아가 자신의 도시에 좋은 학교를 세우게 하옵소서! 우리가 죽기 전에 좋은 학교가 우리나라의 모든 곳에 세워져 성장하는 것을 보고

지금은 또한 자주 미래의 수확을 위해 씨를 뿌리는 때다. 즉각적인 결과로 강단 목회가 더욱 알기 쉽고 흥미롭게 되어가고 있다.⁹ 디모데의 경우에서처럼(딤후 3:15), 진리를 계속적으로 전수받는 많은 경우, 이전에 밝혀졌던 생각의 유익이 자연스럽게 느껴진다. 반면에 덜 결정적인 경우, 교훈의 제한은 전체의 영향으로 작동한다. 주일학교가 있는 마을과 그것이 없는 마을은 가장 일상적인 관점에도 도덕적 질서와 평온함에서 차이를 보이고 있다. 존경할 만한 많은 봉사자나 견습공 그리고 심지어 부모조차도 이런 유익한 영향을 받고 자라왔다. 왜냐하면 주된 성공이 부족한 곳에서는 대부분 나중에 중요한 교훈을 전수받는 자들에게 영향을 주었기 때문이다. 다른 사람들에게 영양분을 공급하고 있는 교사들은 자신들도 자주 영양분을 공급받고 있음을 결코 잊지 말아야 한다. 그리고 교사들은 또한 지금은 알려지지 않았다 해도 진지한 종교에 대한 자신들의 흥미로운 사역에서 영향이 크다는 것을 깨달아야 한다.

주일학교의 조직은 아이들의 취미와 능력에 순응하는 교육 과정의 관점에서 주된 목적은 조직을 유지하지만, 조직의 가장 기초로부터 높은 부분들로 변화되고, 무미건조한 성경의 지식이 구원하는 지식으로 변화되어야 한다. 성경적인 강의들을 단지 반복하는 것으로는, 그 강

우리로 하여금 기쁘게 하옵소서!" 작고하신 Charles 씨의 도움 아래 Wales의 지방에 있던 주일학교의 영향이 현시대에 종교의 부흥과 확장의 가장 뚜렷한 실례에 속한다. Charles 씨에 관해서는 그의 삶에 대해 충분하고 가장 흥미롭게 상세하게 보여주는 부분 (pp.237-258)을 참고하라. 이 부분은 목회 자서전의 가장 유익한 작품 중 하나다.

9 우리 설교의 계획과 배치 그리고 제시가 아이들의 염려에 그리고 이어지는 그들의 지식의 요청에 더욱 독특한 참고가 된다면 그것은 좋지 않을 수도 있을까? 설교의 더욱 단순한 형태를 장려함에 있어서 우리 자신의 유익을 말하지 않는다면, 어린아이들이 하나님의 집에 참여하는 습관을 형성하거나 그것을 교정함에 있어서 어린이들의 유익이 가장 중요하게 될 것이다. 더 나아가 만약 주일학교에서 성경 공부가 그날 설교의 한 주제로부터 온 것이라면, 강단 목회의 통일성은 더욱 완전하게 될 것이다. 그리고 주일학교는 강단 목회와 연결되어 가장 유익하게 될 것이다.

의들이 아무리 잘 선택되었고 정리되었다고 해도, 이런 목적을 향해서 만족스런 발전이 나타나지 않는다. 만약 아이들의 기억이 교리와 교훈으로 채워져 있다면, 그리고 그 지적 능력이 완전히 잠자고 있다면, 어떤 흥미도 자극받을 수 없고 어떤 영구적인 인상도 만들어질 수 없다. 기계적인 교훈을 반복하는 곳에서는 유능한 교사가 함께하는 소규모의 학급을 운영하는 것이 더 좋다. 각 교사에게는 학급에서 사용된 책을 담고 있는 가방이 제공될 것이다. 그리고 일 년의 4분의 1인 세달 동안 감독자에 의해 통제를 받는 한 장의 카드도 제공받을 것이다. 이 카드의 한 면에는 학생들의 이름과 그들의 행동과 참석 그리고 강의들을 기록하고, 다른 한편에는 성경과 신조 그리고 그 학기동안 실행한 것을 기록한다.

주일학교에서 자주 발생하는 오류는 다음과 같다. 교실 크기의 불균형으로부터 온 것, 수업의 길이와 수, 수업의 반복과 함께 있는 불완전한 태도, 교리 교훈을 위한 시간의 적은 분배, 그리고 읽기에 허락된 시간에 대해서도 동일한 오류가 있다고 말할 수 있을 것이다. 보통 성경 두세 장을 읽는데, 그렇게 성경을 읽는 데만 주의를 쏟을 뿐, 전에도 그랬던 것처럼 성경을 해석하는 것에는 시간을 사용하지 않는다. 신앙고백이나 찬송은 동일한 방법으로 반복되고 있는데, 그 내용이 무엇인지를 생각하지도 않고 기계적으로 암송할 뿐이다. 이런 가르침의 과정에서 연결과 배열 그리고 설명의 부족 때문에 흥미와 유익이 사라지고 만다.

정말 필요한 것은 체계가 더욱더 통일성을 유지해야 하고 책은 덜 바뀌어야 하며 계획은 더욱 단순해져야 한다는 사실이다. 어른 수업을 위한 강의는, 시작할 때 단순한 질문들을 던져서 아이들조차도 대답할 수 있게 하면서, 교회 신조교육에서 신조와 일치하는 어느 정도 좋은 실습이 구성되어야 한다. 그동안 기계적인 암기법에 의해서 대답해 왔던 것처럼, 단순히 어른들의 기억만을 위한 것이 아니라 이제는 그들의 생각이 바뀌고 나아가 사고가 형성될 수 있도록 해야 한다. 교리에 대한 성경적 증거와 함께 다른 단어 혹은 용어에 대한 설명이 첨가되어야 할 것이다. 바로 이런 제도의 문제 때문에 교회의 신조를 기계적 암기법으로 배워왔던 사람들 중 소수만이 교회 교리의 가장 놀라운 의식서에 대해서 지적 이해만을 가지고 있을 뿐이다. 약간 더 쉬운 신조들에 대한 어느 정도 예비적 신조 실습이 우리 자신의 신조를 정확하게 이해하기 위한 청소년을 점진적으로 훈련시킬 것이다.[10]

강의가 성경적 실습을 구성할 수 있도록 하라.

성경의 진리체계는 어른 수업을 위해서 쉽게 배열할 수 있을 것이다. 그 수업에서 어른들은 신앙생활과 관련된 자신의 증거를 가지고 올 것이 요구된다.

더욱 분명하고 대중적인 본문의 하나, 혹은 그 이상에 의해 지지를 받는 각 교리, 혹은 교훈은 교사의 카드 뒷면에 기록될 것이다. 그리고 그것은 수업 중에 강의될 것이다. 이런 수업과 연결되어 있는 성경 본문은 어린아이들이 읽을 것이고, 아이들은 어느 부분을 다음 주일을 위해 기억해야 할 것이다.[11] 읽을 수 없는 분들에게는 그들에게 읽혀

---

[10] 이 제도는 상당한 창의력과 효과를 가지고 스코틀랜드 장로교회의 국가적 신조에 적용되어 왔다. 진리에 대한 더욱 단순한 진술을 포함하고 있고, 형성된 의식서에서 발견되는 초보 신조는 더욱 어린아이들의 수업을 위해 준비되어 왔다. 이렇게 해서 책이나 신조가 너무 많아서 산만하게 되는 것으로부터 어린이들의 생각을 보존해 왔다. 그리고 어린이들이 동시에 더욱 지적인 수업들로 나아갈 수 있도록 점진적으로 준비해 왔다. 동일한 원칙이 성공적인 탐구로 성경 실습에까지 확장되었다. 이 체계의 기계적인 어떤 부분은 성가신 것으로 여겨질 것이다(그리고 진실로 쉽게 필요 없게 될 것이다). 그러나 그 원칙은 교구 목사들이 고려할 만하다. 그것들의 완전한 발전은 다음과 같은 에세이에서 볼 수 있을 것이다: "The End ad Essence of Sabbath School Teaching, &c." Gall, Edinburgh; Nisbet, London.

[11] 경건함과 심판 그리고 충분한 마음의 배양으로 다음과 같이 교훈의 비슷한 기획이 시행되었다. 목사는 각 주제의 과정에 주목해 왔다(성경 혹은 기적들과 비유들 혹은 그리스도의 생애의 원칙적인 역사들로서). 목사는 그것들 중 하나를 다음 주일을 위한 강의로 지명했다. 그리고 목사는 교사들이 추구해야 할 것이 무엇인지, 또 자신들의 수업에서 주제를 어

진 부분을 할당할 것이며 그것에 대한 질문이 주어질 것이다. 구술 가르침의 방법은 여기에서 더욱 유용하게 적용될 것이다. 그 방법이 비

떻게 질문하고 설명할 것인지, 그 계획을 쓰도록 교사들을 위해 대략적으로 윤곽을 그려주었다. 목사는 복사해 주는 사람 덕분에 이런 계획의 수고를 쉽게 발전시킬 수 있었을 것이다. 복사해 주는 사람은 목사가 그려준 윤곽을 모든 수업을 위해서 교사들의 패턴으로 베낄 수 있었을 것이다. 그런가 하면 그 기획은 목사의 시험을 위하여 아이들의 생각을 준비시키고 학교를 통해서 성경 교훈의 일반적 과정을 지도하는데 가장 쓸모 있게 작동했을 것이다. 성경 중 가장 첫 번째 그리고 가장 중요한 사건들 중 하나를 예화로 삼아라. 예를 들면, 창세기 3장의 인간의 타락이다.

인간의 타락(창 3장)
I. 타락하도록 조장하는 장본인을 사탄으로 간주
   1. 그의 목적: 하나님에 대한 자신의 적대감 보이는 것, 인간을 자신처럼 비참하게 만드는 것
   2. 자신의 목적을 성취하는 사탄의 치밀함
      1) 하와의 하나님에 대한 확신을 음흉한 수단으로 훼손함 (1, 3절)
      2) 하와의 약한 부분: 그녀의 식욕, 그녀의 감각(5, 6절)

II. 사탄에 동조한 장본인을 인간으로 간주
   1. 심지어 완전한 아담조차 무능력 때문에 자신을 지킬 수 없음
   2. 독의 점진적으로 향상된 효과(2, 3, 6절)
      유혹당한 하와가 유혹자가 됨
   3. 수치심의 즉각적인 열매(7절)
   4. 두려움: 죄책감(8-10절)
   5. 발뺌: 자신의 잘못을 다른 사람에게 전가시킴(12,13절)

III. 회복시키는 분을 하나님으로 간주
   1. 하나님의 법이 깨어짐: 그분의 사랑이 무시당함, 그분의 정의가 요구됨(14-19절)
   2. 하나님 자신이 친히 자신을 피조물로부터 분리시키심(24절)
   3. 하나님의 지혜: 회복의 놀라운 방법을 궁리하심(15절)

유혹에 홀로 남아 있을 때 두려워하는 것을 배워라. 홀로 있을 때 하와는 심지어 우리들보다 더 약했다. 하나님의 계명과 금지하신 말씀이 어려운 것이라는 생각을 경계하라. 우리 마음의 모든 정욕과 함께 떨어지는 모든 것을 의심하라. 자기부인이 계속해서 필요하다는 사실을 기억하라. 당신이 죄에 빠졌을 때 아담이 숨고 죄를 변명했던 것처럼, 심지어 자신의 잘못을 하와에게 전가시킨 것처럼 그럴 수 있기 때문에 하나님으로부터 멀어질까 조심하라. 하나님 앞에서 자신을 낮추라. 하나님께 나아가는 길은 아담 때보다 더욱 명확하게 보여주고 있다. 죄에 대한 용서를 얻기 위해 하나님께 적극적으로 나아가라. 불순종, 반역 그리고 불신앙 등 이런 죄의 모든 원칙을 여기서 확인하라. 당신의 마음에 그리고 또한 이런 죄의 근원을 제공하는 세상에 있는 모든 죄와 불행을 추적하는 것을 배워라. 죄인들을 회복하시고 일으키시는 하나님의 계획을 좋아하고 하나님께 영광을 돌려라.

록 매우 느리겠지만 많은 유익을 가지고 있다. 사실 시간이 너무 없어 성경 한두 구절 이상 배우는 것을 허락하지 않는다. 그렇지만 책에 대한 값비싼 요구들을 생략하고 참여와 인상의 습관을 고정시키고 나아가 완전한 강의를 확신할 때에 이런 유익이 있다. 이러한 시스템 연합의 한 유익으로서 목사는 아주 쉽게 전체 학교를 시험할 수 있다. 그러면 그는 여러 학급의 시험을 통과시킬 것이다. 교사들의 책임에 대한 목사가 갖는 관심의 이런 간헐적인 증거는 교사들을 가장 북돋아 주는 것이다. 그 증거는 학교에 덜 중요한 것이 아니다. 왜냐하면 그것은 불법과 불순종의 악이 일어나고 있음을 감지하기 때문이다. 그리고 그것은 목사와 교구 가족의 젊은 회원들 사이를 부양해야만 하는 결속을 굳게 하는 것이기 때문이다.

그 어느 것도 거룩한 하늘 진리로 그들의 정신을 교훈하려고 그토록 노력하는 우리 사역의 위대한 계획과 일치하는 것이란 없다. 그래서 우리는 어린 아이들을 다룰 때 어린 아이처럼 되는 '어린아이들의 교사'로 우리 직분의 가장 흥미로운 특성들 중 하나로 나타난다. 이런 관점에서 만약 우리 시간과 힘에 대해 다양한 요구가 우리의 개별적인 감독을 허락하지 않는다면, 약간 짧은 신조 실습 혹은 설명을 한 후, 마지막으로 찬송과 기도로 학교수업을 마감하는 것이 바람직할 것이다. 주님의 양떼들과 연관된 가장 중요한 요점은 더욱 분별하는 태도와 효과를 가지고 주님의 백성에게 진리를 나누기 위해 우리가 자격을 부여받았다는 것을 발견하는 것이다.

주일학교에서 배우는 찬송은 너무 실험적인 것이 아니라 단순하고 복음적이어야만 한다. 그것들은 시스템의 흥미로운 한 부분을 형성하고 종종 보존의 특별한 힘을 가진 기억에 고정된다. 하나님의 책을 교훈의 기준으로 보는 관점을 유지하기 위하여, 아이들이 찬송을 부르고, 찬송에 대해 질문을 받으며, 성경의 증거를 그늘의 주된 교리로 요

구할 수 있다.¹²

  그러나 실험의 이런 과정은 항상 성경을 위한 여지를 남겨 두어야만 하고, 성경의 짧은 본문을 수차례 반복해서 읽어야 한다. 그리고 그 글자 안에 있는 향상된 목표에 대답하면서 그리고 영을 이해하는 기회와 신경의 내용들에 대한 실험을 통해 강의의 적용을 제공함으로 더욱 큰 부분들을 훨씬 더 좋아하게 될 것이다. 읽는 강의들은 성경의 가장 단순한 부분들을 우선적으로 선택해야만 한다. 복음서의 이야기 부분은 더 어린아이들의 수업을 위해 선택되는 것이 좋을 것이며 모두를 위해서는 시작할 때 좋을 것이다. 그런 다음 신약을 학기 과정에서 읽으면 좋을 것이다. 물론 구약도 소홀히 하지 말아야 한다. 그러나 그것이 가장 흥미로운 부분이라고 해도 정규적인 진행을 하기에는 시간이 너무 짧기에 간단한 요약을 말로 가르쳐야 한다. 그리고 학교시간의 한 부분을 그 요약과 관련되어 있는 환경에서 읽을 때에 적절한 분량으로 잘 분배해야 한다.¹³

  시스템의 연합을 구성하는데 있어서, 전체 교훈의 세부항목들을 다양하게 관리하는 것은 편리하다. 이 점과 연관해서 다음과 같이 주장한 것을 참고하라.

  진리를 맛보기로만 이해하고 있는 입 안에 진리의 덩어리를 떨어뜨려라. 그리고 신앙인들을 경건을 선포하는 결의로 끌어갈 권면과 접목시켜라. 그 권면은 풍부한 지혜와 분별을 보여줄 수 있는 많은 것 중

---

12 The Sunday School Union Hymn Book 그리고 St. James' School, Leeds을 사용할 것을 조심스럽게 추천한다. 모든 아이는 Watts' Hymns for Children을 배워야 하고 그 찬송들에 대해 질문을 받아야 한다. 흉내 낼 수 없는 찬송에 대해 질문과 대답의 집단을 이루고 있는 것으로 교사들이 사용하기 위해 좋은 것을 Westley, London에서 출판했다. 절묘한 Miss Taylor's Hymn은 Watt의 두 개의 찬송보다는 교리의 완전성과 단순성에 있어서 그리고 성경 언어의 음조에 있어서는 뒤진다. 바로 이런 이유들 때문에 주일학교용으로 덜 적합하다.
13 주일학교 수업에서 선한 행동에 대한 상급으로써 요셉의 이야기와 같은 가장 흥미로운 성경의 이야기들을 읽는 것을 흔히 발견할 수 있다. 선생님의 강의와 아이들에 의한 성경읽기가 마친 다음에 수업은 끝난다.

하나다.¹⁴

거룩한 책인 성경의 고귀한 내용을 조심스럽게 가르치기 위해서는 교훈에 대한 성경적 형태로부터 부당한 탈선을 경계하는 것이 필수적이 될 것이다. 아무튼 청소년이 좋아하는 흥미를 도입해야 하겠지만 주일학교가 열리고 있지 않는 순간조차 그것을 드물게 해야 된다. 청소년은 자주 허구의 맛을 즐기는 경향이 있고, 그것은 마음이 건고하며 교훈적인 훈련에 이르는 것을 불가능하게 만들고, 또한 부과된 과업을 특권으로 여기는 것보다는 하나님의 책 중에서 단순한 것만 읽을 것을 생각하도록 이끈다. 이런 흥미로운 특성과 청소년에 대한 적용은 우리가 만들어 놓은 주일학교 도서관에서 더욱더 적절한 장소를 찾게 만들 것이다.

불신앙이라는 독의 두려운 확산은 성경지식에 있어서 아이들을 세우는 중요성에 대한 우리의 관점을 더욱 깊이 생각하도록 만든다. 불신앙의 독에 빠져 있을 때, '오른손과 왼손에 의의 갑주'라고 아이들에게 말하는 것은 우리에게 거짓말을 하고 있는 것이다. 성경의 신적 권위의 일반적인 개념이 없이, 그리고 고통에 대한 우리 자신의 양심의 증거 없이, 우리는 아이들이 우리의 학교를 떠나는 것을 의지적으로 허락해서는 안 된다. 우리는 기독교 시스템의 근본 안에서 그런 아이들을 교훈하도록 힘써야 한다.¹⁵

---

14 Mather's Student and Pastor, pp. 197-198.
15 기독교 교리의 명백하고 흥미로운 관점은 제외하고, 그 무엇도 주일학교 시스템에 있는 것보다 더 중요한 것은 없다. 교리적 증거에 의해서 예시된 기적들은 아마도 그림으로 청소년을 가르칠 때에 잘 알려지고 효과적인 계획의 한 적용이 될 것이다. 예를 들면, 마태복음 8:1-4에 나오는 문둥병이다.
  문둥병의 치료
  I. 그의 문둥병
    죄의 그림 (신 9:44-46; 시 51:2, 7; 사 6:5)
  II. 그리스도에게 적용
    믿음의 예시: 예수님에 대한 필요와 의지 (마 11:28; 요 7:37)

그러나 주일학교의 성장은 주로 주일학교 감독의 능률에 달려있다. 구조의 방향, 교육의 시스템 그리고 교사의 선택은 가능하면 목사의 감독 아래 있어야 한다. 교사의 선택과 통제는 더 많은 기도와 숙고가 필요하다. 그것들은 준비와 지식 또 일반적 선한 품행 그리고 가능하면 기독교의 겸손과 사랑 안에서 교훈의 패턴을 보여줌으로써 두드러지게 된다. 그들에게 허락된 자유결정권은 능력에 따라서 변한다. 사려 깊은 허용이 경건함, 교육, 판단, 그리고 체험에 주어질 것이다. 비치되지 않고 훈련되지 않는 마음을 가진 경건함, 혹은 기독교 훈련이 없는 선한 의도는 더욱 직접적이고 세심한 통제가 필요하다. 그러나 모든 상황 아래서 실제 능력은 감독에게 귀속되어야 한다. 감독에 의해 교훈의 구조는 지도되어야 하고 그 아래서 모든 것들은 규칙적 시스템의 원칙에 따라 행동해야 한다.[16]

그러나 최고의 시스템도 실행자의 비능률에 의해 방해를 받게 된다.

III. 고침 받음
　　믿음의 능력이 보여 짐(사 61:1. 요 6;37. 히 7:25)

놋뱀처럼(민 21:6-9; 요 3:14-15 참고) 가장 명백한 유형에 속하는 것들은 성경 해석의 가장 건전한 원칙들에게 두는 교리적 실례를 동일하게 단순하고 흥미로운 유형으로 인정할 것이다. Beattie 박사는 복음서의 교리들을 어린이에게 가르치는 것은 쓸데없는 일이라는 견해를 찾아 왔다. 비기독교인들 그리고 비철학자들까지 포함하여 이 견해를 주장하는 사람들은 '어린아이들이 복음서의 교리를 이해할 수 없기 때문'이라고 강조한다. 그러나 어린 아이들이 복음서의 교리를 알아야 한다는 점이 적절하지 않을까? 만약 우리가 지식을 교훈의 시작 지점으로 기다리고 있다면 우리는 다른 교육자나 다른 시스템이 그런 근거를 선점해 왔다는 것을 발견하지는 못하지 않을까? 우리는 아이들이 자신이 배운 모든 것을 다 이해할 것이라고 기대하지는 않는다. 우리가 가르치는 것은 지식 그 이상의 신앙원칙이다. 비록 신적 계시 안에 '많은 것'이 있지만 '이해하기 어려운' 것이 있음을 확신하고, 그리고 또한 우리가 믿음으로 연결되어 있다는 것을 확신한다. 그러므로 우리는 영감의 말씀 아래서 가장 지혜롭고 최고로 경험적인 철학의 법칙과 안전하게 일치할 것이다. "**마땅히 가야할 길을 아이에게 가르쳐라. 그의 길의 입구에 아이들을 바르게 두어라. 아침에 씨를 뿌려라**"(잠 22:6. 전 11:6).

16 아일랜드 주일학교 연합에 의해 편찬된 암시들은 주일학교들의 구조와 관련된 모든 주제들에 놀라운 제안들을 제시한다. 교사들의 부분에 대해서 James's Sunday Teacher's Guide 와 Lloyd's Sunday Teacher's Manual이 유익한 참고가 될 것이다.

교사들을 가르치는 것은 주일학교의 움직임들을 돕는 가장 효과적인 방법이다. 습관과 지식의 부족은 종종 그 움직임들을 방해하여 우리의 계획을 명백하게 인식하는 것을 방해한다. 그리하여 그것들은 우리와 일치하는 마음을 움츠리게 만들거나, 혹은 그것에 협력하려는 자신의 시도에 있어서 어색하게 한다. 그러므로 그것은 이런 환경 아래 두면 안 된다. 책이 교사에게 주어져야 하고 학교에서 가르치고 읽어야 할 분량은 제한되어야만 한다. 교사들은 다음과 같은 사실들을 기억하며 집에서 고통 가운데 자신을 살펴야만 한다. 표현과 설명의 단순함이 쉽게 얻을 수 있는 것이 아니며, 지식 없이 지도하면 구조 시스템이 전적으로 비효율적이라는 점이다. 교사들은 엄숙한 단조로운 음조를 변화시켜야 하며, 주의를 끌고 정보를 주며 나아가 지식을 이끌어 낼 수 있는 직접적으로 가장 효과적인 신조 강의 방법을 위해 계속적인 권고를 받아야 한다.[17]

교사들은 복음의 명확하고 단순하며 적용할 수 있는 진술문이 아이들 앞에 가져가는 것이 얼마나 중요한지에 대해 거듭 강조해서 가르침을 받아야 한다. 교사들은 '하나님의 동역자'라는 특권을 가지고 또한 그 책임을 가지고, 그런 자격으로 견고함, 오래 참음, 친절, 온유, 인내, 그리고 믿음으로 각 어린이의 영혼이 주님만을 신뢰하며 살 수 있도록 '믿음과 사랑의 수고'를 해야만 한다. 교사들은 이런 일들의 어려움도 알아야만 한다. 교사들은 이런 종류의 가르침을 가장 높이 고려해야만 하고 이런 가르침을 주일학교 시간에만 끝내야겠다고 생각하지 말고

---

[17] 다음의 작품은 교사에게 가장 가치 있는 정보와 도움을 제공할 것이다: "Help to the Study of Gospels," (Gall, Edinburge, Nisbet, London); "Fuller's (of Bristol) Child's Examiner"; "Judson's (of America) Scripture Questions," Religious Tract Society에서 출판함; The Bible Teacher's Manuel (Holdsworth), 왕적 목회의 피난처로 사용하기 위한 신약에 대한 성경 실습과 교사들의 질문 책으로 Rev. G. Clarke가 저술한 Glenrock Sunday School(Seeleys)가 있다.

자신들의 사역으로 언제나 습관화되도록 해야 한다. 교사들은 또한 주일학교 시간이 얼마 되지 않지만 그 시간 동안 아이들은 교사의 영과 태도로부터 배우게 된다는 것을 항상 명심해야 한다. 이런 영적인 면에 있어서 또한 교사들의 영적 복을 위한 개인적인 열망이 그들의 일반적인 친절과 발달 가운데서 그릇된 만족의 공간을 점차적으로 대체시키게 된다. 기도는 살아나야 하고 신앙은 실행되어야 한다. 낙심 가운데서도 '인내는 완전한 역사를 가지고 있다.' 그리고 교사들은 성공의 '표시를 볼 수 없다'라고 해도 계속해서 "견고하며 흔들리지 말며 주의 일에 더욱 힘쓰는 자들이 되어야 한다. 왜냐하면 그들은 자신들의 수고가 주님 안에서 헛되지 않음을 알기 때문이다"(고전 15:58).

우리는 교사들의 과목에 대해 특별하게 관찰해야만 한다. 그 과목들은 장년층 수업으로부터 선택하거나 주일학교를 떠난 젊은 층으로부터 선택된 것으로, 교사들의 수업은 조직의 중요한 움직임이다. 우리는 교훈에만 의지하지 말아야 한다. 그 교훈은 교사들이 주일학교에서 이전에 받았던 것이다. 따라서 이제 교훈은 아이들의 기호에 맞게 재조정되어 최고 적절한 방법으로 실천되어야만 한다. 교사들은 아이들의 관심을 요청하고 그들의 확신을 얻으며 천성적인 능력과 자연스러운 정보의 방법을 아이들로부터 이끌어 낼 수 있어야 한다. 아이들의 향상을 위해서 그들에게 책을 빌려주고, 그 아이들은 자주 교사들의 인격적인 점검을 받을 수 있어야 한다.

교사들은 아이들이 또한 중요한 일을 위해 가장 효과적인 실천을 할 수 있도록 그들의 생각을 돌리는 것을 지도하는 데 최선을 다해 노력해야 한다. 일반적으로 우리는 젊은 교사들이 늙은 교사들보다 오히려 더 낫다고 말한다. 그것은 젊은 교사들이 더욱 쉽게 교육과 지도를 받고 왕성한 생명력과 충만한 탄력성을 갖고 있기 때문이다. 이런 청소년의 특성은 위급한 상황에 처하게 될 때, 변화의 행동을 적절하게 취하고 즐거움과 흥미를 갖고 심각한 교훈의 과정을 생기 있게 만들기 때문이다. 그러나 청소년의 일반적인 태도는 특별한 목회적인 경계의 대상이 되어야만 한다. 그들의 자발적인 의무에 기반을 두고 있는 충고, 주의, 권면 혹은 책망은 자주 경계의 최고 높은 순간이 될 것이다.

달마다 혹은 분기마다 가지는 교사들과의 만남은 주일학교 시스템 중에서 가장 중요한 부분들 중 하나다.[18] 구조배열의 문제가 중요한데, 학교 발전을 가로막고 있는 것이 무엇인지 조사하여 그리고 그 방해물을 제거하기 위한 방법을 제시하여, 그리고 새로운 계획을 수용할 것을 제안하고 혹은 오래된 견고한 일을 계속해 나가자고 권면함으로 우리는 이렇게 학교의 발전을 확신할 수 있다. 서로의 노트를 비교함으로써 많은 유익한 질문을 나누고, 적절한 답을 만들어낼 수 있다. 우리는 우리가 기도와 신앙, 오래 참음 혹은 흥미 중 어느 곳에서 실패했는지를 알 수 있고 또한 시스템의 어느 부분이 성공해 왔는지 알 수 있다.

이런 발견은 더욱 겸손한 모임 중에 신선한 에너지와 권면을 가져온다. 이런 만남은 또한 사역 중에 있는 교사들이 단합하는 기회에 더욱 중요하게 된다. 이런 만남은 복음적인 동기의 영향을 강화시키고, 상호 점검과 자극의 정신을 깨우며(히 10:24-25), 증가하는 에너지와 신앙 그리고 사역에서의 인내와 그 사역에 신적 영향력이 크게 나타남을 위한 특별한 기도에서 연합하게 한다.

보상과 형벌의 시스템은 현명한 규정을 요구한다. 보상은 달마다 작

---

18 나타나야 할 분명한 태도는 기도로 시작하는 것이며 그 후, 다음과 같은 주일학교의 업무를 진행하는 것이다. 교사들의 카드 점검, 아이들의 상위 반으로의 진급, 아이들의 태도에 대한 토론, 필요하면 학급들 혹은 학교의 규칙들을 변경하기(각 교사들의 목소리를 고려하면서), 발생할 수 있을 제안이나 암시들을 버리기, 교사들이 원한다면 새로운 책 언급하기, 독서, 학습, 지식, 견고함, 혹은 처신의 신중함에 있어 아이들의 진보에 대한 일반적인 질문 등이다. 일상적인 업무가 끝나면 종교적인 교훈의 중요성 혹은 특별한 항목들에 대해서 일반적인 대화를 증진시키도록 노력하라, 교사들이 우리 목사들의 수준에 도달해 있다면, 친절한 기독교 교제의 사회적 모임을 만드는 것이 바람직하다.

은 책으로 주어질 수 있다.[19] 그러나 우리가 조심해야 할 것은 보상이 비교의식의 조장으로 인한 흥분이 아니라 실제로 용기를 주어야 한다는 점이다. 경쟁을 통한 격려는 이기주의 원칙이기 때문에 가능한 억제시켜야만 한다. 형벌에 관해서는 교사들이 아이들을 때리는 것이 허락된 적이 없어야 하며 감독의 특별한 허락을 제외하고 지도자는 어떤 신체적 교정도 사용해서는 안 된다. 대부분의 경우, 아이들에게 징계가 필요할 때, 그들의 부모에게 넘기는 것이 바람직하다. 학교시간 그 이상을 잡아두는 것이 가장 효과적인 교정으로 자주 사용되고 있지만, 더욱 부드러운 방법이 소용없을 경우를 제외하고는, 감금을 사용하지 않는 것이 가장 중요하다. 형벌에 의해서가 아니라 보상에 의해서 우리의 시스템이 특성화된다. 아이들은 거절에 의하기보다는 격려에 의해서 더욱 힘 있게 영향력을 받는다.[20]

그러나 만약 주일학교의 구조가 목사의 통제에 의해 놀랍게 조절되고 종교적 교훈의 방법과 청소년들의 영적 요구를 위한 공급의 몫을 충분히 제공한다고 해도, 그것은 오직 단순한 주일 직무의 상대적인 비효율성의 확실한 증거만을 제공할 것이다. 우리가 간과하는 점은 주일학교에서 배운 것 중에 집에서는 배우지 않는 것이 매우 많다는 점이다. 아이들은 확실한 판단에 의해서 "헛됨"이라고 표현되는(전 6:10) '어린 시절 그리고 청소년시절'의 습관들에 의해서, 혹은 소홀히 하는 자들에 의해 약해지거나 혹은 자신들의 지도자들이 마땅히 되어야 하

---

[19] Friendly Visitor, Children's Friend, 혹은 종교 소책자 협회(Religious Tract Society)의 월간 출판물과 같은 것들이다.
[20] 실제적일 수 있는 곳은 주일학교 도서관으로 그것이 보상의 일반적인 시스템과 연결될 수 있다. 그것은 향상의 자극으로 그리고 기독교 원칙들의 중요한 서고로 생각을 풍요롭게 한다. 이런 도서관은 종교 소책자 협회(Religious Tract Society)의 출판사들로부터 공급받을 수 있고 Bickersteth's Christian Student에 있는 청소년 도서관 그리고 유아 도서관으로부터 공급받을 수 있다. 책은 작가의 추천을 필요로 하지 않으며 목회와 일반적인 영향을 위해 최고 가치와 적용을 갖고 있다.

는 본으로 삼은 사람들에 의해서 경계를 받는다. 우리는 흐르는 물줄기를 거슬러서 주일 하루 동안 싸운 것이 마음의 자연적 성향에 빠져 있는 육일 동안의 나쁜 습관들을 이길 수 있을 것이라고는 거의 생각할 수 없다. 그래서 만약 나쁜 본보기가 주일학교의 선한 영향력들을 파괴하지 않는다고 할지라도 마음의 땅은 묵혀 있고 잡초가 자라고 있을 뿐이다.

  집이 없고 혹은 야간학교의 교훈도 받지 않으며 일주일 동안 내내 쟁기를 따라가는 소년은 철과 같다. 비록 부드럽게 하기 위해 용광로에 불이 타고 있지만 그 철은 한번의 뜨거운 쇠망치 불의 바람만 받았을 뿐 즉시 차가워지는 고통만 당하고 있다. 우리는 좀처럼 쇠망치의 자국들을 분별하지 못한다. 그 철은 다시 뜨거워져야만 한다. 점진적인 발전에는 얼마나 많은 인내가 필요한가! 우연한 원조에 의해 도움을 받는 것을 제외하고는 가정으로부터 기대할 수 있는 유익은 얼마나 사소한가! 주일학교와 연결해서 주간학교와 야간학교에서 우리는 계속되는 쇠망치의 뜨거운 바람의 효과를 보게 된다. 그러므로 주일학교와 주중학교를 함께 연결할 수 있을 때, 우리는 주일의 교훈을 교구 목회에까지 가능한 많이 퍼지게 할 수 있다. 우리는 이 사실의 중요성을 잊어서는 안 된다.

  만약 지역 환경이 조직화된 시스템을 허락하지 않는다면, 가정 경영의 기초로서 기독교 훈계의 다정하고 현명한 응용을 가르치면서 어린아이들의 일반적인 태도, 즉 순종과 진지함 그리고 근면과 진실성에 끼치는 학교의 영향이 어떤 것인지를 연구해야 한다. 교사들이 할 수 없는 어린아이들을 모으는 일에 대하여 환경이 허락된다면, 목사들이 주중에 그 일을 하려고 노력해야 한다. 어린아이들이 바르게 될 수 있도록 성경을 읽으면서 그들과 자주 교제하는 습관들과 개인적으로 친숙한 교육을 갖는다면 어린아이늘은 목사들인 우리를 부모와 친구처럼 여기게 될 것이다. 이런 모든 것은 마음에 접근하는 가장 성공적인 매개체인 확신의 대로를 열게 하는 데 실제적으로 도움이 될 것이다. 혹시 교구의 방해가 있어서 어린아이들의 에너지와 효과성에 많은 간섭을 한다고 해도 이런 실천을 유지하려는 면에 있어서는 더 이상 격려가 없어도 될 것이다.

주일학교를 떠났거나 떠나려고 하는 나이가 조금 많은 아이들은 더욱 많은 목회사역의 관심이 필요하다. 그들의 나이는 가장 중요한 때이며 그들의 삶에서 가장 결정적인 시기이다.[21] 만약 어떤 속박, 혹은 확신의 능력도 나타나지 않는다면 그것은 태도에 있어서 완전한 탈선의 영역이라고 할 수 있다. 학교의 속박이 제거되면 그들은 지루한 멍에를 제거하게 된다. 그들은 가볍고 시시한 동료들과 합하게 되고 우리는 그들의 교육과정이 복이 되는 것 대신에 죄 가운데 그들을 굳어지게 만든 끔찍한 수단이 되었다는 것을 발견하고 슬퍼하게 된다. 이런 우울한 이슈를 방어하기 위해서 그들에게 두 가지 해결책이 제시된다.

첫째, 학교에 있는 우리의 교육계획은 그들에게 흥미를 주기 위해서 계산되어야만 하고, 우리가 그들을 다루는 것에 그들의 확신을 끌어들여야 한다. 이런 효과의 첫 번째는 자연스럽게 신조교육의 방법과 해석의 방법으로부터 따라온다. 다른 것은 특성, 감정 그리고 교사의 태도에 달려있을 것이다. 아이들에 대한 교사의 사랑이 만약 진지하다면 그것은 더욱 많은, 혹은 더욱 적은 상호 애착으로 만나게 될 것이다.

---

21 학생들이 학교를 떠나는 시기를 고정시키는 것은 중요하게 여겨져 왔다. 그 시간 이후 남아있는 것을 완전히 허락하는 것도 동시에 중요하다. 이것은 보다 훌륭한 아이들에게 속박과 격려로서 작용하고 멍에를 깨뜨리면서 우리로부터 모든 친절한 교제에서 자신들을 짧은 순간 분리시키려고 하는 아이들을 적절하게 추방하는 것을 안전하게 한다. 글래스고에서 교육에 관계하고 있는 친구들이 수년 전에 한 협의회를 구성했는데 그 이름을 "종교적 향상을 위한 글래스고의 청소년들 협회"라고 했다. 이것의 배경은, 상호 격려와 도움을 위한 일정한 계절의 만남을 통하여 청소년들에게 가르쳐져 왔던 종교적 진리들을 계속 기억하기 위함이었다.

둘째, 그들이 학교를 떠난 다음 우리는 계속되는 연결 방법을 제공한다. 그들 중 얼마는 우리의 주의 깊은 감독 아래 교사로 봉사하게 될 것이다. 만약 우리가 그들에게 우리의 교육에 참석하도록 설복시킨다면 그들도 여전히 우리와 함께 배우는 자로 있을 것이다. 주일 저녁, 혹은 주중에 약간 구별된 시간이 그들에게 배정될 것이다.

그들에 의해서 제안된 것은 제외하지만 교육제도 또한 포기되어야 한다. 하지만 강압적인 것을 시도해서도 안 된다. 그들이 성경 본문을 상고하는 것과 평행 증거, 혹은 예를 찾는 것을 요구할 수 있어야 할 것이다. 성경에서 중요한 사건, 혹은 교리와 교훈 그리고 어떤 범위 안에 포함되어 있는 약속 안에 있는 중요한 사건, 그리고 성경의 성취와 관련된 예언의 비교, 혹은 신조와 논문들 혹은 우리 교회의 다른 의식서의 성경 증거는 그들의 정신을 유익하게 발휘하도록 하며 흥미롭게 해 준다.

그들과의 교제는 가능한 모든 방법을 통해서 격려되어야 한다. 그들을 우리의 집에서 일하도록 하고, 우리 자신이 그들의 현재 관심에 흥미를 갖고, 그들에게 유용한 책을 빌려주어야 한다. 또 그들을 존경스럽고 진지한 가정 안에 있도록 노력하며, 그들이 자신의 종으로부터 존경받도록 요청하며, 그들이 간헐적으로 친구로서 우리를 방문할 수 있도록 그들을 초청해야 한다.

그리고 모든 방법을 다 사용해서 그들과 함께 다정한 동정심과 교통을 유지해야 한다. 이런 방법 중 어떤 것은 격려의 방법으로 제안하기에 너무 사소하고 하찮게 보일 것이다. 그러나 실천적인 실험에 있어서 그것들은 가장 바람직한 목적을 성취하는데 있어서 영향력이 있는 것으로 나타난다.

2. 유아학교

    기독교 훈련과 교육의 규정 아래 유아학교 제도는 교육의 이론에 있어서 가장 가치 있고 성공적인 실험 중 하나로 간주될 수 있을 것이다. 잔가지가 멋대로 구부러지기 수년 전에 그 가지를 아름답게 구부리기 위해 힘쓰는 것은 어둠과 오류의 통치를 정복하는 데 있어서 상당한 유익을 얻어왔다. 그러나 그 유익은 지식의 빠른 흥분을 제외하고 우리를 거역할 수 있는 것으로, 오직 바른 기독교 정신에 의해 통제되고 지배된다. 바르게 관찰되어 온 것처럼, '처음 7년간이 인생의 씨를 뿌리는 기간이다.'[22] 그리고 그 중에서도 마지막 2-3년 동안만 결실기일 뿐 그 나머지 기간은 잊혀진 시간이라고 할 수 있다.

    유아학교 제도의 중요성은 보편적으로 알려지기 시작했다. 이 제도의 특별한 유익을 일일이 열거할 수 있을 것이며 또한 이 제도가 어떻게 처리되어야 할 것인지에 대한 일반적인 원칙을 살필 수 있을 것이다. 교구 목회의 한 부분으로서 유아학교의 유익은 상당하다. 그것은 주일과 주중학교를 위한 육아실이다. 부모님으로부터 온 아이들은 훈련되지 못한 습관을 억제하기 위해서 많은 시간과 고통을 지불한다. 그러나 유아학교의 훈련이 시작되었을 때, 질서와 태도의 습관은 이미 시작된 것이다. 알파벳을 공부하는 단조로운 일도 이미 어느 정도 경험한다. 이런 알파벳 공부는 특별히 주일학교에서 기독교 교육의 직접적 결과를 심각하게 방해하는 것을 상쇄한다. 부모에게(특히 어머니) 유익은 결코 작지 않다. 부모에게 조용한 시간과 배울 수 있는 능력 그리고 집안의 일을 할 수 있는 유익을 제공해 준다. 그리고 부모는 자신의 자녀가 안전하고 친절하게 양육 받고 있다는 사실을 알 때, 위로를

---

[22] 유아학교들의 교훈을 위한 소책자로는 Wilson 목사가 쓴 Walthamstow, p. 149를 보라.

얻는다. 부모의 자연적인 보호로부터 분리시킴은, 어머니의 입장에서 나태할 수 있다는 이유 때문에, 때때로 이 제도에 대한 반대의 주장이 있어 왔다. 만약 대부분의 어머니가 자녀에게 기독교적 혹은 부모다운 훈련을 시키고 있다면 이런 주장은 그럴듯하다. 그러나 가난한 사람들을 살펴보면 그들의 자녀가 5세 혹은 6세가 될 때까지, 심지어 많은 경우, 그들의 어머니가 그들과 함께 있다고 해도, 일반적으로 교육을 받지도 못하고 있음을 알 수 있다. 그리고 학교에서 습득한 아이들의 습관은 복종과 성숙 그리고 즐거운 기질에 의해서 부모와 연결되어 있음을 알 수 있다.

어린이들에게 주어지는 유익 또한 동일하다. 소극적으로는 오염된 나쁜 친구들 그리고 해악으로부터 보호받는다는 것이며, 적극적으로는 청결함, 순종, 유용한 것에 이끌림, 선한 행동의 형성, 나쁜 성질의 교정, 참된 배움, 성경의 기초에 생각을 세움, 그리고 종교에 대한 어린 시절의 감명 등이다.

유아학교를 운영하는 것은 바람직하다. 특히 시골 교구 안에서 가능하면 더욱 단순하게 그리고 덜 자극적으로 운영하는 것이 바람직하다. 아이들에게 보여주려고 했을 때 큰 상처가 생길 수 있다. 자극적으로 보여주는 것이나 마음을 즐겁게만 하려는 것을 동일하게 피해야 한다. 가능하면 적게 가르치는 것은 소용없는 것이다. 교육에 있어서 즐거움과 놀이는 유아들을 위해서 필요하지만 그러나 너무 많이 가져서는 안 된다. 심지어 즐거움과 놀이의 계획이 성취되었다고 해도, 지금까지 자주 언급되어 온 것처럼 '놀이 혹은 오락으로써 모든 것을 가르친다는 개념은 교육의 거대한 도덕적 유익을 희생시킬 수 있다.' 무엇으로 정보의 흥미로운 추적이 적용에 대한 중요한 습관들의 손실을 보상할 수 있을까? 다른 모든 것은 부수적이 되어야만 한다. 중요한 점은, 학교의 주된 목적이 즐거워하는 것이 아니라 교육이라는 것이다. 학교는 옳고 그름의 기준이 되며 우리 자신의 지식 그리고 우리의 현재와 우리의 영원한 소망의 안내자가 되는 하나님의 말씀으로 생각을 인도하는 데 있어서 교훈적이 되어야 한다. 이런 계획은 목적들, 그림들, 대화, 이야기, 그리고 독서 등 교육의 과정에 있어서 매우 다양함을 인정해야 한다는 것을 의미한다. 또한 이런 각 부분에서 성경은 가장 다양한 향상을 위해 풍부한 장을 열어 준다는 것을 인정해야 한다. 이런 점은 종교의 기초적인 원칙들이 아이의 지식 밖에 있다고 결론 내리는 것을 전혀 정당화시키지 않는다. 어린아이들의 완전한 단순함을 말하기 위한 것이 아니라, 양심의 빛과 지시가 실질적으로 아이들의 이해를 돕는다는 것이다.

주중학교는 어린아이들을 받을 준비가 되어 있는 큰 도시보다 시골 교구 안에서 어린아이들이 더 나이가 들어 학교에 올 수 있도록 남아 있다. 그러나 모든 경우에서 가능한 빠르게 어린아이들이 할 수 있다면 소년들에게는 뜨개질과 접시닦기 그리고 소녀들에게는 재봉질과 같은 효과적인 일을 쉽게 할 수 있도록 도울 수 있을 것이다. 그리고 성경의 이야기들 혹은 성경의 지식이 이런 업무들 중에서도 입으로 가르쳐 질 수 있다.

많은 측면에서 몇 개의 소규모 학교들이 하나의 큰 학교보다 더 바람직하다. 소규모 학교에서는 덜 과시적이고 덜 자극적이다. 그러나 효과적인 감독을 얻는다는 것이 어렵기 때문에 이런 계획이 굉장한 방해를 받는다. 어떤 다른 학교들보다 소규모 학교들은 이 점에 너무 많이 의지하고 있다는 것은 분명하다. 참된 경건은 주인에게 가장 필요한 것들 중 가장 중요한 한 가지일 것이다. 주님께 합당한 종은 이것과 연결되어 '가르치기에 적합하며' 아이들에게 다정하고, 성품과 습관을 점검함에 빠르며 아이들의 호감을 얻어야 한다. 또한 주님의 종들은 바라는 목표에 이르도록 하기 위해서 일반적인 제도에서 두려움이 아니라 사랑에 의해 다스리면서, 자신들의 즐거움, 좋은 건강, 적극적인 습관들, 인내, 친절함, 열정이 없는 교정에 정중함이 있어야 한다.

만약 기금, 교실, 협동, 혹은 다른 복지들이 필요하다면, 그리고 정규적인 유아학교 제도를 보존하기 원한다면, 많은 것이 이미 존재하고 있는 귀부인 학교들을 개량함으로 이루어질 것이다. 주중에 아이들에게 조금 더 시간을 주고, 책들을 더 자주 공급해 주고, 아이들을 교훈하는 계획에서 향상시키는 제안들을 주고, 학교에 좀 더 많은 아이들을 보냄으로써 어머니들의 수입에 조금 더 보탬을 주는 이런 사소한 시도들이 상당한 영향을 미칠 것이며 많은 선한 것들을 산출할 것이다. 모든 경우에 있어서 아이들이 교육을 받음에 있어서 아무리 소량이라고 해도 약간은 지불하는 것이 바람직하다.

일반적으로 우리는 기독교 교훈과 훈련이 유아 교육 시스템을 통제하는 원칙들이 되지 않는다면 그것은 의심스러운 편의주의, 무용한 불확실한 관점, 혹은 심지어 균형을 상실한 악의 계획으로 보일 것이라고 고찰하고 있다.[23]

3. 주중학교

주중학교의 주제에 관하여 우리는 일반적인 원칙보다 훨씬 더 많은 것을 다루지 않아도 될 것이다. 지방의 환경은 상세한 것을 즉시 제공하고 지도해야 한다. 실천에 있어서 가장 중요한 것은 경험이다. 왜냐

---

23 W. Wilson 목사 자신의 'System of Infant Schools'과 'Manual of Instruction for Infant Schools' 안에 있는 전체 구조의 놀라운 발전에 대해서 언급한다는 것은 거의 필요가 없을 것이다. 그의 계획 중 어떤 것의 비용은(가장 엄격한 경제가 요구되기에) 반대되어야 하지만, 매우 많은 가치 있는 힌트가 그의 작품으로부터 모아질 수 있다. 물론 본 저자는 그런 것들을 강력하게 추천할 수는 없다.

하면 경험이 실천의 편의를 결정하기 때문이다. 교훈의 국가 제도는 더욱 일반적이 되고 있고, 특별하게 되는 것을 원치 않는다. 많은 가치 있는 부차적인 제안들이 교육의 원칙에 경험의 결과로 적용을 위해 더해진다. 그래서 주중학교들을 세우거나 리모델링함에 있어서 여력이 있는 모든 도움들을 향상시키는 것과 실제적인 진보와 효과에서 다른 경험들을 조사하는 것이 매우 바람직하다. 비록 값없이 제공된 복들이 너무 자주 부당하게 무시되지만, 주중학교의 계획은 교구에 있는 모든 아이를 위한 교훈을 공급하는 것이다.

마을학교에서는 다양한 연령층의 아이들과 규칙적으로 참석하기에 큰 어려움을 겪고 있는 아이들이 도시에 있는 학교보다 더욱더 민감하게 느낀다. 아이들에게 참석을 강요하는 것은 많은 경우 좋은 방법이 아니다. 왜냐하면 아이들이 참석하지 못하는 것은 제조업에 그들이 일찍이 관여해야 한다는 사실과 연결되어 있고, 그 일을 통해서 벌어들인 돈은 아이들 생계의 필수적인 한 부분이기 때문이다. 그러나 아이들이 참석하는 문제에 대한 자유는, 아이들 혹은 어른들 중 어느 한편의 입장에서, 나태에 의해 자주 악용되었다. 학기말에 가서 규칙적인 참석자에게 약간의 상을 주겠다는 장려는 필요한 불참과 불필요한 불참 사이의 유용한 구분을 보여줄 것이다. 이런 보상과 연결되어 있는 한 페니, 그 이상이나 그 이하라도 아이들이 지불하는 것은 아이들에게 학교에 대한 개인적인 흥미를 줌으로써 아이들이 규칙적인 참석을 하는 데 공헌하게 될 것이다.

많은 것이 효과적인 감독에 달려 있다는 것은 분명하다. 의심 없는 경건함, 확고함, 판단력, 규칙성, 민첩함, 엄격한 성실함, 그리고 일에 대한 열정적인 사랑이 요구되는 것인데, 이런 것들이 바로 모든 목사가 주중학교에서 주인의식으로 수고하며 봉사하는 자들에게서 보고 싶은 것들이다. 그들은 아이들의 순종을 확실히 얻기 위해서 존경심을 확보해야만 한다. 그러나 그들이 너무 많은 자유재량의 힘을 가지게 되는 것은 바람직하지 않다. 부모는 그들이 권위에 의해서 선이 그어진 일정한 규칙적인 과정에 경계를 정하고 있을 때 더욱 만족한다. 또한 부모는 학교의 규율에 동의한 방문자들의 도움과 모든 규칙성을 유지하는 것을 감사함으로 받아들일 것이다. 보상의 가치는 단순히 무엇을 주는 것 이상으로 중요한 것인데, 그렇게 상을 줌으로써 아이들은 그 상이 자신의 태도와 수고에 균형이 잡혀 연결되어 있다는 확신을 갖게 될 것이다. 처벌에 있어서는 확실성이 가혹함보다 훨씬 더 많이 고려되어야만 한다. 일반적으로 망신거리나 상의 몰수는 신체적 형벌의 자리까지도 갈 수 있겠지만, 그것은 더 온유한 방법이 효과를 내기 전까지는 시행하지 말아야 한다.

아스링톤 학교에서 처음 적용했던 방법인 순회학급(circulating classes)에서 아이들에 의해서 획득된 순환들은 주어진 가치를 가지게 될 것이며, 그리고 책과 옷 그리고 보상의 다른 항목, 나아가 아이들의 발달과 태도를 보유하고 있는 정확한 기록부를 주기적으로 되찾게 될 것이다. 이런 제도는 진보의 자연스러운 관성을 자극시키며, 다른 한편, 그것은 개인적 경쟁을 억제하는 높은 편익을 소유한다. 어린이의 관심은 다른 장소를 취하는 것이 아니라 오직 자신을 위한 장소가 확실하게 확보되어 있는 것에 있다. 아이들 각자는 자신의 능력을 최고도로 발휘할 것이며 그에 합당한 보상을 받을 것이다. 동일한 학급에서 8-10명이 같은 상을 받을 수 있고, 모든 면에서 동일하게 인정받을 것이다. 처음 계획을 세울 때, 아이들에게 학급에서 일등이 자랑스러운 상을 탈 수 있는 가장 최고의 위치이며 꼴등이 가장 낮은 학점이라는 점을 가르쳐 주어야 한다. 그러나 이런 제도에서 모든 등수는 존경을 받아야 할 등수로 간주되어야 하고, 순환학급의 움직임은 장점을 따라서 제한이 없어야 한다. 아이들은 끊임없이 올라갔다가 내려가기도 한다.

만약 관심만 있다면 아이들은 지속적인 동기로 인하여 노력과 근면을 나타낼 것이다. 심지어 둔한 아이라도 활기를 띨 것이며 소망 없이 의기소침한 가운데 학급의 가장 밑바닥에 서 있지는 않는다.[24]

아이들의 소일거리는 다양해야 하고, 그들은 보호를 받아야 하고, 그들에게 주어지는 일의 순서는 계산 없이 분배되어야만 한다는 원칙들은 아이들의 흥미를 계속해서 유지시키기 위해 매우 필요하다. 아이들은 가능하면 자신들이 배우거나 읽은 모든 것을 이해할 수 있도록 도움을 받아야 한다는 것도 동일하게 필요하다. 목사의 주의 깊은 감독 아래 혹은 대리로 파견된 유능한 감시자의 감독 아래 모든 수업에 대해 몇 분간의 질문을 할 수 있는 제도가 확립될 수 있는 계획이 채택되어야 한다.

그러나 종교 교훈이 제도의 주된 힘으로 구성되어야 하며, 그것이 없다면 가장 질서 있는 규정 아래 있다고 해도 그것은 생명 없는 구조다. 이점은 학교를 주관하는 사람에게 매우 중요하다. 그가 사무적인 일들에 대해서는 유능할지라도, 종교를 전적으로 몰라서 영적 이해의 결핍 혹은 소통의 지적인 그리고 다정한 방법의 결핍 상태에 있다면 그는 이런 중요한 교훈의 과정에는 전혀 부적합할 것이다. 종교 교훈을 제일 첫 시간의 일로 정하는 것이 다른 책들을 나눠주기 전에 신앙고백서와 성경 혹은 찬송이 가장 중요하다는 점을 아이들의 마음에 심어줄 수 있는 역할을 할 것이다. 그리고 이런 계획은, 그것이 적용될 수 있는 곳에는, 모든 부수적인 과정에 그런 분위기를 확장시킬 것이다. 학교의 강력한 구조는 모든 부분에서 그것들을 원하는 목표에 효과적인 것이 되도록 하기 위해서 복음의 원칙에 의한 통제를 요구한다.

---

[24] 완전한 서술을 위해서는 John Stoat에 의해서 출판된 다음의 조그마한 작품을 보라. Master of Islington Parochial School. Rivingtons.

4. 감명의 희망찬 상태에 있는 청소년 사역

환자 심방과 관련되어 있는 특별한 경우들을 제외하고는, 이것이 목회사역에 있어 가장 어려운 사역으로 간주될 수 있을 것이다. 독특한 재능, 독창성, 혹은 목회의 능숙함이 필수적인 것은 아니지만, "능력과 사랑의 영"은 반드시 "건전한 마음의 정신"과 결합되어야만 한다(딤후 1:7). 흔히 볼 수 있는 것처럼, 교훈을 받은 청소년들은 비록 자신들의 태도를 통해서 양심은 아직 깨어나지 않았고 마음은 감명을 받지 않았지만, 다정한 강의의 힘에 의해서 녹아질 준비가 되어 있다. 그들의 종교적 감명들에 대한 이런 감수성은 자기기만을 키우는 데 강한 영향력을 갖고 있다.

자기기만은 자연적 충동을 영적 생활의 실천으로 혼동하고, 죄의 확신을 마음의 전환과 원칙을 위한 느낌으로 오해하고, 목사와 밀접한 관계를 맺고 사는 것을 주님을 사랑하는 것으로 오해하고, 교훈의 구조적인 형태 안에 있는 흥미를 복음 안에 있는 흥미로 오해하는 것으로 나타난다. 이렇게 위로의 열망은 어떤 활기 혹은 심지어 거룩함의 원칙에 자주 의존하고 있고 영적 애정의 쇠약한 실천과 연결되어 있다. 그러므로 우리는 감명을 주기 위한 것으로서 교훈하는 것과 씩씩하고 지적인 진지함의 목소리를 가지고 판단을 강화시키는 것을 동일하게 주의해야만 한다. 이런 것들은 감정의 불규칙적인 실행을 통제하게 될 것이다. 확신에 이르기 위해서 기독교 경험을 그들 앞에 제시할 때 더욱 조심해야 하는데, 그렇지 않으면 의도하지 않았다고 해도 우리는 그들의 특성을 위선이나 자기기만으로 형성시키기 때문이다. 몇 가지 경우에서 그들이 복음을 매우 밀접하게 개인적으로 적용하는 것이 필요하며, 자연적인 흥분과 영적인 흥분 사이의 분명한 구별 또한 필요하다. 그리고 모든 흥분의 미묘한 영향에 대해 경계가 필요한데,

그런 영향이 양심에 직접적으로 작용하지는 않기 때문이다. 심지어 그리스도의 사랑을 제시할 때에도 말로 표현할 수 없는 부드러움과 사랑스러움으로만이 아니라 또한 영광스러움과 장엄함으로 그 사랑을 설명해야만 한다. 이렇게 설명을 하면, 감정이 생생하게 자라감에 따라 점점 따뜻하고 부드러워지며, 깊고 완전하며 영속적인 감명이 만들어지며, 판단과 양심 그리고 습관은 강력하게 영향을 받을 것이다.

그러나 우리는 합당한 흥분을 업신여기지 말아야 한다. 왜냐하면 그런 흥분이 하나님 아래서 영적인 애정의 실천을 자주 깨울 것이며, 그렇게 깨어난 애정의 실천은 가장 중요한 반응을 산출하기 때문이다. 그렇다고 해서 특성이나 진보를 흥분에 의해서 측정하도록 해서는 안 된다. 만약 특성이나 진보가 성경의 진리의 깊은 관점보다는 감정의 실천으로부터 일어난다면 그것은 함양이 아니라 기만이다. 이런 충동은 마음을 형성하는 일과는 무관하게 작용한다 그것은 강의의 친절한 진지함에 의해서 이끌림 받았던 것에 대한 반응으로 보이는 동정의 효과는 될 것이다. 또한 그것은 요셉의 역사에서나 그리스도의 고난에서처럼, 어떤 영적인 원칙이나 훈계 혹은 실천적인 영향도 없이 신적 진리의 순수하고 부드러운 작용에 대한 동정의 효과는 될 것이다. 그런 곳에서는 심지어 마음의 급격한 변화도 없이 생각과 양심 그리고 대화에 상당한 영향력이 있을 수 있다.

영혼 안에 있는 하나님의 주권적인 능력인 의지는, 그것이 비록 생각의 빛과 양심의 역사에 의해서 방해받거나 제한받기도 하지만, 죄에 대한 자연적인 치우침을 보여줄 것이다. 그런 곳에서는 또한 영적인 빛, 자기만족, 휴식, 혹은 변형이 없는 조명의 빛이 있을 수 있다(히 6:4-5). 양심은 죄에 대한 통회와 거절도 없이 자연적인 확신에 의해서 더욱 큰 민첩함과 예민함으로 깨어날 수 있다. 그러나 죄에 대하여 통회하는 거절만이 양심을 그리스도의 피로 나아가게 하고 "죽은 행실에서 깨끗하게 하고 살아계신 하나님을 섬기게" 할 것이다(히 9:14). 감정은 또한 고정되지 않았거나 하나님의 것으로 채워지지 않고서도 만져질 수 있을 것이다. 따라서 그런 감명은 일시적인 것이며 영향력이 없는 것이다(호 6:4; 마 13:20-21). 그런 사람들은 마음에서 세상을 사랑하는 것을 완전히 몰아내지 않았고 영적인 사랑과 즐거움으로 차 있지도 않아, 비록 많은 외적 변형으로 '그 집이 청소되고 장식되었지만' 그리스도는 '부재'하고 구원하는 은혜로 아로새겨져 있지도 않아 더욱 거대해진 능력을 가진 사탄이 다시 들어갈 준비를 하고 있는 곳이다.[25]

친절한 기질, 사회적인 다정함, 그리고 고백의 복음적 정확함으로부터 기독교의 참되고 감춰진 보배로운 생활을 구별할 수 있는 능력을 갖는 것이 진실로 '하나님의 다양한 은혜' 중 뛰어난 은사다. 외적인 행위들만이 아니라 두렵게도 영적 원칙들도 위조할 수 있을 것이다.[26] 그러므로 참되고 감춰진 보배로운 생활을 구별하기 위해서는, 가장 지적이며 흠 없이 보이는 고백에 의한 것이 아니라, 그들의 증거들을 면밀하게 살펴보아야만 하고 계속적인 행동들을 더욱더 실험해 보아야 한다. 심지어 성실과 신중의 결정된 조짐 아래에서조차 빠른 진보보다는 견고한 진보를 격려하는 것이 가장 필요하다.

경솔한 확신으로 표면적인 그리고 의심스런 고백을 하는 자들을 위태롭게 하는 것보다는 젊은 개종자들이 세상의 죄악에 빠지지 않도록 방지하려고 하는 것이 더욱 잘한 일이다. 목사인 우리는 진실로 청소년들 앞에 복음의 행복한 전령자로서 나타나자. 우리는 그들과 관련해서 가장 사랑스런 동기에 뿌리를 두고 있는 특별한 사명을 받았다(요 21:15). 우리는 그들을 특별히 격려해 주는 메시지 그리고 관대하며 인

---

[25] 마 11:43-45. 이것은 특히 기독교 부모들의 회심하지 않는 자녀들에게 해당되는 경우다.
[26] 회개도 위조할 수 있다 왕상 21:27-29을 보라. 믿음에 대해서는 눅 8:13과 행 8:13을 보라. 기쁨에 대해서는 마 13:20과 요 5:35을 보라.

색하지 않는 사랑의 메시지를 받았는데, 이 메시지는 영원한 행복의 가장 큰 기다림을 보장하기에 충분하다.[27] 그리고 우리는 또한 여전히 그리스도의 영적 이해와 관련이 없고 그분 안에서 믿음으로 낮은 곳을 계속해서 걸어가는 것과 관련이 없는, 또한 자신들 스스로 유혹을 봉쇄하는 능력을 경험적으로 획득하지 못한 채 빠져드는 그런 유익과 즐거움에 대한 새로운 흥미 안에 있는 확신을 단념시켜야만 한다. 결코 우리가 의심하지 말아야 할 것은, 이런 외적인 단념에 의해서 낙심되는 것 대신에(왜냐하면 그것은 단지 외적일 뿐이다) 성실이 더욱 자기 의심(self-suspecting)의 안전함 안에서 근본적으로 강화될 것이라는 점이다. 청소년의 종교에서 만연된 결함은 구세주의 관점이 이런 자기 조사(self-inquiry)와 거의 연결되어 있지 않는 것으로 나타난다는 데 있다.

그러므로 이런 자기 조사와 연결되지 못한 점은 그들의 사랑을 확장시키고 또한 그들이 가진 기독교의 견고함과 일관성을 향상시키면서 자신들의 겸손을 깊게 하는데 있어서 너무 미약하게 영향을 준다. 따라서 이런 저지하는 제도는 알곡으로부터 왕겨를 분리시키는 데 있어서 많은 유익이 될 것이다. 기대했던 격려 대신 표면적인 고백에 대해 실망하는 가운데 떨고 있는 성실의 싹은 비밀스럽게 자라나며 보존된다. 심지어 '주께서 심으신' 젊은 나무들도 부지런한 돌아봄과 물을 주는 것이 필요하다. 그러나 강압적으로 열매가 열리도록 하려는 시도는 뿌리 안에 있는 생명의 원칙에 근본적으로 상처를 입힐 것이다. 진실로 젊은 나무들은 그들로부터 싹이 나고 꽃이 핀 다음 열매로 성숙할 때까지는 실제적으로 구별할 수 없다. 수많은 매서운 추위가 싹을 얼게 할 것이며, 수많은 동풍이 꽃을 위협할 것이다. 그러므로 겨울과 봄의 결과만이 나무 안에 있는 타락하지 않는 씨의 생명을 결정할 것이

---

[27] 잠 8:17; 렘 3:4과 같은 곳에서 발견하는 메시지다.

다. 젊은 나무들이 너무 방종하지 않도록 다루는 가운데, 점진적이며 친절한 따뜻함이 부적절한 땅 속에 있는 이런 부드러운 식물들에게 가장 안정적인 온도가 될 것이다.

5. 청소년 사역

'야생 당나귀들의 망아지'를 길들이는 것은 조금의 인내심이 아니라 극한 경영을 요구한다. 이 경우에 적절하게 적용될 수 있는 것은 "꿀한 방울이 식초 한 그릇보다 더 많은 파리를 잡을 수 있다"라는 진부한 프랑스 속담이다. 변화될 수 있는 방법 그리고 모든 노력은 우리가 다루는 것 중에서 가장 생산적인 효과를 낼 것 같은 것이 무엇인지를 발견하기 위해서 연속적으로 사용되어야 한다.

그들의 일에 있어서 흥미롭고 친절하며 실질적인 표현은 약간의 선한 효과를 낼 것이다. 그리고 여기서 선한 효과를 낼 수 있는 실질적인 표현이란 매너와 친숙한 강의, 교제의 우연한 기회의 향상, 그리고 그들의 상황에 가능한 더 멀리 적용된 책들의 사용을 의미하며, 그리고 환경에 따라 진지함의 정도를 찾아 나설 수 있는 것과 연결된다. 그뿐만 아니라 그런 표현은 주로 제안의 방법으로 제공된 것으로 그들의 일시적인 관심에 대한 친절한 조언을 포함한다.

더 나아가 그런 표현은 그들의 기질에 대한 우리의 지식으로부터 자연스럽게 일어나는 참견하는 간섭에 대해서 조심스러운 감시, 그리고 그들의 지방의 습관들에 적합한 여러 가지 이런 계획들 그리고 다른 계획들을 포함하고 있다. 그리고 무엇인가 그들을 위해서 행해져야 하고, 아니면 적어도 시도되어야 한다는 점을 기억하도록 하자. 청소년들이 어떤 면에서는 우리 양들 중 가장 중요한 부분으로, 그들의 날에 우리 가운데서 가장 영향력 있는 주님의 몸을 형성하게 될 것이다. 복음의 능력 아래서 양육된 사람들이 우리의 가장 강력한 조력자가 된다. 교육, 애정, 개인적 존경으로나 종교적인 원칙에 의해서도 제재를 받지 않는 사람들은, 본 저자의 경험으로 보아서도 알 수 있는 것처럼, 일반적으로 교구의 흑사병이 된다. 특별한 재치, 신중 그리고 결정에 의해서 그들은 때때로 교훈의 분명한 과정 아래서 양육되었지만,[28] 그러나 일반적으로 그들의 자만심과 이기심은 다정다감한 통제마저도 참아내지 못하고, 그리고 가장 폭력적인 반응을 산출하게 할 것이다.

우리의 목적은 유해한 사회로부터 특히 주일학교의 나이 많은 청소년들과 같은 청소년들을 보존하는 것이어야만 한다. 그리고 여기서 청소년들에게 명확한 목회의 목적들을 보조하기 위한 대중적 제도들을 이용할 수 있을 것이다. 하나의 길은 그들의 유익한 공동체들 안에, 주도적인 것은 아닐지라도, 적어도 제한과 확신의 중요한 영향을 얻을 수 있도록 때때로 열려져 있다. 혹 우리는 우리의 직접적인 감독 아래 주로 그들 자신의 원칙들 위에 하나의 공동체를 구성할 수 있을 것이다. 선술집의 돈으로 부요케 된 공적 기금은 동일한 지불의 비율로 더

---

[28] 주일 저녁마다 좀 더 나이 많은 청소년과 젊은 사람들의 흥미에 관여할 성공적인 계획은 큰 범위 안에서 시행되었다. 잘 읽을 수 있는 사람이면 모두 나이에 제한 없이 초대되었다. 학급은 나이에 따라 가능하면 많은 수로 나누었고 목사가 친히 첫 번째와 마지막 수업을 담당했다. 시간에 대해서는 주일날 선택했던 성경의 일정부분 읽는 것을 반복하는데 할애했다. 청소년들에게는 자신들이 부지런히 공부하며 흥미를 갖고 있다는 증거로 성경본문과 관련된 부분들을 찾아오도록 했다. 하지만 그렇게 찾아오는 것은 강제가 아니었다. 강의들은 과제나 의무보다 흥미의 주제로 그들 앞에 주어졌다. 그 다음 시간 배정에서 모든 학교는 목사 앞에서 진행되었는데, 때때로 한 청소년으로부터, 때때로 한 학급으로부터, 때대로 전체 학교로부터 대답이나 성경의 증거를 요구하면서 목사는 그들 수업에서 내어 놓았던 주제들에 대해 질문하고 설명하고 적용했다. 그 다음 기독교 자서전이나 진지한 강의의 짧은 개요가 주어졌는데, 그렇게 하지 않으면 때때로 그랬던 것처럼 신조의 주제가 모든 시간을 사용해 버렸다. 다음 주일을 위한 주제가 알려지면 찬송하고 기도하며 그날 저녁을 마감하였다. 청소년들의 참석은 정기적이며 자발적이었다. 연합의 끈은 그들의 목사와 그들 각자를 연결하였다. 억제하는 권능이 크게 느껴졌고, 그리고 많은 경우 영속적이며 실제적인 효과를 가진 신적 영향이 나타났다.

높은 재정상의 유익을 제공할 것이다.

그리고 깊게 생각하고 있는 사람들이 가지고 있는 이런 매력은 우리에게 그들의 규칙을 기독교 기준으로 형성되도록 하고 또한 엄한 형벌의 고통 위에 도덕적 의무에 결정된 사항을 강행하도록 할 수 있을 것이다.[29] 비록 비난이라는 독특한 도장을 가지고 있는 공동체에 참여하는 것을 주저하는 것이 더욱 두려울지라도, 규칙적인 것과 불규칙적인 것 사이에 경계선이 그어져야 한다. 그리고 일반적인 허용을 향해 천천히 진보할 때에도, 그 경계선은 고려할 만한 간접적인 유익을 수반하게 될 것이다. 그것은 성경 읽기와 기도를 위한 월간 모임의 향상을 통해서, 혹은 각자가 자신이 담당한 성경 본문을 가지고 오도록 지시하는 법규에 의해서, 목회 교훈의 흥미로운 기관으로 만들어질 것이다. 그리고 이 법규는 개인적 적용을 가진 업무의 종결에서 나머지와 함께 개괄될 것이다. 그렇게 형식에 구애받지 않고 영적 교류를 친밀한 조언에 접목하려고 시도하는 것은 결코 유익이나 흥미가 없지 않음을 발견하게 될 것이다.[30]

그러나 이런 목회는 종종 좌절을 경험하게 된다. 최고 잘해봐야 우리는 그들의 확신이 아니라 그들의 존경을 받고 있다고 느낄 뿐이다. 어떤 경우에는 우리의 모든 수고가 결국 문제를 더욱 악화시킨 것은 아닌가 하는 생각이 들기도 한다. 뿐만 아니라 그들과 우리 모두를 위해서는 그들을 어느정도 방치하는 것이 더 낫지 않나 하는 생각도 하게 된다. 이렇게 상황을 시도하면서 "유모가 자기 자녀를 기름과 같이"(살전 2:7)란 말씀처럼 이 목회는 특별한 부드러움의 도장을 지녀야 한

---

29 Becher 목사의 제도에 있는 친절한 공동체들은 잘 알려져 있다. 다른 곳에 배경을 두고 있는 비슷한 공동체들의 흥미로운 사항들을 Richmond's Life, pp. 116-130에서 볼 수 있을 것이다.

30 기독교 원칙들에 대한 '청소년 연합' 외 흥미로운 계획에 대해서는 Cotton Mather's Essays to do Good, pp. 92-96을 보라.

다. 그들이 우리의 거듭된 권고를 듣지 않으려고 돌아설 때 우리는 우리 자신의 영의 느낌을 지켜야만 한다. 우리가 "그들을 엄하게 책망할" 때에도 우리는 "그들을 온유함으로 교훈을 해야"만 하고, 그리하여 "혹 하나님께서 저희로 회개함을 주사"(딛 1:13; 딤후 2:25) 의기소침을 배제시킬 수 있도록 해야 한다. 연속적인 실망은 음울하고 나태한 무정함을 유발시키는 것이 아니라, 믿음을 실천할 수 있도록, 겸손을 깊게 만들 수 있도록, 우리의 기도들을 더욱 빠르게 할 수 있도록, 그리고 우리의 열망을 증가시킬 수 있도록 해야 한다. 우리는 그들이 그렇게 하는 이유에 대하여 엄숙한 책임감을 가지고 있기에, 우리의 공동체 밖에 서 있는 "개들과 돼지들"처럼(마 7:6) 우리가 그들을 과감하게 내던지려고 해서는 결코 안 된다. 아무튼 겸손하게 하는 것이 감각적인 권면을 주는 데 있어서 우리가 필요한 것이 될 것이며, 우리의 규칙은 '믿음으로 뿌리고 오래 참으라. 주님을 기다리되 그분을 위해서 기다리라'는 것처럼 되어야 한다.

그들로부터 열매는 가장 기대하지 않았던 부분에서 발견될 것이기에, 우리는 그것을 기다리려는 작정을 해야만 한다. '소망의 인내'가 '소망의 확신'을 위한 준비다. '믿음과 인내를 통해서 우리는 약속을 상속할 것이다.'

목회의 이런 부분에 있어서 다른 위대한 순간의 요점은 청소년들이 종교적인 고백으로 자주 경솔하게 형성하는 그런 연결들을 우리가 경계해야 한다는 점이다. 영원에 의존하고 있을 죽음이란 것이 오기 전에 시기적절한 경고의 말씀으로 던져진 능력은 은밀한 교제의 많은 유익들 사이에 있다. 치명적인 연합을 통하여 사탄이 교회 안에 만들어 왔던 거대한 황폐는 계산할 수 없을 정도로 크다. 얼마나 많은 소망스러운 꽃들이 시들어져 왔던가! 얼마나 많은 외적인 약속에 참여한 개 종자들이 이처럼 키질을 당하여 단지 왕겨로 드러나고 말았던가! 얼마나 많은 순수한 그러나 망설이고 있는 그리스도인들이 '하나님의 성전과 우상들을' 연합시키기 위해 미혹했던 시도에 의해 흔들려 왔던가! 그리고 교류의 순간을 선택하고, 그 안전한 범위를 발견하고, 이런 목적을 위해 확신의 영향과 그런 자원으로부터 획득한 특성과 환경들을 결합시키는 것은 극도의 섬세함과 부드러움 그리고 신중함이 요구된다. 진실로 청소년에 대한 목회 부분에서, 궤변과 그들의 유혹으로부터 발생하는 자기 방종적인 기만의 발달 그리고 영적 제도를 활성화시키기 위해서나 회복시키기 위해서 복음의 요청들을 근본적으로 적용하는 것보다 더욱 걱정스럽게 깊이 생각하는 점을 요구하는 것이란 없을 것이다.

그런 위기적인 상황에서 신실한 목사의 현명한 조언들은 복된 것으로, 그 목사는 신적 도움의 가장 두드러진 표들 중에 포함된 것으로 간주될 것이다. 그리고 실패의 경우에도 사탄의 간계와 인간 마음의 자기기만에 대한 더 깊은 통찰력 안에서 스스로에게 많은 유익이 되는 것들을 여전히 거둬들일 것이다.

6. 견신례에 대한 실천적인 제안[31]

이 주제가 청소년에 대한 목회의 가장 중요한 한 부분으로, 이것과 함께 특별한 격려와 염려 그리고 책임을 불러일으킨다. 신실한 목사에게 있어서 자신의 성도가 견신례를 앞두고 있을 때보다 그들을 향하여 더욱 마음 깊은 갈망을 하는 때는 없을 것이다. 만약 그런 갈망이 있다고 한다면 그때는 목사가 부모의 관심으로 사도의 표현처럼 그들을 만

---

31 이 부분에 대한 요점은 Christian Observer, February and March, 1829에서 볼 수 있다.

나고 싶어할 때이다.

> 나의 자녀들아 너희 속에 그리스도의 형상이 이루기까지 다시 너희를 위하여 해산하는 수고를 하노니(갈 4:19).

견신례는 사도적인 기원을 직접 가지고 있다고 표현할 수 있는 것은 아니라고 해도 적어도 사도적인 실천으로부터 파생해 온 것이었다. 우리는 사실 그것이 안수라는 방식으로 행해졌다고 확인할 수는 없다.[32] 칼빈은 그것을 고대 교회의 습관으로 인정하면서도, 또한 그것을 하나의 성례전으로 높인 교황의 이단에 대해서는 반대하면서, 자신이 섬기고 있는 교회 안에서 그것의 순수함이 계속 보존되기를 원한다.[33] 발도파(Waldenses)의 고대 교회는 그것의 본질을 사도적인 제도로 유지했다.[34] 개혁파 교회들의 가장 밝은 빛이(순교자 베드로[Peter Martyr], 리벳[Rivet], 물린의 베드로[Peter des Moulin] 등) 안수식의 권위를 더욱 무게 있

---

[32] 이런 권위는 Wheatly 그리고 Comber에서 볼 수 있을 것이다. 이 주제에 대해 가치 있는 논문 안에서, 권위의 우두머리는 Woodd 목사와 D. Wilson 목사에 의해서 언급되어 있다. Hall's Polem 감독의 재간, vol. ix 그리고 T. H. kingdon 목사에 의해서 최근에 출판된 한 뛰어난 논문을 비교해 보라. Dr. Hammond's View of the Directory와 Calvin's Institutes(Christian Observer, 1829, pp. 71-72, 143-144에 언급된)는 본 주제에 대해서 몇 가지 중요한 관점을 제공할 것이다. Jonathan Hanmer(1658)에 의해서 저술된 한 만족스런 논문은 고대 권위에 대해서는 언급하고 있지 않지만 확정에 대한 Baxter, Calamy, Venning, 그리고 다른 청교도 경건주의자들에 대하여 찬성하고 있다. Leighton 대감독은, 비록 자기 시대에 난폭한 영이 그에게 확정의 의식을 도입하는 것을 허락하지 않았지만, 그 의식의 본질에 대해 자신의 동료 목사에게 강하게 추천했다. Works, ii. 450. 확정의 시기에 있는 안수식에 대해 어떤 합리적인 반대를 추측한다는 것은 어려운 것이다. 왜냐하면 안수식은 우리 주님의 실례에 의해서도 볼 수 있는 것처럼, 구약의 교회에서도 자주 사용된 구별된 것이었기 때문이다. 이것에 대해 칼빈은 다음과 같이 언급한다. "하나님의 복에 대해 어느 하나를 권하는 유대인 사이의 통상적인 의식이다." Calv. in Acts xiii. 3.

[33] Calv, Instit. Lib. iv. cap. xix, 4, 13. 그리고 히 6:2의 주석에서 칼빈은 이 본문이 확정의식이 사도적인 기원을 보여주기에 완전히 충분한 것으로 생각한다. 크리소스톰(Chrysostom)도 히 6:2을 동일한 의미로 해석한다.

[34] Hanmer's Exercitation, pp. 37-40에 인용되어 있는 그들의 고백과 변론을 보라.

게 만들어 주고 있다. 보헤미아 사람들과 루터파 교회들도 본 의식을 허락하는데, 이것은 세커(Secker) 대교주가 다음과 같이 고찰했던 것과 사실 동일하다.

> 그렇게 유용한 것으로 알려진 것을, 감독들이 거절되었던 혼동의 시기에 그들의 적대자들 중 어떤 이들이 자신들의 직무의 부분으로 실행하기 위해서 그것들을 취하였다. 그리고 최근 몇 년 안에(1741) 제네바의 교회가 그것을 최고의 형태로 회복해 왔고 교회의 통치 형태는 그것을 인정하며 성례식에 그것을 위한 한 직분(an office)을 더했다.[35]

이 의식의 의도는 유아 세례의 보충과 인침으로서 충분히 명백하다. 성찬식에서 하나님과 언약체결의 행위를 위하여 요구되는 아이의 신앙고백은 보증에 의해 만들어졌다. 그러므로 기독교 언약의 개인적인 유익을 선언하는 안수에 있어서 그 언약의 용어에 믿을 만한 개인적인 고백이 있어야만 한다. 보증인의 고백이 유아 언약을 위해서는 충분하지만 개인적인 언약을 위해서는 개인적인 고백이 절대적이다. 그리고 그것이 없다면 교회 특권과 관련된 유아의 명칭은 고려되어야 하고, 어른일 경우에는 무효가 되어야 한다. 세례의 언약에 있어서 유아들은 수동적이며, 유아 자신 때문이 아니라 부모의 한 부분으로서, 즉 신자들의 자손에 대한 약속 안에 있는 언약의 유익으로서 진실로 교회 안으로 받아들여진다(창 17:7-10; 신 29:10-12; 행 2:39). 그러나 어른 언약에서는 개인적 의무가 포함되어 있고 개인적 은혜는 실천될 것이 요구

---

[35] Secker's Charges, p. 52. Leyden에 있는 신학교수는 칼빈과 함께 교회 안에서 이것의 회복을 원한다고 표현한다. Synopsis Purioris Theologiae, Lugd, 1625. Disput. xivii. sect. 13. 이것은 높은 의신을 담고 있는 직품이다. 그리고 또한 Baxter's Infant's Church Membership을 비교해 보라.

되며, 언약의 교회 특권 안으로 들어가도록 자격을 주는 보이는 수여(a visible investiture)로서 여기에서 개인적인 고백의 필요가 발생한다. 성찬식에서 행해진 고백은 보이는 교회의 완전한 지체로서 결국은 자신의 타이틀이 정당화되는 높은 특권들과 연결되어 있는 이런 계획에 반드시 대답해야만 한다.

교회가 견신례에서 볼 수 있는 것으로서 그런 고백을 요구할 권리를 가지고 있다는 것은 분명하다. 교회는 자신이 알지 못하는 것을 판단할 수 없다. 교회는 마음을 감찰하는 자가 될 수 있는 것처럼 가장해서는 안 된다. 그러므로 교회는 외적인 표시에 의해서만 결정할 수 있다. 진실의 가장 강력한 증거를 갖고 있었음에도 불구하고 사도들조차도 교회가 사울의 고백이라는 신용장을 받기 전까지는 자신들 진영에 받아들일 것인지에 대해 주저했다(행 9:26-27). 만약 이런 고백의 필요성을 인정하지 않는다면, 유아 세례의 배경에서 교회의 완전한 특권들에 대해 공격을 증가시키면서 정통교회는 실질적으로 교회가 아니라고 주장하는 이단 혹은 이방인들을 어떻게 막을 수 있단 말인가? 그러므로 유아세례를 시행하는 모든 교회는 신앙의 고백을 주님의 보이는 몸인 교회와의 완전한 교통을 위해 반드시 필요한 것으로 주장해야 한다.

우리와 의식적으로 다른 사람들에게 불쾌한 감정을 가지지 않고서 이런 점을 인정하면서, 우리는 견신례의 고백이 현재 널리 행하고 있는 다른 어떤 것보다도 사도적인 교회의 실천과 초대교회 시대의 관습에 더욱 일치된 것이라고 결정하는 일에 보증인이 되는 느낌을 가진다. 의도에 있어서 견진의 고백은 진실로 "선한 양심이 하나님을 향하여 찾아가는 것"(벧전 3:21)이란 어른 세례의 고백과 비슷하다. 세례 때 믿음으로 기도해 왔던 은혜는 견진의 고백을 통하여 공적으로 알려지고, 그 은혜의 증가는 그 동일한 신앙을 새롭게 적용함으로써 추구되고 기대된다.

우리는 이런 약속의 특성이 특별히 영적이라는 점에 대해서 더 말할 필요는 거의 없다. 세례식에서 하나님과 유아 사이에 있는 언약의 전체 취지에 대해 우리가 또 다른 무엇을 말해야 하는가? 견진의식에서 머리말, 질문과 대답 그리고 기도에 대해 우리는 어떻게 이름을 불러야 하는가? 그것들은 현저하게 영적이 아니란 말인가? 엄숙한 약속을 새롭게 하는 "네, 제가 합니다"(I do)라는 대답이 마음의 목적보다도 더 못한 어떤 것인가? 그런 엄숙한 대답이 단지 입으로만 한 것인가? 우리의 교회는 견진의식에 참여하고 있는 사람을 교통의 삶을 위해 준비된 사람으로 여기지만, 그러나 거룩한 성만찬을 받기에 합당하도록 영적인 자격을 갖춘 사람이라고 주장하고 있지 않는가?[36] 한 측면으로는 우리의 영적 신조를 고려하고, 다른 측면으로는 우리의 특별한 영적 교통의 섬김을 고려하라. 그리고 우리는 확실히 견진의 직접적인 봉사를 다른, 혹은 덜 영적인 틀로 만들 수 없다.

이런 중요한 주제에 대한 목회적인 교훈의 과정을 위한 준비로 미신과 무지와 같이 저하시키는 잡동사니들을 말끔히 청소해야 한다. 신조와 관련된 질문의 과정에서 대부분의 교구 목사들이 자신의 입문자들의 생각들로부터 이런 잡동사니들을 이끌어 낸다. 이런 잡동사니들은 친밀한 대화의 과정에서 밝혀지지 않았다면 어두운 시절의 전통적인 유물로 간주되었을 것이다. 어떤 이들은 하나님의 복에 대한 개념이나 열망이나 기대도 없이 감독의 축복을 받기 위해 나아오고, 다른 이들은 자신들의 죄악이나 의무들의 부담에 대한 자신들의 후원자격을 덜어버리기 위해 나아온다.

개인적인 책임감이 '오른손과 왼손을 분별하는' 가장 초기 시기와 동일한 시기에 형성된 것이 아닌 것처럼, 혹은 우리 자신 스스로에 대해

---

[36] 신조에 있어서 마지막 질문에 대한 대답을 비교하라.

전적으로 대답할 수 없는 사람인 우리가 서로 간에 있어서도 대답할 수 없는 것처럼 말이다. 어떤 한 사람이 우리 중 하나에게 대답할 수 있는 것처럼, 주님은 '우리 죄악을 친히 담당하시기 위해 나무 위에 자신의 몸을 달리셨던 것이다.' 의식의 참된 영 안에서 견신례를 위한 후보자는 자신에게 자신의 죄악을 가져오는 것이 아니라 그리스도를 통해서 자신의 죄가 용서받는다는 소망 가운데 자기를 부인하고 신앙으로 나아올 것이다. 그리고 죄인의 용서와 용납의 단순한 헌신의 과정에서 그는 매일의 특권과 의무로써 자신의 멍에를 달게 짊어진다. 더욱 밝혀진 것으로, 하나님을 섬기기 위한 영적 요구들에 대해 아직도 무지한 사람에 대한 잘못은 널리 행해지지만 명백하게 덜 불합리하고 아주 덜 위험스럽다.

여기서부터 더욱 쉽게 기독교 길을 만들기 위해서 매력으로서 작동하는 것이 기대된다. 해결은 의식 자체와 순수함 그리고 무지와 자기 기만의 자연스러운 열매와 연결되어 있다. 그날로부터 새로운 시기가 시작되고 삶의 더욱 진지한 과정이 개시될 것이며 세상은, 비록 완전히 버린 것은 아니지만, 더욱 측량된 영역들 안에 제한될 것이다. 그리고 이런 모든 것은 도움이 없는 것에 대한 어떤 뚜렷한 감정이 없거나 마음의 변화 혹은 신적 은혜의 의지함에 대한 필요의 인식도 없이 기대된다. 한편으로 마음은 변화되지 않는 채로 계속되고, 그것들은 어려움이 완전한 힘으로 남아있어야 한다는 점을 곧장 기억나게 만든다. 세상은 올가미가 될 것이며, 사탄은 유혹하는 자가 될 것이며, 그리고 죄는 견신례 이후 그 이전보다 더욱 강력하게 될 것이다. 만약 하나님에게 자기 헌신의 진지하고 겸손한 갈망이 현재 없다면 견진의 날 의식은 마음에 새로운 심리적 경향을 줄 내적인 힘을 소유하지 못한다.

그러나 우리는 또한 부모님들이 견진을 존중하고 있다는 큰 오해들에 대해 만족할 수 있다. 그것은 의미도 없고 또한 의무감과 연결되어 있지도 않는 오해들과 함께 교회를 존중한다는 하나의 형태일 뿐이다. 부모들이 합당하거나 합당하지 않거나 자녀들이 성만찬을 받아야 한다는 것은 올바르며, 그러므로 하나의 준비로서 그들이 견진 되어야 한다는 것은 맞다. 하나님의 얼굴인 교회에서 그들은 수행할 열망이나 의도도 없는 것을 엄숙하게 약속한다. 그리고 많은 경우에 있어서 그것을 실천하는 것은 부모의 원함과 교훈과 나아가 본보기에 직접적으로 반대가 될 것이다. 자녀는 부모의 경솔한 무관심에 영향을 받지 않는다는 것은 불가능하다. 그렇게 부모들은 의도적인 거짓 고백으로 자신들의 아이들을 격려하며, 모든 도덕적 의무와 기독교 정체성 그리고 심지어 일상적인 정직성의 뿌리에 일격을 가한다.

견신례라는 주제에 대한 교훈의 과정은 세례식 서약의 본질과 의무를 명백하게 보이는 것을 자연스럽게 포함할 것이다. 서약하는 모든 그리스도인은 마치 자신이 자기 개인 안에 서약을 만들어 왔던 것처럼 이 서약의 압박에 의해서 엄격하게 묶여진다. 서약은 그리스도인을 생각하여 만들어진 것으로, 가장 큰 유익을 고려하여 시작되었다. 그것은 너무 빨리 하나님과 언약의 관계 안으로 그리고 그리스도와 교제 안으로 들어가게 해서는 안 된다는 점을 생각하여 만들어진 것이다. 그러므로 그의 세례식 의무는 특권의 방법으로 오직 그의 선을 위해서 그와 결속되어 있다. 세례식을 하기 전에 의무의 방법에 있어서는 아무 것도 없고, 하나님과 그가 관계된 것은 그가 세례식에서 서약을 하기 전, 자신을 처음 생각했던 순간부터 결속한 것은 아니었다. 충분한 이해가 될 때, 그가 서약을 하기 위해서는 모든 이유를 가지고 있다. 그러므로 그는 자신의 행동을 통해 유아세례에 인을 치기 위해서 그리고 어린 시절 자신을 드렸던 그 약속으로 하나님께 자기 자신을 드리기 위해서 견진으로 이제 나아온다.

그는 자신이 하기를 원하는 것이 아니라 자신이 하고 있는 것으로,

그리고 자신이 되기를 원하는 것이 아니라 자신이 되어 있는 것으로 이제 선언을 한다. 이 의식에서 기도하기 위한 은혜는 하나님께 자신을 드릴 수 있을 것이라는 점이 아니라 자신을 드려왔기 때문에 이제 그것을 고백하는 것이며 그렇게 드려왔던 과정을 마지막까지 계속해서 유지할 수 있기 위한 것이다.

사실, 자신의 유아세례 때 고백되었던 신앙의 배경 위에 그는 이미 자신을 '그리스도의 지체'로 불렸고 '구원의 상태로 자신을 부르신' 하나님에 대한 자신의 의무를 알고 있었다. 그는 이제 교회 앞에서 세례식 언약의 용어를 따라 겸손하고 진지한 자세로 고백하기 위해 나온다. 자신의 영적 적들을 섬기는 것을 포기하고, 구원의 소망으로서 복음을 받아들이며, 진지한 기도로 구하고 얻은 하나님의 도우심에 의해서 결정되고, 자신의 생명이 끝나는 그날까지 하나님의 길로만 계속 갈 것을 고백한다. 이런 신뢰할 만한 고백의 배경에서, 하나님의 편에서 격려의 확신으로 이미 보증하시는 성령의 인침으로서, 하나님의 대행자인 감독은 그에게 안수를 한다.

이렇게 순수함과 확증을 간주하고 우리는 의식의 의미를 기뻐한다. 그러나 우리는 견진을 위한 후보자로 자신을 드리는 사람들의 대다수가 견신례의 본질을 알지 못하고 있는 것 같고 그것의 의무에 감격하지 않는 것 같은 서글픈 사실에 우리의 눈을 감을 수 없다. 다양한 동기들이 작용할 수 있을 것이다.

어떤 이들은 마지막에 있었던 세속적인 즐거움을 기억하고 하나님을 섬기는 것을 조롱하는 다른 사람들처럼 자신의 쉬는 날을 보내려고 할 것이다. 어떤 이들은 자신의 부모가 자신의 의도적인 거짓에 대해 경악스러운 결과로부터 자신을 거의 보호해 줄 수 없을 것이라는 점을 잊어버리고, 또한 그들의 심판자의 법정에 자신들을 반대하는 심각한 고발장이 나타날 때 부모로서 의무의 탄원이 아무런 소용이 없을 것이란 점을 잊어버리고, 이런 눈먼 모독으로 자신의 부모를 기쁘게 해드리고 있다고 생각한다. 어떤 이는 자신의 부모와 함께 견진이 모든 청소년을 위해 적절한 것이며 견신례를 받지 않는 것은 비난받아야 한다고 생각한다. 그러므로 그들은 외국으로 가기 위해서 자신의 모국을 떠나는 것처럼 그리스도를 위하여 세상을 떠나야 한다는 그런 의도를 갖고 있지만, 그들은 약속된 단순한 의식에 대해서는 반대하지 않으며, 체면을 위해서 견신례를 행하기를 원한다.

여기에서 이런 혹은 비슷한 오해 가운데 있는 청소년을 위해서 설교단상 목회의 습관적인 과정은 비효과적이 될 것이라는 점은 분명하다. 청소년들은 흥미롭고 매력적인 형태로 자신들의 생각을 사로잡을 가장 단순한 초보적인 교훈이 필요하다.[37] 그들은 정보를 받고 격려를 받기 위해서 무지와 무관심의 상태로부터 깨어날 필요가 있다. 그들은 친절하고 우호적인 강의뿐만 아니라 몇 가지 기질, 습관, 기쁨, 유혹, 그리고 일반적인 행동에 대한 교훈의 일반적인 개요의 적용에 있어서도 친밀함이 요구된다.[38] 그들은 진리에 대한 지적이며 경험적인 이해를 위해 자주 요청하는 것이 중요하다. 성경본문이나 읽기의 짧은 과정이 그들의 사적인 묵상을 위해 도움이 될 것이다. 근본적인 교리에 대한 간단한 진술, 기독교 의무에 대한 실천적인 제시, 구세주의 사랑에 대한 감동적인 관점, 기도를 위한 부분, 그리고 하나님에 속성에 대한 설명과 하나님에 대한 헌신의 행복을 격려하는 것들과 같은 종교적인 지식에 있어서 그들의 상태와 진보를 실험하기 위한 주제들이 또한

---

[37] 본 저자는, J. Bickersreth 목사에 의해 제안했는데, 교구목회에 도움이 되는 것으로 확정하여 짧은 신앙고백서를 추천하는 것을 참을 수 없다.
[38] 감독 Butler는 개인적인 의논을 확증을 위한 준비의 필수불가분한 한 부분으로 주장한다. 그의 Charge to the Diocese of Durham, Works, ii. p. 422를 보라. 감독 Wilson의 Parochialia, Works, iv. pp.16-34와 Winchester의 감독의 Charge, p. 39를 비교하라.

그들의 사적인 묵상을 위해 도움이 될 것이다.[39]

하나님을 섬기는 합리성과 그분의 사랑에 대한 확신을 저지하는 배은망덕과 배반에 대한 강한 항의와 결합되어 있는 부드럽고 진지한 강의가 복음의 동기를 집어넣을 수 있는 힘 있는 가장 효과적인 매개체다. 우리는 그들에게 다음과 같이 말할 수 있을 것이다.

당신은 그런 구세주에게 당신의 마음을 드리기를 주저할 수 있습니까? 그렇게 복된 봉사에 이처럼 주저하는 것이 참으로 감사할 줄 모르며 용서받을 수 없는 일이 아닐까요! 그분을 위해서 여러분이 하고 있는 것처럼, 만약 그분이 여러분을 위해서 죽기를 주저하셨다면 그분은 여러분을 위하여 하늘의 영광을 결코 버리시지 않으셨을 것입니다. 여러분을 위하여 슬픔의 사람이 되신 하나님의 아들을 생각하십시오. 그렇다면 여러분이 과연 '내 아들아 내게 네 마음을 달라'는 그분의 사랑스런 명령을 외면할 수 있을까요?

하지만 입문자와 사적인 대화의 과정은 대화의 넓은 원칙들 안에서

---

[39] J. Escreet 목사의 흥미로운 자서전으로부터 한 예를 보자. "E씨는 초대받았던 세례식에 자신의 아이들을 준비시키기 위해 할 수 있는 한 최대로 준비하기 위해 흥분되어 있었다. 그는 성경의 적절한 구절을 해설하고 아이들이 개발해야만 되는 그들의 생각, 정신, 그리고 기질과 경향에 감동을 주면서 그 제도를 설명하기 위해 많은 시간을 투자하며 애썼다. 그는 주제에 대해 다음과 같은 시리즈를 가지고 아이들에게 강의했다. 삼상 3:27-하나님께 일찍 헌신한 복; 수 24:15-하나님의 봉사를 위해 선택의 의무; 벧전 5:8-우리의 큰 대적자를 대항하는 것의 중요성; 히 6:2-견신한 사람의 마음에 그리고 다른 사람들의 마음에 생긴 효과에 의한 본 제도의 배경과 유용성." 다시 다음과 같이 기록하고 있다. "E씨는 자신의 자녀들을 진지하게 불러 세례식의 본질을 심각하게 고려하고 자신들을 조심스럽게 살피게 하고 앉아서 대가를 계산하도록 하며 전능하신 하나님께 드릴 의무를 기억하도록 했다. 아이들이 의로운 주님이시며 교사이신 하나님을 섬기든지 아니면 자신의 적들에 합류하든지 택일하도록 하였고, 하나님을 섬기기 위해 자신들을 전적으로 헌신하는 것이 그들의 의무일 뿐만 아니라 그들의 참된 유익이라고 가르쳤다. 열정적인 기도로 자신의 영혼을 쏟아 부어야 하나님께서 그들의 희생을 받으시며 하나님 자신을 위해서 그들을 보호하신다고 가르쳤다."

만 윤곽을 잡을 수 있고, 더 멀고 실용적인 형태로 많든지 적든지 대화의 형성이 모든 단계에서 변하게 될 것이다. 우리는 여러 다른 틀 안으로 자연스럽게 던져진 마음, 혹은 비슷하게 형성된 마음과 접촉한다. 물론 그러한 마음은 우리 앞에서 복음의 동기를 집어넣으려는 우리들의 애씀에 대해 무시나 회의 혹은 저항이나 양보의 여러 단계로 나타난다. 견진의 범주 위에서 각각의 특별한 경우를 고립시킨다는 것이 거의 실행될 수 없게 될 경우에는, 아마도 학급은 유익하게 형성될 것이며, 간단한 개인적인 대화 후에 큰 범위로 교훈을 나누는 친숙한 방법이 될 것이다.[40]

교회가 의도했던 고귀한 자격부여를 확인하는 데 있어서 우리 형제들 중 적지 않는 수가 사실상 상당한 어려움을 느껴왔는데, 그 어려움이란 이런 거룩한 의식이 정말 불쌍하게도 너무 자주 불경스러운 의식을 위한 점이란 사실이다. 61번째 규범의 언어가 표현되어, 우리는 어떤 것도 제시된 것이 없다는 것에 특별하게 주목해야 하지만, 우리가 알고 있는 것처럼 거룩한 의식에 안성맞춤이다.[41] 이제 만약 이런 규

---

[40] 이것은 Leicester의 Robinson씨에 의해서 그의 넓은 영역에서 추구되었던 제도로 나타난다. 우리는 그의 자서전에서 다음과 같은 글을 보게 된다. "견신례의 계절은 목사가 특별하게 가치를 부여하는 것이며 그가 가장 최적으로 선택한 씨앗을 심은 시기로서 평가되는 이유를 가졌다. 목사는 설교를 통해서 자신의 회중에게 그것을 준비시켰다. 그는 청소년을 모았고 그들의 이름을 배열하고 그들에게 증서를 주는 조건으로 그들이 규칙적으로 참석할 것을 주장했다. 그리고 목사는 감독이 도착하기 전, 5-6주 동안 교회의 신경에 대해 친밀한 강의를 하였는데, 강의 때마다 그는 엄숙하고 진지한 기도를 했다. 이 기간 동안 목사는 작은 부분들로 나누어 친밀하게, 그러면서도 진지하게 그들과 대화를 나누려고 노력했다. 목사는 자신이 공부를 가르치는 동안 일부의 사람들을 분리시켰고, 모두에게 주제에 대한 자신의 뛰어난 소책자를 주었고, 모두에게 자신이 신실한 목자라는 점을 보여주었다. 목사는 섬김, 기도, 권면의 아침에 자신의 손으로부터 자신의 위대한 주님에게 자신의 양들을 매우 엄숙하게 인도했다." Life, p. 335-336.

[41] 이처럼 대감독 Secker는 규범의 글자가 아니라 정신을 제시해 준다(Charges, p. 55). 규범의 글자는 다음과 같다. "안수하기 위해서 어느 누구도 감독에게 보내질 필요가 없고, 오히려 언급된 책에 포함되어 있는 신조와 일치하여 **그들의 신앙 때문에 줄 수 있는** 그런 것이어야 한다." 견신례를 존중하는 신조들 안에 있는 예식법은 대감독의 말의 그 글자와 더욱 일치된 것으로 아마도 그의 생각에 있었을 것이다. "**그가 직질하게 생각해야 할** 그런 모는 것은

범이 세례식에서 후원자들에게 요구하고 있는 글과 일치되어 설명된다면, 견신례를 위한 안성맞춤은 신조와 그것의 근본적인 원칙들 안에 있는 교훈의 유익함을(그것이 영향력이 있든 아니든 간에) 단지 알고 있다는 것을 함축하고 있는 것처럼 보인다. 각종 불경건한 것들을 포함하고 있는 사람은 고의적이며 극악한 죄악의 습관적인 방종에 살면서 자신이 필요하다고 생각하는 것을 쉽게 획득할 수 있을 것이다. 그러나 세례를 받을 후보자의 신앙을 요구하고 있는[42] 우리 교회가 견신례 후보자의 명백한 신앙고백을 요구함에 있어 '교리문답의 질문에 대답하는 능력'과 세례가 부여하는 임무에 대한 바를 이해, 그리고 그것을 수행할 의지가 있는지를 확인하는 데는 분명한 이유가 있는데, 첫째는 문자에 얽매인 기계적인 순종의 치명적인 불경건을 피하기 위함이요, 둘째는 그렇게 함으로써 교회가 인정하는 정당한 권위에 대한 올바른 감각을 갖게하기 위함이다. 세커(Secker) 감독은 예식법의 언어로 말하면서 자신의 동료 목사들에게 다음과 같이 부탁했다.

> 저는 여러분들이 다른 사람이 아니라 바로 수년 동안 분별해 왔던 사람들을 양육하기 위해 최선을 다해 주실 것을 간청합니다.

그 사람들은 세례에서 자신들을 위해 약속되었던 것들이 어떤 의미인지를 말로만이 아니라 충분한 정도로 배워왔기에, 확실하게 자신들이 말해서는 안 되는 것이 무엇인지를 진지하고 진실하게 말할 수 있다. "하나님과 교회 앞에서 그들 자신의 인격 안에서 동일한 것을 비준하고 확정한다." 버넷(Burnet) 감독도 동일한 점을 가장 쉽고 놀랍게 말

견진 되기 위해서 감독에게 제시되어야만 한다."
42 위에 인용된 규범을 보라.

한다.⁴³

　우리 사이에서 당연히 위대한 이름으로 여겨지는 교회의 권위 있는 지도자들 중 두 명의 이런 일치하는 평가보다 더욱 만족스러운 것은 없을 것이다. 아주 많은 경우 요구되는 글자에 맹종하는 것은 비국교도들의 반대에 그럴듯한 근거를 준다는 점을 잠깐 첨가할 필요가 있다. 그리고 그런 맹종은 우리 교회의 영적 특성과 전적으로 일치하지 않는 것으로, 교회가 지체들에게 요구하는 것은 영적 참여이기 때문이다. 나아가 그런 맹종은 견신례의 의식을 단지 공허한 의식으로 만들 뿐으로, 견진을 받은 사람들에게 어떤 유익도 주지 못하게 된다. 결국 그런 맹종은 고의적인 잘못의 낙인과 엄숙한 조롱만을 소유하여 결국 거룩하시며 질투하신 하나님의 면전이며 하나님의 집인 교회에 대해 모욕을 줄 뿐이다.

　하지만 교회가 요구하는 것이 무엇인지에 대해 고려해 왔던 것을 좇을 때, 종종 느끼는 어려움은 적용하는 교훈의 과정을 결정함으로써 현저히 감소될 것이다. 이런 제도에 의해서 만들어진 경험의 결과는 가장 효과적이었다. 과정을 시작할 때에 모든 입문자는 자신들의 참석에 충실했다.

　그러나 주제가 그들의 양심과 더욱 밀접하게 점차적으로 접근해 가고 개인적인 요구와 충고들을 받음에 의해 더욱더 밀접하게 되었을 때 그 수는 점차적으로 감소했다. 기드온의 군사들처럼 그렇게까지 동일한 비율은 아니었지만, 마침내 원래 출발했을 때의 수, 절반까지 줄어들게 되었다. '혼합된 다수'는 문이 너무 곧고 그 길은 너무 협소하다는 것을 곧 발견하였고, 자신들의 기쁨과 자기 방종 그리고 죄의 습관들로 말미암아 그 과정으로부터 은퇴해야만 했다. 그들이 생각했던 것은 단

---

43 Secker's Charges, p. 53. Pastoral Care, ch. viii.

지 예의바름이나 혹은 고백에 포함되어 있는 향락의 날로 자신이 모두 문제를 오해해왔다는 것을 발견했다. 그들은 자신이 고백하는 것이 자신은 감히 할 수 없는 평범한 정직과 자신들의 양심에 매이기를 원하지도 또한 그럴 마음도 없는 의무와 연결되어 있다는 것을 발견했다. 그리고 비록 그들은 반복적으로 경고를 받았지만 공적 고백은 여전히 그들 자신의 온전한 힘으로 하는 세례식 때의 서약의 의무를 남겨두고 있었다. 그러나 그들은 신앙고백으로부터 기대되는 어떤 가능한 유익도 없다고 생각하여 신앙고백에서 위선을 더욱 엄숙하게 가중시키는 것을 감히 할 수 있을 정도로 뻔뻔스러움을 갖고 있지는 않았다.

그들은 자주 자신들의 견진을 위해서 목사의 진지한 원함을 진실로 확신했다. 목사는 세례의 참된 본질을 자신에게 설명하는 것이 가장 중요한 의무로 느끼고 있다고 확신했다. 왜냐하면 포기, 신앙, 그리고 순종의 세례식 서약에서 '교회 앞에서 공개적으로 자신들의 입으로 동의하는' 시인이 세례의 참된 본질이기 때문이었다. 만약에 그들이 '그들 자신의 인격으로 이 약속을 확증하는 것'을 원했다면, 그것은 그들에게 의무가 될 뿐만 아니라 또한 그들을 격려하는 특권이었다. 그러나 만약 그들이 마음과 생명으로 원하지 않았다면 그들이 어찌 감히 입으로 거짓을 말하며 자신들을 감독 앞에 내세울 수 있단 말인가?

만약에 그렇게 했다면 그것은 그들과 함께 결합되어 있는 하나의 거대한 놀라운 사실에 의해 그 죄가 결코 감소될 수 없을 것이며, 오히려 그 죄는 경우에 따른 모든 환경에 의해서 더욱 과중될 수 있었다. 빛과 진리에 의해서, 교회 안에 하나님의 임재에 의해서, 그리고 교회의 목사와 대표자들과 함께 할 때, 그런 죄는 더욱 의도적이 될 수 있다. 그들의 양심을 직접 다루는 이런 방법은 우리의 목회적인 특권을 거의 활용할 필요가 없게 만들 것이다. 그들이 물러나는 것은 그들 자신의 행동이지 우리가 그들을 금지한 것이 아니다. 물론 우리는 그들의 원함과 의도에 낙담을 심었다는 것을 인정한다. 그러나 고백을 하지 않고 물러남의 책임은 전적으로 그들 자신의 몫이다.

이런 제도의 어조는, 더욱 격려하는 경우와 관련되어 있을 뿐만 아니라 더욱 소망스런 국면을 보여주기 위해서 시작했지만 낙심을 먼저 줄 수 있다는 것까지, 광범위하게 다를 수 있다는 것은 분명하다. 이런 중요한 세례식의 계절에 많은 의심 없는 것들이 우리를 불러 '상한 갈대와 꺼져가는 심지'에 대해 그분의 자비로운 부드러움으로 우리의 사랑스런 주인의 발자국을 더욱 가까이서 밟을 수 있도록 할 것이다. 그러나 부주의함으로, 여전히 무지와 무감동함에 머물러 있으면서도, 그리고 더욱 존경스럽지만 여전히 많은 의심스러움으로, 이 제도는 목회적인 부드러움과 완전히 일치함을 추구할 수 있을 것이다.

비록 진실로 그렇지는 않지만, 어떤 국면에서는 더욱 특별하게, 우리의 개인적인 감정들과 약간의 충돌도 없이 그리고 아마도 어떤 이들은 목회적인 십자가를 지고서, 그렇게 일치함을 추구할 수 있을 것이다. 우리가 하나님의 은혜에 대해 제한을 언급하지 않고, 사람이 할 수 있는 한, 화해와 인내 그리고 사랑에 의해서 그분의 일하심의 작용을 제한하지 않기 위해서, 질문의 마지막 단계에 초청의 언어를 붙잡는 것은 모든 경우에 있어 중요하다.

견진을 올바르게 다루는 면에 있어서 어려움은 과도하게 크다. 그것들은 우리의 가슴에서 시작하고 입문자들의 생각에서 다양한 동기로 작용하고 있는 것에 포함된다. 그러한 어려움은 입문자들 생각의 다른 상태, 우리 교구에서 갈등하고 있는 견해, 특히 비국교도들 사이에서, 그리고 우리 자신의 형제들 사이에 있는 감정의 차이에서도 존재한다. 심지어 이런 것들 중 어느 것도 우리에게 없다고 할지라도 참된 경건의 잠재 근원을 소유하고 있을지도 모르는 사람들을 상실하는 아픔이 있다. 그래서 우리는 결정적인 판단을 내릴 수 없는, 그런 경우의 사람들인 중립적인 사람들(*neutrals*)이 있음을 인정한다. 진실로 그 자신의 눈에 후보자의 꾸밈없는 마음을 두기 위해 권능과 지혜가 우리에게 주어질 수 있다는 것은 특별한 기도를 위한 적절한 때의 부르심이다. 그리고 우리의 길을 분명하게 보면서 우리는 자신에게 만족할 것이며 우리 자신의 결정을 하기 위해 관련된 확신 또한 특별한 기도를 위한 적절한 때의 부르심이다.

견진을 위한 적절한 나이는 여러 가지로 결정되어 왔다. 천주교의 통치 동안 영국에서는 아이들이 보통 5세에 견진성사를 받았다. 트렌트(Trent) 회의는 7세와 12세 사이에 견진의 시기로 지정했다. 밀란(Milan)에서 있었던 다른 회의는 7세 이하의 어떤 연령에서도 견진하는 것을 금지하였다. 이러한 요구조건이 천주교의 기발한 발상과 일맥상통한다는 것은 분명하다. 다른 여섯 성례와 마찬가지로 견신례도 수동적인 수혜자에게 비인격적인 은혜로 간주된다.

칼빈은 10세의 나이로 결정하였는데, 그 이하는 보통 지적인 순수함 혹은 신앙고백을 위해서는 너무 어리다고 보았기 때문이다. 우리의 교회는 더욱 현명하게 그 시기를 '단의 연령에 이를 때'라고 무기한으로 명시했는데, 이 시기는 자연적인 능력 그리고 이런 거룩한 의식의 적절하고 유익한 참여를 위하여 교훈과 준비의 기회들과 일치하여 어느 정도 다양해야만 한다. 13세 이전에 이런 시기에 도달하는 청소년들은 그리 많지 않고 매우 소수일 뿐이다.

목회적인 불성실함이 이 의식의 본질과 가치에 대해서 비국교도들의 오해가 생겨날 수 있도록 잘못된 구실을 주었다는 점을 우리는 깊게 반성해야만 한다. 그러나 중요한 교훈과 개인적인 확신의 한 운송 수단으로 부지런히 향상된 의식과 기독교 교훈 혹은 기독교 동기들과 관련이 없는 그 자신의 벌거벗음으로 남아 있는 그런 의식 사이를 구별할 수 없는 그 '눈'은 '악함'에 틀림없다. 그러므로 비성경적인 미신으로부터가 아니라 목회적인 게으름으로부터 합리적이고 받아들일 수 있는 봉사의 그림자 아래서 하나님에 대한 모욕적인 조롱이 나왔던 것이다. "태반이나 어찌하여 모였는지 알지 못했다"(행 19:32)는 에베소에 모였던 회중처럼 문란한 대중 사이와 자신의 의무의 본질에 대해서 충분하게 교훈을 받았으며 자신의 구세주를 섬기기 위해서 자신의 공적이며 자발적인 굴복을 입증시키기 위해 하나님의 집인 교회로 오고 있는 '적은 무리들' 사이에는 차별이란 전혀 없단 말인가? 완전히 일치될 수는 없지만 정직함이 비난하는 것을 삼가게 만들 수 있으리라고 나는 생각한다. 그리고 기독교의 순박함과 사랑이 최종적인 찬성에 있는 방법을 용서할 것이며 다음과 같이 말할 준비를 할 수 있게 만들 것이라고 나는 생각한다.

> 주님의 복이 여러분에게 있을지어다. 우리가 여러분을 주님의 이름으로 축복하노라(시 129:8).

우리는 계속되는 목회에서 견진의 때에 받았던 감동을 계속해서 살아있는 것으로 유지하는 것의 중요성에 대해 제안을 더할 수 있다. 기대했던 복의 많은 면들이 때때로 '기억의 방법에 의해서' 견신례에 참여하는 자들의 '생각을 자극하는 것'을 소홀히 함으로 온다는 사실을 자주 망각해 왔다. 때대로 그들의 생각을 자극하는 것을 우리 설교단상에서 강의의 목적으로 삼는 것은 바람직한 것이 될 수 없을까? 그들이 기독교 순수함을 유지할 수 있도록 하기 위해서 더욱 밀접하게 개인적인 대화를 집에서 할 수 있도록 촉구하는 것은 바람직한 것이 될 수 없을까? 그리고 이런 의무들을 습관적으로 그리고 지속적으로 성취하기 위해서, 새롭게 하고 조직적이 되게 하며 자신 스스로 실험하여 훈계히는 것을 목적으로 심기 위해 주기적으로 그들을 보는 것은 바람직한 것이 될 수 없을까?

하나의 단순한 의식으로, 견신례를 무의미한 것으로 여긴다면, 그것은 견진을 더욱 모독한 것이다. 진지하게 고려되고 의식적으로 향상되어 온 하나의 의식으로서 견진은 우리의 교구 목회에서 연속적인 중요한 시기를 여는 데 실패한 적이 결코 없을 것이다. 그 의식에서 헌신된 목사의 수고는 신적 인정의 특별한 표로 인이 쳐진다. 진실로 우리는 견진의 때를 위해서 특별하게 수고한 것을 어떤 경우에나 후회하지 않게 되었다. 왜냐하면 심지어 눈에 보이는 매우 작은 복조차 허용되어 왔고, 그때 특별하게 제공되었던 기회들은 자라나는 세대를 위하여 기도의 영을 불러일으키는 것들이었기 때문이었다. 그리고 그런 기회들은 그들의 이해와 우호에 더욱 직접적으로 접촉할 수 있도록 구세주의 은혜와 자비를 끌어왔기 때문이다. 엄숙하고 불변하는 의무들을 그들이 더욱 뚜렷하게 자세히 제시하는 것은 우리의 마음에 복을 충만하게 생산하도록 하며, 기대하지도 않았던 상황에서도 궁극적이며 풍부한 열매를 맺게 할 것이라는 점을 확신하며 기대할 수 있을 것이다.

견진을 준비하는 후보자들과 대화하는 순간들을 기록한 비망록은 유용하고 흥미로운 추억들을 많이 제공할 것이다. 다음은 견신례를 어떻게 진행했는가에 대한 추억을 제공하는 예가 될 것이다.

견진으로 나아가는 A. B. 청년에 대한 접근은 처음부터 내게 순수한 불안을 주었다. 주제에 대하여 시시각각으로 그와 나눈 대화는 참된 참회의 만족스러운 증거를 전혀 이끌어 내지 못했다. 그의 생각의 특성이나 습관은 비록 상스럽지는 않았지만 확실히 세속적이었고, 따라서 완전함이나 순수함에 있어서 세상을 포기하는 고백과 세례식 때 서약을 그의 개인적인 경우에 구체적으로 어떻게 적용할 것인지에 대한 고백이 이 시험의 중요한 관점이었다. 그는 성숙한 마음의 진지함과 다루고 있는 우리 종교의 주제인 견진에 대하여 지금까지 해 왔던 것보다 더욱더 신중할 준비가 되어 있음을 고백했다. 그러나 나는 그의 마음에서 '가진 모든 것을 다 팔아' 그 가격으로 '매우 값비싼 진주'를 구매하려는 의도를 결코 발견하지 못했다. 나는 그와 함께 긴밀한 대화, 간청, 그리고 기도로 본 주제에 들어갔다. '그대는 그리스도를 위하여 세상 모든 것을 포기한다는 이 고백을 하기 원하는가?' 그는 두려워했고 그렇게 하기를 원치 않았다. 그는 약간의 것은 포기하려고 했으나 그 이상에 대해서는 더 이상 말할 수 없었다. 그가 모든 것을 포기하려는 준비가 전혀 되어 있지 않았기에, 나는 그에게 전혀 의미가 없는 것을 말했을 뿐이다.

어떤 것을 포기하려는 진짜 갈망과 신실한 의도가 있느냐에 대한 것은 의심하고 있는 것 그 이상이었다. 오직 '믿음'만이 그로 하여금 그리스도를 위하여 희생을 즐겁게 드릴 수 있도록 역사할 수 있다는 사실은, 현존하는 유혹의 모든 형태에서 그 '믿음'만이 진실로 '세상을 이기는 승리'였음을 입증했다. 만약 내가 기독교 순수함의 싹틈이 그의 마음 바탕에 숨어 있다는 것을 느꼈다면 그의 생각에서 주저함과 갈등을 허락하면서 나는 그에게 다른 음조로 말했어야 했다. 그러나 나는 이 점에 대해서 적당한 만족이나 격려를 갖지 못했다. 그는 미래의 어느 날 다른 생각을 갖게 될 것을 소망했다.

그러나 현재 그는 복음의 요청에 응답할 준비가 되어 있지 않았다. 문은 너무 좁고 길도 너무 협착했다. 그는 그 비용을 계산하지 않았다. 만약 계산을 했다고 해도 복음의 요청대로 살아갈 준비가 되어 있지 않았다. 그의 약한 결심은 자신의 재원으로부터 모든 힘을 끌어내어 사라지게 했다. 그에게는 무력감만 있을 뿐 위로부터 오는 힘을 의지하는 신앙이란 거의 없다. 그러므로 그들의 특성과 그들의 실패에 확실함을 결정하는 것은 쉬웠다.

비록 농일하게 우울한 이슈이지만 특성과 다루는 방법에 있어서 약간 변형된 다른 경우는 거칠고 부주의한 C. D. 청년의 것이다. 그의 생각은 종교에 대한 가장 조잡한 생각에 의해 방해를 받지 않았다. 세상이란 그와 그의 모든 관심 그리고 그의 일, 더 나아가 그의 즐거움과 함께하는 모든 것이었다. 무한한 순간의 잣대 아래서 영원은 전적으로 무시되어왔다. 그의 관점으로 견진은 하나의 과정이었다. 그의 가정 중 몇 명은 이미 마지막 견신례에 참여했었다. 그는 지금 충분히 나이가 들어 요구되는 신조의 반복을 충분히 할 수 있었다. 나는 그의 양심에 진지한 확신을 심어주려고 노력했다. 그러나 나는 그로부터 생각해 보겠다는 약속만 얻었을 뿐이었다. 그래도 매우 작은 감명이 반복되는 대화를 나눌 수 있었다. 그는 내게 자신이 견진할 것 같다고 말했다. 나는 그에게 다음과 같이 대답했다.

> 만약 그대가 그대의 세례식 때의 맹세를 확정하기를 원하고 진실로 마귀, 세상, 그리고 육을 버린다는 것이 사실이고, 내가 그것을 듣는다면 나는 행복하다.

그러나 그대는 이런 결정의 의미와 진지함을 이해해야만 한다. 견진은 그대가 하나님께 나아가겠다는, 혹은 보다 더 적절하게는 하나님께 새로워져 가겠다는 약속이다. 그대는 위대한 것들을 약속할 것이다. 만약 그대가 실행하기만 한다면, 그것은 세상을 더욱 놀랍게 만들 것이다. 그대는 위대하고 거룩하며 마음을 감찰하시는 하나님께 약속할 것이다.

지금부터 영원까지 그대는 마귀를 그리고 마귀의 모든 일인 모든 종류와 모든 단계의 죄를, 또한 그대의 양심이 그대에게 잘못이라고 말하는 것이면 무엇이든지 그 모든 것을 부인하고 또 버리고, 더 나아가 싫어하겠다고 약속할 것이다. 또한 그대를 정복하려는 어떤 유혹도 모든 힘을 다해서 저항할 것이라고 그대는 약속할 것이다. 이런 것들이 여러분이 약속할 위대한 것이다. 그는 다음과 같이 말했다.

저는 의심하고 있어요. 저는 적당하지 않아요. 그러므로 저는 가지 않는 것이 더 좋아요.

나는 현재 그의 머뭇거림을 받아주지 않으면서 다음과 같이 말을 계속했다.

그대는 아침부터 저녁까지 세상에 있다. 사탄은 그대의 앞길에 죄와 하나님을 무시함 그리고 그분의 말씀과 기도를 무시함이라는 모든 유혹을 놓아두었다. 그대의 동료들은 자신들이 할 수 있는 한 그대의 영혼과 그대의 구세주 혹은 영원에 관한 그대의 진지한 생각을 하지 못하도록 방해한다. 이제 그대는 내일 그런 사람들을 만날 때 그대가 할 수 있는 한 그들을 대항할 것이며, 만약 그들이 그대의 말을 듣지 않으면 그대는 그들로부터 돌아설 것이라고 약속할 것이다. 이것이 견진이 의미하는 것 중의 한 부분이다. 이것이 바로 그대의 의미인가?

그는 대답했다.

저는 가지 않는 것이 좋겠다고 생각합니다.
나는 가는 것으로부터 그대를 완전히 낙담시키지 않을 것이다. 거짓을 말하는 것 없이 그대가 갈 수 있다면 그것은 그대에게 복이 될 것이다. 하나님의 집인 교회에서 그대가 행하지 않을 어떤 것을 하나님께 고백하고 약속하는 것은 그대가 말할 수 있는 가장 최악의 거짓이 될 것이다. 그대는 그것이 이런 모든 것을 의미한다는 것을 알았는가?

그렇게 알지는 못했습니다.

이런 대답을 들은 나는 다음과 같이 말했다.

지금 나는 그대를 두렵게 만들기를 원치 않는다. 그러나 그대가 하려고 한 약속을 보지 못하거나 무시하는 것은 너무 무서운 일이다. 그대의 사업에서 그대는 결코 이런 생각 없는 방법으로 약속하지는 않는다. 그리고 이것이 그대가 지금까지 취했던 모든 일 중 가장 심각한 일이다.

진실로 저는 지금 그것을 있는 그대로 보기 시작합니다. 그리고 저는 그것을 포기하는 것이 더 좋다고 생각합니다.

나는 그대가 그것을 오늘 밤에 포기하라고 권면하는 것이 아니다. 그대는 아직 하나님께서 그대를 가르쳐 달라고 기도하지도 않았다. 만약 그대가 하나님을 찾기를 원한다면, 그분은 먼저 그대의 마음이 자신에게 돌아오길 기다리고 계신다. 나는 그대에게 탕자의 비유에서 그대를 영접하려는 하나님의 사랑과 준비의 그림을 보여주길 원한다.

그는 주의 깊은 관심으로 들은 다음 마침내 다음과 같이 말했다.

저는 가고 싶습니다. 그러나 만약 제가 적절하지 않다면 제가 가지 않는 것이 더 좋다고 생각합니다.

나는 그렇게 생각한다. 오직 기억할 것은 견진에 부적합한 것은 죽음에 부적합한 것이다. 부적합의 상태에서 영원으로 부르심을 받았다는 것은 얼마나 놀라운 것인가! 이런 것들을 소홀히 함으로써 날마다 더욱 부적절하게 자랄 수 있다는 것은 얼마나 놀라운 일인가! 이런 귀중한 선물을 멸시하지 말라. 그것은 그대가 이 세상에서 가진 모든 가치와 같다. 만약 그대가 그것을 살 수만 있다면 그것은 귀중한 진주로 세상보다 만 배의 가치가 있는 것이다.

맞습니다. 그렇지만 그것은 너무 엄격한 것이지요.

그리고 그대는 그것을 그렇게 찾으려고 기대해야만 한다. 그대는 심한 싸움 없이는 신앙적인 사람이 결코 될 수 없단다. 그대의 옛 친구들 모두가 그대를 비웃도록 할 수 있게 만들기 위해서 이 세상이 말하려는 그것을 그대는 참을 수 있겠니?

그는 내게 아무런 대답을 하지 않았고 나는 계속해서 다음과 같이 말했다.

세상을 따라가는 것보다 하나님을 섬기는 것이 얼마나 더 행복한 것인지를 나는 그대에게 말하고 싶다. 적어도 나는 그대가 하나님을 섬기는 길을 갈 수 있길 원한다. 하나님은 세상이 주는 것보다 훨씬 많은 것들을 그대에게 주셨다. 만약 그대가 그분에게 단지 구하기만 한다면, 그분은 꾸짖지 않으시며 후히 주신다. 지금 그대는 그분에게 간구하고 있는가?

저는 최근까지 기도해 왔습니다. 그러나 온 마음으로 기도하지는 않았기에 저는 지금 의심하고 있습니다.

나는 조금 더 연장해서 교훈했다. 그의 양심은 확신의 일시적인 힘 아래 분명히 있었다. 그러나 그는 복음을 위해 지불할 것인지에 대해서는 아직 마음을 정할 수는 없었다. 죄와 사탄의 사슬들은 그런 연약하고 비생산적인 확신들에 의해서 깨어지기에는 너무 강렬했다.

E. F.는 주일학교의 한 아이로 견진의 시기에 분명하게 신적 은혜의 영향 아래 있었다. 그녀 자신에게 행복하게, 그녀는 유창한 말의 선물은 받지 못했지만, 인내하는 질문으로 이끌어 내었던 몇 마디의 말은 마음의 언어에 참된 표가 되었다.

견진을 받게 된 것에 대해 어떻게 느끼고 있니? 지금 그 시간이니?

제가 원하는 만큼 그렇게 커다란 것은 아닙니다.

나는 네가 그렇게 커다랗게 느낄 것이라고 생각한다. 너는 견진 되지 않기를 원하니?

아닙니다. 저는 하나님을 섬기기를 원합니다.

그러면 네가 원하는 선한 것은 무엇이니?

참된 마음으로 사는 것 이외에는 없습니다.

견진은 무엇을 의미하지?

하나님께 마음을 드리는 것입니다.

그러면 너는 태어난 다음 하나님께 네 자신을 드려지지 않았니?

아닙니다. 저는 어린 시절 유아세례 때 하나님께 드려졌습니다.

그러면 너는 왜 견진이 되는 것을 원하지?

하나님께 제 자신을 드리기 위함입니다.

그것은 대가가 상당하단다. 첫째로 포기해야 할 것이 상당히 많단다. 너는 하나님께 네 모든 마음을 드릴 것이니?

저는 그렇게 하려고 합니다.

네가 하나님을 사랑하는 것처럼 세상에서 사랑하는 것이란 없니?

저는 세상에서 하나님만큼 사랑한 것이 없다고 생각합니다.

그러면 네가 약속하려는 이런 위대한 것들을 네가 실행할 수 있을 것이라고 생각하니?

하나님의 도우심 없이는 불가능하다고 생각합니다.

그렇다면 그것들을 하는데 있어서 하나님께서 도움을 주실 것이라고 생각하니?

그것들을 위해서 제가 그분에게 도움을 구한다면 그렇게 해 주실 것이라고 생각합니다.

그런데 네가 하나님의 도우심과 관련해서 갖고 있는 소망은 무엇이지?

왜냐하면 그분이 약속하셨기 때문입니다.

하나님께서 네게 약속하신 것이 무엇이지?

왜냐하면 예수님께서 죄인들을 위해서 죽으셨기 때문입니다.

이제 너는 마귀, 세상 그리고 하나님의 말씀을 따르는 것을 대적하는 네 자신의 악한 마음 등 모든 것들을 버릴 것을 약속할 것이니? 그리고 이런 마귀, 세상, 악한 마음 세 가지 중에서 가장 어려운 것이 무엇이라고 발견했니?

저는 제 마음이 가장 큰 문제라는 것을 발견했습니다.

그렇다면 어떻게 승리할 수 있다고 생각하니?

믿음으로요. 예수 그리스도를 사랑하며 그분에 대한 믿음에 의해서만 승리할 수 있다고 생각합니다.

기독교 신조는 무엇이지?

모든 성경이 예수 그리스도에 대하여 제게 말하고 있는 것입니다.

너는 그분에 관하여 읽는 모든 것을 진실로 믿느냐?

충분하지 않지만 저는 믿고 있습니다.

너는 그분을 믿고 그분을 찾으려고 노력할 것이니?

저는 그렇게 하려고 했습니다. 충분하지는 않지만 저는 그렇게 하기를 원합니다.

하나님의 계명들은 무엇이라고 생각하느냐? 너는 그것들을 지킬 수 있다고 생각하느냐?

하나님의 은혜로 저는 지키려고 합니다. 저는 하나님의 계명들이 매우 편하다는 것은 압니다.

생각을 격려할 것은 많지 않지만 진리의 성령의 인도하심을 주목하기에는 충분하다. 많은 대화에서 그녀의 경우 단지 차갑고 무의미한 동의처럼 주어진 단음절어들이 그녀의 수줍은 개성을 보여줄 뿐만 아니라 또한 그녀 고백의 진지함을 입증해 주었다.

우리는 성찬식장에서 견진을 인치는 것의 중요성으로 언급할 뿐이다. 이것은 모든 경우에 필요하고 직접적인 결과는 아니며, 적절한 준비 그리고 기독교 지혜와 진지함의 적절한 판단과 연결되어 있다. 청소년들이 견신례 후에 즉각적으로 주님의 만찬에 참여하게 하는 경솔함보다는 분별하는 것이 더 바람직하다. 그렇게 하지 않으면 더욱 해가 될 것이다. 그들 고백의 진지함을 살피는 것과 성찬식을 위한 모든 지적인 준비가 성만찬을 분배할 만반의 준비가 될 것이다. 그들의 의식이 형식과 무관심에 마비되지 않는 한, 이런 경솔한 결정은 통상적으로 종교의 마음 없는 고백으로 나타나고 활동하지 못하는 무익한 후회라는 것으로 그 특색이 나타나게 된다.

우리는 또한 반대편 극단에서 오류를 범하지 말아야 한다. 우리는 모든 것이 아주 만족스러워야 한다고 기대한다. "우리는 그들의 완전함을 기대한다"라는 생각을 갖고 있지만, 그러나 우리는 그것을 기다리지 말아야 한다. 우리는 진지함의 가장 낮은 단계에 있는 그들조차도 내쫓지 말아야 한다. 원래 의식의 제도에서 사도들이 가졌던 진지함보다 더 진지한 것이 어떤 것이라고 생각하는가? 성찬 의식으로부터 기독교 교회와 그들을 연합시킴으로써 복음에 대한 고백에서 그들을 세우는 데 가장 도움이 된다.[44]

---

[44] 만족스러운 특성을 지니고 있는 청소년들을 주님의 만찬에 허락하는 것이 많은 유명한 목사들에 의해 받아들여진다. 가장 흥미로운 상세한 내용을 Phillip Henry's Life, p.11, 84, 195에서 발견할 수 있다. 또한 다음과 비교해 보라. Scott's Life, pp. 619-620. 그것들의 특별한 사용을 위해 Phillip Henry는 J. Bickersteth 목사에 의해 만들어진 신조를 탁월하게 간단하며, 지적이며 그리고 영적이라고 추천하고 있다.

5장

성례에 관한 교훈

    성례의 시행은 우리 목회의 가장 중요한 부분 중 하나로 간주되어야 한다. 복음을 설교함으로 믿는 자들에게 차별 없이 제공되는 복음의 축복은 여기서 개별적인 분배에 의해 각 개인에게 날인된다. 그러므로 성만찬은 진실로 보이는 말씀이라고 말해질 것이다. 우리의 귀에 선포되었던 말씀이 보이는 표들로 우리의 눈에 제시된다. 그러므로 그것들은 하나님 말씀의 표로서 신앙의 견진에 가장 유용하다. 신앙의 집행을 통해서 그것의 외적 표를 소유한 우리는 확실히 그리스도와 언약의 모든 복의 참여자가 될 것이다.

    그러므로 성례를 일반적으로 "신앙의 의로운 표"(롬 4:2)로 정의해 왔다. 이 관점이 그들의 권위에 주고 있는 것은 참으로 거룩함이 아닌가! 어느 것도 그것들에 더하거나 감할 수 없지 않는가! 권위도 없이 이런 왕적 표를 변경시키려는 것은 참으로 반역죄가 되지 않을까? 그리고 기독교 성례의 정체성을 파괴하려는 것은 하나님께서 이스라엘에게 다음과 같이 한탄하셨던 더러움보다 더한 것이다. "그들이 그 문지방을 내 문지방 곁에 두며 그 문설주를 내 문설주 곁에 두어서"(겔 43:7-8). 성만찬을 축하하는 방법, 예절, 순서 그리고 상세한 것에 대해 교회가 제한을 둔 것 이내에 규정된 자유가 있고, 사도들의 규칙의 정신에 일치하여 자유가 있다고 바르게 외친다(고전 14:26, 40). 성례를 축하할 때는 또한 동시에 요소들의 본질과 형태 그리고 그것들에 의해서 보이지 않는 복에 대한 표현을 가장 조심스럽게 유지해야만 한다.

1. 세례

자신의 자녀에게 세례를 주기 위해 데려오는 많은 사람이 우리에게 "유아 세례를 행하는 것이 무엇을 의미합니까?"라고 물을 수 있다. 왜냐하면 그들의 입장에서는 하나의 관습, 혹은 자신의 자녀의 이름을 부르는 통상적인 방법이기 때문이다. 그들에게 어느 특별한 교회 안으로가 아니라 그리스도의 보이는 교회 안에 입문함으로써 세례에 관한 가장 쉬운 가르침이 필요하다.[1]

세례는 또한 은혜 언약의 표가 되는데, 이로써 하나님은 우리에게 그리고 우리는 하나님에게 상호적으로 약속되어 있다. 또한 이로써 우리는 하나님을 섬길 수 있고 우리의 의무를 가지며 그분의 약속에 참여하는 상속자가 될 수 있도록 볼 수 있게 거룩하게 구별된다. 세례는 그것의 영적 특성을 입증한다. 위선자들이나 불신자들을 위해서 기독교 의식을 거행하는 것은 변칙이다. 우리들의 교회가 설명해 왔던 것처럼 세례의 특권들은 그리스도와의 연합, 하나님 가족 안으로 입양 그리고 하늘의 상속과 같은 기독교 언약의 약속들을 수여하는 것이다.[2] 세례

---

[1] Burnet 감독은 세례에 대한 가르침의 필요성을 강하게 주장한다. Pastoral Care, ch. viii.
[2] Church Catechism을 보라. 우리는 여기서 다음과 같이 질문할 수 있을 것이다. 이것은 유

의 은혜는 상대적인 변화가 아니라 실제적인 변화로 '죄에 대해 죽고 의에 대해 새롭게 탄생'하게 되는 동일한 권위에 의해서 정의된다.

그러나 언약의 실제적 특권들이 있다고 해도 그것 중에서 세례는 시작의 표로, 경험과 관찰은 성찬식의 외적인 집행과 필수적으로 연결된 것이 아님을 너무도 분명하게 증명한다. 우리가 관심을 두고 있는 것처럼, 약속들은 신앙 없이 아무 소용이 없다. 세례의 제정은 자신의 자녀를 위한 신자들의 언약의 관심이 여기서 보증되고 좋게 된다. 그러나 의심하는 영, 혹은 적극적인 불신앙은 적절한 행동, 고백 그리고 신앙의 감사의 자리에 불명확함을 자리 잡도록 하고, 이 점에 관해서 결론적으로 믿음으로 자라게 하는 신자의 언약에 흥미를 사라지게 만든다.[3]

영적 중생의 표와 인침을 위해 자신의 아이를 앞으로 데리고 나오는 기독교 부모는 자신의 아이가 언약의 약속들과 연결되어 있다는 것을 확신해야 한다. 그 시간에 아이들의 이름을 보증하면서 약속에 의지한 부모는 동시에 "하나님을 믿으며 그분을 섬기라"고 아이가 적들을 섬

대인들의 특권에 대하여 사도의 언급에 의해(롬 9:4-5) 완전히 보증을 받았던 것으로 우리 교회의 강한 언어는 아니지 않는가? 이것은 유대인들에 속한 것 즉 육체의 세례를 받은 자들의 것이지 개종한 자들의 것은 아니지 않는가? 이스라엘이라는 명칭은 그들이 하나님과 언약관계로 들어감으로부터 온 것이 분명하다. 그러나 그것을 믿음으로 보장되지 못하고 만들지 못한다면, 그것은 소유하지 못한 하나의 명칭일 뿐이다. 다시 말해서 세례 받은 모든 유아들이 중생한 것이라는 교회가 표현하는 그 확신은 사도 바울의 분배적인 개체성과 다르다. "너희 많은 사람이(여기서 '모든 사람'을 의미한 것 아니다-앞의 구절에서 일반적인 진술처럼) 그리스도와 합하여 세례를 받은 자는 그리스도로 옷 입었느니라"(갈 3:27). 만약 이런 사도의 주장이 혈육의 이스라엘이 세례를 통해서 하나님과 연결되어 있다는 점에 의심스러운 면을 포함하고 있다면(갈 4:19- 20) 그것은 유아들의 경우를 더욱더 포함하고 있다. 우리는 여기서 여전히 남아 있을 그 어려움을 설명하려고 하지는 않겠다. 대신에 매우 정확함을 칭찬하려고 한다. 그것은 바로 정확함을 가진 우리 교회의 의식서 언어는 성경 문체의 틀을 따른다는 것이다.

3 롬 4:11-17을 보라. 신적 언약의 완전한 범위에 단순하고 함축적인 의존의 필요와 관련해서 세례에 대한 중요한 작품의 주인공인 Budd 씨에 대해 반대가 그리 많지는 않을 것이라고 보는가? 하나님께서는 자신의 이름을, 신앙을 선물로 주시는 자신의 주권과 자기 자신의 선물을 수납함에 있어서, 자신의 신실하심을 가장 특별하게 영화롭게 하는 곳이 바로 여기다.

기고 있는 것에 대해 포기하라고 선언하는 그 순간에 동참해야 한다. 그리고 또한 아이들의 특권을 확정하기 위한 기도에 참여해야 한다. 아이들이 참여한 특권들이란 바로 눈에 보이는 성찬식 안에 있는 것들로 이것들은 신앙의 분명하고 활기찬 보증이며 가장 존경할 만한 신적 의식인 것이다.[4]

그러나 복음의 세례를 받은 고백자로서 우리 백성은 의무에 대한 무의식이란 잠에 빠져서는 안 된다. 하나님과 우리 영혼의 적들을 제거하고 구세주를 우리 소망의 배경으로 삼으며, 그리고 하나님의 길로 걸어가려는 우리의 언약에서, 자신에게 관대함과 불신 그리고 불순종을 저지할 수 있는 확신의 힘이 있을까? 특권들에 있어서, 세례의 약속을 신실하게 받아들임에 대한 인침에서 세상에 대해 죽음과 구세주에 대한 사랑 그리고 그분의 십자가에 대한 고백과 그분의 왕국에 합당한 동기는 없을까?

필립 헨리(Philip Henry)는 다음과 같이 말한다.

> 영적상태에 관하여 자신의 어린 아이들을 다룰 때, 유아세례를 줌으로써 아이들을 아주 많이 붙잡아야 한다. 그리고 자주 그들이 하나님의 집에

---

[4] "세례의 효과는 아이의 이름을 복음증서에 기입하는 것이다. 아이의 실제적인 신앙, 회개 그리고 순종은 빚이 되고, 그런 다음 미래에 지불되어야 할 것으로 발생한다. 그리고 확실하게 이것은 부모들을 초청하여 격려하여 자신들의 아이들을 세례식 때 바칠 수 있도록 매우 충분하다. **세례의 실제적 영향**에 관해서, 아이들이 자란 후 다른 것이 없을 지라도 아이들 세례식 때의 중생이 그들을 하늘로 갈 수 있도록 할 것이라고 우리는 확신한다. 그리고 아이들에게 은혜를 달라고 하나님께 기도할 때와 그들에게 그 은혜에 복종하도록 설득할 때 **세례의 실제적 영향**은 재촉될 수 있을 것이다." Matthew Henry on Baptism, pp. 130-131. 동일한 귀중한 보고서에서 그는 세례식에 대한 자신의 개인적 증거를 다음과 같이 기록한다. "나는 나의 유아세례에 대하여 하나님께 감사를 표시할 수밖에 없다. 유아 세례는 그리스도의 보이는 몸 안으로 일찍이 들어가게 하는 것뿐만 아니라 또한 그것은 나의 경건한 부모에게 좋은 논쟁거리를 제공했다. 그리고 나는 이것을 은혜를 통한 중요한 논쟁거리라고 신뢰한다. 왜냐하면 내 어린 시절에 하나님께 내 자신을 일찍이 드렸기 때문이다. 만약 하나님께 어떤 선한 역사를 내 영혼에 행하셨다면, 나는 겸손한 감사함으로 유아세례의 도덕적 영향을 알기를 바란다." p. 118.

서 태어났으며 그분에게 드려졌으며, 그러므로 그분의 종으로 섬길 의무가 있다는 점을 아이들에게 자주 가르쳐야 한다.[5]

부모와 보호자가 하나님께 아이를 바쳤다는 것은 비록 그것이 평범하게 보이지만 가장 엄숙하고 어려운 봉사라는 점을 명심해야 한다. "눈 먼 것으로 희생을 드리는 것"(말 1:8)은 끔찍한 신성모독이다. 그리고 자신과 자신의 자녀로 하여금 하나님을 섬기게 하는데 있어서 가장 중요한 것은 부모가 자신이 무엇을 할 것인지를 알아야 한다는 점이다. 아이들이 자신의 개인적 언약의 새롭게 함으로써 그리고 아이들이 영원토록 하나님의 것이 되어야 한다고 서약함으로써, 언약의 용어들 그리고 하나님의 의지와 임명에 일치하여 왜 부모는 그것을 하는가를 알아야 한다는 점 또한 가장 중요하다. 이런 것들은 복음적 격려를 할 때에 밀접하고 중요한 확신과 관련된 것으로 우리 목회에서 강조해야 한다.

어른들은 언약에 있어서 부모와 자녀가 하나가 되어 맺어지기에, 자녀들이 자신과 연결되어 있다는 것을 이해하며, 언약을 맺는 세례에서 자신의 자녀를 드리는 것이 기독교 헌신의 기반이라는 점을 교육받을 필요가 있다. 이런 신성한 행위에 의해 자녀들은 하나님께 자신의 개인적 헌신을 고백한다. 자신을 먼저 하나님께 드린 사람을 제외하고 누가 자신의 아이를 하나님께 자유롭게 그리고 신실하게 드릴 수 있단 말인가? 더 나아가서 어른들은 아이가 자신의 소유가 아니라 하나님의 소유임을 기억하며 아이를 매일 훈련시켜야 한다. 어른들은 그런 책무를 받았다는 것이 큰 영광으로 여겨야 하며, 그렇게 책임 있는 맡김을 소홀히 하면 두려운 죄책이 따른다는 점을 기억해야 한다. 세례를 실

---

5 시 116:16. Philip Henry's Life, p. 85.

천하고 있는 곳에서 보호자나 부모는 목회적인 교육을 먼저 받지 않고서는 성찬식에 참석해서는 안 된다.[6] 그들은 하나님의 복 아래서 "합당한 봉사"로서만이 아니라 "거룩하고 받아 들일 만한" 자로 자신들을 드리면서 인내하고, 정직하며, 믿으며, 감사하며, 그리고 즐거운 영으로 이 의식에 인도되어야 한다.

우리는 세례 때 했던 약속을 가르치는 것을 잊지 말아야 한다. 많은 경우 그것은 죄의 억제로 사용될 수 있다. 그리고 의무에 대한 흥분, 신앙에 대한 지원, 나아가 기도하는 자에 대한 격려 등으로 사용될 수 있다. 특권의 수여에 대한 기억이 그런 것들의 실제적인 참여를 더욱 활기차게 할 것이며 또한 영적 교회의 영적 연합으로 살아있는 머리의 살아있는 지체로 살 수 있도록 더욱 힘을 줄 것이다.[7]

2. 주의 만찬

필립 헨리(Philip Henry)의 가르침은 주의 만찬과 관련하여 놀라운 규칙과 같다. 그는 다음과 같이 가르쳤다. "약한 자들이 낙심하지 않도록, 그리고 남용되지 않도록 주의 만찬을 운영해야 한다."[8] 우리의 교

---

[6] 이런 목적을 위해 본 저자는 '세례에 있어서 네 가지 대화들'을 교구분배를 위한 가장 중요한 것-그것들의 형태에서 대중적, 그것들의 특성에서 영적, 그것들의 경향에서 실천적-으로 추천한다. 나중에 J. Bickersteth 목사에 의해 출판된 A short Catechism on Baptism은 p. 576의 각주에 언급하고 있는 주의 만찬과 유사한 특성을 갖는다.

[7] 미국의 어떤 교회들에서 세례를 받은 아이들은 자신들의 보호자와 교회의 장로들과 함께 교회에 주기적으로 모이고 자신들이 했던 맹세의 의무에 대해 목사로부터 교육을 받는다. 많은 영원한 복이 이런 계획으로부터 온다고 진술되어 있다. 우리는 비슷한 모임들이 동일한 교회적인 장엄함을 가지고 우리 교회의 봉사로 전환될 수 있기를 원할 뿐이다. 혹은 적어도 이런 강요하는 의식의 정신이 세례에 대한 책임을 더욱 흔하고 효과적인 힘으로 우리의 일상적인 목회 안으로 전환되길 원할 뿐이다.

[8] Life, p. 43.

훈은 이런 두 가지 목적에 직접적으로 언급되어야 한다. 우리는 낮은 자와 깊이 회개한 자 혹은 견실한 자를 위해서 너무 높은 기준을 설정하지 말아야 한다. 우리는 또한 모든 사람이 들어오라고 성만찬의 문을 열어서도 안 된다.[9] 우리의 교훈은 성만찬을 받은 자들의 특성에 따라 변해야 한다. 무시하는 자들과 자기 의로움으로 살아가는 자들은 영적 특성을 지니며 엄숙한 의무를 이행하는 자들과는 다르게 교훈해야 한다. 그리고 모든 사람 중에서도 성만찬에 참석할 가치가 없는 가장 끔찍한 형벌을 받기에 합당한, 가장된 거룩한 목소리로 자신을 낮추면서 우리의 성만찬 집행방법의 실천에 대해서는 목소리를 높이는 위선자들은 우리가 직접적이며 자각해야 하는 확신을 가르쳐야 할 대상이다.

주님의 '상'이 얼마나 효과적인가에 대해서는 다음의 말씀과 연결해서 생각하면 잘 알 수 있다. "저희 앞의 밥상이 올무가 되게 하시며 저희 평안이 덫이 되게 하소서!"(시 69:22) 불만족스러운 상태에서 성만찬에 참여하기를 원하는 사람들에게 우리는 나중에 참여하라고 강하게 권면해야 한다.

참여하는 대신 자신을 더욱더 성찰하고 기독교인으로서 진실하게 살 수 있기 위해 그리고 신적 조명을 받을 수 있기 위해 더욱 진지하게 기도하도록 강하게 권면해야 한다. 신실하고 견실하기를 위해서 우리는 다음과 같은 점들을 보여 주어야 한다. 억측뿐만 아니라 불신앙의 죄가 있고 합당치 않게 성만찬에 참여함뿐만 아니라 참여하는 것을 거절하는 죄도 있다. 합당치 않은 죄란 우리의 최고 사랑스러운 친구인 주님께서 죽으실 때 주신 명령에 불순종한 것이다. 또한 그것은 하늘 잔치의 특권을 무시한 것이며 나아가 십자가의 열린 고백 그리고 그리

---

[9] 이런 기독교 교통으로부터 모든 형태 아래 불경건한 자들을 배제시키는 것은 명령으로 되어 있지는 않지만 직접적으로 함축된 듯하다. 겔 44:6-9. 고전 10:16-21을 비교하라.

스도를 따르는 자들과 형제로서의 교통을 무시한 것을 의미한다.

 부드러움과 관심을 깨우는 초기 단계에서 교훈과 격려는 특별히 필요하다. 가장 연약한 제자도 가장 강한 제자와 함께 성만찬에 참여할 동일한 권리를 가진다. 완전한 확신이 요구된 것이 아니라 그런 확신을 원하고 있음을 필요조건으로 한다. 인침은 견진으로 주어진다. 그렇지 않으면 의심의 문제가 될 것이다. 성만찬에 참여한 사람이 성만찬의 엄숙한 준비를 강화하는 것으로 간주하도록 하고, 성만찬의 단순함을 신앙을 격려하는 것으로 간주하도록 해야 한다. 그래서 그로 하여금 신앙의 겸손함과 경외함에 이르게 해야 한다. 이렇게 하면 그 누가 자신의 승인을 의심할 것인가?[10]

 그러나 표현하기 위한 준비로 그리고 직접적인 초청으로 성만찬 의식을 위해서 중요한 사용이 많이 만들어질 수 있다. 그 중요한 사용은 복된 구속의 가장 완전하고 간단한 관점으로 표현함으로써, 그리고 겟세마네와 갈보리의 광경을 묵상함으로 마음의 감성을 깊게 만들기 위해 생각하는 것으로써, 낱인의 초기 단계에서 보일 수 있다. 또한 젊은 그리스도인이 적극적인 의무를 심사숙고할 수 있도록 하기 위해, 잇따라 발생하는 약속의 대가를 계산할 수 있도록 하기 위해, 그리고 수반하는 특권을 즐기는 것을 기대할 수 있도록 하기 위해 인도하는 것으로써 많은 중요한 사용이 만들어질 수 있다. 성만찬을 준비하기 위해 특별한 관점을 지닌 성례 모임들은 목회 교훈의 가장 흥미로운 부분

---

10 Robinson 목사는 자신의 초기 목회 중 발생한 한 사건에서 한 나그네의 열정에 놀라서 그가 성만찬에 참여하도록 결정했다. Robinson 목사는 그 사람에게 참여하지 말라고 권면하는 것이 헛된 것이라고 생각하여 다음과 같이 물었다. "당신은 죄에 대해 진심으로 슬퍼하십니까? 당신은 온전히 그리스도만 의지하십니까? 당신은 오직 하나님만을 거룩하게 섬기기로 생각했습니까?" 그 남자의 대답은 만족스럽게 하나님만을 섬기는 것을 갈망하고 있으며 하나님의 인도만을 바라고 있다고 했다. 만약 그의 마음이 여전히 그렇다면 성만찬에 참석해도 좋다는 확신이 생겼다. 힘과 위로가 주어졌다. "그리고 그는 자신의 길을 즐거워하며 갔다." Life, pp. 45-47.

을 형성할 것이다. 그것은 성례식의 더욱 간단하고 친밀한 설명이 될 것이다.[11] 또한 기도와 권고를 위한 성례식이 있기 이전 집회는 기독교 사랑의 흥미를 새롭게 한다. 이런 모임은 또한 신앙고백을 교훈하기 위한 것으로 가장 중요하다. 그리하여 영적 생활의 맥박이 직접적인 초대의 언어를 보증해야 할 때, 감정의 부드러움은 영적 지식의 일치하는 습관에 동반하게 될 것이다. 가치 있는 참여자들에서조차 그것의 결점은 '주님의 몸을 분별하는'데 있어서 믿음의 행사를 당혹케 만든다. 개별적인 목회적인 교훈은 또한 은혜의 기독교 수단 중에서 그것의 높은 위엄으로 이런 의식을 회복시키는데 있어서 가장 효과적임을 입증할 것이다. 그리하여 간접적으로 "교회에 구원받아야 할 사람들을 더하게" 될 것이다.

---

[11] 이런 관점에서 Winchester의 감독은 모임을 권면해 왔다. Charge, pp. 42-43. 이런 모임을 위한 적절한 주제들은 간단해야 하고 **교통의 섬김을 적용할 수 있는 교훈을** 포함해야 할 것이다. 이러한 교훈은 성찬식의 가장 복음적인 관점을 제공하고 동시에 집행의 방법에 있어서 지적인 이해를 제공해야 할 것이다. 지적 이해의 결핍은 함양을 심각하게 방해하는 것으로 지금까지 발견되어 왔다. **그리스도께서 십자가에 달리셨다는 그 큰 주제는** 자연스럽게 우리로 하여금 성만찬의 본질과 합당하게 참석한 성도의 자격을 세우도록 이끈다. 또한 합당치 않게 성만찬에 참여한 자들의 죄에 대하여 확신을 불러일으키고 젊은 그리스도인의 마음을 혼란스럽게 만드는 여러 가지 자세한 것을 파악하도록 이끈다. 고전 11:23-32을 보라. 더욱 일반적으로 **그리스도를 아는 것과 연결된 위대한 교리, 즉 그리스도와의 연합**, 그분의 구원을 값없이 제공하심, 그것으로부터 흘러나오는 복과 실천적인 의무, 이런 것들은 성만찬과 관련되어 있는 우리 주님의 가르치심과 기도의 영 안에 있을 것이다 (요 13-18장). 나아가 고백의 확신 그리고 더욱 습관적이며 함양된 헌신의 길로 가는 진지한 그리스도인의 자극을 위해 믿음과 사랑의 성례적 은혜를 이끌어 낼 수 있도록 잘 계산될 수 있을 것이다.

The Christian Ministry

6장

성도의 교제와 성직

'성도의 교통'은 복음의 최고 특권을 성취하기 위해 하나님께서 정하신 것이다. 이것을 무시하는 것은 결론적으로 이런 특권을 즐거워하는 마음이 없다는 것과 연결되어 있다. 이것이 없이 그리스도의 몸이 존재할 수는 있을지 모르지만 번성할 수는 없다. 그리스도인의 사랑과 연합을 행하는 것이 지금 유지되고 있다고 하지만 실제로 감소되고 있는 것은 너무나 분명하다.

모든 성경적 방법에 의해서 이것이 부흥된다는 것은 교회를 위한 영적 번영의 새로운 시기를 열게 된다는 의미다. 이것이 존재하여 연합된 것들을 통해 "온몸이 각 마디를 통하여 도움을 입음으로"(엡 4:15-16) 효과적이 되는 것이다. 이 연합은 모든 그리스도인과 목사들을 자신이 살고 있는 사회와 연결시키며, 모든 상황을 위해 동일한 방법과 자료들을 즉시 사용할 수 있도록 한다. 만약 머리이신 주님과의 연합이 더욱 뚜렷한 관점에서 이루어지고 또한 더 많은 지체가 더욱 밀접한 조화로 움직인다면, 영적 선물과 은혜의 더욱 풍부한 교통을 그리고 복음의 위대한 목표를 더욱 효과적으로 획득할 수 있음을 우리는 발견하지 않을까? 그들을 한 몸으로 연합시킴으로써 그리고 그들 서로 영적 삶의 통로가 되도록 만듦으로써 단순히 수많은 개인들의 구원만이 아니라 구원의 효과가 될 것이라고 생각하지는 않는가?

우리는 이 주제를 우리 목사 자신과 성도에 관해 언급하면서 살펴보려고 한다.

1. 목회자의 연합

교리의 차이가 우리 목사들 사이의 형제적 연합에 대해 심각한 방해를 해 왔다. 기독교인들의 기대와 관련되어 있는, 하나로 거대하게 연합된 재림의 교리조차도 형제들을 서로 대적하게 만들어 왔다. 재림과 관련해서 불확실한 추측과 부수적인 것들이 연결되어 하늘로부터 영광스러운 재림이 있을 것이란 점으로부터 여러 다양한 생각을 만들어 냈기 때문이다.[1] 이 주제에 대한 차이가 이 특권을 크게 방해해 왔다. 더욱 습관적으로 실현된 우리 모두의 주님과의 연합이 이런 악에 대한 최고 치료책이 될 것이다. 강철 조각들이 자석에 끌린 것처럼, 몇 개의 조각이 서로 연합되어 있다. 각자가 주님과 더욱더 연합하여 살수록 우리 각자에게 연합의 가장 효과적인 방법이 될 것이다. 상호 동정과 자극 그리고 권유를 위한 모임의 사도적인 원칙에 있어서 목사들의 만

---

[1] 우리가 언급할 수밖에 없는 점은 다음과 같다. 이 주제에 대한 모든 토론이 재림에 대한 Stewart 목사의 설교의 영과 연결되어 있다면, 기독교인의 사랑과 주님의 재림에 대한 기대가 성장하는 것이 교회에 널리 퍼지는 것이 아닐까! 그러나 재림의 부수적인 것들 때문에, 아무리 그것들이 중요한 것들로 간주되어 왔다고 해도, '형제가 형제를 싫어한'다면 과연 그들이 "심판주가 문 앞에 서 계시지 않는가?"라는 야고보서 5:9의 말씀을 진짜 믿고 있었을까?

남들 또한 가장 중요한 것이 될 것이다. 상호 회담에서 그리고 기독교 인내와 사랑의 영 안에서 종교적인 주제들을 토론하는 것은 우리의 견해들을 확장하고 또한 우리의 오해를 교정하며 나아가 우리가 성도에게 더욱더 신적 진리의 지적인 체계를 분배할 수 있도록 할 것이다. 뿐만 아니라 사상의 친절한 교환 그리고 목회 어려움과 목회 계획에 대한 나눔은 형제애로 서로의 마음을 하나 되게 할 것이며 가장 중요한 일에서 서로 손을 굳세게 할 것이다.

마실론(Massillon)은 이런 만남의 특성을 다음과 같이 기록한다.

> 영적상태에 관하여 자신의 어린 아이들을 다룰 때, 유아세례를 그런 거룩한 모임들은 목사들 사이의 성직의 연합을 유지하기 위해서 계산되었다. 그리고 그런 모임들은 우리에게 교회 목회의 의무들에 대해 정형화된 관례에 대해 우리를 개별적으로 활성화시킬 수 있도록 거룩한 조화를 유지하기 위해서 계산되었다. 나아가 그런 모임들은 의심스런 것들을 깨끗하게 하거나 치우기 위해 그리고 그것의 어려움들을 제거 시키기 위한 도움을 유지하기 위해서 계산되었다.[2]

이 관점이 바로 목사들 모임이 어떻게 진행되어야 할 것인지를 보여준다. 목사들 모임은 영적이면서 또한 목회적인 특성을 가진 것이므로 형제의 동정과 협의 그리고 신실함으로 구별된다. 그리고 엘리엇(Eliot)은 비슷한 경우에 자신의 형제들 회집에서 다음과 같이 행동했다. "주 예수께서는 자신의 목사들이 모였을 때 무엇을 행하며 무엇을 말하는지를 주목하십니다. 그러므로 형제들이여 오십시오. 우리가 헤어지기 전에 함께 기도합시다."[3] 이것은 또한 대감독 그린달(Grindal)의 '설교하

---

[2] Clauges, pp. 224 225.
[3] Mather's Life of Eliot.

기'의 특성과 영과 같은 것이다. 그린달 대감독의 '설교하기'에 대해 로드 베이콘(Lord Bacon)은 다음과 같이 선언했다. "설교자들로 하여금 하나님의 말씀을 마땅히 다루어져야 할 것으로 다루도록 건설하고 훈련하는 최고의 방법이 되기 위한 것이 지금까지 실천되어 왔다."⁴ 아무튼 모든 실천적인 방법에 의해서 그리스도의 목사들 사이 영과 협의 그리고 기도와 섬김의 연합은 항상 우리의 사역에 가장 유익한 에너지로 작동할 것이다.

2. 교회 내의 연합

교회의 성경적 이상은 복음의 교제 안에서 한 몸이 한 영에 의해서

---

4 완전히 특별한 것들이 Strype와 Puller 안에 주어졌다. 그들은 약간 경험 있는 목사의 지도 아래 항상 기도로 시작하고 끝내면서 이전에 제안된 성경 구절들을 차례로 토론하기 위한 목적으로 큰 범위의 목회 모임들을 구성해 왔던 것 같다. 교회에 관한 논문(Treatise concerning the Church)을 썼던 Lord Bacon은 대학교들 안에서 이런 것을 실천하는 것을 권면한다. 대감독 Grindal로부터 생성된 하나의 가장 고귀한 기독교 항거를 반대하여, 엘리자베스 여왕은 자신이 좋아하는 Leicester의 백작의 영향 아래서 독단적인 법령을 내려 그것들을 금지시켰다. 그러나 그것들은 대감독 Matthew의 묵과와 격려에 의해 그 다음 통치에서 부분적으로 부활하였다. 대감독 Tenison은 그 계획을 확장시켰고 향상시켰다. 그의 1699년 4월 6일자 순회편지에서 (Woodward 박사가 Account of Religious Societies, ch. iv에 인용함) 우리는 다음과 같은 뛰어난 조언을 볼 수 있다. "모든 이웃하는 목사들은 일반적으로 종교의 선을 토론하기 위해서 그리고 자신들의 특별한 치유에 발생할 수 있는 어떤 어려움들에 관해서 서로 조언하기 위해서 자주 모임을 가질 것을 동의할 수 있을 것이다. 조언을 구하는 질문은 다음과 같을 것이다. '어떤 악한 관습이 가장 쉽게 부서질 수 있는 방법들은 무엇일까? 어떻게 죄인이 가장 효과적으로 교정될 수 있을까? 그리고 일반적으로 그들 중 각자가 어떻게 자신들의 떨어진 환경들 속에서 종교의 발전을 위해 가장 공언할 수 있을까?' 충고와 교훈의 상호 유익 이외에도 모임에 있는 이런 것들과 같은 의논은 어떤 목사의 열정을 불러일으키는 자연스러운 방법이 될 것이며 동시에 너무 열정적인 사람의 그 과도한 열정을 누그러뜨릴 것이다. 나아가 모두에게 자신의 존경하는 교구 안에 경건과 질서의 향상에 있어 종교적 경쟁을 유발시킬 것이다." Bishop Burnet (Past. Care, ch. viii) 그리고 지금 우리 시대에 감독 Burgess는 이런 모임들을 권위의 인가로 주어 왔다. Cologne의 Herman은 대감독들 Grindal 그리고 Tennison의 계획들을 자신의 종교개혁 제도 안에 결합시켜 왔다. 그의 작품 ut supra, fol 273을 보라.

살아가는 것이다(행 2:41-47; 4:32). 교회의 힘은 지체들의 연합에 의하여 좌우된다. 이런 영의 연합은 자연스럽게 우호적인 관심과 지속적인 기도로 살아가는 기독교 전체의 몸을 포함한다. 교회 작용의 더욱 뚜렷한 영역은 그리스도인이 하나의 지체인 개별적인 공동체가 될 것이다. 그러므로 성도 사이에 이런 연합을 증진시키는 것이 바로 목회의 높은 의무 중 하나다. 그리고 비록 때때로 세심한 적용이 필요하지만, 이런 목적을 위한 방법은 다양하다.

종파 분립의 본질을 설명하는 것이 분명히 중요한 것 같다. 종파 분립은 기독교 교회로부터 나중에 분리된 것이며 또한 그것은 연결된 그리스도의 몸 안에 하나의 셋집(a rent)이다. 그것은 깨어있는 양심과 관련된 것이 아니라 면밀함과 관련된 것으로 기독교 인내와 겸손 그리고 사랑보다는 자기 뜻과 자기 자만에 기초하여 있다.[5] 복음의 영에 반대하고 있는 분파의 죄악을 드러내는 것보다 중요한 것은 없을 것이다. 분파는 교회의 번성에 해가 되고 우리의 부패한 마음의 이기적 원칙에 관대한 것이다.[6] 고린도전서 12장을 연구하면 이 주제에 대한 성경적 관점을 볼 수 있다. 고린도전서 12장은 몸의 모든 지체가 서로 결합되고 서로 의존하여 있으며, 그 모든 지체의 고정된 직임이 있는데 이 직임은 서로 똑같고 나아가 머리 되신 주님과의 관계에서도 똑같다고 언급하고 있다. 그 다음 13장은 "완전한 끈"이 되는 "더욱 뛰어난 길"을 언급하고 있다. 두 장의 연결은 우리를 비본질적 면에 있어서는 인

---

[5] 양심과 관련되어 있음을 인정한다고 해도 우리 형제들에 대한 적절한 양심(지적인 것과 동일하게 생각할 수 있는) 그리고 교회의 연합을 위한 양심은 아니지 않을까? 만약 **양심과 멀리 관련되어 있는** 차이의 모든 요점이 분리의 배경을 만들었다면, 기독교 인내의 실행을 위해 존재하는 공간은 무엇일까? 그리고 살아있는 돌들 두 개가 함께 조립될 때 완전히 동일한 형태가 되지 않는다면 어떻게 영적 성전이 완성으로 나아갈 수 있단 말인가?

[6] 이런 결론들은 육의 역사들 사이에 수많은 분파들의 번성함을 충분히 보여준다(갈 5:20; 고전 3:1-3). 그리스도께 자신의 영혼을 드리기 위해 "사랑 가운데 서로 용납하는 것" 대신에 자신들을 위해 이름과 당파를 추구하는 사람들을 향하여 로마서 16:17-18에서 훈계가 적절하게 주어지고 있다.

내를 가지고서 근본적인 면에서는 결정을 결합하도록 이끈다. 그리고 기독교 불변의 영 안에서 교회의 연합이 최고가 되어야 할 것이다. 교회의 연합은 우리 주님의 중보기도에 있어서 큰 제목이고 또한 세상을 변화시킬 수 있는 확신의 주된 방법이다(요 17:21).

서로간의 사랑과 영적인 신앙이(골 2:1-2) 교회 교통과 기독교 불변의 두 가지 주된 원칙들이 되는 것으로 간주할 수 있을 것이다. 전자는 그리스도인들을 서로 결합시키고, 후자는 그들 모두를 자신들의 공통된 중앙으로 이끌어낸다. 그러나 교구 목회의 현재 상황에 적용하는 상세한 그런 관점들에서 더욱 명확하게 되는 것이 바람직하다. 온유함과 겸손함 그리고 자기부인과 사랑 안에서 실천적인 종교의 가르침은, 악의 적극적인 반대가 아니지만 그러나 여전히 악의 방해가 증가하고 있는 곳에서도, '몸을 성장시켜 사랑 안에서 스스로 세우는 것을' 조용히 수행해 낼 것이다.

우리의 섬김을 대중적으로 보여주어야 한다는 점이 제안될 수 있을 것인데, 그 이유를 다음과 같이 말할 수 있다.

> 봉사를 과도하게 칭찬하려는 관점에서가 아니며, 또한 우리를 찬성하지 않는 자들에게 저주를 쏟기 위한 것도 아니라, 단지 성만찬에 대해서 부당하게 비방하는 자들에게 온유하게 대답하기 위한 것이고, 주로 각 부분의 의미와 이유들 그리고 사용들을 보여주기 위한 것이다. 그리하여 사도가 표현하고 있는 것처럼 '이해하며 기도'할 것이다.[7]

"주님의 성전은 우리다"라고(렘 7:4) 의미 없이 외치기만 하는 것은 우리의 친구들에게 확신을 가져다주지 못하며 오히려 적들의 비웃음만

---

[7] Secker's Charges, pp. 293-294. 이런 보여줌의 가장 절묘한 실례로는 George Herbert의 삶을 보라.

불러일으킨다. 영적 특성과 의식들 그리고 국정 예배의 실례는 교회의 교통에 견고한 고수를 강화하기 위한 건전하고 관대한 보증을 제공한다. 교회의 아름다운 관습으로 옷 입은 종교의 한 유형을 산출하는 것에 의한 성찬식의 한 과정은 기독교의 단순함과 거룩함 그리고 일관성의 절묘한 패턴을 보여줄 것이다.

우리의 운영의 방법 또한 우리가 높게 종사한다는 의식으로 위엄 있게 해야 한다. 운영의 방법은 성찬식에서의 봉사를 엄숙하고 지적이며 헌신적으로 읽음에 의해서 표시되도록 해야 한다. 성찬식에서 모든 봉사는 우리 생각의 유익에 고정되어야 하고 또한 우리 마음의 실행으로 집어넣어야 한다. 기도와 하늘의 열정의 영으로 살면서 우리가 봉사정신으로 들어가 봉사들을 이처럼 정당하게 행할 때 형식은 단순한 형식이 되는 것을 그친다. 그리고 우리의 회중은 봉사에 참여하는 것뿐만 아니라 그것 안으로 연합하는 것 또한 더 잘하게 될 것이다.[8]

주님의 상에서 자주 교통하는 것은 "떡이 하나요 많은 우리가 한 몸이니 이는 우리가 다 한 떡에 참예함이라"는(고전 10:17) 말씀을 계속해서 기억하면서 성도가 더욱 연합하게 되고, 따라서 가장 사랑스런 약속에 의해 서로 단단히 결속된다.[9]

---

8 이 주제에 대해 Spratt 감독과 Bull 감독이 놀라운 언급을 다음에서 하고 있는 것을 발견할 것이다. Clergyman's Instructor, pp. 246-309.
9 성례 모임이 이 거룩한 의식과 연결될 때, 그리고 더욱 특별하게는 지적인 기독교 회중이 잘 할 수 있는 것처럼 그들의 계획이 교회 교통의 주된 목적들을 포함하기 위해 확장될 때, 이것은 특별한 경우다. 그리고 이 교통은 그리스도인 생활에서 우리의 인격적인 향상을 위해 그리고 우리의 가족들과 회심하지 않는 친구들 혹은 고통 가운데 있는 그리스도인 친구들을 위해, 더 나아가 무지와 무관심 혹은 흥미를 깨우고 있거나 그리고 복음에 대하여 지속적인 고백과 즐거움의 여러 상태에 있는 자들을 위해 기도하는데 연합되어 있다. 뿐만 아니라 바로 우리 옆에 있는 이웃을 위해 그리고 세상에 그리스도의 왕국의 일반적인 확장을 위해 기도하는데 연합되어 있다. 그리고 마지막으로 주님의 재림에 거룩하고 즐거운 참여를 위해 기도하는데 연합되어 있다. 기도는 가장 영적이며 생명을 살리며 실천적인 작용에 구현되어 있는 기독교 사랑의 실천이다. 그러므로 이런 영 안에서 이런 특성의 모임들은 교회들 안에 있는 연합과 교통의 끈들을 강화시킬 수 있는 가장 중요한 영향력을 가진다.

복음의 완전한 설교가 가장 강력하게 묶는 끈이다. "네 백성을 더 잘 먹이라, 그러면 그들은 방황하지 않으리라"는 말은 자신의 백성을 돌보지 않았으면서도 불평하는 목사에 대한 비국교도의 대답이었다.[10] 심지어 '그리스도 안에 순박함에서 자란 견고한 영혼들로 세워져 있는' 가장 성경적인 교회 안에서조차 적이 비록 너무 형통할지라도, 복음의 기준은 여전히 어떤 중대한 침해에 대한 하나의 효과적인 방어다.

우리는 교구의 성도에게 정직하고 정통적인 비국교도가 말하는 것을 주저할 필요가 없다. 다음의 말씀은 진리이기 때문이다.

> 그 손의 열매가 그에게로 돌아갈 것이요 그 행한 일을 인하여 성문에서 칭찬을 받으리라.[11]

아무튼 우리는 국교회의 목사들로서 우리 자신의 배경에 굳게 서 있어야만 한다. 우리는 정직하고 정통적인 비국교도들을 다른 비국교도들처럼 반대한다는 것을 어색해 해야 한다. 또한 정직하고 정통적인 비국교도들을 사랑하고 그들을 위해 기도하는 것을 멈추지 말아야 한다. 그들의 편견 혹은 오해가 무엇이든지 우리는 그들이 그리스도의 참된 종들이 될 수 있다는 것을 진심으로 믿어야 한다.

---

10 "웅변은 현혹시킬지 모르며, 논쟁은 지적 숭배자들의 존경을 끌어낼지 모른다. 그러나 성경 진리의 갑주로 무장했다면 생명의 떡에 굶주려 있는 사람들이 설교자에게 모여들고 붙어있을 수 있게 하며 그들의 영원한 사업을 만들어 주는 것은 오직 복음뿐이다. 교회를 잘 채우기 위해서는 우리는 강단을 잘 채워야 한다." Chalmers' Sermons at St. John's Church, Glasgow, p. 392.

11 잠 31:31. 이 주제에 대한 놀라운 몇 가지 견해들을 Burnet의 Pastoral Care의 서문에서 발견할 것이다. "다른 포대를 소용돌이로 만들지 않고서도 당신 자신의 진영을 방어할 수 있는 것을 모집하라. 겸손한 확신을 가지고 성경적 논점에 의해 당신 자신의 원칙들과 실천들을 유지하라. 그러나 난간을 막지는 말아라. 당신에게 존경심이 없는 한 당신의 반대자들에게 당신이 갖고 있는 견해를 은근히 심어주려고 하지도 말고 그들의 이름조차도 부르려고 하지도 말아라." 이것은 자신의 제자들에게 주었던 유명한 기독교 정신을 가진 비국교회 목사의 현명한 조언이었다. Jay's Life of Winter.

그러므로 일반적인 법칙으로서, 우리는 우리 백성에게 다른 교통들에 대해서 마음에서 우러나는 선한 의지를 가지고(엡 4:24) 엄격하게 고수하고 있는 특권에 대하여 즐거워하며 나아가 더욱 감사할 수 있는 마음과 결합시킬 수 있도록 요청해야만 한다. 어떤 것들은 그들이 따르고 있는 것과는 다르며, 자신들의 확장된 사랑의 증거로 그들은 모두를 따르려고 한다. 그러나 이것은 그리스도의 법칙이 아니며[12] 또한 사도들의 법칙도 아니며[13] 더 나아가 제자들의 경험에 의해서 권면된 것도 아니다. 모두를 따르는 자들은 가르칠 만한 마음에 의해서보다는 '귀를 가렵게 해주는' 것에 의해서 훨씬 더 구별되는 사람들로, 앞으로 나아가려는 충분한 열정은 갖고 있지만 자신들의 과정이 어떤 방향인지를 분간할 수 있는 판단력이 없는 기독교의 견고함으로부터 멀리 떨어져 있는 극단적인 부분에서 흔히 발견되는 사람들이다(딤후 4:3-4).

우리와 함께 있는 악이 일어나고 성장하는 것은 자기 성찰의 문제가 아닐까?

백스터(Baxter)는 다음과 같이 외친다.

> 잘못과 분파를 비난하고 있는 목사들이 과연 더욱 큰 잘못을 범해 오지는 않았던가! 비국교도들을 치료하기 위해서 숙련된 의술을 펼치는 것이나 그런 비참한 병을 예방하고 고치기 위해서 그들을 위한 열 번째 책임을 감당하는 것보다는, 강단에서 그들을 비난하는 것과 그들을 대항하여 증거를 진술하는 것은 더욱 쉽다.[14]

---

[12] 막 9:38-40을 보라. 우리 주님께서는 제자들에게 그 사람을 금하도록 명령하시지 않으셨다. 그러나 주님께서는 제자들이 자신의 주인이신 예수님을 떠나 그 사람을 따라야 할 것을 암시하시지도 않으셨다. 잠 27:8을 비교해보라.
[13] "견고함과 결합된 '질서'가 골로새 교회의 아름다움을 형성했고 그것들 때문에 사도는 기뻐했다. 골 2:5.
[14] Reformed Pastor, 호 9:8을 비교하라.

"사람들이 자고 있는 동안에"(마 13:25) 눈물이 뿌려졌다. 그리고 우리는 미혹의 희생자로 살고 있는 사람들이 초대되고 격려를 받았으며 부모의 확신으로 소중히 양육을 받았는지에 대해 우리 자신의 확신을 위해 물어보아야 할 것이다. 그리고 우리가 목회 특권의 열정에 있었던 동안 우리가 그들의 호의에 화해하려고 또한 그들의 연약함에 대해 겸손하려고 우리 자신을 내려놓았는지에 대해 확신할 수 있는지 스스로 물어 보아야 할 것이다. 사실상 결국에는 열정의 불꽃 가운데 있지만 이해에 있어서는 어린아이와 같은 자들은 '진리로부터 귀를 돌려 우화를 들으려 할 것이다.' 우화를 들으려는 자들의 자만을 용인하는 것은 우리 사이에 끔직한 혼동을 가져올 것이다. 가장 앞장서야 할 사람들이 교회의 통치자들이 되어야 할 것이다. 우화를 들으려는 자들과의 평화를 위해 양보한 한 발자국이 우리를 우리 목회의 비참한 불신과 우리 양심의 상처 그리고 주님의 이름을 욕되게 하는 것으로 나아가도록 강요할 것이다. 백스터(Baxter)는 다음과 같이 잘 말한다. "경솔한 고백자들의 죄가 가득한 비위맞춤은 세상의 큰 힘을 소유한 자들을 향한 죄가 가득한 맹종처럼 경건한 목사들에게 큰 유혹이다."[15] 순박함과 사랑의 영 안에서 두 배로 증가된 근면이 이런 환경들을 만들기 위한 성경적 법칙이다(딤후 4:4-5).

이런 당파와 분리의 영은 별개로 하고 한 몸의 지체들로서 우리는 '그리스도인들이 마땅히 서로 가져야만 되는 상호 교제와 상호 도움 그리고 상호 위로라는 것'을 원한다. 그리고 그런 원함은 그리스도인의 특권들을 더욱 생생하며 활기찬 그리고 확립된 즐거움뿐만 아니라 교회의 일반적인 유익들을 증진시킨다.[16] 연합의 영 안에서 각 지체는

---

[15] Cure of Church Divisions, p. 394. 이 주제에 대해 Cecil's Life of Cadogan안에서 약간의 귀중한 언급들을 보게 될 것이다.
[16] 성령의 연합은 골로새 교회 성도의 영적 위로의 방법으로서 골로새 교회를 위하여 사도가

다른 지체에게 형제로서 도움과 의논 그리고 기도를 나눈다. 이 점에 대해 "각각 자기 일을 돌아 볼 뿐더러 또한 각각 다른 사람들의 일을 돌아보라"는 말씀과 특히 "마땅히 연약한 자의 약점을 담당하고" 또한 모든 관계에서 "그리스도께서 우리를 받아 하나님께 영광을 돌리심과 같이 너희도 서로 받으라"(빌 2:4; 롬 15:1, 7)는 말씀이 잘 보여 준다.

상호 함양을 위해 이런 상호 교제를 향상시켜야 하는 의무에 대해서는 질문할 필요도 없다. 구약 성도도 의무와 특권을 분명하게 느꼈다(시 34: 2-3; 66:16; 말 3:16). 초대교회도 그것을 알고 있었다(행 2:42, 46). 주님께서 은사와 은혜를 나눠주심은 바로 이런 목적을 위해서였다(벧전 4:10; 고전 7:7). 여러 나라들 사이의 상호 무역처럼 이런 의무에서 자주 행함과 신실함은 그리스도인들로 하여금 서로 풍요롭게 만들 수 있을 것이다. 이렇게 하면 유혹과 잘못에 더욱 성공적으로 저항할 것이다. 만약 적의 표어가 '분리하고 정복하라'는 것이라면 우리의 표어는 '연합은 무적이다'로 되어야 한다. 교회는 개인의 지체들로 되어 있는 것이 아니라 "군기들을 가진 하나의 군대로서" '두려운' 것이다.[17] 기독교 사랑은 상호 점검과 상호 자극의 계획을 가진 빈번한 교제에 의해 더 많이 증가될 것이다(히 10:24). 세워진 강한 그리스도인들의 성숙한 경험은 약한 자들의 확증과 향상에 공헌할 것이다. 그리고 각 개인은 전체 몸을 향한 연합의 유익을 즐길 것이다.

상호 교제를 위한 합당한 은혜의 배양이 가장 중요한 것에 속한다. 은혜의 배양이란 비판의 절제, 마음의 낮아짐, 서로간의 은사와 은혜를 알아가려고 힘씀, 청소년들에게 인내하며 격려함, 그리스도인의 명백함과 순수함, 비판적이며 논쟁을 좋아하는 영을 주의 깊게 경계함, 그리고 오직 그리스도인의 지식과 거룩함과 사랑의 진보로 나아가려

크게 갈망했던 것이다. 골 2:1-2.
17 Cant. 6:10.

고 노력하는 그 무엇인가를 주고 싶은 염원을 의미한다.

심지어 순박함과 경건함의 초기 시대조차도 눈물의 수확물은 자랐고 더 좋은 씨앗이 뿌려졌다. "박애의 잔치에 왔던 농락꾼들이"(유 12절) 자신들이 '함께 왔던 것은 더 좋은 것을 위한 것이 아니라 더 나쁜 것을 위해서'란 사실을 분명하게 알려 주었다. 최고 좋은 시기에서조차 이런 학대의 회상은 기독교 질서와 연결되어 있는 기독교 경건함을 유지하기 위해서 그리고 기독교 겸손의 견고한 바탕에 있는 형제 사랑과 연합을 보전하기 위해서 목회 감독의 균형의 중요성을 강하게 제시하기 위함인 것 같다. 광대한 교구 영역에서 가장 현명한 실행주의자 중 하나였던 로빈슨(Robinson) 목사는 레스터(Leicester)에서 자신의 목회를 시작할 때부터 무제한의 교통의 원칙을 결정적으로 찬성하지 않았다. 그리고 그는 기독교 협의의 계획을, 필요하지만 분별없는 자신의 상황들 아래 것으로 간주하여 철회하도록 했다.[18]

그러나 그런 철회는 교회의 교통을 원하는 것이 우리 사이에 하나의 심각한 악으로 생각하고 대중에게는 잘못되게 작용하는 것으로 여겨져, 결국 기독교 교통을 원하는 것을 개인적인 것들에게만 적용되어야 한다는 소리를 해오도록 만들었다. 그것은 또한 분리를 위한 그럴듯한 배경을 제공하였다. 비국교도들은 기도와 해설 그리고 교리와 태도, 나아가 경험의 문제들에 대하여 자유로운 토론을 위해서 교회의 지체들과 개인적인 모임을 가진다. 그런 모임은 심각한 악이 끼어있지 않는 것은 아니지만 상호 확신을 강화하기 위해 아주 적절하고, 의심 없이 기독교 함양의 수단으로 사용되고 있다. 그러나 가장 중요한 부분을 위한 우리의 직무에는 그리스도의 몸을 함께 견고하게 결합시킬 수 있는 어떤 것도 없고 보이는 교회로부터 영적인 것을 함께 가지고 나

---

18 Vaughan's Life of Robinson, pp. 85-88. 또한 Scott's Life, pp. 494-498을 비교하라.

올 수 있는 어떤 것도 없으며, 더 나아가 연합의 어떤 계획에 일관성을 줄 수 있는 어떤 것도 없다. 그 연합에 의해서 숲에 있었던 요나단이 다윗에게 했던 것처럼 적지 않은 지체들이 하나님 안에서 서로의 손을 강하게 할 수 있을 것이다(삼상 23:16).

그러므로 불법적인 자극이나 비성경적인 제도가 우리 영역 안으로 들어오는 것은 우리의 기준으로부터 연약하고 불안정한 자들을 끌어내어 체질하는 일임을 입증할 것이다. 교통을 반대하는 제도에 대해서 우리는 비록 무자비하지는 않을지라도, 반대를 결정해야 한다는 점을 느낄 것이다. 목사가 교회의 어떤 공식적 회원은 아닐지라도, "만군의 주님의 메신저로" 자신의 "입술은 지식을 지켜야 하겠고 사람들이 그 입에서 율법을 구해야 한다"는(말 2:7) 사실을 잊어버린 것 같다. 나아가 "성도의 교통이" 자신들의 위대한 머리이신 주님의 영향 아래 그리스도인들의 상호 교제라는 것 또한 잊어버린 것 같다. 많거나 적거나 자신들의 머리이신 주님의 직접적인 지도 아래 지체들 사이에 있는 동정의 교환이 정상적인 교회의 교통이라는 사실도 잊어버린 것 같다.

그러나 우리의 우호적인 감독 아래서 서로 기꺼이 배우려고 하고, 상호 격려하며 겸손과 사랑 가운데 서로의 손을 높이 들어줄 수 있는 그런 그리스도인들의 집회를 우리가 우리의 주위 사람들을 모아서 만들 수는 없을까? 이런 점을 인정하는 시금석은 교리적인 지식이나 은사적인 혹은 떠드는 고백 혹은 뜨거운 열정이 아니라 그것들이 확인될 수 있다면 마음과 태도의 '순박함과 경건한 순수함'이 되어야 한다. 환경이 이런 모임들을 적절한 범위 내에 제한하며 규칙적으로 가질 수 있도록 허락해야 할 것이다. 그리고 동시에 이런 모임들은 감정의 솔직한 소통을 격려할 수 있어야 한다. 지체들은 상고하고 싶은 성경의 어떤 부분에 대해서도 제안하는 것이나 성경의 어려운 부분, 하나님 예배, 자신들의 경험, 자신들 가족의 어려움들, 자신들의 친척과 이웃에 대한 의무들 그리고 읽어야 할 책들에 관하여 어떤 질문을 할 수 있도록 허락되어야 한다. 그리고 간단하게는 지체들이 자신의 영혼으로 하나님의 일을 어떻게 하면 최선을 다해 전진할 수 있을 것인지에 대한 질문 또한 할 수 있도록 허락되어야 한다. 만약 소모임이라면 유익과 함양의 최고 좋은 관점을 가지고 대화 형태로 가질 수 있을 것이다.[19]

그러나 이런 모임들 안에서 선택은 매우 중요하다. 그것은 교회와 세상 사이 종교의 넓은 선을 보여줌으로써 우리 교구 안에서 종교의 억양을 향상시키는 경향이 있다. 하잘 것 없는 지체들을 또한 제외하는 것은 불일치의 커다란 무리를 막는 것으로, 이들은 쉽게 집합적 몸으로 전환될 수 있을 것이다. 그런가 하면 우리가 그리스도의 교회에 속해 있다고 믿고 있는 자비 안에 있으면서 또한 판단 안에 있는 사람들의 연합은 사랑과 거룩함을 진실로 즐거워하는 분위기를 회중이 모인 곳에 확장시킨다. 그런 모임들은 목사에게 자신의 백성을 더욱 동정하고 기도하는 데 흥미를 더하게 해 줄 수 있기 위해서 안배된다. 모임은 그리스도인의 호감과 충성의 띠로서 지체들에게 덜 유익한 것이

---

[19] 본 저자가 처음으로 이 계획을 제안했을 때, 저자는 이것이 청교도들 사이에서 이미 실천되고 있었음을 알지 못했다. 청교도들 사이에 진행되었던 계획은 이렇다. 질문이 던져지면 대답해 주어야만 했고, 이렇게 하여 자유로운 대화가 진행되었다. 이런 과정에서 상황을 보며 목사는 토론의 길에서 지체들이 목사 자신의 직무를 침해하는 것 없이 자신들의 범주 내에서 계속 있을 수 있도록 모임을 보살피며 도왔다. 모임의 결론에서 목사는 지체들의 흩어져 있는 감정들을 질서 있는 방법으로 모았고 적절한 성경 말씀과 자신의 말로 확정하고 그들이 적용하도록 도왔다. Life of Mr. T. Wilson in Clark's Lives, Vol. iii. p. 33을 보라. 서문에서 그 자신의 삶은 이런 모임들의 유익에 대한 진술을 주고 있다. Pref. 4, 5. 흥미로운 실례가 또한 Phillip Henry's Life, pp. 41-42, 349-351에서도 보인다. 그의 뛰어난 아들은 항상 자신이 지도하면서 그의 젊은 사람들과 기독교 교통의 방법으로써 그들을 또한 자신의 회중 안으로 도입시킨다. 그는 자신의 교회의 더 나이 많은 지체들 사이에 덜 제한적인 특성을 지닌 비슷한 모임을 가지기를 원했던 것으로 보인다. 성찬식 전에 했던 그의 기도들 중 하나는 이런 모임에 대한 그의 관심을 입증했다. "이 상으로부터 내일 제가 특별하게 가지기를 원하는 것은 종교의 문제에 관한 인격적인 협의를 위한 지혜입니다." Life, pp. 134-135. Mather 또한 Essays to do Good, pp. 87-91에서 하나의 흥미로운 윤곽을 보여주고 있다. Baxter는 성도 사이의 연합을 유지하기 위해 기독교의 사회적 모임의 필요성을 언급하고 있지만 목사의 통제의 필요성을 주장하는 것처럼 보인다. Reformed Paster.

결코 아닐 것이다. 그런 모임은 지체들로 하여금 그리스도의 몸의 지체로서 교회와 세상 앞에 자신들의 책임의 특성을 회상하며 '거룩한 질투심'을 가지고 형제 사랑으로 서로 살피게 자극을 줄 것이다. 그러나 만약 한 모임이 울타리가 쳐 있어 한편으로는 그 모임에 속한 지체들의 겸손을 위협할 것으로 그리고 다른 한편으로는 자비를 위협할 것으로 생각된다면 동일한 제도가 덜 제외된 배경을 가지고 있는 더욱 열린 교통의 원칙들 위에 충분히 형성될 수 있을 것이다.

여기 제외된 사람이 없는 우리의 교통에 초대받는 일반적인 사람들은 신임할 수 있는 고백의 휘장을 달고 있다. 이런 모임의 영적 특성은 일반적으로 영적이지 않은 고백자들의 참석을 미리 제외시킬 것이다. 반면 그들이 참석하지 않는 것은 스스로를 배제시키며 결국에는 어떤 그럴듯한 반대의 배경도 없게 될 것이다. 그리고 교회에서 자신들의 이름을 보존하려고 강요할 수 있는 소수의 사람들은 비록 자신들이 일반적인 몸에 부분적으로 제한하는 사람들로 의심 없이 작동할 수 있을 것이지만, 그들은 여전히 인격적인 확신을 위해 많은 것을 들을 것이다. 한편 그들의 나아감은 확고하고 현명한 제한에 의해서 제재를 받을 것이다. 그러나 이러한 모임의 논조가 더욱더 영적이고 실천적이 될수록 그들의 제 맛에 사는 것이 더 줄어들고 나아가 더욱 빠르게 자신들의 퇴각을 서두르게 될 것이다.

트루로의 왈커(Walker of Truro) 목사는 놀라운 지혜와 만족스러운 효과를 가지고 우드와드(Woodward) 박사의 패턴을 따라 통제를 키울 수 있는 원칙 위에 교회 교통을 위한 단체들(Societies for Church communion)을 조직했다.[20] 그러나 특별히 영적인 이런 단체들의 목적은 지도자의 적절

---

20 Walker 목사의 목적은, 자신의 회중의 심각한 지체들 사이에 서로간의 영적 복지를 특별한 관심을 불러일으키기 위해서, 그들이 복음의 믿음 안에서 형제와 자매로서 서로 칭찬하고 훈계하고 격려하는 것을 지켜볼 수 있어야 한다는 것이었다. 그의 계획은 종교적 고

한 경계 아래 지체들의 영성에 의해서만 유지될 수 있었다는 것은 분명했다. 이런 지속적인 보호가 없었다면 단순히 형식만 남았을 것이다. 그러나 왈커 목사의 현명하고 효과적인 보호 아래 이런 단체들의 효과는 가장 중요한 영역에서 더욱 많은 함양으로 지속되었고, 왈커 목사의 영적 교리들이 사람들에게 불행하게도 강단에서 전해지는 것이 중단된 후에도 수년 동안 계속되었다.[21] 한편으로는 상호 확신과 도움의 중요성을 부인할 수 없지만, 악으로 현존하는 유혹이나 삽입시키는 것들이 없이 완전한 유익들을 보장한다는 것은 상당히 난처한 일로 많은 목사들의 생각을 복잡하게 하는 문제다. 우리가 지금까지 상세히 살펴왔던 사회적 모임들의 제도는 상당한 대가를 요구한다. 제도의

백이 의심스러운 그런 형제자매들과 주간에 한번 만나는 것이었다. 목사는 그들을 한편은 미혼들로, 다른 한편은 아내들도 동반한 기혼들로 이렇게 둘로 나눴다. 그들은 서로 다른 주마다 돌아가면서 만났다. 모든 공동체는 지도자인 목사의 감독 아래 있었고, 목사는 회원들의 가입과 탈퇴 그리고 새로운 규칙 등과 같은 그들 모두의 업무를 규정했다. 또한 목사는 주중의 만남들을 주관했고 부득이하게 참석할 수 없을 때, 그들에게 진행의 양식을 기록하여 주었다. 그들은 기도와 훈계 그리고 찬송으로 자신들의 만남을 시작했다. 이것과 연관해서 보다 자유로운 분위기로 미혼과 기혼별로 자신들의 집에서 돌아가며 보다 소규모의 모임을 가졌다. 이런 공동체를 지도하기 위해서 Walker씨는 아주 훌륭한 규정들을 만들었다. 이런 모임들의 목적들에 대해서 Walker씨의 첫 번째 강의에 다음과 같이 되어야 한다고 기록되어 있다. 1. 하나님을 영화롭게 할 수 있도록 해야 한다. 2. 그들 스스로 활기차고 확정될 수 있도록 해야 한다. 3. 그들의 이웃 사이에 더욱 유용하게 자신들을 줄 수 있도록 해야 한다. 회원들은 상호간 신실한 감독을 실행할 수 있도록 다음과 같은 점들을 권면해야 한다. 자신을 "자신의 형제를 지키는 자"로 간주한다. "서로 죄로 고통 받지 않고" 스스로 안에 죄가 들어오는 것을 허락하지 않고, 자비의 법에 의해 하나가 되어야 한다. 자신의 생활에 신중해야 한다. 세상적인 관습과 행동으로부터 분리되어야 하고, 겸손과 온유와 하늘의 마음 그리고 사랑으로 행해야 한다. 그리고 자주 자신들이 공동체에 속한다는 것이 거룩함을 향한 동기로 간주해야 하며, 자신이 고백한 목적은 하나님 영광을 증진시키는 것이었다.

이런 공동체의 규칙들은 높은 기독교 원칙들 위에 형성되었다. 세상의 즐거움으로부터 그들이 엄격하게 구분되는 것은 십자가에 죽임 당하신 구세주의 제자가 되는 배경으로 이해되었다. 상호간 보살핌은 그들 스스로의 마음을 살피는 원동력이 되었다. Walker 목사의 귀중한 삶에 대해서는 그분의 Lectures on the Catechism의 서문, pp. 25-48을 보라. 또한 'Practical Christianity'란 제목의 그의 뛰어난 논문들의 모음집을 비교하라.

21 Richmond 목사 또한 자신의 초기 목회에서 비록 제도에 있어서 덜 형식적이었지만 주로 이런 원칙들 위에서 흥미로운 교회 모임을 세웠다. 그의 Life, pp. 43-44 각주를 보라.

유익과 효과성의 운영과 유지는 작은 어려움의 문제가 아니다. 그러나 현명한 규칙 아래 있다면 수확은 상당히 중요한 가치가 될 것이다. 목회적인 통제와 목회적인 확신의 결합은 전체에게 연합과 조화 그리고 진리의 원하는 목적을 달성하는 데 있어 최고의 약속을 제공한다. 어느 청교도 목사가 다음과 같이 적절하게 지적했던 것처럼 그 결합은 '기독교 교통'의 유일한 방법이다.

> 기독교 교통이 우리의 종교를 계속 숨쉴 수 있도록 만든다. 그것이 없다면 교회는 곧 죽게 될 것이다.

The Christian Ministry

7장

돕는 자들의 직임과 사용

목사가 하나님을 섬기는 모든 것을 홀로 감당해야 한다고 의도된 적은 없었다. 모세도 자신의 과중한 책임을 홀로 감당할 수 없다고 생각하면서 70명의 장로들로부터 도움을 받았다.[1] 그리고 초대교회 안에 '돕는 자들'의 직임은 기독교 목회의 효과를 증진시키는 데 있어서 상당히 공헌한 것으로 나타난다(롬 16:9, 12; 빌 4:3).

그리고 목사의 일들 중 가장 중요한 하나는 목사가 성도에 대하여 확신을 가지며 목사가 성도 개인들의 특성을 포착할 수 있는 통찰력을 가지고 성도를 부차적이지만 가장 효과적인 영역에서 일을 할 수 있도록 이끌어 주는 것이다. 그러나 목사의 일 중에서 '지도하기에 유익한 지혜'가 더욱 요구되는 분야는 그리 많지 않다. 현재 운영의 어려움들 그리고 초기 때부터 오는 교회의 다른 기질, 독립적인 정신의 발생, 영적 자부심의 고조, "많은 문제들"(약 3:1)에 대한 해로운 악의 도입, 나아

---

[1] 민 11:10-25. 또한 모세에게 주었던 이드로의 현명한 충고가 기록된 출 18:13-26을 비교해 보라

가 교구장 영향의 결과로 일어나는 감소 등은 이런 제도에 부수적으로 발생하는 유혹들이기에 끊임없이 경계를 해야 할 것이다. 그러나 여전히 목사의 통제에 엄격한 복종 그리고 겸손과 인내의 커다란 영역을 가지고 지역 제도에 의해 제한받고 '은사들의 다양함'에 따라 할당된 다양한 직임에서 중간 지도자인 평신도 대표(lay-agency)의 적극적인 협동을 위한 여지가 기꺼이 준비되어 있어야 할 것이다.

찰머스(Chalmers) 박사는 우리 각자의 영역에 있는 부수적인 사역으로 성도의 힘을 불러서 목사와 성도가 연합할 때의 유익이 무엇인지에 대해 잘 지적해 왔다.[2] 만약 첫 번째 예로 우리 자신의 일을 하는 것이 더욱 쉬워졌다면 그 유익은 많은 경우 궁극적으로 더욱 효과적인 일들로 될 것이다. 우리 목사 중 약간은 성도를 이렇게 사용하는 것에 소홀히 함으로부터 상실의 고통을 당할지 모른다. 그런가 하면 성공을 이런 원인으로 돌리게 될지도 모른다. 중간 지도자인 성도의 도움을 목사의 유익을 위해 과도하게 사용하거나 성도의 중요성을 너무 높이는 경우 기독교 고백의 순수함과 겸손함에 가장 해롭게 될지도 모른다.[3]

교구의 선을 위해 목회 경영의 다양한 계획은 항상 적절한 일의 영역을 제공할 것이다. 주일학교에서 교훈하는 일, 어른 학교의 감독, 종교 단체들의 경영 혹은 장려, 가난한 사람들의 필요를 위해 애쓰며 동정적인 요청, 그런 일시적인 필요에 대한 운영과 그들의 영적 유익에 더욱 많은 운영, 그리고 병자들의 방문, 또한 비슷한 계획들은 개인적인 그리스도인들의 시간을 위하여 많은 일을 제공할 것이다. 이것은 세상에서 하나님의 부르심에 대해 성도의 양심적인 관심이 일반적으로 허락하는 것과 같다.

각 그리스도인이 자신의 개인적인 상황을 적절하게 고려하면서 이

---

2 Chalmers의 Civic Economy를 보라.
3 Baxter, pp. 611-612으로부터 인용한 것을 보라.

보다는 돕는 자의 수고에 의해 행해지는 것이 더욱 좋다. 왜냐하면 목적 안에 동일한 선이 있다면 부수적인 유익은 도움에 의해서 주어지기 때문이다. 은혜가 주어지지 않으면 그들은 잠자게 될 것이다. 반면에 우리가 돕는 자들을 우리의 짐과 우리의 특권 그리고 우리의 슬픔과 기쁨에 참여하도록 만들어서 우리의 일에서 편한 휴식을 체험한다. 이런 관점으로 그리고 빼앗길 이유가 전혀 없는 관련된 의무를 적절하게 고려함으로, 기독교 신앙의 과정을 방금 시작한 사람들에게 이런 기독교 책임을 부과하는 것은 권면할 만하다. 그런 사람들은 자신들을 둘러싸고 있는 새로운 세계의 흥미에 몰입될 가능성이 있다. 그들은 실천적인 종교의 능동적인 습관에 빠지기를 원한다. 그들은 자신의 주위에 있는 영적 고통 그리고 그들의 도움과 밀접한 연결을 가지고, 자신의 은혜가 실행되고, 자신의 동정심이 나눠지고, 자신의 의무감이 깊어지고 그리고 복음의 실체성에 대한 관점이 확립되기를 원한다.

이런 사역의 어느 부분을 위해서 적지 않게 요구되는 것은, 그리스도인의 경험과 지혜는 실제적으로 요구되는 것이며, 인내, 겸손, 진지함, 그리고 사랑의 실천 또한 요구된다. 이런 것들은 부지런함과 기도를 통해서 힘과 성숙함을 모으는 자질이다. 개인적인 교훈의 명백한 의무와 단순한 일은 가장 낮은 영적 능력의 영역 내에 있다. 영혼의 가치, 인간의 상실된 상태, 구세주의 필요, 주님에게 속한 사람의 능력, 주님의 영의 역사, 그리고 주님 영광의 소망을 아는 것보다 더욱 필요한 것은 없다. 실제로 느끼는 때는 이런 것들이 설명될 준비가 되어 있어야 한다는 것이다. 그것도 웅변이나 혹은 제도적인 정확함으로가 아니라 순수한 전지함으로 설명될 준비가 되어 있어야 할 이유는 이것이 복음을 특징짓고 하나님을 영화롭게 하며 나아가 하나님에 의해서 칭찬을 받기 때문이다. 그리스도인의 사랑과 충성을 실천하는 데 있어서 그리고 가상 제한된 영역에서, 이런 훈련은 젊은 돕는 자에게 하나님의 부런 직임을 취하는 것이 의무라는 점이 모든 그리스도인에게 가르쳐져야만 한다. 교훈의 일이 목사에게 첫째로 속한 것이지만 배타적으로 속한 것은 아니다. 목사들이 제도를 움직이며 지도하는 자가 되어야 하지만 혼자만 주님의 대리자가 되어서는 안 된다. 목사의 직임은 움직임에 있어서 더 작은 수많은 바퀴들과 함께 돌아가야 하고 기계의 더욱 큰 운동을 위해서 도와주는 성도의 움직임과 조화를 이루어야 한다. 그리스도인들은 너무 열정적으로 자신의 함양만을 추구해서는 안 된다. 그렇게 되면 너무 이기적으로 그 일에 빠질 수 있을 것이다. 많은 그리스도인이 세상에는 불신자들이 없는 것처럼 자기 주변에 있는 불신자들에게 전혀 관심조차 보이지 않는다.

많은 성도가 자신의 몸을 교구 약제사의 돌봄에 맡기는 것처럼 동일한 무관심으로, 그들은 자신의 영혼을 교구 목사의 감독 아래 맡기는 것으로 만족한다. 그들은 이런 노력의 부족에 의해서 교회에 발생한 것과 동일한 손실이 자신에게도 발생한다는 것을 전혀 깨닫지 못한다. 그들은 자신이 '어두움으로부터 놀라운 빛 안으로 부르심을 받아' 이제는 '일어나 비추어야' 한다는 의무를 기억할 수 있도록 더 많은 도움을 받을 필요가 있다. 그리고 또한 그들의 본보기의 빛에 의해서만 아니라 개인적인 일과 활동에 의해서도 우리의 손을 강하게 하는데 연결되어 있음을 기억할 수 있도록 더 많은 도움을 받을 필요가 있다. 우리는 돕는 자들이 턱 없이 부족했던 상태에 있었고, 하나님께서 그들을 변화시켜 오셨기에 그들이 '주님 안에서 우리의 돕는 자들'이 될 수 있었을 것이다.

이것은 자연스럽게 우리로 하여금 이런 섬김의 개인적인 유익이 가장 중요하다는 점을 언급하도록 만든다. 우리 주위의 죄인들의 영적 필요를 위해 역동적인 헌신보다 개인의 종교에 더 좋은 자극제는 없다. 그러므로 어떤 면에 있어서는 우리 자신의 수고에 의해서 효과를 내온 것수적인 섬김에서 더욱 확장되고 한정된 일을 할 수 있도록 자격을 부여한다. "지극히 작은 것에 충성된 자는 큰 것에도 충성된다"(눅 16:10).

목사에게 또한 이런 제도의 유익은 동일하게 고려된다. 이 사실은 다음과 같이 잘 관찰되어 왔다.

평신도 대표는 목회자의 손이 미치지 못하는 영역에서 목회자를 보조한다. 목사가 모든 것을 친히 다 맡아서 할 수는 없다. 목사는 자신의 시간을 조금씩 낭비해서는 안 된다. 그는 자신의 개인적 노력의 장을 너무 많이 확장시켜서는 안 된다. 목사는 자신의 주위에 있는 수많은 손과 마음에 집중해야 하고 영향을 주어야만 하며 나아가 그것을 움직이는 데 있어서 중심이 되어야만 한다. 이런 경우는 사람이 많은 장소에서 더욱 특별하게 그래야만 하는데, 그 장소가 어떤 한 명 혹은 두 명의 목사들의 실제적인 노력이 자세한 측면에서 상실될 수 있는 곳이기 때문이다. 만약 목사가 개인적인 교훈만을 시도했다면 그의 공적 교훈은 경솔하며 이해되지 않는 표현이 될 뿐이다. 그러므로 지혜가 반드시 함께 행해져야만 한다. 다른 것이 일할 수 있기 위해서 놓여야만 하고 구조를 세워야만 하는데, 이런 것을 통해서 목사는 일반적인 지도만을 행할 수 있기 때문이다.[4]

다른 방법으로 목사는 광범위한 일터에서 멸망으로 가고 있는 수천 명의 영혼에 대한 책임을 맡으려는 자신의 양심을 따라 최선을 다할 수 있다. 그리고 또한 목사는 구조를 움직이는데 있어서 자신으로부터 직접적으로 나오는 자신의 영향을 모든 부분에서 느낄 수 있다. 큰 영역에서 거의 소수의 교회만이 돕는 자들의 조직화된 제도가 성도를 위해서 해 줘야 하는 목사의 필요한 "봉사의 부족한 부분"을 공급할 수

---

[4] Prefatory Essay to Baxter's Reformed Paster, by Rev. Daniel Wilson, p. 44. 이것의 저자는 이 흥미로운 주제에 대한 하나의 명확하고 중요하며 실천적인 진술을 위해 pp. 21-26에서 Chester의 감독인 교지(Charge)에 대해서만 언급하고 있다.

있도록 여유를 제공한다. 목사는 오직 그리스도의 사랑과 영혼에 대한 사랑 그리고 이런 원칙으로부터 흘러나온 책임감을 가지고 돕는 자들의 마음을 감동시킬 수 있도록 해야 한다. 또한 목사는 돕는 자들이 의무감으로 가장 적절한 행동의 방법을 제안하도록 해야 한다. 목사는 시간에 따라 맞게 지도하고 격려하고 혹은 돕는 자들의 작업을 통제할 수 있어야 한다.

목사는 돕는 자들을 자극시켜 그들의 목적을 얻기 위해 앞으로 한 걸음 나아갈 수 있도록 해야 하고, 그 목적이 그들의 여러 지역을 아울러 오직 하나의 빛나는 점이라면 그것을 펼칠 수 있도록 해야 하며, 나아가 규칙적인 분배의 제도 안에서 점진적으로 나아가며 끝없는 움직임 가운데 있도록 해야 한다. 그러면 돕는 자들은 복음의 사역에서 가장 유용한 조수가 될 것이다. 이웃 집의 문 앞에서 그리고 그 문을 간헐적으로 교환함으로 목사에 의해서 현명하게 선택된 지역을 떠나는 제도는 우리 땅의 많은 어두운 지역에서 빛을 확장시키는 그리고 유익을 고무시키는 중요한 방법으로 발견되어 왔다.[5] 우리는 더 나아가 이 제도가 작용에 있어 조직적으로 되어 있는 곳은 어디서나 달마다 혹은 분기마다 기도와 협의를 위하여 방문한 자들에게 유익이 된다는 점을 제안해야만 된다.

이런 분야에 속한 돕는 자들의 가장 중요한 직임은 그들의 몇 개의 구역에서 종교적인 감동의 경우를 발견하는 것이며, 목사와 자유롭고 예약하지 않는 대화의 상황에서 격려를 받는 것이다(행 9:27). 이것은 바나바가 사울을 교회에 즐겁게 소개하여 사울의 특성이 변화되는 것을

---

[5] 지역단체제도(The System of District Societies)는 우리의 가장 큰 어떤 구역들에서 그리고 우리의 가장 높은 교회 권위의(특별히 대도시에서) 찬성 아래서 발전을 만들기 위한 것으로 나타난다. 그것은 수많은 불변의 존재들 사이에서 효과적인 광대한 영적 선의 최고 적합한 방법으로서, 다른 방법으로는 도달 할 수 없는 방법으로 이것을 강력하게 추천한다.

알게 되었던 때에 격려를 받았던 것과 같다. 한편 이런 처리방법은 돕는 사람들 각자에게 중요한 유익이지만, 그것은 또한 목사에게 진짜 도움이 된다. 왜냐하면 목사에게는, "하나님의 백성을 위로하라"는(사 60:1-2) 즐거운 사명이 있는데, 이런 처리방법을 불신자들과 관련해서 그들을 복음의 신앙으로 세워야 하는 힘들고 고통스러운 실천과 연결시킬 수 있기 때문이다.

백스터(Baxter) 목사는 합당한 질서 가운데 그리고 목사의 감독 아래 성도의 은사가 모두 사용될 수 있도록 만들어야 하며, 성도가 목사를 대항하여 그것들을 분열의 방법으로 사용하게 해서는 안 된다고 현명하게 조언한다. 그는 목사에게 분열의 원인 중 하나가 "하나님께서 목사를 도우라고 성도에게 주신 은사들을 성도가 사용하지 않으려는 갈망"이라고 말한다. 그는 다음과 같이 계속해서 주장한다.

> 만약 목사들이 가장 능력 있는 지체들을 이처럼 잘 이용해 왔다면 지금 우리에게 있는 분열과 혼란 그리고 배교 등의 많은 부분을 막을 수 있었을 것이다. 왜냐하면 그렇게 했다면 그런 지체들은 목회를 침해하지 않고서도 자신들의 처한 입장보다 더 높은 부분을 위해서 자신들의 손을 충분히 사용하는 것이 어떤 것인지 발견했으리라고 생각되기 때문이다. 그들의 경험은 목사들의 말이 할 수 있는 것보다 더욱더 그들에게 확신을 주었을 것이며 동시에 그들을 더욱 겸손하게 만들었을 것이다. 어떤 성도가 손가락 하나 움직이지 않으면서 자신이 한 구역을 뒤집어 놓을 수 있으며, 혹은 뿌리째 나무를 뽑을 수 있다고 생각할 수도 있을 것이다. 그러나 그가 그런 것들을 하려고 자신의 손을 움직인 다음 말처럼 되지 않는다는 것을 알고서는 부끄러워할 것이다. 그리고 목사는 그의 일터로 가서 부지런히 일하라고 그를 몰아세울 수 있으며, 그는 자신의 가족에게 소홀히 했고 비참한 가운데 있는 이웃을 무시하고 있던 죄를 깨닫게

될 것이다. 그리하여 목사가 자신을 자극하며 게으름에 대해서 책망한다고 느낄 때, 그는 겸손하게 될 것이며 더 이상 더 많은 일을 해 내겠다는 교만한 생각을 하지 않을 것이다. 따라서 그는 자신의 사역의 불변성과 위대함 때문에 분열의 틈을 만들려는 어떤 계획도 세우지 않을 것이다.[6]

그러나 돕는 자는 목사가 아님을 반드시 기억해야만 한다. 그들은 훈계와 간청과 사랑으로 말할 수 있지만 그러나 목사의 권위를 가진 것은 아니다. 그들의 사역은 아버지다운 가르침의 특성을 가진 것보다는 형제다운 권고의 특성을 가진 것으로 생각해야만 한다. 그들은 목사에게 맡겨진 그런 특별한 사명이 자신에게 주어진 것이 아니라는 것을 알아야 한다. 그들은 "하나님께서 주신 능력으로 하나님의 말씀을 하는 것처럼 말"(벧전 4:11) 해야만 하지만 그들은 '그리스도를 위한 대사'처럼 말할 수는 없다. 그들은 자신들의 머리이신 주님을 의지하여 주님의 이름으로 말할 수 있지만, 그분으로부터 메시지나 사명을 받지 않았기에 '그분을 대신하여' 말할 수는 없을 것이다.

그들은 즉시 고무되고 지도를 받으며 통제를 받을 필요가 있으며, 이런 훈련 아래서 우리는 "오직 너희 믿음이 더할수록 우리의 한계를 따라 너희 가운데서 더욱 위대하여지기를 바라노라"는(고후 10:15) 말씀을 소중히 여길 것이다. 그들은 "눈 대신"(민 10:31) 진실로 목사인 우리의 눈이 되고, 그들의 '역사와 사랑의 수고'는 영속적인 운동의 커다란 기계 안에 있는 바퀴들 중 하나처럼 상당한 힘을 가지고 활동할 것이다. 그리고 그들에게 오는 은혜의 보상은 "우르바노와 사랑하는 버시"와 "글레먼드와 생명책에 그 이름들이 있는 다른 동역자들"과(롬 16:9, 12; 빌 4:3) 함께 받게 될 그런 것이다.

---

6 Conclusion of Reformed paster.

그러나 우리는 교회에서 가장 보잘것없는 지체라고 해도 돕는 자의 이런 유용한 특성을 훌륭히 해낸다는 점을 잊지 말아야 한다. 로마에 가기를 원하는 사도 바울처럼 설교 단상으로 나아가는 것은 얼마나 즐거운 일인가! 설교 단상으로 나아감은 청중에게 어떤 영적 선물을 나누는 것뿐만 아니라 청중의 신앙으로부터 위로를 받을 수 있다는 소망이 있기 때문이다(롬 1:11-12). 참석한 청중의 눈에서 믿음이 빛날 때, 이것은 열심히 공부한 결과로부터 오는 것보다 훨씬 더 생각의 놀라운 자극을 제공하면서 우리의 힘과 흥미와 사랑을 얼마나 북돋는가! 우리는 강단 목회보다 더욱 강력하게 지속적으로 우리의 목회에 매일 도움을 주는 것은 거의 없다고 거의 말할 필요도 없다(벧전 3:1-2). 이런 보이는 '우리 사도의 신분의 표'를 부정하거나 반박할 수 있는 사람은 없다. 교훈과 초청과 격려의 모든 말을 확정함으로써 그리고 "즐거움과 평화의 길"이 되는 복음의 좁은 길을 보여줌으로써, 이런 증거는 모든 가치보다 뛰어난 것이다.

특히 우리는 전에 그렇게 생각해 왔다고 해도 성도의 기도로부터 우리의 목회가 도움을 얻고 있다는 사실을 잊지 말아야 한다. 이런 기도의 도움의 가치에 매우 민감했던 사도는, 은혜와 실천과 섬김을 위하여 자신이 탁월한 자로 구별되었다는 사실을 알고 있었음에도 불구하고, 성도에게 연보를 진지하게 요청할 때도 기도해 줄 것을 간청한다(롬 15:30). 데하와넌트(Davenant) 감독은 교회에서 수많은 무지한 목사를 허용하여 성도의 마음에서 나온 기도의 도움이 부족하다는 점을 적절하게 추적한다.[7]

그리고 진실로 기도하는 성도는 목회를 받아들이고 함양시킴으로써 결론적으로 복을 받게 되어 있다는 것을 확신하게 될 것이다. 우리는

---

[7] Daven in Col. iv. p. 3.

우리가 항상 의식하고 있는 것 그 이상의 것들이 성도의 능력 안에 더욱 많이 있다는 사실을 알아야 한다. 인간적으로 말해서 우리의 인격적인 은혜와 우리 목회의 영적 특성 그리고 성도의 위로와 충성으로부터 결론적으로 흘러나온 것은 우리를 대신한 성도의 비밀스런 수고에 매우 실제적으로 달려있다. 우리는 은혜의 통로로 우리에 의해서 교회가 새로움을 입는다. 그러므로 교회는 통로 속으로 흘러들어 갈 수 있도록 계속적인 도움을 위해 기도해야 하며 그렇지 않을 경우 유다의 귀인들처럼 "빈 그릇으로 돌아오니 부끄럽고 근심하여 그 머리를 가리우며"(렘 14:3) 그것들은 되돌아 올 것이다. 복음은 교회의 목회에 의해서만이 아니라 기도에 의해서도 진전되다는 것을 의심할 여지 없이 발견될 것이다.

그러므로 그리스도인은 목사를 따르는 자신의 동료에게도 사랑의 실천의 의무가 있다는 것을 기억해야만 한다. 이 동료는 주님의 동일한 피에 의해서 구속을 받아야 하는 죄인으로 또한 어느 정도에 있어서는 의심할 것도 없이 구원의 유일한 창시자이시며 우리의 위대한 스승이신 주님을 위해서 구원의 도구로 사용될 자들이다. 그러므로 목회의 도움을 통해 복이 다음과 같은 말씀에 기록된 방법으로 추구되어야 한다.

> 너희도 우리를 위하여 간구함으로 도우라 이는 우리가 많은 사람의 기도로 얻은 은사를 인하여 많은 사람도 우리를 위하여 감사하게 하려 함이라(고후 1:11).

그리고 우리가 성도의 기도의 날개 위에 오르는 환희에 찬 즐거움을 깨달은 동안 성도 또한 즐거움에 사로잡혀 있을 것이다. 왜냐하면 목사를 축복하기 위해 보내진 도움은 반드시 그런 도움을 보낸 성도들의

머리에 열매의 복으로 되돌아가기 때문이다.[8]

그러므로 모든 사건에서 나태한 개념의 오류를 제거하기 위해서 목사들은 최선을 다해야만 한다. 모든 성도는 "우리에게 오는 모든 교회를 위한 염려"와 같은(고후 11:28) 그리스도인의 삶에 있어서 환란 이외에도 우리 일의 거대한 부담을 기억해야 한다. 만약 성도가 무엇인가를 할 수 있다면, 그리스도에게 영혼들을 인도함으로써 우리를 돕도록 해야 한다. 성도는 자기 주변에서 거룩한 누룩의 영향력을 확장시켜 '전체가 누룩이 되도록' 해야 한다.

목사에게 성도의 기도가 매우 필요하다는 사실을 성도가 알아야 하고 또한 우리 교리를 확정하기 위한 실례도 알아야 한다. 그리하여 그 교리가 왜곡되고 오해되고 또한 모든 면에서 반대를 받는다고 해도 목사들은 교리의 거룩한 경향과 행복한 효과의 예증으로 성도의 삶과 기분에 대해 사도 바울의 편지에서 볼 수 있는 것처럼 지적할 수 있어야 할 것이다.

> 너희가 우리의 편지라 우리 마음에 썼고 뭇 사람이 알고 읽는 바라 너희는 우리로 말미암아 나타난 그리스도의 편지니(고후 3:2-3).

---

[8] 개인적 그리고 회중의 예배에서 목사가 특별히 기억할 것은, 아마도 의식하지 못하겠지만, 주일 아침에 특별히 우리 자신들 그리고 우리 목회에 가장 큰 유익이 온다고 계산할 수 있다는 점이다.

The Christian Ministry

8장

잡무[1]

　지금까지 살펴보지 못했던 장년학교의 중요성과 같은 그런 몇 가지만 여기서 살펴볼 것이다. 학교 제도 가운데 보충이 있다. 유용한 교훈의 원칙 가운데 소년을 세우기 위해 그들을 주중학교에 충분히 오랜 기간 동안 남아 있게 만든다는 것은 어렵다. 주일학교 역시 소년들이 획득해 왔던 지식을 보존하는 어떤 다른 방법도 없이 남아 있다. 그러므로 교육과정의 끝없는 계속으로서 장년학교의 유용함은 가장 고려해야 할 사항이다.

　하나님의 말씀에 대한 지식은 어린아이처럼 어른들에게도 동일하게 귀중하다. 읽을 수 있는 능력이 없음에 의해서 많은 방해를 받는다고 해도 어른들의 이해의 능력은 더욱 크다. 수치심은 진실로 무지에 대해 공적으로 고백하는 것을 자주 제한시키는데, 이것이 바로 교훈의 첫 번째 요소를 웅크리게 만든다. 그러나 다른 한편, 영적 상실이 분명

---

[1] 목회의 다양한 잡무에 대한 유용한 도움을 다음의 책에서 발견할 것이다. "The Country Clergyman's Advice to his Flock," By Rev. William Mudge. (Hatchards and Seeleys.)

하게 보이지 않는 곳에서, 무지의 일시적인 불리한 경험조차도 노력을 위한 계속적인 자극을 제공한다. 수의 작음이 낙담시켜서는 안 된다. 생애의 중반이나 노년의 시점에 있는 사람에게 글을 배우도록 설득하여 몇 개월간 참고 적용하여 드디어 그 사람으로 하여금 성경을 읽을 수 있게 한다는 것은 매우 중요한 일이다. 그러므로 한 마을에서 단지 소수만 교훈의 특권을 기꺼이 자신들에게 적용하기를 때때로 좋아할 것이다. 그렇게 적용하려는 사람들 3-4명만 모여도 우리의 규칙적인 집중을 투자할 가치가 있는 것이다. 다른 연령대의 충분한 인원이 학급을 형성할 수 있도록 모일 수 있다면 가능한 청년과 어른을 분리해야 한다.

성경 강의는 흥미로운 질문의 과정을 제공할 것이며, 그리고 심지어 성경의 가장 단순한 본문에서 끌어낸 기초 강의조차도 개별적인 적용으로 가득하게 될 것이다. 이 부분은 돕는 자들의 직임을 위한 일을 제공할 것이며, 목사에게 큰 위안이 되고 자신의 동역자에게는 적지 않는 유익이 된다. 확신을 얻을 수 있고 기회가 적합한 곳에서 주일예배 시간 중간이나 그날 가장 편리한 시간에 더욱 직접적인 교훈을 위해 학급이 형성될 수 있을 것이다.

기회는 영적 교훈을 위해서 제공되어야 하고, 사역은 휴식 시간을 위해 공급되어야 하는데, 그렇지 않으면 그것들은 게으름 혹은 죄에서 소비될 수 있기 때문이다. 관련된 의무를 더욱 지적으로 알게 됨으로부터 온 가정 경제에 대한 유익한 결과는 이 제도를 특히 중요하게 만든다. 이런 목적을 위해 급하게 쓰인 작품에 의해 더욱 촉진된 일반적인 성공은[2] 높게 격려하고 있는데, 특별히 그곳에는 성경의 사랑이 인내의 원칙이다. 다른 사람의 불확실한 친절로부터 흘러나온 성경 내용

---

2 가장 뛰어난 유형이며 성경 교훈을 훌륭하게 모아둔 Mason, Paternoster Row가 팔았던 The Bristol Adult Spelling Book은 원하는 이런 모든 목적에 대하여 대답해 줄 것이다.

에 대한 비약한 지식을 소유한 많은 사람이 이런 찾을 수 없는 보물에게 직접 접근하는 데 있어서 가장 감사할 수 있는 즐거움과 향상을 가지고 친히 실행에 옮길 수 있었다.

실질적이고 유용한 교구 도서관은 목회 제도에 있는 하나의 중요한 부속기관이다. 늙은 사람과 젊은 사람에게 소통이 가능한 독서의 능력은 우리에게 무거운 책임감을 부과한다. 건전한 원칙과 기독교 영향은 특히 지식의 이런 새로운 매개체에 올바른 방향을 제시할 필요가 있다. 그렇지 않으면 그 매개체는 공허한 호기심과 게으름 그리고 또한 불신앙과 죄의 통로가 될 수 있고 나아가 성도에게 복이 되는 대신 사탄의 활동을 위한 장이 될 수 있다. 따라서 뉴튼(Newton) 목사가 다음과 같이 말한 내용을 주목할 필요가 있다.

> 누군가 그릇을 눈물로 채우자고 제안한다고 하자. 그러나 만약 내가 그것을 밀로 먼저 채울 수 있다면, 나는 그의 시도를 허용하지 않게 될 것이다.

그러므로 지식과 종교적 감동의 다양한 단계를 적용할 수 있는 귀중한 교훈의 창고인 도서관이 악독한 영향으로부터 보존하는 기관으로서 그리고 일반적인 흥미를 고조시키는 기관으로서 광범위하게 사용될 수 있다. 일반적인 정보에 대한 소수의 책을 받아들임으로 도서관의 모양은 "한 가지만 필요하다"는 신적 격언의 기본 위에 형성되어, 뚜렷하게 복음적이며 실천적이며 나아가 대중적이 되어야 한다.[3] 한 페니, 혹은 적어도 두 페니를 지불하는 것도 성도 중 최고 가난한 사람에 의해서는 쉽지 않을 것이다. 그렇지만 그것은 그 사람들에게 일련의 흥미로운 재산을 주는 것이 되며 또한 광범위하게 알려지게 될 범

---

[3] Bickersteth's Christian Student (ch. 15)는 이런 목적을 위해 귀중하게 모아 둔 것을 제공할 것이다.

주를 향한 신선한 부속물이 되기 위한 소량의 기금을 쌓는 것이 될 것이다. 출입한 사람의 이름이나 들어온 책 그리고 기부자, 그리고 그들의 기부금의 시기가 다다랐는지 혹은 이미 지불되었는지를 기록할 대장을 비치해야 한다. 책의 교환과 분배 그리고 가지고 있는 시간이 분명하게 고정되어야 하고 엄격하게 준수되어야 한다. 주일에 책을 분배하는 것은 반대해야 할 사항으로, 그 시간 이외에 분배의 약속이 잡혀져야 한다. 책을 분배하는 것은, 그 거룩한 날의 신성함에 적합하지 않은 다른 경우처럼, 안식일의 영적 함양을 위해 너무 가볍고 적합하지 않는 하나의 방법이 될 수 있을 것이다. 책이 갈색 종이로 잘 쌓여져 있다면 거친 손길에도 불구하고 상당한 기간 동안 유지될 것이며 전시될 것이다. 동시에 책을 손상하거나 상실했을 경우에는 고정된 기간밖에 불합리하게 오래 빌려 가지고 있는 경우처럼 정확하게 벌금이 부과되어야 할 것이다.

오두막 독서의 유익 또한 이런 항목에서 제외시키지 말아야 한다. 우리 주님의 공적 목회는 회당의 경내를 벗어나 모든 사람의 장소에까지 확대되었다. 그러므로 이런 예증의 정신과 엄격하게 일치하여 우리는 성도의 집단적 교육을 위한 친밀한 기회를 효과적으로 사용하는 중요성을 제시할 수밖에 없다. 각 교구에서 몸이 연약하여 혹은 다른 원인 때문에 강단 목회의 영역으로부터 제외된 많은 사람이 있다. 그리고 그들은 영적 주제에 관한 일반적 혹은 개인적인 대화만이 아니라 하나님 말씀의 명백한 설명을 필요로 한다.

이런 계획은 우리로 하여금 가난한 사람들에게 자유롭고 대중적인 설명을 줄 수 있도록 하는 것으로서 그런 사람들에게 덜 유익한 것이 결코 아니다. 그러한 자유롭고 대중적인 설명은 설교단의 존엄과 거의 일치하지 않지만, 그것은 교훈을 받지 못한 생각에 진리의 바른 관점을 전달해 주는 가장 중요한 매개체다. 이 점에 대해 한 적절한 비판자는 다음과 같이 합당하게 관찰해 왔다.

> 가난한 사람들에게 질문하는 것, 혹은 그 사람들로부터 질문을 받는 것이 습관으로 되어 있는 사람들이 아니고서는 어느 누구도 가난한 사람들이 요청하는 설명의 방법이 무엇인지에 대해 생각할 수 있는 사람은 한 사람도 없다. 그 사람들이 원하는 것은 '척척(line upon line: 줄 위에 줄), 착착(precept upon precept: 교훈 위에 교훈)' 대화하며 설명해 주는 일뿐만 아니라, 거의 한 마디 한 마디(word by word) 그리고 한 글자 한 글자(letter by letter)로 대화하고 설명해 주는 것이다.[4]

  교훈의 이런 양식은 적용에 있어서 상당히 다양함을 인정하게 될 것이다. 지식 혹은 상호 확신의 진보적인 상태에서 신앙고백서의 양식은 더 많은 흥미와 함양을 갖고 적용되어 왔다. 더 성숙되지 못한 상태에서는, 계속적인 독서를 위한 주제들을 제안하고 성경의 평행구절들에 의해 그것들이 제시되면서, 질문과 흥분의 정신이 성경의 장에서 실행되어진 것들에 의해서 유지되어 왔다. 더욱 통상적인 경우에서는 기도로 시작하고 끝을 맺는(아마 관련되어 있지 않은 부분들을 더 좋아하는) 성경의 한 과정에 대한 친밀한 읽기와 설명은 계획을 제공하고 개요를 채울 것이다. 이런 만남에 저녁에만 사람들이 참여하는 것을 허락할 것이다. 여자들은(공업도시에 있는 여자들은 제외하고) 낮에 모일 것이다.

  그러나 시간은 가장 편리할 때로 고정되어야 하고 규칙적으로 발생하는 것으로서 그리고 가장 중요한 의무의 약속으로서 우리에게 부과된 것으로 간주되어야만 한다. 이런 실속 있는 제도는 우리의 교구심방의 큰 부분에 집중되며, 한편 그것의 정돈된 예식은 가정심방에 속

---

4 Parochial Duties illustrated, pp. 16-17.

한 많은 방해를 차단시킨다. 아무튼 돌봄은 이루어져야 하지만, 이런 독서에 참여하는 것이 교회당에 자기 멋대로 참여하지 않는 것을 보충해 주는 것은 아니다. 그리고 잘못하면 주일 목회에 대한 맛을 날카롭게 하는 것을 막아 버릴 수 있다. 자주 특별한 복이 이런 가난한 사람들의 모임에 임해 왔는데, 그들의 자유와 확신으로부터 생긴 이것은 아마도 목사의 부인을 위한 적절한 사랑의 역사와 수고로 간주될 수 있을 것이다.

이렇게 상세히 살펴온 마지막 특별한 것으로, 우리 사역에 부차적 도움이 되는 것으로써 구속주의 왕국의 증진에서 흥미의 자극받음을 언급할 수 있을 것이다. 선교사와 성경 연합회들, 특히 전자는 사실상 영향을 주고 격려하는 것을 많이 다룬다. 그리고 비록 후자의 경우 기부금이 한 권의 좋은 성경책을 싼값에 사는 것보다 많지 않다는 점이 자주 발생하지만 말이다. 이런 연합회들을 구성할 때의 원칙은 흥미로운 정보를 나누고 복음의 동기를 계산하는 것이다. 흥미로운 정보를 나누기 위해서 협의회의 월간지가 풍부한 자료들을 담고 있어야 할 것이다. 복음의 동기를 계산하기 위해서는 하나님의 말씀으로부터 많은 것을 끌어내야 할 것이다.

그리스도의 적극적인 명령(막 16:15), 그분의 죽기까지 주신 사랑, 영혼의 가치와 멸망의 상태, 영원의 가까움, 하나님 자신의 교회에 대한 하나님의 목적의 표시로서 '예언의 참된 말씀' 그리고 '하나님의 동역자'가 되는 높은 특권-이런 모든 것은 일하는 것과 강력한 압박을 결합시킬 것이다. 제도의 규칙성이 가능한 한 멀리 연합회 안으로, 특히 모집 부분 안에 도입되어야 할 것이다. 모집 부분은, 분배하는 것들을 모을 뿐만 아니라 흥미로운 어조를 유지하면서, 가능하면 주마다 운영되어야 하고 정보를 나누는 매개체로서 사용되어야 한다.[5] 달마다 혹은 적어도 분기마다 만나는 것이 제도의 중요한 구성 요소로 간주되어야 한다. 정보의 가장 흥미로운 자원들로부터 노래하면서, 기도하면서 그리고 선택한 부분을 읽으면서, 또한 성경읽기 혹은 설명 그리고 기도로 결론을 내리는 그런 만남에 배경을 두고 있는 개인적인 적용과 흥분은 그리스도의 일반적인 목적뿐만 아니라 많은 교구들의 흥미와 영향을 가지고 성도의 모임을 형성할 것이다.[6]

이런 제도 안에서 생명의 종교요소들은 이기주의란 자연적 원칙을 "사랑은 자기의 유익을 구하지 않고"란 사랑의 원칙으로 정복할 때만 소중히 여겨진다. 자기부인과 불쌍히 여김 그리고 중재의 영을 깨움으로 그리고 특권의식과 의무감 그리고 책임감을 깊게 가짐으로 신성한 보물 안으로 던져진 희생물은(멸시되지는 않는다고 해도) 단지 작은 정도의 유익만을 구성한다. 그리고 복음을 널리 확장시키려는 노력은 우리 자신의 영역 안에 복음의 확장된 영향과 밀접하게 연결되어 있다.

* * *

본 목회학의 지금까지 확장시켜온 개요의 결론으로, 본 저자는 일의 구조에 대해 너무 많은 것을 부착시키는 것을 경계하려고 한다. 또한 본 저자는 이 분야에서 우리가 얼마나 부지런하든지 상관없이 우리에게 주어진 빛에 따라서 우리가 하나님의 메시지 전체를 전함에 있어서

---

[5] 본 저자는 모집자인 한 여인이 자신의 일에 있어서 흥미와 성공에 대하여 가장 만족스럽게 설명하는 것을 들었다. 그녀는 두 가지 규칙을 양심적으로 지키려고 애썼다는 점을 기술했다. 첫째는 모집의 규칙성이며 둘째는 일할 때마다 기도로 시작했다는 점인데, 전자는 제도의 구조적인 특징이며 후자는 제도의 생활 원칙을 형성한다.
[6] 이런 목적들을 위한 모임의 아름다운 실례를 위해 오래 전에 우리에게 알려진 사람들이 있다. Memories of Oberlin, pp. 178-179. 이것은 최근에 출판된 것으로 목사 자서전의 가장 흥미로운 개요이다.

우리가 충실한 자로서 오직 복을 받았다는 점을 강하게 강조하려고 한다. 아무튼 본 저자는 동시에 목회사역에서 부지런한 수고와 연결되어 있는 성경적 목회의 완전한 발휘가 매개체라는 자신의 강한 확신을 표현하려고 하였다. 성경적 목회의 완전한 발휘를 통해서 하나님의 성령께서는 참된 종교의 확장을 우리 사이에서 창출하실 것이다. 명백성과 영구성 그리고 일관성을 위해 하나님의 성령께서는 환란의 날에도 계실 것이며, 그리하여 심지어 복음의 적까지도 "무리가 그것을 보고 주의 손이 지은 바요 이스라엘의 거룩한 자가 창조한 바인 줄 알며 헤아리며 깨닫도록" 할 것이다(사 41:20).

그러나 권면한 것은 어느 분야에서 배타적인 흥미가 아니라 전체 일에 연결된 관심이며 농축된 집중인 것이다. 그것은 성경적 기준에 모자람이 전혀 없이 내적으로 만족스럽게 되도록 우리에게 공부하며 기도하도록 만들고, 또한 진지한 원함이 없이 만족하는 것이 아니라 그 기준을 향해 계속적으로 발전해 나아가도록 만든다. 모든 분야에서, 믿음이 우리 일의 원칙이 되는 곳에 그리고 기도가 우리 사역의 정신이 되는 곳에, 우리의 수고가 돌봄의 대상에게 간접적으로 복이 될 것이라는 점을 우리는 확신적으로 기대할 수 있을 것이다.

그리고 그 모든 분야에서 움직이는 원칙은 자기부인, 근면함, 순수함 그리고 인내로 행동하는 것이다. 그러나 우리는 활기를 잃어버리는 우리의 에너지 때문에 고통을 당하지 말아야한다. 또한 목사는 현재 유지하고 있는 것에 대해 합리적인 소망을 가진 것 이상으로, 그리고 특별히 하나님과 우리의 개인적인 교통에 그리고 우리의 공적 일을 위한 준비에 중요한 참고로 구성되어 있는 것 이상으로, 한 번에 너무 많은 계획들을 시도하지 않도록 조심해야만 한다. 여전히 일정분변하게 한 번에 하나를 행하고 휴식을 취해야 한다. 또한 다양한 실행이 목사의 힘의 영역 밖으로 몰아가지 않도록 하면서, 짧은 실행에 의해서 그리고 열정과 일치하는 그런 신중함에 의해서 보통 상상한 것 이상으로 더 많은 것이 행해질 것이다. "너희가 이런 모든 것들 안에 있으라"(딤전 4:15).

The Christian Ministry

제6부[1]

기독교 성직을 회고하다

목사의 마음속에 있는 몇 가지 기억을 끄집어 내어 영원히 변치 않는 인상 속에서 이 기억에 집중하려면, 이렇게 어마어마하게 중요하고 재미있는 주제를 담아 두는 것이 아마도 유익할 것 같다. 복음에 대한 관점과 습관적으로 인식되고 있는 것처럼 목사로서 우리의 직분에 대한 고상한 생각은 우리가 개인적으로 그리고 사역적으로 숙달되게 하는데 가장 도움을 준다. 즉 이러한 생각들로 우리는 곧바로 흥을 돋우게 되며 도움을 받고 인도함을 받게 마련이다. 그러므로 책임감이라는 관점에서 본다면 목사가 가장 깊은 겸손함으로 충만할 때에 그는 모든 탁월함과 영광 안에서 구세주를 보게 된다. 그래서 종종 이러한 말을 하게 된다.

> 자신의 피로 모든 죄를 깨끗이 씻으신 그리스도를 바라보지 못한다면 내가 어디에 있어야 하는가?

목사는 하나님께서 부여하신 사명을 수행함에 있어서도 마음속의 깊은 상냥함과 부드러움으로 자신이 섬기는 사람들에게 그들의 죄에

---

[1] 이러한 기독교 사역들을 회고할 수 있도록 돕기 위해서 저자는 이 장에서 『기독교 목사들을 위한 지침서』(The Christian Minister's Pocket Companion)라는 모음집을 기꺼이 추천한다. 이 모음집은 W. 셔틀위드 목사가 편집한 것으로 재미있고 가치 있는 책이다.

대해 말할 것이다. 그래서 그들 중 가장 작은 자와 가장 낮은 자의 발앞에 앉을 수 있게 될 것이다. 그러면 목사는 구세주에 대해서 어떻게 말할 것인가? 마치 자기에게 자비가 필요하다는 것을 알고 있는 자처럼, 죄인 중의 괴수에게라도 흠모할 만한 주님의 자비는 충족하다는 것을 아는 자처럼, 자신을 위해 구세주께서 영광스러운 구속의 사역을 이루신 것을 알고 있는 자처럼, 그는 이 재미있고 생동감 넘치는 주제를 풍성하게, 충만하게, 확신을 가지고 그리고 기쁘게 설명할 것이다. 그는 이러한 가르침을 성경에서 배웠고 다시 자기 자신의 경험을 통해서도 습득했던 것이다. 그러므로 목사는 겸손하되 낙심하지 않는다. 비록 남의 눈에 띄지 않으나 은혜로 말미암아 높아지게 된다. 이 은혜가 그에게 족한 것이다. 그는 또한 그의 약한 데서 온전하여진 능력으로 살아가게 되는 것이다(고후 12:9). 그러므로 비록 그는 울고 있으나, 기뻐하는 것이다. 위로 받고 감사에 넘쳐 헌신하여 행복하기 때문이다.

    그러나 기독교 목사의 직분에 대한 불완전인 관점은 믿음의 가능성을 쇠퇴시킴으로써 우리로 하여금 사역에서 손을 축 늘어뜨리게 할 수 있다. 그러나 우리는 다음과 사실을 납득하게 된다. 즉 냉철한 판단과 복음에 대한 커다란 이해력은 결국 복음을 전적으로 지지하게 하고, 우리가 현재 감사하고 있는 바를 표현하게 할 것이다. 결과적으로 이러한 것은 영원한 찬양의 세계에서 지속적이고도 새로운 흥분으로 이어질 것이다.

    그러나 우리가 실제적이고 지속적인 영향력이라는 측면에서 사역에 대한 이해를 돕기 위해 몇 가지 질문을 더 추가할 것인데 이 질문은 저자 자신의 확신을 위해 본서가 제시하는 질문이며, 저자 자신이 공경하고 사랑하는 형제 자매들을 고려해서 삼가 정중하게 질의하는 것들이다.

1. 목사는 자신의 사역을 존중하는가?

목사가 깊은 심령 속에서 가장 비천한 자라고 느낀다는 것은 곧 목사가 하나님의 거룩한 은혜를 받은 자라는 사실을 가리킨다. 예를 들어, 바울이 자신을 모든 성도 중에 지극히 작은 자보다 더 작은 자라고 느낀 것 자체가 바로 하나님의 엄청나게 큰 은혜라는 것이다(엡 3:8). 자기 백성을 가장 부요한 축복의 가능성으로 복귀하도록 이끄실 때, 하나님께서는 그들에게 현세적인 번영을 약속하거나 그들의 권력이나 지위를 강화시킨다는 것이 아니다(이러한 약속의 내용은 하나님 백성의 마음을 움직여서 하나님을 섬길 수 있게 하지 못하는 헛된 것임이 이미 증명되었다).

사실은 하나님 마음에 합한 목자들을 그들에게 보내 주실 것을 약속하신 것이니, 그들이 지식과 명철로 하나님의 백성을 양육할 것이다(렘 3:12-15). 이처럼 목사가 하나님께서 교회에게 주시는 가장 중요한 선물이라고 한다면, 그의 직분을 영광스럽게 여길 만큼 그에게 부과된 의무라는 것 또한 얼마나 클 것인가(롬 11:13)? 그리스도께서 행하시고 보여주신 것이 우리의 목회적 사역의 원칙이 될 때, 여러 원칙 중의 한 원칙이 아니라 그 모든 원칙을 포함하여 그 사역에 적합한 생명과 관심을 부여해 줄 때 우리는 이렇게 한다. 마치 진리가 예수 안에 있는 것과 같은 이치다(엡 4:21). 예수님은 모든 면에서 중심이기 때문이다. 그것이 바로 기독교 사역이 지닌 영광이다. 매튜 헨리(Matthew Henry)가 말한 것처럼 "예수 그리스도께서 전부가 되어야 한다. 그리스도를 배우고 그리스도를 전하고 그리스도처럼 살아야 한다."[2] 우리는 쇠하여야 하고 우리의 주인은 높아져야 한다(요 3:30). 이그나티우스(Ignatius)는 자신의 가슴 속에 그리스도를 품고 다녔다고 전해지고 있다.

---

2 Matthew Henry의 저서인 『생명』(Life), p. 122. 요 14:1, 그리고 Miscel. Works pp. 581-583과 비교하라.

나는 이렇게 말할 것입니다. 만약 목사의 신분이 영광스러운 그리스도를 공공연하게 대표하는 것이라면, 당신 삶의 가장 위대한 목적은 바로 모든 사람을 사랑하고 존경하는 것이어야 합니다. 만약에 당신이 아주 학구적인(혹은 극도로 조심스러운) 목사라면 당신의 대화 가운데에서 그리스도의 거룩함과 온유함이 드러나야 합니다. 공적인 담화에서는 모든 말의 단락마다 큰 기쁨으로 그리스도에 대해 이야기를 해야 하며, 그리스도를 언급해야 할 경우에는 더욱 그렇게 해야 합니다. 사적인 대화에서도 어찌하든지 그리스도의 영광과 찬양에 관한 것을 넌지시 암시해야 합니다. 그러나 주의할 것은 언제든지 품위를 잃지 말아야 하는 것입니다. 마지막으로 당신이 이 같은 방법을 행함으로 말미암아 사람들에게 그리스도께서 영광스러운 주님으로 인정되고 받아 들여진다면, '오 주님! 이것이야 말로 제가 원하고 바라는 행복 입니다'라고 외쳐야 합니다. 그렇다면 당신은 진정한 목사로 올바르게 잘 사는 것입니다.[3]

목사의 사명을 드러내 보여 줌으로써 또한 우리의 직분을 영광스럽게 여길 수 있다. 우리의 소명은 우리가 설교하고 가르칠 때 언급되는 기독교 교리를 단순하게 드러내는 것이 아니다. 우리가 설교해야 하고 가르쳐야 할 것은 그분의 인격과 그분의 하나님 되심을 드러내는 것이다. 우리가 어떠한 달란트를 가졌든지, 그 달란트가 하나님이신 그리스도의 존엄성과 겸손함, 온유함, 친절함, 자기 부인, 열정, 그리고 사랑을 나타내는 거룩한 목적에 부합하지 않는다면, 마지막 날 주님 앞에 회계가 이루어질 때, "우리의 달란트는 무익했다"라는 무시무시한 낙인이 찍힐 수밖에 없는 것이다.

그러므로 그리스도의 본을 받아 세상을 향해서 세상의 웃음에 영향

---

[3] "선을 행함"이라는 주제의 Mather의 엣세이에서 이그나티우스에 관한 글, pp. 113-114.

을 받지 않고 세상의 배척에 흔들리지 않으면서, 세상보다 차원 높은 이 소명을 밝히 드러내 보여 주어야 한다. 우리가 구하는 것은 세상의 재물이 아니요 세상 사람들이라는 사실을(고후 12:14) 모든 사람으로 하여금 보고 듣게 해야 한다. 무슨 일에서나 하나님의 일꾼답게 처신한다는 사실을[4] 모든 사람에게 보여주고 들려 주어야 한다. 물론 우리의 영혼이 생동감 넘치고 기뻐하는 가운데 사역에 전념해야 할 것이다. 그러면서 우리는 이 소명의 목적에 견주어 비교해 볼 때, 모든 것이 무가치하며 무의미하다는 사실에 큰 관심을 기울여 자각할 수 있어야 한다. 무슨 일을 시도하든지 이 소명의 목적이 최우선 순위가 되어야 할 것이다. 이것을 토대로 최선과 최대의 노력으로 자기를 부인하고 사랑하는 데 힘써야 하며, 측은히 여기는 마음의 온유함을 보여 주어야 한다. 이러한 마음은 이 소명의 목적이 지닌 책임감을 시사해 주는 표시이기도 하다. 개인적인 신앙이라는 변치 않는 기초 위에 근거하여 기독교 사역은 이처럼 높은 차원의 성격을 지니고 있어서 항상 존경을 받지 않을 수가 없는 것이다. 이같은 정신으로 조지 허버트(George Herbert)는 자신이 사역에서 은퇴하게 되었을 때-그에게는 굴욕적인 순간이었지만-말하였다.

---

[4] 고후 6:4. 이와 관련하여 다음의 글들은 당대에 잘 알려진 Kenn 주교의 원초적인 소박함을 잘 드러내 주고 있다.
제게 이러한 은혜를 소유한 목사를 보내 주소서!
무엇보다 대사로서의 역할
아버지의 온유함-목자의 돌봄
십자가를 지고 참을 수 있는 지도자의 용기
통치자의 경외감-감시하는 파수꾼의 눈
폭풍 속에서 조종간을 능숙하게 다루는 비행사의 기술
어부의 인내-일꾼의 수고
얽히고 설킨 것을 잘 풀어 헤치는 인도자의 능숙함
선지자에게 필요한 위로부터 내려오는 영감
교사의 지식 그리고 구세주의 사랑

비록 시대의 부당함으로 인해 목사의 성스러운 이름이 경멸을 받게 되었지만, 나는 계속해서 그 이름을 고결하게 하기 위해 노력할 것이다. 나의 모든 학식을 사용할 것이고, 부족하지만 내 모든 능력을 다해 그것을 내게 주신 하나님의 영광을 더 풍성하게 할 것이다.[5]

이러한 것이 또한 헨리 마틴의 거룩한 겸손과 기쁨의 정신이기도 했다. 그는 "복되신 하나님, 하나님의 목사가 된 것을 황송하게 생각합니다"(I feel myself to be his minister)라고 고백했다.

2. 목사는 사역의 책임감을 느끼는가?

목사는 이렇게 말할지도 모른다. "난 아주 큰 일을 하고 있어"(느 6:3.). 내가 하고 있는 일이 얼마나 존귀하며 한편으로는 얼마나 어려운 것인가에 대한 확신이 필요하다. 비록 압도적인 것은 아닐지라도 어느 정도 분명한 확신은 헛되고 나태하고 경솔한 생각들을 점검하는 데 있어서 아주 탁월하게 쓸만한 것이기 때문이다. 우리에게 필요한 모든 은사와 은혜를 계발하는데 그러한 확신은 도움이 된다. 인간의 힘을 뛰어 넘는 상황에서도 그러한 확신으로 우리는 진지하게 기도하고 간구할 수 있는 것이다. 이 확신은 우리로 하여금 그리스도를 전적으로 신뢰할 수 있게 하여, 인도함을 받고 도움도 받아 성공할 수 있게 한다. 그러한 확신은 우리가 일을 할 때, 잘못된 방향으로 떨어져 나가지 못하도록 막아주기도 한다(느 6:3).

더 나아가 그 일이 성공적으로 마칠 수 있도록 우리로 하여금 세심한

---

5 허버트의 생애에 관한 Walton의 저서에서 인용.

배려를 기울이게 한다. 그러므로 우리 사역에 있어서 이 확신은 자극과 위로의 근거로서 역시 매우 중요한 것이다. 위대하신 우리 주님의 높은 생각을 분명히 보여주는 것으로서도 매우 중요한 것이다. 우리 주님의 높은 생각이란 구체적으로는 진리와 우리가 전하는 메시지의 중요성에 대한 확고한 믿음, 세속적인 결론과의 결별, 겸손하고 진지하고, 온유하고 준비된 마음, 기꺼이 우리의 결점을 인정하려는 자세, 그 결점을 보완하기 위해 도움을 찾는 노력, 진지하게 기도하는 삶, 하나님으로부터 올 영향을 기대하여 잠잠히 기다리는 것, 모든 방해 요인을 주의하여 경계하는 것, 우리가 성공했을 때 하나님께 영광을 돌리는 것, 그리고 이 모든 것 위에 마땅히 철저하게 준비하고 근면하게 일하는 것이다.

그러면 우리는 질문하지 않을 수 없다. 우리가 이와 같은 엄청난 책임감을 개인적으로 공감한다는 사실을 무엇으로 알 수 있는가? 모든 파수꾼이 두 귀로 하나님의 경고의 소리를 따갑도록 들었는데, 이러한 성경의 경고를 우리는 어떻게 받아 들여야 할까(겔 3; 33; 34; 슥 11:17)? 목사 안수식에서 품었던 그 정신으로 받아 들일 수 있을까? 즉, (버넷 주교가 제대로 언급했듯이) 우리들은 하나님의 말씀을 사람들에게 전하는 자로서 그리고 사람들의 기원을 하나님께 올려드리는 자로서의 중요한 사명을 가지고 있다는 정신으로 받아들일 수 있단 말인가? 우리들이 이러한 직분을 제대로 드러내는 것만큼 중대하고 엄숙한 것은 없다.[6] 돌봄과 성실함이라는 측면에서의 책임감을 느끼고 있는가? 열심히 사역해야 우리가 구원받는 것은 아니다. 마찬가지로 우리의 열심 있는 노

---

[6] 『목회적 돌봄』, 6장. Porteus 주교의 고발(1790)과 비교해 보라. Comber은 사제 임명식에서 갈리아주의(교황권을 제한하려는 주의-역주)의 형식으로 된 사역자를 위한 기도를 언급한다. "사역자는 자신들이 돌보아야 할 영혼들이 파수꾼인 자신의 손에 달려 있다는 것을 기억하며 떨림으로 그들에게 헌신해야 한다."

력이 사람들의 구원을 이루는 것도 아니다. 눈에 보이는 가장 일반적인 방법으로 드려지는 외면적인 예배나 나무랄 데 없는 행동은, 우리에게 부과된 필요를 깊게 의식하지 않아도, 비상사태를 적절하게 대응할 수 있을 것이다.

멸망 받아 마땅한 영혼들을 대신해서 그 삯을 지불한 것 자체가 그 영혼들이 무한한 가치를 지니고 있으며 막중한 값어치가 있다는 사실을 입증하는 것이다. 오로지 하나님 아들의 피라는 삯을 지불하고 산 것은 수천 세대가 전부 일한 것을 합친 것 이상의 값어치가 있는 것이다. 동료 피조물을 살인한 자가 땅으로부터 원수 갚기를 신원하여 울부짖는 형제 영혼의 피가 부르짖는 소리를 피할 수 있을까? 기독교적 동정심은-이것은 아마도 우리의 직업적 소명을 나타내는 가장 강력한 증거인데-바로 사역에 대한 책임감으로부터 뜨겁게 발휘된다. 브라운 씨는 여러 가지 염려로 인해 종종 밤에 쉬지 못했다.[7] 때로는 심한 것이 아니었으나 어떤 때는 숨막힐 정도로 염려했다. 그리고 젊은 목사들은 자신들의 직분은 바로 이럴 수밖에 없다는 느낌을 갖고서 그들이 당면하게 될 더 심각한 염려에 대해서 더 깊은 이해를 하게 될 것이다. 그래서 아주 큰 규모의 사역을 바라는 대신에 그들은 한 영혼의 소중함을 더욱더 잘 인식하게 될 것이다.[8]

달란트에 대해서는 어떻게 생각해야 할까? 달란트는 마치 어떠한 거래처럼 우리를 믿고 우리에게 주어진 것이다. 죄를 짓는 데 달란트를

---

[7] Life and Remains, p. 28. "어떤 사람이 영혼의 소중함이나 그들이 구원받은 방법이나 그들을 위해 지불된 값이 어떤 것인지에 대해 제대로 깨달음을 얻게 되면, 그리고 이러한 것은 신약성경에 아주 분명하게 기록되어 있기에 관련 성경구절들을 제대로 이해할 수 있게 되면, 그는 결코 좋은 설교를 하려고 애쓰지 않을 것이며 따라서 설교 주제에 대한 자신이 중요하다고 생각하는 것을 자신의 청중을 확신시키기 위해 논쟁식으로 따지기를 원치 않을 것이다."

[8] Andrew 주교는 자신의 주교 인장에 다음과 같은 역사에 남을 문구를 새겨 놓았다. "누군들 이러한 것들을(사역자들이 당하는 각종 염려들-역주) 충분히 감당할 수 있을까?"

낭비해서는 안 되며, 게으름 때문에 방치해 두어서도 안 된다. 물론 이기적인 욕심을 이루는 데 사용해서도 안 된다. 오직 성도의 유익을 위해 우리 주님을 섬기는 데 달란트를 사용해야 한다(눅 19:13-26). 그렇다면 과연 우리의 은사들이 불러 일으켜지며, 은혜가 발휘되며, 우리의 기회들이 전력으로 향상되고 있는가?

설교에 대해서는 어떻게 생각하는가? 바울 사도가 설교에 관한 책임감을 "진리를 나타냄으로 하나님 앞에서 각 사람의 양심에 대하여 스스로 추천하노라"(고후 4:2)라고 묘사했는데 얼마나 근엄하고 중요한 표현인가? 바울은 자신의 사명의 주체가 누구이며, 그의 관점에서 사명의 대상이 누구인지 철저하게 꿰뚫어 보았으며, 그의 행동을 모두 알고 계신 전지하신 증인에 대한 기억에도 깊은 통찰력이 있었던 것이다. 진리, 양심, 하나님의 임재 등의 주제는 가장 무겁고 인상적인 생각으로서 그의 모든 삶은 이러한 생각으로 가득 찼던 것이다.

그러므로 목사의 직분이 갖는 특징적인 책임감을 깨닫는 것이 아주 중요하다고 말할 수 있겠다. 우리의 직분은 치안 판사, 정치가, 국회의원, 현명하고 지혜로운 사람, 도덕주의자, 시인, 감정이 풍부한 사람, 그리고 법무 장관의 직분과는 관련이 없다. 오직 우리는 죄인에게 보냄을 받은 그리스도의 대사이기 때문이다.

> 반쯤 죄인이 아니라 전적인 죄인에게로 보내어진 것이다. 무엇이 부족한 자가 아니라 철저히 파괴된 사람에게, 죄에 의해 상처 받은 사람이 아니라 죄로 인해 죽은 자에게, 수리해서 고칠 수 있는 사람이 아니라 다시 만들어져야 될 사람에게, 교정하면 될 사람이 아니라 다시 창조되어야 할 사람에게 보내어진 사람들이 바로 목사들이다.[9]

---

9 Church Missionary Society 앞에서 행한 Rudd의 설교에서.

이러한 것을 기억해 내는 것이 얼마나 중요한가? 우리는 사람이 누구인지, 인간이 잃어버린 상태가 무엇인지, 그리고 인간에게 영원을 향한 유일한 소망이 무엇인지를 제대로 알지 못하고는 그들에게 정말로 가치 있는 그 무엇도 줄 수 없다.

목사가 보여주는 본이 어떤 영향력을 발휘할 수 있을까? 우리의 직분 중에서 가장 책임성 있는 부분인 우리의 본이 과연 어떤 영향력을 보여 줄 수 있을까? 만약 어떤 주교나 목사가 자신이 예수 그리스도께 사로잡혀 순전하고 영적인 천사처럼 된 것을 깨닫고는 끊임없는 수고로 사람들에게 전심전력하고 기도함으로 하나님께 전심전력하는 가운데 어찌 떨리지 않을 수 있겠는가? 자기 자신이 지구 위 높은 곳에서 찬란한 별빛을 뿜어내는 별처럼, 자신의 사역 영역인 교회에 초점을 맞추어 끊임없이 그 안으로 빛을 비추어 들어가고 계속해서 자신의 영향력을 교회 내로 펼쳐 나가는 사역자가 된 것을 깨달은 주교나 목사가 사람들과 하나님께 전심전력하지 않을 수 있을까?[10] 세상의 소금으로서 우리 직분이 지니는 책임감을 정녕 알고 있는가(마 5:13)? 우리는 때때로 부패를 추방하지 않고 오히려 부추기지는 않는가? 오직 말과 행실과 사랑과 믿음과 정절에 있어서 본을 보여 줌으로써(딤전 4:12) 우리 직분이 업신여김을 당치 않도록 막고 지켜야 할 중요성을 기억하고 있는가? 우리들의 직능에 대해 민감하게 주의를 기울이고 있는가? 예를 들면, 여성 목사에 대해서 빈틈없이 주의하고 있는가? 여성의 사역은 엄격히 제한된 범위 내에서만 적절하므로 마땅히 규제되어 할 뿐만 아니라 의혹이 가는 분야에서는 엄격하게 멀리해야 한다. 이러한 규제

---

10 계 1:19-20에 대한 Quesnel의 주해. 주께서 천사들을 보내 주셨고 별들로 하여금 교회에서 빛이 나도록 하셨다고 그는 덧붙였다. 우리의 직업적 소명은 거룩함이기에 우리 영혼은 천사들처럼 순전해야 하고 복 받은 천사들처럼 열심을 내고 활동적이어야 한다. 그룹들이 자기 얼굴을 가리듯 우리 또한 얼굴을 가려야 할 이유가 있으며 이러한 점에서 우리 자신이 너무 부족하다는 사실을 깊이 깨달아야 할 이유가 있다.

가 부담스러운 것이기는 하지만 가장 중요한 의무이자 기독교 사역의 주된 본질을 지탱해 줄 효과적인 수단인 것이다.

한 국가의 현세적인 문제에도 관심을 가져야 한다는 책임의식이나 혹은 지구 기둥을 붙들고 있어야 한다는 식의 책임의식은 죽을 운명에 처해 있다는 인간의 가장 심각하고 근본적인 사안에 어떠한 역할도 감당할 수 없다. 모든 사람을 심방하고 난 뒤에 목사들을 방문하는 것이 아니다. 일상적 계산 방식에 의해 혹은 하나님의 경륜이라는 일반적인 균형 법칙에 따라서 목사에게 몫이 분배되지 않는다. 사도 바울이 말했듯이 "목사는 세계 곧 천사와 사람에게 구경거리가 된 사람들이다"(고전 4:9). 목사에게는 스스로 죽을 수 있는 권한조차 박탈되었다. 그들 자신만 구원할 수도 없다. 결코 아니다.

윌슨 주교가 상기시키듯이, 다른 사람들을 구원하기 위해 노력하지 않는 한, 그들 자신을 결코 구원할 수 없다.[11] 그러면 종종 과도한 열정에 대한 책망과 경고는 무엇을 의미하는가? 우리가 영혼의 참된 가치를 제대로 인식하고, 구세주의 사랑에 감동되고, 또 우리의 의무를 깊이 깨달아 안다고 우리 자신의 양심이 스스로에게 증거할 때도 우리는 우리가 하는 방식대로(과도한 열정에 치우쳐서 사역하는 것을 의미하는 것으로-역주) 사역해서는 안 된다. 하나님의 진리를 무시했다는 죄를 범하지 않기 위해서 성도의 피에 대한 책임을 지지 않기 위해서 우리에게는 우리가 전하는 모든 설교를 부끄러워해야 할 이유가 있다. 아마도 그 설교 중 가장 잘 했다고 생각하는 훌륭한 부분에서도 우리는 전율해야 할 것이다. 우리 중에서 제대로 경고하지 않고 혹은 제대로 준비하지 않은 사역의 게으름으로 말미암아 자신의 설교를 듣고 있는 사람들이 연속해서 죽음이라는 멸망 속으로 빠져 들어갈 것이라는 무서운 가능

---

11 Willson이 쓴 Sacra Privata를 보라.

성을 생각하지 않는 목사가 있는가? 더 나아가 목사 자신 또한 멸망으로 빠지는 영혼의 깊은 저주에 압도되어 그들을 좇아갈 것이라는 무서운 가능성을 생각해야 하지 않을까?

아! 세상의 슬픔 가운데서 가장 비통한 슬픔은 무엇일까? 경건치 못한 이 세상에 미칠 저주는 무엇이 될까? 아마도 하나님과 불멸의 영혼(구원받은 자-역주)들을 표현할 수 없을 만큼 불성실하게, 그리고 계속해서 끊임없이 불성실하게 섬긴 것이 이에 해당할 것이다. 순교자의 말뚝에 상응하는 고문은 어떤 것이 될까? 모든 사람에게 반드시 미칠 마지막 날, 하나님 앞에서 회계가 이루어질 것을 생각하면 표현하기 어려울 정도로 슬프고 무시무시하다.

심판의 시작을 알릴 죽음의 종소리가 우리 귀에 울릴 때는 얼마나 침통할까? 또 다른 회계가 우리 심판관의 재판봉 앞에서 진행된다. 이번에는 우리가 사역을 소홀히 했던 죄와 불성실했던 죄에 대한 계산이 이루어질 것이다. 그러면 "오, 하나님이여 피 흘린 죄에서 나를 건지소서"(시 51:14) 라는 열정적이고 간절하게 죄를 탄원하는 소리를 억누를 수 있을까? 목사는 다른 모든 사람을 섬기는 사람으로서 하나님의 엄청난 자비가 필요한 자임을 잊을 수가 있을까? 암브로시우스(Ambrosius)가 세 번씩이나 반복적으로 주교단에서 떠나야 했던 사실과 나지안주스의 그레고리우스(Gregory Nazianzen)의 강제적인 사제 임명식과 히포의 주교였던 어거스틴(Augustine)이 당한 반대와 자신의 승격을 교회에 대한 심판으로 여겼던 크리소스톰(Chrysostom)의 깊은 괴로움을 모를 수 있는가? 그리고 이들에 대해 어찌 동정심을 품지 않을 수 있을까?[12] 만

---

[12] 기독교 역사상 첫 번째이자 가장 복된 시기였던 이때에 오로지 이들의 사역만이 제대로 된 사역이라고 판정 받았다. 조용하고 온유한 성품으로 인해 그들은 자신의 성스러운 소명을 겸허하게 받아들이고 흠모하며 두려움으로 그 사명을 완수하기 위해 노력하였다. 이러한 일은 정말이지 엄청난 겸손과 노력과 관심이 필요한 것이었다. 그러한 것만이 하늘 영광에 합당한 것으로 여겨졌고 따라서 그들은 그러한 것만을 추구했고 그것을 이루려고 힘을

약에 그들에게 어떠한 미신적인 요소가 이처럼 움츠려 드는 겸손과 혼합되어 있었다고 믿는다면, 그들의 잘못된 점을 용서하라. 그리고 우리 자신을 낮추어서 그들에 대해서 배우자-그들이 잘 가르칠 수 있는 그 어떤 것을 배우자. 믿음에 관하여 많이 알고 있다는 우리의 생각을, 약하고 두려워하고 심히 떨림으로 완화시켜야 한다(고전 2:3; 고후 12:9). 그들은 자신의 약함과 두려움과 심한 떨림을 아주 생생하게 나타내었던 것이다.[13]

3. 목사는 사역에서 성공을 바라고 기대해야 할까?

성공을 위해 기도하는 자가 있는가? 혹은 그러한 기도가 말할 수 없이 중요하다는 사실을 잘 알고 있기 때문에 성도로 하여금 성공을 위해 기도하도록 격려하는 자가 있는가? 성공에 대한 간절하고도 깊은 관심이 없다면 성공에 대한 어떠한 소망도 있을 수 있다. 리처드 백스터도 말했다. "만약 당신의 사역에서 성공하려면 성공에 대한 진지한

다했다.

[13] Rutherford라는 유명한 분이 자신이 아끼고 사랑하던 교구였던 앤웨드에서 신학의장직(the Divinity of chair)으로 인사이동이 생겼을 때, 다음과 같은 내용을 가지고 의회에 탄원을 하게 되었다. "만약 더 작은 책임감을 져야 하는 곳으로 이동해야 하는 것에 대해 그리스도께 감히 대답하지 못하는 사람은 더 많은 짐을 져야 마땅하다"(Murray가 쓴 『Rutherford의 생애』, p. 152).

Leighton은 글라스고우 주교 관할구를 사임하면서 그 사유 한 가지를 들려 주었다. "내게는 영혼들을 돌보아야 한다는 막중한 책임감과 모든 사람의 모든 형태의 영적인 상태를 점검해야 할 막중한 책임감이 있다. 그러나 사제들에 대해서는 이러한 책임감이 훨씬 더 크고 많다." 그리고 그는 "다른 무엇보다 주교법이 내게는 더 끔찍했는데 그것은 바로 사제들을 임명하는 것이었다"라고 덧붙였다(『Pearson의 생애』, p. 115).

영혼을 돌보는 자들이 밤잠을 못 이루면서 걱정하는 것이 히브리서 저자가 강조해서 사용한 ἀγρυπνοῦσιν(경성하다, 깨어있다)이라는 단어에서 암시되고 있다(히 13:17). 고후 6:5에서 "종종 잠을 못 잤다"(ἐν ἀγρυπνίαις)라고 표현한 바울 자신의 경험은 아마도 그의 사역에서 모든 영혼에 대하여 얼마나 심각하게 염려하고 걱정했는지를 알려주는 것이 아닐까?

열망과 기대를 계속적으로 유지해야 한다. 만일 당신 마음이 당신이 노력하는 목적이 무엇인지에 집중하지 못한다면, 당신 설교를 듣는 사람들의 회심을 원치 않거나 그들의 삶이 바뀌는 것을 원치 않는다면, 그리고 이러한 소망 가운데 공부하고 설교하지 않는다면, 당신은 아마도 성공에 대한 많은 열매를 보지 못할 것이다."[14]

알에게 무슨 일이 일어나든 전혀 개의치 않기에 "타조는 알을 땅에 버려 둔다." 왜냐하면 "하나님이 지혜를 베풀지 아니하셨고 총명을 (주시지 않았기 때문이다)"(욥 34:14-17; 요 10:12-13). 추수에 대한 열망과 기대 없이 씨를 뿌리는 농부가 있을까? 아브라함이 시킨 일들이 잘 진행되는 것을 보기 전까지 먹지도 않고 마시지도 않겠다고 다짐했던 신실한 종 엘리에셀의 행동을 칭찬하지 않을 수 있을까(창 24:33)? 얼마나 자주 우리는 주어진 일의 성공 여부에는 그다지 관심 없고, 많은 사람으로부터의 호의적인 반응도 갈망하지 않고, 복음으로 그들에게 확신을 주지도 않으면서, 단지 책임 사항을 잘 마친 것에 대해 만족해 하지 않는가(다섯 또는 여섯 개의 설교를 했으나 청중 중 어떤 사람에게도 좋은 영향을 미치지 못하여 Suffolk주의 Beccles로부터 쫓겨 났을 때, Ottee씨가 크게 낙심했으나 다음 성공을 위해 열심을 내어 기도했다)? 단순하지만 심각하게 중요한 한 가지 목표를 겨냥하며, 각 영혼을 하나님 나라로 여기며, 한 영혼을 구원하는 것을 왕관을 얻는 것보다 더 기뻐하는 것이야 말로 진정한 사역 정신인 것이다. 이것이야 말로 위대한 주님의 정신이었다. 그분은 자기 영혼의 수고한 것을 보고 만족하며, 자기 앞에 놓은 기쁨을 인하여 만족하셨다(사 53:11; 히 12:2). 이것은 또한 사도 바울로 하여금 계속해서 고달픈 수고를 아끼지 않게 했던 소망이었던 것이다(롬 1:13). 자, 그렇다면 인간이자 하나님의 목사로서 우리는 영혼들의 구원에 대해서 그칠 줄 모르게 목말

---

14 Richard Baxter의 Reformed Pastor에서 인용.

라야 한다.¹⁵ 만약 우리가 돌보고 있는 사람들이 잘 성장하고 있는지 아니면 후퇴하고 있는지, 그들의 영적 상태는 알아보지도 않고, 또 이에 대해 관심조차 두지 않으면서, 몇 년씩이나 목사라는 책임 있는 자리에 머물러 있다면, 목사로서의 자랑스럽게 여기는 그 어떠한 고상한 소명 의식은 철저하게 제거되어야만 한다. 주님을 향한 피 끓는 사랑

---

15 John Smith라는 사람이 아주 박식했는데 이를 설명하는 재미있는 기사에서 Patrick 주교가 말한 적이 있다. "(어느 날 내게 말했다) 그는 다른 모든 공부를 내려 놓고 힘을 다해 영혼들의 구원을 위해 힘을 쓰기로 아주 단단히 결심했는데, 그는 이 영혼들에게 맺힐 영적인 선한 결과를 진지하게 열망하였던 것이다."

Alleine는 영혼들의 회심에 대해 지칠 줄 모르는 아주 대단한 욕심이 있었다. 이들의 회심을 얻기 위해 그는 전심을 다해 기도하고 설교하였다. 그는 하나님의 복음뿐만이 아니라 자기 자신의 영혼도 함께 나누어 주었다. 그가 드린 간구와 권면의 말씀은 너무나 애정이 넘치고 거룩한 열정과 삶, 정열로 가득 차서 때때로 청중을 사로잡곤 하였다. 청중 가운데서 가장 완고한 마음을 가진 사람들을 달래고 그들의 언 마음을 녹이기 위해 그는 그들 속으로 녹아 들어가곤 하였다.

아주 저명한 청교도의 한 사람이었던 Ipswich에 살던 Ward씨가 질문을 한다. "솔로몬에게 구하라고 질문했듯이, 만약 하나님께서 목사에게도 동일하게 '내가 네게 무엇을 줄까'라고 물어 보신다면 마땅히 무엇을 구해야 할 것인가? 이것보다 우선하여 혹은 이것 보다 더 많이 자성의 미덕, 그에 따라 베드로나 바울이나 또 다른 초대 교회 설교자들이 수천 명의 영혼들을 예수 그리스도를 아는 지식으로 이끌어 들인 것처럼."

"Alleine의 경고"라는 서문의 글에서 Richard Baxter는 "나는 최근에 얼마나 많은 신실한 목사들이 가난과 빈곤을 마다하지 않고 살아가고 있는지 잘 알고 있다"라고 말했다. "그들이 만약에 진정으로 '주님, 제가 개인적으로 그리고 위험에 직면해서 전했던 설교들을 통해 많은 영혼이 당신께로 돌아오게 되었습니다'라고 말할 수 있다면, 그들의 무거운 짐이 가볍게 되었을 것이다."

그 유명한 John Bunyan은 말하기를, "내 설교에서 어떤 열매가 보이지 않는다면 나는 결코 만족할 수 없다"고 했다. "나에게 열매가 없다면 누가 나를 칭찬했느냐가 중요하지 않다. 그러나 나에게 열매가 있다면 누가 나를 비난하느냐에 전혀 상관없다"라고 말했다.

매튜 헨리는 "나는 한 영혼을 그리스도께 인도하는 것이 금과 은으로 뒤덮인 산을 차지하는 것보다 더 큰 행복이라고 생각한다"라고 말했다. 더 나아가 그는 "열매 없는 사역은 무시무시하게 비참하다"라는 글에서 "만약 하나님께서 내가 헛된 수고를 당하라고 하셨다면(비록 일년 동안 수고하여 수백 명의 영혼을 구원한다 해도), 아마도 내 영혼은 끊임없이 슬픔과 고통을 겪게 될 것이다. 만약 내가 영혼들을 얻지 못한다면, 아무런 만족감도 없이 다른 열매를 누릴 것이다. 그리고 이 위대한 일을 하기 보다는 차라리 집집을 돌아다니며 빵을 구걸하는 것이 나을 것이다"라고 기록했다.

Doddridge 박사가 그의 친구에게 글을 썼다. "나는 다른 것 그 무엇보다 사람들의 회심을 갈망하고 있어. 그리스도의 사랑이 나를 강권하여, 난 기쁨으로 영혼들의 구원을 위해 수고하고 죽을 수 있을 것이라고 생각한다."

없이, 우리 자신에 대한 개인적인 애착이 있다는 사실에 만족하지 않아야 한다. 사람들의 인정은 우리에게는 헛된 거품일 뿐이다. 그러나 성공적인 회심은 우리에게 전부가 된다. 그러므로 아무것도 우리로 하여금 참된 열매 없이도 흐뭇하게 하지 못하도록 해야 한다. 때로는 외형적인 규제나 개혁이라는 변화가 일어날 수도 있다.

그러나 마음이 근본적으로 감동을 받아 움직이지 않는다면, 죄의 원칙이 여전히 왕성하게 활동하고 있다는 증거이며, 참되고 영원한 구원의 은혜는 얻지 못하는 것이다. 도끼는 나무 뿌리에 놓여 있지 않다. 오직 가지들만이 가지치기를 당해 잘려 나가 형태가 변형이 되었는데, 이는 장래에 더 풍성한 결실을 위해 어쩔 수 없는 것이다. 샘물은 마르지 않는다. 오직 물줄기가 또 다른 통로로 방향을 바꾸는 것이다. 그래서 기독교 사역의 주된 계획이 아직 이루어지지 않은 채 남아 있다. 회심하여 하나님께로 돌아온 한 영혼이 그저 도덕적인 사람이라고 불리는 수천 명보다 낫다. 왜냐하면 그들은 윤리적으로 나을지 모르나 여전히 자신들의 죄라는 잠에서 깨어나지 못했기 때문이다. 우리 사역의 목적이나 보상은 "(하나님의) 택하신 자들을 하늘 이 끝에서 저 끝까지 사방에서 (불러 모으실 때)" 천사들과 함께 교제를 누리는 것이다(마 24:31).

사역의 성공은 항상 눈에 보이는 것만은 아니기에 겉만 보고 사역이 성공했다고 순순히 인정해서는 안 된다.[16] 또한 확실하지도 않은 소망을 의지하고 살아서도 안 된다. 완전히 실패한 경우에서도 사람들이 받아 줄 것이라는 확신 가운데, 우리 자신들을 너무 관대하게 위로해서도 안 된다. 물론 상급이 사역의 성공 여부가 아니라 우리의 수고에 의해 결정되지만, 그 상급은 여전히 하나님께 있는 것이며(고전 3:8; 사 49:4-5), 부지런히 간청하고 기다려 온 약속이나 믿음의 인내가 확실

---

[16] 제1장의 제2부를 참조하라.

한 열매가 어떤 것인지를 기대할 수 있게 해 주기 때문이다. 로빈슨씨가 자기 형제들에게 "사역의 성공이 쉽지 않은 것은 아주 엄연한 사실이다"라고 엄히 상기시킨 바 있다. "만약 사역의 성공 여부가 널리 보이지 않는다면 분명 원인이 있을 것이니, '찾고 구하라'"고 덧붙였다.[17] 찾고 구하지도 않고 묵인해 버리는 것은 차분한 믿음이나 믿음을 포기하는 것이기보다는 게으른 잠일 뿐이다.

하나님의 주권은 정말로 온전하게 인정되어야만 한다. 무기력함에 대한 변명으로 하나님의 주권을 들먹여서는 안 된다. 또한 갈등과 어려움 가운데서도 잘 견딜 수 있도록 격려가 되는 것을 제외하고는 무조건적으로 하나님의 주권이라는 핑계에 의지해서도 안 된다. 주님의 사역이 지연되거나 혹은 앞으로 진척되거나 하는 상황에 따라서 하나님의 주권이라는 깊고도 신비스러운 하나님의 성품이 드러났는데, 사도들은 사방으로 고통으로 활동하며 혹은 기쁨과 찬양에 충만해서 하나님의 주권이 드러남에 엎드려 경배할 준비가 되어 있었다. 물론 그들의 믿음은 요동치 않았고 그들의 수고는 끝이 없었다.

---

[17] Visitation Sermon, pp. 36-37을 보라. 아주 존경 받는 Scott의 말을 들어 보자. "어떤 사람이 가장 진지할 때는 이것 외에는 그 어떤 것도 그를 만족하게 할 수 없다. 다른 사람들은 성공 없이도 만족할 수 있을지 모른다. 자신들의 사역을 점검하여 '무슨 이유로 나와 씨름하는지 보여 주십시오'라고 말하는 대신에 일련의 형식적인 규칙이나 법을 지키는 것을 통해 만족함을 얻게 될 수도 있을 것이다. 쓸모 없는 그 어떤 것이 우리를 만족시킨다면 결국 우리는 쓸모 없다고 믿어 의심치 않는다. 이것으로 인해 하나님께 감사해야 한다. 죄인들이 회심하는 것 이외의 그 어떤 것에도 만족해서는 안 된다. 이러한 우리의 사역에서 가장 작은 성공이라도 다른 분야에서의 가장 큰 성공보다 나은 것이다"(롬 15:29의 본문에 근거한 설교에서).

4. 목사는 전력을 다해 사역을 감당하고 있는가?

종종 목사 자신 속에 믿음의 행위를 무력하게 만들고, 희미해져 가는 사역에 대한 열정과 그리스도인의 사랑의 불꽃을 꺼버리는 무정함이 있음을 보게 된다. 스콧은 이것이 "복음의 자비와 은혜에 대해 불명예스러운 것이며 소망 가운데 즐거워하라고 명령하는 주님을 욕되게 하는 짓"이라고 경고한다.[18] 우리 사역이 번창하지 못하고 썰물처럼 밀려 갔을 때, 그 사역의 피곤함은 정말로 완화되어야 한다. 낙심으로부터 벗어나기 위해 집중하여 연구하거나 휴식을 취할 필요도 있다. 속히 이에서 벗어나고자 준비해야 한다. 실망한 어부들이 그저 낙심한 채로 앉아 있지 않았다. 더구나 그들은 다른 직업을 찾아 보려고 마음조차 쓰지 않았던 것이다.

오히려 그들은 실패의 원인이 무엇이며 그 원인을 제거하는 가장 좋은 방법이 무엇인지 알아 보려고 했다. 그래서 반짝반짝 빛나는 기대감으로 허리를 동여 매고 다음 기회를 노리고 있었던 것이다. 그러므로 사도들처럼 우리도 주님의 명령을 따라 밤새도록 수고하였으나 비록 잡은 것이 없더라도 계속해서 그물을 내려야만 한다(눅 5:5). 낙심이라는 상황 아래에서 사역이 가져다 주는 복을 가장 현저하게 깨달을 수 있다. 이때에 우리는 경험을 통해서 배우게 된다. 사역을 지지해주는 것이 흥분을 자각하는 것이 아니라 철저하게 믿음과 눈에 보이지 않는 구세주의 항거할 수 없는 사랑으로 비롯된다는 점을 배우는 것도 바로 이때이다. 그러므로 우리의 실패가 (지금까지 잘 살펴본 것처럼) 우리의 열심을 누그러뜨리는 원인이 되어서는 안 된다. 우리가 영적으로 낙망하는 기회가 되어서도 안 된다. 더구나 우리의 실패로 인해 우리가 기

---

[18] Scott's Life의 p. 344.

도가 막혀서도 안 된다. 오히려 실패는 새로운 활력과 실패 전보다 더 큰 열정과 진지함을 불러 일으키는 근거가 되어야 한다.[19] 마치 낙심되는 상황들에 격노한 하나님의 종들처럼(출 32:19; 행 14:14; 22:16), 우리는 하나님 앞에서 울며 간절히 중보기도를 해야 할 것이다(애 1:4; 욜 2:17). 그러나 기억하자. 실제적인 노력은 하지 않고 기도만 한다면 우리는 하나님의 책망을 피할 수 없을 것이다. "너는 어찌하여 내게 부르짖느냐?" "일어나라 어찌하여 이렇게 엎드렸느냐?"(출 14:15; 수 7:10)

"목사에게는 일할 의무가 있고, 일의 결과는 하나님께로 말미암는다"(Duties are ours, events are God's)라는 속담은 알미니안주의와 칼빈주의 신학을 혼합한 것으로 진실된 사역 습관을 잘 반영해 준다. 그러나 이 속담은 휴식에 관한 속담으로서 잠만 자는 나태함을 나타내는 것이 아니라 불변의 노력에서 휴식한다는 의미를 지닌 속담인 것이다. "무엇인가 더 하게 되면, 하나님을 섬기는 데 있어서 우리는 무엇인가 더 할 수 있을 것이다"라고 필립 헨리가 자신 있게 말한다.[20] 그러므로 우리

---

[19] Winchester 주교의 "Ministerial Character of Christ" p. 94. "성공이 따라오지 않는다고 교구의 사역을 포기하거나 일시 중단하는 것은 결코 용납할 수 없는 것이다. 계속해서 수고하고 노력해야 하며 문제들을 하나님께 맡기고 인내하며 기다려야 한다. '주여, 백성들을 불쌍히 여기소서'라고 기도하며 그리스도의 심령을 품고 죽어야만 한다."

[20] Life, p. 58. Rutherford의 근면성에 대한 이야기가 이를 설명하는데 적절할 것이다. 그는 매일 아침 3시에 일어나곤 했다. 하루 중 아침 부분은 거의 기도와 묵상과 공부를 하면서 보냈다. 그 나머지 시간을 공적인 임무에 관한 일들에 쏟았는데, 예를 들면, 환자들과 어려운 일을 당한 사람들과 죽어가는 사람들을 방문하고, 자기가 속해 있는 모임의 다른 가족들이 보여주는 경건성을 조사하기도 하고 그것에 위로 받기도 했던 것이다. Murray's Life, p. 43. 최근에 발간된 미국인 Payson 박사의 회고록에 의하면, 이와 비슷하고 아주 재미있는 한 사람을 소개하고 있다. 그는 실신하기까지 주님을 섬기는 사역에 몰두하여 수고했던 사람이었다. 한편 우리는 "그리스도의 일을 위하여 죽기에 이르도록 자기 목숨을 돌보지 아니한"(빌 2:30) 아주 뛰어난 사역자를 성경을 통하여 알고 있다. 그리스도의 종들이 건강과 정력과 생각을 낭비하도록 부추김을 당할 때, 우리는 그것을 사탄의 유혹이라고 생각하지 않을 수 없다. 이러한 낭비로 인해 촛불 자신은 과도하게 타서 없어지게 되어 그 빛은 예정된 시간이 되기 전에 꺼져 버리는 것이다. 이러한 사람들의 목적은 아주 진실했고 그들도 매우 유쾌하게 사역했고 그들의 마음 속이 너무나 충만했기에 그러한 것을 너무 늦게 발견하게 되어 소용이 없게 된다. 너무 일찍 제자리에서 촛대를 옮김으로써 어둠의 왕국이 유익을 얻게 된다 동시에 이같이 불타는 정열을 우리의 기질 속으로 투입함으로써

는 진지한 태도로, 쉐프츠베리 경이 즐겨 일컫던 "영혼을 구원하려는 영웅적인 열정"에 사로잡혀, 능력껏 가능한 모든 수단을 다 사용한다는 것에 만족하여야 한다. 불완전하게 행해진 것은 없는지 또는 잘못된 생각에서 행해진 것은 없는지 살펴 보아야 한다. 우리가 한 일보다 더 크고 많은 일을 생각할 수는 없는가? 나팔이 분명하지 못한 소리나 미약한 소리를 내는 것은 아닌가(고전 14:8)? 매주 우리 양떼를 위해서 어떤 것이 예비되어 있을까? 특별히 안식일 사이가 너무 길다고 느끼는 사람들을 위해서는 주중에 무엇이 준비되어 있을까? 어떻게 우리는 때를 얻든지 못 얻든지 항상 힘쓰고 범사에 오래 참고 전도자의 일을 하며 우리의 직무를 다할 수 있을까(딤후 4:2, 5)?

우리가 섬기는 사람들 앞에서 행하는 우리 모습을 그들이 보고 안일함을 버리고 유익을 구치 않고 우리가 성직 임명식에서 서약했던 내용들을 매일 새롭게 한다는 것을 인정할 수 있을까? 주님을 섬기는 일에 있어서 그 어떤 것이 쓰여지지 않았거나, 이야기되지 않았거나 혹은 이루어지지 않았을 때, 그날을 잃어버린 것으로 간주하는가? 실제로 고기잡이를 하지 않을 때, 어부는 그물을 수리하며 많거나 적거나 앞으로의 고기잡이를 준비한다. 그러므로 우리가 해야 할 일을 바로 앞에 두고 있다 하더라도 현재 공부를 한다거나, 대화를 한다거나, 혹은 그리스도인들과의 교제를 할 수도 있다는 것이다. 이러한 일들은 우리에게 휴식을 제공해 주며 긴장감을 풀 수 있도록 도와 주고, 우리의 사역에 간접적인 영향을 미치게 됨으로써 유익한 것이다.

다브넌트 주교가 제대로 언급했다.

> 우리가 섬기고 있다는 것을 나타내는 중요한 표가 되게 한다. 그리고 비록 우리가 감당할 수 있는 것 이상의 노력을 하지 않도록 요구 받지만 대부분의 경우에서 이것은 손쉬운 자살 행위와 같은 것이다. 그러나 사역에 대한 특별한 헌신이 있다는 증거는 자기 도취라는 영적 공격을 탁월하게 방어하게 해 줄 것이며, 우리의 사역적인 면에서 자기 부인과 경건함의 수준을 향상시켜 줄 것이다.

게으른 것처럼 보일 만큼 한가하고 느긋한 목사가 정말로 훌륭한 목사이다. 사람들은 우리가 하루 종일 평안하며 하고 싶은 일을 하며 지내다가 하나님의 전을 떠날 때 아무것도 한 것이 없다고 생각할 수도 있을 것이다. 그러나 만일 우리가 앞으로 어떠한 사람이 되어야만 한다면-지금까지 내가 이야기 했던 바, 적어도 일상적이고 끊임없는 그리고 영원한 갈등-기도와 묵상과 공부에 대한 갈등이 우리에게 달려 있는 것이다.[21]

목사는 정말로 기독교 사역의 외형적이고 일상적인 모습을 넘어서야 한다. 그러나 그것은 이 위대한 사역으로 자기가 헌신했다는 것을 스스로 부인하는 것과 어떻게 다른가? 기독교 사역에 제대로 헌신하게 되면 공식적인 사역은 물론이고 가장 피상적인 일들조차도 영적인 일로 취급하게 된다. 이 위대한 사역으로 헌신하게 되면 우리의 양떼들에게 유익을 미치기 위해 끊임없이 어떤 계획을 만들게 하고, 그 양떼들을 끌어 올려 더 높은 수준의 의무와 권리의 지경까지 끌어 올리는 것을 우리의 큰 목표로 삼게 한다. 그것은 바로 거룩하고 겸손하고 아주 수고스러운 사역으로 교리와 심령, 본보기, 관심의 강도 그리고 '능력으로 역사하시는 하나님의 역사를 따라 힘을 다하여 수고하는 것'에 집중하게 한다.[22] 그리고 이러한 것은 하나님의 목적을 이루기 위한 정해진 도구이다. 스콧이 잘 관찰하였다.

---

21 골 2:1에 대한 Davenant 주교의 글.
22 골 1:29. 원문은 κοπιῶ ἀγωνιζόμενος κατὰ τὴν ἐνέργειαν αὐτοῦ τὴν ἐνεργουμένην ἐν ἐμοὶ ἐν δυνάμει인데, 사역에 사도 자신이 굳은 결심으로 헌신했다는 의미가 강조되고 있다. 즉 '내가 힘을 다하기까지 수고하노라. 내가 싸울 때와 같이 수고하노라. 크고 엄청난 능력으로 내 안에서 역사하는 그리스도의 내적인 임재로 말미암아 내가 수고하노라' 와 같은 의미가 내포되어 있다. Hammond 박사는 다음과 같이 이야기한다. "고대 그리스에서 사용되고 있는 모든 운동경기에 관한 구절을 다 모아서 사도의 서신서 속에 흩뿌려 놓은 것 같다. 올림푸스 산에서 시온 산으로, 아테네에서 예루살렘으로 옮겨 놓은 것 같다. 사도의 영혼이 거룩하게 몸부림치는 그 진지함을 표현하는데 그 어떤 사소한 것도 충분할 지경이다"('The Pastor's Motto'라는 설교제목에서).

사탄은 사역자들로 하여금 가만히 앉아 있게 하거나, 더 이상 다른 방법으로 어떤 것을 시도할 엄두도 내지 않고 단순히 패배한 채로 머물러 있게 설득하는 데 아주 능수능란하다.[23]

왜냐하면 실제로 지금 이때의 자격이나 자질이 많고 커도 그것들이 절대로 우리 앞에 놓여진 필요를 무효화하지는 못하기 때문이다. 그 필요란 우리의 양떼들에게 빚진 자이며, 하늘 왕국에 대해 교육받은 교사로서 우리의 사역에서 탁월해야 할 책임, 더욱 숙련될 수 있도록 노력해야 할 책임, 더 풍성한 창고와 모든 중요한 순간마다 더 달콤한 열정을 얻어야 할 책임을 말한다. 한 나이 든 목사가 자신을 좀 더 아끼라는 권면의 말을 듣고서 다음과 같이 말했다.

사람이 하루 중 가장 좋은 시간을 어슬렁거리며 보낸다면 저녁이 다가올 때, 그는 두 배나 노력해야 할 것이다.

우리 모두는 우리 사역의 결론에 대해 좀 더 적극적인 느낌을 가지고 좀 더 활동적으로 우리 눈앞에서 영원 속으로 떨어지는 영혼들을 만날 새로운 접촉점을 발견하고 발명하고 개선해야 할 것이다. 그러한 접촉점은 아마도 그 영혼 개개인이 처한 상황을 좀 더 정확하게 파악할 수 있는 새로운 수단매체와,[24] 그들의 잘못된 피난처에 대해서 좀 더 가까

---

23 Life, p. 213.
24 Doddridge 박사가 자신의 책상 안에 한 비망록을 넣어두고 있었다. 그는 그 책 안에 교인들의 유익을 위해서 해야 할 일들에 대한 처리 요령들을 기입해 놓았다. 매년 말에 그는 크고 특별하게 보이는 위치를 택해서 그 위에 몇 가지 논평을 적으면서 장래 그가 행해야 할 일들에 대한 규칙들을 정해 놓았다. Orton's Life, 제5장.
Brown씨는 침대 위에서 죽어가며 다음과 같이 말했다. "만약 주께서 나를 다시 젊어지게 만들어 주신다면, 난 영혼들을 얻기 위해 내가 지금까지 사용해왔던 수단과 방법이 아닌 다른 수단들을 찾아낼 수 있도록 공부할 것이며 그 수단 방법들을 내가 했던 것보다 더 활동적으로 사용하기 위해 열심히 공부할 것이다"(Life and Remains, p. 287).

워질 수 있는 친밀감, 그들에게 좀 더 다가갈 수 있는 애정, 그리고 그들의 의식 속을 꿰뚫어 침투할 수 있는 날카로움 같은 것이 포함될 수 있다. 그래서 궁극적으로 구속함을 받고 하나님의 백성이 된 그들 가운데 구세주께서 영광을 받으시며 다스리시는 분이 되어야 한다. 이러한 목적을 위해 많은 계획이 고안되었다.

밖으로 표시 나게 드러나지 않을지라도 공적인 사역 활동에서는 강력하게 영향력을 미치는 계획이다. 만약 우리의 지식이 하나님의 사역에 신성하게 바쳐지지 않았다면 과연 그 지식이 무엇에 유용할 것인가? 하나님의 특별한 일에 바쳐진 하나님의 사람으로서 우리는 항상 하나님을 위해 일하고 있어야 한다. 마치 우리의 삶이란 사역이라는 과정을 따라 계속해서 움직여 나가는 삶이고 우리에게 있어서 가장 달콤한 안식이란 하나님을 섬기는 일에 있다는 것을 보여 주듯이 해야 한다. 필자의 사랑을 받는 한 친구가 말했다(무의식적으로 자기 자신의 성품을 예로 들면서).

> 참된 목사는 자기에게 할당된 교구의 사람들에게 전적으로 헌신되어 그 교구가 그 목사에게는 전 세계가 되어야 한다. 그는 이 외의 다른 어떤 것에 마음을 두어서는 안 된다. 그는 자신의 창의력이나 생각의 모든 능력을 넓게 확장시켜서 교구 사람들에게 유익을 끼치기 위한 수단을 발견하고 이것을 사용해야 한다. 만일 이와 같은 전적인 마음의 헌신이 없고 사역을 감당할 능력이 없다면 어떻게 '주 안에서 받은 직분을 삼가 이루라' (골 4:17)는 하나님의 말씀을 실제적으로 들었다고 말할 수 있겠는가?

한편 Cotton Mather는 말하기를, "만약 천사가 나처럼 육신을 입고 나와 같은 지위에 있다면 그는 과연 어떤 방법을 통해서 하나님을 영화롭게 할 수 있을까?"
플라톤의 제자가 될 수 있는 자격 중 하나는 후보자의 근면과 관심과 노력인데, 이는 곧 하나님의 일에 자신의 온 마음을 다해 쏟아 넣는 사람이 자질임을 보여 준다.

5. 사랑의 성령께서 목사의 목회사역에 대해 말씀해 주시는가?

사역에 대한 우리의 관심에 대해서 일반적으로 질문해보자. "억지로 하지 않는 것"이 목사들이 사역에 임하는 정신이다(벧전 5:2). 적어도 "그리스도의 사랑이 우리를 강권하기 때문에" 사역하는 것이다(고후 5:14). 우리가 해야 할 임무 자체가 우리의 기쁨이요, 우리의 일 자체가 우리가 받을 삯이다.[25] 실제로 심지어 크게 낙심되는 상황 속에서도 우리는 그리스도의 증인으로 우뚝 서 있어야만 하는 책임감과 주님 되신 그리스도를 죄인들에게 증거하는 기쁨은 오히려 우리의 영혼에 새로운 활력을 가져다 주게 된다. 그래서 이 같은 그리스도의 증인으로 그리스도를 증거하는 것이 사랑의 수고가 될 때, 그것은 가장 복된 섬김이 되는 것이다. 그렇다면 우리가 경험하는 것이 "하나님의 저명한 종들이 가졌던 경험들과 어떤 유대감이 있을까?"라고 질문할 수 있겠다.[26] 어떤 주교의 말이다.

---

[25] "내가 대가를 바라지 않고 사역을 한다는 아주 분명한 의식이 있을 때, 내가 하는 사역으로 말미암아 이에 대한 삯을 받을 수도 있다"(Adam's Private Thoughts 중에서).

[26] "나는 목사로서의 사역이 이 세상에서 가장 가치 있는 직업이라고 생각한다. 그리고 나는 그 사역을 즐거워하며 그 사역에서 많은 이점을 얻는다. 이러한 것은 지구 상의 그 어떤 다른 직업에서는 결코 얻을 수 없는 것들이다."

"지금까지 난 거의 40년 동안 그리스도를 전파했는데, 이제는 안식일에 복음을 공표하는 기회를 위해서 주중에 내가 수고하는 모든 날 동안 살아가는 문제는 도움을 요청하고 싶다. 지구 상에서 가장 풍요로운 소유를 누릴 그러한 특권이 없는 것 보다는…"(Doddridge 박사).

"만약 하나님께서 나의 한 손에는 Argyll 공작 지위를 주시고, 다른 한 손에는 복음의 일꾼으로 삼아 주신다면, 나는 거두절미하고 후자를 택할 것이다. 지금까지 이 복음의 사역으로 인해 난 얼마간의 급료를 받아 왔으며, 비록 나의 연약함과 성공하지 못할 것이라는 두려움 가운데에서도 이 복음 전하는 일은 내게 아주 유쾌한 사역이 되었다"(Brown).

"주님의 영광을 기리며 거의 35년간 복음의 일꾼으로 섬긴 후에 이제 나는 내 하나님과 개인적인 교제의 순간 이외에는 그 어떤 순간도 내 자신이 즐겨 왔던 진리를 다른 사람들에게 전해 주기 위해 준비하는 순간과 비교할 수 없었다고 나는 선언할 수 있다"(Kingsbury 목사의 회고록에서).

"나는 멸망할 영혼들에게 예수 그리스도의 귀중한 복음을 전하는 것 외에는 지구 상의 그 어떤 천국도 원하지 않는다. 하나님을 섬기는 예배 외에 그 어떤 예배도 원치 않는다. 땅 위

혐오감이나 무관심을 가지고 성직에 종사한다면 그의 사역에서 정의가 결코 이루어질 수 없다. 자신의 성직을 사랑하지 않고는 그리스도의 복음 사역을 제대로 감당할 신실한 목사가 될 수 없다. 그러나 그러한 사람들에게는 제사장들에게 보여주었던 사랑과 제사장적 직분과 업무를 존귀히 여겼던 다윗의 태도야말로 살아있는 행동 원리의 본이라고 할 수 있겠다. 신실한 목사는 자신에게 맡겨진 성직이라는 직업을 사랑할 것이다. 그 직업을 지으신 하나님을 위해서, 교회를 위해서 그리고 그리스도께서 대속하신 형제들을 위해서 자신의 성직을 사랑할 것이다. 그리고 자신의 성직을 통해 금생과 내생에서의 행복의 열쇠가 되는 매우 귀중한 혜택을 얻을 수 있기에 자신의 성직을 사랑할 것이다.[27]

또 다른 작가는 말한다.

목사로서의 자신의 소명을 싫어하는 자, 심지어 그 소명을 열렬히 사랑하지 못하는 자는 매우 불행한 삶을 살게 될 것이 뻔하다. 그는 마음에 열정도 없이 노곤하게 어슬렁거리는 삶을 살게 될 것이다. 그는 자신이 마땅히 해야 할 일을 마지 못해 할 것이다. 수고하여 그 일을 감당하되 달갑지 않은 마음으로 할 것이다. 결국 그가 이룬 성과는 좋지 않을 것이다. 이러한 모습의 자신에 대해서도 만족하지 못할 것이며 이러한 불만족으로 인해 또다시 자신의 사역을 형편없이 수행할 것이다. 이러한 악순환 가운데 자신의 감정 또한 매우 불안정하게 될 것이다.[28]

에서는 영혼들을 위해 수고하며 하늘에서는 하나님의 뜻을 행할 것이다"(Henry Martyn). "진실된 목사는 가장 행복하고 가장 유쾌한 사람이 되어야 마땅하다"(Jebb 주교).
27 Burgess, 『주교의 글』, pp. 23-25.
28 Gerard의 『목회적 돌봄』, p. 93.

재능이나 교구의 직위 고하, 혹은 승진에 의해 목사의 차이가 구별되어서는 안 된다. 자신의 사역을 진실된 사랑으로 수고하며 감당하는 것으로 목사의 평가가 이루어져야 한다. 이것이 가장 중요하다.[29]

이것을 우리가 섬길 사람들에 대한 우리의 사랑과 관련해서 좀 더 분명하게 세분하여 질문해 보자. 우리는 책임과 관심이라는 측면에서 목사와 성도 사이의 관계성에 대해서 사려 깊게 생각하지 않고 있다. 한쪽은 일반적으로 관심의 대상이고, 다른 상대방은 존경의 대상이라는 표현만으로는 목사와 성도간의 아주 끈끈한 유대감이 지니는 성스럽고 애정이 넘치는 관계를 충분하게 그리고 적절하게 나타내지 못한다.[30] 목사의 가치를 생각하는 것이 쉽지는 않다. 적어도 성도에게 대한 진심 어린 사랑이 없는 목사도 유익한 영향을 미칠 수 있다고 상상할 수가 없다. 그러한 목사의 힘찬 생각이나 훌륭한 상상은 칭찬할 만하다. 그러나 사랑만이 자석처럼 성도를 목사 자신에게 끌어 당기게 한다. 그러므로 마치 대제사장이었던 아론이 이스라엘 자손들의 이름을 자신의 흉배 위에 새긴 것처럼 목사는 성도를 자신의 가슴속에 품어야 한다(출 28:29). 마치 아버지가 자녀들과 함께 사는 것처럼, 목사는 성도와 함께 살아야 한다. "주교는 주인이 아니라 아버지이다"라고 제

---

[29] Witsius의 "De Vero Theologo"를 보라.
[30] Bowles는 목사와 성도간의 적절한 관계 설정에 대해서 사려있는 몇 가지 원칙을 제시하고 있다. 1. 친절하고 은혜로운 언행(전 10:12), 2. 시련을 겪고 있거나 당혹감에 처해 있는 성도와 함께 공감(고후 11:29), 3. 성도의 필요를 채우고 소통할 준비가 됨(행 10:38), 4. 성도의 병약함에 대해 겸양의 태도(고전 9:19-22), 5. 그리스도께서 보여주셨듯이 목사들을 세우신 중요한 목적은 죄인들과 사회의 소외계층들과의 사회적인 교류를 위해서이다(눅 5:30; 15:2-3, 6), 6. 짜증을 일으키는 부수적인 경우를 주의함.
더 나아가 Bowles는 목사와 성도간의 유대관계를 공고히 유지하기 위해 다음과 같은 사항을 제안한다. 1. 성도가 다툼의 근원이 될 세상 일과의 관계를 가능하면 많이 줄일 수 있도록 도움(렘 15:10), 2. 그러나 세상과의 관계에서 꼭 필요한 경우에는 아주 주의 깊은 경계를 기울인다, 3. 우리가 듣고 생각하고 경험했던 성미가 나쁘고 심술궂은 언사나 상처를 모두 기억에서 지워버린다. 이러한 것에 귀를 기울이고 생각함으로써 우리는 가장 마음 아프게 하는 분쟁에 끊임없이 자신을 휘말리게 하게 한다(Lib. i.c. p. 22).

롬이 자신의 친구에게 전해 준 말이 타당하다.[31]

　이러한 원칙이 습관적으로 몸에 배지 않으면 목회사역은 그야말로 가장 어려운 과업이 될 것이다. 물론 신실하게 그 과업을 수행하는 가운데 주어지는 특권은 전적으로 다 알 수 없으며 혹은 오해될 소지도 있겠다. 또한 성도의 편에서 목사의 섬김에 대해 보답이라도 하듯 따뜻한 배려와 애정이 담긴 존경을 보여줄 수도 있는데, 이는 교황 숭배의 잔재나 혹은 어떤 이해관계로 말미암아 비롯된 것이거나 혹은 열정적인 감정의 결과라고 여겨질 수 있겠다. 그러나 자신이 책임질 것처럼 진실로 영혼을 돌보는 사람만이 성도가 기독교 목사를 맞이하는 마음이 아프도록 간절히 바라는 것이 무엇인지 알 수 있다. 그들만이 성도의 마음속에 그리스도의 마음이 새겨질 그때까지의 영광의 소망을 향한 열망을 알 수 있다. 혹은 그러한 목사들만이 강렬한 관심을 가지고 성도가 자라 온전한 사람이 되어 가는 여러 단계를 관리하는 바가 무엇인지 이해할 수 있을 것이다.[32] 성도가 음식도 없이 가르침도 없이

31　Jerome, Nepot.
32　다음의 재미있는 글이 사역자들이 겪는 동정심과 흥분되는 감정의 조화(어렵기도 하지만 한편으로는 흥미로워 흥분되는 일들)를 아주 정확하게 그려주고 있다. "그리스도의 신실한 목사와 성도간에 존속하는 영적인 관계성은, 목사가 하나님의 순전한 말씀으로 성도를 양육하는 일에 부르심을 받은 자임을 고려할 때, 그 모든 의무의 완전함에 있어서 아름답고 거룩하기 그지 없다. 이 둘 사이의 사랑의 관계의 끈이 점점 더 가까워질 수 있게 하는 방법이 얼마나 많이 존재하는가! 신실하고 부지런한 목사가 성도의 영적인 행복을 촉진하기 위하여 그들의 양심에 호소하여 움직일 수 있는 방법 또한 얼마나 다양하게 존재하는가! 가르치고, 때로는 책망하고, 혹은 위로하면서…영혼들을 얻기 위해 여러 사람에게 여러 모양이 되고, 복음이 제시하는 경고와 위대한 진리를 때에 따라 적절하게 활용할 기회를 잘 살피며, 성도가 영적 성숙의 조짐에 늘 민감하게 깨어 있어서 그러한 조짐을 보자마자 강력하게 격려하는 등…사랑스러운 성도의 영적인 행복을 위해 영적 친밀감이라는 거룩한 동정심을 가지고 얼마나 많은 섬김과 목회적 돌봄을 제공할 수 있는가! 세상은 실패를 인해 울고 있는 성도에게 전혀 관심조차 기울이지 않지만 목사는 섬길 수 있으며, 자신의 머리 위에 내려 오는 복을 인지하고 이를 기뻐하는 주 안에서 사랑하는 성도를 섬길 수 있는 것이다. 그러한 목자에게는 이 세상에서도 보상이 있을 것이다. '양들이 그를 따르니 그의 음성을 알기 때문이다.' 형제들이여, 이러한 사람들이 바로 사도들이었다. 그러한 사람들이 그리스도 초대 교회의 목사들이었고 교사들이었다. 그러한 사람들이 바로 그러한 교회의 거룩한 교부들이었나. 이 교부들은 복음을 굳게 세우고 전파하기 위해 보냄 받

오직 그럴듯하다고 여겨지며 선천적인 삶의 원칙이라고 여겨지는 어떤 것들에 힘입어서만 자라도록 안전하게 남겨질 수는 없다. 또한 그들은 목사들의 도움과 관심과 돌봄이 필요 없고 감독이 필요 없는 위치에 결코 도달할 수도 없다. 우리가 이미 살펴보았듯이,[33] 그들이 배교의 위험에 처했든지 아니면 아주 경솔한 처신을 할 경우, 성도에게 훈계를 할 필요가 있다. 이로써 그리스도인의 견고함을 유지하고 완전함을 향하여 자라갈 수 있다. 목사가 겪는 경험은 마치 부모가 자녀들을 양육하며 갖게 되는 관심과 염려와 일치한다.[34] 때로는 부모가 자녀를 양육하듯 심한 책망도 필요하다(고전 4:14). 자녀를 제대로 양육해야 할 부모의 의무에서 비롯되는 일반적인 정신이 복음 사역의 현장에서 적용될 때, 단순하고 피상적인 사역자 입장에서 건네는 충고나 간언과는 아주 판이하게 다르다. 이것은 마치 애정을 품은 아버지의 따뜻한 충고가 원칙에 충실한 강사가 지적하는 정확한 교습지도와 한참 다른 것과 같은 이치이다(고전 4:15-16). 성도를 돌아볼 때, 사도 바울의 말대로 그들이 우리에게 빚진 것이 아무 것도 없다면(몬 19), 우리들은 성도와 사랑스러운 유대관계를 맺지 못했다는 것을 의미할 것이다.

은 복음의 신령한 영을 마신 사람들이었다. 시대를 초월한 이 모든 복음의 사역자들은 자신들에게 약속된 내주하시고 거룩하게 하시는 성령님의 도우심을 받고 자신의 은사에 따른 사역의 영역에서 자기 헌신과 자기 부인이라는 그리스도의 완전한 모델에게 자신들을 동화시킬 수 있었다. 그들은 인류 구원에 대한 불타는 열정과 복음만 전파하는 유일한 목적의식을 가지고 있었다. 이러한 점에서 그들은 타는 듯한 불이 되어 세상을 깨끗하게 하고 밝게 비치는 빛이 되어 세상을 조명하게 될 것이다. 또한 이러한 점에서 그리스도 왕국이 지상 위에 도래하게 될 것이고 그리스도의 은총 가운데 세워진 큰 계획이 수행되어 성취될 것이다"(Blomfield 주교의 사도행전 강의, pp. 114-116쪽에서). 이와 비슷한 이야기를 Winchester 주교가 한 바 있다(pp. 56-58).

33 앞의 pp. 575-576을 보라.
34 Ambrose는 성도들에게 "나는 마치 내가 결혼한 것처럼 복음으로 낳은 여러분들을 사랑합니다"(Non minus vos diligo, quos genui ex evangelio, quam si suscepissem conjugio)라고 이야기했다. 같은 뜻에서 Wilson 주교도, "자신을 성도의 아버지로 여기는 목사는 아버지가 자녀들을 양육하되 사랑과 온유와 친절함으로 하는 것을 결코 잊지 못할 것이다"라고 말했다(『Stowell의 삶』, p. 286).

자신의 양떼에게 큰 빚을 지고 있음을 자각하는 목자가 신실한 목자이다. 그렇다고 애써서 그러한 관계가 있음을 증명하려고 하는 것은 아주 쓸데없는 짓이다. 사랑 많은 목사는 매 교구를 방문할 때 자신이 행복하다는 사실을 깨닫는다. 자신이 하늘의 주인이신 그리스도를 섬기는 종이며 그리스도께서 죽으심으로 세우신 교회를 섬기는 종이라는 사실을 확인하며 행복해한다.[35] 이제 사도 바울이 자신의 사역에서 느꼈던 감정을 우리 경험에 적용해보자. 빌립보 교회와 데살로니가 교회에 보낸 서신들은 사도 바울이 교회의 성도에게 감사하며 그들을 위해 기도하며 그들을 기뻐하며 그들을 아끼고 사랑했던 사실을 잘 보여주고 있다. 피차간에 견고하게 세워주고 안위를 주고 받기 위해 계속해서 바울이 그들을 보고 싶어 했던 사실도 볼 수 있다. 바울이 잠시 떠난 것은 얼굴이요 마음은 결코 아니니 그들의 얼굴 보기를 간절히 소원한 것이 끊임없는 그의 기도제목이었다. 기도 가운데 그는 성도가 다시 자기와 함께 연합하기를 간청했다(롬 1:9-12; 15:30-32; 살전 2:17). 교인들의 안부와 잘 자라고 있다는 소식을 듣지 않고서는 바울에게는 결코 만족함이 없었다. 그래서 종종 그는 동역자들을 보내 그들의 안부를 묻곤 했던 것이다. 바울에게 있어서 성도로부터 전해오는 좋은 소식이야말로 자신이 살아야 할 삶 그 자체였다. 그래서 그들의 좋은 소식으로 인해 언제나 감사했던 것이다(빌 2:19; 살전 3:1-11). 바울은 그들을 향하여 그의 입이 열리고 그의 마음이 넓어진 것에 대해 말하기를 주저하지 않았다(고후 6:11).

그는 또한 아버지가 자녀에게 기대하는 바와 같이 그들과의 사귐으

---

[35] Rutherford의 목회적 삶이 이 주제에 관한 아름다운 일례를 소개해주고 있다. 그는 성도가 곧 자신의 눈물이며, 관심이며, 두려움이며, 매일의 기도제목이라는 사실을 강조해서 그들에게 확인시켰다. 그래서 그들을 위해 일찍부터 늦게까지 수고하며 일한다는 것이다. 그리고 (아주 강한 어조로) "이 일에 대한 내 증인은 하늘에 계시는데, 당신들의 하늘은 나에게 두 개의 하늘이다. 당신늘 모누의 구원은 나에게 두 개의 구원과 같다"(Letters, 1부, 2장).

로 얼마간 기쁨을 가지기를 기대했다(롬 15:24). (마치 다정함만으로 아버지의 마음에 넘쳐나는 애정을 다 표현하기에 부족한 것처럼) 바울은 마치 자신의 아기를 젖먹이는 엄마처럼 자신의 영혼을 그들에게 나눠 주고 싶은 열망에서 그들을 품을 준비가 되었던 것이다. 성도를 항상 자신의 마음에 품고 있음은 그들과 함께 죽고 함께 살고자 함이었다. 심지어 감옥에 갇혔을 때에도 자신의 삶 보다는 성도의 안위를 더 걱정했던 것이다(고후 7:3). 세상을 떠나서 그리스도와 함께 있는 것이 훨씬 더 좋은 일이라서 그렇게 하고 싶으나 성도의 유익을 위해 바울은 육신으로 머물러 있었으며, 그들의 믿음의 제물과 섬김 위에 자신을 전제로 드릴지라도 바울은 기뻐했던 것이다(빌 1:21-24; 2:17; cf. 골 2:1-2; 4:7-8). 이러한 바울의 목회적 삶은 목사가 성도에 대하여 가져야 할 표준을 보여준다. 자신의 목표를 더욱 효과적으로 이루기 위해 그는 아주 담대하게 그들에게 마땅한 일로 명할 수도 있었으나 도리어 사랑으로써 간구하고자 했던 것이다(몬 8-9). 성도를 소박한 복음의 핵심으로 돌이키려는 것이 그의 가장 지고한 목표였는데, 이러한 목표에서 바울은 사심 없는 사랑으로 개인적인 상처를 잊게 되었고, 부당하게 취급 당했던 경우들도 잊게 되었다(갈 4:11-15). 바울은 사람들을 그리스도께로 인도할 수만 있다면 그들의 사랑을 잃게 되는 것은 전혀 개의치 않았다. 바울이 구한 것은 성도의 재물이 아니라 그들 자신이었다. 그들의 영혼을 위하여 크게 기뻐하므로 재물을 사용하고 또 자신까지도 내어 주며 그들을 더욱 사랑할수록 자신은 사랑을 덜 받았던 것이다.[36] 그는 자신이 약할 때조차

---

[36] 고후 12:12-15. "내가 구하는 것은 너희의 재물이 아니요 오직 너희니라"라는 사도 바울의 모토는 그의 사도직분에 근거해서 우리에게 전달되었으되 반지에 문자로 새겨진 것이 아니라 우리의 마음 판에 새겨진 것이다. 원한다면 그 마음 판에다가 그 모토를 새기되, 다이아몬드로 아로새기고, 우리의 에봇에다 값진 돌로 우리의 흉패에다 보석으로 새겨서 우리를 보는 사람들이 모두 분명하게 읽을 수 있도록 하는 것이다(Hammond 박사의 『목사의 모토』에서).

성도의 강한 것을 기뻐하고 또 그들이 온전하게 되는 것을 구했던 것이다(고후 13:9). 사도 바울이 자신의 후계자들에게 목사의 모델 역할을 했는지 아닌지는 몰라도, 적어도 상기와 같은 것은 목사의 직분이 갖는 참된 정신으로써 목사의 실제 삶과 경험 속에서 구현되고 경험되고 주조되는 것이다.

왜냐하면 바울의 기도와 눈물로 표현된 이 같은 돌봄과 배려와 친절함, 자신의 안녕과 자신이 원하는 것을 희생한 것, 그리고 임박한 위험에 끊임없이 노출될 수밖에 없었던(고후 6:4-5; 11:23-27) 그의 삶은 그저 직접적인 기적의 결과이거나 영감의 결과가 아니라 바울 자신의 마음속에 담긴 애정의 분출인 것이다. 멸망할 수밖에 없는 죄인들의 비참함에 대해 애통하는 그의 마음의 표현인 것이다. 믿음 안에서 자녀 된 성도가 그리스도의 사랑으로 자라나고 성령으로 충만하기를 바라는 그의 마음의 표현인 것이다.

우리는 목사가 어떤 사람이 되어야만 하고 어떤 사람이 될 수 있는지에 대해 완전하지 않은 그림을 그리고 있을 때보다, 자신이 현저하게 성경이 제시하는 기본적인 의무 수준에서 거의 무한대의 거리만큼 미달되어 있다고 느낀다는 사실을 안다. 바울이 위에서 보여준 목사의 기준은 사도들 혹은 사도시대에만 나타난 특별한 은혜이고 의무라고만 생각해서는 안 된다. 도리어 그들은 하나님께서 부르신 사역에 헌신하기로 서약한 사람들이라면 모두가 습관적으로 고려해야만 할 일반적인 기준인 것이다. 그리고 이것들이 목사의 직무에 실제적인 영향력을 미치게 되어 탁월한 성공의 결과를 맺게 한다. 이 같은 세심한 배려와 사도적인 친절함을 가지지 못한 사람은 아버지가 되고 목사가 되는 것이 무슨 의미인지 알지 못한다.

그러나 목사는 행복한 사람이다. 그의 삶과 수고와 열정과 양심의 간증이 그 자신에게 '그리스도의 양을 사랑한다. 그리스도의 양을 사랑하되 그리스도를 위해서 그리고 그리스도 안에서 자신의 너그러움으로 자신의 영 안에서 사랑한다'라고 확신 있게 말할 수 있게 한다.37 목사는 목자의 눈과 목자의 마음을 가져야만 한다는 사실뿐만 아니라 그가 양과 목자장의 마음에 들어야 한다는 사실 또한 동일하게 중요하다. 목사는 종종 가장 역겨운 이야기를 그들 심령 안에서 듣고 참는다.38

만약 목사가 사람들의 입에 오르내리지 않는다면 적어도 성도의 마음속에 기억되고 있을 것이다. 양떼와 목자장은 목사에게서 하나님의 온유함과 사랑을 찾아 보기 원할 것이다. 그래서 "목자 같이 양 떼를 먹이시며 어린 양을 그 팔로 모아 품에 안으시며 젖먹이는"(사 40:11) 목사의 이미지를 기대할 것이다.

성도를 향한 목사의 이러한 사랑이 성공을 일으키는 분수의 역할을 한다면, 영혼들을 향한 이러한 사랑의 원리 또한 성도를 책임지고 있는 목사를 향한 사랑에 적용되어야 한다는 것도 동일하게 분명한 사실이다. 이런 이유로 목사가 최상으로 사랑하는 사람을 섬기는 기쁨에서 시작해서 그가 겪는 고통과 인내와 돌봄을 쫓아가 보라. 우리 앞에는 순간적인 사치도락보다 훨씬 더 큰 삶의 흔적들이 여럿 있다. 그러나 사랑이라는 갚을 수 없는 빚을 생각하노라면 사역의 십자가를 사랑으로 짊어질 수 있도록 생동감 있게 만들어준다. 그렇다면 사랑은 그리스도의 양을 돌보는 목사에게 있어서 가장 큰 자질인 셈이다.

---

37 빌 2:19에 대한 Quesnel; 고전 16:24.
38 갈 6:1에 대한 Augustine의 설명에서. 가장 가혹한 질책은 거의 되던질 수 없다. 사랑이라는 직인이 그들에게 찍혔을 때….
벧전 2:11에 대한 Leighton의 설명. 이 예화에서 비상한 사랑의 심령을 소유한 한 목사가 동료 목사 앞에서 교구 성도가 잘못한 것에 대해 날카롭게 비난했던 것이다. 그 질책의 정도가 너무 심해서 그 동료 목사가 놀랐다. 그 동료 목사는 아마도 그 목사가 그 교구 성도에게서 도저히 화해할 수 없는 실수를 범했다고 예상했기 때문에 그토록 심하게 야단친 것이라고 설명했다. 그러나 기독교 지혜와 경험이 이끌어 내는 결과가 정답이다. "친구여, 네 심령에 사랑이 있다면, 어떤 말이라도 할 수 있지 않겠는가?"

주님은 베드로에게 "넌 현명하냐 혹은 유식하냐 혹은 달변가냐"라고 묻지 않으시고, 마치 그가 과거에 그랬듯이 아직 예수님을 사랑하지 않고 양들을 신뢰하지 않는 것을 말씀하시듯, "너는 나를 사랑하느냐"라고 질문하시고 "그러면 내 양을 먹이라"고 말씀하셨다.[39] 차기 목자들은 주님이 세 번씩이나 반복해서 질문했던 사랑의 요구가 미치는 아주 매력적이고 우세한 영향력을 잊지 못할 것이다(요 21:15-17). 마치 그리스도께서 보여주신 사랑의 능력에 강요된 듯이 그리고 그리스도의 사랑은 마땅히 해야 할 의무라는 속박력에 강요된 듯이 "네가 나를 사랑하느냐"라는 요구는 차기 목자들에게 아주 매력적이고 우세한 영향력을 미칠 것이다.

그렇다면 우리가 책임지고 보살펴야 하는 사람들은 우리가 사랑하고 사모하는 형제들이 될 것이다. 틀림없이 그들은 우리의 기쁨이요 면류관이 될 것이다(빌 4:1). 우리 주 예수 그리스도께서 다시 오실 때, 그의 면전에서 우리가 사랑하고 사모하는 형제들을 만날 수 있다는 사실은 그 영광스러운 재회를 기대할 때 얻어지는 부차적인 또 다른 기쁨인 것이다.

6. 목사의 양떼를 위해 기도하는가?

만약에 성도를 위해 헌신적으로 기도하지 못하면, 그들을 위해 헌신

---

[39] 베드로에게 주님이 하신 말씀에 대한 Leighton의 해석. "그리스도께서 베드로에게 이렇게 말씀하셨을 것 같다. '네가 만일 나를 사랑한다면, 금식하고 맨 바닥에 눕고, 시간과 관심을 기울여 보살피며, 억압받는 자들을 대변하며 고아들의 아버지가 되며 과부의 남편이 되어라.' 그러나 이 모든 것을 지나, 주님이 하신 말씀은 '내 양을 먹이라'는 것이다.

한 이신론자가 작고하신 Gillies 박사를 아주 칭찬하며, 그는 모든 인류를 자신의 가슴에 품고 하나님 나라로 데려가려면 매우 기뻐했을 것이라고 말했다.

적으로 수고하여도 별 소용이 없다. 능력 있는 사역을 위해서는 기도의 사역이 되어야만 한다. 그래서 모세와 아론과 사무엘은 자신들이 섬기는 백성을 위해 무엇보다 더 간절히 기도했던 것이다(출 32:11, 31; 민 16: 46-48; 삼상 12장). 이처럼 사역자의 중보기도에는 능력이 있어서 하나님의 계획이 집행되는 것조차도 지연시킬 수 있기 때문에 하나님은 예레미야에게 백성을 위해 기도하지 말라고 당부하셨던 것이다(렘 7:16).

사도 바울은 그리스도 안에서 성도를 향한 사모하는 감정을 기도 가운데 나타냈던 것이다. 바울은 하나님 앞에 무릎을 꿇을 때마다 성도를 향한 자신의 관심을 기도 가운데 아뢰었던 것으로 보인다(엡 1:16; 빌 1:4; 딤후 1:3). 그러한 중보의 심령이 어찌 하나님의 능력을 나타내지 못하게 하겠으며 사역에서 실패하게 하겠는가? 기도 가운데 하나님과의 연합 없이는 사람을 이길 소망이 없다.

> 복음의 사역자는 진실로 하나님과 성도 사이에 왕래하는 하나님의 천사가 되어야 한다. 그래서 하나님으로부터 유용한 가르침을 성도에게 전달해 주어야 할 뿐만 아니라 그들을 위한 진지한 간구의 제목들을 하나님께 보여 드려야 한다. 이러한 중보의 사역이 없다면, 다른 사역에서의 응답이나 성공은 기대하기가 쉽지 않을 것이다. 비록 목사들이 설교를 통해 이러한 씨앗을 아주 풍성하게 심는다 할지라도, 그들이 은밀하게 기도와 눈물로써 물을 주지 않는다면 그 씨앗이 발아될 확률은 낮을 것이다.[40]

---

[40] 벧전 5:10에 관한 Leighton의 설명. 에베소서 1:17-19; 3:14-19; 빌 1:9-11; 골 1:9-12에 나오는 이러한 기도의 예는 사역의 성장과 사역에서 중보 기도의 효율적인 역할이라는 모델로써 연구해 볼 가치가 있다.
"개인적으로 성도를 위해 하나님 앞에서 머무르는 것보다 공적으로 그들과 함께 더 많이 머무르는 목사는 사역에서 수고할지라도 하나님의 복을 기대할 이유가 거의 없다"라고 어떤 성인이 지적한 바 있다.

목사들은 계속해서 이러한 책임을 완수해야 할 필요가 반드시 있다. 성도를 위해 수고하고 그들을 책임지는 목사의 사역은 아주 대단하며 굉장한 것이다. 하나님 앞에서 목사들이 기억해야 할 것은 성도 주위에 산재한 위험을 감지하는 것이다. 일례로 그들을 주시하고 있는 수많은 눈, 그들의 난감함, 낙망, 그리고 당혹감을 감지해야 할 것이다. 성도는 매우 종종 우리의 기쁜 소식에 대해서는 무감각하며, 자신들이 대우받는 것에 대해서는 작정하며 반대한다는 사실이 보다 충격적이고 자극적인 일이다. 이쯤에서 질문해야 할 필요가 있겠다.

　왜 우리 사역에서는 하나님의 능력이 나타나는 조짐이 없을까? 왜 영혼들이 영적으로 각성하는 조짐이 더이상 없을까? 아마 우리에게 중보기도에 대한 커다란 열심이 없기 때문이지 않을까? 왜냐하면 이러한 중보기도의 심령은 사역의 성장을 위한 사전 준비이고 선구자이기 때문이다.

　우리의 기도소리가 입 속에서 죽어가며, 혹은 우리와 성도 사이에서 떨어져 죽어가는가? 우리는 왜 성공할 것이라고 기대하며 말하지 못하는가? 오랫동안 계속해서 열매 없는 사역이라서 낙담하고 있지 않는가? 이 모든 것이 성도를 위해 남몰래 중보기도하는 수고는 차가워지고 뜸해지기 때문이 아닌가? 혹시 우리는 성도가 격식만 차리는 심령을 가졌다고 불평하지는 않는가? 우리가 처음 새로운 토대 위에서 사역을 시작할 때에는 우리안에 있는 죄가 힘을 발휘하지 못했고 우리의 몸이 저절로 움직여 사역을 감당하는 것 같았다. 아마도 이제는 성경공부 수업에 참석하는 성도의 수가 줄어들게 되고, 교회에도 처음 때와는 달리 성도의 숫자가 줄어들었다. 초기 사역의 움직임을 제한했던 안전벨트 같은 장치들이 능력을 상실했다. 대신 무관심이 몰래 기어들어왔다. 그리스도인조차 점점 차가워지기 시작했다. 초기 사역 계획들이 흥미를 잃어 갔다. 열정의 가장자리는 무뎌져 갔다. 그러나 기계에서 가장 중요한 스프링은 아직 약화되지 않았지 않은가? 중보기도의 사역이 전적으로 도외시되지는 않았지 않은가?

이러한 사태의 심각성이 큰 믿음을 요구한다면 어려움만 가중되는 것 때문에 게으르게 슬퍼하는 것보다 능력과 힘을 주신다는 약속을 붙잡고 기뻐하는 것이 훨씬 더 좋지 아니한가? 조직의 변화가 어떠한 모습을 띠고 나타날지는 몰라도(물론 가끔 변화가 필요할 때가 있다) 참신함에 대한 흥분이 가라 앉게 되면, 아무것도 우리 안에 있는 진정한 관심을 영원하게 유지하게 할 수는 없다. 오로지 기도 사역에 대한 믿음과 열정만이 우리의 관심을 유지하게 해준다.[41]

이러한 임무의 중요성을 자각하는 것은 사역의 책임을 제대로 이해하는 것과 밀접하게 관련되어 있다.[42] 오직 이러한 수단으로 말미암아 우리의 성직 수행이 성도에게 복을 가져다 줄 수 있다. 또한 이것에 의해 우리는 사역에서 가장 중요한 스프링 중 하나인 성도를 섬기는 사역에 계속해서 자기를 부인하며 헌신할 수 있게 된다. 그래서 그들을 위해 더욱더 중보기도함으로써 우리가 어떻게 그들에게 설교할 수 있는지를 배우게 된다. 낙심 아래서도 우리는 그들 때문에 도움을 얻게

---

41 Doddridge 박사는 이것을 아주 강력하게 느끼고 있다. 그는 회중을 향한 교회 사역이 정체한다고 생각되면 회중 기도의 날을 특별히 정해 놓고 기도하곤 한다(Orton의 생애, 제5장에서). 가장 흥미로운 사실은 그는 특정한 시간대를 정해 놓고(자신 뿐만 아니라 성도에게도 황금의 시간대이다) 자신의 제의실에서 개인적으로 그리스도께 굴종하며 사역을 위해 중보기도하며 보내곤 했다는 것이다.

42 Fleming이 John Welch의 진지함에 대해 언급한 바 있다. "그는 자주 가장 추운 겨울 밤에 기도하기 위해 일어나곤 했다. 그리고는 바닥에 엎드려 울며 성도를 위해 주님과 씨름하곤 했다. 아내가 이를 보고 무엇 때문에 그렇게 고민하느냐고 질문했을 때, 그는 '나는 3,000명의 영혼들을 책임 맡고 있는데 그중 많은 사람이 어떻게 지내는지 잘 모른다'라고 대답했다"(『성경의 성취』, p. 188).

작고한 훌륭한 교구 목사를 회상하는 다음의 글 또한 새겨 들을 만하다. "이 훌륭한 목사는 성도의 구원을 위해 아주 깊은 관심을 기울이고서 동료 사역자로부터 이러한 말을 들었다고 한다. 아침의 불이 아직 나타나기도 전에 그의 기도책자에 적힌 사람들의 이름을 불러내며 그들을 위해 간절히 절규하는 기도를 드리되 그들 각자가 처한 특별한 경우에 어울리는 기도를 드렸던 것이다"(Rev. R Lloy가 쓴 '아버지 Lloyd 신부를 회고하며'에서).

된다. 계속적으로 발생하는 자극적인 사건과 실망을 견디어 나가는 중에서 사랑의 불꽃이나 화염이 살아 있는 채로 간직된다.[43]

유혹이나 당혹감이나 혹은 완고함이나 아무튼 개인적인 모든 경우는 은혜의 보좌에게로 향하도록 특별히 진지하게 그리고 꼼꼼하게 다루어져야 한다. 카튼 메이더가 신부들과 학생들에게 말했다.

> 당신에게 어떤 경우에라도 하나님 앞에 성도의 실정을 알려드리는 능력이 없다면, 당신은 하나님의 교회에 속한 양떼를 돌보는 목회사역자가 되기 위한 안수를 받을 자격이 없다고 나는 판단한다. 그리고 나는 '당신은 자격 없다'(ANAΞIOS)라고 큰 소리를 칠 것이다.[44]

이러한 사명을 잘 감당할 수 있도록 격려해 주어야 함이 마땅하다. 다니엘이 자신 뿐 아니라 자신의 동족 백성을 위해 간구할 때, 때때로 그는 말하며 기도했는데 그가 간구하기 시작할 때 계명이 선포되었다 (단 9:16-20). 그리고서 "주의 이름을 부르는 이가 아무도 없나이다"라고 불평하는 기도와 애도의 기도로 바뀐다.

우리는 기도를 통하여 부르짖음을 하나님에 보내드린다. "원하건대 주는 하늘을 가르고 강림하시고 주 앞에서 산들이 떨게 하소서." 하나

---

43 『신중한 법의 부름』이란 책의 21장에 나타난 Quranius에 대한 아주 예리한 묘사를 보라. 골로새서 4:12에 나타난 에바브라에 대해서 Davemant가 묘사한 것과 비교해 보라. 이같이 아주 귀중한 성경해석이 풍성한 설명의 주석을 곁들인 번역과 함께 이제 곧 출판사를 통해 출판되어 곧 교회들에게 널리 퍼질 것을 보고 행복해 한다(Josiah Allport 신부).

44 학생과 신부, p. 202. 그에게 있어서 기도하는 능력이 가장 탁월했다. 특별하게 중보기도 하는 날에는 400명이 넘는 교회의 모든 멤버들의 실정을 개인적인 수준까지 상세하게 파악해서 알고 있었다고 전해진다. (ANAΞIOS에 대한 역주-신부와 같은 사역자가 되기 위해 안수 받을 때, 예배의식 중에 주교가 "AΞIOS"[그는 안수 받을 자격이 있습니다]라고 외치면 회중에서도 동일하게 화답한다. 그러나 누군가 "ANAΞIOS"[그는 자격이 없습니다]라고 외치면 그 후보자가 그 이유에 대해 설명을 하고 그 이유에 대해 교회에서 공식적으로 소사를 한 후에 안수식을 지푼다.)

님께서는 자신의 백성의 기도에 대하여 오랫동안 노하는 일이 절대로 없다(사 64:1, 7; 시 80:4). 참회하며 하나님께로 돌아와서 그리고 신실하게 하나님을 기다리기만 하면 하나님은 이틀 후에 우리를 소생하게 할 것이며 삼일 후에 우리를 일으키시어 우리로 하여금 그의 목전에서 살게 할 것이다.

그러나 그 복을 충분하게 누리려면 이러한 사역을 지속적으로 수행하는 것이 무엇보다 필수적이다. 우리가 낙심 가운데 빠져 있을 때에도, 우리의 양떼에게 호소하는 것이 좋을 수 있다.

> 나는 너희를 위하여 기도하기를 쉬는 죄를 여호와 앞에 결단코 범하지 아니할 것이다(삼상 12:23).

우리가 하나님의 집(교회당)에서 집으로 돌아 오는 것이(거룩한 손을 들어 성도를 축복하며 예배를 마치고) 우리 사역을 잠시 중단하는 것이 아니라 사역의 장만 다른 분야로 옮겨가는 것이고, 그리고 이제 막 뿌려진 씨앗을 기도함으로써 은밀하게 돌보고 물을 주는 것이 된다. 이러한 사역이 사도의 사역이었는데, 그들의 뒤를 이어 중단 없이 우리에게로 이어져 온 사역으로 이제는 우리의 사역이 되었다.

성도의 영혼을 위하여 경성하기를 우리 자신들이 청산할 자인 것 같이 즐거움으로 혹은 슬픔으로 하는 것이다.[45] 성도 가운데 하나님의 일이 진보를 나타내었나 아니면 퇴보를 나타내었나? 우리의 중보기도 제목은 깨우쳐 주시고, 조명해 주시고, 세워주시고, 그리고 위로해 주시는 성령님의 영향력 안에서 하나님의 일이 성공하는 것과 관계가 있

---

[45] 살전 3:9-10; 롬 11:2-3을 히 13:17과 비교해 보라. 후자의 본문에서 사도는 우선적으로 마지막 회계의 엄숙함을 언급한 것이 아니라 넌지시 암시하는 방법으로 계속적으로 하나님께 회계를 넘겨드리는 것을 언급하고 있다.

다. 우리 회중 안에 거하시는 하나님의 임재 또한 우리가 중보기도 할 제목이다(설교의 효율성은 최우선적으로 우리 사역의 능력이나 열정에 달려 있는 것이 아니라 바로 청중 가운에 거하시는 하나님의 임재에 달려 있는 것이다). 예배 의식에서 머리나 몸의 일부에 바르는 기름을 공급하는 것과도 관계가 있다. 약하고 결핍된 자들에게 필요한 위안을 위해, 그리고 성도 각자마다 닥치는 유혹의 상황을 위해서도 우리 목사들이 중보기도를 해야 한다. 마지막으로 성령께서 교회 위에 넘치도록 채워주시도록 기도해야 한다.

영광이 성취되어야 한다.

> 말일에 여호와의 전의 산이 모든 산 꼭대기에 굳게 설 것이요 모든 작은 산 위에 뛰어나리니 만방이 그리로 모여들 것이라(사 2:2).

음성이 높이 들려져야 한다.

> 여호와의 영광이 나타나고 모든 육체가 그것을 함께 보리라…아름다운 소식을 시온에 전하는 자여 너는 높은 산에 오르라 아름다운 소식을 예루살렘에 전하는 자여 너는 힘써 소리를 높이라 두려워하지 말고 소리를 높여 유다의 성읍들에게 이르기를 너희의 하나님을 보라 하라(사 40:5, 9).

이와 같은 중보기도 사역의 심령은 목사의 자질에서 없어서는 안 될 꼭 필요한 요소이다. 만약 이와 같은 중보기도 사역의 심령이 끊임없이 마음속에 소중히 간직되지 않는다면, 우리가 수고하는 모든 중요한 사역분야에서 근면하다고 인정받을 가망은 없는 것이다.[46] 그러므로

---

[46] 말씀 사역이 끊임없는 기도 없이 이루어진다면 말씀이 약속하는 큰 복이 흘러가지 못하게 된다. 그래서 목사가 끊임없이 기도하지 않고 말씀을 전한다면 다른 사람들의 삶 속에

우리는 성벽 위에 파수꾼을 세워서 그들로 하여금 주야로 계속 잠잠하지 않게 하듯이 우리 자신의 성품을 드러내야 한다(사 62:6). 또 우리는 여호와께서 예루살렘을 세워 세상에서 찬송을 받게 하시기까지 오래지 않아 풍성한 양의 빛과 능력과 사랑으로 돌아오실 것임을 의심하지 말아야 한다(사 62:7). 회중을 섬기는 사역에서 이러한 중보기도 심령은 분명히 모든 사람에게 복된 영향력을 미치게 된다. 성도를 위해 습관적으로 기도하는 목사들은 성도가 목사들과 함께 그리고 목사들을 위해 기도하고 있는 모습을 보게 될 것이다. 그래서 목사는 많은 사람의 기도로 얻은 은사로 말미암아 많은 사람이 목사를 위하여 감사하게 되는 것이다(고후 1:11).

그렇다면 이제, 가장 뛰어난 하나님의 종인 모세가 이스라엘 백성을 위해 기도하는 기도를 우리의 기도로 삼자.

> 우리를 괴롭게 하신 날수대로와 우리가 화를 당한 연수대로 우리를 기쁘게 하소서. 주께서 행하신 일을 주의 종들에게 나타내시며 주의 영광을 그들의 자손에게 나타내소서. 주 우리 하나님의 은총을 우리에게 내리게 하사 우리의 손이 행한 일을 우리에게 견고하게 하소서 우리의 손이 행한 일을 견고하게 하소서(시 90:15-17).

서 거룩함을 일으키는 신령한 역사와는 거리가 멀게 되고 도리어 자신의 마음속에 은밀하게 무신론을 소중히 여기고 이를 더 강화시키려는 수단으로 말씀 사역이 전락하게 된다(Owen의 『배교에 관하여』 p. 441).

청교도 목회학: 효과적인 목회사역

The Christian Ministry: With an inquiry into the causes of its inefficiency

2014년 3월 30일 초판 발행

지은이 | 찰스 브리지스
옮긴이 | 이영란

편　집 | 박상민
디자인 | 박희경, 박슬기
펴낸곳 | 사)기독교문서선교회
등　록 | 제16-25호(1980. 1. 18)
주　소 | 서울시 서초구 방배로 68
전　화 | 02) 586-8761~3(본사) 031) 942-8761(영업부)
팩　스 | 02) 523-0131(본사) 031) 942-8763(영업부)
홈페이지 | www.clcbook.com
이메일 | clckor@gmail.com
온라인 | 기업은행 073-000308-04-020, 국민은행 043-01-0379-646
　　　　　예금주: 사)기독교문서선교회

ISBN 978-89-341-1371-3 (93230)

* 낙장·파본은 교환해 드립니다.

이 도서의 국립중앙도서관 출판시 도서목록(CIP)은
서지정보유통지원시스템 홈페이지(http://seoji.nl.go.kr)와
국가자료공동목록시스템(http://www.nl.go.kr/kolisnet)에서
이용하실 수 있습니다.
(CIP제어번호: CIP2014008413)